中国年鉴精品工程
High Quality Project of China's Yearbook

楚雄市年鉴

2023
第29卷

中共楚雄市委党史研究室
楚雄市地方志编纂委员会办公室 编

楚雄城市[illegible]（摄于6月30日）（[illegible]视觉 提供）

方志出版社
Publishing House of Local Records

图书在版编目（CIP）数据

楚雄市年鉴．2023 / 中共楚雄市委党史研究室，楚雄市地方志编纂委员会办公室编．— 北京：方志出版社，2023.12

ISBN 978-7-5144-6178-7

Ⅰ．①楚… Ⅱ．①中… ②楚… Ⅲ．①楚雄市—2023—年鉴 Ⅳ．① Z527.44

中国国家版本馆 CIP 数据核字（2023）第 250434 号

责任编辑：齐　笑
责任校对：张玉霞
责任印制：梅中英
出 版 者：方志出版社
地　　址：北京市朝阳区潘家园东里 9 号（国家方志馆 4 层）
邮　　编：100021
网　　址：http：//www.zgfzcb.cn
发　　行：方志出版社图书营销中心（010-67110500）
印　　刷：云南千鸣印刷包装有限公司
开　　本：889 毫米 ×1194 毫米　1/16
印　　张：26.5
字　　数：1183 千字
版　　次：2023 年 12 月第 1 版
印　　次：2023 年 12 月第 1 次印刷
定　　价：380.00 元

《楚雄市年鉴（2023）》撰稿人员

（按部类顺序排列）

向映辉	敖春晖	普晓艳	普兴辉	李国祥	田国梁	胡春林	禾桂香	李德丽
金小叶	段月銮安	刘晓静	罗嘉桦	邵　立	马　哲	朱　凯	朱丽蓉	杨斯翔
李　涵	李景雄	计金凤	张立祥	甘小衡	赵　洁	丁普瑞	王元杰	李　慧
刘珊珊	彭绍荣	张翔熙	兰　莹	杨映海	刘　恒	梁华云	张溶鑫	吴谨屹
何佳瑾	张家宏	黄泽利	周　瑾	徐　彦	李　娟	舒兆娟	郭永芝	毕　馨
曹宇辉	李　强	普绍宏	郑世兰	杨林美	徐晓丹	朱洪波	孙　锐	田安凤
赵学武	张晓露	赵诗林	王　波	和　煦	石　磊	李忠棋	王洪梅	何　艳
白章华	丁志吉	黄文华	刘雪松	陈婷婷	周　文	钱志华	杨娇娜	尹国富
张国军	曹志芬	张　琳	武　静	鲁剑斌	权思嘉	刘昱彤	金　珠	李作伟
李兴强	杨进荣	段　悦	张　平	龙　丹	张　安	龙怡扬	陈　娜	雷　敏
谭发平	熊丽梅	白世睿	李永发	王智勇	钱朝燕	徐　宏	宦　敏	杨葵林
蔡晓云	兰程明	华　丽	杨新燕	朱晓琼	李文刚	李香言	陈　玲	陈秀明
熊建芬	钟晓艳	王建芬	许嘉强	杨席燕	毕其才	李雁鸿	陈嗣劼	纪　明
布海涛	周顺兴	罗晓丽	聂　坚	樊　幸	马谷剑	余红林	何志萍	陈明刚
王美凤	王宏伟	郎晓琴	杨文兵	杞永华	姜　云	杨　鹏	陈耀凯	段　斌
马　峥	李　磊	钟　皓	李朝香	高　帆	李　馨	王韵琴	李佳麒	袁海龙
向　华	何正芬	李维荣	顾　珊	李应国	李昊熹	和　立	李艳萍	陈晓路
冷梦霞	王怡曦	唐代强	杨德会	程　愉	邓开聪	王晓婷	丁忠贤	母有玲
谢　婷	罗玉萍	张　杰	赵海燕	罗正华	曾　超	王卫华	杨　惠	徐晓婷
韩鹏程	王　玮	史永明	李忠衡	谢正刚	赵　靖	高伟茗	黄晓萍	张智丹
唐正华	罗雄晶	马永兰	李　婷	夏林华	冯　鸣	韩宗华	余　梦	高寒松
李玉美	杨和能	李　成	李美林	李振兴	初文宇	杨代杰	杨佳学	俞华昌
李　丹	杨英平	杨维波	董明骏	宁泽琼	郑兰琼	孙自平	尹　璐	杨　涛
潘　瑶	鲁万明	杨　雄	陆　静	杨松龙	赵太贵	邹云文	李建国	张海燕
李德章	刘　峰	周兆强	王桃兴	李　丽	胡建华	王　莉	王　晶	杨　柳
赵　敏	刘　坤	董　玥	李加福	蒋　湖	李　勇	朱晓宇	朱正禄	彭　梅
俞舒晗	段　伟	杨中国	倪慧梅	唐　雨	普　敏	夏古全	李云泽	王建祥
马琼丽	张　际	张宗德	胡春平	杨成龙	严海洪	段启华	张佳敏	段金龙
王永华	穆师娇	陈永丽	闵金洁	李　贞	赵　晓	张　帆	李翠萍	王春梅

《楚雄市年鉴（2023）》编辑委员会

主　　任　冯　毅　罗兴贵

常务副主任　顾　平　王宝华　张正明

副 主 任　付承斌　向映辉

委　　员　白　清　李居政　尹朝亮　段智伟　李志美　李庆华　张　勇
黄忠宝　徐俊林　徐林宗　李朝阳　徐金顺　杨积仁　施家海
李亚杰　李　波　张家宏　丁普瑞　唐　磊

《楚雄市年鉴（2023）》编辑人员

专 家 组　刘　星　黄玉华　徐　尉　王　源

顾　　问　刘永强　赵增昆　褚军龙　郑灵琳　周有方

主　　编　向映辉

副 主 编　杨加丽　丁普瑞　唐　磊　敖春晖

栏目编辑　杨加丽　敖春晖　丁普瑞　马健平　王从芳　李国祥

校　　对　杨加丽　敖春晖　周建会　刘　婕　谢丽丽　者　燕　韩季蓉
周兴芳　朱晓云　何寅昊　胡钦瑞　董丽花　起永东　罗　睿
代　杰　马　倩　晏旭宇　王啟万

保密审查　楚雄市国家保密局

数据审核　楚雄市统计局

彩版组编　贾博文（图）　向映辉（文）

摄　　影　夏天彧　马兴华　王　洪　高建波　朱　荣　张守明　何朝贵　汤建国
杨会兰　丁建国　曹　芳　张国平　李建华　樊梅红　杨金坤　马　骏
周　智

序

国务院办公厅2015年8月印发的《全国地方志事业发展规划纲要（2015—2020年）》（以下简称《规划纲要》）要求，到2020年要做到地方综合年鉴一年一鉴，公开出版，实现省、市、县三级综合年鉴全覆盖。《规划纲要》还要求，坚持存真求实，正确处理质量与进度的关系，将精品意识贯穿于年鉴编纂出版工作全过程。2015年12月，中国地方志指导小组办公室启动中国年鉴精品工程，将其与先期实施的中国志书精品工程视为姊妹工程，一道作为加强地方志质量建设的重要抓手。

实施中国年鉴精品工程有助于推动中华优秀传统文化传承发展。近年来，在党中央、国务院的高度重视和关心支持下，全国地方志事业发展迎来最好的发展时期。年鉴编纂发端于欧洲，鸦片战争后被引入我国，在我国走过了100多年的发展历史。在长期的编纂中，年鉴在内容和形式上不断发展，逐渐演变成为适合反映中国国情、具有鲜明中国特色的一种文化载体，并在改革开放后出现了快速发展的局面。2006年5月，国务院《地方志工作条例》颁布施行，明确将地方综合年鉴纳入地方志工作范畴，年鉴工作走上了有法可依的轨道。《规划纲要》出台，为从依法编鉴转变到依法治鉴指明了方向。2016年12月，中国地方志指导小组印发《全国年鉴事业发展规划（2016—2020年）》，更进一步明确了到2020年全国年鉴事业的任务书、时间表、路线图。经过多年的发展，年鉴工作已经成为地方志工作的重要组成部分，成为中华民族优秀文化传统的有机组成部分，其存史、育人、资政作用日益彰显。实施中国年鉴精品工程，是年鉴工作者紧扣时代脉搏、坚持创新发展的一项重要举措，对于坚定文化自信，传承弘扬好中华优秀传统文化意义重大。

实施中国年鉴精品工程有助于为全面建成小康社会提供更多智力支持和历史借鉴。党的十八大作出全面建成小康社会的战略部署。党的十八届五中全会提出到2020年如期实现全面建成小康社会的目标要求。完成《规划纲要》确定的目标任务是年鉴工作者的神圣使命，更是年鉴工作者以自身力量为全面建成小康社会献上的厚礼。一方面，可以更好地利用年鉴这种年度资料性文献，及时记录各地区在全面建成小康社会伟大征程中每年取得的新成绩和新经验、出现的新情况和新问题、涌现的优秀人物和典型事迹等；另一方面，可以更好地积累地情、国情资料，为推动经济社会发展和深化改革提供智力支持，为推进国家治理体系和治理能力现代化提供历史借鉴。

实施中国年鉴精品工程有助于全面推进地方志事业转型升级。地方志不是单纯修志编鉴工作，而是全体方志人"修志问道，以启未来"的一项事业，这项事业包含着巨大的时代担当与使命追求。地方志工作要在"五大建设"总体布局和"四个全面"战略布局中发挥与其自身价值、功能相匹配的作用，就要因时而谋、乘势而上、顺势而为，全面推进地方志事业转型升级。转型升级，当下最重要的目标就是完成"两全"目标，包括"年鉴全覆盖"目标；长远的目标就是基本形成地方志编修体系、理论研究和学科建设体系、质量保障体系、资源开发利用体系、工作保障体系“五位一体”的地方志事业发展综合体系，包括“五位一体”的年鉴事业发展综合体系。中国年鉴精品工程是一项探索工程，也是一项创新工程，是推进地方志事业转型升级的重要内容。通过实施中国年鉴精品工程，不仅有助于确保年鉴质量，不断编纂出版具有鲜明时代特征、年度特点和地域特色的精品年鉴，也有助于推动年鉴工作适应经济社会发展形势和时代需要，不断改革创新，与时俱进。

多年来，在中国地方志指导小组办公室的指导和全国各级地方志工作机构的共同努力下，年鉴种类数量快速增长，年鉴成果粲然可观，为实施中国年鉴精品工程奠定了坚实的基础。实施中国年鉴精品工程，就是要在全国地方志系统起到示范作用，进一步培育精品意识，打造精品年鉴，以点带面，在提高年鉴质量方面探索出一条切实可行之路，使这项探索工程和创新工程能够积累经验，发挥引领作用。

“万山磅礴，必有主峰；龙衮九章，但挈一领。”实施中国年鉴精品工程，是筑牢地方志事业特别是年鉴事业发展根基之举，其意义与价值不言而喻。但编修出年鉴精品佳作，绝非朝夕之功，需要付出长期艰辛的努力。希望通过实施中国年鉴精品工程，能够进一步推进年鉴质量建设，使年鉴真正成为传承中华民族优秀传统文化的重要载体，成为展示中国国情、地情的重要窗口，成为“为当代提供资政辅治之参考、为后世留下堪存堪鉴之记述”的资源宝库，在全面建成小康社会过程中作出更大贡献。

是为序。

中国社会科学院原副院长
中国地方志指导小组原常务副组长

编 辑 说 明

一、《楚雄市年鉴》以马克思列宁主义、毛泽东思想、邓小平理论、“三个代表”重要思想、科学发展观、习近平新时代中国特色社会主义思想为指导，坚持辩证唯物主义和历史唯物主义的立场、观点和方法，继承和发扬我国优秀文化传统，认真学习宣传贯彻党的二十大精神，积极服务楚雄市城市建设大局，客观翔实地记述楚雄市在经济建设、政治建设、文化建设、社会建设、生态文明建设方面的发展状况，力求达到思想性、资料性、科学性的统一。

二、《楚雄市年鉴》是中共楚雄市委、楚雄市人民政府主办，市委党史研究室（市志办）承办的地方综合年鉴。该鉴是系统记述楚雄市行政区域政治、经济、文化、社会、生态等方面情况的年度资料性文献，为机关、企事业单位等组织及外来投资者和社会各界人士了解楚雄、研究楚雄、建设楚雄提供丰富翔实的地情资料。

三、《楚雄市年鉴》以出版年号为卷次名称，自 1995 年首次出版以来，每年出版一卷，本卷年鉴是总第 29 卷，记录时限为 2022 年 1 月 1 日至 12 月 31 日。

四、《楚雄市年鉴》采取分类编辑法，按类目、分目、条目的结构组成内容体系。全书以不同字体、字号区别不同层次。条目标题均加【 】表示。为方便读者检索，《楚雄市年鉴（2023）》正文前设置中文目录；正文后设置主题词索引，主题词索引标目按汉语拼音声母音序分类排列。

五、《楚雄市年鉴》2023 卷设特载、专记、大事记、市情概览、中国共产党楚雄市委员会、楚雄市人民代表大会、楚雄市人民政府、中国人民政治协商会议楚雄市委员会、中国共产党楚雄市纪律检查委员会 楚雄市监察委员会、民主党派・工商联、群众团体、法治、军事、经济管理、楚雄高新技术产业开发区、农业、工业・建筑业、烟草产业、旅游业、商贸服务业、金融业、房地产业、交通・邮政・通信、城市建设、乡村振兴、生态环保、教育、科技、文化、卫生健康、体育、社会生活、应急管理、乡镇、人物・荣誉、统计资料、附录、索引 38 个部类。全书除文字内容外，还收录了反映楚雄市建设滇中崛起增长极核心引擎、现代农业示范区标杆、绿色能源与绿色先进制造业融合发展示范区、民族团结进步示范区样板等方面的彩色图片专辑。

六、《楚雄市年鉴》2023 卷所辑录的内容由市属各部、委、办、局，各乡镇、楚雄高新区及部分驻楚单位组织提供，经各供稿单位审核，资料真实可靠；“统计资料”由楚雄市统计局提供，内文条目中的数据由各供稿单位提供，部分条目中的数据因统计口径等原因可能与统计资料中的数据不相符合，在引用本书的有关数据时，应以“统计资料”为准。

七、《楚雄市年鉴》2023 卷中数字用法、标点符号用法分别采用国家标准《出版物上数字用法》（GB/T 15835—2011）、《标点符号用法》（GB/T 15834—2011），计量单位采用国家技术监督局 1993 年 12 月发布的《量和单位》系列国家标准。

数字楚雄2022

行政区域面积：4433 平方千米
行政区划：辖 12 镇 3 乡、154 个村（居）民委员会、2880 个村（居）民小组
最高海拔：2916 米（西舍路镇哀牢山脉的小越坟山）
最低海拔：691 米（礼社江与彝家拉河、石羊江交汇处）
市人民政府驻地鹿城镇海拔：1773 米
森林覆盖率：75.62%
降雨量：864 毫米
年平均气温：16.8℃

户籍总人口：54.98 万人
乡村人口：23.69 万人
城镇人口：31.29 万人
彝族人口：12.16 万人
人口出生率：7.27‰
人口自然增长率：1.03‰

地区生产总值（GDP）：610.11 亿元
第一产业增加值：49.33 亿元
第二产业增加值：328.6 亿元
第三产业增加值：232.18 亿元
三次产业比例：8.1∶53.9∶38

城镇登记失业人员：7086 人
城镇登记失业率：3.2%

农林牧渔业总产值：84.83 亿元（现价）
农作物总播种面积：6.15 万公顷
粮食播种面积：3.73 万公顷
粮食产量：21.79 万吨
油料产量：1.13 万吨
蔬菜产量：20.58 万吨
烤烟收购量：1.45 万吨

工业总产值：567.4 亿元
工业增加值：181.49 亿元
规模以上工业总产值：546.63 亿元
轻工业产值：236.38 亿元
重工业产值：255.25 亿元

社会消费品零售总额：223.9 亿元
批发业商品销售额：252.37 亿元
零售业商品销售额：148.17 亿元
住宿业营业额：11.24 亿元
餐饮业营业额：32.05 亿元

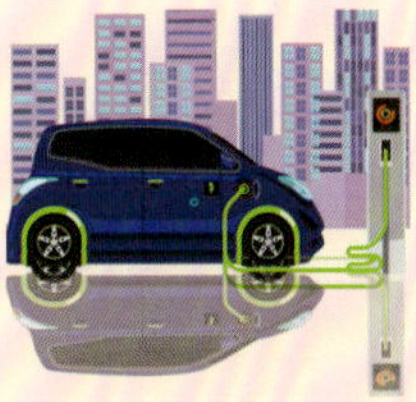

公路总里程：6792 千米
邮电业务总收入：6.6 亿元
移动电话普及率：118.1 部 / 百人
固定电话普及率：6.4 部 / 百人
互联网宽带接入用户：29.83 万户
旅游业总收入：160.43 亿元

一般公共预算收入：33.46 亿元
一般公共预算支出：55.33 亿元
年末金融机构存款余额（本外币）：632.85 亿元

住户存款：351.18 亿元
年末各项贷款余额（本外币）：593.26 亿元

高等院校：3 所
中等职业学校：7 所（不含楚雄技工学校）
普通中学：32 所
小学：123 所
幼儿园（含民办）：118 所

医疗卫生机构：426 个
床位：6509 张
卫生技术人员：9225 人

图书馆：2 个
文化馆：2 个
博物馆：2 个
电视台：2 个
广播电台：2 个
广播受众覆盖率：100%
电视受众覆盖率：99.2%

（主要数据来源：楚雄市 2022 年国民经济和社会发展统计公报）

滇中崛起增长极核心引擎

崛起之城——楚雄城市建设新貌（摄于4月28日） （汤建国 摄影）

楚雄市抢抓省委“建强滇中”的战略机遇，以实体经济为支撑，以产城融合为推动，以开放合作为纽带，全力培产业、兴城市、抓开放、促发展，绿色能源、绿色制造、生物医药、文化旅游业蓬勃发展，区域性中心城市建设提质发展，省内省外合作发展持续深化，2022 年实现地区生产总值 610.11 亿元，常住人口城镇化率达 68.9%。2021 年荣登云南省“县域经济十强县”第一名，2022 年“中国西部百强县市”上升至第 21 位，在滇中崛起、助滇中崛起的影响力持续增强。

滇中枢纽

9 月 11 日，高铁由大理方向驶入楚雄　（朱　荣　摄影）

楚雄市是省会昆明通往滇西 8 州市的必经之地。境内高铁通车、路网密布，出行、通商便捷；中缅油气管道、楚攀天然气管道穿境而过，西电东送、滇中引水工程广泛覆盖，城乡物流基地产业园加快建设，重大枢纽设施日益健全。融入滇中发展、支撑云南开放的大枢纽作用进一步凸显。

楚广高速互通立交（摄于 3 月 31 日）　（丁建国　摄影）

楚雄高铁站（摄于8月6日）　（市民族团结进步创建办　提供）

8月26日，玉溪至楚雄高速公路全线通车，图为玉楚高速紫溪山出入口　（朱　荣　摄影）

园区经济

楚雄卷烟厂厂区（摄于4月28日）　　（楚雄卷烟厂　提供）

楚雄市坚持产业兴园、科技强园，布局建设硅光伏、生物医药、绿色化工等重点产业园区，园区支持企业抱团发展、聚集产业集群的效应进一步显现，楚雄高新区被认定为国家级绿色园区、全省首批绿色低碳示范园区，云甸工业园区获批省级化工园区。

楚雄工业园富民片区（摄于11月9日）　　（王　洪　摄影）

盘龙云海药业厂区（摄于6月5日）　　（楚雄高新区　提供）

楚雄高新区中小企业创业园（摄于8月2日）　　（曹　芳　摄影）

云药之乡

楚雄高新区庄甸生物医药园区（摄于7月17日）　　（楚雄日报社　提供）

7月23日，中国彝医药博览馆工作人员整理彝药样品　　（夏天彧　摄影）

云南楚雄天利药业有限公司藿香正气水生产线（摄于 11 月 20 日）　　（高建波　摄影）

2022 年，楚雄市有生物医药企业 38 家，是全省除昆明外的第二大生物医药聚集区。楚雄市抓好云南神威施普瑞、方盛制药等项目建设，发展中药、民族药、天然药物和中药配方颗粒研发及精深加工，着力打造全国一流的中药配方颗粒产业基地。

云南省彝族医药研究所成果展示厅（摄于 3 月 12 日）　　（州中医医院　提供）

文旅胜地

2022年，楚雄市有国家AAAA级旅游景区4个、AAA级旅游景区4个，彝人古镇成功创建省级文化产业园区，紫溪彝村入选全国乡村旅游重点村，楚雄市入选年度全国县域旅游发展潜力百佳县。

国家AAA级旅游景区——紫溪彝村（摄于5月20日）　（朱　荣　摄影）

12月22日，彝人古镇彝人部落迎宾仪式　（马兴华　摄影）

7 月 21 日，绣娘在彝人古镇彝绣聚集区交流彝绣技艺　（州委宣传部　提供）

彝人古镇“夜经济”吸引众多游客打卡消费（摄于 7 月 26 日）　（何朝贵　摄影）

宜居新城

楚雄体育馆（摄于 3 月 12 日）　　（朱　荣　摄影）

楚雄市围绕打造区域性中心城市目标，坚持高标准规划、高品质开展，城市功能分区更加合理，市政基础设施日益完善，打造“一江三河”滨河景观带、彝海公园等“城市明珠”，规划建设滇中楚雄科创城，持续巩固拓展全国文明城市、国家卫生城市、国家森林城市、全国双拥模范城创建成果，城市亮化、美化、绿化、宜居、宜业、宜游。

彝海公园（摄于9月2日）　　（朱　荣　摄影）

绿美楚雄（摄于4月19日）　　（王　洪　摄影）

现代农业示范区标杆

农业之基——青山湖大型综合水利枢纽（摄于7月7日）　（州水务局　提供）

楚雄市围绕打好“绿色食品牌”，以绿色、高端、精品为方向，按照“大产业＋新主体＋新平台”发展思路，坚持区域化布局、特色化发展、专业化生产、品牌化经营，集中打造高端农产品基地，推动高原特色现代农业高质量发展，力争在全州“现代农业示范区”建设中出精品、树标杆。2022年，吕合镇成功申报为全国农业产业强镇（水稻），大过口乡入选全国“一村一品”示范村镇（魔芋），楚雄市被评为全国县域数字农业农村发展先进县。

巩固粮食安全

9 月 29 日，东瓜镇村民用水稻收割机收割水稻　（马兴华　摄影）

9 月 20 日，水稻专家阮文忠查看“楚粳”系列水稻　（李建华　摄影）

9 月 30 日，鹿城镇农民收割水稻　　（张国平　摄影）

楚雄市坚持“藏粮于地”“藏粮于技”战略，累计建成高标准农田 1.64 万公顷、高效节水灌溉面积 1433.33 公顷，实施优质水稻示范 262 公顷、水稻生产全程机械化 66.67 公顷，全年种植粮食作物 3.73 万公顷，实现产量 21.79 万吨。从严落实“米袋子”“菜篮子”责任制，主要农产品供应充足、价格稳定。

9 月 28 日，吕合镇农民收割水稻　　（州农业农村局　提供）

特色种植业

苍岭镇月季花种植基地（摄于6月27日）　　（苍岭镇　提供）

4 月 15 日，三街镇蚂蝗箐村村民采摘春茶　　（马兴华　摄影）

2022 年，楚雄市坚持特色制胜，调结构、育特色、增效益。种植魔芋 4666.67 公顷、鲜切花 1000 公顷、茶叶 706.67 公顷、中药材 2840 公顷、人工食用菌 432 万平方米、核桃 8 万公顷、花椒 9333.33 公顷，“土特产”建设迈出新步伐。

紫溪镇冬桃种植基地（摄于 2 月 3 日）　（马兴华　摄影）

9月8日，西舍路镇闸上村村民洗拣核桃　（樊梅红　摄影）

10月18日，大过口乡魔芋种植户采挖魔芋　（州农业农村局　提供）

8月3日，苍岭镇村民采收羊肚菌　（市乡村振兴局　提供）

9月1日，吕合镇干田村村民采收红梨　（马兴华　摄影）

特色养殖业

子午镇晨浩养殖基地朗德鹅养殖（摄于5月19日）　　（市农业农村局　提供）

楚雄市建立“楚牛超市”“树苴牛超市”，扶持肉牛养殖，2022年肉牛存栏11.22万头，牛肉产量8010吨；扶持黑山羊养殖，全市肉羊存栏20.12万只，出栏17.8万只。发展生猪、家禽养殖，保障“肉篮子”供给。

大过口乡万福黑山羊养殖专业合作社黑山羊养殖（摄于5月26日）　　（市农业农村局　提供）

吕合镇脱贫户发展养鸡产业（摄于7月9日）　（马兴华　摄影）

鹿城镇犀赢旺盛养殖场云岭牛养殖（摄于7月8日）　（犀赢旺盛养殖场　提供）

绿色食品加工业

8月13日，鹿城镇野生菌企业人工分拣野生菌　（高建波　摄影）

楚雄爱尔发生物技术股份有限公司雨生红球藻培育基地（摄于5月2日）　（子午镇　提供）

2022年，楚雄市积极推动绿色食品制造业发展，从种植环节抓起，提供核桃、花椒、魔芋等优质加工原料，云南摩尔农庄生物科技开发有限公司、云南爱尔康生物技术有限公司2户企业认定为云南省行业“小巨人”企业；全市有“三品一标”认证企业51家、绿色食品119个。

云南摩尔农庄生物科技开发有限公司核桃饮品生产线（摄于10月19日）　（夏天彧　摄影）

现代烟草业

3 月 2 日，育苗技术人员在育苗大棚进行烤烟苗管护　　（州烟草公司　提供）

2022 年，楚雄市打造以烟叶种植和加工、卷烟生产和销售为一体的全产业链集群。全市种植烤烟 7133.33 公顷，收购烟叶 1450 万千克；卷烟厂生产卷烟 59.12 万箱，全市销售卷烟 2.23 万箱；红塔集团楚雄卷烟厂率先实现世界烟草第一家采用分切打叶复烤工艺技术、行业内第一家从烟叶工商交接到打叶复烤、制丝、卷包在同一平面进行生产作业的“两个第一”。

东华镇特色烟叶连片种植（摄于 9 月 13 日）　　（州烟草公司　提供）

8 月 20 日，红塔集团楚雄卷烟厂复烤车间工人分拣烟叶　　（杨金坤　摄影）

7 月 23 日，红塔集团楚雄卷烟厂包装车间工人抽检卷烟成品　　（红塔集团楚雄卷烟厂　提供）

绿色能源与绿色先进制造业融合发展示范区

工业之脊——富民工业区光伏及半导体新材料产业基地一角（摄于11月16日）　　（高建波　摄影）

楚雄市聚力打好“绿色能源牌”，深入推进绿色能源与绿色先进制造业深度融合，引进宇泽、晶科等龙头企业带动发展硅光伏产业。2022年全市硅光伏产业实现产值98.66亿元，培育全省首家“独角兽”企业，为全产业链打造“光伏之都”打下坚实基础。

晶科公司

晶科能源（楚雄）有限公司厂区（摄于 10 月 10 日）　　（晶科能源有限公司　提供）

2 月 24 日，晶科能源（楚雄）有限公司工人检查电池片　　（晶科能源有限公司　提供）

晶科能源（楚雄）有限公司 5 吉瓦生产车间（摄于 4 月 19 日） （晶科能源有限公司 提供）

晶科能源（楚雄）有限公司主要生产高效太阳能电池片。2022 年，公司入选工业和信息化部等四部委联合公布的“2022 年度智能制造优秀场景”名单，成为云南省 3 户入围企业之一。年内，公司实现产值 56.1 亿元。

10 月 16 日，晶科能源（楚雄）有限公司电池车间工人查看电池测试情况 （高建波 摄影）

宇泽公司

云南宇泽半导体有限公司厂区（摄于10月16日）　（云南宇泽半导体有限公司　提供）

云南宇泽半导体有限公司生产的单晶硅拉棒（摄于4月26日）
（云南宇泽半导体有限公司　提供）

云南宇泽半导体有限公司一期机加车间（摄于10月18日）　（云南宇泽半导体有限公司　提供）

云南宇泽半导体有限公司生产的单晶硅拉棒（摄于 4 月 26 日）　（云南宇泽半导体有限公司　提供）

云南宇泽半导体有限公司是一家集太阳能多晶硅锭、单晶硅棒、硅片的研发、生产、销售、服务于一体的技术创新型企业，2022 年公司总部由江西省迁入楚雄市，成为云南省首家本土硅光伏“头部企业”。年内，公司实现产值 41.8 亿元。

云南宇泽半导体有限公司一期拉晶车间（摄于 7 月 5 日）　（云南宇泽半导体有限公司　提供）

民族团结进步示范区样板

联欢之夜——楚雄彝族服饰展演亮相 2022 年央视元宵晚会（摄于 2 月 15 日）　（王　洪　摄影）

中国彝族十月太阳历文化园（摄于9月22日）　　（周　智　摄影）

10 月 1 日，楚雄市在太阳历公园组织国庆节百米彝绣活动　　（夏天彧　摄影）

12 月 21 日，紫溪镇紫溪彝村群众乔迁新居　　（紫溪镇　提供）

楚雄市境内生活着汉、彝、回、白、苗、傣等 20 余个民族，全市上下围绕铸牢中华民族共同体意识主线，持之以恒开展民族团结进步宣传教育，促进各民族交往交流交融，形成中华民族一家亲的和谐局面。2022 年，创建 3 家省级民族团结进步示范单位、14 家州级民族团结进步示范单位，成功创建为全省民族团结进步示范市。

火把欢歌

7 月 21 日，火把节迎宾晚会——民族团结一家亲　（王　洪　摄影）

7 月 22 日，火之舞——火把节紫溪彝村分会场活动　（王　洪　摄影）

火把节是彝族文化的象征，以敬火神、舞火把为主题开展全民狂欢，被称为“东方的狂欢节”。“中国楚雄彝族火把节”于2006年列为首批国家级非物质文化遗产保护项目。

7月22日，火把节狂欢夜——彝族汉子点燃火把　（楚雄日报社　提供）

7月22日，火把节“遇见楚雄·火把欢歌”——礼花燃放　（夏天彧　摄影）

民族歌舞

彝家女弹奏月琴（摄于7月20日）　　（王　洪　摄影）

彝族妇女弹唱三弦（摄于7月21日）　　（童话视觉　提供）

彝族歌舞表演（摄于7月20日）　　（张守明　摄影）

7 月 21 日，州民族艺术剧院在彝州大剧院演出舞剧——马缨花·红　（州民族艺术剧院　提供）

楚雄市的民族歌舞以彝族歌舞为代表，多为左脚舞、羊皮舞、葫芦笙舞、大三弦舞等集体舞，常以彝族人自制的三弦、月琴等乐器伴奏，舞蹈热情奔放，歌声粗犷悠扬。

7 月 21 日，苗族群众在彝州大剧院表演苗族唱诗　（马　骏　摄影）

彝绣

6月2日，彝绣工坊工作人员展示楚雄彝绣挂件　　（夏天彧　摄影）

彝绣是彝族地区深植民间的指尖技艺，有1200多年的历史，以红、黄、黑为三大原色，具有技法粗犷、色彩浓烈，集中反映彝族人图腾崇拜、民俗风情等特点。通过多年的挖掘、保护、传承、发展，彝绣文化价值、经济价值、民生价值持续凸显，实现“绣品变商品、绣片变名片、秀场变市场”三大转变。

9月2日，紫溪彝村绣娘绣制彝族饰品　　（马兴华　摄影）

6 月 3 日，楚雄绣娘探讨彝绣新品制作　　（高建波　摄影）

10 月 13 日，彝族绣娘在加工车间制作彝族服饰　　（夏天彧　摄影）

七彩云裳

楚雄彝族女装色彩鲜艳，大红大绿，纹样繁多；男子服饰为天蓝、黑、青、白等色，素貌庄重。服装的花纹、花边有天象、动植物图、大自然图，具有浓厚的民族地方色彩和生活气息。自 2016 年起，七彩云南民族赛装文化节于火把节期间在楚雄举办，全省 26 个民族同台展示服饰文化，展示云南精品民族服饰魅力。

7 月 23 日，彝州大剧院楚雄彝绣服饰展演　（夏天彧　摄影）

幸福生活

9 月 12 日，市民在福塔公园晨练　（张守明　摄影）

楚雄市通过经济提质、城市升级、生态维护、民生改善和社会治理，社会文明度、城乡宜居度不断提升，为群众打造幸福家园。

紫溪彝村远景（摄于 8 月 31 日）　（紫溪镇　提供）

目 录

特 载

专 记

大事记

市情概览

中国共产党楚雄市委员会

楚雄市人民代表大会

楚雄市人民政府

中国人民政治协商会议 楚雄市委员会

中国共产党楚雄市纪律检查委员会　楚雄市监察委员会

民主党派·工商联

群众团体

法 治

军 事

经济管理

楚雄高新技术产业开发区

农 业

工业·建筑业

商贸服务业

金融业

房地产业

交通·邮政·通信

城市建设

乡村振兴

生态环保

教　育

科　技

文 化

卫生健康

体　育

社会生活

应急管理

乡 镇

人物·荣誉

统计资料

附　录

索　引

特　载

2023
楚雄市年鉴

市委常委会工作报告

——在2022年12月15日市委十届五次全会第一次全体会议上

州委常委、市委书记　冯　毅

今年以来，在以习近平同志为核心的党中央坚强领导和省委、州委的正确领导下，市委常委会以习近平新时代中国特色社会主义思想为指导，以迎接党的二十大召开和学习宣传贯彻党的二十大精神为主线，坚决贯彻习近平总书记考察云南重要讲话精神和党中央决策部署及省委、州委工作安排，坚决落实疫情要防住、经济要稳住、发展要安全的要求，紧紧围绕市第十次党代会和市委十届三次、四次全会确定的目标任务，高度聚焦事关全市长远发展的重大问题，集中攻坚，克难制胜，守正创新，奋勇争先，持续掀起大干快上的干事创业热潮，推动全市各项事业蓬勃发展，开创了经济稳中求进、社会安定团结、政治风清气正的良好局面。一年来，主要做了以下工作：

一、旗帜鲜明讲政治、讲看齐，“两个维护”见诸行动

把迎接、宣传、贯彻党的二十大贯穿全年工作始终，以强烈的政治责任感、历史使命感观大势、谋事业、定目标、抓落实，带领全市上下以干在实处、走在前列的担当进取和实际行动忠诚拥护“两个确立”、坚决做到“两个维护”，确保各项事业始终沿着正确政治方向前进、始终按照既定目标蓬勃发展。

（一）党的领导全面加强，总揽全局、协调各方更加有力。着眼把方向、谋大局、抓全盘，常态化学习、专题化研究、具体化落实习近平总书记重要指示批示精神、党中央决策部署和省委、州委工作安排，做到了党中央有号令、省委及州委有安排、楚雄市见行动，确保了全市各项工作始终在大局下思考、在大局下推动，确保了党的政治领导在楚雄市得到充分而具体的体现。充分发挥市委总揽全局、协调各方的领导作用，规范化、制度化召开市委全会、市委常委会和议事协调机构工作会议、重点工作专班调度会，坚持谋全局抓全盘与谋重点抓关键相结合，切实把党的领导贯穿到全市工作的各方面、全过程。

（二）理论武装入脑入心，思想引领、使命感召扎实有效。把党的理论武装作为统一思想、凝心聚力的基础性工作，召开26次市委常委会会议和11次市委理论学习中心组学习会议深入学习，举办领导干部学习贯彻党的十九届六中全会精神研讨班2期，组织学习《习近平谈治国理政》第四卷，开展“党的创新理论我来讲”“喜迎二十大、永远跟党走”等宣讲活动2300余场次，推动党史学习教育常态化长效化，党的创新理论深入人心、走深走实。突出学习宣传贯彻党的二十大精神首要任务，第一时间组织各级党组织、党员干部收听收看党的二十大开幕盛况，组织多形式、多层次、多元化的学习辅导、宣传宣讲，开展有重点、有深度、有针对性的课题调研、专题研讨，迅速掀起学习宣传贯彻热潮，推动党的二十大精神落地落实、见行见效。

（三）团结奋斗旋律高扬，合力攻坚、干事创业局面生动。把团结奋斗作为成就事业的坚实基础，坚决有力地领导、支持和保障人大、政府、政协、高新区和监察机关、法检机关、党群部门各尽其责、各展其能，不断巩固和发展最广泛的爱国统一战线，共同撑起全市发展“一盘棋”，为各项事业发展凝聚了强大合力。坚决贯彻落实省委省政府推进作风革命、效能革命的决策部署，树牢“今天再晚也是早、明天再早也是晚”的效率意识，大力践行项目工作法、一线工作法、典型引路法，创新开展“八比八拼月擂台”行动，市级领导900余人次“跑部进厅”争取上级部门支持，率队外出招商150余人次，下基层现场办公、现场调度1200余人次，形成“领导垂范、专班推进、上下联动”的工作格局。楚雄市作风革命效能建设工作连续三个季度被州委通报表扬，基层治理、政务服务、项目建设等工作经验被新华社、中央电视台等媒体刊播，“楚雄市打造移民社区治理新样板”入选全省典型案例，充分展现了全市党员干部不畏难、务实干的干事创业精气神。

二、千方百计稳增长、促发展，经济质量稳步提升

始终坚持发展第一要务，聚焦“六个大抓”，培育新业态、集聚新动能、挖掘新潜力，推动经济实现质的稳步提升和量的合理增长。在2021年度全省县域经济考核评价中，楚雄市位列县域经济10强县第一名，2022年中国西部百强县市排名上升至第21位。据初步测算，2022年全市预计实现地区生产总值628亿元，增长6.5%；固定资产投资增长12%；规模以上工业增加值增长12%；财政一般公共预算收入增长3%；社会消费品零售总额增长6.1%；招商引资引进州外到位资金增长22.8%。

（一）用好稳增长政策工具，稳住经济大盘。全面落实国家和省、州稳住经济大盘系列政策措施，制定实施楚

雄市稳增长政策措施23条、贯彻落实稳住经济一揽子政策措施60条，通过政策刺激加速经济复苏提振。把增投资作为稳增长的重中之重，向上争取资金24.65亿元、社会融资14.31亿元，水源贷、组银团贷等模式开创融资先例。把促消费作为稳增长的有效手段，制定实施促进消费八大行动，最大限度激发消费潜力。把育主体作为稳增长的基础工程，实施市场主体培育十大专项行动，新增规模以上工业企业10户、限额以上商贸企业50户，新登记市场主体1.47万户、总数达7.06万户。把扩外贸作为稳增长的强劲助力，引导企业开展进出口贸易，大力发展跨境电商，外贸进出口总额预计增长15%。

（二）构建现代化产业体系，强化发展支撑。实施产业强市战略，紧扣市第十次党代会确定的产业主攻方向，调结构、转方式、促融合，全力打造现代产业体系建设高地。坚持大抓工业，大力推进绿色硅光伏、绿色铜、生物医药、绿色食品制造产业基地建设，宇泽公司总部从江西迁到楚雄市，成为全省首家本土硅光伏头部企业，晶科一期M2车间、宇泽二期、云南麻叶、芙雅生物投产，龙发制药复产，晶科一期M1车间、植物蛋白工厂、滇中有色延链补链、雨生红球藻产业基地扩建、铭鼎药业、神威药业西南总部生产基地项目启动建设，年产20万吨多晶硅项目得到省委支持，工业产业延链补链、组团发展势头强劲，工业增长创下近十年的最高增长。农业产业结构持续优化，核桃、果蔬、魔芋、肉牛、中药材等重点产业基地加快建设，落实优质粮食示范样板1.98万亩，预计全年粮食产量达21.7万吨，完成1450万千克烤烟收购任务。现代商贸物流业加快发展，完成商贸流通企业达限纳统50户，“农村客运+乡村物流”模式入选全国农村物流服务品牌。

（三）健全抓项目工作链环，推动项目落地。高度重视重大项目策划包装，争取实施“四个一百”重点支撑项目73个、预算内投资项目10个，储备5000万元以上重大项目293个。实施投资项目提质提速行动，建立“一个重大项目、一个工作专班、一月一调度”工作机制，全力强化要素保障，全程紧盯项目进度，全年集中开工项目4批次223个。大力推进综合交通、水利、能源、数据、物流五大枢纽建设，东南绕城高速公路建设加快推进，楚景高速等项目前期工作取得积极进展，楚雄机场项目预可研报告获国务院批复，玉楚高速楚雄段建成通车，响水箐水库通过蓄水验收，青山嘴水库至东华子午引调水、白衣河水库等项目进度过半，全国屋顶分布式光伏整县试点工作顺利推进，城乡物流基地产业园、电子商务进农村综合示范县项目有序推进，智慧出行大数据中心建成运营，建成5G基站1494座，5G光网在城区实现千兆覆盖。

（四）强化大招商责任落实，提升招商成效。牢固树立“招商第一要事”的理念，坚持“一把手”招商、产业链招商、点对点招商、填空式招商，严格落实“六个不招”要求，招商质效不断提升。党政主要领导带队赴湖南长沙、江西宜春、浙江杭州、上海嘉定等地开展项目考察洽谈，围绕重点产业开展“补链、延链、强链”招商引资行动，举办厦门专场、2022年火把节“全国百家商会楚雄行”、嘉定区招商引资推介会，参加进博会、南博会招商活动，成功签约哀牢山·楚雄野生动物世界、老君山生态文旅产业园、宇泽半导体（云南）有限公司年产20吉瓦单晶硅拉棒和20吉瓦切片等重大项目。创新招商机制，实施基金招商，入股云南宇泽公司5000万元开展合作。

（五）发挥高新区引擎作用，增添发展动力。强化市区一体化发展理念，全力支持保障高新区转型发展，“1+N”国有资本“投融建管营”和“管委会+产业园+公司化”的运营管理模式更加完善，“2主3辅”产业体系加快构建，省委巡视反馈意见有力整改，一批历史遗留问题、“老大难”问题逐步化解，社会职能剥离移交工作有序推进，云甸化工园区拟认定为省级化工园区，远景智能风机叶片、LNG应急储备站等一批重大项目落地建设，高新区聚焦主责抓产业、抓招商、抓园区、抓项目、抓创新成效明显，对全市经济发展的引擎作用充分发挥。与上海张江高新区开展战略合作，积极探索跨区域产业园区共建模式，承接上海张江药谷、宝腾生物等生物医药产业转移，组建园区联合体。据初步测算，2022年楚雄高新区实现园区营业总收入增长10.2%，规上工业增加值增长10%，社会消费品零售总额增长5%，固定资产投资增长15%，在国家高新区综合评价排名中预计进位4名以上。

三、统筹联动建城市、美乡村，城乡面貌日新月异

坚定不移“以城带乡”，大力推进以人为核心的新型城镇化，城乡发展的协调性、持续性、宜居性不断增强。

（一）城市品质持续提升。统筹城市规划、建设、管理三大环节，城市发展空间布局进一步优化。加快城市更新，西门、金五谷、东兴路北3个片区城市更新项目加快推进，改造老旧小区35个、城镇棚户区809户，完成云泉街、信誉街、中大街延长线等老旧市政道路改造，市政设施不断完善。持续擦亮城市品牌，巩固拓展全国文明城市、国家卫生城市、国家森林城市创建成果，全力推进国家园林城市、绿美城市建设，深入实施青龙河东岸滨水绿化工程、蔡家冲社区公园、楚南路沿线增绿补绿等一批绿化美化项目，开工建设“口袋公园”30个，创建东兴、中大街等一批绿美幸福社区，增加绿化面积40万平方米，实现城市扩容与提质同步提升。谋划建设体育城市、体育公园，不断完善城市功能。深化数字赋能城市管理，数字城市管理指挥调度服务中心一期项目建成运行，街长制、“门前三包”责任制常态化落实，城市管理精细化、智慧化水平不断提高。

（二）乡村振兴全面推进。持续巩固拓展脱贫攻坚成果，投入衔接资金7800万元，实施促进脱贫人口持续增收三年行动计划，全面落实防止返贫动态监测和帮扶机制，

全市10324户38640人脱贫人口和监测对象“两不愁三保障”持续巩固提升，牢牢守住了不发生规模性返贫的底线。坚持以产业振兴带动乡村振兴，采取“金融+”“保险+”模式推动肉牛肉羊产业高质量发展，“一县一业”创建主导产业优质粳米推广种植14.48万亩，新认定“绿色食品牌”产业基地15个，“三品一标”认证9个，吕合镇成功创建全国农业产业强镇，大过口乡被评为全国“一村一品”示范村镇。大力推进乡村建设行动，完成村庄规划编制58个，实施巩固脱贫攻坚推进乡村振兴项目154个，建成高标准农田3.59万亩，实施30户以上村组道路硬化152千米，建成农村供水保障工程22件，乡村基础设施不断完善。实施农村人居环境整治提升五年行动，继续推行“四个日”和“红黑榜”制度，聚焦农村厕所、垃圾、污水“三大革命”和村容村貌整治、乡风文明等重点，全面打响美丽乡村建设攻坚战，打造美丽村庄示范样板106个，形成村有样板、镇有示范的良好局面。

（三）新型城镇化步伐加快。加快健全城乡融合发展体制机制和政策体系，聚焦“人、地、钱”等关键性问题，以改革思维、改革方式破解要素保障难题、人气聚集问题，新型城镇化进程加快。全面放开城区户口迁移政策，出台农业户口人员进城买房补助政策，鼓励农村人口逐步向城镇、城市转移，2022年底，常住人口和户籍人口城镇化率预计分别提高到69.3%和56.91%。抢抓政策窗口期，专班推进耕地占补平衡和城乡建设用地增减挂钩工作，做到全州力度最大、项目推进最快，已完成20个补充耕地项目栽种入库工作，产生耕地数量指标949.81亩、水田规模指标2959.12亩、粮食产能指标92.29万千克；累计上报增减挂钩项目4534.41亩，拆旧、复垦等工作有序推进。创新征地拆迁安置模式，摒弃传统宗地安置、零星安置模式，大力推广鹿城镇杨乐屯新型楼房安置，加快东乾苑等安置小区项目建设，统筹解决失地群众就业、生活、养老等问题，实现失地群众搬得出、住得好、能致富。

四、蹄疾步稳抓改革、谋创新，发展动力充分迸发

坚持改革开放和创新发展双轮驱动，向深化改革要红利、向科技创新要动力，持续为推动高质量发展赋能增力。

（一）深化改革破冰前行。经济、文化、生态等十大领域改革持续发力，以特邀观察员、蹲点督导调研等五项制度为抓手推动一批改革政策落地落实。深化要素市场化配置改革，“放管服”“标准地”“增存挂钩”等改革释放红利，发展瓶颈有效破解。财政体制、国资国企等改革走深走实，市产业发展投资集团有限公司成功组建，资源配置更加优化。县域共青团基层组织改革试点工作被团中央评定为优秀等次，团的工作焕然一新。市文化艺术团挂牌成立，教育卫生等民生领域改革成果惠及于民。国家数字乡村试点工作领跑全省，试点经验入选全国优秀案例。

（二）科技创新释放活力。深入实施创新驱动发展战略，全社会研发经费投入达3亿元，投入强度达0.53%，位于全州前列。着力培育壮大创新主体，预计9户企业获国家高新技术企业认定，62户企业进入2022年国家科技型中小企业库，47户中小企业“上云”，8户企业通过两化融合管理体系贯标认证。成功举办楚雄高新区首届创新创业大赛，推动更多创新主体活起来、强起来。加强知识产权保护与应用，授权专利494件，11户企业成功申报为云南省知识产权优势企业，技术合同成交额达1亿元，楚雄高新区获批国家级知识产权强国建设试点园区。实施全民科学素质行动计划，大力开展示范创建工作，全国科普示范市创建通过国家验收。

（三）营商环境优化升级。启动实施营商环境提升三年行动计划，大力推进优化营商环境“十大行动”，推动政务服务标准化、规范化、便利化，推行“一件事一次办”“跨省通办”和“拿地即开工”审批模式，“一颗印章管审批”改革持续走在全省前列，投资办企经商环境持续向好。加大助企纾困力度，兑付各级扶持企业发展奖补资金5285万元，发放“创指贷”6230万元，为各类市场主体减免税费24.56亿元，市场主体活力有效激发。

五、用心用情惠民生、增福祉，生活品质不断提升

始终坚持以人民为中心的发展思想，在发展中保障和改善民生，人民生活品质持续提升，城乡常住居民人均可支配收入预计分别达46740元、16660元，增长5.5%、8%，人民群众的获得感、幸福感更加充实。

（一）就业形势持续稳定。多措并举稳企保岗、支持创业就业，城镇新增就业1.27万人，就业困难人员实现就业3869人，失业人员再就业6765人，城镇登记失业率控制在3.2%以下。全力促进农村劳动人口就业，实现农村劳动力转移就业14.37万人，保持零就业家庭动态清零。开展集中整治拖欠农民工工资问题专项行动，更好维护农民工群体合法权益，根治欠薪工作获全省通报表扬。

（二）教育体育事业全面发展。统筹办好各类教育，学前教育加快普及普惠，义务教育“双减”“双升”工作有效落实，启动实施高中教育提质增效三年行动，普通高中高分段考生数量稳步提升，滇中楚雄大学城和职业教育集团组建工作扎实推进。持续加大教育基础设施建设力度，有序推进13所学校规划新建、改扩建项目83个，完成“一乡一幼”建设。深化“县管校聘”改革，开展州市名校长、名教师、名班主任“三名工程”建设，教师队伍活力进一步增强。体育事业蓬勃发展，楚雄市作为全省唯一县市入选全国青少年校园足球试点县。

（三）健康楚雄建设深入推进。县域医共体建设加快推进，15个乡镇卫生院均成功创建云南省一级甲等卫生院。医药卫生体制改革取得阶段性成效，实现医疗费用医保异

地一站式结算，全民医保参保率达95%以上。医疗基础设施建设更加完善，市医院传染病楼投入使用，市医院新区二期、市中医医院二期建设项目加紧推进。实施健康县城建设三年行动，爱国卫生“7个专项行动”获全省通报表扬。

（四）社会保障体系健全完善。医疗、养老、工伤、失业保险参保人数持续提高，全民参保覆盖范围稳步拓展。全力保障困难群体基本生活，发放城乡低保、临时救助、残疾人“两项补贴”等资金6412.76万元、惠及33.16万人次。退役军人和其他优抚对象优待工作持续加强，发放各类优抚优待资金3500万元，成功创建省级双拥模范城。制定出台房地产暖企纾困政策措施十五条，支持刚性和改善性住房需求，“万湖东城”等7个烂尾楼盘全部“销号”化解。

六、守正创新兴文化、聚民心，文化自信更加深厚

坚持马克思主义在意识形态领域的指导地位，牢牢把握先进文化前进方向，着力在以文化人、以文兴业、以文聚力上下功夫，实现举旗帜、聚民心、育新人、兴文化、展形象的有机统一，文化成为发展的重要支点、民生的重要因素、战胜风险的力量源泉。

（一）价值引领强劲有力。创新实施宣传思想工作“领航项目”，培树“威楚鹿鸣”理论宣讲品牌，推出三街镇“红色文化”引领文明实践、市公安局“两微一抖”新媒体宣传矩阵等一大批宣传工作品牌，有效培育人民群众的理想信念、价值理念和道德观念。压紧压实意识形态工作责任，营造清朗网络空间，意识形态领域正能量充沛，向上向好的总体态势持续巩固。深入实施社会主义核心价值观建设“十大行动”，不断深化群众性精神文明创建，完成新时代文明实践中心提升改造，楚雄市“新时代文明实践接单‘微心愿’，有难我来帮”服务品牌得到省、州肯定。

（二）文化事业繁荣发展。深入实施文化惠民工程，公共文化设施实现“市乡村”三级全覆盖，打造智慧图书馆、数字文化馆、自助图书馆“升级版”，“彩云之南等你来”等群众性文化活动丰富多彩。建成媒体融合实践基地、县级融媒体创新实践基地，在央媒省媒大力宣传楚雄故事、展示楚雄形象，内宣外宣成效明显。非遗保护、文物保护得到加强，铜鼓博物馆项目前期工作稳步推进，长征国家文化公园（楚雄段）项目开工建设。加强文艺创作和文艺人才培养，28件文艺作品参与省级以上展览或评奖，10名文艺人才加入国家级和省级协会，文化文艺事业发展基础更加坚实。

（三）文化产业稳步发展。坚持文旅融合发展，楚雄老君山生态文旅产业园项目签约，彝风文旅康养度假区建设加快推进，马龙河美丽长廊、紫溪田园综合体、吕合生态农庄等一批乡村旅游景点特色彰显。太阳历文化园成功创建为国家4A级景区，紫溪彝村入选全国乡村旅游重点村，云龙“红色文旅小镇”加紧打造，2022年彝族火把节成功举办，旅游业加快复苏，接待游客人次和旅游业总收入实现双提升。大力发展彝绣特色文化产业，打造“彝绣车间”，全力推动彝绣品牌打造、市场拓展、产业做强。

七、久久为功治污染、优生态，绿美楚雄扎实推进

牢固树立和践行绿水青山就是金山银山的理念，坚持保护与发展并重、人与自然和谐共生，全方位、全地域、全过程推进生态文明建设。

（一）发展方式更加绿色低碳。积极推进碳达峰碳中和，有序推动能耗“双控”向碳排放“双控”转变，云甸零碳园区项目加快推进，成功申报庄甸医药产业片区“无废园区”试点示范建设，划定“三区三线”底线，落实“三线一单”管控，产业结构、能源结构、交通运输结构、用地结构不断调整优化。实施城乡绿化美化三年行动，紫溪镇、东瓜镇蔡家湾小组分别入选全省绿美乡镇、绿美村庄，绿美生活环境加快形成。

（二）环境污染防治深入推进。持续打好蓝天、碧水、净土保卫战，加强扬尘污染整治，城市环境空气质量优良天数比例达100%。深入推进“河湖革命”，实施龙川江流域综合整治提升三年行动，新建和改造污水管网12.9千米，第三污水处理厂投入运行，乡镇污水处理厂加快建设，龙川江西观桥国控断面水质首次跨入优良水体行列，城市集中式饮用水水源地水质保持优良。实施重金属减排项目，持续开展清废行动，土壤污染防治工作成效明显。

（三）生态环境质量持续向好。统筹实施山水林田湖草沙一体化保护与系统治理，从严落实河湖长制、林长制和长江“十年禁渔”，大规模开展国土绿化行动，完成历史遗留废弃矿山生态修复任务，生态安全屏障不断巩固。各类环保督察反馈问题有力有序整改，生态环境监管不断加强。国家生态文明建设示范市创建工作稳步推进。

八、全力以赴防风险、保安全，社会大局和谐稳定

坚决落实“发展要安全”的要求，加强和创新社会治理，着力防范化解重大风险，为全市高质量发展营造安全稳定和谐的社会环境。

（一）安全稳定形势持续巩固。深入贯彻落实总体国家安全观，坚决维护政治、经济、文化、生态等重点领域安全，持续深化“净土、净源、净网”系列专项行动，深入推进“反制、铸墙、净土、攻心”四大工程，一些苗头性问题露头就打、及时遏制，国家安全风险稳控、铜墙高筑。坚持党管武装，国防动员和后备力量建设持续加强，基层人民武装部规范化建设“紫溪做法”得到省、州肯定。深入推进宗教治理工作，落实宗教工作“一网两单”制度，全面完成清真寺改造任务，积极引导宗教与社会主义社会相适应。严防经济、金融风险，非法集资和P2P网贷稳妥

处置。安全生产、自建房安全、食品药品安全等专项整治大检查全覆盖、常态化开展，各类风险隐患有力排查化解，较大以上生产安全事故继续保持“零控制”。

（二）社会治理效能稳步提升。市域社会治理现代化试点工作有序推进，立体化、智能化治安防控体系逐步完善，扫黑除恶斗争常态化开展，违法犯罪有效遏制，人民群众生命财产安全得到保障。加快推进法治社会建设，法治文化主题公园建成投入使用，“八五”普法全面实施，社会治理法治化水平不断提高。全面深入开展民族团结进步创建工作，省级民族团结进步示范市创建通过验收，民族团结、宗教和顺、社会和谐的良好局面进一步巩固。严格落实信访包案责任制，一批人民群众反映强烈的突出问题得到妥善解决。

九、全面严实抓党建、固根基，政治生态风清气正

始终牢记全面从严治党永远在路上、党的自我革命永远在路上，持之以恒推进全面从严治党，层层担起责任、层层压实责任，管党治党能力水平不断提升。

（一）党的政治功能不断增强。实施基层党建“六大工程”，通过树品牌、创示范、促中间、抓后进推动全市基层党组织全面进步、全面过硬。以“书记领航”项目为抓手，积极推动“城市基层党建引领区”建设，城市党建工作经验在全州交流推广。充分发挥党建引领保障作用，全面推进抓党建促乡村振兴、促基层治理，选优配强驻村干部接续奋战乡村振兴一线。全面推开村级“大岗位制”，持续深化村级集体经济“强村工程”，扎实推进村级事务“阳光工程”，党的基层组织建设更加坚强有力。

（二）干部队伍更加过硬。圆满完成市人大、政府、政协班子和乡镇人大、政府领导班子换届，实现选出好班子、换出新气象。坚持新时期好干部标准，不断拓宽选人用人视野，调整交流干部11批255人次，下派乡镇挂职干部15人，政企双向挂职干部10人，重一线、重实干、重实绩、重公认的导向树得更牢。认真落实党员干部教育培训计划，组织开展党的理论教育和专业化能力素质提升培训52期，培训各类干部8300余人次。推进平时考核、专项考核与年度考核有机结合，持续深化“干在实处，走在前列”大比拼，激励广大干部担当作为。用心用情用力做好老干部工作，离退休干部党建经验做法得到省、州肯定。

（三）人才发展生态持续优化。深入实施新时代人才强市战略，召开市委人才工作会议，制定出台《楚雄市新时代人才强市“五个专项行动”实施方案》等政策文件，建立“八个一百”动态人才库，持续优化人才环境，引进教育、卫生领域紧缺人才36名，选调省内事业单位人才55名，授予24名优秀人才“威楚人才奖”，识才爱才敬才用才的良好社会氛围更加浓厚。

（四）正风肃纪反腐更加有力。强化政治监督，全覆盖开展政治监督蹲点调研，确保党中央决策部署落地见效。以钉钉子精神纠“四风”树新风，查处违反中央八项规定精神问题10件27人。坚持“三不腐”一体推进，全市纪检监察机关立案130件、结案138件，给予党纪政务处分124人，挽回经济损失1548.58万元。坚定不移深化政治巡察，开展3轮常规巡察，常态化整改评价做实巡察“后半篇文章”做法得到省、州肯定。全域深化“清廉楚雄”建设，扎实开展“政治生态”分析研判，不断营造风清气正的政治生态。

政府工作报告

——2023年2月22日在楚雄市第十届人民代表大会第三次会议上

市长　罗兴贵

2022年工作回顾

2022年极不平凡、极为不易、极其难忘。面对风高浪急的国际环境，艰巨繁重的改革发展稳定任务，需求收缩、供给冲击、预期转弱三重压力，全市上下坚持以习近平新时代中国特色社会主义思想为指引，以迎接党的二十大胜利召开和学习宣传贯彻党的二十大精神为主线，认真贯彻疫情要防住、经济要稳住、发展要安全的要求，牢记殷殷嘱托，紧紧依靠全市人民，稳中求进、变中求进、难中求进、实干奋进、逆势而进，推动全市经济社会高质量发展，圆满完成市十届人大一次会议确定的目标任务，实现战略性布局、突破性开局。

一年来，我们稳经济、保安全，交出了一份对党忠诚的合格答卷

经济发展逆势上扬。出台稳增长政策措施23条、稳住经济一揽子政策措施60条、房地产暖企纾困措施15条，实施消费在楚雄“八大行动”。实现地区生产总值610.11亿元，比上年增长5.5%，固定资产投资增长16.2%，规上工业增加值增长9.3%，社会消费品零售总额增长5.3%，城乡居民人均可支配收入达46111元和16461元，分别增长4.1%和6.7%。争取专项债券5亿元、专项资金26.4亿元，地方一般公共预算收入增长20.6%。荣登云南省“县域经济10强县”榜首。

社会大局安全稳定。党的二十大安保维稳任务圆满完成，全国市域社会治理现代化试点通过州级验收。政府隐性债务有效化解，银行不良贷款余额、不良贷款率实现“双降”。道路交通、食品药品、经营性自建房、校园等安全实现有效监管，较大以上生产安全事故保持“零控制”。夏季治安打击整治“百日行动”成效显著，刑事、治安警情分别下降34.4%、31.1%，刑事立案下降12.3%，破案率创历史新高。精准应对15轮强降雨，有效处置西舍路镇“9·11”地质灾害，连续33年未发生重大森林火灾。群众安全感、满意度实现“双提升”。

一年来，我们抢机遇、扬优势、抓重点，干成了一批事关长远的大事要事

做强产业支撑，提升区域竞争力。多渠道、多方位筹措资金30.8亿元，建成宇泽一期、二期10吉瓦单晶硅拉棒+8吉瓦切片项目、晶科一期5吉瓦电池片车间，实现产值98亿元，签约宇泽三、四、五期和晶科一期M1车间，引进年产20万吨多晶硅项目。宇泽公司总部从江西迁到楚雄市，成为全省首家本土硅光伏头部企业。晶科能源成为全州首家入选2022年度国家智能制造优秀场景企业。国家级电子商务进农村综合示范项目通过验收，县域商业体系建设项目启动实施，火把节停办2年后重新亮相，西门古镇商业中心开业运营，举办房地产展示交易会、汽车博览小镇首届车展等活动，发放汽车促销补贴300万元。

做大项目投资，增强区域带动力。坚持项目为王，大抓项目、抓大项目，实行一个重大项目、一个工作专班、一月一次调度机制，谋划项目1167个，储备5000万元以上项目284个，争取省“五个一批”、州“四个一百”项目73个。滇中引水一期征拆工作全面完成，玉楚高速等154个项目建成运营，宇泽三期、远景风机等223个项目集中开工，陶瓷产业园、花果山110千伏变电站等433个项目加快推进。东南绕城高速全线开工，楚景高速可研获省发改委批复，楚雄民用机场预可研获国务院批复，楚雄人民期盼已久的“三大工程”即将变为现实。

做实乡村振兴，加强区域融合力。实施帮扶项目272个，1302户4180人消除返贫致贫风险，脱贫户、监测户人均纯收入增长15.2%、17.3%，牢牢守住不发生规模性返贫底线。投资2.7亿元实施耕地占补平衡和增减挂钩项目46个，新增耕地881亩、水田7799亩，建成高标准农田3.59万亩，粮食产量21.8万吨，收购烤烟1450万千克。建设规模养殖场65个，出栏肉牛5.4万头、生猪50.5万头。培育州级以上农业龙头企业3户，认证“三品一标”17个。硬化村组公路152千米，实施饮水工程1596件，改造卫生户厕1463座，打造州级以上美丽村庄32个，农村人居环境持续改善。获评全国村庄清洁行动先进县，吕合镇入围全国农业产业强镇，大过口乡上榜全国“一村一品”示范乡镇，紫溪镇创建为省级绿美乡镇，云龙村、大东社区创建为省级精品示范村。

做优中心城市，扩大区域影响力。城市建成区面积达52.6平方千米，城镇化率68.9%，是全州唯一人口正向流入城市。完成“三区三线”划定和滇中楚雄科创城等重大项目选址论证。改造老旧小区35个、棚户区809户，建设保

障性租赁住房588套。改扩建市政道路6条，建设城市绿道、健康步道、自行车道20千米，打造口袋公园、街头小广场30个，新增绿化面积40万平方米。全国文明城市、国家卫生城市创建成果持续巩固，国家园林城市建设加快推进。

一年来，我们拔钉子、打硬仗、破难题，解决了一批制约发展的急事难事

招商引资按下“快进键”。代表省州在第6届南博会、第5届进博会签约，举办“投资楚雄·合作共赢”福建厦门推介会、火把节“全国百家商会楚雄行”推介会。市级领导省外招商28次、“请进来”洽谈96次，形成全员招商局面，签约宇泽40吉瓦单晶硅拉棒和42吉瓦切片、圣铭再生铅等项目27个，协议总投资突破500亿元。利用外资482万美元，州外到位资金462.78亿元、占全州25.5%，外贸进出口总额42.3亿元、占全州37.8%。

要素保障打出“组合拳”。优化“批、征、供、用、管”环节，实现“拿地即开工”，让“等地期”成为项目建设“加速期”。获批建设用地3230亩，供应土地74宗6032亩，处置批而未供和闲置土地759亩，保障重大项目林地4725亩，被列为全省集体土地征收标准化建设试点市。

破解历史遗留“老大难”。万湖东城、鹿鸣清城等7个“烂尾楼”项目复工，4000余户“老业主”迎来“新盼头”。马龙河流域砷渣矿堆无害化处置项目启动实施。320国道被征地农民安置小区即将开工。国企改革取得新突破，市建筑公司、市保安公司和市属粮食企业“改”出新面貌、“革”出新活力。

一年来，我们闯新路、树样板、立标杆，打造了一批走在前列的特色亮点

营商环境迈向“新高地”。“放管服”改革走在前列，发布行政许可事项239项，政务服务事项“跨省通办”84项。减税降费26.4亿元，发放“贷免扶补”创业贷款1.25亿元、稳岗返还730万元、就业补助1942万元。市场主体净增超过1万户、总量突破7万户，每千人拥有市场主体数高于省州平均水平。

改革创新激活“新引擎”。国家数字乡村试点领跑全省，“庄甸小管家”全国推广。组建市产业发展集团；子午镇成立骠川实业集团有限公司，开创村集体经济发展新路径。全社会研发经费投入总量3亿元，高新区获批国家级知识产权强国建设试点园区，净增高新技术企业11户，高新技术产业产值达170亿元。成功创建全国科普示范市。

多点开花引领“新模式”。获“四好农村路”全国示范县，成功创建全省民族团结进步示范市，第9次获得省级双拥模范城殊荣，创建省级“森林乡村”28个，爱国卫生“7个专项行动”获全省通报表扬，全省首家不动产登记“一件事一次办”试点工作在楚雄启动。补充耕地、城乡绿化美化、新型城镇化等10余项省州重点工作现场推进会在楚雄市召开。

一年来，我们听民声、解民忧、纾民困，办好了一批温暖人心的实事好事

谱写环境保护“新篇章”。严格落实河（湖）长制和林长制，扎实开展长江“十年禁渔”，环保督察反馈交办问题全部按期办结。城区环境空气质量优良率100%，集中式饮用水水源地水质达标率100%，龙川江水质达到历史最好水平。新增营造林2.6万亩，治理水土流失75.8平方千米，完成第三污水处理厂建设和中心城区污水管网一期改造。

打响教育强市“攻坚战”。开展城区学校规划布局，实施鹿城小学小花山校区等学校和幼儿园建设项目84个，楚雄高新实验学校建成招生。高中教育提质增效三年行动启动实施，“县管校聘”、校长职级制改革和人才引进深入推进。市机关幼儿园、鹿城幼儿园认定为云南省现代教育示范幼儿园，义务教育“双减”“双升”经验入选全省典型案例。“三率”排名全州前列，高考一本上线比上年增长12%。组建全州首家由县市职中牵头的旅游服务职业教育集团。

培育文旅体育“金招牌”。投资20亿元的哀牢山·楚雄野生动物世界项目签约落地，火把节非遗展示馆开工，太阳历文化园创建为国家AAAA级景区，紫溪彝村创建为全国乡村旅游重点村，彝人古镇获评全省“彩云之南等你来”优秀示范点。推出精品旅游线路18条，接待游客1492万人次，旅游总收入160亿元。东兴体育馆、小龙井老年体育馆建成使用，新增体育活动场地35个，成为全省唯一入选全国青少年校园足球试点县（市）。

走出医养结合“新路径”。投资5.54亿元的市医院二期、市中医院二期如期推进。市中医院综合服务能力提升建设通过省级验收，乡镇卫生院全部建成省一级甲等卫生院，慢病管理全州领先。“一老一小”养老托育快速发展，创建云南省老年友善医疗机构17个，建设社区居家养老服务试点4个，鹿城镇西苑社区评选为“全国示范性老年友好型社区”。

织密基本民生“保障网”。农村劳动力转移就业14.4万人，城镇新增就业1.3万人。兜牢困难群众基本生活底线，发放各类救助资金26.6万人次6379万元。扎实推进“一卡通”专项整治，惠民惠农财政补贴资金全部直达群众。全民参保扩面增效，累计参保91万人次，药品集中带量采购

节省资金4288万元。根治欠薪工作经验在全省推广。

一年来，我们转作风、提效能、重落实，建设了一个不负人民的高效政府

始终把政治建设摆在首位，增强“四个意识”，坚定“四个自信”，忠诚捍卫“两个确立”，坚决做到“两个维护”。严格落实民主集中制，规范执行“三重一大”决策机制，自觉接受人大及其常委会法律监督和工作监督，主动接受政协民主监督，办理人大代表建议267件、政协提案269件，坚决全面彻底整改国务院大督查、省委巡视、环保督察、专项审计反馈和交办问题。深入推进作风革命、效能革命，认真践行“三法三化”和“三个马上”。创新开展“八比八拼月擂台”行动，兑现奖励200万元，开展约谈30次，形成苦干实干、奋勇争先的良好氛围。公开政府信息8428条，办理“12345”政务服务便民热线7514件，办结率100%。

一年来，精神文明创建活动深入开展，社会主义核心价值观更加深入人心，国家安全、国防动员、国防教育、人民防空、民兵预备役、退役军人事务等工作取得新进展，审计、广电、外事、港澳台侨、决策咨询、机关事务、统计、调查、地震、气象、社科、文联、档案、供销、红十字、工商联、搬迁安置、消防救援等工作取得新成效，工青妇、儿童、老年人、残疾人等工作取得新成绩。

各位代表，前进的道路没有奇迹，只有足迹。全市发展的每一项进步、每一分收获都浸透着汗水、凝聚着心血，都是拼出来、干出来、奋斗出来的。这些成绩，是党中央、国务院总揽全局、英明决策的结果，是省委省政府、州委州政府和市委坚强领导、科学统筹的结果，是市人大、市政协监督促进、积极支持的结果，是全市63万干部群众团结奋斗、努力拼搏的结果。在此，我代表市人民政府，向全市各族人民，向人大代表、政协委员，向各民主党派、工商联、各人民团体和社会各界人士，向驻楚单位和部队、武警官兵、公安干警、消防指战员，向所有关心、支持、参与全市建设发展的朋友们，表示衷心感谢并致以崇高敬意！

在肯定成绩的同时，我们也清醒地看到，全市经济社会发展还面临着不少困难和挑战：一是发展质量不高、发展速度不快，经济总量与滇中同类地区相比还有差距，商品房销售面积、批发业销售额等指标增长全州靠后。二是历史欠账多、发展压力大，基础设施建设负债高，公共服务短板多，偿债与干事难以兼顾。三是项目谋划不深、储备不足，大项目、好项目少，要素保障不够有力，市场化运作水平不高。四是市场主体少，结构不优、质量不高，小散弱等短板突出，社会投资信心不足，中小微企业和个体工商户经营较为困难。五是一些干部干事创业缺乏活力，不懂、不会、不敢、不愿的问题依然突出。对此，我们一定要创新思路、拿出硬招、逐项破解，决不辜负全市人民的期望！

2023年主要目标任务和重点工作

2023年是全面贯彻落实党的二十大精神、奋进中国式现代化新征程的开局之年，是实施“十四五”规划承上启下的关键一年，世界之变、时代之变、历史之变前所未有。楚雄市是全州经济社会发展重要中心，拥有多重战略叠加、产业基础坚实、市场资源丰富、营商环境优质等优势，完全有基础有条件、有责任有义务在新征程上勇挑大梁、走在前列。我们要自觉把楚雄市现代化建设放在全国、全省、全州事业战略全局来审视和谋划，提高站位、锚定方位、高标定位、蝶变进位，让中国式现代化在楚雄大地充分展现可观可感的现实图景。

政府工作的总体要求是：坚持以习近平新时代中国特色社会主义思想为指导，全面贯彻落实党的二十大精神，深入贯彻习近平总书记考察云南重要讲话精神和国务院关于支持云南加快建设我国面向南亚东南亚辐射中心的意见，按照中央经济工作会议安排部署、省委经济工作会议和省“两会”工作安排、州委经济工作会议和州“两会”具体要求，聚焦省委“3815”战略发展目标，聚焦州委打造“滇中崛起增长极、现代农业示范区、绿色能源与绿色制造融合发展示范区、民族团结进步示范区”具体要求，坚持稳字当头、稳中求进，完整准确全面贯彻新发展理念，更好统筹发展和安全，坚持创新驱动发展，全面深化改革开放，持续优化营商环境，大力提振市场信心，把实施扩大内需战略同深化供给侧结构性改革有机结合起来，全力稳经济、增动能、惠民生、防风险、保稳定，突出做好稳增长、稳就业、稳物价工作，推动经济实现质的有效提升和量的合理增长，奋力推进中国式现代化建设的楚雄篇章开好局、起好步。

经济社会发展的主要预期目标建议为：地区生产总值增长8%左右，规模以上工业增加值增长18%左右，固定资产投资增长10%左右，地方一般公共预算收入增长3%左右，社会消费品零售总额增长10%左右，外贸进出口总额增长16%左右，居民消费价格涨幅控制在3%以内，居民人均可支配收入与经济增长基本同步，城镇调查失业率控制在5.5%以内，单位生产总值能耗下降完成州下达目标。

要实现这些目标，我们必须开卷破题、精准发力，实施“六大行动”，在推动高质量发展上闯出新路子。

一、实施“强中心”行动，让城市领跑区域提质出彩

做大做强中心城市。贯彻“强州府”行动，出台现代化区域中心城市建设实施意见，锚定“康养胜境、宜居楚雄”城市定位，打响公园城市、康养城市两大品牌，构建“东强产业兴园区、西塑胜境融康养、南造智谷聚科创、北筑新城旺文旅、中抓更新提品质”5大空间布局，打造9大中心，抓实9大任务，加快滇中城市群昆楚一体化发展，引领“1+3+1”楚中城镇群发展，实现优势互补、错位发展、整体跃升。建设引领周边、支撑全州、辐射滇西、融入滇中、服务全省的现代化区域中心城市。

扩大城市吸引力。创建健康、美丽、文明、智慧、幸福县城，争取国家海绵城市、国家智慧城市试点。高标准启动建设科创新城，推进高铁新城开发建设，加快万家坝铜鼓片区、西门片区城市更新，云岭大道、彝海大道等10条城市主次干道建设，打通花果山路等5条“断头路”，建设健康步道、自行车道15千米，新建改造污水管网15千米。启动“城市大脑”一期工程建设，形成“一网统管”城市治理新模式。加快农业转移人口市民化，力争常住人口城镇化率提高2个百分点以上。

做精做优小集镇。改变小集镇规模小、布局散、档次低现状，坚持“一镇一定位、一镇一特色”，把小集镇建设作为产城融合发展的“黄金节点”来抓，推动小集镇建设同承接城市功能、发展特色产业、服务“三农”相融合，完成集镇规划修编，重点打造西舍路森林小镇、中山中心集镇和三街民族文化小镇，形成“小窗口、大形象，小产业、大市场”发展格局，让小集镇成为资源集约、产业集聚、人口集中的重要节点和区域中心。

点燃城市烟火气。推动城乡物流基地产业园、汽车博览小镇二期、彝海公园夜经济、楚雄观象商业街建成运营，招引昆百大、红星美凯龙等入驻楚雄。高规格举办火把节、彝族年等各类节日、庆典，大规模举办地方特色产品展览会、交易会、促销会，以及各种文化、体育赛事等具有特色的活动。大力发展数字经济、总部经济、电子商务、跨境电商等新业态新模式，培育限额以上商贸企业40户。

二、实施“强工业”行动，让县域经济加速突破崛起

重塑传统产业优势，筑牢工业“硬基石”。积极争取省级专项资金，推进楚雄卷烟厂数字转型和智能升级，全产业链重塑烟草产业新优势，力争烟草产值突破120亿元。扶持建筑企业和绿色建材企业，力争建筑业产值250亿元以上。加快推进在建的滇中有色20万吨阴极铜项目建设，力争再增加20万吨阴极铜项目落地楚雄，实现产值150亿元。支持小岗箐、分山牌两个煤矿年产30万吨升级改造，确保石鼓煤矿正常生产，深化煤矿“五化”改造和重大灾害治理，全面完成电煤保供任务，力争煤炭产业产值突破5亿元。

提速壮大新兴产业，打造工业“增长极”。加快千亿级绿色硅光伏产业集群建设，确保宇泽三期、晶科一期M1车间建成投产，力促宇泽四期投产，力争20万吨多晶硅和宇泽五期、晶科二期项目开工，助推宇泽公司做好上市工作，积极做好石英坩埚、电池组件延链补链。培育壮大百亿级生物医药产业，加快云南药科院化学药高端制剂产业基地建设，确保兴麻智萃建成投产。抓好植物蛋白、雨生红球藻等新兴产业发展。推进重点企业工贸分离。

加快发展园区经济，建好工业“主阵地”。优化“一园三区六分园”规划布局，加快富民光伏及半导体、黄草再生资源利用、云甸化工、工业大麻、陶瓷产业园、零碳产业园等重点工业片区建设，完成宇泽晶科标准化厂房、宇泽220千伏输变电工程和污水处理厂建设。创新开展富民工业园区综合开发模式，争取国家综合保税区建设和省级开发区标准化试点，争创沪滇跨省合作产业园、数字经济产业园和人力资源产业园，创建全省物流枢纽经济示范区，力争园区营业总收入815亿元、增长10%，加快打造千亿级园区。

强化科技创新赋能，激活工业“新引擎”。落实省州市财政科技联动投入机制，争创省级科技引领产业示范县试点，全社会研发经费投入总量增长10%以上。加快中科院软件研究中心楚雄实验室、火麻研究院、科大讯飞等项目建设，举办科技入楚系列活动，引进高层次科技人才15人以上，新增高新技术企业4户以上、科技型中小企业20户以上，实现瞪羚企业、“双五”企业零的突破。

推进市场主体倍增，挖掘工业“新潜力”。打造效率、服务、诚信“三大营商环境品牌”，推动国企敢干、民企敢闯、外企敢投，让市场主体多起来、活起来、大起来、强起来。培育省级专精特新“成长型”和“小巨人”企业3户以上，净增市场主体完成州下达目标任务，确保净增量、总量、质量稳居全州首位。

三、实施“强三农”行动，让农业产业化带动千万家

加快发展现代农业。打造马龙河流域、楚南路沿线乡村振兴示范带，加快推进吕合镇国家农业产业强镇建设。深化金融服务乡村振兴创新示范区建设，银行业金融机

构对涉农企业贷款不低于150亿元。壮大树苴肉牛、大过口魔芋、西舍路有机芒果等特色产业品牌，新增州级以上农业龙头企业2个、“三品一标”5个、“绿色食品牌”产业基地10个。建设高标准农田1万亩、优质粳稻繁育基地5000亩，确保粮食产量稳定在21万吨以上。建设牛羊禽屠宰生产线及活体交易中心。大力推进新能源烤房建设，收购烟叶1500万千克以上，重新跻身全国重点烟区行列。

推动城乡共同富裕。持续巩固拓展脱贫攻坚成果同乡村振兴有效衔接，统筹7000万元实施帮扶项目100个以上，精准落实产业发展、转移就业、教育医疗、低保兜底4项帮扶政策，确保脱贫人口和监测对象收入增长保持15%以上。推进东华子午万亩油菜花海、马龙河风情热谷旅游开发建设，举办“樱桃节”“魔芋节”等系列活动，大力发展“周末游”“节日游”，推动休闲农业和乡村旅游融合发展，巩固拓展农民增收渠道。

加速推进乡村建设。加强农村基础设施建设，争取启动东大线四改三项目，硬化村组道路90千米，实施安全供水工程15件、农村电网改造项目207个。深化乡村振兴“十百千”示范工程，建设一批示范乡镇、精品示范村和美丽村庄，打造大屯、李大村、巴拉际3个州级乡村建设示范点。巩固国家数字乡村创建成果，大力发展农村电子商务，推动“互联网+”服务向农村覆盖。

四、实施“强高新”行动，让高新区轻装上阵抓主业

在政策上给予支持。坚持“市区一体”，出台支持高新区高质量发展政策措施，要素保障、资源配置纳入全市统筹，举全市之力支持高新区聚焦主业抓发展，推动高新区成为上海张江高新区科技成果转化基地、张江药谷产业转移重要承载区、沪滇联动创新创业先行先试区，力争高新区综合评价排名前进3名。

在行动上加快改革。加快高新区社会职能剥离划转，实现机构编制、业务职能、人事档案、财务资产剥离交接，深化跨区域产业园区共建。以“1+N”模式组建高新投资发展集团，深化园区市场化、实体化建设管理，实现“投融建管营”全链条发展。

在干事上激发活力。完善高新区人才引进、人员流动、激励奖惩机制，实行“管委会+公司”模式，支持高新区探索以绩效工资为核心的薪酬制度改革，推进园区工资总额核定与招商引资、项目建设、产业发展、税收增长等绩效挂钩。

五、实施“强生态”行动，让绿美建设走在全省前列

抓好生态保护治理。打好蓝天、碧水、净土三大保卫战，推进以龙川江、礼社江、马龙河为重点的绿美河湖、健康河湖、幸福河湖建设，实施龙川江流域吕合段水环境综合治理试验项目、长江流域农业面源污染治理项目，确保城市空气质量优良率、国省控断面水质优良率、土壤污染地块安全利用率“3个100%”。

推动绿色低碳发展。坚决遏制“两高”项目盲目发展，探索碳汇交易，力争在全州率先实现“双碳”目标。实施园区节能降碳工程，加快省级绿色低碳示范产业园区和庄甸医药产业片区“无废园区”示范建设，创建省级和国家级生态文明示范市、中国气候宜居城市。

加快绿美楚雄建设。全面推进“8个绿美”建设，实施城市入口景观提升工程，建设绿美街区街道48条，打造口袋公园和街头游园40个，建成青龙河滨河景观公园和蔡家冲湿地公园。实施楚南路、茶花大道、元双路沿线“增绿补绿”工程，抓实村庄“四旁”“四地”绿化美化，因地制宜建设“小花园、小果园、小菜园”。争创国家园林城市、省级绿美城市。

六、实施“强民生”行动，让人民群众生活更加幸福

努力实现学有优教。出台城市住宅小区配套幼儿园管理办法，加快新苗、西城、鹿城中心幼儿园建设。推动彝海小学、青龙实验学校、楚雄启行汇德高级中学建设。推进义务教育优质均衡发展、基础教育集团化、农村教育一体化办学。安排500万元开展义务教育教学质量激励，提升一本上线率、600分人数占有率，力争“清北”上线人数有突破。推动滇中楚雄科创城、市职业高级中学新校区建设，打造区域产教联合体。

努力实现劳有厚得。加强高校毕业生、退役军人、农民工等重点群体就业帮扶，开展职业技能培训6000人以上，实现农村劳动力转移就业13.5万人以上，深入实施“贷免扶补”扶持创业，城镇新增就业6800人以上。

努力实现病有良医。启动全国基层中医药工作示范县创建，深化“兴楚名医”培养，打造省级重点专科4个。建成市医院二期、市中医院二期，新增临床科室5个、床位1100张。推进市医院三级医院建设，加快市妇计中心搬迁。实施新爱国卫生“7+1专项行动”，巩固提升国家卫生城市创建成果。

努力实现老有颐养。包装谋划一批养老服务项目，加快街道综合养老服务中心项目建设，实施政府购买居家养

老服务试点，探索农村养老服务分片区集中供养，鼓励社会资本投入养老服务，加快智慧养老建设，实现“家门口”就近就便养老。争创全省医养结合示范市。

努力实现弱有众扶。推进全省社会保险服务综合柜员制改革试点工作，扩大社会保险覆盖面，基本医保、养老保险参保率分别达96%、95%以上，城乡居民重大疾病住院取消大病住院年度最高限额。加强社会救助兜底保障和急难临时救助。完善住房保障体系，建设保障性租赁住房600套以上。

努力实现文体惠民。启动哀牢山·楚雄野生动物世界、彝海公园五星级大酒店、万家坝铜鼓遗址公园项目，壮大“彝绣”文创品牌，隆重举办火把节系列活动，推出一批精品旅游线路，吸引游客1500万人次以上。实施西南最大皮划艇训练基地和高原体育中心、体育公园等项目，打响城市公园马拉松、紫溪山越野赛事品牌，争创国家文化产业和旅游产业融合发展示范区、省“全域旅游+全域体育”融合发展示范市。铸牢中华民族共同体意识，创建全国民族团结进步示范市。

七、要实现这些目标，我们必须久久为功、接续奋斗，抓牢“六大重点”，在构建新发展格局中展现新作为

大抓招商，打造携手共赢的希望楚雄。立足资源禀赋，创新招商模式，实现天天有洽谈、周周有签约、月月有开工。瞄准国内外500强、央企名企、产业龙头等企业，依托晶科能源、宇泽半导体等链长企业，招引一批产业链上下游配套项目。谋划重点产业招商项目100个，举办招商引资专场推介会4次，引进亿元以上项目20个以上，州外到位资金增长15%以上。

大抓项目，打造大干快上的崛起楚雄。全面提高项目申报成功率，抢抓全省实施铁路“建网提速”、民航“强基拓线”、农村公路“巩固提升”和“兴水润滇”工程机遇，谋划“四个一百”重点项目89个，完成投资127亿元，争取专项债20亿元以上。坚持重大项目专班推进，启动楚雄抽水蓄能电站、九龙甸水库扩建、不管河引水等184个项目前期，力争楚雄民用机场、楚景高速、圣铭再生铅等项目开工建设，加快东南绕城高速、滇中引水二期、白衣河水库建设，集中开工重大项目4批次200个以上。

大抓融资，打造融通内外的蓬勃楚雄。走好走活平台公司改革、盘活经营性资产、化解债务、实施项目4盘棋。壮大市级国企实力和影响力，成立国有平台二级子公司和乡镇国有企业。推广水源贷、银团贷等经验，设立产业发展基金和扶持基金。成立金融行业协会，组建金融顾问团，举办政银企座谈会、融资项目推介会系列活动，提高融资对接精准度。支持社会资本参与重大项目建设，用政府“小投入”撬动社会资本“大投资”。

大抓改革，打造开放包容的活力楚雄。深化财税、国企、金融、综合执法等重点领域改革，推进全省集体土地征收标准化试点，打造改革“创新成果”和“特色品牌”。加快“智慧政务”建设，政务服务事项网上可办率、全程网办率达98%和80%以上。深化产业工人队伍建设，新建人才公寓100套以上。力争营商环境全省领先、全国一流，让开放包容成为区域中心城市的文化、精神和底色。

大抓机制，打造唯实惟先的善为楚雄。体制机制、政策措施、工作制度、考核奖惩4招发力，决不让好政策停在办公室、留在文件上。重点工作明确时间表、责任人、施工图，变“伯乐相马”为“赛场选马”，工作干得好不好用大比拼说了算、用“八比八拼”说了算，使“红脸、出汗、比武、打擂”成为政府工作常态，按下高质量发展“快进键”“升级键”。

大抓安全，打造安居乐业的幸福楚雄。坚持总体国家安全观，以大概率思维应对小概率事件。细化落实“乙类乙管”总体方案，加强重大疫情防控体系和应急能力建设。牢牢守住不发生系统性金融风险的底线。落实国务院15条安全生产措施，强化道路交通、森林防灭火、食品药品、建筑施工等重点行业领域管控，坚决遏制重大事故发生，争创国家食品安全示范市。持续推进常态化扫黑除恶，提高基层社会治理水平，确保全国市域社会治理现代化试点通过国家和省验收，不断提升人民群众安全感、获得感、幸福感。

要实现这些目标，我们必须说了就算、定了就干，聚力“四个楚雄”，在打好“五大提速攻坚战”上扛起新担当。全力以赴建设“影响楚雄”十大重点项目，办好“幸福楚雄”十大民生实事，打造“创新楚雄”十大典型经验，争创“先锋楚雄”十大全省标杆，打好产业、项目、招商、融资、作风“五大提速攻坚战”。市人民政府领导班子带头，每人招成1个项目、争创1个标杆、为基层办1件实事、解决1个历史遗留问题，打造楚雄发展新品牌。

统筹做好第五次全国经济普查，开展“十四五”规划中期评估，做好保密、审计、广电、外事、港澳台侨、决策咨询、统计、调查、机关事务、社科、档案、地震、气象、科普、供销、红十字等工作，保障妇女、儿童、青少年、老年人、残疾人合法权益，支持群团组织改革发展，抓好国家安全、军民融合、国防动员、国防教育、人民防空、民兵预备役、双拥、消防救援等工作。

全面加强政府自身建设

新征程是充满光荣和梦想的远征，时间不等人，机遇不等人，发展不等人。全市政府系统要恪尽政府之责、彰显政府之效、提升政府之能，回答好新征程上的发展之问、人民之问、时代之问。

我们要答好理想信念“政治卷”，建设忠诚政府。深入学习贯彻习近平新时代中国特色社会主义思想，坚持把党的全面领导贯穿政府工作各方面、全过程，全面学习、全面把握、全面落实党的二十大精神，在市委的领导下，团结带领全市各族人民，不断推动社会主义现代化新楚雄的壮丽事业破浪远航。

我们要答好依法行政“规范卷”，建设法治政府。深入学习贯彻习近平法治思想，全面推进“八五”普法，自觉接受人大法律监督、工作监督和政协民主监督，主动接受社会监督、舆论监督，办好人大代表建议和政协提案。严格规范公正文明执法，努力让人民群众在每一项执法决定中都能感受到公平正义。

我们要答好担当作为“责任卷”，建设实干政府。把担当实干抓落实作为政府工作生命线，不提超越阶段的亮丽口号，不定脱离现实的高大指标，不上没有发展后劲的面子工程，以政府有为促市场有效，以“不做则已、做则必成”的气概，推进政府工作定必干、干必成、成必优。

我们要答好温暖人心“民生卷”，建设服务政府。全力解决群众“柴米油盐”的烦恼、“衣食住行”的需求、“酸甜苦辣”的倾诉、“急难愁盼”的问题。当好服务企业金牌“店小二”，打造“让干部敢为、地方敢闯、企业敢干、群众敢首创”的制度环境，用政府辛勤努力换来千家万户岁月静好、幸福安康。

我们要答好严实细硬“作风卷”，建设高效政府。树牢“今天再晚也是早、明天再早也是晚”的效率意识，带头大兴真抓实干之风、克难取胜之风、团结奋斗之风、说到做到之风、敢于斗争之风。定下的事情，部署的工作，说干就干、一抓到底，敢于同高的比、跟强的争，以高效率赢得高质量，以快节奏换来快发展。

我们要答好风清气正“清廉卷”，建设廉洁政府。坚持严的主基调，严格落实“两个责任”，锲而不舍落实中央八项规定及其实施细则精神，持续纠治“四风”。有效防范重点领域、重大工程、重要岗位廉政风险。严控“三公”经费和一般性支出，把有限的财力投在促进发展的关键处、用在增进福祉的紧要处、花在为民服务的“最后一公里”，以政府的“紧日子”换来群众的“好日子”。

名词解释

1. 消费在楚雄“八大行动”：畅游楚雄、让利楚雄、玩转楚雄、健康楚雄、宜居楚雄、数字楚雄、惠农楚雄、诚信楚雄。

2. 省“五个一批”项目：谋划一批、签约一批、开工一批、投产一批、增资一批。

3. 州“四个一百”项目：100项竣工投产项目、100项在建项目、100项新开工项目、100项前期工作项目。

4. “三品一标”：无公害农产品、绿色食品、有机农产品和农产品地理标志。

5. “三区三线”：农业、生态、城镇三类空间和永久基本农田、生态保护红线、城镇开发边界三条控制线。

6. 拿地即开工：通过容缺预审受理方式，将施工许可之前的各项审批事项提前审查，投资项目获得土地使用证明文件后立即核发项目开工所需批准文件，项目随即具备合法开工条件。

7. “放管服”：简政放权、放管结合、优化服务的简称。

8. 跨省通办：申请人在办理地之外的省市提出事项申请或在本地提出办理其他省市事项申请，由政务服务大厅“跨省通办”窗口受理后，交由相关部门按流程完成事项的受理、审批。

9. “四好农村路”：农村公路建设好、管理好、养护好、运营好。

10. 爱国卫生“7个专项行动”：清垃圾、扫厕所、勤洗手、净餐馆、常消毒、管集市、众参与。

11. “一件事一次办”：企业、群众办理不动产交易登记需要到多个部门办理的房产交易备案、税费缴纳、转移登记、抵押登记全过程的“一揽子事”一次性办理。

12. 县管校聘：教师由县级政府统一管理，统一定期流动到县域内学校，将教师从过去的某学校的“学校人”改变为县教育系统的“系统人”。

13. 义务教育“双减”“双升”：减轻义务教育阶段学生过重作业负担和校外培训负担，提升课后服务质量和教育教学质量。

14. “三率”：学前三年毛入园率、九年义务教育巩固率、高中阶段毛入学率。

15. “三重一大”：重大事项决策、重要干部任免、重大项目投资决策和大额资金的使用。

16. “三法三化”和“三个马上”：项目工作法、一线工作法、典型引路法，任务项目化、项目清单化、清单具体化，任务一布置马上抓落实、工作一部署马上去推动、工作一完成马上就反馈。

17. “八比八拼月擂台”行动：楚雄市围绕经济指标、固定资产投资、招商引资、向上争资、项目建设、市场主体、转移就业、营商环境和当前重点工作，组织33个政府部门、15个乡镇、2家国有企业每月进行比拼和奖惩。

18. “1+3+1”楚中城镇群：“1”指楚雄市城市规划区和坝区集镇，“3”指南华、牟定、双柏县城，“1”指禄丰市广通镇。

19. “一园三区六分园”：楚雄工业园，赵家湾桃园、富民庄甸、苍岭三个工业区，富民、赵家湾、桃园、智明、云甸、黄草六个分园。

20. “瞪羚企业”：创业后跨过死亡谷以科技创新或商业模式创新为支撑进入高成长期的中小企业。

21. “双五”企业：营收5亿元以上且研发投入强度5%以上的企业。

22. 专精特新“小巨人”企业：集中于新一代信息技术、高端装备制造、新能源、新材料、生物医药等中高端产业领域尚处发展早期的小型企业。

23. 楚雄州乡村振兴“十百千”示范工程：到2025年底，全州建成10个乡村振兴示范乡镇、100个精品示范村、1000个美丽村庄。

24. “两高”项目、“双碳”目标：高耗能、高排放项目和碳达峰、碳中和目标。

25. “8个绿美”：绿美城镇、绿美社区、绿美乡村、绿美交通、绿美河湖、绿美校园、绿美园区、绿美景区。

26. “四旁”“四地”：水旁、路旁、村旁、宅旁和边角地、空闲地、闲置宅基地、拆违地。

27. 新爱国卫生“7+1专项行动”：绿城市、治污染、除四害、食安心、勤锻炼、管慢病、家健康、创国卫。

28. “五大提速攻坚战”：产业提速攻坚战、项目提速攻坚战、招商提速攻坚战、融资提速攻坚战、作风提速攻坚战。

〔栏目编辑：敖春晖〕

专记

2023

楚雄市年鉴

楚雄市十年发展纪实

中共楚雄市委　楚雄市人民政府

党的十八大以来的十年，是楚雄市经济发展争先进位、跨越赶超的十年，也是威楚大地翻天覆地、沧桑巨变的十年。十年来，楚雄市坚持以习近平新时代中国特色社会主义思想为指导，深入学习贯彻习近平总书记考察云南重要讲话精神，团结带领全市各族干部群众牢记嘱托、感恩奋进，奏响了“干在实处”的时代强音，答好了“全面小康”的优异答卷，在实现第一个百年奋斗目标、向第二个百年奋斗目标奋勇前进中迈出了坚实步伐。

这是楚雄市决战脱贫、决胜小康的十年，乡村振兴旋律高扬

党的十八大以来的十年，楚雄市坚定不移贯彻落实习近平总书记关于扶贫工作的重要论述，坚持把脱贫攻坚作为重大政治任务、头等大事和第一民生工程，围绕“两不愁三保障”，整合各类资金49亿元，集中优势兵力、汇聚要素资源，尽锐出战、攻坚克难，全市2个贫困乡镇、51个贫困村、9310户35759名贫困人口全部脱贫，困扰千百年的绝对贫困问题历史性地得到解决，楚雄市与全国全省全州同步迈入全面小康社会。全市各族群众精神面貌发生了根本性转变、生产生活越来越美好，正向着乡村振兴大步迈进。

这是楚雄市抢抓机遇、乘势发展的十年，经济建设提质加速

党的十八大以来的十年，楚雄市始终坚持发展第一要务，完整、准确、全面贯彻新发展理念，扎实做好“经济提质”这篇文章，推动全市经济发展在“高质量”的前提下跑出了“加速度”，在滇中崛起、助滇中崛起的战略地位更加凸显。

综合实力跃上新的台阶。全市地区生产总值连跨三个百亿元大台阶，由2012年的220.9亿元增加到2021年的563.4亿元，年均增长9.15%，全省县域经济“十强县”名列第5，中国西部百强县市名列第22，先后入围全国县域经济综合竞争力百强县、全国投资潜力百强县、中国西部百强县市、云南省县域经济十强县、云南省民营经济十强县。

产业转型升级成效显著。大力培育主导产业，单晶硅拉棒及切片、高效太阳能电池片、半导体新材料等百亿级项目落地楚雄市，光伏制造及半导体产业实现了从无到有；率先在全省建成工业大麻产业基地，芙雅生物、云南麻叶等8个项目落户园区；楚雄高新区现代中药与民族药获批国家创新型产业集群，聚集了神威药业、盘龙云海等35户医药企业，光伏及半导体新材料产业基地、云南省工业大麻产业基地、中药配方颗粒产业基地“三个基地”逐步形成。大力发展高原特色现代农业，粮食产量连年丰收，魔芋、中药材、果蔬、花卉等产业发展提质增效，获“国家产粮大县”“全国魔芋产业重点县”“中国核桃油之乡”“云药之乡”等称号。大力发展第三产业，文化旅游、现代商贸物流、医药康养等产业蓬勃发展，彝人古镇入选第一批国家级夜间文化和旅游消费集聚区，楚雄市入围全国县域旅游发展潜力百佳县。

基础设施实现质的飞跃。坚持把综合交通、水利、能源、数据、商贸物流“五大枢纽”建设作为打基础、利长远、促跨越的关键，按下基础设施建设“快进键”，2021年固定资产投资达2012年的3.2倍。楚广高速、楚姚高速等建成通车，高速公路里程达235千米，楚雄机场项目前期工作取得实质性突破，随着动车开通楚雄市跨入“高铁时代”。滇中引水楚雄段、白衣河中型水库等一批重点水利工程加快实施，首座山区小（1）型水库建成蓄水，城乡用水保障有力。完成新一轮电网改造提升，中缅油气管道、楚攀天然气管道建成运营。光纤宽带网络和4G网络实现城乡全覆盖，5G网络提速扩面。城乡物流服务实现全覆盖，“农村客运+乡村物流”模式入选全国第二批农村物流服务品牌，成功创建国家级电子商务进农村综合示范市。

这是楚雄市改革赋能、开拓前行的十年，加快发展动力充沛

党的十八大以来的十年，楚雄市坚持把改革开放创新贯穿于发展的全过程，做好“立足楚雄发展楚雄、跳出楚雄发展楚雄”两篇文章，深化改革、扩大开放、创新驱动，发展动力活力不断增强。

改革之路越走越宽。党政机构、国资国企、殡葬、农村土地确权登记颁证等改革任务顺利完成，“一颗印章管审批”成为全省改革标杆，村（社区）“三资”管理、“集团化”办学、美丽乡村等改革走在全省前列，不动产登记成为全国百佳示范窗口，制约发展的体制机制瓶颈不断破除。

开放之门越开越大。主动融入和服务国家及省、州发展战略，强化与长三角、京津冀、成渝经济区等重点区域的交流合作，突出“一把手”带头精准招商、专业招商队伍主攻招商，成功引进晶科、宇泽等一批重大招商引资项目落地建设，引进州外到位资金年均增长32.2%。持续优化营商环境，全市政务服务事项网上可办率98.48%，全程网办率65.5%，市场主体总数达6万户，每千人拥有市场主体104户，宇泽一期3吉瓦单晶硅拉棒项目实现180天从签约到点火试机的“楚雄速度”“楚雄效率”。

创新之势越聚越强。楚雄高新区升级为全国第三家、全省第一家少数民族自治地区国家级高新区，全市现有高新技术企业达38户、入库国家科技型中小企业45户，高新技术产业产值占全州的55%，被列为云南省首批双创示范基地、省级创新引领型科技成果转化示范县（市）。

这是楚雄市建好城市、建美农村的十年，美丽家园幸福宜居

党的十八大以来的十年，楚雄市坚定不移“以城带乡”，统筹做好“城市升级”与“乡村出彩”两篇文章，城乡发展的协调性、持续性、宜居性不断增强，全国文明城市、国家卫生城市、国家森林城市、全国双拥模范城等诸多荣光，让楚雄这座城市破茧成蝶、绽放华彩。

城市颜值更加靓丽。以全国文明城市创建为龙头，统筹推进城市规划建设管理各个环节，市政基础设施日益完善，首座城市立交建成通车，打通了一批“断头路”“瓶颈路”，打造了“一江三河”滨河景观带66千米，街头绿地公园、广场随处可见。精细化推进城市管理，城市堵点、痛点、难点问题不断破解，城市更加有序、干净、宜居。城市建成区面积由2012年的38.88平方千米增加到2021年的51.8平方千米，常住人口城镇化率由59.2%提高到68.47%。

农业农村更加繁荣。全面启动村庄规划和“干部规划家乡行动”，描绘了农村长足发展的愿景图。大力推进乡村建设，农村水电路通信等基础设施不断完善，国家数字乡村试点工作获得全省唯一一家优秀等次，被评为“四好农村路”全国示范县、全国县域数字农业农村发展先进县。全面提升农村人居环境，行政村卫生公厕和乡村垃圾收运全覆盖，卫生户厕覆盖率达87.35%，农村生活污水有效管控率达81.4%，被评为全国村庄清洁行动先进县。乡村治理、乡风文明建设深入推进，“一约四会”等制度建设更加有效，形成破陋习、倡文明、树新风的良好氛围。

这是楚雄市为民解忧、为民造福的十年，人民至上初心如炬

党的十八大以来的十年，楚雄市践行以人民为中心的发展思想，聚焦民忧、回应民盼，民生投入占一般公共预算支出提升到78%，用心用情用力写好“人民幸福”这篇文章，全市各族群众生活更加殷实、更加安康、更加舒适、更加幸福。

民生福祉持续增进。千方百计增加居民收入，全市城乡居民人均可支配收入分别达44304元和15429元，分别是2012年的2.1倍、2.5倍。着力办好人民满意的教育，教育基础设施全面改善，教育教学质量稳步提升，获“全国义务教育发展基本均衡县”称号。加快健康楚雄建设，市医院新区、市中医院一期建成使用，乡镇卫生院、村卫生室全面达标，爱国卫生“7个专项行动”深入开展，群众性体育活动和全民健身运动广泛开展，人均预期寿命达到76.02岁。健全完善社会保障体系，社会保险基本实现应保尽保，社会救助兜底有力。公共租赁住房建设和棚户区、城镇老旧小区、农村危房改造任务圆满完成，城乡居民住房条件全面改善。

治理效能不断提升。新时代人大工作全面加强，人民政协工作不断加强和改进，全过程人民民主不断发展完善。全国市域社会治理现代化试点工作扎实推进，党建引领基层治理巩固执政基础工程深入实施，自治德治法治相结合的治理体系不断健全。法治平安楚雄建设深入推进，创新发展“枫桥经验”楚雄模式得到司法部通报表扬，扫黑除恶专项斗争取得胜利，群众安全感和执法满意度实现“双提升”。风险防范化解有力有效，安全生产形势稳定向好。全面深入持久开展民族团结进步创建，依法管理宗教事务，民族团结、宗教和顺、社会和谐的良好局面持续巩固。

这是楚雄市改善生态、永续发展的十年，水绿山青绘就美景

党的十八大以来的十年，楚雄市坚决贯彻习近平生态文明思想，围绕打造绿美楚雄的目标，聚焦蓝天、碧水、净土，有力有效打好污染防治攻坚战，推动了全市环境质量持续改善，龙川江西观桥国控断面实现了“脱劣”达标，集中式饮用水水源地水质稳定达标，空气质量优良率常年保持100%，获“中国天然氧吧”称号。坚持山水林田湖草沙系统治理，加强生物多样性保护，河湖长制、林长制全面推进，生态安全屏障进一步筑牢。做好人工造林“添绿”的同时，更重视自然生态“留白”，不断夯实绿水青山的生态底色，全市森林覆盖率达75.62%，城市人均绿地面积达14.42平方米，摘取了国家森林城市、全国绿化模范县、中国森林养生基地等桂冠。大力实施清洁生产，支持绿色技术创新，推进绿色低碳改造，楚雄高新区入选国家绿色工业园区，绿色发展和绿色生活方式加快形成。

这是楚雄市从严治党、厉治风清的十年，政治生态正气充盈

党的十八大以来的十年，楚雄市认真贯彻落实新时代党的建设总要求，扛牢压实管党治党政治责任，以空前力度推动全面从严治党向纵深发展、向基层延伸。坚持把政治建设摆在首位，把学习贯彻习近平新时代中国特色社会主义思想作为首要政治任务和长期工作主题，扎实开展“两学一做”学习教育、“不忘初心、牢记使命”主题教育和党史学习教育，广大党员干部听党话、跟党走的信念更加坚定，从而更加忠诚拥护“两个确立”、更加坚决做到“两个维护”。连续开展基层党建“推进年、提升年、巩固年、创新提质年”工作，推动各领域基层党组织全面进步、全面过硬，打造了智慧党建、城市党建等威楚党建品牌。在全州率先开展“干在实处，走在前列”大比拼，搭建了干部实践锻炼的“大舞台”，广大党员干部推进高质量发展的精气神得到提振。持之以恒正风肃纪反腐，坚决落实中央八项规定精神，深入开展作风革命、效能革命，积极推进“清廉楚雄”建设，坚决肃清流毒影响，严肃查处违纪违法案件，常态化整改评价做实巡察“后半篇文章”做法在全省推广，反腐败斗争压倒性态势持续巩固发展。

楚雄市绿色发展工作纪实

中共楚雄市委

近年来，楚雄市坚定不移践行习近平生态文明思想，坚定不移贯彻新发展理念，积极倡导绿色生活，大力推动绿色生产，坚决守好绿色生态，有力有效推动“绿水青山”与“金山银山”的同频共振、共抓共赢，在威楚大地上写下了改善环境、建好生态、绿色发展、永续发展的恢弘乐章，获得“中国天然氧吧”，被评为“全国文明城市”“国家森林城市”“国家卫生城市”等殊荣，被评为全国县域经济综合竞争力百强县、全国投资潜力百强县、中国西部百强县市、全国县域旅游发展潜力百佳县、云南县域经济十强县。

一、围绕大地“披绿装”，全民动手植树护林，绘好水绿山青的生态底色

楚雄市统筹山水林田湖草沙系统治理，在重视人工造林“添绿”的同时，更重视自然生态“留白”，不断夯实绿水青山的生态底色。截至2021年底，楚雄市林地面积32.27万公顷，森林覆盖率75.62%，获“国家森林城市”“全国绿化模范县”“中国森林养生基地”“中国森林体验基地”称号，从城市到农村、从高山到平坝，绿树成荫、满目苍翠。

开展“以山为纸”的绘绿行动。以天保工程、退耕还林、国家储备林等重点生态工程建设为龙头，推动造林工作健康发展。“十三五”期间，全市共完成营造林22.78万亩，完成森林管护517万亩，公益林建设人工造林1万亩，森林抚育3.8万亩，新一轮退耕还林0.63万亩，陡坡地生态治理造林1.1万亩，低效林改造4万亩，全市林业用地面积、森林面积、森林蓄积量指标均居全州之首。

开展“全民动手”的增绿行动。2016年启动了国家森林城市创建工作，投入创建资金16.88亿元实施28类130个重点项目，全市新增绿地面积336.44公顷，中心城区绿化覆盖率达40.15%，人均公园绿地面积达16.17平方米。广泛动员开展义务植树活动，累计完成义务植树172.7万余株，零星植树253.5万余株。以建设“美丽公路”为抓手，完成昆明至丽江高速公路楚雄市段路域绿色廊道建设2803.1亩，完成增绿复绿490.48亩。成为全省“美丽公路”建设示范路段之一。

开展“以区为治”的护绿行动。楚雄市境内有哀牢山国家级自然保护区（楚雄片区）、紫溪山省级自然保护区、紫溪山风景名胜区、紫金山国家森林公园、青山湖水利风景区、西山州级自然保护区及禄丰樟木箐州级自然保护区7个自然保护地，总面积3.34万公顷。为进一步强化自然保护地管理，制定了楚雄市建立以国家公园为主体的自然保护地体系的实施意见，严格控制自然保护地的空间管控和生物多样性保护，实现自然保护地治理体系和治理能力现代化。

二、紧盯源头“打硬仗”，有效清除污染因子，构筑持续向好的生态屏障

楚雄市把“共抓大保护、不搞大开发”的理念贯彻到生态文明建设的各方面、全过程，聚焦蓝天、碧水、净土，有力有效打好污染防治攻坚战，推动了全市环境质量持续改善。2019年龙川江西观桥国控断面实现了“脱劣”达标。2021年楚雄市城市环境空气质量优良天数达364天，空气质量优良天数比例高达99.7%。2022年上半年，楚雄市城市环境空气质量优良天数比例为100%，6个国控、省控水环境监测断面水质优良率达100%，天蓝气清、水泛清波的生态画卷生动展现。

坚决打好污染防治攻坚战。在大气污染防治方面，划定执行中心城区禁燃区，全面淘汰黄标车，全面清除燃煤锅炉，全面推广新能源公交车，深入开展施工扬尘污染整治、秸秆禁烧整治，环境空气质量保持优良。在水污染防治方面，全面推行河湖长制，着力抓好龙川江水体整治，累计投入资金11.7亿元实施了哨湾鱼坝生态湿地恢复、污水处理厂提标改造、城区污水管网改造等水体达标工程，龙川江西观桥断面水质综合评价为Ⅲ类，达到优良水体。在土壤污染防治方面，实施了重金属减排项目，开展尾矿库风险隐患排查整治，持续开展清废行动，加强危险废物医疗废物监管，土壤污染防治工作取得明显成效。

坚决整改环保督察反馈问题。2016年至2020年底，中央环保督察等7项督察共反馈、交办楚雄市整改问题118项，已经全部整改完成并通过上级验收。2021年云南省生态环境保护交叉执法检查反馈问题整改完成率达99.51%。2021年第二轮中央生态环境保护督察中，28件举报件已全部完成整改，26件通过了州级验收，剩余2件待州级验收。2022年以来，楚雄市共办理生态环境信访投诉件31件，已经办结28件；依法开展排污许可证证后监管现场检查119次，下发责令限期整改通知书17份，切实维护了群众的生态环境权益。深入开展“湖泊革命”，专班推动龙川江流域综合整治提升三年行动。加快编制国土空间规划，全面实施“三线一单”生态环境分区管控，紫溪山省级自然保护区建设规划取得了省级审查意见。

坚决推动生态文明体制改革。把生态文明建设成效纳入干部考核评价体系的重要内容，建立了自然资源资产审计、生态环境损害赔偿、生态文明绩效评价考核和责任追究等制度和考核指标体系，推动生态文明建设从“软约束”向“硬指标”转变，源头严防、过程严管、后果严惩的生态文明制度体系逐渐完善。

坚决开展环境执法监管。突出涉化、涉重、涉危、垃圾焚烧等重点行业监管，深入开展畜禽养殖、辐射安全、饮用水源风险排查、“散乱污”整治等各类专项检查活动。加强污染源在线监控设施管理，推动重点企业实现污染源自动监控设备“安装、联网、运维监管”三个全覆盖，垃圾焚烧发电厂完成了“装、树、联”改造。加强辐射安全监管，红塔集团楚雄卷烟厂密封放射源全部进行了收储，医疗射线装置全面落实辐射安全许可证制度。全市生态环境安全形势平稳。

三、聚焦田间“长美景”，大力发展绿色农业，打造一碧万顷的田园风光

楚雄市以构建绿色低碳循环发展的农业产业体系为重点，高层次、宽领域推进农业绿色发展，系统提升优质绿色农产品生产供给能力，努力打造世界一流“绿色食品牌”。

主导产业加快壮大。“楚雄有好米”，历史上楚雄市的“楚粳”系列稻米在云南省就很有名气。坚决贯彻习近平总书记“把饭碗牢牢端在自己手中”的要求，播种优质粳稻14.5万亩，实现产量8.385万吨、产值2.18亿元。建成优质粳稻示范样板207片1.98万亩，建设“中国好粮油”优质水稻示范样板3500亩，2022年建设完成高原粳稻育繁种基地2965亩。同时研究制定楚雄市加快肉牛肉羊产业高质量发展、楚雄市金融支持肉牛肉羊产业发展等系列政策措施，实现作物秸秆“变废为宝”、畜禽粪便“回田养地”，最大限度减少污染、循环发展。

“绿色食品牌”打造成效明显。强化品牌就是竞争力的意识，加大农业品牌培植力度，楚雄市46个生产单位的140个农产品获得“三品一标”认证。新增绿色食品监测面积8500亩，认定“绿色食品牌”产业基地23个，17个企业或产品品牌入选省级“绿色食品牌”品牌目录，成功申报认定“一村一品”专业村25个，“云泉酱园”“马大泡”等一批产品知名度不断提升。

农业面源污染有效治理。开展农作物秸秆“饲料化、肥料化、基料化、原料化和燃料化”综合利用，全市综合利用秸秆量达19万吨，秸秆综合利用率达到92%；推进畜禽粪污资源化利用，全市畜禽粪污资源化综合利用率达85.5%；持续推进化肥减量工作，每年推广绿肥种植3.5万余亩，化肥施用强度实现“负增长”；推广应用降解膜、秸秆覆盖栽培、间套种等技术，控制和减少农膜使用量，农用地膜回收率达95.18%；开展农药减量增效工作，农药使用量递减率每年达1%以上。

融合发展探出新路。把农业强与农村美紧密结合起来，把“卖产品”与“卖风景”紧紧捆绑起来，大力发展农旅、文旅产业，成功打造楚源乡田园综合体、马龙河乡村振兴示范带、云龙红色教育基地、紫溪森林康养小镇等一批乡村旅游项目，大力发展旅游产业新业态。同时，随着核桃初加工机械一体化生产线、吕合千亩蔬菜基地、植物蛋白产业园等项目实施，农业接二产、连三产的“接二连三”态势逐步形成，绿色农业通过产业链延伸闯出了新天地。

10月11日，龙川江两岸绿化景观带　　（杨继荣　摄影）

四、紧扣产业“低碳化”，推动工业转型升级，实现生产污染的风险降维

楚雄市严格落实能耗“双控”行动，坚决遏制“两高”项目盲目发展，聚焦“两型三化”发展方向，加快构建“2+5+2”现代产业体系，推进全市产业基础高级化、产业链现代化、产业结构绿色化，提高经济质量效益和核心竞争力。

绿色园区能级不断提升。楚雄工业园区是云南省重点工业园区之一，也是省委、省政府重点培育的10个千亿元园区之一，园区水、电、路等基础设施完善，拥有绿色硅光伏产业园、工业大麻产业园、生物医药产业园、绿色铜产业园等一批具有区域特色的现代化产业园区，园区规模化、专业化发展水平不断提高，承载能力、招大引强能力、服务保障能力进一步提升。

主导产业发展势头强劲。成功引进国内外光伏行业领军企业晶科能源有限公司、宇泽半导体有限公司，加紧打造千亿元以上硅光伏产业园区。把硅光伏产业制造端延伸应用端，成功引进落地运达风电机生产线、屋顶分布式和集中式光伏发电等项目，产业建链补链延链强链全面推进。依托中药材资源丰富的优势，云南芙雅、赛维汉普等一批生物科技公司和云南神威施普瑞、云南裕丰、金七制药等知名药业公司加盟入驻，带动了生物医药及大健康产业集群发展，到2025年，中药材种植面积预计达到12万亩，实现中药材产值7亿元，生物医药产值达200亿元。

五、抢占能源“新高地”，滇中硅谷迅速崛起，助力绿色经济的蓬勃发展

楚雄市主动融入国家、省、州重大发展战略，认真实施绿色能源与绿色制造融合发展三年行动计划，大力发展以硅光伏为代表的国家战略性新兴产业，加快新能源产业布局。2019年12月宇泽一期3吉瓦单晶硅拉棒生产线建成投产，实现了当年立项、当年建设、当年投产，创造了180天内从签约到点火试机的“楚雄速度”。2021年12月1日楚雄晶科M2车间第一片高效太阳能电池片正式下线，成为云南省生产的第一片高效太阳能电池片，光伏及半导体新材料产业发展势头迅猛，滇中硅谷迅速崛起。

园区基地建设成为发展之基。坚持全产业链打造千亿级硅光伏产业基地，为提升项目承载力，高标准推进楚雄光伏及半导体新材料产业基地建设，基地规划用地面积约9000亩，其中富民片区6000亩，云甸片区3000亩。目前，一批产业链主、旗舰企业先后入驻基地，形成宇泽、晶科、川至“三驾马车”并驾齐驱的发展格局。到“十四五”末，力争实现30吉瓦硅棒、30吉瓦切片、20吉瓦电池片、2吉瓦组件及年产3万吨石英坩埚等配套产品的产能，以及5吉瓦光伏装机、2吉瓦风电装机产能，实现产值超840亿元，加上上下游产业，预计可实现产值1000亿元以上。

集群化发展成为发展之能。楚雄市绿色硅光伏产业的“双子星座”：宇泽半导体（云南）有限公司和晶科能源（楚雄）有限公司坐落于富民工业园区，每家企业每天生产产值接近2000万元，正以每天诞生一个规上企业的强劲之势蓬勃发展。目前，宇泽一期3吉瓦单晶硅拉棒生产线项目、二期7吉瓦拉棒+8吉瓦切片项目均已投产运行。晶科20吉瓦高效太阳能电池片项目一期5吉瓦车间已实现13条生产线全部投产。坐落于云甸工业园区的楚雄川至公司项目试产两年多来，产能产值逐年提高，楚雄市新材料产业发展正在翻开新的篇章。

营商环境提升成为发展之本。楚雄市持续优化营商环境，实施精准招商，把“保姆式”服务落实到项目推进中，打造政策、投资洼地。成立工作专班，做好“三进企业”工作，合力推动企业做大做强；做全产业链、做强供应链、提升价值链，抓紧抓实云甸化工园区认定工作，目前获省人民政府审批认定。楚雄市相关职能部门努力当好“店小二”，为硅产业用地、用电、用水等提供有力保障，千方百计推进项目落地投产。

“装点此关山，今朝更好看。”在习近平生态文明思想的指引下，全市上下一心、久久为功，这片美丽家园生机勃勃，正在徐徐展开山峦层林尽染、平坝蓝绿交融、城乡鸟语花香的山水画卷。

楚雄市国家数字乡村试点建设纪实

中共楚雄市委宣传部

2020年10月，楚雄市被列为全国首批117个国家数字乡村试点县（市）之一。试点以来，楚雄市统筹用好相关政策资源，强化规划引领，研究出台《楚雄市数字乡村五年发展规划（2021—2025）》《楚雄市关于加快推进新型智慧城市和数字乡村建设的实施意见》和试点工作方案等15个配套文件，细化分解36家市属部门、15个乡镇、44项数字化发展建设任务，投入财政资金4.46亿元，撬动金融和社会资本8.93亿元，统筹5家电信运营商和国有平台公司参与实施"宽带乡村"、农业数字化转型、乡村数字经济、乡村数字治理、数字公共服务等工程的24个试点示范项目，有效解决"三农"问题，如期完成试点任务，打造出了有影响可推广的实践经验。2022年，试点工作通过省级中期评估并获得"优秀"等次，"楚雄市'数智'赋能破解基层治理难题"等8条试点经验入选全国优秀案例并向全国推广，数字乡村云平台入选全国数字乡村创新大赛最终50个应用场景之一，楚雄市先后被评为全国县域数字农业农村发展先进县、全国农村创新创业典型县。

"宽带乡村"加快数字城乡融合发展

楚雄市统筹推进城乡数字化发展，加快信息通信基础设施建设和数字化升级改造，推动形成以城带乡、共建共享的数字城乡融合发展格局。

实施"宽带乡村拓面"工程。积极争取电信普遍服务试点项目，持续优化和提升乡村地区移动通信和光纤网络覆盖。建成5G基站1618座，5G网络已覆盖城区和各乡（镇）核心区域，光网宽带和4G网络实现行政村全覆盖，基本建成了高速、移动、泛在、智联的现代网络基础设施体系。

实施"智慧广电提标"项目。全面完成有线电视数字化改造，统筹推进有线、无线、卫星和互联网多种信号覆盖建设，广播电视基础设施不断建设完善，广播电视综合覆盖率达99.86%；投资1680万元新建覆盖全市的公共应急智慧广播平台，接收终端达12480个，党的声音遍传千村万户，人民群众在共享互联网发展成果上有了更多获得感。

实施"上云用数赋智"行动。加快全市数据归集、数据共享、场景应用、数据安全步伐，建立加快数据信息平台资源整合共享开放机制，初步实现城乡资源数据采集、汇总、存储、分析和可视化运用，取得计算机软件著作权45个，实用型新型发明专利16项，数据服务发展效能日益凸显。

"智慧农业"推动乡村产业智能转型

楚雄市将发展智慧农业、建设数字乡村作为促进农业转型升级的重要抓手，推动大数据智能化为农业农村现代化赋能，提升乡村产业发展竞争力。

农业产业数字化转型释放"大能量"。以建设高原特色现代农业为目标，突出粮食、蔬菜、花卉、特色林果种植和黑山羊、生猪、肉牛规模化养殖，加快数字技术与农业生产融合，积极推进农业产业数字化改造，推广智能农机装备、水肥一体化、饲喂自动化、环境控制智能化，促进信息技术与农业产业全面深度融合，着力解决农产品溯源、绿色有机认证等难点。125家农业生产经营主体上线国家农产品质量安全追溯管理信息平台，"益农信息社"实现行政村全覆盖，数字化转型持续引领传统农业向智慧农业变革。

特色产业品牌化带动激发"新潜能"。建成数字农业示范基地5个，省级"绿色食品牌"产业基地12个，兴蕴枇杷、林鑫蛋鸡、楚猪一号等8个智慧农业示范项目成为"爆款"，"楚粳"系列水稻育种不断取得新突破，完成世界首个深纹核桃全基因组测序，建成全国首个核桃油国家标准实验室，"楚雄撒坝猪"获农产品地理标志产品认证，"楚雄牛肝菌"被列为国家地理标志保护产品，"云泉豆瓣酱"获国家生态原产地保护产品，7个产品获得"云南名牌农产品"证书，培育重点农业龙头企业87家，带动特色产业高质量发展。

"数商兴农"促进乡村经济蓬勃发展

楚雄市准确把握数字经济发展新机遇，将农村电商发展与乡村振兴战略、数字乡村建设有效结合起来，与促进产业链建设、助力农民增收结合起来，一体筹划、一体实施，农村电商发展促进了乡村经济蓬勃发展。

农村电商主体"雨后春笋"。深入实施国家电子商务进农村综合示范项目和"互联网+农产品出村进城"工程，建成电子商务公共服务中心（站、点）170个，培育电子商务市场主体821户，打造电商品牌95个，野生菌、核桃、中药材、红糖、蜂蜜等本地特色农产品保持网络畅销势头，糖彝朵、哀牢彝家、山老头等一批本土电商企业不断发展壮大，年销售额达千万的电商企业20户。2022年全市电子商务交易额达35.12亿元。

就业创业群体"百花齐放"。建成电商创业园区5个，分批选拔认定400多名返乡创业青年作为"彝乡电商创业人才"进行重点培养，通过举办电商直播创业大赛和电商运营管理等培训推出大批优秀直播员，让手机变成"新农具"，直播变成"新农活"，摩尔农庄核桃乳、爱尔发虾青素、西舍路古树茶、哀牢山红花椒、云龙酱油、野坝子土蜂蜜等一批农特产品通过个性化订单、直播推介等“线上桥梁”走向消费者。

乡村智慧物流“阡陌纵横”。整合通达城乡的客运网络和线上线下的快递物流等资源，创新构建市乡村三级“农村客运+乡村智慧物流”体系，建成威楚乡村智慧物流公共信息平台和“城乡达”App，实现“车、货、人、仓上云，信息、交易、配送上网”，构筑起周密的线上线下物流网络，乡村物流24小时内送达，费用降低50%以上。

“数智赋能”驱动基层治理智慧创新

楚雄市以党建为引领，以信息技术为支撑，以共治共享为目标，大力推进实施乡村数字化治理，拓宽村民参与乡村治理的渠道和途径，破解基层治理的堵点难点，织密基层治理“一张网”，大幅提升乡村治理效能。

“党建+智治”拓宽数字治理“新渠道”。通过党建引领“一部手机治理通”构建网格化治理体系，对15个乡镇、154个村（社区）、2950个自然村和4607个基层治理网格实现扁平化管理，上线32个主题1800项事项实现平台办件280万件，通过“威楚智慧党建”平台建立立体化指挥调度系统，实现信息统一采集、问题统一受理、案件统一分派、处置快速高效的工作格局。

“平台+智治”创新数字治理“新应用”。建成农村“三资”管理平台，实现对全市154个行政村集体资产、资金、资源的智慧规范监管；建成文明威楚智慧云平台，以“互联网+文明实践”推动全市525个新时代文明实践单元线上线下创新融合；建成“威楚智慧出行”平台对全市公共交通和设施进行统一调度管理；实施“雪亮工程”，将“互联网+”、人脸识别、大数据、云计算等新技术融入基层社会治安防控体系的建设中，联网安装各类摄像头，建成覆盖全市的智慧安防视频监控体系。吕合镇“智慧警务”平台创新构建乡村立体化综合防控体系，鹿城镇栗子园社区“数智治理平台”上线32个便民应用推动基层治理和服务功能综合集成，东瓜镇庄甸社区“庄甸小管家”推行数字化管理和“美丽庭院”积分制提升乡村治理成效。

“数字惠民”助推民生服务便捷高效

楚雄市以提升乡村公共服务能力为目标，大力实施公共服务数字化转型，推动党和国家的惠民政策在基层更好更快落实，人民群众的获得感、幸福感、安全感不断增强。

“网购式指尖政务服务”便民高效。深入推进市、乡、村三级政务服务场所规范化建设，依托政务服务网上大厅和“一部手机办事通”App上线9020多个服务事项，网上可办率达100%，高频事项全程网办率达80%以上，53个事项实现“跨省通办”，最多跑一次事项比例达99.1%。试点推进乡镇行政审批和综合执法改革，高效承接省州市下放行政许可和公共服务事项，超过136项审批服务事项实现在乡镇即时办结，实现“让数据多跑路，让群众少跑腿”，15.27万人通过“一部手机就业通”平台实现转移就业创业，1.3万户困难群众通过社会救助平台获得救助，2.7万名群众通过“法律服务机器人”获得服务，5.3万名老年人通过智慧养老服务平台乐享数字生活。

“网络医疗”增进乡村群众健康福祉。在全省率先实施全民健康信息平台建设，建成市乡村三级医共体应用平台，激活医保电子凭证41.77万人，基本医保、大病保险、医疗救助实现“一站式”结算，552个定点医疗机构信息化全覆盖，远程会诊、影像集中诊断、双向转诊等为群众节约就医成本，让群众在家门口就能享受到优质医疗服务。

“智慧教育”助推义务教育均衡发展。投资4500万元建设乡村数字校园，建成“楚雄教育云”平台，使优质教学资源下沉乡村学校，乡村教师与全国名师同步开展网络教研活动，打造“学习不打烊乡村数字课堂”。同时，通过整合线上教育资源，广泛开展城区、山坝区教师研讨交流和课题竞赛，提升基层义务教育联动性和竞争力。

“数智大脑”推动数据资源整合共享

楚雄市着力统筹整合数据资源，建成“威楚数智大脑”，实现数据资源整合共享和利用管理，为推进治理体系和治理能力现代化提供坚实支撑。

打破数据信息壁垒。实施上云用数赋智行动，加快全市数据归集、数据共享、场景应用、数据安全步伐，建立加快数据信息平台资源整合共享开放机制，将分散在各部门的24个应用系统联通建成数字乡村综合服务云平台，深化数据“聚、通、用”，将分散的“块数据”“条数据”全部联通数字乡村云平台统一管理应用，打破“数据壁垒”，消除“数据烟囱”，逐步实现全市数据信息资源采集、汇总、存储和开放共享，云平台按照数字治理、数字农业、数字服务、数字经济、数字旅游、数字生活等6类主题进行分类管理，把从不同部门不同网络环境下的各系统对接的数据集中汇聚，转化为可共享交换的数据，用数据打通部门间的“墙”，支撑各部门业务协同。

强化数据整合应用。认真落实党管数据要求，出台《关于加快全市数据信息平台资源整合共享开放的意见》，指导解决各类平台杂而不精、多而不用的问题，把数字乡村综合服务云平台升级成“威楚数智大脑”，推动城乡数据信息平台资源整合共享开放，实现全市城乡资源数据采集、汇总、存储、分析和可视化运用，提供“一张图”直观展示、“一张图”统计分析、“一张图”服务决策，推动城乡数据信息平台资源整合共享开放，形成线下指挥和线上调度的有机统一，为全市经济社会高质量发展提供精准数据支撑。

楚雄市县域经济“十强县”工作纪实

中共楚雄市委办公室

楚雄市把县域经济争先进位作为“干在实处，走在前列”大比拼标杆目标，紧扣全面建成小康社会目标任务，统筹推进疫情防控和经济社会发展，大抓产业发展、大抓营商环境、大抓市场主体、大抓改革开放、大抓创新发展、大抓绿色发展，推动经济高质量发展，多年来一直稳居云南省县域经济发展“十强县”，并在2022年荣登云南省县域经济“十强县”第一名。

一、把产业建设作为发展的开源工程

按照“重点突破、全面推进”产业发展思路，聚力重点产业转型升级，强化全链条、全要素、全流程服务保障。“2+5+2”现代产业体系加速形成，九大重点产业增加值占GDP比重达77.5%。一是加快新兴产业布局崛起。坚持大抓工业，大力推进绿色硅光伏、绿色铜、生物医药、绿色食品制造产业基地建设，宇泽公司总部从江西迁到楚雄市，成为全省首家本土硅光伏头部企业，晶科一期M2车间、宇泽二期、云南麻叶、芙雅生物投产，龙发制药复产，晶科一期M1车间、植物蛋白工厂、滇中有色延链补链、雨生红球藻产业基地扩建、铭鼎药业、神威药业西南总部生产基地项目启动建设，年产20万吨多晶硅项目得到省委支持，工业产业延链补链、组团发展势头强劲，工业增长创下近十年的最高增长。二是加速现代服务业蓬勃发展。国家级电子商务进农村综合示范项目通过验收，县域商业体系建设项目启动实施，火把节停办2年后重新亮相，西门古镇商业中心开业运营，举办房地产展示交易会、汽车博览小镇首届车展等活动，完成商贸流通企业达限纳统50户，“农村客运+乡村物流”模式入选全国农村物流服务品牌。三是推进农业产业提质增效。坚持以产业振兴带动乡村振兴，采取“金融+”“保险+”模式推动肉牛肉羊产业高质量发展，“一县一业”创建主导产业优质粳米推广种植14.48万亩，新认定“绿色食品牌”产业基地15个，“三品一标”认证9个，吕合镇成功创建全国农业产业强镇，大过口乡被评为全国“一村一品”示范村镇。四是促进高新区转型升级。着力培育壮大创新主体，9户企业获国家高新技术企业认定，62户企业进入2022年国家科技型中小企业库，47户中小企业“上云”，8户企业通过两化融合管理体系贯标认证。成功举办楚雄高新区首届创新创业大赛，推动更多创新主体活起来、强起来。加强知识产权保护与应用，授权专利494件，11户企业成功申报为云南省知识产权优势企业，技术合同成交额达1亿元，楚雄高新区获批国家级知识产权强国建设试点园区。

二、把项目投资作为发展的支撑工程

牢固树立“发展为要、项目为王、实干为先”理念，紧盯国家、省、州投资导向，聚焦关键、重点和短板弱项，狠抓项目谋划储备、申报争取和重点项目推进。一是加强项目谋划储备。建立市乡两级责任体系，提高市级领导和乡镇领导班子谋划项目数量、质量。长短结合充实项目储备库，结合“十四五”规划纲要和22个专项规划，共谋划“十四五”项目800个，总投资1.46万亿元，“十四五”计划投资0.65万亿元。二是强化项目申报争取。争取实施“四个一百”重点支撑项目73个、预算内投资项目10个，储备5000万元以上重大项目293个。实施投资项目提质提速行动，建立“一个重大项目、一个工作专班、一月一调度”工作机制，全力强化要素保障，全程紧盯项目进度，全年集中开工项目4批次223个。三是加快重点项目落地见效。滇中引水一期征拆工作全面完成，玉楚高速等154个项目建成运营，宇泽三期、远景风机等223个项目集中开工，陶瓷产业园、花果山110千伏变电站等433个项目加快推进。东南绕城高速全线开工，楚景高速可研获省发改委批复，楚雄民用机场预可研获国务院批复，楚雄人民期盼已久的“三大工程”即将变为现实。

三、把企业培育作为发展的细胞工程

坚持“政府围着企业转、企业有事马上办”，实施“市场主体倍增”计划，加强龙头企业培引，全力支持想干事、能干事企业抢占先机、做好做强。一是强化政策保障支持。加大助企纾困力度，兑付各级扶持企业发展奖补资金5285万元，发放“创指贷”6230万元，为各类市场主体减免税费26.4亿元，市场主体活力有效激发，市场主体净增超过1万户、总量突破7万户，每千人拥有市场主体数高于省州平均水平。二是加快创新主体培育。优化高新技术企业、科技型中小企业梯次路径，实施高新技术企业培育三年行动，充实创新主体后备库，组织专家团队进行“一对一”辅导，净增高新技术企业11户，62户企业进入2022年国家科技型中小企业库，47户中小企业“上云”，8户企业通过两化融合管理体系贯标认证，高新技术产业产值达170亿元，创新主体增长走上“快车道”。三是加强创新平台建设。国家数字乡村试点领跑全省，“庄甸小管家”全国推广。组建市产业发展集团；子午镇成立骠川实业集团有限公司，开创村集体经济发展新路径。全社会研发经费投入总量3亿元，高新区获批国家级知识产权强国建设试点园区，成功创建全国科普示范市。

四、把招商引资作为发展的借力工程

树牢“抓发展就要抓招商、抓发展必须抓招商”鲜明导向，创新招商方式、强化招商服务，切实提升签约率和落地率。2022年，利用外资482万美元，州外到位资金462.78亿元、占全州25.5%，外贸进出口总额42.3亿元、占全州37.8%。一是高位推动凝聚招商合力。市委、市政府高位推动，主要领导率先垂范，亲自会见知名企业、协调推进重大项目；各级各部门党政“一把手”扛实主体责任；市招商委办公室加强统筹协调，针对目标企业招商；发改、工信、农业、商务、文旅等部门围绕重点产业谋划，积极招商引资；自然资源、生态环境、林草等部门主动靠前服务，加速项目落地；各乡镇、党群部门等共同参与，形成合力招商新格局。二是链式招商促进产业集聚。出台招商引资工作考核办法和系列招商政策，组建重点产业招商组和产业链招商专班，引进龙头企业并加强延链补链强链，签约宇泽40吉瓦单晶硅拉棒和42吉瓦切片和哀牢山·楚雄野生动物世界、老君山生态文旅产业园等重大项目，协议总投资突破500亿元。三是创新方式提升招商实效，借助重大招商活动和网络平台开展专题招商、会展招商和网络招商，代表省州在第6届南博会、第5届进博会签约，举办“投资楚雄·合作共赢”福建厦门推介会、火把节“全国百家商会楚雄行”推介会。强化领导带队招商，市级领导省外招商28次、“请进来”洽谈96次，切实做到招商引资高位推动。对重点在谈、签约和在建项目实行清单化、动态化管理，做到“一个项目、一名领导、一个团队、一抓到底”专班跟进，每位处级领导挂包1个重点招商引资项目，为企业提供全方位全周期一流服务，确保项目早落地、快推进、见实效。

五、把营商环境作为发展的保障工程

把优化营商环境作为发展制胜之道，启动实施营商环境提升三年计划，抓好营商环境“十大行动”，打造“第一竞争力”。一是不断完善政策措施体系。把优化营商环境建设列入市委、市政府重要议事日程，启动实施营商环境提升三年行动计划，大力推进优化营商环境“十大行动”，推动政务服务标准化、规范化、便利化，推行“一件事一次办”“跨省通办”和“拿地即开工”审批模式，“一颗印章管审批”改革持续走在全省前列，投资办企经商环境持续向好。二是持续加大简政放权力度。编制印发公布行政许可事项清单239项，清理公布《楚雄市市级及以下政务服务事项》618项，推动行政权力事项大幅瘦身，确保“办事不求人、审批不见面、最多跑一次”和“全程服务有保障”目标实现。配套改革深入推进，企业开办环节和时间进一步压减，全面推进企业登记全程电子化，企业开办实现0.5个工作日内办理。三是大力提升政务服务效能。持续提升“一网通办”水平，线上政务服务大厅“一门”进驻率100%，网上可办率达99.56%，全程网办率达93.5%。大力推进“一部手机办事通”应用工作，“一部手机办事通”累计线上业务办理量达140.99万件。政务服务“好差评”办件评价率达98.70%，好评率100%。在政务服务大厅设置线下接待和办理渠道，优先服务老年人，方便老年人“面对面”咨询和办理业务。四是全面提高监管水平。实现“双随机一公开”监管常态化，重点领域监管持续加强，信用监管体系持续完善，构建以“双随机、一公开”、“互联网监管”、重点监管和信用监管结合的新型监管体制，为各类市场主体投资兴业营造稳定、公平、透明、可预期的良好环境。

六、把数字经济作为发展的转型工程

紧紧抓住“数字云南”建设机遇，加快新型基础设施建设、推动数字经济和实体经济融合发展，强化数字赋能，建设“数字楚雄”。一是加快推进新型基础设施建设。谋划储备楚雄市数字经济发展（2020—2025年）项目91个，计划投资659.98亿元。智慧水务、数字城管等项目建成使用，2022年行政村光网覆盖率100%，自然村光纤宽带网覆盖率达到94.28%，城市4G覆盖率100%，行政村以上4G覆盖率100%，自然村4G覆盖率99.37%。全市共建设5G基站1480座，城区覆盖率达98.99%，5G网络在城区实现千兆覆盖，15个乡镇人民政府所在地及部分行政村同步实现5G网络覆盖。二是深入推进国家数字乡村试点县市建设。建成数字农业示范基地5个，培育重点农业龙头企业67家，92家企业上线国家农产品质量安全追溯信息平台监管。三是全面推进工业互联网升级。制造企业生产设备智能化改造步伐加快，宇泽、晶科、楚雄烟厂、岭东印刷包装、鹿城彩印等企业生产线及车间智能化改造项目建成投产。2022年全市中小企业“上云”户数达47户，两化融合管理体系贯标试点企业6户，完成两化融合管理体系贯标认证并取得证书的企业4户。宇泽半导体（云南）有限公司被工信部纳入电子信息制造业。四是大力推进电子商务发展。积极创建电子商务进农村综合示范乡镇、示范村，申报创建3个示范乡镇、29个示范村。组织电商人才及电商直播带货培训81场，支持企业开展促销活动，组织楚雄唯上、楚雄允文职业技能院校、最美云南快手MCN等电商开展网络主播直播带货，整合多家物流企业解决农产品流通环节“肠梗阻”。大力培养电商创业致富带头人，全市分批选拔认定“威楚电商创业人才”14名，推荐申报楚雄州“兴楚电商创业人才”4人。培育“撒坝猪”“牛肝菌”“云泉豆瓣酱”等知名农产品品牌，2022年全市农产品网络零售额达7.36亿元，做到了打造品牌、赢得市场。

〔栏目编辑：敖春晖〕

大事记

2023

楚雄市年鉴

1月

4日，吕合镇人民政府与广东省龙兴天露农产品集团有限公司举行紫甸河流域农业全产业链示范园二期项目签约仪式。

19—23日，中国人民政治协商会议楚雄市第十届委员会第一次全体会议在楚雄市委党校召开。

20—23日，楚雄市第十届人民代表大会第一次会议在楚雄市委党校召开。

22日，楚雄市获“四好农村路”全国示范县称号。

26日，农业农村部、国家乡村振兴局通报表扬2021年全国村庄清洁行动先进县，楚雄市获评“全国村庄清洁行动先进县”。

27日，楚雄州首个“童心港湾”工作站在鹿城镇栗子园社区揭牌运营。

2月

8日，楚雄市被命名为“2021年度全国青少年校园足球试点县(区)”。

10日，楚雄市公安局《警服的110种样子》《这一年你有多少个念头不想当警察》2部作品获第六届平安中国“三微”大赛奖项。

11日，楚雄市人民检察院召开宣布会，宣布、送达全市首例《家庭教育督促令》。

14日，楚雄市“第二届医务人员献血月”活动启动仪式在楚雄市人民医院举行。

17日，“新鸥鹏教育城”复工建设，成为楚雄州春节后首个实现复工复产的省市重点项目。

22日，楚雄高新区与楚雄市农村商业银行股份有限公司在云南省率先签订“创指贷”战略合作协议。

26日，中国共产党楚雄市第十届纪律检查委员会第二次全体会议在楚雄市委党校举行。

27日，楚雄市第十届人民政府第一次全体（扩大）会议在楚雄市委党校报告厅召开。

28日，楚雄市首次社区民族团结进步创建联盟工作会在彝人古镇社区召开，并成立全市首个创建联盟。

3月

1日，楚雄市工商业联合会（总商会）第九次会员代表大会在楚雄市委党校报告厅召开。

2日，中共楚雄市委2022年农村工作会议在楚雄市委党校报告厅召开。

3日，楚雄市创建全省全国民族团结进步示范市工作推进会议在楚雄市委党校召开。

是日，楚雄市被农业农村部、应急管理部公示为“全国平安农机示范县”。

5日，路域生物多样性（楚雄）科普示范园教育活动日暨科普体验馆开馆仪式在楚雄市举行。

是日，楚雄市2022年“3·5”学雷锋志愿服务活动集中示范暨“楚雄市首个新时代文明实践日”活动启动仪式在桃源湖举行。

9日，楚雄市青山嘴水库至东华镇、子午镇引调水工程开工建设。

18日，楚雄市重要工作、重点产业、重大项目专班成立工作启动会议在楚雄市委党校召开。

22—23日，楚雄州人大常委会组织部分全国、省、州人大代表到楚雄市职业高级中学对职业教育发展情况开展专题视察。

25日，云南省发展和改革委员会通报2020年度县域经济发展考核评价结果，楚雄市获2020年度县域经济“10强县”。

28日，楚雄市城区第一条准快速路——彝海大道一期通车。

29日，楚雄市首套行人自主过街信号系统在鹿城小学云荫寺校区正门外投入使用。

是日，楚雄市工商联被中共楚雄州委、州人民政府表扬为“全州工商联工作优秀集体”。

4月

1—15日，楚雄市向上海市嘉定区定向捐赠物资2批，价值74.22万元。

9日，楚雄市举办喜迎党的二十大“颂党恩·咏经典·传家声”亲子朗诵比赛。

15日，楚雄市在桃源湖广场举办第七个全民国家安全教育日主题展览活动。

18日，楚雄市紫溪镇服务队传承优秀文化和民族团结、文明城市建设活动和楚雄市分队十九届五中全会宣讲、党史专题宣讲被评为2021年度云南省新时代文明实践社科普及志愿服务行动“优秀项目”。

是日，楚雄高新区与伟光汇通文化旅游投资集团有限公司签约建设楚雄彝风文旅康养度假区项目。

22日，楚雄市组织城区8所小学开展世界地球日科普讲座活动。

27日，楚雄市吕合镇入选“全国2022年农业产业强镇”创建名单。

30日，“记忆楚雄·滇中书画馆首届书画作品邀请展”在楚雄市开展，57位作者114件作品参展。

5月

1日，楚雄市“全民百日跑”活动在彝海公园启动，全市100余名市民持续参与，用100天时间跑步688千米。

9日，全国政协副主席巴特尔到栗子园社区、紫溪彝村调研“协商在基层”和铸牢中华民族共同体意识工作。

11日，云南运达新能源有限公司运达发电机装备生产线建设项目开工仪式在富民工业园区启动。

13日，楚雄市鹿城小学入选全省第二批各地各校落实“双减”典型案例。

17日，楚雄市表彰民族团结进步模范集体40个、民族团结进步模范个人60名。

22日，楚雄市以“为所有生命构建共同的未来”为主题，举办“2022年‘我眼中的生物多样性’国际生物多样性日主题绘画作品线上展览文明实践活动”。

25日，楚雄市方志馆登上中国方志网，在“方志馆展示”专栏以视频、图片、文字方式展示。

是日，楚雄市被中共云南省委办公厅、云南省人民政府办公厅通报表扬为2021年云南省巩固爱国卫生“7个专项行动”暨国家卫生县城（城市）

达标考核工作突出县（市、区）。

30日，楚雄州首届新时代文明实践志愿服务项目大赛决赛举行，楚雄市人民检察院选送的“小邱法治课堂新时代文明实践志愿服务项目”获金奖。

6月

5日，楚雄市首块移植的“民族团结誓词碑”在彝人古镇社区揭牌。

9日，“楚雄农村物流”发展模式写入《云南省现代物流业发展三年行动（2022—2024年）》，在城乡物流“一体化”专项行动中进行推广。

10日，楚雄市入选“2022年全国县域旅游发展潜力百佳县”，位列第33。

15日，楚雄市首个集中式光伏电站柳树冲120兆瓦光伏电站开工建设。

16日，楚雄高新区率先在全州取消辖区内社会投资类房屋和市政工程建设项目初步设计审查事项（不含政府性投资房屋建设项目）。

17日，楚雄市屋顶分布式光伏开发全国试点项目举行开工仪式。

22日，楚雄市鹿城镇西苑社区、东瓜镇彝人古镇社区、子午镇鹿宜村被命名为第五批“云南省民主法治示范村（社区）”。

25日，楚雄市“投资楚雄·合作共赢”招商引资福建厦门专场推介会在厦门举行。楚雄市人民政府、楚雄高新区管委会与10家闽商企业在会上签约，签约项目协议投资总额57.8亿元。

7月

5日，“楚雄市城市形象”IP登上美国纽约时报广场“中国屏”。

8日，楚雄市第十届人民代表大会第二次会议举行第三次全体会议，会上罗兴贵当选楚雄市人民政府市长，钱志华当选楚雄市监察委员会主任。

15日，楚雄火把节城市旅游商品展销会开展，楚雄市2022年火把节陆续开展6个板块、19项活动。

16日，全国政协副主席卢展工到彝人古镇社区、中国彝族十月太阳历文化园、城区委员联络处调研政协委员联系服务界别群众工作。

22日，楚雄市向彝人古镇、市人民医院新区等城区公共场所投放公益水站，免费向群众提供饮用水。

24日，楚雄原万湖东城项目更名“新航鸿雅”项目，停工7年后项目重新开工。

30—31日，楚雄市第一届“火把杯”气排球邀请赛在楚雄市老年体育活动中心举行。全市18支代表队运动员、裁判员、教练员等200余人参赛。

8月

8—12日，楚雄市举办2022年“心系下一代，关爱暖童心”农村留守儿童城市体验活动，45名农村留守儿童参加。

9日，中国共产党楚雄市第十届委员会第四次全体会议在楚雄市委党校召开。

是日，“楚雄这十年”系列新闻发布会楚雄市专场举行。州委常委、楚雄市委书记、楚雄高新区党工委书记冯毅作主要发布。

11日，楚雄市工商联和楚雄市人民法院共建沟通联系机制做法被中华全国工商业联合会办公厅和最高人民法院办公厅通报表扬。

是日，楚雄市新村镇正烨经济林果种植专业合作社被评为“2022年度云南省农民合作社省级示范社”。

17日，由云南省体育局主办，云南省足球协会、楚雄州教育体育局、楚雄市教育体育局承办的2022年云南省青少年足球联赛（小学精英组）在楚雄开赛。

是日，云南省科技厅发布《云南省科技厅关于2022年第5批入库科技型中小企业名单的公告》，楚雄高新区9户企业入库国家科技型中小企业。

18日，《楚雄至景东高速公路工程可行性研究报告》获云南省发展改革委批复。

23日，中共楚雄市委召开人才工作会议、对24名“威楚人才奖”获奖者进行表扬并颁发荣誉证书。

26日，玉溪至楚雄高速公路全线通车。

29日，楚雄高新区被确定为国家级知识产权强国建设试点园区，成为云南省上榜的2家园区之一。

30日，楚雄市入围2022年“两山”发展百强县，排名第78。

31日，楚雄市人民政府与云南翰文教育投资集团有限公司签署项目战略合作协议，云南医药健康职业学院迁建项目和云南经济管理学院新校区建设项目落户楚雄市。

9月

1日，经共青团楚雄市委自主申报、州市一体评估、团省委复评、团中央复核，楚雄市县域共青团基层组织改革试点工作评定为省级“优秀”等次。

3—12日，楚雄市2022年农特产品展销会在兆顺第一城广场举行，展销会集中展示15个乡镇特色农特产品。

16日，楚雄师范学院铸牢中华民族共同体意识研究基地在楚雄市委党校挂牌成立。

20日，《楚雄市妇女发展规划（2021—2030年）》和《楚雄市儿童发展规划（2021—2030年）》在楚雄州首家印发实施。

21日，长征国家文化公园（楚雄段）“彝族火把节”非物质文化遗产展示馆建设项目开工。

23日，楚雄云泉酱园有限责任公司、云南爱尔发生物技术股份有限公司获云南省绿色食品“20佳创新企业”。

25日，国家民委民族团结促进司调研组到楚雄市开展“民族团结进步”授荣专题调研并召开座谈会。

28日，云南省女子2009年龄段足球后备梯队共建系列合作协议签约仪式在楚雄市北浦中学举行。云南省足球协会、楚雄市教育体育局、楚雄市足球协会签订云南省女子足球后备梯队共建合作三方协议。

30日，楚雄市文化艺术团挂牌成立。

10月

1—7日，楚雄市在滇中汽车博览

小镇举办首届车展活动。

11日，楚雄市不动产登记中心办理全市第一笔"商转公"抵押登记业务。

16日，哀牢山·楚雄野生动物世界建设项目投资运营合作协议签约仪式在楚雄市委党校举行。

17日，楚雄州补充耕地三年攻坚行动在子午镇法邑村委会大控摆项目区举行开工仪式。

23日，楚雄市绿色硅光伏及半导体新材料产业链重点招商项目签约仪式在苏州人工智能产业园举行，共签约2个项目，总投资80亿元。

26日，中国彝族十月太阳历文化园被评定为国家AAAA级旅游景区。

11月

1日，楚雄市大过口乡被农业农村部评为第十二批全国"一村一品"示范村镇。

是日，楚雄市融媒体中心入选新华社新闻信息中心云南中心"县级融媒体创新实践基地"首批共建单位。

8日，楚雄市入选"2022中国西部百强县市"。

是日，"2022七彩云南格兰芬多自行车节"第二站在楚雄紫溪山开赛，310名中外选手参赛。

12日，楚雄市老年人体育活动中心挂牌成立。

15日，楚雄市紫溪镇紫溪社区紫溪彝村入选第四批全国乡村旅游重点村名单。

16日，楚雄市工商联被《中华工商时报》评为"2022年度云南省民营经济宣传阵地建设成效突出单位"。

18日，楚雄首支市教育产业私募股权投资基金——楚雄汇德股权投资基金项目签约仪式在楚雄市委党校举行。

19日，云南楚雄核桃产销对接会在楚雄市举行，中农联云南核桃交易市场正式运营。

20日，楚雄市举行滇中引水二期配套工程楚雄市段开工仪式。

是日，在第6届南博会暨第26届昆交会经贸合作项目集中签约仪式上，楚雄市与南京玉虎文旅集团、力方数字科技集团有限公司分别签订《哀牢山·楚雄野生动物世界建设项目投资运营合作协议》和《楚雄老君山生态文化旅游产业园科技文化旅游产业项目投资运营框架协议》。

23日，楚雄市八角、扎郎等28个村委会成功创建云南省第三批省级"森林乡村"。

25日，云南哀牢山国家级自然保护区楚雄管护局挂牌成立，成为楚雄州首个生态环境资源司法保护基地。

是日，楚雄市启动以"威楚云耕　绿美云品"为主题的第二届电商直播创业大赛，赛期30天，26支直播战队参赛，主要推荐楚雄市农特产品、文创品产品。

30日，彝海公园职工驿站被中华全国总工会评定为"最美工会户外劳动者服务站点"。

12月

1日，《楚雄民用机场项目预可研报告》获国务院、中央军委批复。

13日，楚雄市在第十一届双拥模范命名表彰大会上再次获得"云南省双拥模范城"荣誉。

15日，楚雄市思源实验学校被云南省教育厅评为云南省中小学校第三批"云岭先锋·育人红烛"党建示范学校。

21日，楚雄市子午镇云龙村、鹿城镇大东社区被中共云南省委农村工作领导小组办公室列入乡村振兴"百千万"工程"精品村"。

22日，楚雄市紫溪镇被云南省农业农村厅列为云南省"绿美乡镇"、东瓜镇庄甸社区蔡家湾小组被列为"绿美村庄"。

27日，《寻百强　看中国》大型融媒体楚雄市（"云药之乡"七彩楚雄　绿色硅光伏产业跑出"加速度"）直播活动在央视财经频道播出，成为云南省唯一入选县市。

是日，楚雄市工商联被全国工商联评为"2022年度民营企业调查点工作先进示范单位"。

是日，楚雄市入选2021—2025年度第二批全国科普示范县（市、区）认定名单。

28日，楚雄市人民政府与楚雄州国有资本投资集团有限公司、宇泽半导体（云南）有限公司签署国有股权划转协议，与楚雄工业园富民片区综合开发项目、宇泽半导体（云南）有限公司年产20吉瓦单晶硅拉棒和22吉瓦切片及配套基础设施建设项目签署项目合作协议。

是日，龙川江流域（吕合段）水环境综合治理试验项目开工建设。

29日，中共云南省委办公厅、云南省人民政府办公厅通报云南省2021年度县域经济10强、县域跨越发展先进县及县域跨越发展进位县，楚雄市综合评分91.26分，排名第一。

30日，晶科能源（楚雄）有限公司成为楚雄州首家入选"2022年度国家智能制造优秀场景企业"。

是日，楚雄市成功创建为第四批云南省民族团结进步示范市，楚雄市总工会同步创建为省级第四批民族团结进步示范单位。

（敖春晖）

〔栏目编辑：杨加丽〕

市情概览

2023
楚雄市年鉴

建置区划

【位置面积】 楚雄市位于楚雄彝族自治州中西部，地处北纬24° 30′ ～ 25° 15′，东经100° 35′ ～ 101° 48′之间。东邻禄丰市，南接双柏县，西连南华县，北与牟定县毗邻。土地面积4433平方千米，城市建成区面积52.6平方千米。楚雄市距离昆明市城区152千米，距离大理市区179千米，与昆明市、曲靖市、玉溪市构成滇中城市群；是省会昆明通往滇西8州市和进入南亚、东南亚国际大通道的重要承接点和物流集散地，素有“省垣门户、迤西咽喉”之称。

【建置沿革】 楚雄市境汉代属益州郡，蜀汉、西晋属云南郡。晋咸康三年（338）有“爨酋威楚，筑城峨碌赕居之”，为楚雄建城之始。东晋属建都郡，南北朝为爨氏割据区；隋属昆州；唐初市境大部属览州，北部的吕合一带属化州，皆隶于南宁州都督府。南诏时属弄栋节度，在市境设有曲驿、览赕、石鼓驿等城镇。宋代大理国前期为白鹿部（后称石桑郡）有富筋赕、石鼓赕等建置，隶于银生节度；后期废节度，设威楚府，在市境有白鹿部、石鼓赕、德江城等建置。元初，市境设有威楚、石鼓2个千户，属威楚万户府辖，其中威楚千户领富民（今鹿城镇）、净乐（今东华镇）2个百户，与威楚万户同驻今鹿城镇，石鼓千户在今吕合镇境；至元八年（1271）改威楚万户府为威楚路，以威楚千户置威楚县，以富民、净乐2个百户置富民、净乐2县，各县皆隶于威楚府；至元十五年（1278）升威楚县为威州，辖富民、净乐2县。至元二十一年（1284）复降威州为威楚县，并将富民、净乐并入威楚县；以石鼓千户置石鼓县，隶于镇南州，至元二十四年（1287）革石鼓县为乡。明洪武十五年（1382）改威楚县为楚雄县，隶于由元威楚路改设的楚雄府。其后，楚雄县的建置及隶属关系一直延续到清末，民国2年（1913）裁楚雄府，楚雄县由腾越道辖；民国18年（1929）废除腾越道后，楚雄县除1948年内曾由设在姚安的省第八行政督察专员公署所辖外，一直由省府直辖。1958年4月楚雄彝族自治州成立，楚雄县为自治州所辖15个县之一；同年9月，将双柏、牟定、南华3县并入楚雄县，至1960年，并入的3县先后恢复建制。1983年9月，经国务院批准撤销楚雄县，设立楚雄市。2006年1月20日，经云南省人民政府批准，楚雄市第六届人大常委会第十九次会议决定撤销宜茨乡、云龙镇、永安镇、富民镇建置。

【行政区划】 2022年末，楚雄市辖鹿城、东瓜、吕合、紫溪、东华、子午、苍岭、三街、八角、中山、新村、西舍路12个镇和大过口、大地基、树苴3个乡。有154个村（居）民委员会，2880个村（居）民小组。

自然环境

【地质地貌】 楚雄市处于扬子地台与滇西海槽交接处西部，属于扬子准地台康滇地轴中南段，东部是元谋—绿汁江断裂，西部为红河—洱海断裂，形成市境南北—北西向构造，哀牢山变质带、马龙河断裂带、南华—楚雄断裂褶皱带对地貌发育影响较大。市境地势西北高，东南低，从西北向东南倾斜，最高峰为西舍路镇哀牢山脉小越坟山，海拔2916.1米，最低点在礼社江与彝家拉河、石羊江交汇处，海拔691米。市境地貌分为山间盆地、中山浅切割宽谷、中山深切割峡谷三大地貌单元；西部为山地，占全市总面积的55.8%，东部为丘陵和山间盆地，面积在5平方千米以上的坝子有鹿城、子午、东华、腰站、饱满街、吕合6个。

【山脉河流】 楚雄市境内群山皆属哀牢山系东麓支干余脉，基本上呈西北、东南走向。哀牢山起自大理州境内，由西北向东南，穿过市境西南部向双柏县延伸出境。境内河流分属元江、金沙江两大水系。主要河流为龙川江和礼社江。龙川江穿越市境东北部，为金沙江一级支流，自南华牛凤龙村入境，向东流经吕合、东瓜、鹿城，再由南转北过智明坝子石涧出境，市境内流长62.5千米，主要支流有紫甸河、西静河、河前河、寨子小河、青龙河、苍岭小河，金沙江水系在境内的径流面积1092平方千米。礼社江穿越市境西南部，是元江上游，经南华县入境，西岸为西舍路，东岸为八角、中山、新村和中邑舍，流长86千米，支流多集于东岸；主要支流有马龙河、三街河、白衣河、五街河、邑舍河、碧鸡河、自雄河；元江水系在境内的径流面积3228平方千米。

【气候物候】 楚雄市地处高原，地形复杂，海拔高差大，立体气候明显，生物多样性特征突出。

气候 楚雄市地处滇中干旱区，属北亚热带冬干夏湿季风气候，雨量集中，日照充足。盛行西南风，汛期受东亚季风影响，东风频数和南风频数占主导风向。风能分布具有鲜明的季节性，冬春风速大，夏秋风速小，2—5月是风季，3月、4月风速最大。2022年，楚雄市降水偏少，气温正常，日照偏多，年平均气温16.8℃，降水量864毫米，日照时数2975.7小时，年内极端天气频发。2月21—23日，受冷空气和南支槽共同影响，全市出现多年不遇的寒潮低温雨雪冰冻天气，过程降雨量27.5毫米，最高气温下降12.9℃。5月，受冷空气和西南气流影响，全市出现4次较大降温降雨天气过程，分别是1—6日、15—17日、21—24日、30—31日，其中21—24日降温幅度最大、降雨量最大，过程雨量137.3毫米，为有气象资料记录以来同期最大过程雨量。7月4日14—15时东华镇、子午镇、苍岭镇、紫溪镇，7月7日15—16时东华镇、子午镇、大过口乡、三街镇、西舍路镇，受飑线影响，出现历史罕见冰雹天气。12月16日夜间至18日，受强冷空气和弱偏南气流影响，出现小雨（雪）天气，高山、高海拔地区出现小雪或雨夹雪。

物候 楚雄市春季于2月14日开始，4月16日终止，持续62天，晴天日多，降雨量偏少，空气干燥，蒸发量大，风速较大；小麦成熟、水稻播种，蚜虫进入繁殖高峰，蟾蜍、大杜鹃出现，蒲公英、车前草开花，稗子发芽。夏季于4月17日开始，9月15

日终止，持续152天，雨热同季，晴天日少，空气湿度较大，蒸发量小；水稻移栽、抽穗，玉米播种、抽丝，蟋蟀由开始活动转入绝迹，蒲公英、车前草枯萎，稗子、牛毛草生长旺盛。秋季于9月16日开始，12月14日终止，持续90天，晴天日数和日照时数较夏季逐渐增多，气温和蒸发量较夏季逐渐下降；水稻、玉米成熟，小麦播种、分蘖，蟾蜍、大杜鹃逐渐绝迹，牛毛草枯萎。冬季于12月15日开始，次年2月13日终止，持续61天，晴天多，气温降低，降雨特少，湿度降低；小麦拔节、抽穗，稗子生长缓慢。

【土壤植被】 楚雄市土壤有水稻土、红壤、紫色土、黄棕壤、冲积土、石灰岩土6个土类。自然植被呈垂直带谱状分布，主要有常绿阔叶林、针叶林、针阔混交林、稀树灌丛草地、耕地杂草4种类型。

自然资源

【水资源】 楚雄市水资源由地表水和地下水构成。地表水主要来源于降水，占水资源总量的92.45%；境内多年平均径流量9.04亿立方米，丰水年径流量12.22亿立方米，贫水年径流量8.39亿立方米；地下水多年平均径流量3.24亿立方米，枯水年径流量1.91亿立方米，占河川径流量的24.6%；集中式饮用水水源地水质稳定保持在Ⅲ类以上。

【矿产资源】 楚雄市矿产资源有煤、石油、页岩、金、铜、铅锌、铁、铬钴、石灰岩、石棉、大理石、云母、滑石、建筑用砂、砂岩、陶瓷土、矿泉水等18种。煤、金、铅锌是全市优势矿种。

【生物资源】 楚雄市有野生动物70余种，常见木本植物30余种，草本植物20余种，食用菌、藻类20余种；有野生中药材243科1381种，约占云南省中药材资源种类的40%，被省人民政府认定为"云药之乡"。境内有大量的原生茶花资源，是云南山茶花的重要原生地之一，也是山茶科植物物种基因库。山茶属植物有云南山茶、粗柄连蕊茶、猴子木、毛果山茶、怒江山茶、厚皮香6种，百年以上云南传统名贵茶花园艺品种古树主要有童子面、松子壳、狮子头、大叶银红、大理茶5种，楚雄茶花精品种植园培育的"紫禾""楚焰"2个新品种，通过中国科学院昆明植物研究所茶花专家鉴定正式命名。楚雄本地鉴定、命名的特有品种主要分布在紫溪山、黑牛山和三尖山地区。2022年，全市森林面积33.57万公顷，森林蓄积量2440.34万立方米。

人口　民族　宗教

【人口】 2022年末，楚雄市户籍登记总户数18.34万户，其中，城镇户数11.78万户，农村户数6.56万户。户籍总人口54.98万人，比上年增加2856人，增长0.5%，其中，乡村人口23.69万人，占户籍总人口的43.1%；城镇人口31.29万人，占户籍总人口的56.9%。年内出生人口3988人，出生率7.27‰；死亡人口3423人，死亡率6.24‰，人口自然增长率1.03‰。男女性别比（以女性为100计算）为102。

【民　族】 楚雄市是民族交错杂居地区，境内有汉族、彝族、回族、白族、苗族、傣族、傈僳族、哈尼族等20余个民族。除汉族外，彝族人口最多，大多居住在山区，集中在大过口乡、三街镇，呈"大分散、小聚居"状态与其他民族交错杂处。2022年末，楚雄市有汉族人口40.56万人；少数民族人口14.41万人，其中，彝族人口12.16万人，占少数民族人口的84.4%；回族8989人、白族5567人、苗族1840人、傣族1162人、傈僳族1057人、哈尼族868人。

【宗　教】 楚雄市有佛教、伊斯兰教、基督教三大宗教，有佛教协会、伊斯兰教协会、基督教协会和基督教三自爱国运动委员会4个宗教团体。境内佛教寺院大多在鹿城镇、紫溪镇、东瓜镇、吕合镇、树苴乡、子午镇；伊斯兰教清真寺在鹿城镇、东瓜镇、苍岭镇、吕合镇、子午镇、树苴镇、八角镇、西舍路镇；基督教堂在鹿城镇。

历史文化

【文化传承】 楚雄在战国时期出现青铜文化，楚雄万家坝铜鼓是世界上迄今发现最古老的铜鼓。大理国时期，曾是高氏封地。这一时期，佛教文化和中原文化均有新发展。其后，逐渐发展成为昆明、大理之间政治、经济和文化中心，现存《护法明公德运碑》《高生福基志铭》是大理国时期文物；明代俞纬、俞经、俞绘、俞汝谐、俞汝钦、鞠射、鞠恩等留下《滇南赋》等一大批脍炙人口诗文；明末诗人刘联声、清末画僧果成、清代翰林池生春、民国时期书法家陆石父、丁其彦等均有许多著述和作品。五四运动以后，楚雄受新文化运动的影响，曾出现过许多进步知识分子和文化人士。抗日战争期间，兴起过灯剧和救亡话剧，许多抗日歌曲广为流传。1936年4月，中国工农红军第二军团经过楚雄；20世纪40年代末期，中国人民解放军滇桂黔边纵队八支队在楚雄哨区活动，用民歌、花灯、曲艺等形式宣传革命思想，播撒革命种子，留下许多革命文物。楚雄民间的传统花灯、歌舞以及彝族的民间文学艺术遗产极为丰富，具有较高的艺术价值，也是研究历史文化的宝贵资料。

【楚雄彝族文化】 楚雄市境内彝族信奉原始崇拜，21世纪初仍然保留有自然崇拜、祖先崇拜、土主崇拜等原始宗教遗存。彝族乐器主要有大三弦、小三弦、月琴、小二胡、竹箫、小闷笛、葫芦笙、羊皮鼓、唢呐、大号、筒子以及羊角号、牛角号、树叶等。彝族舞蹈，主要有大三弦舞、小三弦舞、月琴舞（又称"左脚舞"）、葫芦笙舞、跳笙舞、羊皮鼓舞。彝族女性服饰由头饰、蓝色大面襟无领紧袖衣和脚边绣花的宽口裤以及挂嘴绣花围腰和绣花鞋组成；头饰是用丈余黑布折成2寸宽布带绕成圆盘套头，额两侧各配银饰品若干；梳一辫扎红绿黄色毛线盘于脑后，插戴银链银钗等饰品，坠银耳环，戴金银或玉手镯。男性服饰主要是蓝色对襟衣和脚边绣花的宽口直裆裤，黑色和蓝色头绕、绣花凉鞋；男青年喜身着白色麻布或火草领褂。2002年楚雄市成立彝族毕摩协会，2005年成立彝族文化研究协会，使民族优秀传统文化得到挖掘、收集、整理和传承。

【非物质文化遗产】 2022年，楚雄市入选国家、省非物质文化遗产代表性项目名录13项（不含3个省级保护区），其中，国家级“非遗”代表性项目2项，彝族火把节、拨云锭制作技艺；省级“非遗”代表性项目11项，彝医推拿疗法、彝医三吹粉疗法、楚雄花灯（骠川花灯）、骨角工艺、云泉豆瓣酱、彝族葫芦笙舞、彝族羊皮鼓舞、彝族十二兽舞、彝族三弦舞、楚雄根雕、彝族葫芦笙制作技艺。州级“非遗”代表性项目26项，云龙酱油酿造技艺、彝族马缨花节、民间文学“葫芦兄妹的传说”、传统音乐“唢呐吹奏（楚雄唢呐吹奏）”、传统体育游艺与杂技“打陀螺（楚雄打陀螺）”、传统美术“彝族刺绣（楚雄彝族刺绣）”、传统技艺“火草纺织技艺（楚雄火草纺织技艺）”、传统面食及糕点制作技艺（鹿城椒盐饼制作技艺）、彝医药（刘氏骨伤正骨理筋疗法）、彝医药（彝医黑膏药疗法）、五兵歌、“洪水淹天”的故事、三女找太阳、小闷笛、响篾、洞经音乐、“阿苏嘘”说唱、张家边竹编技艺、彝族羊八碗、糯米粑粑蘸蜂蜜、彝族小闷笛制作技艺、彝族土主祭祀习俗、塔凹奶奶习俗、彝族十月太阳历、祭龙习俗。

【文化保护区】 2022年，楚雄市有省级传统文化保护区3个：紫溪镇岔河村板凳山彝族传统文化生态保护区、大过口乡彝族传统文化生态保护区、以口夸村民族传统文化生态保护区。州级传统文化保护区2个：三尖山彝族传统文化生态保护区、西舍路镇达诺村民族传统文化生态保护区。

【地方名人】 楚雄市从秦汉时期至今涌现出许多历史知名人物。秦汉时期至元代（公元前221年至公元1368年）主要有古滇国国王庄蹻、大理国相国高量成、威楚路知事董文彦等历史名人。明代（1368—1644年）乡贤主要有驻楚平叛名将李和穆、不畏权势传胪李启东、守城保民副使杨畏知、著名诗人俞经、俞纬、俞汝钦等。清代（1636—1912年）乡贤主要有著名诗人刘联声、名僧读体、“八大翰林”之一池生春、画僧果成、楚雄末任知府崇谦等。民国时期（1912—1949年）主要有杨永龄、李炳泰、丁其彦、杨应华、李海、贾茂等在戏曲、教育、医疗、建筑等领域作出贡献的历史文化名人。革命战争年代，楚雄涌现出李崇周、朱怀宽、陈海、王金英等一批献身革命的烈士。现代有李万清、樊以云、杨建宇等优秀干部，有周国庠、者厚培、张毓吉、陆廷俊等深耕行业数十年、热心公益的先进人物。

风景名胜

【旅游景区】 楚雄市境内有国家AAAA级旅游景区4个：楚雄州博物馆、彝人古镇、紫溪山国家级森林公

6月5日，市民在彝海公园沙滩游玩　（瞳画视觉　提供）

园、中国彝族十月太阳历文化园。国家AAA级旅游景区4个：紫溪彝村、摩尔梦工厂工业旅游观光园、路域生物多样性（楚雄）科普示范园、彝海公园。

【文物胜迹】 楚雄市有国家级文物保护单位2处：万家坝古墓群、楚雄文庙。省级文物保护单位3处：楚雄雁塔、龙泉书院、护法明公德运碑摩崖。州级文物保护单位8处：团山土主庙、元吉屯恐龙足迹化石产地、梨树园滇缅铁路石拱桥、紫顶寺塔林、宜茨文昌宫、以口火葬墓群、白土玉皇阁、达诺王彩旧居。市级文物保护单位22处及其他未定等级不可移动文物62处。

【城市公园】 楚雄市城区主要城市景观公园有峨碌公园、龙江公园、彝海公园、桃源湖体育公园、灵秀湖公园、福塔公园、鹿园等19个城市公园（景观）。2022年，楚雄市在西门片区、白沙冲、栗子园、雁塔路、文鼎路等新建“口袋公园”15个。

土特名产

【概况】 楚雄市名特产品主要有彝绣服饰和彝绣手工制品、云泉豆瓣酱系列产品、野生菌系列产品、核桃系列产品等名优产品。同时，通过多年发展，逐步形成撒坝猪、云岭牛、云岭黑山羊、土杂鸡、朗德鹅，大过口魔芋、蚂蝗箐茶、紫溪冬桃、干田红梨、东华枇杷、苍岭有机米、子午云龙酱油、大地基热带果蔬、树苴发嘎土坛酒、西舍路何首乌、花椒等特色农产品。2022年，全市有无公害认证农产品28个，绿色食品认证产品124个，有机食品认证产品12个，农产品地理标志认证产品2个。

【撒坝猪】 撒坝猪是云南六大名猪之一，在楚雄市各乡镇均有分布，因撒坝猪母猪产仔多、抗病力强、耐粗饲，受到广大散养户喜爱。在中山镇、三街镇（俗称哨区）等地广泛饲养，因此又叫哨地猪。2016年，“楚雄撒坝猪”获国家农产品地理标志认证；2017年1月，农业农村部批准对“楚雄撒坝猪”实施国家农产品地理标志登记保护。

【云岭牛】 云岭牛经云南省家畜家禽品种志鉴定归类为西南山地型黄牛，广泛分布于楚雄市境内，因此又叫楚雄牛。云岭牛具有抗寒、耐湿、抗病力强，耐粗饲、行动敏捷、役用性能好等特点，市内以楚雄锦达公司、树苴乡为主要繁殖、饲养地。

【云岭黑山羊】 楚雄市境内本地山羊属云岭山羊，为肉皮兼用地方品种，毛色黑色为主，黑白色次之。主要分布在山区和半山区，于2005年注册云岭商标。市内主要产地为大地基乡、新村镇、西舍路镇等，农村养殖户以1～2年串换种公羊为主，繁种场以苍岭天康种羊场等为主。

【朗德鹅】 朗德鹅原产于法国西南部靠比斯开湾的朗德地区，体型中等偏大，仔鹅生长迅速，8周龄活重可达4～5千克，具有生命力强、耐粗饲、合群性强、生长快、肥肝性能好等特点，较适合楚雄市气候环境和农村粗放养殖条件。市境内朗德鹅于2017年引进，在子午镇袁家村委会（二道班）双合园养殖销售为主，年均存栏3万羽、出栏120万羽，仔鹅远销山东、浙江等沿海地区。

【楚雄彝绣】 彝绣是楚雄彝族地区的一项民间古老技艺，主要以黑、青色为底，配以黄、红、绿、蓝、白等色，绣纹以马缨花、山茶花、羊角纹、日月、星星、鸡冠、云彩、波浪、牛角、牛眼、铁环等为主，技法粗犷、色彩浓烈，集中反映彝族人图腾崇拜、民俗风情等特点。彝族刺绣包括服饰、鞋子、包头、围腰、马甲、钱包、枕头、挎包和各种饰品，工艺独特，做工精美，色彩艳丽，具有实用价值、观赏价值和收藏价值。楚雄市内彝绣区主要集中在彝人古镇彝绣聚集区及三街镇、大过口乡。

【云泉豆瓣酱】 “云泉酱园”品牌始创于1958年，产品分为云泉牌传承、伴餐、下饭、帮厨、礼盒5个系列，“油豆瓣酱”“香辣酱”“麻辣酱”“招牌下饭酱”“辣椒系列”“野生菌酱”等40余个风味单品。云泉牌豆瓣酱发酵周期长达8个月以上，成品豆瓣酱呈红褐色，色泽油亮，酱体细嫩，酱香醇厚，获得国家生态原产地产品保护认证、云南省企业技术中心认定、云南省非物质文化传承技艺认证保护，产品远销中国香港、泰国等国家和地区。

【云龙根雕】 云龙根雕发源于楚雄市子午镇云龙古镇老街，1998年后，云龙“南安民间艺术协会”成立，带动云龙根雕发展，出现一批从事根雕创作民间艺人。树根、枯桩经艺人雕凿打磨，成为具有民族风格及地域文化的根雕艺术作品。《彝山谣——岁月》《咪依鲁》《老家》根雕作品曾获全国及省级奖项。

经济社会发展

【经济建设】 2022年，楚雄市出台稳增长政策措施23条、稳住经济政策措施60条、房地产暖企纾困措施15条，实施“畅游楚雄”促进旅游消费、“让利楚雄”促进商品消费、“玩转楚雄”促进餐饮娱乐消费、“健康楚雄”促进文体消费、“宜居楚雄”促进住房住宿消费、“数字楚雄”促进电商消费、“惠农楚雄”促进农村消费、“诚信楚雄”护航消费环境“八大行动”。完成地区生产总值（GDP）610.11亿元，按可比价计算，比上年增长5.5%。其中，第一产业增加值49.33亿元，增长5%；第二产业增加值328.6亿元，增长8.2%；第三产业增加值232.18亿元，增长2%。一、二、三产业比8.1：53.9：38，三次产业对GDP增长的贡献率分别为7.3%、77.8%、14.9%。烟草及配套产业、能源冶金和化工业、生物药业、绿色食品业、高原特色农业、建筑建材业、装备制造业、商贸物流业、文化旅游业九大重点产业增加值462.1亿元，增长3.2%，占生产总值的比重75.7%。

【政治建设】 2022年，楚雄市把党的政治建设摆在首位，加强政治历练，提升政治能力，不折不扣落实党中央决策部署和省委、州委工作安排，全面加强党风廉政建设和反腐败斗争，营造干部清正、政府清廉、政治清明、社会清朗的政治生态和良好环境。年内，召开市委常委会会议26次和市委理论学习中心组学习会议11次，举办领导干部学习贯彻党的十九届六中全会精神研讨班2期，组织学习《习近平谈治国理政》第四卷，开展“党的创新理论我来讲”“喜迎二十大、永远跟党走”等宣讲活动2300余场次。推动党史学习教育常态化长效化，突出学习宣传贯彻党的二十大精神，第一时间组织各级党组织、党员干部收听收看党的二十大开幕盛况，组织多形式、多层次、多元化的学习辅导、宣传宣讲，开展有重点、有深度、有针对性的课题调研、专题研讨，推动党的二十大精神落地落实、见行见效。

【文化建设】 2022年，楚雄市实施文化惠民工程，升级智慧图书馆、数字文化馆、自助图书馆，举办“彩云之南等你来”等群众性文化活动，公共文化设施实现市、乡、村三级全覆盖。建成媒体融合实践基地、县级融媒体创新实践基地，推进铜鼓博物馆项目前期工作，启动建设长征国家文化公园（楚雄段）项目。加强文艺创作和文艺人才培养，28件文艺作品参与省级以上展览或评奖，10名文艺人才加入国家级和省级协会。年内，十月太阳历文化园成功创建国家AAAA级景区，紫溪彝村入选“全国乡村旅游重点村”，楚雄市彝族服饰盛装系列在中央电视台“2022年春节元宵晚会”展示，剧目花灯小戏《雨过天晴》获“云南省第五届彩云奖比赛”综合类三等奖。

【社会建设】 2022年，楚雄市始终坚持以人民为中心的发展思想，在发展中保障和改善民生，持续提升人民生活品质。年内，居民人均可支配收入3.45万元，比上年增长4.6%。城镇常住居民人均可支配收入4.61万元，增长4.1%；农村常住居民人均可支配收入1.65万元，增长6.7%；城乡收入比2.8∶1。年末城镇登记失业人员7086人，城镇登记失业率3.2%。参加城镇职工基本养老保险人数8.97万人，征缴保险基金11.73亿元。参加城乡居民社会养老保险人数24.03万人；参加城镇职工基本医疗保险人数12.18万人，征缴保险基金6.93亿元。城乡居民基本医疗保险参保人数39.54万人，筹集保费1.27亿元。统筹办好各类教育，学前教育加快普及普惠，义务教育“双减”（减轻义务教育阶段学生过重作业负担和校外培训负担）“双升”（提升课后服务质量和教育教学质量）工作有效落实，启动实施高中教育提质增效三年行动，普通高中高分段考生数量稳步提升，实施鹿城小学小花山校区等学校和幼儿园建设项目84个，完成“一乡一幼”建设，开展州市名校长、名教师、名班主任“三名工程”建设，楚雄市成为全省唯一县（市）入选全国青少年校园足球试点县。加快推进县域医共体建设，15个乡镇卫生院均成功创建云南省一级甲等卫生院。医药卫生体制改革取得阶段性成效，实现医疗费用医保异地“一站式”结算，全民医保参保率95%以上。医疗基础设施建设完善，市医院传染病楼投入使用，推进市医院新区二期、市中医医院二期建设项目，实施健康县城建设三年行动，爱国卫生“7个专项行动”获全省通报表扬。

【生态环境建设】 2022年，楚雄市结合山水林田湖草沙系统治理，抓好人工造林和自然生态建设，守好绿色生态。落实河（湖）长制和林长制，开展长江“十年禁渔”，按期办结环保督察反馈交办问题；新增营造林1733公顷，治理水土流失75.8平方千米，完成第三污水处理厂建设和中心城区污水管网一期改造；城区环境空气质量优良率100%，集中式饮用水水源地水质达标率100%。至年底，楚雄市林地面积32.27万公顷，森林覆盖率75.62%，创建省级“森林乡村”28个。

（敖春晖）

〔栏目编辑：杨加丽〕

中国共产党楚雄市委员会

2023

楚雄市年鉴

综　述

【概况】 2022年，中共楚雄市委坚持以习近平新时代中国特色社会主义思想为指导，以迎接党的二十大召开和学习宣传贯彻党的二十大精神为主线，坚决贯彻习近平总书记考察云南重要讲话精神和党中央决策部署及省委、州委工作安排，坚决落实新冠疫情要防住、经济要稳住、发展要安全的要求，推动全市各项事业蓬勃发展，开创经济稳中求进、社会安定团结、政治风清气正的良好局面。扛牢经济发展之责，聚焦“六个大抓”，推动经济实现质的稳步提升和量的合理增长，实现地区生产总值610.11亿元，比上年增长5.5%，荣登云南省“县域经济10强县”第一名，在中国西部百强县（市）中的排名由2021年的26位上升至第21位。扛牢维护稳定之责，圆满完成党的二十大安保维稳任务，全国市域社会治理现代化试点通过州级验收，有效处置西舍路镇“9·11”地质灾害，连续33年未发生重大森林火灾，获评“全国平安农机示范县”。

【党的领导】 2022年，中共楚雄市委发挥总揽全局、协调各方的领导作用，规范议事决策程序，建强议事协调机构，组建23个重要工作、重点产业、重大项目专班，坚持谋全局抓全盘与谋重点抓关键相结合。制定实施《中共楚雄市委关于深入贯彻落实党的十九届六中全会精神的决定》《中共楚雄市委关于深入贯彻落实省第十一次党代会及州第十次党代会精神奋力推动楚雄市高质量发展的决定》等重要文件，贯彻落实习近平总书记重要指示批示精神、党中央决策部署和省委、州委工作安排，做到党中央有号令、省委、州委有安排、楚雄市见行动。持之以恒推进全面从严治党，实施基层党建“六大工程”，全面推开村级“大岗位制”，持续推进村级集体经济“强村工程”、村级事务“阳光工程”。完成市人大、市人民政府、市政协班子和乡镇人大、政府领导班子换届。加大干部教育培训和从严监管力度，开展能力素质提升培训52期，干部季度考核全面推开。实施新时代人才强市“五个专项行动”，引进教育、卫生领域紧缺人才36名，选调省内事业单位人才55名，授予24名优秀人才“威楚人才奖”。全覆盖开展政治监督蹲点调研。深化政治巡察，常态化整改评价做实巡察“后半篇文章”做法得到省、州肯定。全面推进正风肃纪反腐，全域深化“清廉楚雄”建设，不断营造风清气正的政治生态。

【学习宣传贯彻党的二十大精神】 2022年，中共楚雄市委组织各级党组织、党员干部收听收看党的二十大开幕盛况，及时召开市委全会、市委常委会、全市领导干部大会进行专题传达学习。采取组建市委宣讲团、领导干部带头讲党课、专题宣传报道等方式开展全覆盖的宣传宣讲，持续在全市上下掀起全面学习、全面把握、全面落实的工作热潮。扭住“实现中国式现代化、楚雄市怎么办”的关键性问题，进行理论联系实际的深入调研、多方研讨，制定实施《中共楚雄市委关于深入学习贯彻党的二十大精神奋力开创新时代楚雄市社会主义现代化建设新局面的决定》，谋实找准党的二十大精神在楚雄市落地落细的具体方案。

【推动经济社会发展】 2022年，中共楚雄市委聚焦高质量发展首要任务，实施产业强市战略，硅光伏实现全产业链发展，促成宇泽公司总部进驻楚雄，打造硅光伏“百亿级”产业，绿色铜、生物医药、绿色食品制造稳步发展，工业增速创下近十年新高；高原特色产业发展势头强劲；旅游文化产业稳步复苏，太阳历文化园成功创建为国家AAAA级景区，紫溪彝村入选全国乡村旅游重点村，“火把节”活动时隔2年重新举办。全年集中开工项目4批次223个，发展条件持续改善。签约宇泽40吉瓦单晶硅拉棒和42吉瓦切片、圣铭再生铅等项目27个，市场主体净增超过1万户、总量突破7万户。城市建成区面积52.6平方千米，城镇化率68.9%；推进乡村建设行动，巩固拓展脱贫攻坚成果同乡村振兴有效衔接；实施城乡绿化美化三年行动，城乡颜值不断提升。坚持在发展中保障和改善民生，群众就业质量持续提升，各年龄段教育均衡发展，推进滇中楚雄大学城和职业教育集团组建工作，推动健康楚雄建设，“一老一小”等工作成效明显，社会保障提质扩面，文化成果普惠于民，人民对美好生活的向往需求得到更好满足。

【深化改革】 2022年，中共楚雄市委加强改革系统集成，部署推进10大领域169项改革举措，组建市产业投资集团有限公司，启动东华、大过口2个试点乡镇基层整合审批服务执法力量改革，“农村客运+乡村物流”

10月16日，楚雄市组织部分道德模范和身边好人、青年、妇女和离退休人员收看党的二十大开幕式　（郑晓燕　摄影）

入选全国农村物流服务品牌，县域共青团基层组织改革试点工作被团中央评定“优秀”等次。实施创新驱动发展战略，全社会研发经费投入总量3亿元，成功创建全国科普示范市，高新区获批国家级知识产权强国建设试点园区，净增高新技术企业11户，高新技术产业产值170亿元。实施优化营商环境“十大行动”，企业开办“一窗通”平台有序运行，政务服务“好差评”办件评价率98.7%、好评率100%。

【维护稳定】 2022年，中共楚雄市委持续开展风险隐患大起底大排查大排险，维护政治、经济、文化、生态等重点领域安全。严防经济、金融风险，稳妥处置非法集资和P2P网贷。推动绿色发展，云甸零碳园区项目加快推进，成功申报庄甸医药产业片区“无废园区”试点示范建设；各类环保督察反馈问题有序整改，生态环境监管不断加强。安全生产、自建房安全、食品药品安全等专项整治大检查全覆盖、常态化开展，较大以上生产安全事故继续保持“零控制”。推进市域社会治理现代化试点工作，逐步完善立体化、智能化治安防控体系。坚持党管武装，国防动员和后备力量建设持续加强，基层人民武装部规范化建设“紫溪做法”得到省、州肯定。12月30日，楚雄市成功创建省级民族团结进步示范市。

【作风革命效能建设】 2022年，中共楚雄市委成立作风革命加强机关效能建设工作领导小组，研究制定提高政策学习、贯彻落实、招商引资等效能的10条措施，践行项目工作法、一线工作法、典型引路法，创新开展“八比八拼月擂台”行动，市级领导向上汇报对接争取支持900余人次，率队外出招商150余人次，下基层现场办公、现场调度1200余人次。作风革命效能建设工作连续4个季度被州委通报表扬，基层治理、政务服务、项目建设等工作经验被新华社、中央电视台等媒体刊播，“楚雄市打造移民社区治理新样板”入选全省典型案例。

重要会议

【概况】 2022年，中共楚雄市委坚持加强全市政治建设、经济建设、文化建设、社会建设和生态文明建设的重大问题研究、重大工作部署。年内，召开全会3次、常委会会议28次。

【市委全会】 2022年，中共楚雄市委共召开全会3次。

市委十届三次全会 2月26日，中共楚雄市委十届三次全会在市委党校召开。市委委员40人、候补委员9人出席会议。市纪委委员、市监委委员，全市实职科级及以上领导参加会议。州委常委、楚雄市委书记冯毅代表市委常委会向全会作工作报告；审议《中共楚雄市委关于深入贯彻落实党的十九届六中全会精神的决定》《中共楚雄市委关于深入贯彻落实省第十一次党代会及州第十次党代会精神奋力推动楚雄市高质量发展的决定》和《中国共产党楚雄市第十届委员会第三次全体会议公报》；审议中共楚雄市委2021年落实全面从严治党主体责任情况报告，市委常委会2021年党风廉政建设和反腐败斗争工作、党的建设工作、意识形态工作、统一战线工作、政法工作专题报告。

市委十届四次全会 8月9日，中共楚雄市委十届四次全会在市委党校召开。市委委员40人、候补委员9人出席会议。市纪委委员、市监委委员，全市实职科级及以上领导参加会议。州委常委、楚雄市委书记、楚雄高新区党工委书记冯毅代表市委常委会向全会作工作报告；审议中共楚雄市委2022年上半年落实全面从严治党主体责任情况报告，市委常委会2022年上半年党风廉政建设和反腐败斗争工作、党的建设工作、意识形态工作、统一战线工作、政法工作专题报告；审议通过《中国共产党楚雄市第十届委员会第四次全体会议公报》。

市委十届五次全会 12月15日，中共楚雄市委十届五次全会在市委党校召开。市委委员40人、候补委员9人出席会议。市纪委委员、市监委委员，全市实职科级及以上领导参加会议。州委常委、楚雄市委书记、楚雄高新区党工委书记冯毅代表市委常委会向全会作工作报告；审议通过《中共楚雄市委关于深入学习贯彻党的二十大精神 奋力开创新时代楚雄市社会主义现代化建设新局面的决定》和《中国共产党楚雄市第十届委员会第五次全体会议公报》；审议中共楚雄市委2022年落实全面从严治党主体责任情况报告，市委常委会2022年党风廉政建设和反腐败斗争工作、党的建设工作、意识形态工作、统一战线工作、政法工作专题报告。

【市委常委会会议】 2022年，第十

12月15日，中国共产党楚雄市第十届委员会第五次全体会议

（市委党史研究室 提供）

届中共楚雄市委常委会共召开会议28次，对全市经济社会和党的建设等重大问题和重大事项进行研究决策。

第22次（扩大）会议暨市委党的建设工作领导小组2022年第一次会议　1月12日，市委常委会召开第22次会议。15个乡镇党委和市住房城乡建设局党委、市农业农村局党委、市供销社党委就2021年抓基层党建工作情况进行述职，其余党（工）委书面述职。市委常委班子成员结合工作分工进行点评，市委主要领导逐一进行点评。在此基础上，开展现场测评。

第23次会议　1月13日，市委常委会召开第23次会议。传达学习1月6日中共中央政治局常务委员会会议、习近平总书记在省部级主要领导干部学习贯彻党的十九届六中全会精神专题研讨班开班仪式上的重要讲话精神，传达学习省委经济工作会议精神、省委书记王宁在楚雄调研时的讲话和楚雄州2021年度党风廉政建设责任制工作情况汇报会精神，研究楚雄市贯彻落实工作；研究审议楚雄市出席楚雄州第十三届人民代表大会代表候选人初步人选和政协楚雄州第十一届委员会委员楚雄市拟任人选；审议《楚雄市人大常委会工作报告》《楚雄市第十届人民代表大会代表当选送审名单》；审议《政协楚雄市第九届委员会常务委员会工作报告》《楚雄市人民法院工作报告》《楚雄市人民检察院工作报告（送审稿）》；《楚雄市2022年主要经济指标和工作思路建议》《楚雄市农村供水保障专项行动项目投资合作协议》《楚雄市部分村（社区）党总支书记推荐人选名单》；听取楚雄市2021年食品安全工作情况、楚雄市2021年度政治生态情况、楚雄市粮食购销领域腐败问题专项整治工作情况汇报，研究下步工作；研究干部人事工作。

第24次会议　1月17日，市委常委会召开第24次会议。传达学习《中共云南省纪律检查委员会、云南省监察委员会关于十三起重点领域严重违纪违法典型案件的通报》；审议《2022年政府工作报告》《楚雄市2021年国民经济和社会发展计划执行情况与2022年国民经济和社会发展计划草案的报告》《楚雄市2021年地方财政预算执行情况和2022年地方财政预算草案的报告》《楚雄市市本级2022年部门预算编制实施方案》《楚雄市2022年乡镇财政预算编制实施方案》《楚雄市2022年春节走访慰问活动方案》。

第25次会议　1月22日，市委常委会召开第25次会议。传达学习中国共产党第十九届中央纪律检查委员会第六次全体会议精神、习近平总书记对政法工作作出的重要指示精神，研究楚雄市贯彻落实工作；传达学习州委十届二次全会、州委经济工作会议精神，研究召开市委十届三次全会有关事宜；审议《中共楚雄市委常委班子党史学习教育专题民主生活会对照检查材料》《中共楚雄市委常委班子中央生态环境保护督察整改专题民主生活会对照检查材料》《中共楚雄市委常委班子2020年度民主生活会整改落实情况报告》《楚雄市第二轮中央生态环境保护督察反馈问题和交办信访件整改落实情况的报告》，对高质量开好市委常委班子2021年度民主生活会作安排部署。

第26次会议　2月22日，市委常委会召开第26次会议。传达学习习近平总书记在中共中央政治局第三十六次集体学习时的重要讲话精神、1月24日中共中央政治局会议精神，传达学习全国、全省组织部长会议和全州组织工作暨老干部工作会议精神，以及全国、全省宣传部长会议、全州宣传思想（意识形态）工作会议和省委、州委政法工作会议精神，研究楚雄市贯彻落实工作；传达学习楚雄彝族自治州第十三届人民代表大会第一次会议、中国人民政治协商会议楚雄彝族自治州第十一届委员会第一次会议精神，研究楚雄市贯彻落实工作；传达学习省纪委十一届二次全会、州纪委十届二次全会精神，研究召开市纪委十届二次全会相关事宜；审议《贯彻落实中央八项规定精神具体实施办法》《中共楚雄市委常委班子党史学习教育专题民主生活会整改方案》《中共楚雄市委常委班子中央生态环境保护督察整改专题民主生活会整改方案》《十届楚雄市委巡察工作规划（试行）》；听取市人大常委会党组、市人民政府党组、市政协党组、楚雄高新区党工委、市人民法院党组、市人民检察院党组和市级群团组织2021年工作情况报告；听取十届市委第二轮巡察及涉粮问题专项巡察情况汇报，研究十届市委第三轮巡察工作；研究干部人事工作。

第27次会议　2月26日，市委常委会召开第27次会议。听取市委十届三次全会讨论组分组讨论情况汇报。

第28次会议　3月21日，市委常委会召开第28次会议。传达学习十三届全国人大五次会议、全国政协十三届五次会议精神和3月17日中共中央政治局常务委员会会议精神，研究楚雄市贯彻落实工作；传达学习全国统战部长会议、中央对台工作会议、全省统战部长会议和全州统战工作暨州委对台工作会议精神，研究楚雄市贯彻落实工作；传达学习全省推进作风革命加强机关效能建设工作动员部署会议精神和省委、省政府印发的《云南省推进作风革命加强机关效能建设的若干规定（试行）》精神，研究楚雄市贯彻落实工作；传达学习《中共云南省纪律检查委员会云南省监察委员会关于“古滇名城”长腰山片区及滇池南湾未来城五渔邨项目违规违建问题追责问责情况的通报》《中共云南省纪律检查委员会云南省监察委员会关于云南省政府原副秘书长、办公厅党组成员孙赟案件的通报》《市委常委会2022年工作要点》《楚雄市人大常委会2022年度工作要点》《政协楚雄市委员会2022年重点协商和民主监督计划》《楚雄市“河湖革命”攻坚战实施方案》；审定楚雄市2021年度党风廉政建设责任制检查考核结果；通报州委反馈市委书记2021年度抓基层党建述职评议考核综合评价意见，研究审定楚雄市2021年度党（工）委书记抓基层党建工作述职评议考核综合评定意见及党（工）委党建考核等次评定意见；听取森林草原防灭火、安全生产等当前重点工作和楚雄市推进全国市域社会治理现代化试点工作情况汇报，研究下步工作；研究干部人事相关事宜。

第29次会议　4月11日，市委常委会召开第29次会议。传达学习3月

31日中共中央政治局常务委员会会议精神、习近平总书记对东航客机坠毁的重要指示和在参加首都义务植树活动时的重要指示精神，研究楚雄市贯彻落实工作；传达学习《中共云南省纪律检查委员会、云南省监察委员会关于德宏州盈江县花费巨资建设“象群”雕塑搞“面子工程”“形象工程”等问题的通报》《中共云南省纪律检查委员会、云南省监察委员会关于云南省退役军人事务厅原党组书记、厅长张胜震严重违纪违法案件的通报》《关于2起违规使用公务用车典型问题的通报》；传达学习全省基层管理体制改革暨事业单位机构编制挖潜创新工作推进会、全省编办主任会议暨先进集体先进个人表彰大会、省委编办第五督查组督查楚雄州机构编制情况反馈会、楚雄州编办主任会议精神，研究楚雄市贯彻落实工作；审议《楚雄市2022年基层党建工作实施方案》《楚雄市2022年基层党建工作重点项目清单》《2021年度市委书记抓基层党建述职评议考核综合评价反馈意见整改方案》《2022年度市委书记抓基层党建工作责任清单任务分解方案》《2022年度市委常委班子成员抓基层党建工作责任清单》《2022年市级党员领导干部抓基层党建工作责任清单》送审稿，研究2022年度党支部建设工作；审议《中共楚雄市委2022年政党协商计划》《楚雄市加强新时代退役军人工作实施意见》；听取全市2022年一季度经济运行情况汇报，审议《楚雄市2022年稳增长的若干政策措施》；听取楚雄市城市更新工作情况汇报，研究下步工作；听取市委常委、市人大常委会党组书记、市政协党组书记和楚雄高新区党工委书记有关工作整改情况报告。

第30次会议　4月29日，市委常委会召开第30次会议。传达学习习近平总书记考察海南和在中国人民大学考察时的重要讲话精神，研究楚雄市贯彻落实工作；传达学习全国、省、州有关巡视巡察工作会议和文件精神，审议《2022年市委巡察工作要点》；传达学习省、州“十四五”民兵建设和2022年度民兵建设工作任务部署会议精神，研究楚雄市贯彻落实工作；审议《中共楚雄市委、楚雄市人民政府关于表扬楚雄市创建国家卫生城市工作先进集体和先进个人的通报》《楚雄市爱国卫生运动委员会、楚雄市创建国家卫生城市工作指挥部关于表扬楚雄市创建国家卫生城市工作先进集体和先进个人的通报》《中共楚雄市委常委会2022年度会议议题计划》；通报2021年全国文明城市年度测评结果，审议《楚雄市2022年全国文明城市建设工作实施方案》；审议《中共楚雄市委、楚雄市人民政府关于表彰楚雄市城市品牌创建先进集体和先进个人的决定》；审议《2022年楚雄市宣传思想工作要点》《市委理论学习中心组2022年学习选题计划》；通报州委对楚雄市2021年度党风廉政建设责任制检查考核反馈意见，审议《楚雄市2022年度党风廉政建设和反腐败重点工作任务分解暨州委2021年度党风廉政建设责任制检查考核反馈意见整改方案》；研究干部人事工作。

第31次会议　5月12日，市委常委会召开第31次会议。传达学习习近平总书记在庆祝中国共产主义青年团成立100周年大会上的重要讲话精神、5月5日中共中央政治局常务委员会会议精神，传达学习习近平总书记对湖南长沙居民自建房倒塌事故作出的重要指示精神、全国安全生产电视电话会议精神、《云南省安全生产委员会关于印发〈云南省细化落实安全生产十五条措施工作方案〉的通知》精神，研究楚雄市贯彻落实工作；审定《楚雄市2021年度大比拼考评结果》和《楚雄市2022年度大比拼考评指标体系》；审议《楚雄市参照管理单位规范设置工作方案》《楚雄市参照管理单位规范设置人员分流方案》；研究2021年度楚雄市实职科级领导干部考核及公务员奖励相关事宜。

第32次会议　5月20日，市委常委会召开第32次会议。传达学习习近平总书记在庆祝中国国际贸易促进委员会建会70周年大会暨全球贸易投资促进峰会上的重要讲话精神，传达学习省委民族工作会议、州委民族工作会议暨楚雄州民族团结进步表彰大会精神，研究楚雄市贯彻落实工作；传达学习《中共云南省纪律检查委员会、云南省监察委员会关于云南机场集团原董事长唐学范严重违纪违法案件的通报》《中共云南省纪律检查委员会、云南省监察委员会关于中共文山州委原副书记州人民政府原州长张秀兰严重违纪违法案件的通报》和《楚雄州纪委州监委关于六起党员和公职人员醉驾典型问题的通报》；审议《楚雄市法治政府建设规划（2021—2025年）》《楚雄市关于全面加强新时代少先队工作的实施方案》《楚雄市落实粮食安全主体责任专项检查反馈问题整改方案》《中共楚雄市委2022年落实全面从严治党主体责任任务安排方案》《市委常委班子和班子成员履行全面从严治党责任清单》；研究表扬2021年党管武装暨国防动员工作先进单位和先进个人相关事宜；研究表扬楚雄市第四轮禁毒防艾人民战争先进集体和先进工作者相关事宜；听取十届市委第三轮巡察工作情况汇报，研究部署十届市委第四轮巡察工作；研究楚雄市参照管理单位规范设置人员分流具体方案；研究规范机关事业单位人事管理有关工作。

第33次会议　5月30日，市委常委会召开第33次会议。传达学习5月27日中央政治局会议和中央政治局第三十九次集体学习会议精神，研究楚雄市贯彻落实工作；研究市人民法院彝人古镇（高新区）人民法庭更名相关事宜；研究干部处分相关事宜；研究干部人事工作。

第35次会议　7月25日，市委常委会召开第35次会议。传达学习习近平总书记在新疆考察、出席庆祝香港回归祖国25周年大会暨香港特别行政区第六届政府就职典礼、湖北武汉考察时的重要讲话精神，传达学习全国、全省、全州宗教工作会议精神和《云南省人民政府关于印发云南省推动制造业高质量发展若干措施的通知》精神，研究楚雄市贯彻落实工作；审议《楚雄市补充耕地实施方案》《楚雄市补充耕地管理指导意见》《楚雄市激励村（居）民小组干部担当作为管理办法（试行）》；通报《宇泽半导体（云南）有限公司年产22吉瓦切片项目合作协议》《宇泽半导体（云南）有限公司年产22吉瓦切片项目备忘录一》《宇泽半导体（云南）有限公司年产22吉瓦切片项目备忘录二》《楚雄“万湖东城”项目协调推进会议备忘录》；听取2022年度州对县市“干在实处，走在前列”大比拼考评指标体系调整及责任分解落实情况汇报、2022年上半年全市安全生产和自然灾害应急管理工作情况汇报，研究下步工作；听取市人大常委会、市人民政府、市政协、市人民法院、市人民检察院党组，楚雄高新区党工委和市级群团组织2022年上半年工作情况汇报；研究干部处分相关事宜；研究干部人事工作。

第36次会议　8月7日，市委常委会召开第36次会议。传达学习7月28日中共中央政治局会议、习近平总书记在中共中央政治局第四十一次集体学习、省部级主要领导干部“学习习近平总书记重要讲话精神，迎接党的二十大”专题研讨班上的重要讲话精神，传达学习中央统战工作会议精神、省委书记王宁在省委巡视整改工作专题会上的讲话精神、2022年全省文明城市创建工作现场推进会和云南省文明城市创建工作座谈会会议精神，研究楚雄市贯彻落实工作；传达学习州委十届三次全会精神，研究召开市委十届四次全会有关事宜；研究召开市委人才工作会议相关筹备事宜，审议《中共楚雄市委、楚雄市人民政府关于授予吴超慧等24名同志“威楚人才奖”的决定》《楚雄市人才发展“十四五”规划（2021—2025年）》《关于加强和改进新时代楚雄市人才工作的实施意见》《楚雄市新时代人才强市“五个专项行动”实施方案》《中共楚雄市委、楚雄市人民政府关于加强新时代高质量统计工作实施意见》《楚雄市2021年度巩固拓展脱贫攻坚成果同乡村振兴有效衔接考核评估反馈问题整改方案》《楚雄市普通高中教育提质增效三年行动计划》《楚雄市部分村（社区）党总支书记推荐人选名单》；通报《楚雄市老君山野生动物园建设项目框架协议》《楚雄市“森碳”经济开发和农光互补项目合作框架协议》《湖南立新硅材料科技有限公司年产5万吨再生硅材料项目框架协议》；研究表彰楚雄市民族团结进步模范集体和模范个人相关事宜。

第37次会议　8月9日，市委常委会召开第37次会议。听取市委十届四次全会讨论组分组讨论情况汇报。

第38次（扩大）会议暨全市整改工作推进会议　8月20日，市委常委会召开第38次会议。听取基层党建述职评议考核反馈意见整改推进情况、党风廉政建设责任制检查考核反馈意见整改推进情况、审计事项反馈问题整改推进情况、市委常委班子党史学习教育专题民主生活会整改推进情况、市委常委班子中央生态环境保护督察整改专题民主生活会整改和其他生态环保问题整改推进情况、巩固拓展脱贫攻坚成果同乡村振兴有效衔接考核评估反馈问题整改推进情况的汇报，对持续做好整改工作作安排部署。

第40次会议　9月23日，市委常委会召开第40次会议。传达学习9月9日中共中央政治局会议、习近平总书记对四川甘孜泸定县6.8级地震作出的重要指示精神，研究楚雄市贯彻落实工作；传达学习《楚雄市人民法院审理“涉粮”职务犯罪案件情况通报》；审议《关于州纪委州监委对楚雄市开展政治监督蹲点调研反馈意见的整改方案》；听取十届市委第四轮巡察情况汇报，研究十届市委第五轮巡察工作；研究召开楚雄市残疾人联合会第八次代表大会有关事宜；研究楚雄市九龙甸水库资产及经营权有偿转让有关事宜；研究省公安厅夏季治安打击整治“百日行动”挂牌整治事项整改摘牌有关事宜；研究干部人事工作。

第42次（扩大）会议　10月28日，市委常委会召开第42次会议。传达学习中国共产党第二十次全国代表大会、中国共产党第二十届中央委员会第一次全体会议、中国共产党第二十届中央纪律检查委员会第一次全体会议精神，传达学习10月25日二十届中共中央政治局会议，习近平总书记在二十届中共中央政治局第一次集体学习、在出席军队领导干部会议时的重要讲话精神，研究楚雄市贯彻落实工作；传达学习云南省工商联（总商会）第十三次代表大会精神，研究楚雄市贯彻落实工作；审议《楚雄市加强法治保障推进法治化营商环境建设行动方案（试行）（送审稿）》《楚雄州雄大保安服务有限公司（市保安公司）改革实施方案》《楚雄市关于新时代加强和改进思想政治工作的实施方案（送审稿）》《关于加强新时代党外知识分子思想政治工作和无党派代表人士队伍建设的工作方案》；听取全市网络综合治理体系建设情况汇报，研究下步工作；听取楚雄市2022年度政治生态分析研判情况报告，研究下步工作；研究楚雄市机电园区路网产权、市政务服务局资产及经营权、市委党校部分资产有偿划转有关事宜；研究楚雄麦辉军粮供应有限公司与楚雄市粮食储备有限公司合并重组有关事宜；研究执行农业有毒有害保健津贴和畜牧兽医医疗卫生津贴有关事宜；研究干部人事工作。

第43次会议　11月15日，市委常委会召开第43次会议。传达学习11月10日中共中央政治局常务委员会会议和全国、全省、全州新冠疫情防控工作电视电话会议精神，传达学习省委书记王宁在楚雄调研指示精神，研究楚雄市贯彻落实工作；审议《关于新形势下加强国际传播能力建设的实施方案》《楚雄市深化国有文艺院团改革实施方案》《楚雄市全面推行村级组织“大岗位制”工作方案》；研究成立楚雄产投科技特来电充电网运营有限公司有关事宜；研究干部处分相关事宜。

第44次（扩大）会议暨开展下级“一把手”向市委常委会述责述廉工作会议　11月21日，市委常委会召开第44次会议。随机抽取9名述责述廉对象作会议述责述廉，其余8名述责述廉对象作书面述责述廉；市委常委对述责述廉对象进行质询提问，述责述廉对象当场作出解释答复；市委主要领导根据会上述责述廉情况，结合平时工作了解情况，进行现场点评；在此基础上，以无记名方式对报告人员进行测评。

第46次会议　12月8日，市委常委会召开第46次会议。传达学习12月6日中共中央政治局会议、习近平总书记在12月2日党外人士座谈会上的讲话、对河南安阳市凯信达商贸有限公司火灾事故作出的重要指示精神，传达学习中国共产党云南省第十一届委员会第三次全体会议精神，研究楚雄市贯彻落实工作；审议《中共楚雄市委关于认真学习宣传贯彻党的二十大精神的实施方案》《楚雄市推进健康县城建设三年行动方案（2022—2024）》《楚雄市城乡绿化美化三年行动实施方案（2022—2024年）》《楚雄市推进城镇住宅小区违法违规建（构）筑物清理整治工作实施意见》《楚雄市城区中小学校、医院领导班子成员任免管理办法（试行）》《楚雄市部分村（社区）党总支书记推荐人选名单》；听取全市新冠疫情防控工作情况、有关整改工作情况汇报，研究下步工作；听取市委常委，市人大常委会、市政协党组书记，楚雄高新区管委会主任工作情况报告；研究晶科能源10吉瓦高效电池片及基础配套设施建设项目（一期）有关事宜；研究干部人事工作。

第47次会议　12月13日，市委常委会召开第47次会议。传达学习省委、州委统战工作会议精神，研究楚雄市贯彻落实工作；传达学习州委十届四次全会精神，研究召开市委十届五次全会有关事宜；传达学习楚雄州文化发展大会精神，研究楚雄市贯彻落实工作；审议《楚雄市关于进一步加强和改进国有资产监督管理实施办法（送审稿）》；听取市人大常委会、市人民政府、市政协、市法院、市检察院党组，楚雄高新区党工委和市级群团组织2022年工作情况汇报；研究楚雄市州管领导干部年度考核相关事宜。

第48次会议　12月27日，市委常委会召开第48次会议。听取市委十届五次全会讨论组分组讨论情况汇报。

第49次会议　12月29日，市委常委会召开第49次会议。传达学习中央经济工作会议、中央农村工作会议和中共中央政治局民主生活会精神，研究楚雄市贯彻落实工作；审议《楚雄市2023年春节走访慰问方案》《楚雄市行政事业性国有资产管理办法》《楚雄市2022年财政预算调整方案的报告》；通报《宇泽半导体（云南）有限公司年产20吉瓦单晶硅拉棒和年产20吉瓦切片项目合作协议》《宇泽半导体（云南）有限公司年产20吉瓦单晶硅拉棒和年产20吉瓦切片项目合作协议备忘录》；通报州党风廉政建设责任领导小组办公室关于下级"一把手"向州委常委会扩大会议述责述廉反馈意见；审议《关于下级"一把手"向州委常委会扩大会议述责述廉反馈意见的整改方案》；听取十届市委第五轮巡察情况汇报；研究干部处分事宜。

【议事协调机构会议】　2022年，楚雄市设市委议事协调机构11个，其中，全面深化改革、全面依法治市、国家安全、网络安全和信息化、财经、外事、审计、机构编制委员会8个，教育工作、农村工作、巡察工作领导小组3个。各议事协调机构坚持常态化、专业化、精细化进行重大形势研判、重要工作研究和重大政策制定，充分体现议事协调机构专抓专责的职能担当。

市委全面深化改革委员会　2022年，市委全面深化改革委员会召开深改委会议3次，对改革工作进行专题研究、专题部署。

1月12日，召开市委全面深化改革委员会第十六次会议。会议听取民主政治领域改革等4个专项小组改革推进情况及楚雄市2021年全面深化改革督察情况汇报，审议通过《楚雄市关于贯彻落实〈中共云南省委　云南省人民政府关于建立健全城乡融合发展体制机制政策措施的实施意见〉的通知（送审稿）》《关于进一步完善和深化集体林权制度改革的实施意见（送审稿）》《楚雄市国有资本投资运营集团有限公司组建方案（送审稿）》《中共楚雄市委全面深化改革委员会2021年工作总结（送审稿）》。

4月19日，召开市委全面深化改革委员会第十七次会议。会议审议通过《中共楚雄市委全面深化改革委员会2022年工作要点（送审稿）》《楚雄市数字经济发展规划（2020—2025年）（送审稿）》，审议《楚雄市城市地下空间开发利用管理规定（试行）（送审稿）》《楚雄市党建引领乡村振兴行动计划（送审稿）》《楚雄市组织工作高质量发展规划纲要（2021—2025年）（送审稿）》。

8月26日，召开市委全面深化改革委员会第十八次会议。会议分析研判文化教育卫生体制改革专项小组改革工作推进情况，审议通过《关于新时代推进西部大开发形成新格局的实施意见（送审稿）》《构建更加完善的要素市场化配置工作机制（送审稿）》《构建更加完善的要素市场化配置任务分工方案（送审稿）》《楚雄市推动基础设施高质量发展实施方案（送审稿）》《楚雄市贯彻〈云南省民族团结进步示范区建设条例实施细则〉实施方案（送审稿）》《楚雄市关于贯彻落实医疗保障制度改革的实施方案（送审稿）》《楚雄市积极应对人口老龄化三十二条措施（送审稿）》。

市委财经委员会　12月27日，召开市委财经委员会第五次会议。会议传达学习中央财经委员会第十一次会议精神，听取楚雄市2022年债务风险防控工作情况汇报，对楚雄市债务风险化解工作进行安排部署。

市委审计委员会　4月11日，召开中共楚雄市委审计委员会第六次会议。会议组织学习新修订的《中华人民共和国审计法》，传达学习全国全省全州审计工作会议和州委审计委员会第六次会议精神、省州有关领导干部对审计工作的批示精神，听取楚雄市2021年度审计工作情况报告和2022年度全市审计工作建议，审议通过《楚雄市2022年度审计项目计划草案》《2022年度市管领导干部经济责任审计、自然资源资产责任审计、离任交接鉴证审计对象建议名单》。

市委全面依法治市委员会　8月29日，召开中共楚雄市委全面依法治市委员会第五次会议。会议深入学习贯彻习近平法治思想和全面贯彻省委、州委法治建设相关会议精神，总结当前工作成效，分析研判面临形势，安排部署下步工作，研究审议《楚雄市法治建设指标体系》《楚雄市争创国家级、省级法治政府示范市工作方案》《楚雄市党政主要负责人述法办法》等文件；部分乡镇和市属部门主要负责人进行会议述法。

市委机构编制委员会　4月19日，召开市委机构编制委员会2022年第一次会议。会议传达学习贯彻全省基层管理体制改革暨事业单位机构编制挖潜创新工作推进会、省委编办第五督查组督查楚雄州机构编制情况反馈会及全省全州编办主任会议精神，研究楚雄市贯彻落实意见。听取参照公务员法管理事业单位调整设置情况汇报，审议通过《中共楚雄市委机构编制委员会2021年机构编制工作报告（送审稿）》《中共楚雄市委机构编制委员会2022年工作要点（送审稿）》《楚雄市贯彻落实〈关于控住管好盘活全省机构编制的十二条措施〉具体任务清单（送审稿）》《楚雄市机构编制督查整改方案及相关配套措施（送审稿）》。

5月12日，召开市委机构编制委员会2022年第二次会议。会议传达学习《机构编制违规违纪违法行为处理和问责规则（试行）》精神。审议通过《楚雄市参照管理单位机构设置调整方案（送审稿）》等有关机构编制事项。

10月9日，召开市委机构编制委员会2022年第三次会议。传达学习机构编制工作相关法规政策文件、会议及讲话精神；听取《楚雄州检验检测机构整合改革试点方案》及《楚雄市整合改革剥离方案（州级送审稿）》情况，审议通过《楚雄市“十四五”时期机构编制工作高质量发展实施意见（送审稿）》《楚雄市机构编制督查整改框架性意见（送审稿）》《楚雄市市级行政编制过渡性周转池管理实施意见（试行）（送审稿）》《楚雄市事业编制周转使用办法（试行）（送审稿）》，市教育体育局直属事业单位、城区学校缺岗教师公开选调、校级领导调整、县管校聘改革调动人员等机构编制事项。

11月14日，召开市委机构编制委员会2022年第四次会议。会议审议通过调整组建楚雄市文化艺术团事项、楚雄市文化艺术团改革人员分流事项。

12月27日，召开市委机构编制委员会2022年第五次会议。会议传达学习习近平总书记关于机构编制工作的重要论述精神及《中央编委关于加强机构编制违规违纪违法行为预防教育的指导意见》《中央编办机构编制违规违纪违法行为调查核实办法（试行）》，研究楚雄市贯彻落实意见；审议通过《中共楚雄市委机构编制委员会2022年机构编制工作报告（送审稿）》、省委专项巡视开发区反馈“楚雄高新区超编超配问题”整改统筹调剂编制事项等有关机构编制事项。

市委教育工作领导小组　4月11日，召开市委教育工作领导小组2022年第一次全体会议。会议传达学习全国、全省教育工作会议精神和习近平总书记在第三十七个教师节来临之际给全国高校黄大年式教师团队代表的回信精神，听取“十四五”教育体育发展总体考虑和市委教育工委2022年工作要点的汇报，审议通过《楚雄市基础教育学校校长职级制改革工作的实施办法（送审稿）》《楚雄市关于从严治理全面规范校外培训的实施方案（送审稿）》《楚雄市关于进一步减轻义务教育阶段学生作业负担和校外培训负担的实施方案（送审稿）》。

8月19日，召开市委教育工作领导小组2022年第二次全体会议。会议审议通过《楚雄市关于推进中小学校党组织领导的校长负责制工作方案（送审稿）》《楚雄市贯彻落实〈云南省深化新时代教育评价改革实施方案〉责任清单（送审稿）》《楚雄市庆祝2022年教师节活动工作方案》《楚雄市2022年高中教学质量绩效考核结果及资金分配情况》4个文件，冯毅对教育体育工作做安排部署。

市委农村工作领导小组　3月2日，召开2022年中共楚雄市委农村工作领导小组会议。会议传达学习中央和省委、州委、市委农村工作会议精神，总结2021年“三农”工作，部署2022年农业农村工作，明确要集中精力抓好粮食和重要农产品供给、抓好巩固拓展脱贫攻坚成果和农民增收、提升农业产业化水平、提高农业科技化水平、推进乡村建设行动，努力推动全面推进乡村振兴取得新进展、农业农村现代化迈出新步伐。

市委巡察工作领导小组　2022年市委巡察工作领导小组召开会议4次。会议常态化传达学习全国、省、州有关巡视巡察工作会议和文件精神，及时研究十届市委第三轮、第四轮、第五轮巡察工作实施方案、组建方案和巡察组组长、副组长授权及巡察任务安排方案；听取十届市委第三轮、第四轮、第五轮巡察工作开展情况和移交问题线索办理情况以及市纪委市监委、市委组织部关于巡察整改日常监督工作开展情况；审议《十届楚雄市委巡察工作规划（试行）》《2022年市委巡察工作要点》《贯彻落实“市县党委巡察工作基础建设年”任务分工方案》《关于加强巡察整改和成果运用的贯彻落实具体措施》。

重大决策

【推进作风革命加强机关效能建设10条措施】　2022年3月25日，楚雄市委印发推进作风革命加强机关效能建设10条措施。主要内容：提高政策学习效能（对党中央国务院、省委省政府、州委州政府重要会议、重要文件精神和重大决策部署，市委、市政府在10日内组织传达学习，楚雄高新区、各乡镇、市属各部门在15日内组织传达学习）；提高贯彻落实效能（贯彻落实市委、市政府工作安排，有时限要求的按照要求落实反馈，没有时限要求的7个工作日内落实反馈，牵头落实部门每半年书面汇报1次落实情况）；提高办文办会效能（上级党委、政府要求制定配套文件的，在规定时限内制定配套文件，没有明确时限的在3个月内制定出台；全市性会议特别是召开到乡镇的会议一般以视频形式召开）；提高项目工作法效能，建立项目推进红色、黄色预警机制，实行争项目、争资金、争政策工作“一季一通报”；提高一线工作法效能（市级领导到基层调研每年至少90日、每月至少1次到基层一线现场办公、每月至少1次到基层接待群众来访，乡镇、部门党政领导班子成员随时接待群众来访）；提高典型引路法效能（按照整体工作上台阶、主要指标有突破、亮点工作创一流的要求，制定可问效、可考评、可追责的标准，对标先进、争创一流）；提高招商引资效能（市属行业主管部门、各乡镇每年精准策划包装项目不少于2个，市级领导和各乡镇、市属各相关部门党政主要负责人每季度至少安排1次外出招商）；提高政务服务效能（及时更新省内通办、跨省通办、“最多跑一次”等事项清单；完善全省一体化政务服务平台和“一部手机办事通”，提高“全程网办”比例，健全政务平台“好差评”体系）；提高要素保障效能（全市重大项目，自申请立项到竣工验收全流程审批时间不超过50个工作日）；提高检查考核效能（改进督查检查考核的方式方法，除党中央和省委、州委、市委明确规定外，不得将成立议事协调机构、制定工作方案、召开会议、印发文件、纪要记录等作为评价工作的依据）。

【出台法治政府建设实施规划】 2022年6月15日，中共楚雄市委、楚雄市人民政府印发《楚雄市法治政府建设实施规划（2021—2025年）》。总体目标：到2025年，政府行为全面纳入法治轨道，职责明确、依法行政的政府治理体系日益健全，各级行政机关依法全面履职，法治政府建设对服务楚雄高质量跨越式发展的保障作用有效发挥。法治政府示范创建持续推进，为到2035年基本建成法治楚雄、法治政府、法治社会奠定坚实基础。主要任务：健全政府机构职能体系，推动更好发挥政府作用；健全完善依法行政制度体系，加快推进政府治理规范化程序化法治化；健全完善行政决策程序体系，不断提升行政决策公信力和执行力；健全完善行政执法工作体系，全面推进严格规范公正文明执法；健全突发事件应对体系，依法预防处置重大突发事件；健全完善社会矛盾纠纷行政预防调处化解体系，促进社会和谐稳定；健全完善行政权力制约和监督体系，促进行政权力规范透明运行；健全法治政府建设科技保障体系，全面建设数字法治政府；加强党的领导，完善法治政府建设推进机制。

【开展农村人居环境整治提升五年行动】 2022年7月14日，中共楚雄市委、楚雄市人民政府印发《楚雄市农村人居环境整治提升五年行动实施方案（2021—2025年）》。工作目标：到2025年，通过对标全国一流，强化巩固提升，全市农村人居环境基本实现“十有十无”目标，2695个自然村基本创建成为省级或州、县市级生态宜居美丽乡村，实现美丽生态、美丽经济、美丽生活的“三美融合”发展。主要任务：结合村庄实际，总体按照“123456”的思路整治公共空间，按照“六美”要求创建美丽庭院。“123456”思路即：“1名”，在村庄入口设置村名标识；“2分离”，人畜分离、雨污分离；“建3园”，利用房前屋后空地打造小花园、小果园、小菜园；“美4旁”，在屋旁、村旁、渠旁、路旁种植易栽易活的本地常见花草树木，确保常绿常美；“清5堆”，清理柴草堆、垃圾堆、砂石堆、杂物堆、粪肥堆；“改6小”，改造小广场、小柴房、小厕所、小庭院、小管网、小停车场。美丽庭院“六美”即：庭院设计布局美、物品摆放整齐美、环境卫生清洁美、植树栽花绿化美、节能环保形象美、新风文明和谐美。

【开展耕地占补平衡和城乡建设用地增减挂钩三年攻坚行动】 2022年7月15日，中共楚雄市委、楚雄市人民政府印发《楚雄市耕地占补平衡和城乡建设用地增减挂钩三年攻坚行动方案》。目标任务：通过开展耕地占补平衡和城乡建设用地增减挂钩三年攻坚行动，完成耕地占补平衡指标入库4万亩，实施城乡建设用地增减挂钩项目1万亩，全市各类建设项目所需耕地占补平衡指标得以充分保障，耕地占补平衡和城乡建设用地增减挂钩工作对“稳增长”“稳投资”“稳就业”等经济社会发展的支撑作用更加凸显。方法步骤：分解下达任务（根据耕地后备资源调查评价成果，结合各乡镇资源禀赋情况将耕地占补平衡和城乡建设用地增减挂钩任务分解下达各乡镇）；招选项目融资代建单位（由市自然资源局将各乡镇占补平衡项目统一打包，采取依法公开的方式招选项目融资代建单位）；组织实施项目（耕地占补平衡项目由融资代建单位根据下达的投资计划，负责具体项目投资、融资、建设和三年管护等工作）；综合绩效评价（每年对各乡镇耕地占补平衡和城乡建设用地增减挂钩任务完成情况进行绩效评价，兑现奖补资金）。

【优化营商环境14条措施】 2022年7月26日，中共楚雄市委、楚雄市人民政府印发《楚雄市贯彻落实〈关于进一步加大优化营商环境工作力度若干意见〉14条措施》。具体内容：对标一流更准（对标国内、省内、州内营商环境标杆城市做法，力争3年内实现全面提升并与州同步进入全国一流水平）；市场主体更活（全面落实省、州、市市场主体倍增工作，大力提升市场主体活跃度，2022年，每千人拥有市场主体数量要超过全省平均水平，力争进入全省前列）；审批服务更快（2022年，政务服务事项网上可办率、全程网办率分别达97%和70%以上，并逐年提升）；惠企政策更优（定期开展涉企服务政策清理，及时更新惠企政策，常态化开展“三进企业”活动）；推行清单管理（每季度制定印发“一部门一清单”，每月通报各项指标提升进度）优化投资服务（完善市级重大项目清单制度、服务专班制度，各部门全程跟踪协调、帮办代办）；深化重点改革（持续深化“放管服”改革，健全“一颗印章管审批”工作机制，打通堵点、畅通审批）；强化典型引领（每半年组织汇编、发布1次营商环境典型案例，每年评选1批民营企业家和优秀民营企业，每年评选1批优化提升营商环境工作先进集体和先进个人）；健全工作推进机制（坚持市优化营商环境促进市场主体倍增领导小组市委书记、市长“双组长”制；设商事制度改革和市场监管、行政审批和公共服务、财税金融贸易、法治建设和法律服务、包容普惠创新5个专项组齐抓共管各项工作）；建立完善调度机制（各专项组每月研究1次优化营商环境、促进市场主体倍增工作，每半年向领导小组汇报1次工作。领导小组办公室每季度召开1次联席会议）；健全责任落实机制；构建法治保障机制；完善督促落实机制（审计部门每年开展1次优化营商环境工作专项审计，纪检监察机关深入开展优化营商环境监督治理专项整治行动）；创新宣传推介机制（深入宣传全市优化营商环境的工作部署、进展成效及先进经验，提升优化营商环境的感知度和影响力）。

【学习贯彻党的二十大精神和省委“3815”战略发展目标】 2022年12月30日，中共楚雄市委、楚雄市人民政府印发《关于深入学习贯彻党的二十大精神 奋力开创新时代楚雄市社会主义现代化建设新局面的决定》。总体思路：牢牢把握中国式现代化的中国特色、本质要求和重大原则，聚焦省委、州委关于补短板、强弱项、扬优势、保安全、促团结的系统安排，加紧构建并不断完善现代经济体系、重大枢纽体系、公共服务体系和社会治理体系，用心用情用力做好“党建引领、经济提质、城市升级、乡村出彩、人民幸福”五篇文章，打造滇中崛起增长极核心引擎、现代农业示范区标杆、民族团结进步示范区样板，努力闯出一条具有楚雄市特色的高质量发展路子，率先在全省全州基本实现社会主义现代化。奋斗目标：坚持“三年上台阶、八年大发展、十五年大跨越”，分阶段谋划奋斗目标。三年上台阶，以实施产业强市、交通强市、绿化美化、农业现代化、促消费稳增长等一系列三年行动计划为抓手，集中精力抓重点、补短板、促攻坚，力争到2025年，地区生产总值达900亿元以上、人均GDP达到2万美元，在全州率先基本实现社会主义现代化。八年大发展，到2030年，现代化产业体系初步形成，基础设施建设取得新成就，社会事业发展取得明显进步，社会治理能力持续增强，人民生活品质大幅提升，地区生产总值达1300亿元以上。十五年大跨越，到2035年，建成较为完善的现代经济体系、重大枢纽体系、公共服务体系和社会治理体系，在滇中城市经济圈中的辐射带动力、区域影响力明显增强，社会文明程度全面提升，地区生产总值达2000亿元以上，进入全省较为发达地区行列。主要任务：聚焦补短板打基础，改善发展条件（补齐产业发展、基础设施、城乡统筹、农民增收、基本公共服务等方面的短板，让全市经济社会发展的基础更厚实更稳固）；聚焦强弱项增后劲，释放发展动力（做强改革、开放、创新、营商环境、人才引育等弱项，向改革要动力、向创新要活力、向开放要空间）；聚焦扬优势挖潜能，提升发展质效（依托地理区位、资源禀赋、产业基础、生态环境、特色文化等方面优势，坚持产城融合、三产融合，发展绿色能源、绿色制造、生物医药、现代物流等优势产业，把优势潜能转化为发展势能，推动经济实现质的有效提升和量的合理增长）；聚焦保安全守底线，筑牢发展屏障（全面统筹发展与安全，坚决维护政治安全、经济安全、人民安全、生态安全、社会安全，以高水平安全服务高质量发展）；聚焦促团结建和谐，凝聚发展合力（坚定不移走现代化建设的团结奋斗之路，调动一切积极因素，团结一切可以团结的力量，绘就最美“同心圆”）。

重要文件

【概况】 2022年，中共楚雄市委印发市委文件248份，其中，市党发26份，市党通32份，市党干104份，市党函24份，市党请24份，市党报38份。印发市委办公室文件113份，其中，市党办发20份，市党办通93份。

【市委文件】 2022年3月1日，中共楚雄市委印发《关于深入贯彻落实党的十九届六中全会精神的决定》《关于深入贯彻落实省第十一次党代会及州第十次党代会精神、奋力推动楚雄市高质量发展的决定》的通知。

4月12日，中共楚雄市委印发《中共楚雄市委关于深入学习宣传贯彻习近平新时代中国特色社会主义思想的通知》。

5月7日，中共楚雄市委、楚雄市人民政府印发《楚雄市“河湖革命”攻坚战实施方案》的通知。

5月11日，中共楚雄市委、楚雄市人民政府印发《关于表彰楚雄市城市品牌创建先进集体和先进个人的决定》。

5月19日，中共楚雄市委印发《关于全面推进“清廉楚雄”建设的实施方案》。

5月24日，中共楚雄市委、楚雄市人民政府印发《关于2021年度“干在实处，走在前列”大比拼考核结果的通知》。

6月10日，中共楚雄市委、楚雄市人民政府印发《关于对2019—2021年度连续三年考核为优秀等次公务员记三等功和2021年度考核为优秀等次公务员给予嘉奖的决定》。

6月15日，中共楚雄市委、楚雄市人民政府印发《楚雄市法治政府建设实施规划（2021—2025年）》。

8月18日，中共楚雄市委、楚雄市人民政府印发《关于加强新时代高质量统计工作实施意见》的通知。

8月19日，中共楚雄市委、楚雄市人民政府印发《关于授予吴超慧等24名同志楚雄市“威楚人才奖”决定》。

9月14日，中共楚雄市委、楚雄市人民政府印发《楚雄市关于贯彻落实深化医疗保障制度改革的实施方案》《关于做好2022年全面推进乡村振兴重点工作的实施意见》。

10月10日，中共楚雄市委、楚雄市人民政府印发《关于表彰楚雄市民族团结进步模范集体和模范个人的决定》。

9月17日，中共楚雄市委、楚雄市人民政府印发《关于做好2022年全面推进乡村振兴重点工作的实施意见》。

10月16日，中共楚雄市委印发《关于聘任市委法律顾问的决定》。

10月20日，中共楚雄市委、楚雄市人民政府《关于对2021年度平安建设优秀集体和优秀个人进行表扬的通报》。

11月8日，中共楚雄市委、楚雄市人民政府《关于对楚雄市耕地保护和占补平衡工作优秀集体和优秀个人进行表扬的通报》。

11月30日，中共楚雄市委、楚雄市人民政府印发《中共楚雄市委、楚雄市人民政府关于表扬2016—2020年楚雄市“七五”普法工作优秀集体和优秀个人的通报》。

12月9日，中共楚雄市委印发《关于认真学习宣传贯彻党的二十大精神的实施方案》。

12月30日，中共楚雄市委印发《关于深入学习贯彻党的二十大精神 奋力开创新时代楚雄市社会主义现代化建设新局面的决定》的通知。

【市委办公室文件】 2022年1月7日，中共楚雄市委印发《中共楚雄市委关于学习宣传贯彻省第十一次党代会精神的通知》。

1月13日，中共楚雄市委办公室、楚雄市人民政府办公室印发《楚雄市贯彻落实构建现代环境治理体系重点工作和改革举措》的通知。

1月28日，中共楚雄市委办公室、楚雄市人民政府办公室印发《关于在推动楚雄市经济社会高质量跨越式发展中大力践行项目工作法、一线工作法、典型引路法的通知》。

2月10日，中共楚雄市委办公室、楚雄市人民政府办公室印发关于《贯彻落实省严格规范村庄撤并工作若干措施任务清单的通知》。

2月28日，中共楚雄市委办公室、楚雄市人民政府办公室印发《关于促进中彝医药传承创新发展的实施意见》的通知。

3月14日，中共楚雄市委办公室关于印发《“十四五”楚雄市档案事业发展规划》的通知。

3月16日，中共楚雄市委办公室、楚雄市人民政府办公室印发《关于成立楚雄市推进作风革命加强机关效能建设工作领导小组的通知》，中共楚雄市委办公室、楚雄市人民政府办公室印发《楚雄市加强长江生态环境保护 支持配合民盟中央开展民主监督工作实施方案》的通知。

3月17日，中共楚雄市委办公室、楚雄市人民政府办公室印发《楚雄市重点产业和重大项目专班推进制度》的通知。

3月18日，中共楚雄市委办公室、楚雄市人民政府办公室印发《关于成立楚雄市耕地保护和占补平衡等23个工作专班的通知》。

3月24日，中共楚雄市委办公室、楚雄市人民政府办公室印发关于《楚雄市深化税收征管改革重点任务分工方案》的通知。

3月25日，中共楚雄市委办公室、楚雄市人民政府办公室关于印发《楚雄市推进作风革命加强机关效能建设10条措施（试行）》的通知。

4月2日，中共楚雄市委办公室印发《中共楚雄市委办公室关于对州委十届二次全会部署任务进行分解落实》的通知，中共楚雄市委办公室关于对《州委常委会2022年工作要点》任务进行分解落实的通知。

4月11日，中共楚雄市委办公室、楚雄市人民政府办公室、政协楚雄市委员会办公室印发《政协楚雄市委员会2022年重点协商和民主监督计划》的通知。

4月12日，中共楚雄市委办公室关于印发《楚雄市2022年基层党建工作实施方案》的通知。

4月21日，中共楚雄市委办公室、楚雄市人民政府办公室印发《中共楚雄市委办公室 楚雄市人民政府办公室关于认真做好2022年人大代表议案建议和政协提案办理工作的通知》。

4月25日，中共楚雄市委办公室、楚雄市人民政府办公室印发《楚雄市规范民办义务教育发展工作方案》的通知，《中共楚雄市委2022年政党协商计划》的通知。

4月28日，中共楚雄市委办公室、楚雄市人民政府办公室印发《楚雄市推进作风革命加强机关效能建设五项制度》的通知。

5月7日，中共楚雄市委办公室、楚雄市人民政府办公室印发《关于进一步减轻义务教育阶段学生作业负担和校外培训负担的实施方案》的通知，中共楚雄市委办公室印发《市委理论学习中心组2022年学习选题计划》的通知。

5月11日，中共楚雄市委办公室印发关于《楚雄市党建引领乡村振兴行动计划》的通知。

5月12日，中共楚雄市委办公室印发《中共楚雄市委办公室关于进一步规范紧急信息报告和追责机制的通知》。

5月15日，中共楚雄市委办公室、楚雄市人民政府办公室印发《楚雄市房屋建筑安全隐患排查整治百日行动实施方案》的通知。

5月19日，中共楚雄市委办公室印发《楚雄市2022年度党风廉政建设和反腐败重点工作任务分解暨州委2021年度党风廉政建设责任制检查考核反馈意见整改方案》的通知，中共楚雄市委办公室、楚雄市人民政府办公室印发《楚雄市2022年全国文明城市建设工作实施方案》的通知，中共楚雄市委办公室关于印发《楚雄市贯彻落实“市县党委巡察工作基础建设年”任务分工方案》的通知、《中共楚雄市委办公室关于常态化长效化开展“四万三进”活动的通知》。

6月1日，中共楚雄市委办公室、楚雄市人民政府办公室关于印发《中国共产党楚雄市委员会党校职能配置、内设机构和人员编制规定》的通知，《中国共产党楚雄市委员会党史研究室（楚雄市地方志编纂委员会办公室）职能配置、内设机构和人员编制规定》的通知，《楚雄市投资促进局职能配置、内设机构和人员编制规定》的通知，《楚雄市供销合作社联合社职能配置、内设机构和人员编制规定》的通知，《楚雄市搬迁安置办公室职能配置、内设机构和人员编制规定》的通知。

6月10日，中共楚雄市委办公室印发《关于全面加强新时代少先队工作的实施方案》的通知，《楚雄市开展村（社区）集体“三资”提级监督工作实施方案》的通知。

6月22日，中共楚雄市委办公室关于印发《楚雄市深化新时代党建带群建工作重点任务清单》的通知。

6月28日，中共楚雄市委办公室、楚雄市人民政府办公室印发《楚雄市加强社会主义法治文化建设实施方案》的通知。

7月1日，中共楚雄市委办公室、楚雄市人民政府办公室印发《关于建立“双绑”利益联结机制推进产业帮扶全覆盖的实施方案》等3个实施方案的通知。

7月14日，中共楚雄市委办公室、楚雄市人民政府办公室印发《楚雄市农村人居环境整治提升五年行动实施方案（2021—2025年）》的通知，《中共楚雄市委办公室 楚雄市人民政府办公室关于市级领导挂点联系乡（镇）和市级部门定点挂包村（社区）做好农村人居环境整治提升工作的通知》。

7月15日，中共楚雄市委办公室、楚雄市人民政府办公室关于印发《楚雄市耕地占补平衡和城乡建设用地增减挂钩三年攻坚行动方案》的通知。

7月16日，中共楚雄市委办公室印发《楚雄市关于提升党建引领基层治理能力的任务清单》的通知。

7月20日，中共楚雄市委办公室、楚雄市人民政府办公室关于印发《楚雄市国家园林城市创建工作实施方案》的通知。

7月26日，中共楚雄市委办公室 楚雄市人民政府办公室印发《楚雄市贯彻落实〈关于进一步加大优化营商环境工作力度若干意见〉14条措施》的通知。

7月29日，中共楚雄市委办公室、楚雄市人民政府办公室印发《关于改革完善社会救助制度的实施方案》的通知，《楚雄市关于加快肉牛肉羊产业高质量发展实施方案》等2个方案的通知。

8月5日，中共楚雄市委办公室、楚雄市人民政府办公室印发《楚雄市关于支持供销合作社持续深化综合改革的实施方案》的通知。

8月12日，中共楚雄市委办公室关于印发《楚雄市激励村（居）民小组干部担当作为管理办法（试行）》的通知。

8月15日，中共楚雄市委办公室印发《关于配合做好州纪委 州监委到楚雄市开展政治监督蹲点调研工作任务分解方案》的通知，中共楚雄市委办公室、楚雄市人民政府办公室印发《中共楚雄市委办公室、楚雄市人民政府办公室关于进一步强化“一把手”招商》的通知。

8月18日，中共楚雄市委办公室、楚雄市人民政府办公室印发《楚雄市贯彻落实〈云南省深化新时代教育评价改革实施方案〉责任清单》的通知。

8月19日，中共楚雄市委办公室、楚雄市人民政府办公室印发《楚雄市新时代人才强市“五个专项行动”实施方案》的通知。

8月22日，中共楚雄市委办公室转发《市委宣传部、市委组织部关于认真组织学习〈习近平谈治国理政〉第四卷的通知》的通知。

8月29日，中共楚雄市委办公室、楚雄市人民政府办公室关于印发《楚雄市贯彻落实〈云南省新时代产业工人队伍建设改革“十四五”规划〉实施方案》的通知。

8月31日，中共楚雄市委办公室印发《推动党史学习教育常态化长效化重点任务分工方案》的通知。

9月1日，中共楚雄市委办公室、楚雄市人民政府办公室印发《楚雄市开展道路交通安全人民战争实施方案》的通知。

9月6日，中共楚雄市委办公室、楚雄市人民政府办公室关于印发《楚雄市促进“消费在楚雄”八大行动》的通知。

9月9日，中共楚雄市委办公室、楚雄市人民政府办公室关于印发《楚雄市补充耕地实施方案（试行）》《楚雄市补充耕地项目管理指导意见（试行）》的通知。

9月14日，中共楚雄市委办公室、楚雄市人民政府办公室转发《中共楚雄州委 楚雄州人民政府印发〈楚雄州检验检测机构整合改革试点方案〉的通知》的通知，中共楚雄市委办公室、楚雄市人民政府办公室印发《楚雄市贯彻〈云南省民族团结进步示范区建设条例实施细则〉实施方案》的通知。

9月23日，中共楚雄市委办公室、楚雄市人民政府办公室印发《打造巩固拓展脱贫攻坚成果同乡村振兴有效衔接楚雄市示范样本实施方案》的通知，中共楚雄市委办公室、楚雄市人民政府办公室转发《中共楚雄州委办公室 楚雄州人民政府办公室印发〈楚雄州促进卫生健康人才队伍发展若干措施〉》的通知。

9月27日，中共楚雄市委办公室印发《关于州纪委州监委对楚雄市开展政治监督蹲点调研反馈意见的整改方案》的通知。

10月14日，中共楚雄市委办公室印发《关于加强新时代廉洁文化建设的实施方案》的通知。

10月22日，中共楚雄市委办公室、楚雄市人民政府办公室印发《楚雄市建立以国家公园为主体的自然保护地体系的实施意见》的通知。

10月27日，中共楚雄市委办公室、楚雄市人民政府办公室印发《中共楚雄市委办公室、楚雄市人民政府办公室关于成立楚雄市城乡绿化美化工作领导小组的通知》，中共楚雄市委办公室关于印发《楚雄市2022年度党风廉政建设责任制检查考核实施方案》的通知，中共楚雄市委办公室、楚雄市人民政府办公室印发《贯彻落实〈关于建立防范和整治“村霸”问题长效机制的若干措施〉任务项目清单》的通知。

10月28日，中共楚雄市委办公室、楚雄市人民政府办公室印发《关于加强新时代关心下一代工作委员会工作的实施意见》的通知。

11月18日，中共楚雄市委办公室、楚雄市人民政府办公室印发《楚雄市实施城乡建设用地增减挂钩促城乡融合发展支持乡村振兴工作方案（试行）》的通知。

11月30日，中共楚雄市委办公室、楚雄市人民政府办公室印发《楚雄市加强法治保障推进法治化营商环境建设行动方案（试行）》的通知。

12月5日，中共楚雄市委办公室印发《中共楚雄市委办公室关于对省委书记王宁调研楚雄指示精神进行立项分解督查的通知》。

12月20日，中共楚雄市委办公室、楚雄市人民政府办公室印发《楚雄市农村居民持续增收三年行动方案（2022—2024年）》的通知；中共楚雄市委办公室、楚雄市人民政府办公室印发《楚雄市贯彻落实〈关于调整完善土地出让收入使用范围优先支持乡村振兴的实施意见〉的责任清单》的通知；中共楚雄市委办公室关于印发《楚雄市领导干部插手干预重大事项记录报告制度》的通知。

12月27日，中共楚雄市委办公室、楚雄市人民政府办公室印发《楚雄市推进健康县城建设三年行动方案

（2022—2024年）》的通知，《楚雄市加强新时代老龄工作任务分解清单》的通知。

12月28日，中共楚雄市委办公室、楚雄市人民政府办公室关于印发《楚雄市推进城镇住宅小区违法违规建（构）筑物清理整治工作实施意见》的通知。

12月30日，中共楚雄市委办公室、楚雄市人民政府办公室印发《楚雄市城乡绿化美化三年行动实施方案（2022—2024年）》的通知。

（普晓艳）

市委综合事务

【概况】 2022年，中共楚雄市委办公室忠诚践行习近平总书记关于党办工作“五个坚持”的重要要求，以打造绝对过硬政治机关为抓手，以高质量“三服务”（服务发展、服务决策、服务落实）为主题，做好统筹协调、调查研究、以文辅政、信息服务等各项工作，保障党中央决策部署、省委和州委工作安排及市委具体要求落地落实。全年流转审核把关文件408件，完成全市重要会议的筹办工作200余次，起草综合性文稿200余篇，党委信息工作和作风革命 效能革命工作年度考核均位列全州十县市第一名，成功创建为“云南省模范机关创建示范单位”。

【综合协调】 2022年，中共楚雄市委办公室结合党中央、省委、州委各个时期的重大工作部署，紧扣市委中心工作，超前谋划，加强统筹，确保重要会议、重要活动安排科学有序、圆满完成。完善协调制度，每月召开办公室主任联席会议，制订下发全市每月重点工作计划12期、市委每周重点工作计划53期，增强工作的前瞻性和主动性，精准提供会议活动情况，提高统筹工作的质量和效率。对上及时做好工作汇报，主动接受检查指导；横向协调注重加强协商沟通，把各方力量统一到落实市委决策部署上来。

（普兴辉）

【办文办会】 2022年，中共楚雄市委办公室科学制订并严格执行年度发文、会议、调研计划，严格落实统筹规范督查检查考核要求。年内，全市发文760份，比上年下降16.85%；召开会议197场，下降10.05%；开展督查检查36项，下降16.28%。严格公文处理程序，开展好党内规范性文件制定、备案、清理、执行等工作。全年流转审核把关文件482份，其中，市党通32份、市党发26份、市会纪23份、市党干104份、市党请24份、市党报38份、市党复98份、市党函24份，市党办发20份、市党办通93份。向州委办公室报备规范性文件57份。严格落实基层减负“开短会”要求，统筹规范各种会议，圆满完成3次市委全会、28次市委常委会、11次市委理论学习中心组学习会议、170次全市性会议的筹办工作。

（普兴辉　普晓艳）

【文稿起草】 2022年，中共楚雄市委办公室牵头研究制定《中共楚雄市委关于深入学习贯彻党的二十大精神　奋力开创新时代楚雄市社会主义现代化建设新局面的决定》等市委重要文件；起草完成市委十届三次、四次、五次全会报告等重要材料；按时、按质、按量起草完成市委领导讲话稿、全市汇报材料等综合性文稿200余篇；撰写市委常委会、书记专题办公会等会议纪要30余篇。聚焦重点强化调查研究，形成楚雄高新区深化改革、楚雄市医疗卫生事业发展、城市基层党建等一批重要调研成果，为市委决策提供参考。

（李国祥）

【信息工作】 2022年，中共楚雄市委办公室调整信息工作思路，改进信息工作方法，在信息采编、服务上求实效，发挥信息“耳目”和“站岗放哨”作用。年内，向省委、州委信息综合室编辑报送《楚雄市今日信息》189期424条，上报专报短信67条，州级信息综合采用得分6426分，位列全州10县（市）第1名；全年编辑《楚雄市信息》12期90条、《楚雄市信息》增刊4期、《信息专报》4期。

（田国梁）

【督查落实】 2022年，中共楚雄市委办公室聚焦党的十九届六中全会精神、党的二十大精神、习近平总书记考察云南重要讲话精神和省委、州委、市委重要工作安排贯彻落实情况开展督促检查，形成《督查专报》26期。紧盯会议决定事项和社会关注热点开展督查检查，对环保督察、烂尾楼整治、农村人居环境等工作推进情况开展督查督办，发出《督查通报》4期、督办情况2期、督查督办各类事项41项。年内，贯彻落实习近平总书记重要指示批示和党中央决策部署督查工作被州委评估为“优秀”等次。

（胡春林）

【信访接待】 2022年，中共楚雄市委办公室按“分级负责、归口处理”的原则，在发挥好“安全网”“减震器”作用的同时，准确定性分类、积极协调对口部门，确保信访问题及时调处，有效化解；服务好“市委书记大接访”活动常态化、长效化、规范化开展，促进群众合法利益切实维护。年内，市委办共接收登记批办来信25件，接待群众来访3批（次）。

（禾桂香）

巡察工作

【概况】 2022年，楚雄市把迎接党的二十大召开和学习宣传贯彻党的二十大精神作为工作主线，全面贯彻巡视工作方针，坚持从政治上、全局上系统谋划推进，以高质量发展为主线，以开展巡察工作基础建设年为抓手，全市巡察工作在坚持中深化、在深化中发展，巡察监督保障执行、促进发展作用得到充分发挥，在新起点上迈出新步伐。年内，楚雄市被确定为全省县级巡察工作联系点，市委巡察工作在全州巡察工作质量评价考核中排名第一，探索“巡察+审计”联动模式提升巡察监督质效经验被州委巡察工作领导小组主要领导批示，“码上巡察”、巡察整改和成果运用等经验做法在《云南日报》、省纪委省监委网站刊发。

【政治巡察】 2022年，楚雄市聚焦党的领导职能职责，强化政治监督，把巡察工作列入市委年度工作要点，制定十届市委巡察工作规划，年内组织召开市委巡察工作会议、3次市委书记专题会议、6次市委常委会会议和市委理论学习中心组学习会议。注重有形覆盖与有效覆盖结合，共派出15个巡察组，对10个市属部门、5个乡（镇）、49个村党组织开展3轮常规巡察，发现各类问题1396个，提出意见建议169条，累计清退违规资金44.21万元，提交专题报告14份，移交问题线索16件。坚持围绕中心、服务大局，注重服务保障“国之大者”，加强对“十四五”规划、巩固拓展脱贫攻坚成果同乡村振兴有效衔接、统筹新冠疫情防控和经济社会发展、统筹发展和安全、生态环境保护、优化营商环境等重大部署落实情况的监督检查，年内共发现贯彻落实党的路线方针政策以及党中央重大决策部署方面问题468个。在第四轮对乡镇、村党组织巡察中，首次开通微信端“码上巡察”问题反映功能，利用“码上巡察”“应急广播”、宣传单以及“院坝会”“火塘会”、赶集日等，拓宽发现问题的渠道；开展两轮对49个村党组织巡察，共发现落实各级党委决策部署特别是惠民利民政策等不到位、微腐败和侵害群众利益、基层党组织软弱涣散问题839个。年内，市委巡察组共听取被巡察党组织工作汇报和专题汇报73次，与干部个别谈话2050人次，下沉一线调研89次。

【巡察指导监督】 2022年，楚雄市落实《关于加强巡视巡察上下联动的意见》，高站位做好配合省委对高新区专项巡视，高标准抓实省委对州委巡察指导督导和州委对楚雄市巡察指导督导反馈问题的整改，对标中央和省州巡视巡察工作，补短板强弱项，巡察整体工作质量不断提升。加强巡察中期指导督导，巡察工作领导小组坚持每轮巡察现场指导督导不少于2次，及时了解掌握巡察组工作中的困难和问题。推进巡察与其他监督贯通融合，统筹力量资源，共享监督成果，健全完善纪律监督、监察监督、派驻监督、巡察监督统筹衔接常态化长效化制度机制。强化巡察与组织、宣传、审计、财会、统计等监督的协作配合，相关部门向巡察机构提供审计报告、信访举报、情况报告等材料132份；市委组织部、市委宣传部同步分别对15个单位开展选人用人和意识形态工作责任制专项检查。建立市委巡察机构与市委保密办的协作机制，对接巡察监督与有关职能部门监督。

【巡察整改和成果运用】 2022年，楚雄市加强巡察整改和成果运用，制定《关于加强市委巡察整改和成果运用贯彻落实具体措施》。压实整改主体责任，坚持向党组织主要负责人和领导班子“双反馈”制度，强化巡察反馈严肃性、针对性。坚持市级党政领导参加被巡察党组织巡察反馈会议、巡察整改专题民主生活会制度，推动市级党政领导把抓好分管联系单位巡察整改作为履行党风廉政建设“一岗双责”的重要内容，督促推动被巡察党组织抓实问题整改。年内，17名市级党政领导参加17个单位的巡察反馈会议，并对49个被巡察党组织整改情况进行签字背书、审核把关。实行“新官旧官一起盯”，把现任和原任“一把手”履行第一责任人职责和廉洁自律等情况进行单列报告、单独反馈，并督促整改，发现“一把手”履行第一责任人职责问题92个。加强对巡察整改的统筹协调、跟踪督促、汇总分析，向市委报送专题报告2份，向市政府报送巡察专题报告2份，向市委和市政府分管领导报送巡察情况5次。坚持市委巡察工作领导小组会议听取市纪委市监委、市委组织部加强巡察整改日常监督和线索处置情况汇报，推动被巡察党组织强化责任担当、抓好整改任务落实。

【巡察干部培养】 2022年，楚雄市畅通巡察干部晋升、交流渠道，统筹抽调优秀年轻和新提拔干部参加巡察工作不少于1轮，强化年轻和新提拔干部在巡察实践中接受教育、增长才干、锤炼党性。年内，市委巡察机构8名干部先后交流轮岗；抽调10名新提拔干部、111名优秀干部参加巡察。采取组织外出学习培训、以巡代训“巡察讲堂”、巡前业务培训、上级搭班培训、巡察机构理论学习等方式不断强化巡察干部培训力度，练好巡察“基本功”。分别选派2名综合素质较强的巡察干部参加省委第一轮巡视和州委对10县市巡察指导督导，举办“巡察讲堂”14期，开展知识业务辨析学习4次，成立临时党支部15个。按照“忠诚、干净、担当”的好干部标准，组建79名市委巡察组组长、副组长人才库，对现有人才库进行调整优化，调整补充190名巡察干部人才库，并根据干部调整和工作实际每季度进行动态调整。年内，成立巡察研究和信息中心，以巡察信息化建设为巡察利剑作用发挥提供信息技术支撑，应用巡视巡察单机系统、巡视巡察网络平台、巡视巡察整改监督系统，全面提升大数据分析比对和综合运用水平，以信息化促进巡察工作规范化。

【十届市委第三轮巡察暨财政专项巡察工作动员部署会议】 2022年3月3日，中共楚雄市委召开十届市委第三轮巡察暨财政专项巡察工作动员部署会议。市委巡察工作领导小组组长、副组长及成员；十届市委第三轮巡察巡察组组长、副组长及成员；市委巡察工作领导小组成员单位分管领导；市纪委副书记、市监委副主任；被巡察单位党组织主要负责人参加会议。市委常委、市委组织部部长、市委巡察工作领导小组副组长柳思福宣读《关于十届市委第三轮巡察巡察组组长副组长授权及巡察任务安排的通知》《关于同意成立中共楚雄市委第三轮巡察五个巡察组临时党支部的批复》，市委常委、市纪委书记、市监委主任、市委巡察工作领导小组组长陈燕青作动员讲话。

【中共楚雄市委巡察工作会议】 2022年3月10日，中共楚雄市委召开巡察工作会议。市委领导，市委巡察工作领导小组成员，市属各部门主要领导，各乡镇党委书记，市纪委市监委领导班子成员及机关各部室、各派驻机构主要负责人，市委组织部干部监督科负责人，市委宣传部分管联系巡察工

3月10日，中共楚雄市委巡察工作会议　（黄永美　摄影）

作领导，市委巡察机构全体干部职工参加会议。会议由市委常委、市纪委书记、市监委主任陈燕青主持，东瓜镇、市住房与城乡建设局、市文化和旅游局、市委巡察办进行发言，州委常委、市委书记冯毅讲话。会议要求全市各级党组织要持续深入学习贯彻习近平总书记关于巡视工作的重要论述，准确把握巡察政治监督的本质要求、巡察在全面从严治党中的战略性制度作用、巡察在新发展阶段的重点任务，贯彻落实好党中央关于巡视巡察工作的决策部署和省委、州委工作安排，用心用情用力做好巡察工作，确保巡察工作始终沿着正确的政治方向前进，以优异的成绩迎接党的二十大召开。

【州委第一巡察指导督导组进驻楚雄市见面沟通暨巡察工作汇报会议】 2022年3月21日，中共楚雄市委召开州委第一巡察指导督导组进驻楚雄市见面沟通暨巡察工作会议。州委第一巡察指导督导组领导，市委巡察工作领导小组成员，市委巡察组组长，市纪委监委、市委巡察办其他列席人员参加会议。州委第一巡察指导督导组组长尚群通报巡察指导督导工作任务，市委巡察办主任李开仕汇报配合指导督导准备情况，市委常委、市纪委书记、市监委主任、市委巡察工作领导小组组长陈燕青汇报市委巡察工作情况。

【十届市委第四轮巡察工作动员部署会议】 2022年6月15日，中共楚雄市委召开十届市委第四轮巡察动员部署会议。市委巡察工作领导小组组长、副组长及成员；十届市委第四轮巡察巡察组组长、副组长及成员；市委巡察工作领导小组成员单位分管领导；市纪委副书记、市监委副主任；被巡察单位党委书记参加会议。市委副书记、市委组织部部长、市委巡察工作领导小组副组长柳思福宣读《关于十届市委第四轮巡察巡察组组长副组长授权及巡察任务安排的通知》《关于同意成立中共楚雄市委第四轮巡察五个巡察组临时党支部的批复》，市委常委、市纪委书记、市监委代理主任、市委巡察工作领导小组组长钱志华作动员讲话。

【十届市委第五轮巡察工作动员部署会议】 2022年10月12日，中共楚雄市委召开十届市委第五轮巡察工作动员部署会议。市委巡察工作领导小组组长、副组长及成员，十届市委第五轮巡察巡察组长、副组长及成员，市委巡察工作领导小组成员单位人员，市纪委市监委领导班子、机关各部室主要负责人，市委巡察机构全体人员，被巡察单位纪检监察组组长，被巡察单位人员参加会议。市委常委、市纪委书记、市监委主任、市委巡察工作领导小组组长钱志华，市委副书记、市委组织部部长、市委巡察工作领导小组副组长柳思福出席会议。会议决定派出巡察组5个，采取"巡单位带村"方式对市委党校等5家党组织和东华镇莲华村等10个村党组织开展为期40天的常规巡察。会议要求各巡查组紧盯问题，督促推动全市各级党组织和广大党员干部忠诚拥护"两个确立"、坚决做到"两个维护"，不断巩固提升风清气正、干事创业的良好政治生态。动员会后，对参加巡察人员开展巡察业务培训。

（李德丽）

组织工作

【概况】 2022年，中共楚雄市委组织部扛牢压实管干部、育人才、强堡垒的职责使命，以完善上下贯通、执行有力的组织体系为重点，以建设政治过硬、具备领导现代化建设能力的干部队伍为关键，以全方位培养引进用好人才为支撑，全面提升组织工作服务高质量发展的能力，做到以高质量党建引领保障高质量发展。

【党组织和党员情况】 2022年末，楚雄市有基层党组织1811个。其中基层党委34个、党总支198个、党支部1579个。全市非基层党组织有：州委派出工委1个、市委派出工委6个、市属部门党委17个、市属部门党组26个。有党员2.92万名（含预备党员337名）。其中女性党员8422名，占28.83%；少数民族党员6411名，占21.95%。机关党员2224名，占7.61%；事业单位党员2869名，占9.82%；离退休党员6320名，占21.64%；公有制企业党员300名，占1.03%；公有制单位工勤技能党员941名，占3.22%；非公有制经济组织党员2247名，占7.69%；社会组织党员264名，占0.9%；农牧渔民党员1.14万名，占39.12%；其他党员2617名，占8.96%。年内，楚雄市加大重点群体和薄弱领域发展党员力度，开展发展党员违规违纪排查整顿"回头看"和2022年新发展党员专项排查整顿。全市共储备入党积极分子182名，发展党员250名。

（金小叶　段月銮安）

【干部队伍状况】 2022年末，楚雄市有在职干部9331人，其中党政机关干部2376人，事业单位管理和专业技术干部6955人。全市有实职处级以上领导干部32人，乡科级领导干部610人，机关事业单位少数民族干部2080人，占22.2%。女干部4326人，占46.3%。年龄在35岁以下的中青年干部2015人，占21.6%；大专以上学历8871人，占95.1%；高级职称专业技术人员1655人，中级职称2010人，初级职称2283人。在市管科级领导干部673人中，35岁以下年轻干部91人，占13.5%；女干部159人，占23.6%；少数民族干部224人，占33.3%；党外干部69人，占10.3%。

（刘晓静　罗嘉桦）

【基层组织党建】 2022年，楚雄市持续实施基层党建"六大工程"，推动基层党建工作整体提质、全面提效。修订完善《楚雄市强化基层党建工作责任落实操作细则三十条（试行）》，制定楚雄市基层党建工作重点项目清单等文件，对重点工作进行系统集成，实行条块化、项目化、具体化推进。统筹推进各领域党建整体提升，全覆盖开展党支部规范化建设"回头看"，持续巩固提升党支部规范化建设成果。推进机关党建"对标先进、争创一流"主题实践活动，推动公办中小学建立党组织领导的校长负责制，推动党组织领导下的院长负责制的落实。对5.98万户市场主体非公企业和295个社会组织进行全覆盖摸底排查，持续推动"两新"组织"两个覆盖"（组织覆盖和工作覆盖）整体提升。落实好国有企业基层组织工作条例，推动党建工作与生产经营深度融合。开展新一轮"环楚党建示范圈"建设，筛选出31个党组织作为基层党建示范标杆，通过引领性创建推动党建示范点连成示范群。实施抓党建促乡村振兴"六大工程"，楚雄市东华镇万亩枇杷收购分选包装车间项目在全省抓党建促乡村振兴暨扶持壮大村级集体经济现场推进会"擂台比武"参评项目中获二等奖。在全市154个村（社区）全面推开"大岗位制"工作。开展全市村（社区）党组织书记和驻村工作队"擂台比武"，在晒成绩、比亮点、找差距、促发展中推动实战练兵、干事创业。抓好年内确定的58个行政村规划编制工作，1663名公职人员、乡贤能人主动回乡参与家乡规划。全面深化抓党建促基层治理，抓好创建"抓党建促民族团结进步示范区"各项任务，推进村级事务"阳光工程"。推动基层党组织和党员抓党建促现代产业发展、抓党建促营商环境提升、抓党建促重点工作落实、抓党建筑牢新冠疫情防控"红色"防线中充分发挥作用。

（金小叶）

【"两新"组织党建】 2022年，楚雄市严格执行市委"两新"组织（指新经济组织和新社会组织）工委工作规则，召开市委"两新"工委联席会议2次。调整充实市委"两新"工委力量，全覆盖成立乡镇和社区"两新"党建工作站，动态调整市委"两新"工委成员单位30家，成立新业态、新就业群体行业党委3个。制定《楚雄市2022年非公有制经济组织和社会组织党建工作要点》等文件。深化落实直接联系点制度和直报点制度，发挥好9家州级直接联系点和1家省级联系点联系优势，重新调整和明确市级成员单位党建工作联系点63家，全覆盖选派"两新"组织党建工作指导员442名。落实市级领导联系制度，全市29名处级党员领导干部直接联系63户重点企业和25个招商引资重点项目，帮助企业抓党建、抓达标、抓生产、抓发展。常态化开展"我为群众办实事""四万三进"等活动，帮助企业解决"六难"问题554个、党建难题345个，帮助企业兑现复工复产政策10.68万件、兑现惠企稳企政策1.44万件，涉及资金12.67万元。持续发挥"466工作法"和"三联系三帮带"制度优势，对全市5.98万户市场主体和295个社会组织进行全覆盖摸底排查，"两新"党组织覆盖率分别达78.6%、90.4%，工作覆盖率100%。确定新业态企业28家，同步推进新业态新就业群体党组织覆盖和党的工作覆盖。调整优化"两新"组织党组织109个，做好划转到楚雄市的41个"两新"党组织的接转工作。落实"两新"组织"15311"经费保障，下拨全市"两新"组织党组织"15311"工作经费202.9万元。在宇泽、晶科等一批重大项目、重点产业一线建立临时党支部。年内，发展"两新"组织党员27名。以实施"书记领航项目"为抓手，在29个城市社区全覆盖推行"大党委"制，全市738个住宅小区全覆盖成立业委会、物委会，成立居民小区党支部179个。申报"红色驿站阵地集群架起党群服务连心桥"两新党建品牌，整合各类资源资金打造"15分钟党群服务圈"，依托各级党群服务中心（站、点）建成"红色驿站"123个，联合工会、妇联、团委等群团组织力量，为社会组织、企业员工等免费提供技能培训、政策咨询等暖心服务，先后有100余家“两新”党组织和3000余名党员群众到“红色驿站”开展活动。开展“党员示范车间”“党员示范班组”“党员先锋示范岗”创建活动，引导“两新”组织党员“亮身份、树形象、显作用”。开展“一县一品牌”创建，推进“红色驿站阵地集群架起党群服务‘连心桥’”“‘红色湾区’助力园区高质量发展”的“两新”党建品牌创建，以点带面全面提升“两新”党建工作质量。制定《2022年楚雄市城市基层党建工作重点任务清单》，明确“两新”组织融入城市基层治理的具体措施，健全协调运行机制，构建共建、共商、共享的基层治理新格局。开展“万企兴万村”行动，至年底，全市105户民营企业参与企村结对，实施“兴村”项目120个，共投入资金2.17亿元。

（段月銮安）

【干部教育培训】 2022年，楚雄市实施“习近平新时代中国特色社会主义思想教育培训计划”，组织2期领导干部学习贯彻党的十九届六中全会、省第十一届党代会精神研讨班，对全市710名副科级以上领导干部进行全覆盖培训。与西南联大干部教育学院联合举办村（社区）党组织书记学习贯彻十九届六中全会培训，对全市154个村（社区）1113名“两委”班子成员开展全覆盖培训。把党的二十大精神纳入教学重点，组织开展万名党员进党校培训52期，培训党员8643人。制订出台《楚雄市2022年党员干部教育培训工作计划》，统筹推进理论武装、党性教育、能力培训和知识更新四位一体任务。制定《楚雄市乡（镇）党校配套党员教育实训基地规范化建设实施方案》，在全市140个教育实训基地中优选党性教育基地9个、乡村振兴基地17个、基层治理基地2个、民族团结基地2个开展提升工作，至7月底，党员教育实训基地提升打造工作全部完成。

（邵　立）

【干部选用与监督管理】 2022年，楚雄市从招商引资、项目建设、乡村振兴等一线选拔干部40人。首次开展事业单位管理岗位职员等级晋升工作，晋升七级职员3人，晋升八级职员15人。年内，对15个乡镇、59个市级部门领导班子进行专题蹲点调研，与领导干部673人进行全覆盖谈心谈话，精准掌握领导班子运行情况和干部履职情况。形成以“八比八拼月擂台”、公务员平时考核、“干在实处，走在前列”大比拼为主要内容的考核评价体系，在2021年考核中，评选出“优秀”等次领导班子24个，“优秀”等次领导干部163人。贯彻落实《推进领导干部能上能下规定》，对“躺平”干部改任非领导职务。开展干部任前谈话194人次、责任主体谈话354人次，组织提醒谈话65人次，函询谈话3人次，诫勉谈话7人次，对领导干部11人进行离任审计和任中审计。管好用活“12380”综合举报受理平台，畅通干部监督渠道，全年受理来信来访14件，同比下降51.7%。开展全市国家工作人员出入境管理登记备案工作，完成1万余名国家工作人员出入境管理登记备案，规范因私、因公出国（境）审批、备案程序。运用《楚雄市公务员职级晋升积分制管理办法（试行）》，科学量化职级晋升择优程序，形成265人的职级晋升“人选池”。

（段月銮安）

【人才引进】 2022年，楚雄市健全完善人才引进、培养、使用、评价、流动、激励机制，制定出台《楚雄市教育体育、卫生健康高层次人才引进实施办法（试行）》，聚焦群众密切关心的公共服务事业，面向全国知名高校，引进教育教学、医疗卫生等方面的专业技术人才，不断提高楚雄市公共服务事业水平。年内，引进医疗卫生人才1名、高中紧缺教师35名，选调省内事业单位人才30名。

【人才专项行动】 2022年，楚雄市研究制定《楚雄市人才发展“十四五”规划（2021—2025年）》《关于加强和改进新时代楚雄市人才工作的实施意见》《楚雄市新时代人才强市“五个专项行动”实施方案》等机制办法。年内，选派6名教育体育、医疗卫生、农业农村、住房建设方面的专业技术人才到州级单位研修，选派1名业务骨干到省级单位研修；推荐6名拔尖人才申报“兴滇英才支持计划”。

【人才库建设】 2022年，楚雄市贯彻落实《楚雄市加强“八个一百”人才队伍建设助推乡村振兴工作方案》要求，从评选认定、教育培训、动态跟踪、政策扶持等方面，推动“百名工业商贸人才”“百名教育教学能手”等8个人才专项工作，楚雄市“八个一百”人才库全面建成。健全重点产业、重大项目工作专班机制，牵头推动校企人才合作培养机制，不断优化生活环境，吸引各类优秀人才到楚雄安家落户、创新创业。年内，组织召开市委人才工作会议，对24名获得楚雄市“威楚人才奖”的优秀人才进行表扬。

（马　哲）

【行政执法类公务员职级套转】 2022年，楚雄市根据《楚雄州行政执法类公务员制度实施工作方案》《综合管理类、行政执法类、专业技术类公务员职级对应关系表》，规范职级设置，严把人员关口，精准界定列入实施范围人员，查阅干部人事档案，确定套转人员名单，平稳有序地完成行政执法类公务员职级套转审核备案等相关工作。纳入行政执法类职位设置范围的5家单位，核定行政执法类职级职数192名，其中145名行政执法类公务员进行职级套转。

【公务员招录、登记及选调】 2022年，楚雄市按照公务员招录相关规定，结合全市编制情况，申报公务员招录计划，认真协调笔试考务工作，通过笔试、资格复审、面试、体检考察、大职位选岗、公示等程序，全年招录公务员35名，其中，面向高校定向选调2名，村（社区）干部1名，普通社会招录25名，公安5名，法院1名，检察院1名。年内，楚雄市严格执行州委组织部《关于贯彻执行云南省公务员登记办法有关问题的通知》要求，严格审核登记的范围和条件，严格执行公务员登记申报时限，共登记公务员64名、参公人员3名，其中考录63

名、选任4名。退出备案公务员95名、参公人员10名，其中，退休83名、调出机关3名、被开除3名、死亡3名、提前退休13名。楚雄市推进和规范公开选调工作，严格按照选调工作的环节，把市内优秀人才选拔出来。年内，开展公开选调1次，经笔试、面试、经历业绩评价等环节从市内选调优秀年轻公务员15名。

【选调生管理】 2022年，楚雄市根据《中共楚雄州委组织部关于做好下派2021年度选调生到基层锻炼有关工作的通知》要求，完成2019年度招录的基层锻炼期满的选调生考核收回工作，安排2020年定向选调生到乡镇挂职，选派2021年选调生驻村锻炼。选调生在基层锻炼期间，要求乡镇党委要对选调生从严管理、从严教育、从严监督，对苗头性、倾向性问题及时提醒、批评教育，引导选调生在基层锻炼成长。同时落实传帮带制度，明确1名县级领导班子成员担任结对帮带人，所在乡镇、村党组织书记为具体帮带人，帮助选调生熟悉情况、融入基层、提高本领。

【公务员培训】 2022年，楚雄市贯彻落实公务员培训制度，采取政治理论培训、初任培训、专项培训等多种方式，全面提升公务员队伍能力素质。根据省州安排，组织全市2414名公务员参加由省委组织部与厦门大学共同组织的“2022年云南省基层公务员能力提升云课堂”培训；组织53名新录用公务员参加中央组织部举办的2022年全国新录用公务员初任培训班；组织53名新录用公务员参加全州公务员初任培训。

【公务员权益保障】 2022年，楚雄市审批公务员（包含科级领导）职务（职级）工资变动；公务员特殊津贴补贴；公务员调动后重新确定工资。审批全市2448人享受年终一次性奖金共895.93万元；开展公务员按年度考核结果晋升级别工资及工资档次审批，审批429人按年度考核结果晋升级别工资，人均月增资52.29元，1979人晋升级别工资档次，人均月增资126.4元；办理受处分人员重新确定工资2人；办理公务员正常退休82人、提前退休13人。

【公务员考核及奖励】 2022年，楚雄市根据《中华人民共和国公务员法》和《公务员奖励规定（试行）》，对所辖机关（单位）公务员考核结果进行审核备案，对不进行考核或参加年度考核不定等次人员范围界定恰当，受到党纪政务处分公务员等次确定严格按照相关纪律处分规定执行。年内，对全市2021年度公务员考核确定为优秀的439名公务员（含参照公务员法管理单位工作人员）给予嘉奖1次，对2019—2021年连续三年年度考核确定为优秀等次的88名公务员（含参照公务员法管理单位工作人员）记三等功1次，并发放奖章证书。

（刘晓静）

宣传工作

【概况】 2022年，中共楚雄市委宣传部认真贯彻习近平总书记关于宣传思想工作和意识形态工作重要论述和党中央决策部署、省委工作安排、州委工作要求、市委具体要求，围绕迎接宣传贯彻党的二十大工作主线，着力建设具有强大凝聚力和引领力的社会主义意识形态，为全面建设社会主义现代化、谱写好中国梦的楚雄市篇章提供坚强思想保障和强大精神力量。

【理论学习】 2022年，楚雄市组织干部职工学习贯彻习近平总书记最新重要讲话、重要指示批示精神，坚持把习近平文化思想作为根本遵循，牢牢把握正确政治方向，教育引导广大党员干部忠诚拥护“两个确立”、坚决做到“两个维护”，全面推进各项任务落地见效，提升思想引领力、舆论影响力、文化竞争力和文明塑造力。以习近平新时代中国特色社会主义思想凝心铸魂，唱响奋进之曲，展现干在实处、走在前列的蓬勃气象，写好楚雄精神文明建设的时代答卷，推动文化事业和文化产业繁荣发展，提升对外宣传的影响力和传播力。做好《习近平谈治国理政》第四卷、《百年大党面对面》等习近平新时代中国特色社会主义思想有关辅导读本的学习宣传和发行使用，推动广大党员干部读原著、学原文、悟原理，把学习成效转化为各行业推动云南高质量发展的强大动力。年内，向市人大代表、政协委员赠送《中共中央关于党的百年奋斗重大成就和历史经验的决议辅导读本》600册。发挥理论学习中心组示范引领作用，学习重点内容统一作出安排，制定《党委（党组）理论学习中心组专题学习重点内容安排》《市委理论学习中心组专题学习计划》，在全市上下形成学理论、用理论、研究理论的良好风气。年内，组织开展市委理论学习中心组集中学习11次，全市各党组织开展学习960余场（次），集中培训党员干部8万余人（次）。

【理论宣传宣讲】 2022年，楚雄市持续开展学习贯彻习近平新时代中国特色社会主义思想、党的十九届六中全会精神、党的二十大精神和习近平总书记考察云南重要讲话精神主题宣传宣讲，组织开展“砥砺奋进新征程 喜迎党的二十大—党的创新理论我来讲”理论宣讲，推荐3个作品参加州级宣讲大赛，获优秀组织奖、二等奖、三等奖和优秀节目奖。举办党的十九届六中全会精神专题研讨班2期，全市科级以上领导干部开展全员轮训，州委常委、市委书记率先深入基层宣讲党的二十大精神，以上率下，全市市级领导深入联系分管乡镇、部门宣讲，迅速在全市兴起学习宣传贯彻党的二十大精神热潮。培树“理响楚雄·党的创新理论进万家”楚雄市“威楚鹿鸣”理论宣讲品牌，充分发挥覆盖市乡(镇)村(社区)三级216支基层特色宣讲队伍作用，组织开展“党的创新理论我来讲”宣讲2300余场次，受众10万余人次。年内，楚雄市组织社科专家开展实地调研，召开理论研讨会，完成《国家数字乡村试点建设的楚雄市实践探索》等4项社会智库项目。邀请省州社科专家宣讲10场次，举办“云岭大讲堂·楚雄讲坛”公益科普讲座2期，组织开展《云南省社会科学普及条例》宣传周系列活动，全市3.1万人参与社会科学知识网上竞答。

【思想政治工作】 2022年，楚雄市各级党组织聚焦拥护“两个确立”，聚焦防范化解各类风险，聚焦迎接、宣传、贯彻党的二十大这条主线等各方面重点工作，时刻保持清醒认识，筑牢意识形态安全屏障。深入学习宣传贯彻党的二十大精神，抓好理论中心组学习，运用听报告、参观、实地调研、撰写论文、写心得体会、看教育片等多种方式开展理论学习。从不同对象和要求出发，从不同阶段和实际出发，开展理论大众化通俗化宣讲工作，推动思想政治工作走心走实。

【党史学习教育成果巩固拓展】 2022年，中共楚雄市委常委班子围绕党史学习教育专题民主生活会查摆出来的18个问题，制定整改方案，细化60条整改措施，并坚持抓好整改。年内，18个问题整改工作取得阶段性成效。制定《推进党史学习教育常态化长效化重点工作任务分工方案》，持续深化“四史”宣传教育，把党史学习纳入理论学习中心组学习内容和干部教育培训课程，推动党史学习教育常态化长效化。

【重大主题宣传】 2022年，楚雄市围绕中心工作开展重大主题宣传，持续抓好党的十九届六中全会精神、党的二十大精神和省州市党代会精神宣传工作，深入宣传阐释系列“两会”等重要会议精神。聚焦市委、市政府中心工作，统筹做好经济社会发展、推进乡村振兴等重点工作和建设现代化产业体系、重大项目建设、培育壮大市场主体、开展招商引资、营造一流营商环境等经济工作的主题宣传、形势宣传、政策宣传、成就宣传、典型宣传。做好民族团结、生态文明建设、平安楚雄建设、依法治市、市域社会治理、全面从严治党、作风革命效能革命等宣传报道。

【新闻宣传】 2022年，楚雄市精心组织开展“奋进新征程 建功新时代”“非凡十年”“喜迎二十大”“领航中国·楚雄市篇”“二十大时光”等重大主题宣传，举办“楚雄这十年”楚雄市专场新闻发布会，推出“《奋进新征程 建功新时代》2022怎么干”系列报道20期，开展“楚雄市高质量发展 我为家乡点赞”融媒直播活动，制作推出“幸福小康看乡村”12期。市融媒体中心播发广播电视新闻各1300余条，“数字楚雄”微信公众号发布新闻信息2480余篇，“七彩云端——威楚融媒”发布2.5万条，抖音、视频号等发布短视频1863个，短视频爆款产品257条，融媒体产品浏览量突破100万+的38条、200万+的5条。

【宣传报道】 2022年，楚雄市加强央地联动，校、企、地合作，主动与重点央媒、省媒开展座谈对接26场次，对楚雄市重点工作开展全方位宣传报道，在央媒省媒上稿1816条（篇）次，比上年增长153%。与云南民族大学合作建成“媒体融合实践基地”，与新华社共建全省首批、全州唯一“县级融媒体创新实践基地”，“楚雄市城市形象”IP登录美国纽约时报广场“中国屏”。

【宣传思想工作“领航项目”】 2022年，楚雄市围绕“举旗帜、聚民心、育新人、兴文化、展形象”使命任务，持续在市委宣传部和全市宣传文化系统推进作风革命加强机关效能建设，创新实施宣传思想工作“领航项目”，持续开展增强“四力”教育实践，推广落实“文经我手无差错、事交我办请放心、在岗1分钟奋斗60秒”主题实践。组织参加省州各类重点活动，出台实施“宣传思想文化工作领航项目”等一批推动宣传思想工作守正创新的制度机制，建好用好宣讲员队伍、通讯员队伍、网评员队伍、志愿者队伍、巡察意识形态专项检查工作队伍、魅力推荐官队伍。年内，全市15个乡镇55家部门结合乡镇部门特色共申报宣传思想工作领航项目70个。其中，第一批选取7个乡镇和5家部门的宣传思想领航项目作为优秀项目展示。

【“学习强国”学习平台应用】 2022年，楚雄市持续开展“学习强国”学习平台线上学习，参学学员1.4万人。年内，组织代表队参加楚雄州第一届“学习强国·学习达人”学习竞赛，获得个人赛一等奖等5个奖项。

【全民阅读活动】 2022年，楚雄市参与承办全省“喜迎二十大 书声彩云南”云上阅读分享活动暨颁奖仪式，为全省活动提供2个现场点和部分节目。牵头举办州市“4·23”世界读书日全民阅读活动，开展线上线下全民阅读、公益展览群众性文化活动853场次，参加人数15.6万人次，“书香楚雄”影响力不断扩大，“云南发布”等省州级媒体平台进行宣传推介。

（朱　凯）

统一战线工作

【概况】 2022年，中共楚雄市委常委会听取统战工作情况汇报8次，召开全市统战工作会议暨市委对台工作会议1次，召开市委统一战线工作领导小组全体会议1次，审议相关文件，制定印发楚雄市贯彻《中国共产党统一战线工作条例》及省委实施意见的分工方案，印发贯彻落实《中国共产党统一战线工作条例》重点任务整改清单，推动党中央关于统一战线工作的决策部署和省委、州委工作安排落实落细落地。制定出台《市委统一战线工作领导小组成员单位年度述职评议办法（试行）》，将统一战线工作纳入对乡镇、市属部门“干在实处，走在前列”大比拼考核内容。年内，楚雄市委统战部被州委、州人民政府表彰为“楚雄州民族团结进步模范集体”，被州委表扬为“楚雄州统一战线工作优秀集体”，被市委、市人民政府表彰为“楚雄市城市品牌创建先进集体”“楚雄市创建国家卫生城市先进集体”“2021年度平安建设优秀集体”；被市委通报为“2021年度党风廉政建设责任制检查考核优秀单位”。

【理论学习】 2022年，楚雄市组织召开统一战线学习宣传贯彻党的二十大和中央统战工作会议精神座谈会，

9月24日，市委统战部在市党外知识分子工作站开展新的社会阶层人士学习交流活动　（市委统战部　提供）

及时向统一战线各界人士通报各级各类重要会议精神。持续用新理论新要求武装统战干部、引领统战成员、指导统战工作。健全完善统一战线教育培训机制，以迎接党的二十大召开、学习宣传贯彻党的二十大精神为主题，推动党史学习教育常态化长效化。开展学习宣传贯彻党的二十大精神"六支队伍"培训班，精心组织开展民主党派"矢志不渝跟党走、携手奋进新时代"，宗教界人士"爱党爱国爱社会主义"，民营经济人士"楚商永远跟党走、同心奋进新征程"理想信念教育，无党派人士"学党史、跟党走"，新的社会阶层人士"同心同行、新智聚楚"等各类主题教育活动。严格落实意识形态工作责任制，适时组织开展统一战线意识形态领域风险隐患分析研判。加大对党外知识分子、无党派人士、新的社会阶层人士团结引导，加强党外网络人士队伍建设，维护统一战线领域意识形态安全。

【多党合作】　2022年，楚雄市持续抓好关于加强中国特色社会主义参政党建设"三个文件"和"六个纪要"精神的贯彻落实，主动与致公党省委汇报沟通，推进致公党楚雄市基层委员会换届工作。年内，贯彻落实《中国共产党政治协商工作条例》，制订并落实《2022年政党协商计划》，组织民主党派、工商联和无党派人士参加《市委全会报告》《政府工作报告》征求意见座谈会。支持民主党派结合自身特点开展社会服务、专项民主监督和调研工作，"两会"期间致公党楚雄市基层委员会共提交提案22件。

【民族统战】　2022年，楚雄市召开市委民族工作会议暨楚雄市第六次民族团结进步表彰大会及楚雄市创建全省全国民族团结进步示范市工作推进会，紧扣铸牢中华民族共同体意识这条主线，推进"三项计划"（即：各族青少年交流计划、各族群众互嵌发展计划、旅游促进各民族交往交流交融计划），推进创建工作。把民族团结进步创建融入基层党建、乡村振兴、产业发展、社会治理等工作，创新探索跨区域联盟、行业联盟、景区联盟、乡镇联盟、社区联盟创建。坚持典型引路、示范带动，集中力量打造50个示范点、21个精品示范点，带动形成一批特色鲜明、亮点纷呈的创建典型，推动全市全域高质量创建，成功创建省级民族团结进步示范市。

【宗教统战】　2022年，楚雄市召开全市宗教工作会议，广泛开展宗教工作政策法规培训和干部培训，发挥统筹协调作用，组织有关部门和乡镇持续加强对辖区内涉及宗教因素的矛盾纠纷开展排查化解工作。深入开展"五进"宗教活动场所，支持和推动宗教团体加强自身建设，稳妥做好民间信仰规范管理工作。

【民营经济统战】　2022年，楚雄市贯彻落实《关于加强新时代民营经济统战工作的实施意见》，巩固拓展"两新"组织党建工作成效，定期开展思想状况分析研判。年内，深化理想信念教育，以年轻一代民营经济人士为重点，组织民营经济代表人士开展学习活动6场次，组织开展"传承红色基因，坚定理想信念，推动改革发展"实践活动，引导广大民营经济人士进一步树牢家国情怀，争做爱国敬业、守法经营、创业创新、回报社会的典范。开展"大调研，大走访，大宣传"活动和"四万三进"活动，搭建调研服务、创业就业等"六大服务平台"，助力非公有制经济健康发展。引导民营经济人士大力弘扬优秀企业家精神和光彩精神，动员民营企业捐款33万元，为8个乡镇提供产业发展帮扶资金25.5万元，资助25名大学新生7.5万元。

【党外知识分子和新的社会阶层人士统战】　2022年，楚雄市召开市党外知识分子联谊会一届二次全体会员大会及市新的社会阶层人士联谊会一届二次全体会员大会，制定出台《关于加强新时代党外知识分子思想政治工作和无党派代表人士队伍建设的实施方案》，发挥党外知识分子服务社会、参与乡村振兴的作用，持续打造"同心·助学"品牌。坚持分众统战与分类施策的工作思路，组织党外知识分子、新的社会阶层人士开展主题实践学习活动，创新推进"新阶联盟"建设，强化思想政治引领，引导发挥积极作用。完成省级新的社会阶层人士实践创新基地建设，巩固提升省级"网络人士统战工作实践创新基地"等创建成果。建成市级党外知识分子统战工作站1个。

【海外统战】　2022年，楚雄市完善涉侨纠纷线上线下平台搭建工作，建立涉侨纠纷多元解纷机制。年内，开展暖侨护侨行动、“为困难归侨侨眷送医送药”活动；开展在楚侨资等企业情况调研，健全完善侨务数据库。

（朱丽蓉）

市直机关党建

【概况】 至2022年底，中共楚雄市委市直机关工委有基层党组织132个，其中基层党委7个（含4个功能型党委），党总支9个，党支部116个（含21个功能型党支部）。有党员2034名，其中女党员638名，占31.37%；35岁以下党员237名，占11.65%，60岁以上党员453名，占22.27%；少数民族党员499名，占24.53%；大专以上党员1675名，占82.35%。

【机关政治建设】 2022年，楚雄市委市直机关工委制定《市直单位党组（党委）书记抓基层党建工作责任清单》，压实42个机关党组织书记抓机关党建工作责任。执行机关工委议事决策制度，完善党建工作计划目标落实工作机制。印发《市委市直机关工委2022年党建工作要点》，指导好全年党建工作。严格执行《关于新形势下党内政治生活的若干准则》，认真落实“三会一课”、主题党日、谈心谈话、民主评议党员等党的组织生活制度，提高党内活动和组织生活质量。开展党内政治生活不规范不严肃不认真集中整治行动，推动市直机关党组织和广大党员、干部从政治上认识问题、推动工作。抓好“两新”组织党建工作任务落实。根据“两类”组织的类型特点，加强分类指导，摸排新业态新就业群体情况。加强督促检查。建立每月提醒基层党建工作落实制度，按月对“云岭先锋”App录入情况进行通报提醒。

【机关党组织建设】 2022年，楚雄市委市直机关工委实施“党支部规范化建设巩固提升工程”，对支部规范化建设工作开展“回头看”，新纳入达标创建党组织1个，全面启用党支部规范化建设管理系统，实现支部规范化建设“智慧化”。把作风革命、效能革命、优化营商环境和“对标先进、争创一流”主题实践活动纳入模范机关创建重点内容，结合《楚雄市机关党组织“五抓三创三提升”工作方案》要求，常态长效挖掘和选树高质量的基层党建工作先进典型，进一步推进楚雄市“环楚党建示范圈”建设，市委办公室成功创建为省级“模范机关”、市人民法院机关党委成功创建为州级示范支部。做好党员发展和教育管理工作，举办入党积极分子暨发展对象培训班，共培训入党积极分子和发展对象320人。开展分片区基层党务工作者培训工作，提升机关党建工作水平，增强基层党务干部的履职能力和业务水平，巩固支部规范化建设成果，全年开展培训13场次，参加490人。深化党员积分制管理，严格“党费日”制度，过好党员“政治生日”，严格党费收缴使用和管理。及时更新维护党员信息库，做好党员日常管理。

【机关作风建设】 2022年，楚雄市委市直机关工委把2021年述职点评反馈意见整改作为抓党建工作的重要内容，督促市直机关各党组织以问题为导向，逐项抓好整改落实。落实“机关党组织书记原则上由部门单位主要负责人担任”的要求，选优配强所属党组织班子，新调整任命支部书记28名，补选支部委员37名。加强基层组织体系建设，抓好机关党组织换届工作，任期到届党总支4个，党支部33个均按时完成换届选举工作。制定年度调研工作计划，定期对工作开展滞后的单位进行提醒。制定机关党建考核办法，紧扣党建工作年度目标任务，全面优化考核方式和内容，加强考核结果运用，形成对党建工作的闭环管理。聚焦“人民满意的服务机关”，机关党组织常态化开展基层党组织和党员“双报到双服务双报告”工作。市直机关各部门聚焦重点任务每年承诺攻坚1～3件重点难点项目，研究提出5件重点民生事项办实事，机关、事业单位党员干部围绕挂点扶贫联系、驻点社区挂联提出2件民生事项办实事。

【机关党风廉政建设】 2022年，楚雄市机关党风廉政建设贯彻新时代党的建设总要求，压紧压实管党治党责任，纵深推进全面从严治党，政治生态、队伍建设等。市级各机关牢固树立政治机关意识，始终把机关政治建设摆在首位、贯穿始终。锻造对党绝对忠诚的政治品格，严格遵守党的政治纪律和政治规矩，始终做到政治上的坚定支持和拥护。加强干部队伍政治建设，注重培养政治能力和政治素质，营造风清气正的政治生态。推进“两学一做”学习教育常态化制度化，加强党员教育管理，强化党员的思想政治引领和行动自觉。健全机关党风廉政建设制度体系，促进制度的刚性约束和规范执行。强化监督执纪问责，深入推进“双重预防”和“不敢腐、不能腐、不想腐”的工作机制。加强机关领导班子和干部的道德修养和作风建设，推行廉政文化建设，让廉洁从政成为机关干部的自觉行为。坚持以党的建设为统领，加强机关党建工作，落实好“两个责任”，推进机关党建工作常态化制度化。把握机关党建工作主线，推动机关工作和机关党建协同发展。

（杨斯翔）

网信工作

【概况】 2022年，楚雄市强化网络安全统筹协调，完善网络安全工作联席会议制度和网络安全应急指挥体系，建立全市关键信息基础设施安全监管体系，开展各项专项检查，提升网络安全态势感知、监测预警、追踪溯源和应急处置能力。落实网络安全工作责任制，构建上下联动、横向协同的网络安全综合协同工作机制。加强关键信息基础设施和重要信息系统监督检查，对重点网站、重要系统和平台进行巡查预警，对全市重点行业部门开展网络安全执法检查。开展“喜迎党的二十大　筑牢网络安全防线”网络安全培训活动，常态化开展网络安全巡查预警、风险分析、执法检查等工作。

【网络阵地建设】 2022年，楚雄市加强网络阵地建设，规范互联网信息传播秩序，组织开展市属网络账号、平台、媒体的普查和登记备案。统筹全市网络宣传力量，加强对传统媒体和网络新媒体2个舆论阵地的统筹应用，将市域范围内25家市属党务、政务和辖区民营新媒体平台纳入媒体融合发展范畴及网络正能量传播体系，建成“威楚网络媒体矩阵”，不断推动网络新媒体矩阵建设，实现“央地联动”“省州市联动”。落实属地管理制度，压实各单位对网络信息审核的主体责任，加强对属地网络媒体、新媒体、商业网站等传播平台的管理教育，杜绝信谣传谣、炒作负面信息等。严格落实“三审三校”制度，扎实推进网上宣传、信息发布工作的制度化、规范化，把好导向关、政策关、内容关。严格规范网络传播秩序，加大网上新闻信息传播源头治理，严打传播平台、账号违法违规行为和自媒体网络传播乱象，建立纠错机制和违法追究制度，营造清朗网络空间。加强巡查督导，组织属地网站平台每日强化内容审核，对违规稿源、错误信息表述实行零容忍，以管理促规范，指导督促网站平台补短板、强弱项、提水平。加强查处整改，畅通社会举报渠道，从严从速查处各类网络违法违规行为，聚焦各类网络乱象，开展专项行动，加大对违法有害信息多发、频发网站的整改和查处力度。坚持分类指导，充分体现互联网不同领域的规律，准确把握不同产品功能特点，分领域确定重点职责，分平台抓好重点任务，分环节明确工作标准，促进网站平台规范管理、有效履责。

【网络安全管理】 2022年，楚雄市坚持将“扎实推进网络安全保障体系和能力建设”作为年度“干在实处，走在前列”大比拼考核和市委意识形态专项检查工作的重要内容，常态化做好指导督促和监督检查。强化网络安全管理，定期召开楚雄市网络安全工作培训会议、网络安全分析研判会议、网络安全工作专题约谈，对网络安全工作定期部署调度。建立健全网络安全风险报告机制、情报共享机制、综合分析机制、工作考核机制，完善网络安全工作联席会议制度和网络安全应急指挥体系，组建25人的市级网络安全应急专家库，构建网络安全社会化专业技术队伍，实现网络安全事件应对处置科学化、规范化。楚雄市委网信办通过网信专网，全面加强对全市重要信息系统、网站、微信公众号、手机App的管理，提前做好各级各部门重点网站、重要系统和平台的网络安全加固，变被动应对为主动防御。制定印发《楚雄市网络安全执法检查工作方案》，对党政机关门户网站、重点新闻网站、各部门重点网站、重要系统和平台进行巡查，深入开展网络安全执法检查及专项督查，有针对性地采取预防预警措施。严格执行《中华人民共和国网络安全法》《关键信息基础设施安全保护条例》等网络安全政策法规，推进信息系统安全等级保护定级备案和等级保护三级测评工作，强化全市重点领域关键信息基础设施等级保护。

【网络综合治理】 2022年，楚雄市维护网络意识形态安全，制定出台网络综合治理体系建设实施方案，细化目标任务和工作措施，制定网络综合治理责任清单、权力清单，建立健全网络舆情各项管理制度，形成党委领导、政府管理、企业履责、社会监督、网民自律等多主体参与，经济、法律、技术等多手段结合的网络综合治理工作机制。加强网络内容建设和管理，组织开展多个网络综合治理专项行动，坚持打防并举，标本兼治，以打促管，以打促建。成立工作专班，制定应急预案，开展网络舆情分析研判，减少重大网络舆情发生风险，推动网络舆情事件应对处置科学化、规范化。组织参加云南省网络正能量“五个一百”精品征集展播活动，9件作品获奖；参加“彩云杯”网评大赛，4件作品获奖；李涵、丁雅迪、何明杰等7人被评为“楚雄好网民”。

【网络安全宣传】 2022年，楚雄市组织开展“奋进新征程 建功新时代”“喜迎党的二十大”“深入学习宣传贯彻党的二十大精神”等网上重大主题宣传。组织开展“国家网络安全宣传周”“反电诈”“宪法宣传周”等网络宣传活动，营造全社会共筑网络安全防线的浓厚氛围。参加云南省网络正能量“五个一百”精品征集展播活动，9件作品获奖；参加“彩云杯”网评大赛，5件作品获奖，市委网信办获优秀组织奖。将“数字楚雄”“楚雄网”“加油楚雄”等市属党务、政务和新媒体平台纳入媒体融合发展范畴及网络正能量传播体系，建成“威楚网络媒体矩阵”，组织召开媒体融合发展座谈会，200余篇优质稿件进入央媒省媒州媒。宣传推广楚雄市数字乡村建设中的典型经验，相关信息被国家和省级媒体报道198篇，6条试点信息被中央网信办内参《网信动态》和门户网站刊载，《以数字乡村建设助力楚雄乡村振兴》在《中国网信》杂志2022年第7期刊出，楚雄市国家数字乡村试点入选楚雄州“十大改革试点”“农村客运+乡村智慧物流”项目入选全国农村物流服务品牌。

（李　涵）

政策研究

【概况】 2022年，中共楚雄市委政策研究室紧扣市委重大决策部署，聚焦服务重大决策，深入开展调查研究，推动深化改革工作，大胆履职、大胆建言，有效发挥党委智囊助手作用。

【政策调研】 2022年，中共楚雄市委政策研究室紧扣全市经济社会发展中的热点、难点问题，开展基层治理、乡村振兴、文化建设、生态环保、营商环境、社会民生等12个调研课题并形成高质量调研报告。印发《领导参阅》12期，刊出《关于推进楚雄市紧密型县域医共体建设的调研与思考》《关于加快楚南牟广一体化发展的思考》《关于打造一流营商环境的思考和建议》《推动非遗传承创新为乡村振兴注入“活水”》《楚雄市从“河湖长制”向“河湖长治”的建议》等文章供决策参考，调研文章被《楚雄政研》采用9篇，被市委主要领导批示1篇。配合省委政策研究室开展巩固拓展脱贫攻坚成果推进乡村振兴工作调研，参与州委政策研究室第一轮营商环境专题调研、龙川江综合治理、集中式光伏项目建设调研，参与的《楚雄龙川江流域综合治理成效显著》《我州集中式光伏项目推进慢、落地难情况调查》等专报得到州委、州政府主要领导批示。

【文稿起草】 2022年，中共楚雄市委政策研究室参与起草《中共楚雄市委印发〈关于深入贯彻落实党的十九届六中全会精神的决定〉〈关于深入贯彻落实省第十一次党代会及州第十次党代会精神　奋力推动楚雄市高质量发展的决定〉的通知》、市委十届三次全会、全市经济工作会等会议材料及文件。配合做好州委相关文稿的起草工作，参与撰写州委主要领导到楚雄市调研讲话《在楚雄市调研座谈汇报会上的讲话》等材料，牵头撰写《楚雄市构建利益联结机制典型材料》《楚雄市边远山区乡（镇）中小学教育情况》等材料。牵头起草《楚雄市补充耕地工作实施方案》《楚雄市补充耕地项目管理实施办法》《楚雄市促进“消费在楚雄”八大行动》《楚雄市承接省级职教园区选址论证报告》等重要文稿。

【统筹改革事务】 2022年，中共楚雄市委政策研究室与市委深改办坚持“两块牌子、一套人马”，坚持抓调研与抓改革紧密融合，认真履行统筹、协调、督促、检查、推动改革的职能职责，抓好市委深改委日常工作，有序推进全市各领域改革工作。加大抓改革工作力度，及时调整充实10个专项小组、15个改革专题组组成人员及改革联络员、改革督查专员，聘请改革特邀观察员94人；市委改革办共组织改革培训2期，全市累计开展改革培训152期8574人次。加大谋改革工作力度，筹备召开市委全面深化改革委员会会议3次、审议改革方案16个，听取改革专题汇报6次，督促出台改革性文件105个。加大改革力度，制定《市委全面深化改革委员会2022年工作要点》，明确10大领域39项改革事项，明确每项改革事项的牵头单位、责任单位；制定《中共楚雄市委全面深化改革委员会2022年工作台账》，细化10大领域169项（包含改革试点任务10项）改革台账任务，坚持分领域对账销号落实。加大督察改革力度，围绕州委深改委会议已审议通过但楚雄市还未落实到位的改革文件、2021年改革工作台账未完成情况，明确20项改革督察任务，年内全面完成督察计划；配合省州完成6轮13个调研主题蹲点督导调研工作，完成市级3轮6个调研主题蹲点督导调研工作；配合州委改革办，落实2022年省对州国家数字乡村试点、检验检测机构整合省级试点、基层整合审批服务执法力量省级试点等督察事项。加大改革经验总结宣传推广力度，全市改革经验被州级以上媒体刊载699篇；市委改革办在《楚雄治理通》发布改革经验交流、工作动态78篇，编印《楚雄市改革快报》12期。《楚雄市构建“农村客运+乡村物流”运营新模式》被《云南改革快报》刊载；《楚雄市东华镇发展特色乡村游开辟乡村振兴路》《四项制度做法经验》《楚雄市推进基层共青团基层组织改革新成效》3篇改革经验被《楚雄改革快报》刊载；《宋村等4个农村人居环境整治助力乡村振兴典型案例》《楚雄市东华镇发展特色乡村游　开辟乡村振兴路》《农村电子商务助推乡村振兴典型案例》等改革经验动态被《楚雄政研》刊载；《楚雄市以数字乡村建设助力乡村振兴》《从治理到“智理”——楚雄市全力推进数字乡村建设》等改革经验被新华社刊载；《云南楚雄“三个工作法”谱写社会治理新篇章》《楚雄市网格化管理赋能“清廉单元”建设》等改革经验被《人民日报》刊载。《楚雄市探索土地节约集约利用新路径》获评楚雄州“十大改革案例”，《楚雄市打造国家数字乡村楚雄样板》获评楚雄州“十大改革试点”。

（李景雄）

机构编制工作

【概况】 2022年，楚雄市落实机构编制法治建设部署，3次在市委常委会议、市委理论学习中心组学习会议上传达学习《中国共产党机构编制工作条例》《机构编制违规违纪违法行为处理和问责规则（试行）》等规定，指导各部门规范机构编制管理动议、论证、审议决定、组织实施各个环节，铸牢“编制就是法制”意识。分批对21家市属部门（含下属事业单位）和乡镇开展实地核查评估。对全市1987年以来机构编制档案进行全面系统整理和完善，实现机构编制档案规范化、数字化，提高档案资料的查询和利用效率，让档案资料为机构编制工作提供保障。年内，市委编办被评为全省机构编制系统“先进集体”、市级“创建国家卫生城市先进集体”，6名干部被评为“先进个人”。

【基层整合审批服务执法力量改革试点】 2022年，楚雄市东华镇、大过口乡作为全省基层整合审批服务执法力量改革试点，在基层“一颗印章管审批”“一支队伍管执法”方面探索出“楚雄模式”，试点经验做法被州委、州政府主要领导批示。强化部门协同联动，将推进改革试点工作纳入全市“干在实处，走在前列”大比拼综合绩效考核，印发《重点任务清单》，采取“周分析、月总结、季通报”制度，对工作推进落实情况进行跟踪督办。抓实基层执法队伍建设，东华镇在行政审批和综合执法局组建由12名执法人员组成的镇级综合行政执法队，牵头开展行政执法工作；大过口乡统筹40余名专辅结合的执法人员组成综合行政执法大队，设置执法中队4个，根据工作需要开展联合执法。规范化推进法制审核工作，组建5～7名的法治审核员队伍，2个试点乡镇累计开展行政执法检查600余次，办理行政处罚案件28件。健全完善市乡两级审批专网建设，推动村级便民服务点和网上服务站点全覆盖，开展帮办、代办、代理等便民服务，推动基本公共服务事项进驻村（社区）办理。2个试点乡镇累计办理行政审批事项3208项、公共服务事项6811项，村级为民服务点累计代办事项5022件。

【机构编制资源优化配置】 2022年，楚雄市出台《楚雄市市级行政编制过渡性周转池管理实施意见（试行）》《楚雄市事业编制周转使用办法（试行）》等系列制度，打破部门间界限、系统间壁垒，让编制资源“活”起来。全面优化编制资源配置，动态调整编制169名，破解“有编不用”“无编可用”的困境。强化机构编制数据分析研判，深入分析各单位人员编制结构，批准使用招录（聘）公务员和事业单位人员用编116名、人才引进用编48名，退役士兵及其家属、三支一扶、特岗教师等政策性安置用编45名，公开选调用编84名，保障全市各行各业均衡发展对编制资源的需求。不断创新机构编制管理，助推教育系统“县管校聘”、卫生系统“县管乡用”改革，抓实教育卫生系统编制备案管理，全年累计调整编制备案230名。按照“机构清、编制清、领导职数清、实有人员清”的要求，对72家部门和15个乡镇集中开展机构编制基础信息数据核查比对，实时更新实名制数据库数据8100人次，全面摸清行政事业单位实有人员、预留编制、超空编、近5年人员退休等情况，科学确定2023年用编计划。

【机构编制督查整改】 2022年，楚雄市深入研究督查整改工作的“难点”“痛点”和“堵点”，制定全市“1+1+5”机构编制督查整改方案，统筹制定全市人员招录计划，严格落实编制前置审核规定，坚持超编单位“只出不进”、满编单位“先出后进”、空编单位“多出少进”，盘活用好编制存量资源。楚雄市内设机构设置和领导职数核定不规范问题整改完成，全市行政总体消化超编43名，实现行政编制、政法专项编制总体不超编的目标，累计节约财政资金约541.8万元；行政单位局部超编减少14家，超编人员减少73名；事业单位局部超编减少4家，超编事业人员减少10名，实现除参照管理单位以外的事业单位均不超编；机关工勤超编人员减少17名。推进省委专项巡视开发区反馈“楚雄高新区超编问题”整改，根据省、州关于规范开发区管理机构的工作部署，楚雄高新区党工委、楚雄高新区管委会委托楚雄市管理，省委专项巡视反馈的“楚雄高新区公务员超编68名”由楚雄市负责整改，经市委编委2022年第五次会议研究，在楚雄高新区现有6名行政编制的基础上，从12家市属部门统筹调剂19名行政编制核增到楚雄高新区，使楚雄高新区行政编制达到规范后“三定”规定核定25名行政编的要求。

【机关事业单位编外聘用人员清理规范】 2022年，楚雄市严格按照省委组织部等4部门印发的《关于加强和规范机关事业单位编外聘用人员管理的十二条措施》要求及相关部署安排，会同市财政局、市人力资源和社会保障局对全市机关事业单位编外聘用人员使用情况进行综合分析研判，结合实际有序开展清理规范工作。及时建立联席会议制度，组建工作专班，全面摸清人员底数和岗位类别，建立健全人员信息台账，做到底数准、情况清，采取“集中会议、分组负责、条块管理、分类操作”的方式，与32家部门“面对面”沟通、逐人进行分析研判，强化风险评价、及时化解矛盾，确保依法依规、平稳有序推进清理规范工作。草拟《楚雄市机关事业单位编外聘用工作管理办法》，逐步解决编外聘用人员无序扩张、日常管理使用不规范、用工风险大等问题。年内，楚雄市压减编外人员265人，减少财政支出361.43万元，实现“双控目标”。

【重点领域和关键环节体制机制改革】 2022年，楚雄市完成参照管理单位规范设置工作，坚持“调研先行、强化联动、统一进度”的原则，依法赋予参照管理单位权责，会同组织、人社部门合理上报参照管理单位机构设置和编制规模，全市设置参照管理单位23家。推进检验检测机构整合改革，按照“州级和楚雄市及高新区检验检测机构一体化设置”的改革部署，有序做好市级5家涉改事业单位职能职责、人员编制及资产划转、人员分流等工作，15个乡镇检验检测站于10月15日前全面挂牌启用，初步实现州市乡一体化改革的目标。深化综合行政执法体制改革，以规范设置参照管理单位改革为契机，进一步规范农业农村、林业和草原、自然资源、应急管理、卫生健康5个领域的执法机构和执法队伍，机构规格设置为副科级，共核定编制51名，及时研究解决日常监管与执法工作中的问题，提高监管与执法合力。按时完成国有文艺院团改革、国防动员体制改革任务，全面摸清疾病预防控制机构设置、职能履行、人员编制和实有人员情况，为疾病预防控制体制改革打好基础。

【法人登记管理和信息统计】 2022年，楚雄市严格审核299家机关群团和事业单位2021年度事业单位法人年度报告，并按要求进行在线公示，全市事业单位参检率100%，合格率100%。优化事业单位登记管理服务，简化程序，精简材料，实行不见面业务沟通和网上业务指导，做好全市机关、事业单位统一社会信用代码证的设立、变更、注销工作。年内，党政群机关变更36家，事业单位新登记办证3家、信息变更63家、注销登记8家、到期换证6家。做好登记事项档案管理工作，按照“一户一档”将资料收集整理归档，全年归档各种资料200余份，为事业单位登记管理工作提供全面、真实、可参考、可追溯的完备资料。全年撰写上报信息30余篇，其中被《楚雄日报》采用2篇，省、州编办系统采用29篇，市级媒体采用16篇。

（计金凤）

老干部工作

【概况】 2022年，楚雄市有离休干部30人，中华人民共和国成立前参加革命的老工人1人，有退休干部3487人（其中，县处级退休干部58人、符合享受中央13号文件和“8·13”政策规定退休干部3人、科级以下退休干部3426人），有离退休干部党支部67个，党员1696人。

【老干部政治待遇落实】 2022年，楚雄市邀请老干部代表参加市委、政府重要会议6场。其中，1月11日，市委召开市委十届三次全会《工作报告》征求离退休干部意见建议座谈会上，10名老干部代表紧紧围绕会议主题，就政治、经济、文化、社会民生等9个方面提出16条意见建议。1月13日，市人民政府召开《2022年政府工作报告》《国民经济和社会发展计划草案》征求意见座谈会上，10名老干部代表提出15个方面的意见建议。9月14日，《中共楚雄市委组织部印发关于进一步做好离退休干部遍访工作的通知》，全市各单位部门遍访离退休干部3517名，办理老干部意见建议25条。年内，全面推行《楚雄市干部荣誉退休制度》《楚雄市离退休干部服务管理办法》《楚雄市离退休干部逝世后丧事办理有关问题的通知》等制度，健全离退休干部“办理退休手续”到“去世后”的全链条服务机制，按照规定为136名退休干部举办荣退仪式，为45名逝世离退休干部举行遗体告别仪式。

【老干部生活待遇落实】 2022年9月15日，中共楚雄市委组织部等四部门印发《关于调整提高建国初期参加革命工作部分退休干部生活补助标准的通知》，为中华人民共和国成立初期参加革命工作的退休干部13人调整提高生活补助标准（州属国有企业6人，市级7人）。做好离退休干部走访慰问工作，春节期间，投入资金14.8万元，走访慰问离休干部37人，县（处）级退休干部58人，享受“8·13”政策老干部8人，中华人民共和国成立前参加革命工作的老工人1人，离退休老干部遗属70人；敬老节期间，投入资金5.98万元，走访慰问离休干部34人、县（处）级退休干部56人、享受“8·13”政策人员6人、中华人民共和国成立前参加革命工作的老工人1人。兑现离休干部11人医药费节约奖励6.21万元；投入资金2万元，对特殊困难离退休干部26人进行帮扶。

【老干部政治理论学习】 2022年，楚雄市征订《金色时光》等老干部报刊977份，将政治理论课作为各级老年大学“开学第一课”，实现老年大学政治理论课全覆盖。举办老干部政治理论示范培训班2期，组织参加离退休干部网上专题报告会5期，学习《关于加强新时代离退休干部党的建设工作的实施意见》和各级“双先”表彰会议和老干部工作会议精神50场1200人次，自学1700余人次，送学上门300余人次。采取集中单独组织收看、与在职人员共同组织收看、在家自行收看多种形式收听收看党的二十大开幕会3000余人次，印制大字版的党的二十大学习材料100余份帮助老干部学习，持续推进理论武装凝心聚魂。全年累计开展喜迎二十大主题党日活动30余场次、“点赞新时代·建言二十大”调研建言5场次、组织“我看中国特色社会主义新时代”调研座谈会12场次，重点离退休专题访谈1次，举办“情暖夕阳·书香楚雄”阅读分享会9期、“我看新时代”诗词吟诵6场、“喜迎二十大”书画作品展2场次，举办庆“七一”喜迎党的二十大文艺会演和楚雄市离退休干部“感党恩、听党话、跟党走喜迎党的二十大”文艺演出各1场，引领全市老干部老党员自觉增强感党恩、听党话、跟党走的政治自觉和行动自觉。

【银发志愿服务】 2022年，楚雄市发挥彝州银发志愿服务州市联动助力楚雄市创建文明城市的经验优势，做好“服务”与“需求”衔接保障工作，推动志愿服务巩固提质发展。推动网上银发志愿者注册和招募，精准认领志愿项目，解决老干部活动方式、活动载体单一问题。市老年大学志愿服务队创作30余件文艺作品到桃源湖、市民广场、社区演出60余场，展示银发风采。春节期间，威楚银发志愿团深入社区小区开展写送春联15场次，写送春联2000余副。

【老干部逝世善后工作】 截至2022年12月31日，楚雄市离休干部逝世6人（高西川、杨佩华、段明珠、陈文跃、万汤仁、刘夔庚），县处级退休干部逝世3人（徐朝显、刘光祖、张方玉）。市委组织部、市委老干部局及时看望慰问逝世老干部家属，协助举办简朴的遗体告别仪式，按政策规定办理丧葬费、抚恤费等善后工作。

【老干部活动中心】 2022年1月15日，投资42.99万元的楚雄市老干部活动中心办公楼提升改造项目竣工，实施屋顶渗漏工程580.3平方米、内外墙翻新1557平方米，新铺地砖376平方米，吊顶758.54平方米。全年累计接待老干部7.8万人次。

【老年大学】 2022年，楚雄市老年大学校继续采取收费模式办学，学员接受管理意识和教学质量稳步提升，开设12个专业、37个班，招收学员813人。8月30日，楚雄市老年大学协会成立，主要工作职责是开展老年教育学术、理论和教学研究，探索老年远程教育的发展，开展老年人教育培训，组织老年人社会文化活动。至年末，市老年大学累计开设35个专业

1月22日，威楚银发志愿者到鹿城镇栗子园社区为群众写送春联 （张立祥 摄影）

332个教学班，招收学员1.46万人。

【离退休干部党建活动室建设】 2022年，楚雄市抓好离退休干部政治建设、思想建设和党组织建设，引导广大离退休干部忠诚拥护“两个确立”、坚决做到“两个维护”。在市党群服务中心、市老干部活动中心、彝人古镇银发先锋之家建成“离退休党建共享活动室”3个供州外县市乡镇和楚雄城区党组织使用，累计开展活动75场、2400人次。6月15日，楚雄州离退休干部党建融入城市基层党建助力城市基层治理彝人古镇社区试点工作第一次调度会在彝人古镇社区召开，州委组织部副部长、老干部局局长席会丽出席会议并讲话，彝人古镇社区离退休干部党建融入城市基层党建助力城市基层治理试点工作领导小组成员、工作专班成员、彝人古镇社区退休干部党员代表参加会议。7月，市党群服务中心、市老干部活动中心、彝人古镇社区共享党建活动室被确定为楚雄州离退休干部党员共享党建活动室。12月22日，东瓜镇彝人古镇社区被云南省委老干部局确定为云南省首批离退休干部党建融入城市基层党建试点。

（张立祥）

信　访

【概况】 2022年，楚雄市贯彻落实《信访工作条例》，依法依规接待群众来访、受理办理群众来信和网上投诉，加大交办和告知回复力度，督促指导全市各乡镇、各部门做实问题化解和源头治理化解工作，持续巩固化解信访突出问题专项督查工作成果，推进治理重复信访、化解信访积案专项工作，持续深化信访制度改革创新，积极构建常态化长效化工作机制，统筹推进信访部门党的建设和干部队伍建设，努力打造专业化、高素质的信访干部队伍，更好地为党和国家各项事业服务、为人民群众服务，为确保全市经济社会稳步健康发展，营造和谐稳定的社会环境作出积极贡献。2月，楚雄市信访局被国家机关事务管理局、中共中央直属机关事务管理局、国家发展改革委、财政部评为“节约型机关”。7月，在第九次全省信访工作会议上，楚雄市信访局普正平获得云南省信访工作先进个人表彰。8月，在第九次全州信访工作会议上，楚雄市信访局被州委、州政府表彰为“信访工作先进集体”。10月，楚雄市信访局获得中共楚雄市委、楚雄市人民政府2021年度平安建设优秀集体表扬。

【群众来信来访和网上信访】 2022年，楚雄市信访局开展“三无”乡镇创建、人民满意窗口创建、信访案件评查、市委书记大接访、重复信访治理、领导干部包案化解信访积案等工作。进一步畅通信、访、网、电、视频等群众诉求渠道，规范诉访分离、依法逐级走访等信访秩序，提升受理、录入、转办、交办、调查、回复、送达等信访基础业务，落实让数据多跑路、让群众少跑腿，全面宣传推广网上信访渠道、化解群众网上信访投诉作为着力点，推进楚雄市网上信访代理制度深入实施，确保网上信访代理工作见实效。全市集体访、走访呈下降趋势，网上信访持续上升。年内，全市办理信访3038件3097人，其中初件1867件1922人，重件1171件1175人。信访总量比上年1977件2054人（初件1303件1372人，重件674件682人）分别增长53.67%和50.78%。其中，来信142件，来访234件293人，5人以上（含5人）集体访2件10人，来电6件，网上信访2656件。信访部门及时受理率100%，责任部门及时受理率100%；按期答复率100%；信访部门群众参评率91.81%，满意率93.72%；责任部门群众参评率87.26%，满意率92.52%。

【信访联席会议制度建设】 2022年，楚雄市委信访联席会议办公室下发《关于在乡镇建立信访工作联席会议制度的通知》，全市15个乡镇均建立以乡镇党委书记为总召集人的信访工作联席会议工作机制，确保乡镇信访联席会议运行顺畅，定期召开联席会议研究分析信访形势，牵头化解涉及多部门的信访积案。通过联席会议制度的“全覆盖”，化解一批信访积案老案问题，形成信访工作信息互通、密切配合、合力攻坚的工作格局，强化“党政同责、一岗双责，属地管理、分级负责，谁主管、谁负责”的信访工作原则。

【党政领导信访接待制度】 2022年，楚雄市始终坚持每月10日的“市委书记大接访”活动，组织市级领导和各乡镇、部门主要负责人与来访群众面对面交流，形成各级各部门共同担当尽责的信访工作格局，一批人民群众反映强烈的突出问题得到及时妥善解决。年内，全市进行市级领导接访12期，接访群众216件357人，市级领导接访排名位于全州前列。

【党政领导包案化解信访积案制度】 2022年，楚雄市针对每年全市排查梳理出来的信访积案，把省、州党政领导所包信访案件整合，制定市级党政领导包案化解信访积案工作方案，由“两办”发文，明确每一案件的包案市级领导、化解责任主体、督办责任人和化解时限，由市信访联席会议成员单位按照“三到位一处理”的原则逐案进行评查验收，巩固化解成效。全市各乡镇完善《党政领导包案化解信访积案制度》，将辖区内排查出的重点信访问题、矛盾纠纷按照分管工作原则由班子成员负责包案化解。年内，全市市级党政领导共包案化解信访积案49件，15个乡镇党政领导包案化解信访积案18件，全部按期化解完成，化解率100%。争取中央、省、州特殊疑难信访问题化解资金46万元，化解信访积案31件。

【信访工作督查督办制度】 2022年，楚雄市重点从信访受理、转办、交办、办结等过程是否依法依规按政策程序办理、是否扎实开展调查核实、是否保障信访人正当合法权益开展工作督察督办。同时指导全市15个乡镇建立《信访工作督查督办制度》，维护党和政府在群众中的公信力和良好形象，通过制度的建立实施，楚雄市信访事项及时受理率100%，按期答复率100%，参评率91.81%，满意

8月4日，云南省信访局专题调研组到楚雄市调研人民参与信访问题化解工作　　（朱文波　摄影）

率93.72%。

【信访矛盾纠纷排查和交办制度】 2022年，楚雄市创新工作方法，探索建立市、乡镇、村（社区）与综治中心结合的三级矛盾纠纷排查调处网格，层层落实网格化排查、网格化调处机制。坚持乡镇、村（社区）每月一排查，市级部门每季度一排查，矛盾纠纷排查化解情况每月25日前汇总上报市信联办。市信联办每月召开1次专题会议，分析研判矛盾纠纷排查情况和信访形势，及时准确交办，推动疑难问题化解。

【信访工作考核和责任追究制度】 2022年，楚雄市信访工作联席会议办公室结合新颁布的《信访工作条例》，按照有错必纠的原则，制定信访工作考核倒查制度，对因履行信访工作责任不到位、信访工作失职渎职等开展倒查，视情节轻重给予责任部门扣除“干在实处，走在前列”大比拼考核得分、通报批评、责任人诫勉谈话。年内，对2个党委、6名个人进行通报问责。树立有权必有责、失责必追究的信访工作导向。

【探索“互联网+信访”模式】 2022年，楚雄市探索新时代信访工作规律，依托互联网搭建纵向联通国家、省、州、市、乡（镇）五级、横向覆盖有权处理信访问题的责任部门的畅通高效的群众诉求表达平台，依托云南省信访智能辅助系统，打通内网、外网联系节点，让群众直接在外网（互联网）上信访投诉、自助查询办理结果，信访办理责任部门在云南省信访智能辅助系统内网处理信访投诉，搭建集投诉、办理、查询、跟踪、监督、评价于一体的网上信访综合运用工作平台，在确保数据安全的同时实现“数据多跑路、群众少跑腿”，全市网上信访“一网通”。扩大完善网上信访渠道，在继续完善传统的网上信访功能的同时，将网上信访向“掌上”全延伸，相继开通手机App信访、微信信访、邮件信访、人民网建言等渠道，不断创新和深化网上代理信访制度，强化网上信访“线上接收、线下办理、高效便捷、能办实事”的效果，提高群众对网上信访的知晓度和认可度，使群众足不出户随时随地就可以反映问题并方便快捷查看信访诉求办理过程，保护群众的知情权和监督权。

【信访工作示范乡镇创建活动】 2022年，楚雄市以提升信访基础业务为抓手，扎实开展来信来访接待平台建设，在全市各乡镇开展信访工作示范乡镇创建活动。把接访平台作为党委、政府联系群众的重要桥梁和纽带来打造，配足配强接访人员，完善接访设施设备，强化接访人员培训，提升为群众办事能力和素质。

【领导信箱信件办理】 2022年，楚雄市根据省州信访部门要求及网上信访工作的要求，及时办理楚雄市“书记信箱”“市长信箱”信件，按照信访事项规范化建设相关要求，全权负责信箱信件的批转、督办、催办工作，及时回应广大群众的关切。高度重视网络舆情预警，对可能造成社会舆情的信件诉求及时向领导汇报，并通报相关部门关注处理情况。认真做好留言办理公开工作，要求责任部门在留言办理回复过程中遵守相关法律法规规定，保守国家机密，保护留言人和被反映人隐私。同时定期筛选部分不涉及国家机密和个人隐私的信件，酌情在平台上向社会公开办理情况。

【重复信访专项治理】 2022年，楚雄市按照国家信访局开展为期3年（2020年6月至2023年6月）的重复信访专项治理要求，做好集中治理重复信访化解信访积案专项工作，把解决问题、化解矛盾作为重复信访治理切入点，从解决问题入手，突出工作重点，多管齐下开展重复信访专项治理。推进重复信访事项精准排查，全面梳理重复信访存量，确保对重信重访案件做到心中有数，了如指掌，确保不漏一案、不漏一人。对近年来的重复信访，深入分析研究，对疑难复杂的重信重访案件认真分析研究，由领导分工包案到人化解。按照“处理实际问题与思想疏导、法治宣传教育相结合”的原则，对信访诉求依法按政策处理；想方设法帮助群众解决生产生活中的实际困难，把领导干部定期接访、预约接访、主动下访制度贯穿于治理重复信访、化解信访积案之中。在集中治理重复信访中依法按政策办事，在治理中广泛深入宣传国家法律法规，增强信访群众的法律意识，自觉理性反映诉求现象，按照依法处置信访违法行为有关问题的规定予以处置，维护正常的信访秩序。在找准症结的基础上，区分情况、因人制宜、因案施策，严格落实“三到位一处理”要求，推动合理诉求解决一批、生活困难帮扶一批、诉求无理思想教育一批、行为违法依法处理一批，最大限度减少信访存量。明确重复信访事项包案领导、责任单位和工作要求，对时间长、跨度大、涉及人数多、政策性强的疑难积案纳入领导包案，推动案结事了。

（甘小衡）

党校工作

【概况】 2022年，中共楚雄市委党校坚持引育结合，通过“走出去”和“引进来”双轨并行，培育教师队伍。全年选派专职教师参加省委党校、省社会主义学院组织的习近平新时代中国特色社会主义思想、乡村振兴和基层治理、党的二十大精神等专题师资培训班5人次，进一步提升党校教师专业水平和授课技巧。全年邀请省委党校、州委党校及部分高等院校教授到校授课15人次，发挥名师名课的示范引领作用，促进党校教师队伍教育教学水平整体提升。坚持年轻教师“人人上讲台，人人做科研，人人干行政”，把培训机会“让”给年轻人，新课试讲“交”给年轻人，实践担子“压”给年轻人，让年轻教师好上课、上好课。

【校内现场教学阵地】 2022年4月，楚雄市投资8万余元建成楚雄市铸牢中华民族共同体意识教育基地，将铸牢中华民族共同体意识课程充分融入“党校第一课”现场教学走廊，形成“政治文化、廉政文化、市情文化、法治文化、红色文化、传统文化、政德文化、团结进步”8个篇章。全年开展“铸牢中华民族共同体意识现场教学”120场次，覆盖4700余人次。7月，成立市委党校“主题党日活动中心”，推出“喜迎二十大、红色基因、廉政文化、两场革命、政德修养、团结进步”6个“套餐”，让党校主导的“精品”主题党日走进社区、走向学校、走向基层，全年承接32个基层党组织到校开展活动。9月，与楚雄师范学院建立战略帮扶合作关系，挂牌成立“楚雄师范学院铸牢中华民族共同体意识研究基地”，组建科研团队申报科研课题2项，撰写理论文章5篇。

【党校意识形态工作】 2022年，楚雄市委党校建立健全意识形态工作责任防范机制，严格落实《中共楚雄市委党校意识形态工作管理规定（试行）》，每季度组织校内共驻单位召开1次意识形态工作联席会议，对意识形态工作、校内安全工作等进行安排部署。管好教研咨政服务阵地，对党校教师授课内容，各类网评文章、理论文章发表内容严格审核把关，确保意识形态“讲台”安全。严格执行《中共楚雄市委党校教师外出讲课管理办法》，强化党校教师授课管理，对教学的各个环节进行全方位的检查与评估，确保“用学术讲政治”要求落到实处。

【干部培训】 2022年，楚雄市委党校围绕职能职责，配合市委干教委完成年度干部教育培训工作，推动宣讲培训“走出去”，支持配合市级各部门、乡镇开展“万名党员进党校”等教学工作。年内，举办培训班次17期，其中，配合市委干教委完成主体班次培训6期，配合市级部门、州属单位及部分企业、社会团体举办各类专题培训班10期。7月18—23日，承办为期

9月16日，中共楚雄市委党校与楚雄师范学院签约建立战略帮扶合作关系

（王　孟　摄影）

5天的昆明市寻甸、嵩明、禄劝、石林、富民5县联合选调生培训班，培训实效得到委托单位和学员的一致肯定。

【理论宣讲】 2022年，楚雄市委党校组织教师深入市级各部门、各乡镇、村（社区）开展习近平新时代中国特色社会主义思想、《习近平谈治国理政》第四卷、习近平生态文明思想、习近平法治思想、十九届六中全会精神、铸牢中华民族共同体意识等主题课程。全年理论宣讲236场次，覆盖党员干部群众1.2万人次，为楚雄市经济社会高质量发展筑牢思想根基。

【科研资政】 2022年，楚雄市委党校围绕市委、市人民政府中心工作和年度工作任务，科学制定调研计划，确定民族团结进步、特色旅游产业、红色基因、乡村振兴、人才研究、基层党建6个调研专题。并形成《铸牢中华民族共同体意识 深化民族团结进步的楚雄实践探索》《楚雄市打造大滇西旅游环线重要集散中心研究》2篇调研文章，其中《楚雄市打造大滇西旅游环线重要集散中心研究》被州社科联纳入2022年度楚雄州社科规划社会智库项目立项。

【创新教学形式】 2022年，楚雄市委党校针对农村、企业等基层党员干部理论教育接受度不高的特点，将党性教育和艺术修养有机结合，坚持党性为主、艺术为辅探索创新“艺术党课”，创作《我们拥有一个名字叫中国》《弘扬中华民族精神 担起伟大复兴重任》《感党恩听党话跟党走 喜迎党的二十大》3堂艺术党课，全年演出26场次，在基层引起热烈反响。依托市委党校党建书苑优质的图书资源，设计“团结进步——铸牢中华民族共同体意识”“中共党史”“党风廉政”“传统文化”4场读书活动，以好书推介、交流分享、故事会等形式开展主题教学，增加党校红色学府的书香之气。

【精品课赛】 2022年10月，中共楚雄市委党校组织开展第五届精品课赛暨推荐参加楚雄州党校系统第五届精品课赛选拔赛。邀请市总工会领导、市内知名专家和校领导组成评委团队，评选出1名青年教师参加楚雄州党校系统第五届精品课赛获一等奖，并被州委党校推荐参加全省党校系统精品课竞赛。

【党校办学质量评估】 2022年6月，按照州委组织部和州委党校《关于印发〈楚雄州县（市）党委党校办学质量评估办法（试行）〉的通知》精神，中共楚雄市委党校认真做好办学质量评估工作，围绕62项具体的评估指标收集整理2016—2021年以来的资料，形成支撑材料80册。9月，省委党校调研组带领全省46名县级党校常务副校长到市委党校调研考察，交流办学经验并得到广泛认可。

（赵 洁）

党史及地方志工作

【概况】 2022年3月29日，楚雄市召开2022年地方志工作暨《楚雄市年鉴（2022）》编纂业务培训会。6月，楚雄市地方志编纂委员会办公室职责整合划入中共楚雄市委党史研究室，并加挂楚雄市地方志编纂委员会办公室牌子，设综合科、党史科、方志科3个内设机构，核定编制8名，人、财、物统一划归市委办公室管理。2月，被楚雄州全国民族团结进步示范区建设领导小组命名为“楚雄州民族团结进步示范单位”。3月，《楚雄市志（1984—2005）》等6种30册史志书籍入藏国家方志馆；丁卫华被云南省人力资源和社会保障厅、中共云南省委党史研究室表彰为“云南省党史系统先进个人”。4月，《楚雄市年鉴（2021）》被省地方志编纂委员会办公室表扬为云南省优秀年鉴（2021年卷）县（市、区）级综合年鉴二等年鉴。5月，被市人民政府表扬为2021年度政府系统政务信息先进单位。6月，被市委、市人民政府表彰为楚雄市创建国家卫生城市先进集体。7月，被云南省地方志编纂委员会表扬为云南省“第二轮修志工作优秀集体”，杨加丽、杨辰被云南省地方志编纂委员会表扬为“全省第二轮修志工作优秀个人”。9月，申报推荐的《楚雄市志（1984—2005）》《楚雄市革命老区发展史》《紫溪山志》《鹿城镇志》4部志书和《楚雄市年鉴（2021）》《楚雄市年鉴（2018）》2部年鉴分别获评楚雄州第一届“精品志书”“精品年鉴”，成为全州获奖最多的县市。10月，楚雄市地方志编纂委员会办公室被国家机关事务管理局、中共中央直属机关事务管理局、国家发展改革委、财政部命名为“节约型机关”。

【党史征集研究】 2022年，中共楚雄市委党史研究室（楚雄市地方志编纂委员会办公室），持续开展党史基本著作编撰、党史资料征集、党史资政研究、党史专题整理等工作。年内，编写党史正本，到市档案馆查阅历史档案和图片30余次，搜集、查阅、考证历史档案1200余万字，全面分析掌握楚雄市1950—1978年的历史资料，完成《中国共产党楚雄市历史》（1950—1978）第二卷初稿编写。全书设4编21章，约22万字，集中反映楚雄市自1949年12月中共楚雄县委成立至1978年12月党的十一届三中全会召开共29年的历史。

【《中共楚雄市委执政纪要》编撰】 2022年11月，中共楚雄市委党史研究室（楚雄市地方志编纂委员会办公室）完成《中共楚雄市委执政纪要（2021年）》编撰出版任务。全书16个部类、92万字、图片120余张，收录内容由亲切关怀、执政综述、大事要览、重要决策、重要活动、执政论坛、专项工作、思想建设、组织建设、纪委监委工作、统一战线、政法维稳、协调保障、党委（党组、总支、支部）工作、乡镇党委工作和附录组成。

【革命遗址和纪念设施保护利用】 2022年，中共楚雄市委党史研究室（楚雄市地方志编纂委员会办公室）会同有关部门深入重要革命遗址调研指导修缮利用工作，提出建设性意见并开展协调工作。推进苍岭镇红军长征过楚雄田心阻击战革命遗址修复保护工作，指导鹿城、子午、东华、吕合、三街、中山、八角、大过口等乡镇加强革命历史遗迹保护开发利用。组织开展革命遗址普查，坚持查证与挖掘并重，支持并推进红色资源保护利用和开发，促进全市红色资源的传承与利用，收录革命遗址普查信息4条。

【《楚雄市年鉴》编纂】 2022年2月，楚雄市人民政府办公室印发《关于做好〈楚雄市年鉴（2022）〉组稿工作的通知》，明确目标、分解任务、压实责任，构建覆盖乡镇、市属部门、辖区单位的年鉴编纂工作责任体系。3月，楚雄市地方志编纂委员会办公室按照市比拼办《关于申报2022年度干在实处，走在前列”大比拼担当履职目标、创先争优目标的通知》要求，积极申报创先争优标杆目标和纳入“干在实处，走在前列”大比拼考评指标，申报“全国优秀年鉴”创先争优标杆目标入选楚雄市2022年度“干在实处，走在前列”大比拼标杆项目，《楚雄市年鉴（2022）》编纂工作列入全市2022年度“干在实处，走在前列”大比拼负面清单考评指标，各乡镇和57个市属部门列为考评对象，年鉴稿件质量、图片报送情况、报送时间等纳入考评内容，为年鉴编纂工作顺利推进提供保障。12月，《楚雄市年鉴（2022）》由云南美术出版社出版发行，全彩印刷，印数500册。该年鉴是楚雄市赓续出版的第28部地方综合年鉴，主要以条目形式记述2021年楚雄市自然、政治、经济、社会、生态文明建设的基本情况和重大事项及取得经验，突出楚雄市的“特”和年度的“新”，设部类29个、条目1276个，收录报告2篇、照片243幅，共70万字，并配有光碟和二维码，方便读者阅读和查阅。

【乡土志编纂】 2022年，楚雄市《吕合镇志》《大过口乡志》入选《楚雄州乡土志丛书》第二批乡土志编纂项目，中共楚雄市委党史研究室和吕合镇、大过口乡按照《〈楚雄州乡土志丛书〉第二批乡土志编纂出版工作推进方案》要求，认真组织推进编纂工作。年内，吕合镇组织人员收集文字资料30余万字、图片2000余张，1月完成《吕合镇志》初稿；5月19日，州委党史研究室（州志办）深入吕合镇，实地指导志书编纂工作；10月完成修改。大过口乡选派专人查阅档案200余盒、复印资料400余份，5月《大过口乡志》初稿完成，至年底修改完善稿件60%。

【传统村落志编纂】 2022年，中共楚雄市委党史研究室明确分管联系领导及业务指导员，落实《〈中国传统村落志·云南卷〉编纂工作方案》要求，研究细化推进志书编纂工作措施。子午镇成立以书记、镇长为主任的编纂工作领导小组，制定编纂工作方案，设立编纂工作专班，组织职能站所、村组干部、非遗传承人、乡贤推进素材收集、志稿编纂等工作。4月《以口夸村志》初稿形成，5月完成资料补充，6月市委党史研究室（市志办）反馈修改意见，11月州委党史研究室（州志办）反馈志稿审查意见和修改建议。

【史志宣传教育】 2022年，中共楚雄市委党史研究室（楚雄市地方志编纂委员会办公室）结合史志工作特点，以重大纪念日、节庆日为契机，以进机关、进学校、进乡镇、进企业、进社区、进乡村、进军营“七进”活动为载体，多渠道、多形式开展党史宣传教育活动。组织开展清明节祭扫烈士墓活动，举行烈士纪念日公祭烈士活动。开展党史、党课宣讲活动，做好党史研究成果转化工作，宣传普及党的历史知识和基本经验。年内，为州市机关、学校和部队宣讲中共党史、中共楚雄地方史和党的二十大精神、习近平新时代中国特色社会主义思想40余场次。加强红军长征过楚雄、楚雄市革命老区发展史等宣传报道，与市融媒体中心合作拍摄制作《探访古韵云龙　重温红色记忆》《追寻百年峥嵘路　畅游红色新三街》《探寻历史足迹　重温红色吕合》3个楚雄红色之旅短视频，在七彩云端·威楚融媒、数字楚雄等媒体进行宣传推广；配合州委党史研究室到西山爱国主义教育基地、子午镇云龙烈士陵园等红色阵地拍摄楚雄地方历史党课专题片。提供史志资料查询和咨询服务，为省州市有关部门、学校、乡镇和社区提供史志资料查询40件，核定历史数据62个。加强党史信息宣传工作，上报的1篇文章被《云南中共党史研究》采用，6篇文章被《楚雄党史党建》采用，2篇案例和4篇文章被《楚州今古》采用。

【楚雄市地方志事业“十四五”规划编制】 2022年1月，《楚雄市地方志事业发展“十四五”规划和二〇三五年远景目标纲要》（以下简称《规划纲要》）经楚雄市地方志编纂委员

11月25日，市市场监督管理局“万名党员进党校”培训班部分学员到市方志馆参观　（刘春玉　摄影）

会审定后印发实施。《规划纲要》主要由“十三五”以来主要成就、指导思想与基本原则、2035年远景目标、“十四五”发展目标、主要任务、保障措施6个部分构成。

【“精品年鉴品读季”活动】 2022年9月，中国地方志指导小组办公室印发《“精品年鉴品读季”活动实施方案》，部署开展“精品年鉴品读季”活动。中共楚雄市委党史研究室（楚雄市地方志编纂委员会办公室）结合楚雄州中国精品年鉴区域试点创建和楚雄市年鉴编纂工作实际，成立“精品年鉴品读季”活动领导小组，研究细化“精品年鉴品读季”活动内容，推动“精品年鉴品读季”活动走深走实。组织全室干部职工全程参加“精品年鉴品读季”活动启动会议暨第七期全国年鉴主编业务培训班、云南省精品年鉴品读会、楚雄州“精品年鉴品读季”学习交流座谈会，并在楚雄州“精品年鉴品读季”学习交流座谈会上作《学习精品提质量 加压奋进创精品》交流发言，召开干部职工会议传达学习“‘精品年鉴品读季’活动启动会议暨第七期全国年鉴主编培训班”精神，并围绕“学精品、用精品、编精品”大讨论和楚雄州精品年鉴打造实践主题组织开展交流研讨，推动形成对标精品找差距、学习精品提质量、加压奋进创精品的共识。组织方志科干部对4部再版“中国精品年鉴”和《楚雄州年鉴（2018）》《楚雄州年鉴（2020）》进行全面学习，认真学习借鉴精品年鉴的丰富内涵、特色亮点、精美装帧，对《楚雄市年鉴（2022）》进行类目设置再把关、条目标题再精炼、卷首专题图片再优化、随文图片再补充，提高《楚雄市年鉴（2022）》编纂质量。

【楚雄市方志馆在中国方志网展示】 2022年，中共楚雄市委党史研究室（楚雄市地方志编纂委员会办公室）与市融媒体中心沟通对接，量身打造宣传推介微视频《走进方志馆 最忆楚雄情》，经省、州推荐，该微视频加挂在中国方志网的楚雄市方志馆展示页面顶端，成为直观感受楚雄市方志馆的便捷窗口。5月25日，楚雄市方志馆登上中国方志网，在“方志馆——方志馆展示”专栏进行集中展示，成为云南省入选的首家县级方志馆。

【楚雄市方志馆功能提升】 2023年，中共楚雄市委党史研究室（市志办）争取方志馆功能提升专项经费，采购史志读本67套（册），组织安装安防设备，优化地情展板及馆藏书籍展陈，方便参观阅览。拓宽沟通交流渠道，江苏省南通市、黑龙江省绥化市、怒江州福贡县等志鉴交换入馆。坚持每周一至每周六、国家法定节假日免费对外开放，发挥“楚雄市党员教育实训基地”“楚雄市新时代文明实践点”等阵地优势，联合市属部门开展史志宣讲、主题读书、志愿服务等活动，常态化做好参观接待及讲解服务。3月22日，《楚雄市志》《楚雄市志（1984—2005）》《楚雄市年鉴（2020）》等30册方志、年鉴书籍入藏国家方志馆。8月，“书香政协·委员活动基地”在方志馆挂牌。全年方志馆接待团队参观65场次、散客200余批次，参观学习1.12万人次。

（丁普瑞）

【《楚雄市总工会志》出版发行】 2022年12月，楚雄市总工会编纂的《楚雄市总工会志》由云南出版集团、云南美术出版社公开出版发行。该志书体例采用章节体设置，横排门类、纵述史实，综合运用述、记、志、传、图、表、录，记录楚雄市总工会1956—2020年的发展历程，是楚雄市工会系统的第一部史志。全书9章39节30.96万字，记述楚雄市总工会机构、党组织、工会代表大会、工会会员、职工权益维护、职工民主管理、职工教育、劳动生产竞赛、机关内部管理、人物等的历史与现状。

（王元杰）

档 案

【概况】 2022年，中共楚雄市委办公室班子会议先后3次研究档案工作，指导部署重点工作开展。年内，市档案局、市档案馆联合开展档案宣传、档案执法检查、档案业务指导等多项工作，档案局馆工作有机融合、协同发展的工作格局不断完善。

【档案执法】 2022年，楚雄市档案局4人参加行政执法人员网上资格考试，取得档案行政执法证。年内，市档案局对市属20个部门开展档案业务督查。督查内容涉及各单位档案工作机构设置、人员配置、制度建设等档案工作保障的情况；各类文件材料收集、整理归档、保管、利用的情况；各单位向档案馆移交档案的情况；对本单位业务科室及所属机构档案工作监督和指导的情况。通过实地督查、意见反馈、整改落实等程序，被督查单位按照反馈意见提出的整改要求进行整改。

【业务监督指导】 2022年，楚雄市档案局对49家市级单位开展实地业务指导72次。指导市税务局、市农业农村局、市人社局等16个机关单位完成文书、专业档案2021年度的整理归档工作。对市委编办、市科协、市审计局等33家单位开展到期档案移交业务指导工作，其中25家单位经过指导按期按质完成到期档案移交进馆工作。

【规范化管理认定和复查】 2022年，楚雄市纪委市监委、楚雄市委编办2家单位通过申报、自检自查、实地认定、审核确认等认定工作程序，被省档案局授予“档案工作规范化管理示范单位”称号。市法院、市检察院、市发展和改革局、市工业信息化科学技术局、市税务局、市司法局、市应急管理局、市市场监督管理局、子午镇党委政府、苍岭镇党委政府、鹿城镇河前社区居民委员会、楚雄高新区综合管理部、楚雄季连发电有限公司13家单位经过复查组实地复查，顺利通过云南省档案工作规范化管理示范单位复查，继续保留“档案工作规范化管理示范单位”称号。

【档案法治宣传】 2022年6月，楚雄

5 月 20 日，云南云开电气股份有限公司职工参观市档案馆党史文献展厅

（刘珊珊　摄影）

市档案馆以“6·9”国际档案日为契机，联合开展档案法治宣传。通过发放宣传资料，现场解答档案知识等方式，向群众宣传新修订的《中华人民共和国档案法》。活动设置宣传点1个，发放宣传材料200余份，为群众讲解档案知识35人次。

【专业培训】　2022年10月13日，楚雄市档案局在市委党校开展档案业务培训。以《档案规范化管理》为主要内容，通过专题培训的方式开展业务培训，参训97人。

【档案服务】　2022年，楚雄市档案馆以“6·9”国际档案日为契机，开展“喜迎二十大·档案颂辉煌”主题宣传活动。展出宣传展板11块。市档案馆完成“走进楚雄”综合展厅升级改造工作。年内，市档案馆“走进楚雄”综合展、政德教育展、党史文献展和廉政教育展4个展厅共接待干部群众学习参观团体62个、参观者1618人次。与市融媒体中心联合拍摄“寻迹档案看变迁　逐梦威楚续发展”专题片。选派1名业务骨干到市创建全省全国民族团结进步示范市领导小组办公室，统筹抓好档案收集整理工作，确保民族团结进步文件材料在第一时间得到有效收集和归档整理。

【档案资源体系建设】　2022年，楚雄市档案馆开展红色档案资源专题普查，加强红色档案抢救保护。年内，接收到期应进馆档案1.11万卷、1.94万件，婚姻档案10504卷，国有企业退休人员社会化管理人事档案231卷，征集档案资料1600余册、照片265张、奖牌2块、粮票9张。

【档案查阅利用】　2022年，楚雄市档案馆接入全国档案查询利用服务平台，推行民生档案的跨地区查询。年内，市档案馆共接待查阅利用者1809人次，利用档案1715卷次，复印档案5357页，受理全国档案查询服务平台查档5件。

【档案信息化建设】　2022年，楚雄市档案馆按照“存量数字化、增量电子化”的原则，科学实施信息化建设。年内，完成纸质档案数字化加工数据1244.3GB、4.11万条、40.52万页。

【档案安全管理】　2022年，楚雄市各乡镇、市属各部门、市档案馆开展专项档案安全自查，进一步加强和改进安全管理。市档案馆开展消防安全培训1场次，5人完成全民消防学习平台课程及考试。市档案馆加大资金投入，改造视频监控系统、提升消防系统、对档案信息、电子档案安全管理开展检查，确保档案信息存储安全。

（李　慧　刘珊珊）

〔栏目编辑：杨加丽〕

楚雄市人民代表大会

综　述

【概况】　2022年，楚雄市人大常委会贯彻习近平法治思想、习近平总书记关于坚持和完善人民代表大会制度的重要思想，坚持党的领导、人民当家作主、依法治国有机统一，紧扣党中央决策部署和省委、州委工作安排、市委具体要求，紧贴人民群众对美好生活的期盼，履职尽责、积极作为，依法行使监督权、决定权、任免权，为促进全市经济社会高质量发展和民主政治建设作出贡献。

【人大常委会自身建设】　2022年，楚雄市人大常委会坚持不懈抓好思想政治建设，开展“对标先进、争创一流”暨“转作风、提效能，我是党员我先行”“五抓三创三提升”模范机关创建活动和清廉机关建设“五清”行动，自觉用党的优良传统和创新理论润养初心。严格落实“三会一课”、民主评议党员等制度，组织开展“发短情长·爱暖人心”“红色书籍大家享”、为挂点村办实事等系列主题党日活动。持续强化作风建设，深入推进作风革命效能革命，大力践行“三法三化”，常委会领导带队深入部门、乡镇、企业蹲点调研，沉到一线解难题、促发展，8个委室谋划提出13项工作创新内容，完成2022年度1项干在实处追标兵、1项走在前列当标杆的比拼任务。坚持做好制度“废、改、立”工作，汇编制度45项，加强人大干部政策理论、法律法规及业务培训，参加各类人大业务培训班5期，培训人大干部69人次。坚持乡镇人大主席列席常委会会议和市人大常委会领导联系指导乡镇人大工作制度，形成上下联动、相互配合的工作格局；坚持强化理论宣传，发出人大“好声音”，省人大先后刊发5期简报，向全省推广楚雄市人大常委会关于国有资产监督管理、“智慧人大”建设等典型经验和成功做法，85篇理论调研成果和工作成效报道在州、市媒体刊载。

【服务全市中心工作】　2022年，楚雄市人大常委会严格执行向市委请示报告制度，重要会议、重点工作、重大事项主动向市委请示，贯彻落实情况及时向市委报告。完成市委关于督查重大项目、债务风险防控、专项资金管理、招商引资等4个重点课题调研任务，为市委决策提供参考。首次召开市委人大工作会议，出台《中共楚雄市委关于新时代坚持和完善人民代表大会制度加强和改进人大工作的实施意见》，推动人大增强整体工作实效。突出市人大党组把方向、管大局、促落实政治功能，修订党组工作规则、议事规则、主任会议规则等16项制度。参与全市专班工作，常委会5名班子成员及19名干部分别担任耕地占补平衡、招商引资、龙川江治理、征地拆迁安置、农村人居环境整治提升、项目策划包装、殡葬改革及公益性公墓建设、东南绕城高速、滇中科创城、楚雄机场、白衣河水库、“飞地经济”产业园、烟草产业、彝绣特色文化产业、乡村振兴示范创建15个工作专班的组长、副组长和工作人员。组织人大干部和各级人大代表参与常态化新冠疫情防控应急值守，做好机关疫情防控工作，依法推动党中央和省州市委疫情防控决策部署落到实处。强化监督促进“十四五”规划及纲要实施，“五强化五提升”巩固拓展挂包联系红墙村脱贫攻坚成果与乡村振兴有效衔接。

重要会议

【第十届人民代表大会第一次会议】　2022年1月19—23日，楚雄市第十届人民代表大会第一次会议在鹿城召开。应出席本次会议的代表258人，法定列席、决定列席、邀请列席人员106人。大会听取和审议楚雄市九届人民政府工作报告；审查楚雄市2021年国民经济和社会发展计划执行情况及2022年楚雄市国民经济和社会发展计划草案的报告（书面），审查和批准楚雄市2021年国民经济和社会发展计划执行情况的报告和2022年国民经济和社会发展计划；审查楚雄市2021年地方财政预算执行情况和2022年地方财政预算草案报告（书面），审查和批准楚雄市2021年地方财政预算执行情况的报告和2022年楚雄市地方财政预算；听取和审议楚雄市九届人民代表大会常务委员会工作报告；听取和审议楚雄市人民法院工作报告；听取和审议楚雄市人民检察院工作报告；大会选举宋振华为楚雄市第十届人民代表大会常务委员会主任，李贵泽、杨培香、郭宜宏、马兴旺为楚雄市第十届人民代表大会常务委员会副主任，杨俐昆为楚雄市人民政府市长，周德华、吴应辉、李英、张海、张正明、李智才为楚雄市人民政府副市长，陈燕青为市监察委员会主任，景华为市人民法院院长，刘和贵为市人民检察院检察长，表决通过楚雄市第十届人民代表大会财政经济委员会主任委员李良、副主任委员李燕红、钱华生；民族委员会主任委员李存贵、副主任委员普彩路、张金娜；社会建设和教育科学文化卫生委员会主任委员王丽、副主任委员李祥海、江鸿琼；农业农村与环境资源保护委员会主任委员王玉兴、副主任委员兰正祥、冯晓瑞。选举出席州第十三届人民代表大会代表62名。会议表扬楚雄市第九届优秀人大代表36名、优秀议案3件和优秀建议案63件。大会期间，议案组收到代表提出的建议、批评和意见267件，议案2件。

【第十届人民代表大会第二次会议】　2022年7月5—8日，楚雄市第十届人民代表大会第二次会议在鹿城召开。应出席本次会议的代表256人，法定列席、决定列席、邀请列席人员共31人。会议选举罗兴贵为楚雄市人民政府市长，钱志华为楚雄市监察委员会主任，选举左兴明、李成为楚雄市第十届人民代表大会常务委员会委员。

【第十届人大常委会会议】　2022年，楚雄市第十届人大常委会会议共召开6次，对全市政治、经济、社会、文化、人事等重大事项进行专项审议。

第一次会议　3月24日上午在市人大常委会五楼大会议室召开、下午在市委党校报告厅一号会议室召开，会期一天。会议审议通过《楚雄市人大常委会2022年工作要点》，决定设立楚雄市第十届人大常委会代表资格审查委员会；会议审议市人大常委会

1月19日，楚雄市第十届人民代表大会第一次会议　（马兴华　摄影）

主任会议《关于提请审议李波等同志任职的议案》《关于提请接受杨积仁、杨国军辞职的议案》、市人民政府《关于陈林等同志任免职的议案》、市监察委员会《关于提请审议李宏旺等同志任免职的报告》、市人民法院《关于提请林宏同志免职的报告》。

第二次会议　6月1日上午在市人大常委会五楼大会议室召开，会期一天。会议审议通过市人民政府《关于楚雄市2021年度环境状况和环境目标完成情况的报告》《关于楚雄市农村公益性公墓建设情况的报告》《关于城市管理综合行政执法工作情况的报告》《关于楚雄市耕地保护和占补平衡工作情况的报告》《关于楚雄市建立健全长效机制、巩固提升国家卫生城市创建成果工作情况的报告》，首次听取审议市监察委员会《关于惩治涉黑涉恶腐败和“保护伞”问题工作情况的报告》。审议市人民政府《关于罗兴贵同志任职的议案》《关于周增先等同志任免职的议案》，市监察委员会《关于提请钱志华同志任职的报告》，市人民法院《关于提请钱力同志免职的报告》《关于提请免去马兆伟等3名人民陪审员职务的报告》，市人大常委会主任会议《关于提请接受杨俐昆辞去楚雄市人民政府市长职务的议案》《关于提请接受陈燕青辞去楚雄市监察委员会主任职务的议案》《关于提请市人民政府副市长罗兴贵代理市长职务的议案》《关于提请市监察委员会副主任钱志华代理主任职务的议案》《关于提请接受杨俐昆等同志辞去楚雄市第十届人民代表大会代表职务的议案》《关于提请审议聘任楚雄市第十届人大常委会财政经济专家库专家及人大代表预算审查联系代表的议案》。

第三次会议　7月1日上午在市人大常委会五楼大会议室召开，会期半天。会议听取《关于楚雄市第十届人民代表大会第二次会议筹备工作情况报告》。决定召开楚雄市第十届人民代表大会第二次会议的时间、楚雄市第十届人民代表大会第二次会议列席人员。通过《楚雄市第十届人民代表大会代表资格审查情况的报告》，楚雄市第十届人民代表大会第二次会议主席团和秘书长、主席团常务主席、副秘书长建议名单。会议审议《楚雄市人大常委会主任会议关于提请鲁再亮等同志任免职的议案》《楚雄市人民法院关于提请李瑛等同志任免职的议案》《楚雄市人民检察院关于提请田维凯等同志任职的议案》。

第四次会议　8月19日上午在市人大常委会五楼大会议室召开，会期一天。会议审议市人民政府《关于楚雄市2022年上半年国民经济和社会发展计划执行情况的报告》《关于楚雄市2022年上半年地方财政预算执行情况的报告》《关于楚雄市2021年地方财政预算执行和其他财政收支情况的审计工作报告》《关于楚雄市国有企业资产管理情况的报告》《审议楚雄市政府性债务情况》《楚雄市专项资金管理使用情况》、市人大常委会《关于2021年楚雄市规范性文件备案审查工作情况的报告》、市人大常委会视察组《关于组织部分人大代表视察楚雄市创建全省全国民族团结进步示范市工作情况的报告》，审查和批准楚雄市2021年地方政府新增债务及债务限额。会议审议人事事项，免去楚雄市人民陪审员34名。

第五次会议　10月20日上午在市人大常委会五楼大会议室召开，会期一天。会议审议市人民政府《关于楚雄市重点产业建设工作情况的报告》《关于楚雄市养老服务体系建设情况的报告》《关于楚雄市2021年财政决算的报告》，市人大常委会检查组《关于组织部分人大代表专项检查楚雄市人民检察院刑事检察工作情况的报告》《关于组织部分人大代表检查楚雄市第十届人民代表大会第一次会议代表议案、建议办理情况的报告》；审议通过《楚雄市人民代表大会常务委员会规范性文件备案审查办法（试行）草案》；审查和批准楚雄市2021年财政决算。会议审议人事事项，表决通过市人民政府《关于张正明等同志任免职的议案》。

第六次会议 12月13日上午在市人大常委会五楼大会议室召开，会期一天。会议审议市人民政府《关于楚雄市2021年地方财政预算执行和其它财政收支审计查出问题整改情况的报告》，市人大常委会检查组《关于组织部分人大代表检查楚雄市持续深化农村人居环境整治提升工作情况的报告》；通过《楚雄市人大常委会关于加强政府债务审查监督的办法（草案）》《楚雄市人大常委会主任会议议事规则（草案）》《楚雄市人大常委会关于加强和改进审议意见跟踪监督的办法（试行）（草案）》；对市审计局、市交通运输局、市城管局、市教育体育局进行工作评议，对4名局长进行述职评议。会议审议人事事项，表决通过市人民政府《关于杨洋同志任职的议案》、市监察委员会《关于提请审议李庆华等任免职的报告》，接受马祥忠、成鹏辞去楚雄市第十届人民代表大会代表职务。

重要决定和人事任免

【重要决定】 2022年，楚雄市人大常委会召开常委会会议6次、党组暨主任会议14次，开展4家部门工作评议，作出重大事项决议决定4项，听取审议“一府一委两院”专项工作报告22项，签发审议意见书22份，开展专题视察2项、专项检查3项、专题审议13项，配合全国人大、省人大和州人大开展专题调研、执法检查、立法调研、代表视察共24次。紧紧围绕事关全市经济社会发展大局、关系长远发展的重大事项，加强调查研究，依法对市级财政决算、预算调整、政府债务限额等重大事项作出决议决定，听取和审议“一府一委两院”等19个方面的工作报告，提出审议意见125条。10月18日，市十届人大常委会第11次主任会议通过《楚雄市人民代表大会常务委员会规范性文件备案审查办法（试行）》，于2023年1月1日起施行。

【人事任免】 2022年，楚雄市人大常委会坚持党管干部原则和人大严格依法任免有机统一。审议各项人事任免议案，严格执行任前考试、投票表决、颁发任命书、任职发言、向宪法宣誓等规定。年内，依法任免国家机关工作人员123名，接受7名市人大代表、1名州人大代表及2名市人大常委会委员辞职，依法补选3名市人大代表、1名州人大代表及2名市十届人大常委会委员，指导乡镇补选3名乡（镇）长、4名人大主席。

人大监督

【概况】 2022年，楚雄市人大常委会根据授权，向市十届人大一次会议提交对楚雄市2022年计划、预算草案的审查报告，严格贯彻执行预算法，把好预算审查关，提前介入政府预算编制，到财政部门了解2021年预算执行和2022年预算安排情况，对2022年预算草案进行认真初审。加强计划的审查监督，听取2021年计划执行和2022年计划安排情况汇报，就有关问题进行询问。听取审议政府性债务和专项资金管理使用、关于计划、预算执行和审计工作等，围绕存在的主要问题提出具体的可操作性建议，维护保障全市财政资金规范、合法、有效使用。专题审议国有企业资产管理，推动监管机制完善，实现国有企业资产保值增值。做好预算审查监督服务工作，确定19名市十届人大代表为新一届人大预算审查联系代表，推进预算联网监督工作，聘请15名财政经济专家库专家作为人大财政经济监督员。

【专项监督】 2022年，楚雄市人大常委会组织人大代表聚焦民生服务保障开展监督；开展耕地保护和占补平衡工作视察，建议政府及相关部门进一步压实共同责任，加强法律法规及支出宣传，完善配套制度，掌握真实数据，加大项目实施及项目入库力度，建立联动机制，形成工作合力，加大保障和执法监管力度。听取审议全市重点产业、养老服务体系建设等情况介绍，促进重点产业提质升级和养老服务业健康发展。对全市农村公益性公墓建设情况进行专题调研，建议提高政治站位，强化思想认识；科学规划，强化合理布局；加大投入力度，强化管理水平；争取支持，完善用地手续；加大宣传力度，强化文明治丧。对2021年度环境状况和环境保护目标完成情况及生态文明建设工作情况开展调研，建议持续推进绿色发展理念，

5月6日，市人大常委会组织相关部门负责人到城乡物流基地项目点调研

（市人大 提供）

打好污染防治攻坚战，抓好生态环境突出问题整改，用最严格制度保护生态环境，推进碳达峰碳中和各项工作。开展巩固提升国家卫生城市创建成果工作调研，建议加强组织领导，强化责任抓落实；加大资金投入，加强基础设施建设；完善长效机制，严肃督查考评；加强宣传教育，提高全民参与意识。开展农村人居环境整治提升专项检查，建议以农村厕所革命、生活污水垃圾治理、村容村貌提升为重点，巩固拓展农村人居环境整治三年行动成果，全面提升农村人居环境质量，为全面推进乡村振兴、加快农业农村现代化、建设美丽楚雄提供有力支撑。聚焦惩治涉黑涉恶腐败和“保护伞”问题及刑事检察城市管理工作开展监督；对市监察委员会和部分乡镇及部门进行调研，首次审议市监察委员会《关于惩治涉黑涉恶腐败和“保护伞”问题工作情况的报告》，建议市监察委员会及公检法司等部门提高政治站位，强化责任担当；保持高压态势，持续“打伞破网”；强化警示教育，形成有力震慑；压实工作责任，形成办案合力；加强队伍建设，提高办案水平，持续加大惩治涉黑涉恶腐败和“保护伞”问题。专项检查市人民检察院刑事检察监督工作，审议城市管理综合行政执法工作情况，通过走访和召开座谈会方式，吸纳市人大代表的意见建议，建议不断提升刑事检察和城市管理水平。

议案建议

【概况】 2022年，楚雄市十届人民代表大会第一次会议期间，大会议案组共收到代表提出的建议、批评和意见267件（其中19件转为建议、批评和意见处理议案）。其中，农林水方面45件，城建土地方面37件，交通电力方面65件，工业信息方面4件，教科文卫方面16件，劳动社保方面7件，民族民政方面12件，财政金融方面23件，乡村建设方面35件，市场监管方面13件，环境保护方面3件，政法综治方面4件，其他方面3件。4月，市十届人大一次会议提出的267件建议全部办结，面商率、答复率均100%。经梳理统计，所提问题得到解决或基本解决的A类建议有163件，占61.05%；正在争取尽快解决或列入计划解决的B类建议有68件，占25.47%；因资金或目前条件限制，暂时无法实施的C类建议有36件，占13.48%。年内，楚雄市人大常委会健全议案建议交办、督办、反馈机制，采取审议办理情况报告、常委会领导牵头督办、办理情况“回头看”、实地视察督办等方式，持续跟踪问效，提高议案建议办结率。重点督办楚雄市启动新一轮教育改革加快教育事业提档升级、将楚南路沿线打造成全市乡村振兴示范带、将320国道（连汪坝路口）至垃圾焚烧发电厂路段进行改扩建、整治元双公路和楚双公路交通安全、加大农村电商扶持力度等10件重点建议议案，267件建议和2件议案全部办结，面商率、答复率100%，满意率98%。

【加大统筹单位及小区闲置车位对外开放的建议】 2022年1月21日，鹿城代表队人大代表李军霞提出的《关于加大统筹单位及小区闲置车位对外开放的建议》，多年的城市基础设施建设对交通道路的维护拓宽已经改变很多，但由于停车位的不足，造成道路边停车现象严重，致使可通行路面变窄，影响交通出行，形成拥堵、滞留。新修停车场需要很多资金，很难选到土地。建议楚雄市文明办制定和推进市内单位、小区闲置停车位对外开放的措施。该建议由楚雄市住房和城乡建设局主办，市创文办、市机关事务管理局、楚雄市城市管理综合行政执法局协办。6月，已办结。

【加大农村电商扶持力度的建议】 2022年1月21日，中山代表队陈思琳等2名人大代表提出的《加大农村电商扶持力度，助力乡镇优质农产品插上腾飞的翅膀》，近年来，电子商务的兴起为乡村振兴添加新动能，农产品品牌化成为农业发展的大趋势。《政府工作报告》提出，加快发展数字经济，推进电子商务进农村项目。打造地方知名农产品品牌，增加优质绿色农产品供给。然而，当前农村电商品牌化建设也存在诸多问题待解。比如农产品的差异化程度不够、品质良莠不齐、农村物流不发达，导致快递发货慢，成本高等因素困扰和制约农村电商的发展。建议进一步加强对农村电商的扶持力度，打造具有农村特色的线上网店和线下实体店，提升乡镇农村电商的知名度和影响力；通过政府层面，推动快递网点在村点落地生根，改变农村电商发货慢、物流成本高的不利局面，提升农村电商的市场竞争力；提升乡镇农特产品。该建议由楚雄市商务局办理。6月，已办结。

【加大对农村特色产业的扶持力度的建议】 2022年1月21日，中山代表队张林学等5名人大代表提出的《关于加大对农村特色产业的扶持力度的建议》，特色农业产业对于发展和繁荣山区农村经济有着重要的带动作用，已经成为山区农民增收实现乡村振兴的主要渠道之一。全市在调整产业结构，发展特色产业，助推乡村振兴工作方面，做出努力和尝试，当地农民充分利用特色资源，如种植魔芋、工业辣椒，养殖牛羊等，有效地增加农民收入。建议制定扶持制度，政府及特色产业龙头企业帮助农户发展生产；市政府支持山区特色农产品深加工项目，并对深加工设备进行补贴，促进农民就地就近就业。该建议由楚雄市农业农村局办理。6月，已办结。

【社区幸福食堂运营管理办法和措施的建议】 2022年1月21日，鹿城代表队人大代表李军霞提出的《关于出台社区幸福食堂运营管理办法和措施的建议》，随着中国人口老龄化的到来，老年人的养老模式“幸福食堂”也应运而生，老年人的生活是否安康幸福成为社会、社区、每个家庭的重要问题，幸福食堂的建设符合社会发展需要，符合国家解决老百姓急难愁盼热点难点问题的思路，但国家资金投入后如何管理，如何把幸福食堂办好、办长久，办成真正为民幸福的食堂需要有一个长期可行，维持发展的指导措施和政策。建议市民政局制定出台社区幸福食堂运营管理办法和措施。该建议由楚雄市民政局主办，楚雄市市场监管局协办。6月，已办结。

【优化新能源充电桩布局的建议】 2022年1月22日，楚雄市机关和企事业单位代表队人大代表安晓兰提出的《关于优化新能源充电桩布局的建议》，随着国民经济的发展，居民可支配收入逐年增加，绿色、环保的生活理念正在形成，购买新能源电动车的群体也在不断扩大，但是新能源充电桩等基础配套设施建设远滞后于城市发展和人民的需要。第二水文队选区居民的新能源车充电存在的主要问题是充电不方便、不安全，周围没有充电桩设置，住户自行通过私拉乱接电线充电，存在较大安全隐患。建议市政府在布局新能源充电桩时，广泛调研，充分考虑区域位置，让更多的新能源车主能安全、便捷地充上电。同时，建议对部分老年代步车等特殊电动车的管理提出具体措施，进一步提高道路交通安全。该建议由楚雄市城乡投资集团公司办理。6月，已办结。

【加强和进一步完善全市物业规范管理的建议】 2022年1月23日，东瓜代表队赵永平等16名人大代表提出的《关于加强和进一步完善全市物业规范管理，提升市民满意度、幸福感的建议》，随着楚雄市城市化进程的加快，城市人口越来越多，小区以及物业公司也越来越多，而物业公司和小区业主矛盾纠纷频发，成为影响城市化发展质量、城市文明程度和社会稳定的重要因素。迫切需要加强小区物业管理，提高物业服务质量，探索建立"政府引导、社会调解、业主自治、和谐有序、城乡一体"的物业服务新机制，切实维护业主和企业的合法权益，从而使小区物管走上标准化、规范化、法治化的良性轨道。建议加强对住建职能部门的配置，厘清权责；认真贯彻、严格执行省、州、市对于小区物业管理的相关管理规定；在有条件的社区成立社区自己的物业公司，对本社区"三无"、老旧小区进行全面摸底，将意愿强烈的纳入第一批管理服务范围。建议对已经进行管理服务的社区，政府和相关部门给予半年的兜底保障资金，半年后实行"市场化运作+兜底性服务"管理，逐步实现全市所有的"三无"、老旧小区有物业管理。该建议由楚雄市住房和城乡建设局主办，楚雄高新区协办。6月，已办结。

【将彝人古镇打造成为楚雄州夜间经济示范区的建议】 2022年1月23日，东瓜代表队赵春琼等10名人大代表提出的《关于将彝人古镇打造成为楚雄州夜间经济示范区的建议》，随着现代城市经济的不断发展，人们生活节奏越来越快，尤其在大城市，人们面临着巨大的工作和生活压力。夜间休闲是城市人的"充电站"，在某种程度上也是他们幸福感的来源。夜资源与经济形态相融合，带来服务产品创新与产业升级，夜间经济在某种程度上是夜资源与服务产业的融合，由于夜资源的融入，带来服务产品的创新与服务产业的不断升级。建议加强夜间经济总体布局规划；加强夜间经济建设设置；切实制定夜间经济管理办法。该建议由楚雄高新区办理。6月，已办结。

【将320国道（连汪坝路口）至垃圾焚烧发电厂路段进行扩宽改造的建议】 2022年1月23日，苍岭代表队王丽等16名人大代表提出的《关于将320国道（连汪坝路口）至垃圾焚烧发电厂路段进行扩宽改造的建议》，楚雄市垃圾焚烧发电厂自投产以来，承担着楚雄全市垃圾处理（除山区乡镇外），规模不断扩大，日均消耗的垃圾突破700吨。年内，又增加昆明五华区，南华县、元谋县、禄丰市的部分垃圾也相继拉来，每天往返于此路段的清运垃圾车、医废处置车、滇中有色渣车、其他车辆等大约在80～100辆次，由于路基基础等级太低，路面狭窄，只用柏油铺一层压实，且沟涵不畅，导致多处破损严重，修补难度大，难以承受车辆的运输负荷量。该路段全长近3000米，涉及西云、黄草2个村委会5000余名群众的出行，交通隐患较多。建议市人民政府在原来的道路上，重新规划，设计标准高的道路修缮项目，宽度在5米左右，排水沟用混凝土浇灌，靠边田块的树枝杂物全部清除，浇筑井力墙或者用毛石支砌挡墙后，用水泥柱挂刺铁线以防牲畜进入田块，同时，路面铺筑按水稳层夯实25厘米厚，重新铺沥青压平，改造后就能保证垃圾车辆和过往其他车辆的需求，也保证人民群众的出行交通安全。该建议由楚雄市交通运输局办理。6月，已办结。

【推进楚景高速公路建设的建议】 2022年1月23日，西舍路代表队杜建虎等12名人大代表提出的《关于加快推进楚景高速公路建设的建议》，楚雄至景东高速公路所在区域位于楚雄州西南部和普洱市北部地区，即楚雄至大理高速公路以南、南涧至景东高速公路以东、楚雄至双柏高速公路以西的范围。受无量山、哀牢山、澜沧江、把边江、礼社江等南北向山川河流及红河断裂、哀牢山断裂的影响，区域内地形、地质条件复杂，导致临沧市西北部地区、普洱市北部地区以及楚雄市西南部地区至今尚无建成的东西向高等级干线通道，而区域内现有的224、225、226、227省道主要采用四级及等外公路标准建设，道路服务水平较低，局部路段坡大弯急，安全保障能力弱。缺少快速、高效的高等级干线运输主通道，成为制约上述区域社会经济发展的主要瓶颈。建议市委、市人民政府加强与州级省级层面对接，加大对楚景高速公路建设的统筹协调力度，专班推进工作，让南下大通道早日惠及山区乡镇。该建议由楚雄市交通运输局办理。6月，已办结。

【整治元双公路、楚双公路交通安全隐患的建议】 2022年1月23日，子午代表队唐正芝等11名人大代表提出的《关于整治元双公路、楚双公路交通安全隐患的建议》，楚雄市子午镇辖区内元双公路全长2.7千米，全线路过村庄、学校、集镇，人口密集，路口多，车流量大，存在很大的交通安全隐患，自2014年建成通车以来每年都有不同程度的交通事故发生，2020年造成交通死亡人口7人，2021年死亡7人，给人民生命财产带来很大损失和威胁。建议交通部门把此路

表1　楚雄市第十届人民代表大会第一次会议代表重点建议、批评和意见办理情况统计表

建议号	代表队	姓　名	建议内容	主办单位	协办单位	反馈情况
132	中山代表队	陈思琳	加大农村电商扶持力度，助力乡镇优质农产品插上腾飞的翅膀	市商务局		满意
134	鹿城代表队	李军霞	关于加大统筹单位及小区闲置车位对外开放的建议	市住房城乡建设局	市创文办、市机关事务服务中心、市城管局	满意
136	鹿城代表队	李军霞	关于出台社区幸福食堂运营管理办法和措施的建议	市民政局	市市场监管局	满意
192	机关和企事业单位代表队	安晓兰	关于优化新能源充电桩布局的建议	市产投公司		满意
213	中山代表队	张林学	关于加大对农村特色产业的扶持力度的建议	市农业农村局		满意
248	东瓜代表队	赵春琼	关于将彝人古镇打造成为楚雄州夜间经济示范区的建议	高新区分管领导		满意
252	苍岭代表队	李国成	关于将320国道（连汪坝路口）至垃圾焚烧发电厂路段进行扩宽改造的建议	市交通运输局		满意
255	西舍路代表队	杜建虎	关于加快推进楚景高速公路建设的建议	市交通运输局		满意
256	东瓜代表队	赵永平	关于加强和进一步完善全市物业规范管理，提升市民满意度、幸福感的建议	市住房城乡建设局	楚雄高新区	满意
260	子午代表队	唐正芝	关于整治元双公路、楚双公路交通安全隐患的建议	市公安局	市交通运输局	满意

表2　楚雄市第十届人民代表大会第一次会议议案办理情况统计表

议案号	代表队	姓　名	案　由	主办单位	协办单位	反馈情况
1	机关和企事业单位代表队	张玲等12名代表	关于启动新一轮楚雄市教育改革加快教育事业提档升级的议案	市教育体育局	楚雄高新区	满意
2	东瓜代表队	董劭等13名代表	关于将楚南路沿线打造成全市乡村振兴示范带的议案	市农业农村局	市乡村振兴局、市文化和旅游局、市交通运输局、市投资促进局、东瓜镇政府、紫溪镇政府、苍岭镇政府、吕合镇政府	满意
	苍岭代表队	黄亚梅等13名代表	关于把楚南一级公路沿线村庄打造成楚雄乡村振兴示范带的议案			满意

列入2022年财政预算，根据不同路口装设不同交通安全提示牌、交通安全提示灯光、减速带。该建议由楚雄市公安局主办，楚雄市交通运输局协办。6月，已办结。

代表工作

【概况】 2022年，楚雄市人大常委会坚持“全链条、全方位、全覆盖”人民民主，推进代表常态化参与人大常委会工作，安排各级人大代表列席市人大常委会会议45人次，参加座谈会、视察调研、执法检查、建议督办等活动90人次，提出建议113条。深入落实“双联”制度，常委会组成人员直接联系223名基层人大代表，258名代表直接联系1043名选民，确保市委、市政府在决策、执行、监督落实各个环节都能听到来自人民的声音。探索人大民主协商实践新路径、新机制，率先在大地基乡开展人大代表协商试点工作。

【人大代表活动阵地建设】 2022年，楚雄市人大常委会制定《楚雄市人大常委会关于加强全市人大代表活动阵地规范化管理，充分发挥代表活动阵地功能的指导意见》，将1363名省、州、市、乡人大代表编入“家、站、室”，820余名代表进站接待群众，推动170个人大代表活动阵地硬件标准化、制度规范化、活动常态化、联络信息化。定期在云南人大代表履职服务平台推送党中央和省、州、市党委出台的重要文件、法律法规、人大业务、履职风采，定期给代表寄送《云南人大》《楚雄人大》等资料和刊物。采取“内部+外请”“线上+线下”等方式，邀请全国人大办公厅、省人大代表到楚雄市开展专题培训，代表的知情权、参与权、表达权、监督权得到保障。

【代表活动】 2022年，楚雄市人大常委会持续开展人大代表“五带头”示范活动，新村镇“深入践行全过程人民民主，‘四抓并促’推动代表工作提质增效”、让西山小巷华丽“变身”

的代表杨锡花、让山货插上翅膀飞出大山的代表陈思琳等履职事迹被全国、省、州人大刊载并宣传。人大代表李树宝通过履职服务平台“选民留言”功能收集民意、协调州邮政管理局解决楚风苑小区“快宝驿站”设置不合理问题的做法得到州人大称赞、群众满意。

人大专门委员会工作

【民族委员会】 2022年，楚雄市人大民族委员会认真履行职责，召开专委会议2次，协调、配合州人大对楚雄市的工作调研3次。对全市15个乡镇农村公益性公墓建设工作情况进行专题调研，全面了解公益性公墓建设工作开展情况，审议通过《关于农村公益性公墓建设情况的报告》的意见。7月19日，组织部分省、州、市、乡镇人大代表视察团对楚雄市创建省级民族团结进步示范市工作开展情况进行专题视察，采取实地察看、召开座谈会、听取意见建议等方式，全面了解楚雄市创建省级民族团结进步示范市点位工作开展情况，对存在的问题把“脉”会“诊”提出意见，提供市委、市政府决策参考，并对审议意见落实情况按时限要求督办。调整充实市人大常委会创建全省民族团结进步示范市领导小组，设立领导小组办公室，明确工作职责，印发《市人大常委会机关2022年民族团结进步示范市创建进机关工作实施方案及任务分解的通知》，市人大常委会专题听取并研究民族团结进步示范创建工作2次、传达并组织培训全体干部职工深入学习贯彻习近平总书记关于加强和改进民族工作的重要思想2次、召开民族团结进步示范创建工作推进会1次、组织全体干部职工开展民族团结进步示范创建工作知识测试1次、向挂包联系点东华镇红墙村委会群众宣讲民族团结政策知识及法律法规等3场次受教育群众500余人。开展楚雄市民族团结进步示范创建暨铸牢中华民族共同体意识宣传月活动、民族政策解答、知识测试、到楚雄市总工会参观民族团结进步示范创建成果展等，制作宣传标语50余块，在户外设置民族团结宣传展板11块，利用宣传栏、墙报、LED电子显示屏等形式宣传党和国家的民族政策，在办公楼门前广场循环播放“民族团结进步创建倡议书”音频。制作宣传折页500份和PPT1部。

【财政经济委员会】 2022年，楚雄市人大财政经济委员会把好预算审查关，提前介入政府预算编制，召开听取社会各界及财经专家座谈会，对财政部门2022年预算草案进行初审，对预算执行和预算编制存在问题提出意见建议。听取市发展改革局2021年计划执行和2022年计划安排情况，就有关问题进行询问。深入鹿城镇、苍岭镇、子午镇、西舍路镇、中山镇对2022年上半年国民经济和社会发展计划执行情况进行调研，听取财政、农业农村、发展改革、卫生健康、民政、教育体育、水务、自然资源、人力资源和社会保障、乡村振兴、商务、交通运输等部门就2022年上半年国民经济和社会发展运行基本情况、目标任务完成情况，审议通过市人民政府《关于楚雄市2022年上半年国民经济和社会发展计划执行情况报告的意见》《关于重点产业建设情况报告的意见》。向市十届人大一次会议提交对楚雄市2022年计划、预算草案的审查报告，协助大会做好计划、预算的决议。对市十届人大一次会议上代表提出的《关于优化新能源充电桩布局的建议》《加大农村电商扶持力度，助力乡镇优质农产品插上腾飞的翅膀》《关于出台社区幸福食堂运营管理办法和措施的建议》3件重点建议办理情况进行督查检查。协助州人大财经委开展各项专题调研，对楚雄市贯彻实施国务院《优化营商环境条例》情况开展执法检查的契机，对市政府及相关部门组织学习宣传国务院《优化营商环境条例》《云南省打造一流营商环境三年行动计划（2022—2024年）》《楚雄州优化营商环境办法楚雄州加强法治保障推进优化营商环境建设行动方案（试行）》及优化营商环境“十大行动”“14条措施”等落实情况进行检查。

7月7日，市人大常委会领导一行到西舍路镇为优秀人大代表颁发证书

（市人大　提供）

【社会建设和教育科学文化卫生委员会】 2022年，楚雄市人大社会建设和教育科学文化卫生委员会审议市人民政府《关于建立健全长效机制、巩固提升国家卫生城市创建成果工作情况的报告》，有针对性地提出加强组织领导，强化责任抓落实；加大资金投入，加强基础设施建设；完善长效机制，严肃督查考评力度；加强宣传教育，提高全民参与意识的意见，促进楚雄市巩固提升卫生城市创建工作。审议市人民政府《关于楚雄市养老服务体系建设情况的报告》，建议市人民政府持续、快速、健康推动养老服务体系建设，走政府、社会、家

庭相结合的养老服务道路。贯彻执行《云南省楚雄彝族自治州养老服务条例》，按照“政府主导、政策扶持、社会参与、市场推动”的原则，逐步建立起与人口老龄化进程相适应、与经济社会发展水平相协调，以居家养老为基础、社区服务为依托、机构养老为支撑的养老服务体系。针对群众关注的民营医疗机构抗生素使用情况和职业教育学生就业情况，通过深入相关部门调查了解、听取情况汇报等方式，促进相关问题的重视和整改。认真督办市十届人大一次会议《关于启动新一轮楚雄市教育改革加快教育事业提档升级的议案》，促进改革教育管理体制，全面加强党对教育工作的领导；加大用人机制改革，加强教师队伍建设；加大教育经费保障机制改革，依法保障教育经费；加大教育基础设施投入，优化城市学校布局4个方面取得实效。

7月7日，市人大民族委农环资委对口联系政府部门工作联席会议

（市人大　提供）

【农业农村与环境资源保护委员会】 2022年，楚雄市人大农业农村与环境资源保护委员会召开专委会议2次，组织视察1次、检查1次、专题调研1次、代表议案建议落实和河（湖）长制、林长制工作督察4次，协调、配合上级人大调研4次楚雄市工作。对市人民政府落实“楚雄市耕地保护和占补平衡”工作情况进行视察。视察团对东华镇达苴村土地整治（提质改造）项目、子午镇曙光村土地整治（提质改造）项目、云龙村土地整治（提质改造）项目情况实地察看，详细了解市人民政府落实“楚雄市耕地保护和占补平衡”工作情况。听取和审议市人民政府《关于楚雄市2021年度环境状况和环境保护目标完成情况》。深入彝海水岸房地产建筑、晶科能源（楚雄）有限公司、楚雄庄甸医药产业园云南迪能能源科技有限责任公司、楚雄亚太医疗废弃物处置有限公司对市人民政府《关于楚雄市2021年度环境状况和环境保护目标完成情况》进行实地督察调研，全面了解楚雄市2021年环境状况和环境保护目标完成情况，查找出制约工作开展的瓶颈问题，并针对存在的问题和薄弱环节提出整改意见建议。对楚雄市落实“农村人居环境整治提升”工作进行检查。深入树苴、八角等乡镇进行实地检查，提出工作中存在的不足和工作建议。配合完成州人大到楚雄市开展“龙川江流域综合整治提升”检查和对河湖长制工作开展督察、对楚雄市2021年度环境状况和环境保护目标完成情况及生态文明建设调研。

【法制和监察司法工作委员会】 2022年，楚雄市人大常委会法制和监察司法工作委员会配合完成州人大组织省州人大代表对楚雄市查处涉黑涉恶腐败“保护伞”问题、市场主体培育工作开展情况、《中华人民共和国治安管理处罚法》贯彻实施情况、基层人民调解工作、人民法院法庭建设工作情况等开展视察检查调研；对市人民检察院刑事检察工作进行专项检查，首次审议市监察委员会《关于惩治涉黑涉恶腐败和“保护伞”问题工作情况的报告》，提出整改意见5条；专题审议市人民政府《关于楚雄市城市管理综合行政执法工作开展情况》，把市域社会治理现代化试点工作融入联系基层市人大代表工作。制定《楚雄市人民代表大会常务委员会规范性文件备案审查办法（试行）》，按照“七个一”（即成立1个规范性文件备案审查工作领导小组，修改完善1个规范性文件备案审查规定，召开1次规范性文件备案审查工作推进会，组织1次规范性文件备案审查业务培训，组建1个规范性文件备案审查法律专家库，听取1次职能部门开展规范性文件备案审查工作情况汇报，向市人大常委会报告1次规范性文件备案审查工作情况）举措强化规范性文件备案审查，聘请14名规范性文件备案审查法律咨询专家。结合“八五”普法规划，发放《中华人民共和国宪法》（以下简称《宪法》）读本100余册、楚雄市法律援助指南300余份，为群众提供政策咨询15次60人次；宣传《中华人民共和国监察法实施条例》及相关法律法规18条；每月安排一次《宪法》等法律法规学习；开展《宪法》和《中华人民共和国民法典》专题宣讲各1次；人大干部集体诵读法律经典1次；市十届人大一次会议组织258名市人大代表进行人大制度、宪法、监督法、组织法等法律法规培训；把深入学习领会习近平法治思想纳入2022年党组理论学习中心组专题学习的重点内容；按照“一月两日三常态”持续强化《宪法》宣传，即利用“综治维稳平安宣传月”向人民群众开展一次《宪法》宣传活动，利用“12·4”国家宪法日向全体党员干部开展一次《宪法》知识讲座、组织一次线上《宪法》知识测试，利用“人大代表活动日”向市乡人大代表开展一次《宪法》宣讲活动；常态做好国家工作人员任前法律法规考试、任命的国家工作人

9月1日，市人大常委会规范性文件备案审查法律咨询专家第一次会议

（市人大　提供）

员向宪法宣誓、跟踪监督检查政府职能部门对《宪法》等法律法规的贯彻实施和行政执法情况。全年组织86名国家工作人员向宪法宣誓5次。开展法治乡镇、法治单位、法治学校、民主法治示范村（社区）等创建活动，全面提高社会治理法治化水平。结合"4·15"全民国家安全教育日宣传，组织学习《中华人民共和国国家安全法》《中华人民共和国反有组织犯罪法》等国家安全法律法规。深化平安楚雄建设，按月按季度开展婚姻家庭、婚恋、邻里、经济等纠纷矛盾大排查。做好群众来信来访，全年接待群众来信来访4件，来访涉法涉诉7件，网络上访2件，上级转办3件。全程参与市乡两级换届选举工作，及时做好法律法规解释答疑，确保换届选举工作依法、有序、规范进行。

【选举联络工作委员会】 2022年，楚雄市人大常委会选举联络工作委员会组织258名市人大代表初任培训，62名州人大代表参加新一届州十三届人大代表的初任培训。指导各乡镇在人代会前以乡镇为单位，组织新当选的人大代表开展业务培训。全市1363名各级人大代表参加"集中+分散+个人自学"等各类学习培训210场次。按照"七有"标准（有场所、有标志和标识、有设施、有制度、有资料、有公示栏、有活动记录）完善代表之家1个，代表工作站15个，代表联络室建设154个，代表活动阵地规范化建设实现全覆盖。依托代表活动阵地，全面开展人大代表"1124"履职活动（即每名人大代表每年提出1件建议、参加1次市乡（镇）人大组织的活动，每个代表工作站每年开展2次代表活动，154个联络室每年开展4次代表活动）。支持基层人大办培训、建样板、搞示范，形成以代表带头、以联络室为依托、以样板为载体、以集中交流为主要方式的人大代表主题日活动。建立多级人大代表联合开展活动的联动机制，把在楚雄市选举产生的4名省人大代表、62名州人大代表、258名市人大代表、1039名乡镇人大代表编入人大代表活动阵地，统一组织开展活动，形成上下联动一盘棋，完善新一届市人大常委会组成人员联系基层人大代表、代表联系人民群众的机制。全市35名常委会组成人员联系基层人大代表144名、258名市代表联系群众907名、1039名乡镇人大代表共联系3219名。制定出台《楚雄市人大代表任期述职考核评议办法》，组织代表通过现场述职、书面述职、口头述职等方式向选区选民述职，接受选区选民的考核评议。坚持市人大班子成员分别联系乡镇人大主席团、常委会成员分别联系人大代表队、机关委室联系代表联络室、人大代表联系群众。强化人大代表履职服务平台和选举任免信息服务平台的建设、管理、使用，把"两个平台"运用作为"干在实处，走在前列"大比拼标杆打造。推进人大代表议案建议网上办理，提高人大工作互联网+的运用水平。围绕基层民主政治建设打造代表述职评议示范典型，围绕构建信息化群众诉求渠道打造"互联网+人大工作"示范典型。

【预算工作委员会】 2022年，楚雄市人大常委会预算工作委员会对市人民政府的年度预算编制计划和年度决算进行初审和监督审查，提出合理化的意见和建议。依法依规严格审查财政收支平衡、民生领域及重点项目支出的安排和资金到位情况、财政财力情况及新增财力的安排和使用、部门预算制度建立和执行、向下级财政转移支付、对本级人民代表大会关于批准财政预决算的执行情况。审议楚雄市关于2021年度国有企业资产管理情况、2022年上半年地方财政预算执行情况的报告、专项资金管理使用情况、2021年地方政府债务限额情况，听取楚雄市2021年地方财政预算执行和其他财政收支审计工作情况的报告。开展全市专项资金管理使用情况调研，深入苍岭镇、子午镇、西舍路镇、中山镇等乡镇开展实地调研，召开5场次专题座谈会，广泛听取纪委监委、财政、审计、城乡投公司等部门和相关企业的意见，形成专题调研报告报市委、市人民政府，提出8个方面的工作建议，为市委、市人民政府决策提供"第一手"资料。制定《楚雄市人大预算审查联系代表工作办法》，确定19名市十届人大代表为楚雄市第十届人大预算审查联系代表，依法履行审查监督预算的重要职责。发挥预算联网监督工作室和15名财政经济专家库专家在人大财政经济监督工作中的咨询辅助作用，建立预算审查联系代表制度、财政经济专家咨询制度及市人大专门委员会会商、财政部门与人大代表和社会各界沟通交流等机制，强化预算审查监督服务工作。

（彭绍荣）

〔栏目编辑：杨加丽〕

楚雄市人民政府

2023
楚雄市年鉴

综　述

【概况】 2022年，楚雄市人民政府坚持以习近平新时代中国特色社会主义思想为指引，以迎接党的二十大胜利召开和学习宣传贯彻党的二十大精神为主线，认真贯彻“疫情要防住、经济要稳住、发展要安全”的要求，紧紧依靠全市人民，难中求进、实干奋进，推动全市经济运行稳中向好，社会保持和谐稳定。全年实现地区生产总值610.11亿元，比上年增长5.5%，固定资产投资增长16.2%，规上工业增加值增长9.3%，社会消费品零售总额增长5.3%，城乡居民人均可支配收入达4.61万元和1.65万元，分别增长4.1%和6.7%。争取专项债券5亿元、专项资金26.4亿元，地方一般公共预算收入增长20.6%。荣登云南省“县域经济10强县”榜首，“四好农村路”全国示范县称号，成功创建全省民族团结进步示范市，第9次获得省级双拥模范城殊荣，创建省级“森林乡村”28个，爱国卫生“7个专项行动”获全省通报表扬，全省首家不动产登记“一件事一次办”试点工作在楚雄启动。

【现代化区域中心城市建设】 2022年，楚雄市城市建成区面积52.6平方千米，城镇化率68.9%，是全州唯一人口正向流入城市。完成“三区三线”（“三区”是指生态空间、农业空间、城镇空间，“三线”是指永久基本农田控制线、生态保护红线、城镇开发边界）划定和滇中楚雄科创城等重大项目选址论证。改造老旧小区35个、棚户区809户，建设保障性租赁住房588套。改扩建市政道路6条，建设城市绿道、健康步道、自行车道20千米，打造口袋公园、街头小广场30个，新增绿化面积40万平方米。全国文明城市、国家卫生城市创建成果持续巩固，国家园林城市建设加快推进。

【产业强市战略】 2022年，楚雄市实施产业强市战略，硅光伏实现全产业链发展，成功促成宇泽公司总部进驻楚雄，成功打造硅光伏“百亿级”产业，绿色铜、生物医药、绿色食品制造稳步发展，工业增速创下近十年新高；高原特色产业发展势头强劲；旅游文化产业稳步复苏，太阳历文化园成功创建为国家AAAA级景区，紫溪彝村入选全国乡村旅游重点村，“火把节”活动时隔2年重新亮相。全年集中开工项目4批次223个，水、电、路、网络等重大枢纽建设实现重大突破，发展条件持续改善。全力抓招商育主体，签约宇泽40吉瓦单晶硅拉棒和42吉瓦切片、圣铭再生铅等项目27个，市场主体净增超过1万户、总量突破7万户。

【农村居民持续增收三年行动】 2022年12月20日，中共楚雄市委办公室、楚雄市人民政府办公室实施《楚雄市农村居民持续增收三年行动方案（2022—2024年）》。总体要求：2022—2024年3年间，力争全市农村居民人均可支配收入增长与经济增长同步，年均增长高于全省、全州平均水平，与全国的差距逐步缩小，到2024年达2万元以上。重点工作任务：提效挖潜，巩固拓展经营净收入；扩量提质，增加农民工资性收入；深化改革，增加农民财产净收入；落实政策，增加农民转移净收入；多措并举，全产业链分享收益。并配备相应的保障措施。

【推进健康县城建设三年行动】 2022年12月27日，中共楚雄市委办公室、楚雄市人民政府办公室实施《楚雄市推进健康县城建设三年行动方案（2022—2024年）》。行动目标：通过3年努力，楚雄市成功创建为健康县城，除鹿城镇、东瓜镇、新村镇外的12个乡镇均达到国家卫生乡镇标准，力争顺利获得国家卫生乡镇命名，影响居民健康的主要因素得到有效控制，社会健康综合治理能力全面提高，健康楚雄建设深入推进。行动内容：“绿城市”行动；“治污染”行动；“除四害”行动；“食安心”行动；“勤锻炼”行动；“管慢病”行动；“家健康”行动；“创国卫”行动。并配备相应的保障措施。

【城乡绿化美化三年行动】 2022年12月30日，中共楚雄市委办公室、楚雄市人民政府办公室实施《楚雄市城乡绿化美化三年行动实施方案（2022—2024年）》。主要内容：行动目标通过3年努力，全市绿美城乡建设体制机制基本完善，建管运营模式基本成熟，产业体系基本构建，城乡人居环境提质，全民植绿爱绿护绿意识增强，绿美楚雄知名度和美誉度显著提升，建成天蓝水净树绿景美的无边界公园城市，成为全省城乡绿化美化典型示范标杆。建设绿美城镇；建设绿美社区；建设绿美乡村；建设绿美交通；建设绿美河湖；建设绿美校园；建设绿美园区；建设绿美景区。坚持典型示范带动，开展推优学优活动；坚持科学规划引领，确保措施可行；立足实际，精心开展设计；分类展开、分步推进；着力发展壮大“绿美+”经济；强化科技支撑和项目攻关；创新建营管护模式。强化组织领导；加大资金投入；强化政策配套支持；发动广大群众积极参与；强化督促问效；强化教育宣传引导。

重要会议

【概况】 2022年，楚雄市人民政府深入学习贯彻党的二十大精神和习近平总书记在二十届中央纪委二次全会上的重要讲话精神，认真落实党中央、国务院决策部署，省委、省人民政府和州委、州人民政府工作安排以及市委具体要求，动员全市政府系统讲政治、强担当、严纪律，以一流思想、一流能力、一流作风，全面争先争优、全力提质提效，努力打造人民满意政府。年内，召开全体（扩大）会议2次、政府常务会议17次。

【市人民政府全体（扩大）会议】 2022年，楚雄市人民政府召开九届第九次全体（扩大）会议1次、十届第一次全体（扩大）会议1次。

九届市人民政府第九次全体（扩大）会议　1月15日上午，九届市人民政府第九次全体（扩大）会议在市委党校一号报告厅召开。市人民政府市长、副市长；高新区党委书记、副书记；高新区管委会主任、副主任；

市属各部门、高新区各局室主要领导及乡镇人民政府乡镇长参加会议。市委、市人大常委会、市政协、市纪委市监委主要领导应邀参加会议作指导。会上传达学习中央经济工作会、中央农村工作会、省委经济工作会、市委经济工作会议精神；对2022年政府工作报告起草情况进行说明；分组讨论政府工作报告；听取各组讨论情况汇报；市委副书记、市人民政府市长杨俐昆讲话。

十届市人民政府第一次全体（扩大）会议　2月27日上午，十届市人民政府第一次全体（扩大）会议在市委党校一号报告厅召开。市人民政府市长、副市长；高新区党委书记、副书记；高新区管委会主任、副主任；市属各部门、高新区各局室主要领导及乡镇人民政府乡镇长参加会议。市委、市人大常委会、市政协、市纪委市监委主要领导应邀参加会议作指导。会上传达学习中央经济工作会、中央农村工作会、省委经济工作会、省委农村工作会、省"两会"、省政府全会、州委经济工作会、州委农村工作会、州"两会"、州政府全会、市委经济工作会、市"两会"会议精神；市人民政府副市长安排工作；州政协副主席、市委副书记、市人民政府市长杨俐昆讲话。

【市人民政府常务会议】　2022年，九届市人民政府共召开常务会议1次，会议由市委副书记、市人民政府市长杨俐昆主持召开。十届市人民政府共召开常务会议16次，其中，第1次至第5次常务会议由市委副书记、市人民政府市长杨俐昆主持召开，第6次至第16次常务会议由市委副书记、市人民政府市长罗兴贵主持召开，对全市经济、文化、社会、生态事项进行专题研究。

九届市人民政府第76次常务会议　1月14日召开，研究讨论6项议题：传达学习全国2021年巩固拓展健康扶贫成果同乡村振兴有效衔接电视电话会议精神，研究楚雄市贯彻落实意见；传达学习全省老龄工作会议精神，研究楚雄市贯彻落实意见；审议《2022年政府工作报告》；审议《楚雄市2021年国民经济和社会发展计划执行情况与2022年国民经济和社会发展计划草案的报告》；审议《楚雄市2021年地方财政预算执行情况和2022年地方财政预算草案的报告》《楚雄市市本级2022年部门预算编制实施方案》《楚雄市2022年乡镇财政预算编制实施方案》；审议《楚雄市2022年春节走访慰问活动方案》。

十届市人民政府第1次常务会议　3月4日召开，研究讨论10项议题：传达学习省十三届人大五次会议、省政协十二届五次会议、州十三届人大一次会议、州政协十一届一次会议精神；传达学习全省、全州优化营商环境与招商引资工作视频会议精神；研究紫大公路路基工程结算有关事宜；研究楚雄市中医医院搬迁建设一期及附属工程超计划投资有关事宜；研究核销财政专户往来款长期挂账有关事宜；审议《楚雄市"河湖革命"攻坚战实施方案》；审议《青山嘴水库至东华子午引调水工程征占地拆迁补偿标准方案》；审议《云南汉盈实业有限公司工业大麻加工项目合作协议》《楚雄奥通汽车城项目合作协议》《宇泽半导体（云南）有限公司年产20吉瓦单晶硅拉棒项目合作协议》《宇泽半导体（云南）有限公司年产20吉瓦单晶硅拉棒项目合作备忘录》《楚雄市人民政府与中国农科院工业大麻研究所研发战略合作框架协议书》《楚雄市工业大麻绿色智慧种植技术集成与示范项目合同》《楚雄市光伏电站建设项目投资开发协议》《楚雄市光伏电站建设项目投资开发补充协议》；审议《楚雄高新实验学校及配套工程建设PPP项目实施方案、物有所值评价报告、财政承受能力论证报告》；审议《楚雄市市级政府储备粮财政补贴资金管理暂行办法》。

十届市人民政府第2次常务会议　4月2日召开，研究讨论12项议题：传达学习十三届全国人大五次会议、全国政协十三届五次会议精神；传达学习全国、全省、全州安全生产电视电话会议精神、听取2022年一季度全市安全生产和自然灾害应急管理工作情况汇报；传达学习全国、全省、全州审计工作会议和州委审计委员会第六次会议精神，省州有关领导对审计工作批示精神，听取楚雄市2021年度审计工作情况汇报；传达学习全省、全州防震减灾工作联席会议精神；传达学习全省法治政府建设工作电视电话会议、全州法治政府建设现场推进会议精神、听取楚雄市法治政府建设工作情况汇报和审议《楚雄市法治政府建设规划（2021—2025年）》；听取楚雄市城市体检"城市病"治理工作有关情况汇报，研究下步工作；审议《楚雄市加强新时代退役军人工作实施意见》；听取楚雄市2022年一季度财政收支有关情况汇报，研究下步工作；审议《楚雄市2022年稳增长的若干政策措施》；研究楚雄市山林茂盛农庄土地出让价款滞纳金缴纳和减免有关事宜；审议《中共楚雄市委　楚雄市人民政府关于表扬楚雄市创建国家卫生城市工作先进集体和先进个人的通报》《楚雄市爱国卫生运动委员会　楚雄市创建国家卫生城市工作指挥部关于表扬楚雄市创建国家卫生城市工作先进集体和先进个人的通报》；审议《中共楚雄市委　楚雄市人民政府关于表扬楚雄市第四轮禁毒和防艾人民战争先进集体和先进工作者的通报》。

十届市人民政府第3次常务会议　4月12日召开，研究讨论10项议题：审议《楚雄市落实粮食安全主体责任专项检查反馈问题整改方案》；审议《楚雄市积极应对人口老龄化三十二条措施》；审议《楚雄市贯彻落实深化医疗保障制度改革实施方案》；审议《中共楚雄市委　楚雄市人民政府关于表彰楚雄市城市品牌创建先进集体和先进个人的决定》，听取表彰会议实施方案起草有关情况汇报；听取启动2022年第一批11件市政基础设施建设项目有关情况汇报，研究下步工作；听取《晶科能源楚雄有限公司代收代付厂房租赁协议》有关情况汇报，研究下步工作；听取《委托招商引资合作协议》有关情况汇报，研究下步工作；审议《领峰机械年产200台套矿山成套设备组装及2000吨矿山设备零部件技改扩建项目合作协议》；审议《新建波纹管、声测管、土工布、防水板生产项目合作协议》；审议《楚雄市全面加快新型基础设施和数字楚雄建设战略合作协议》。

十届市人民政府第4次常务会议 4月20日召开，研究讨论5项议题：审议《关于新时代推进西部大开发形成新格局的实施意见》；审议《楚雄市推动基础设施高质量发展实施方案》；审议《构建更加完善的要素市场化配置工作机制》《构建更加完善的要素市场化配置任务分工方案》；审议《宇泽半导体（云南）有限公司年产10吉瓦单晶硅拉棒基础设施项目投资协议》；审议《楚雄市人民政府楚雄州国有资本投资集团有限公司国有股权合作框架协议》。

十届市人民政府第5次常务会议 5月18日召开，研究讨论11项议题：传达学习3月27日召开的全国巩固拓展脱贫攻坚成果同乡村振兴有效衔接暨乡村振兴重点帮扶县工作推进会议精神；传达学习5月7日召开的全国、全省、全州自建房安全专项整治电视电话会议，5月4日召开的全省、全州房屋建筑安全隐患专项排查整治电视电话会议，5月13日召开的全州安全生产新冠疫情防控自建房安全专项整治大检查动员部署电视电话会议精神；传达学习全省重点项目工作现场推进会议精神；传达学习云南省推动长江经济带发展领导小组第七次全体会议暨云南省生态环境保护委员会电视电话会议精神，听取楚雄市一季度污染防治及生态文明建设工作情况汇报并研究下步工作；听取楚雄市1—4月经济运行情况、惠民惠农财政补贴资金“一卡通”专项治理工作进展情况、2019—2021年度林业和草原专项转移支付资金情况汇报，研究下步工作；审议《楚雄市兑现奖励2021年度工商企业科技企业建筑企业的方案》；审议《楚雄市人民政府关于表扬2021年度全市政府系统政务信息工作先进单位及先进个人名单》；审议《中共楚雄市委　楚雄市人民政府关于表扬2021年党管武装暨国防动员工作先进单位和先进个人名单》；审议《市委民族工作会议暨楚雄市第六次民族团结进步表彰大会方案》及听取表彰模范集体、模范个人名单有关情况汇报；审议《楚雄市第三次全国国土调查主要数据公报》；审议《楚雄市耕地占补平衡（补充耕地）项目合作开发协议》。

十届市人民政府第6次常务会议 6月7日召开，研究讨论14项议题：传达学习习近平总书记在听取2021年度巩固拓展脱贫攻坚成果同乡村振兴有效衔接考核评估情况汇报时的重要讲话精神，全省巩固拓展脱贫攻坚成果同乡村振兴有效衔接暨考核评估发现问题整改工作会议精神；传达学习全国稳住经济大盘电视电话会议、全省稳住经济大盘和稳增长稳市场主体保就业电视电话会议精神；听取全市公安机关党的二十大安保维稳工作情况汇报，研究下步工作；审议《楚雄市促进脱贫人口持续增收三年行动计划实施方案（2022—2024）》；审议《楚雄市养老服务体系建设合作框架协议》《楚雄市街道综合养老服务中心项目合作协议》；研究富民庄甸工业区富民片区标准厂房、道路及配套基础设施建设项目（二期）增加投资有关事宜；研究楚雄市种子管理站闲置土地房屋资产及种子加工设备处置有关事宜；研究市级政府储备粮规模有关事宜；审议《楚雄市年产12万吨再生铅及铅合金项目合作协议》；审议《楚雄市城乡物流基地产业园项目合作备忘录》；研究楚雄市彝海片区标准化中学建设项目有关事宜；审议《楚雄市关于支持供销合作社持续深化综合改革的实施方案》；研究追加楚雄市东南片区8号路（14号路至17号路）、20号路（8号路至10号路）工程及楚雄市龙江公园景观提升改造工程投资计划有关事宜；审议《楚雄市暖企纾困助力房地产业平稳有序发展十五条措施》。

十届市人民政府第7次常务会议 7月1日召开，研究讨论18项议题：传达学习《信访工作条例》，听取2022年信访工作情况汇报并研究下步工作；听取2022年上半年全市安全生产和自然灾害应急管理工作情况汇报，研究下步工作；研究楚雄市2021年地方政府新增债务限额有关事宜；研究楚雄市鹿城镇砂场、弃土消纳场项目有关事宜；研究市级行政事业单位闲置资产处置有关事宜；研究成立楚雄铭文陵园发展有限公司有关事宜；研究楚雄麦辉军粮供应有限公司与楚雄市粮食储备公司合并重组有关事宜；楚雄市市级政府储备油脂储备价格有关事宜；审议《楚雄市抓项目促投资稳增长“八比八拼月擂台”行动实施方案（试行）》；审议《楚雄市关于贯彻落实扎实稳住经济一揽子政策措施的意见》；听取《宇泽半导体（云南）有限公司年产22吉瓦切片项目合作协议》《宇泽半导体（云南）有限公司年产22吉瓦切片项目备忘录一》《宇泽半导体（云南）有限公司年产22吉瓦切片项目备忘录二》有关情况汇报，研究下步工作；审议《中共楚雄市委　楚雄市人民政府关于表扬2021年度平安建设先进集体和先进个人的通报》；审议《楚雄市农村人居环境整治提升五年行动实施方案（2021—2025年）》；审议《楚雄市加快肉牛肉羊产业高质量发展助推巩固拓展脱贫攻坚成果同乡村振兴有效衔接实施方案》《楚雄市金融支持肉牛肉羊产业发展实施方案（试行）》；审议《楚雄市补充耕地实施方案》《楚雄市补充耕地管理指导意见（试行）》；听取《楚雄“万湖东城”项目协调推进会议备忘录》有关情况汇报，研究下步工作；研究国家长征公园（楚雄段）“彝族火把节”非物质文化遗产展示馆建设有关事宜；研究东兴中学与临沧市第一中学教育管理合作有关事宜。

十届市人民政府第8次常务会议 7月19日召开，研究讨论9项议题：传达学习全国、全省、全州安全生产电视电话会议精神，听取全市安全生产和自然灾害应急管理工作情况汇报，研究下步工作；传达学习《中共中央办公厅、国务院办公厅关于更加有效发挥统计监督职能作用的意见》精神，研究楚雄市贯彻落实意见，审议《中共楚雄市委　楚雄市人民政府关于加强新时代高质量统计工作实施意见》；审议《楚雄市2022年火把节服务保障方案》；审议《楚雄市新型光伏支架生产线建设项目合作协议》；审议《楚雄市老君山野生动物园建设项目框架协议》；审议《楚雄市“森碳”经济开发和农光互补项目合作框架协议》；审议《湖南立新硅材料科技有限公司年产5万吨再生硅材料项目框架协议》；审议《云南省浙江商会委托代理招商协议书》《云南省福建总商会委托代理招商协议书》；审议《楚雄市公安局夏季治安打击整治“百日行动”省厅挂牌整治事项整改工作方案》。

十届市人民政府第9次常务会议　7月29日召开，研究讨论19项议题：传达学习全省、全州防汛减灾电视电话会议精神，研究楚雄市贯彻落实意见；传达学习全省稳增长稳市场主体保民生电视电话会议精神；传达学习全省、全州困难群众救助资金专项治理工作会议精神；传达学习全省、全州防汛减灾电视电话会议精神；传达学习全省乡村建设暨2022年上半年农村人居环境整治提升现场会议精神，研究楚雄市贯彻落实意见；听取楚雄市2022年食物中毒防控工作情况汇报，研究下步工作；研究三维实景楚雄市建设有关事宜；研究3个公园和92座公厕市场化运作有关事宜；研究楚雄市西静河中型水库除险加固工程委托代建有关事宜；审议《楚雄市2021年度巩固拓展脱贫攻坚成果同乡村振兴有效衔接考核评估反馈问题整改方案》；研究楚雄市云龙南、云龙北、罗杞打光伏项目有关事宜；研究楚雄市重点产业和关键领域“见贷即保”担保贷款试点工作有关事宜；审议《楚雄高新技术产业开发区国民经济和社会发展“十四五”规划》《楚雄市交通运输发展“十四五”规划》《楚雄市能源发展“十四五”规划》《楚雄市住房和城乡建设事业发展“十四五”规划》《楚雄市教育体育事业发展“十四五”规划》《楚雄市卫生健康事业发展“十四五”规划》《楚雄市民族团结进步事业发展“十四五”规划》；审议《楚雄市政府投资建设非经营性项目代建管理办法（试行）》；审议《楚雄市龙川江流域综合整治提升三年行动项目框架合作协议》；审议《楚雄市人民政府与云南省城乡建设投资有限公司、云南建投第十四建设有限公司投资建设框架合作协议》；审议《楚雄市普通高中教育提质增效三年行动计划》；审议《楚雄市“十四五”人才发展规划（2021—2025年）》《关于加强和改进新时代楚雄市人才工作的实施意见》《楚雄市新时代人才强市“五个专项行动”实施方案》；审议《中共楚雄市委　楚雄市人民政府关于授予吴超慧等24名同志楚雄市“威楚人才奖”的决定》。

十届市人民政府第10次常务会议　8月25日召开，研究讨论17项议题：传达学习全国、全省、全州医改工作会议精神，研究楚雄市贯彻落实意见；传达学习全省爱国卫生“7个专项行动”总结暨健康县城建设动员大会精神，研究楚雄市贯彻落实意见；传达学习全省巩固拓展脱贫攻坚同乡村振兴有效衔接工作视频调度会议精神，研究楚雄市贯彻落实意见；听取楚雄市审计问题、生态环境保护问题整改工作情况汇报，研究下步工作；审议《关于楚雄市2022年上半年国民经济和社会发展计划执行情况的报告》；审议《楚雄市义务教育阶段学校课后服务收费定价方案》《楚雄市公立幼儿园保育教育收费调整方案》；审议《楚雄市2022年上半年地方财政预算执行情况报告》；研究成立楚雄产投科技特来电充电网运营有限公司有关事宜；审议《楚雄市晟楚金属材料经营项目合作协议》《楚雄市晟楚金属材料经营项目合作备忘录》；审议《楚雄州雄大保安服务有限公司（市保安公司）改革实施方案》；研究启动楚雄市彝海大道二标段等4个市政基础设施项目建设有关事宜；审议《楚雄市国土空间规划“三区三线”划定成果》；审议《楚雄市耕地占补平衡残次林地认定报告》；研究楚雄市2022年教师节活动有关事宜；审议《楚雄市人民政府、云南翰文教育投资集团有限公司战略合作框架协议》；审议《楚雄市妇女发展规划（2021—2030年）》《楚雄市儿童发展规划（2021—2030年）》；审议《楚雄市全民医疗保障行动计划（2022—2025）》。

十届市人民政府第11次常务会议　9月16日召开，研究讨论18项议题：传达学习全国、全省、全州深化“放管服”改革持续优化营商环境电视电话会议精神，研究楚雄市贯彻落实意见；传达学习全省、全州防汛专题视频会商调度会议精神，研究楚雄市贯彻落实意见；听取楚雄市审计查出问题整改工作情况汇报，研究下步工作；研究楚雄市产业发展投资集团有限公司使用部分子公司股权质押开展融资工作有关事宜；研究楚雄市消防救援训练中心建设项目（楚雄市应急实训基地建设项目）有关事宜；研究有偿出让楚雄市九龙甸水库资产及经营权有关事宜；审议《楚雄市农业光伏电站建设项目投资开发合作补充协议》《晶科能源有限公司20吉瓦高效电池片项目合作协议之补充协议》；研究省公安厅夏季治安打击整治“百日行动”挂牌整治事项整改摘牌有关事宜；审议《楚雄市加强法治保障推进法治化营商环境建设行动方案（试行）》；研究楚雄市农村人居环境治理项目（一期）采用政府和社会资本合作（PPP）模式实施有关事宜；审议《楚雄市城乡建设用地增减挂钩促城乡融合发展支持乡村振兴工作方案（试行）》；审议《楚雄市行政许可事项清单（2022年版）》；研究楚雄市殡仪馆设施设备提升改造项目有关事宜；研究委托楚雄市城乡建设投资集团有限公司开展楚雄市2022年第二批高标准农田建设有关事宜；研究楚雄市长江经济带农业面源污染治理项目委托代建有关事宜；审议《楚雄市2022年由政府安排工作退役士兵和退出消防员岗位安置计划》；研究楚雄市残疾人联合会第八次代表大会有关事宜；审议《楚雄市2022年国庆节汽车展销促销购车补贴活动实施方案》。

十届市人民政府第12次常务会议　9月29日召开，研究讨论17项议题：传达学习全国、全省、全州安全生产电视电话会议精神，听取全市安全生产和自然灾害应急管理工作情况汇报，研究下步工作；研究楚雄市机电园区路网产权、市政务服务局资产及经营权、楚雄市鹿城镇雄宝路935号的部分资产有偿划转有关事宜；审议《楚雄市2021年财政决算报告》；研究扶持国有粮食企业发展壮大补助资金有关事宜；审议《楚雄市高质量发展规划（2021—2025年）》；审议《楚雄市农业农村发展“十四五”规划》《楚雄市林业和草原发展“十四五”

规划》《楚雄市水务发展“十四五”规划》《楚雄市工业和信息化发展“十四五”规划》《楚雄市脱贫攻坚成果巩固“十四五”规划》《楚雄市生态环境保护“十四五”规划》《楚雄市国土空间布局“十四五”规划》《楚雄市商贸物流和现代服务业发展“十四五”规划》《楚雄市文化事业和旅游产业发展“十四五”规划》《楚雄市生物医药和大健康产业发展“十四五”规划》《楚雄市人力资源和社会保障事业发展“十四五”规划》《楚雄市民政事业发展“十四五”规划》《楚雄市科技创新“十四五”规划》《楚雄市新闻出版广播电视影视事业发展“十四五”规划》《楚雄市综合防灾减灾“十四五”规划》；审议《关于表扬2016—2020年楚雄市“七五”普法工作优秀集体和优秀个人的通报》；研究启动楚雄市“4410”项目建设有关事宜；研究楚雄市2022年城市燃气管道等老化更新改造项目有关事宜；审议《楚雄市果园路（原楚雄州外贸土特产品出口加工公司）城市更新项目合作协议》；审议《楚雄市耕地保护和占补平衡工作先进集体和先进个人推荐人选名单》；审议《楚雄市汽车博览小镇项目合作推进备忘录（二）》；研究滇中引水二期工程建设项目楚雄市境内征地拆迁有关事宜；研究栗子园社区移民创业就业建设项目有关事宜；研究执行农业有毒有害保健津贴和畜牧兽医医疗卫生津贴有关事宜；审议《云南（楚雄）供深港特色农产品基地及冷链集配中心项目框架协议》；审议《楚雄市科普工作发展“十四五”规划》《楚雄市全民科学素质行动实施方案（2022—2025年）》。

十届市人民政府第13次常务会议　10月14日召开，研究讨论15项议题：传达学习中央、省、州扫黑除恶斗争有关会议精神，听取楚雄市常态化扫黑除恶斗争工作情况汇报，研究下步工作；传达学习全省、全州防汛专题视频会商调度会议精神，研究楚雄市贯彻落实意见；听取楚雄市党的二十大安保维稳工作情况汇报，研究下步工作；听取楚雄市2022年一至三季度污染防治及生态文明建设工作情况汇报，研究下步工作；听取楚雄市2022年消防工作和消防队伍建设情况汇报，研究下步工作；研究启动楚雄市污水再生利用与污水管网改造、城区四座人行天桥等3个项目有关事宜；审议《关于实施工程建设项目“拿地即开工”预审批模式的指导意见》《工程建设项目区域性评估评价实施办法》《工程建设项目告知承诺制管理办法》；审议《楚雄市人民政府与联诚科技集团股份有限公司新型智慧城市建设框架合作协议》；研究楚雄市30户以上自然村通硬化路项目建设有关事宜；楚雄市东南绕城高速至楚雄民用机场连接线项目建设有关事宜；审议《江苏中信博新能源科技股份有限公司楚雄市光伏支架生产制造项目合作协议》；研究楚雄市国家储备林建设项目采用政府和社会资本合作（PPP）模式实施有关事宜；研究楚雄市教育体育系统重点项目建设有关事宜；审议《楚雄市深化国有文艺院团改革实施方案》；审议《哀牢山·楚雄野生动物世界建设项目投资运营合作协议》。

十届市人民政府第14次常务会议　11月15日召开，研究讨论16项议题：传达学习全国、全省、全州文物保护会议精神，研究楚雄市贯彻落实意见；听取楚雄市道路交通安全情况汇报，研究下步工作；研究晶科能源10吉瓦高效电池片及基础配套设施建设项目（一期）有关事宜；研究变更宇泽半导体项目签约主体有关事宜；审议《楚雄市贯彻落实推广福建省三明市医改经验深化三医联动改革措施的实施方案》《楚雄市推动公立医院高质量发展实施方案》《楚雄市深化医药卫生体制改革2022年重点工作任务》；审议《楚雄市推进健康县城建设三年行动方案（2022—2024）》《关于成立楚雄市推进健康县城建设领导小组及指挥部的通知》；审议《楚雄市优化营商环境三年行动计划（2022—2024年）》；审议《楚雄市城乡绿化美化三年行动实施方案（2022—2024年）》；审议《楚雄市关于进一步加强和改进国有资产监督管理实施办法》；研究启动楚雄市系统化全域推进海绵城市建设示范工作的有关事宜；研究授予楚雄运丰水务投资有限公司子午等13个乡镇集镇供水特许经营权有关事宜；研究楚雄市供排水有限公司实施紫溪镇及康养小镇供水工程建设有关事宜；研究2022年补充耕地新建提灌泵站项目建设资金保障有关事宜；审议《楚雄市推进城镇住宅小区违法违规建（构）筑物清理整治工作实施意见》；研究上海市对口帮扶楚雄市项目资金计划编制有关事宜；审议《楚雄市全面推行村级组织“大岗位制”工作方案》。

十届市人民政府第15次常务会议　12月12日召开，研究讨论19项议题：传达学习全国、全省、全州森林草原防灭火工作电视电话会议精神，研究楚雄市贯彻落实意见；研究批准核销财政专户长期挂账往来款有关事宜；研究楚雄市城乡建设投资集团有限公司对宇泽（云南）公司开展股权投资有关事宜；审议《楚雄市人民政府　楚雄州国有资本投资集团有限公司国有股权划转协议》；审议《楚雄市2022年财政预算调整方案的报告》；审议《楚雄市行政事业性国有资产管理办法》；审议《宇泽半导体（云南）有限公司年产20吉瓦单晶硅拉棒和年产20吉瓦切片项目合作协议》《宇泽半导体（云南）有限公司年产20吉瓦单晶硅拉棒和年产20吉瓦切片项目合作备忘录》；研究启动元双公路东侧市政基础设施建设项目有关事宜；审议楚雄市“4410”项目土地划拨有关事宜；研究收回楚雄丰邦致禾置业有限公司国有建设用地使用权有关事宜；审议《楚雄市全面从严遏制违法违规占用耕地行为“五项机制”》；审议《开展农村乱占耕地建房整治非住宅类房屋信息补充摸排工作实施方案》；审议《楚雄年处理10万吨生活垃圾焚烧炉渣综合利用项目合作协议》；研究楚雄市新建经营性公墓（紫溪人文纪念园）有关事宜；研究楚雄市楚南路沿线道路“增绿补绿”建设项目有关事宜；研究楚雄机场命名、机场项目土地征转报批费用和场外配套工程资金有关事宜；审议《中益电气（楚雄）有限责任公司楚雄市智能电气及新能源储能设备制造项目合作协议》；研究楚雄市纪委市监委“走读式”谈话综合场所提升改造项目有关事宜；研究2020年中央预算内投资生猪规模化养殖场建设补助项目有关事宜。

十届市人民政府第16次常务会议 12月28日召开，研究讨论16项议题：传达学习全国、全省、全州根治欠薪工作会议精神，研究楚雄市贯彻落实意见；传达学习楚雄州全国民族团结进步示范区建设领导小组2022年第二次会议精神，研究楚雄市贯彻落实意见；听取2022年巩固拓展脱贫攻坚成果同乡村振兴有效衔接工作情况汇报，研究下步工作；听取楚雄市2022年污染防治、生态文明建设及中央第二轮环保督察反馈交办问题整改情况汇报，研究下步工作；听取2022年全市安全生产和自然灾害应急管理工作情况汇报，研究下步工作；审议《楚雄市财政预算资金审批管理办法》；审议《楚雄市征收集体土地补偿安置实施意见》；审议楚雄市2022年土地征收成片开发方案(第三次、第四次)；审议电信、铁塔、联通、广电4个《合作框架协议》；审议《楚雄市人民政府 中科院南昌高新技术产业协同创新研究院 云南银特汉普投资有限公司共建楚雄震旦火麻产业研究院协议书》；审议《中共楚雄市委楚雄市人民政府关于深入打好污染防治攻坚战的实施方案》；研究楚雄市牛羊和家禽集中屠宰厂建设有关事宜；审议《楚雄市创建（巩固）国家卫生城市工作规划（2022—2024年）》和《楚雄市创建（巩固）国家卫生城市工作实施方案（2022—2024年）》；审议《楚雄市体育公园开发建设项目框架协议》；审议《楚雄市关于推动被征地农民参加企业职工基本养老保险的实施方案》；审议《楚雄市2023年春节走访慰问方案》。

重要文件

【概况】 2022年，楚雄市人民政府印发市人民政府文件378份，其中，市政发5份、市政通26份、市政决2份、市政函63份、市政请80份、市政复43份、市政党组字11份、政府会议纪要108份、市政报40份。市人民政府办公室文件89份，其中，市政办发3份，市政办通38份、市政办请14份、市政办党组字13份、市政办党组报5份、市政办报2份、市政办函4份、市政办党组会议纪要9份、市政府办会议纪要1份。

【市人民政府文件】 2022年1月14日，市人民政府发出《楚雄市人民政府关于夏颖同志免职的通知》。

1月29日，市人民政府发出《楚雄市人民政府关于印发〈2022年政府工作报告〉的通知》。

2月18日，市人民政府发出《楚雄市人民政府关于印发〈楚雄市人民政府领导成员工作分工〉的通知》。

3月2日，市人民政府发出《楚雄市人民政府关于下达2022年市级财政专项资金支出预算的通知》《楚雄市人民政府关于下达2022年市本级政府性基金支出预算的通知》。

3月4日，市人民政府发出《楚雄市人民政府关于孙春荣等同志任免职的通知》。

3月14日，市人民政府发出《楚雄市人民政府关于成立楚雄市绿色能源与绿色制造业融合发展工作领导小组的通知》。

3月30日，市人民政府发出《楚雄市人民政府关于调整充实楚雄市滇中引水工程建设管理工作领导小组及楚雄市滇中引水工程楚雄市受水区项目建设指挥部的通知》。

4月21日，市人民政府发出《楚雄市人民政府关于印发〈楚雄市2022年稳增长的若干政策措施〉的通知》《楚雄市人民政府关于印发〈楚雄市2022年烟叶工作的意见〉的通知》。

4月26日，市人民政府发出《楚雄市人民政府关于印发〈楚雄市“十四五”残疾人保障和发展规划〉的通知》。

5月6日，市人民政府发出《楚雄市人民政府关于印发〈楚雄市数字经济发展规划（2020—2025年）〉的通知》。

5月7日，市人民政府发出《楚雄市人民政府关于印发〈楚雄市全民科学素质行动实施方案（2021—2025年）〉的通知》。

5月20日，市人民政府发出《楚雄市人民政府关于周增先等同志任免职的通知》。

6月18日，市人民政府发出《楚雄市人民政府关于兑现奖励2021年度工商企业科技企业建筑企业的方案》。

7月1日，市人民政府发出《楚雄市人民政府关于李居政等同志任免职的通知》。

9月6日，市人民政府发出《楚雄市人民政府关于兑现2022年高中教学质量绩效考核的通知》。

9月15日，市人民政府发出《楚雄市人民政府关于开展楚雄市第三次全国土壤普查的通知》。

9月20日，市人民政府发出《楚雄市人民政府关于印发〈楚雄市妇女发展规划和楚雄市儿童发展规划〉的通知》。

9月23日，市人民政府发出《楚雄市人民政府关于做好2022年度符合政府安排工作条件退役士兵和退出消防员接收安置工作的通知》。

10月8日，市人民政府发出《楚雄市人民政府关于印发〈滇中引水二期工程建设项目楚雄市境内征地拆迁工作实施方案〉的通知》。

10月13日，市人民政府发出《楚雄市人民政府关于印发〈楚雄市“十四五”科普工作发展规划〉的通知》《楚雄市人民政府关于印发〈楚雄市全民科学素质行动实施方案（2022—2025年）〉的通知》。

10月21日，市人民政府发出《楚雄市人民政府关于杨国荣等同志任免职的通知》。

10月27日，市人民政府发出《楚雄市人民政府关于调整充实打击违法开采矿产资源行为工作领导小组的通知》。

11月2日，市人民政府发出《楚雄市人民政府关于印发〈楚雄高新技术产业开发区国民经济和社会发展“十四五”规划〉等7个专项规划的通知》。

11月8日，市人民政府发出《楚雄市人民政府关于转发〈云南省加快推进政务服务标准化规范化便利化实施方案文件〉的通知》。

11月17日，市人民政府发出《楚

雄市人民政府关于任命市残联理事长、副理事长的通知》。

12月26日，市人民政府发出《楚雄市人民政府关于调整和明确市人民政府领导工作分工的通知》。

【市人民政府办公室文件】 2022年1月29日，市人民政府办公室发出《楚雄市人民政府办公室关于印发〈2022年政府工作报告主要工作任务分解〉的通知》。

2月14日，市人民政府办公室发出《楚雄市人民政府办公室关于成立小型水库雨水情测报和大坝安全监测设施建设项目领导小组及项目建设管理处的通知》。

2月18日，市人民政府办公室发出《楚雄人民政府办公室关于印发〈楚雄市青龙河水体达标方案〉的通知》。

2月24日，市人民政府办公室发出《楚雄市人民政府办公室关于转发全国政府系统值班工作规范（试行）文件的通知》《楚雄市人民政府办公室关于印发楚雄市市本级2022年部门预算编制方案的通知》《楚雄市人民政府办公室关于印发楚雄市2022年乡镇财政预算编制方案的通知》。

3月3日，市人民政府办公室发出《楚雄市人民政府办公室关于印发〈楚雄市配置整合行政事业单位资源资产支持做强做大国有企业的实施方案〉的通知》。

3月14日，市人民政府办公室发出《楚雄市人民政府办公室关于印发〈楚雄市2021年国家电子商务进农村综合示范项目及资金管理办法（试行第二版）〉的通知》。

3月16日，市人民政府办公室发出《楚雄市人民政府办公室关于调整楚雄市2021年国家级电子商务进农村综合示范工作领导小组成员及明确职责分工的通知》《楚雄市人民政府办公室关于调整完善社会救助联席会议制度的通知》。

3月25日，市人民政府办公室发出《楚雄市人民政府办公室关于印发〈楚雄市巩固国家卫生城市和推进爱国卫生“7个专项行动”宣传工作方案〉的通知》。

3月28日，市人民政府办公室发出《楚雄市人民政府办公室关于印发〈楚雄市2022年10件惠民实事工作方案〉的通知》。

4月1日，市人民政府办公室发出《楚雄市人民政府办公室关于印发政府文件送审稿质量测评办法（试行）的通知》。

4月2日，市人民政府办公室发出《楚雄市人民政府办公室关于做好政务服务便民热线归并优化工作的通知》。

4月11日，市人民政府办公室发出《楚雄市人民政府办公室关于印发〈楚雄市2022年烟叶生产收购质量管理考核办法〉的通知》。

4月12日，市人民政府办公室发出《楚雄市人民政府办公室关于印发〈楚雄市2022年财政运行风险防范工作方案〉的通知》。

4月13日，市人民政府办公室发出《楚雄市人民政府办公室关于进一步规范农村土地经营权流转管理工作的通知》。

4月26日，市人民政府办公室发出《楚雄市人民政府办公室关于印发〈楚雄市2022年二季度稳定经济运行确保实现上半年“双过半”目标工作方案〉的通知》。

5月11日，市人民政府办公室发出《楚雄市人民政府办公室关于印发〈楚雄市缓解基层财政困难三年行动计划2022年实施方案〉的通知》。

5月20日，市人民政府办公室发出《楚雄市人民政府办公室关于印发〈楚雄市龙川江流域综合整治提升三年行动实施方案（2022—2024年）〉的通知》。

5月23日，市人民政府办公室发出《楚雄市人民政府办公室关于印发〈楚雄市2022年度地质灾害防治方案〉的通知》。

6月10日，市人民政府办公室发出《楚雄市人民政府办公室关于印发〈楚雄市农村供水工程水价补贴办法（试行）〉的通知》。

6月15日，市人民政府办公室发出《楚雄市人民政府办公室关于印发〈楚雄市集体土地征收标准化建设试点工作方案〉的通知》。

6月20日，市人民政府办公室发出《楚雄市人民政府办公室关于印发〈楚雄市暖企纾困助力房地产业平稳有序发展十五条措施〉的通知》。

7月12日，市人民政府办公室发出《楚雄市人民政府办公室关于印发〈楚雄市创建全国基层中医药工作示范县实施方案（2022—2024年）〉的通知》。

8月12日，市人民政府办公室发出《楚雄市人民政府办公室关于印发〈楚雄市数字经济发展三年行动计划实施方案（2022—2024年）〉的通知》。

8月19日，市人民政府办公室发出《楚雄市人民政府办公室转发关于积极推行行政执法包容审慎监管文件的通知》。

9月6日，市人民政府办公室发出《楚雄市人民政府办公室关于印发〈楚雄市实施基本养老保险扩面增效专项行动方案〉的通知》。

9月9日，市人民政府办公室发出《楚雄市人民政府办公室关于印发〈楚雄市全民医疗保障行动计划（2022—2025）〉的通知》。

9月28日，市人民政府办公室发出《楚雄市人民政府办公室关于做好全面实行行政许可事项清单管理工作的通知》。

10月12日，市人民政府办公室发出《楚雄市人民政府办公室关于印发〈楚雄市政府投资建设非经营性项目代建管理办法（试行）〉的通知》。

10月19日，市人民政府办公室发出《楚雄市人民政府办公室关于全面加强农村宅基地建房管理有关事项的通知》。

10月24日，市人民政府办公室发出《楚雄市人民政府办公室关于印发〈楚雄市贯彻落实楚雄州贯彻落实云南省“十四五”冷链物流发展实施方案具体措施〉的通知》。

11月17日，市人民政府办公室发出《楚雄市人民政府办公室关于印发〈楚雄市深化医药卫生体制改革2022年重点工作任务分解清单〉的通知》。

11月25日，市人民政府办公室发出《楚雄市人民政府办公室关于印发〈楚雄市推动公立医院高质量发展实施方案〉的通知》。

12月5日，市人民政府办公室发出《楚雄市人民政府办公室关于印发〈楚雄市农业现代化三年行动方案

（2022—2024年）〉的通知》。

12月9日，市人民政府办公室发出《楚雄市人民政府办公室关于印发〈楚雄市龙川江流域生态环境保护专项审计发现问题整改工作方案〉的通知》。

12月12日，市人民政府办公室发出《楚雄市人民政府办公室关于印发〈楚雄市促进国有粮食企业健康发展实施方案〉的通知》。

12月30日，市人民政府办公室发出《楚雄市人民政府办公室关于印发〈楚雄市推动被征地农民参加企业职工基本养老保险补助标准实施方案〉的通知》。

市政府综合事务

【概况】 2022年，楚雄市人民政府办公室带头对标先进、争创一流，统筹抓好综合协调、办文办会、文稿起草、服务群众、目标管理、政务督查、人大代表建议议案及政协提案办理、政府热线等综合事务，强化参谋辅政、督促落实、运转保障职能，不断提升“三服务”（服务领导、服务基层、服务群众）水平，当好参谋助手。全年制发各类文件450份、起草文稿300余份。

【综合协调】 2022年，楚雄市人民政府办公室强化统筹协调，注重发挥牵头抓总、协调各方的职能作用，推动形成合力合拍、同频共振的工作格局，每周梳理《市政府本周重点工作计划》《市政府本周重点会议计划》《近期拟报市长专题研究事项》，提前介入、周密安排，精心组织、狠抓落实。强化执行第一、落实为重的理念，凡是市委、市人民政府作出的决策部署，坚持做到超前谋划、提前预判，第一时间严格执行，并充分发挥运转中枢作用，确保各级各部门联动配合更加顺畅高效，市委、市人民政府各项决策部署高效落实。牢固树立“今天再晚也是早、明天再早也是晚”的效率意识，开展“干在实处，走在前列”大比拼活动，在具体协调工作中，既勇于牵头，当好主角，又善于协作，当好配角，兢兢业业做好工作。

【办文办会】 2022年，楚雄市人民政府办公室贯彻落实“基层减负年”和作风革命、效能革命的工作要求，加强市人民政府会议计划和发文计划管理。全年制定核发各类文件467份，其中，市政通26份、市政发5份、市政决2份、市政函63份、市政请80份、市政复43份、市政报40份、市政党组字11份、政府会议纪要108份，市人民政府办公室文件89份。严控会议数量，尽量采用视频会议方式召开，全年完成九届市人民政府九次全体（扩大）会议、十届市人民政府一次全体（扩大）会议的筹办工作，全年召开十届市人民政府常务会议16次、市政府党组理论学习中心组学习会议8次。

【文稿起草】 2022年，楚雄市人民政府办公室发挥以文辅政职能作用，全面提升综合服务水平。完成政府工作报告、九届市人民政府九次全体（扩大）会议和十届市人民政府一次全体（扩大）会议材料起草工作，按时按质完成市人民政府领导重要文稿起草，全年起草市人民政府领导讲话稿、省州人民政府领导来楚调研、汇报材料300余份。严把材料审核关，严格日常管理，按照《党政机关公文处理工作条例》《楚雄市人民政府工作规则》，制定《政府文件送审稿质量测评办法（试行）》，全年审核修改楚雄市火把节、汽车促销补贴活动实施方案及各类文稿200余份。

【服务群众】 2022年，楚雄市人民政府办公室全力做好群众工作，不断提升群众满意度。全面梳理群众最关切、最直接、最期盼的现实利益问题，通过跟踪督办市长信箱、市政府“互联网+督查”平台、政务服务热线收到问题，解决群众最关切的民生大事。全年办理“互联网+督查平台”留言45件。梳理出市政府在优化营商环境上存在的薄弱事项，列出具体清单，逐项逐条制定整改措施，把落实情况及时反馈给市人民政府领导和相关单位。继续选派驻村工作队员2名，帮助6户联系户解决实际困难。组织干部职工开展消费帮扶活动，消费帮扶2.42万元。严格实行首问负责、AB岗等制度，协调有关部门受理、办理信访事项，协助市政府领导督办好信访案件，践行新时代“枫桥经验”。开展“我为群众办实事”“社区双报到双服务双报告”工作，到挂点联系的中大街社区和复兴巷住宿区开展志愿服务活动，帮助社区和群众办实事、解难题。

【目标管理】 2022年，楚雄市人民政府办公室运用研讨交流和专题讲座、“学习强国”学习平台、“云岭先锋”App等线上平台。全年组织理论中心组学习8次，办公室党组会学习9次，干部职工例会集中学习45次、党员例会集中学习45次，主题党日活动12次，把对党的政治理论的学习与贯彻落实市委、市人民政府的重大决策部署结合起来，与研究解决工作中出现的新问题、新情况结合起来，做到真学、真懂、真信、真用，推动办公室形成学思践悟、学用相长的浓厚氛围。

【政务督查】 2022年，楚雄市人民政府办公室协调各部门负责人加强对决策事项落实跟踪问效，按照清单式做好任务分解，明确市政府副市长牵头负责，明确责任部门、完成时限、考评方式，由市政府督查室根据决策内容和工作部署，采取跟踪检查、督促催办等措施，要求部门每月将工作进展情况、完成情况以书面形式上报市政府督查室，对重大行政决策事项执行情况进行监督。年内，开展跟踪督查18次。

【人大代表建议议案及政协提案办理】 2022年，州市“两会”上，州、市人大代表、政协委员认真履职，围绕党委、政府中心工作，在产业转型升级、加快基础设施建设、优化营商环境、实施乡村振兴、保障和改善民生等重点领域积极建言献策，提出许多优秀建议、提案。州“两会”后，州政府转交楚雄市办理州人大代表建议7件，州政协提案46件；市十届人大一次会议和市政协十届一次会议结束后，交办2件议案、267件建议和269件提案。市人民政府把认真办理人大代表议案建议和政协提案作为改进政府工作、推进全市经济社会发展的重要举措来抓，于3月13日召开交办会议，按照“分级负责，归口办理”原则，分别对口交由各承办单位。各承办单位在办理工作过程中把建议办理与日常工作相结合、与工作计划和工作决策相结合、与密切联系群众和更好地为人民群众服务相结合，有序推进办理工作，对于当前具备条件，可以立即着手实施的工作，深入调查研究，制定具体方案，落实有效举措，努力把所提的问题解决好、落实好；对于条件尚达不到立即实施程度的，或者需要长期持续推进的工作，将其列入工作计划，积极创造条件，为进一步落实打下基础；对因资金或政策等因素，暂时无法实施的，与代表、委员做好沟通解释工作，争取支持理解。年内，全部建议提案均在规定时限内办理完毕，面商率、办复率均100%。

【政府热线】 2022年，楚雄市人民政府办公室落实国家、省州关于“12345”政务服务便民热线管理的相关要求，为群众排忧解难，及时回应群众诉求，不断提升群众满意度。同时，做好“12345”政务服务便民热线归并优化工作。至年底，楚雄市“12345”政务服务便民热线与双号并行保留话务座席热线实现系统对接，全面建成与110报警服务台高效对接联动机制。年内，办理“12345”政务服务便民热线工单7514件，办结率100%。

（张翔熙）

政务服务

【概况】 2022年，楚雄市政务服务管理局围绕以“办事群众和企业满意”为目标，努力建设高素质、专业化的政务服务队伍，打造“办事不求人、审批不见面、最多跑一次”政务服务环境，持续推进政务“一门、一次、一网、一章、一标”改革高水平服务群众、服务企业、服务全市高质量发展。相对集中行政许可权改革持续走在全省前列，迎接国务院大督查第十四督查组现场督查并获好评。年内，被国家机关事务管理局、中共中央直属机关事务管理局、国家发展改革委、财政部评为“节约型机关”，被省人民政府表彰为“云南省法治政府建设工作先进单位”，被市委、市政府表彰为“楚雄市创建国家卫生城市先进集体”“楚雄市民族团结进步模范集体”“楚雄市‘七五’普法工作优秀集体”，被市人民政府表彰为“楚雄市园林单位”，被市精神文明建设指导委员会表彰为“楚雄市城市品牌创建先进集体”。

【行政审批制度改革】 2022年，楚雄市政务服务管理局将涉及企业和群众频繁办理的1394项政务服务事项集中至市政务服务大厅实行“一门办理”。全年，市政务服务大厅共受理、办理各类政务服务事项115.93万件，全市政务服务窗口共受理、办理各类审批服务事项150.23万件。紧扣“办事不求人、审批不见面、最多跑一次”和“全程服务有保障”目标，高标准高质量编制《楚雄市行政许可事项清单（2022年版）》，公开发布楚雄市239项行政许可事项，市行政审批局审批的事项为76项，占全市行政许可事项的1/3；清理公布《楚雄市市级及以下政务服务事项》618项，动态调整市乡两级权责清单。持续巩固提升“一颗印章管审批”改革成果，行政审批“一站式”服务、“一窗式”受理、“一章式”审批的办事模式得到确立，顺利完成“接过来、办起来、快起来、好起来”的“四连跳”。推行“一颗印章管审批”以来，市行政审批局共受理办理行政许可事项10.34万件，实现审批流程、时限、材料不断优化、压缩、精简。围绕“重心下移、事权下放、服务下沉、便民快捷”目标，推动政务服务向基层延伸，在市级统一下放事项基础上，赋予大过口乡、东华镇行政许可等行政职权40项，行政处罚职权217项，形成试点乡镇行政审批、公共服务、行政执法事项清单，全面提升审批服务速度、质量和水平。

【政务服务“三化”建设】 2022年，楚雄市政务服务管理局深入推进楚雄市政务服务运行标准化、服务供给规范化、企业和群众办事便利化，打造文明优质高效的政务环境。规范承接、精准指派政务服务事项到各部门、乡镇、村（社区），规范完善发布政务服务事项。认真落实“三集中三到位”，编制直观、易懂的业务手册和办事指南，优化审批服务事项办理流程，实现同一事项无差别受理、同标准办理；规范市、乡镇、村（社区）便民服务场所设立、窗口设置、便民服务业务办理、审批服务行为，全市15个乡镇、154个村（社区）政务服务场所名称按要求规范完成。每天安排14名工作人员和1名带班领导，在政务大厅为办事群众提供咨询、导办服务，为企业和办事群众提供多样化、个性化、便利化服务。完善大厅自助服务功能，配备营业执照自助打印机、身份证拍照申请一体机、身份证自助领取机、交通罚款缴纳自助服务终端、自助办税、不动产交易房产证打印等自助服务设备。为新开办企业提供免费刻制印章服务，提供自助免费打印复印等便利化服务。在政务服务大厅设置线

3月22日，市政务服务中心2021年度工作总结表扬会议　（郭维雄　摄影）

下接待和办理渠道，优先服务老年人，方便老年人“面对面”咨询和办理业务。以“最多跑一次”为目标，落细落实各项措施，推行红色志愿服务、帮办服务、延时服务、上门服务、预约服务、免费代办等多样化服务。

【优化营商环境】 2022年，楚雄市政务服务管理局持续开展优化营商环境“六个一批”专项活动。按照省州市党委、政府推进作风革命加强效能建设工作部署，结合“四万三进”活动，主动深入部分企业开展调研座谈，帮助企业解决一批制约发展的困难和问题。全面落实减环节、减材料、减时限、减跑动等改革措施，审批服务时间大幅压缩，市场准入门槛不断降低，招商引资企业登记注册和投资项目快速落地得到保障。政府投资审批类项目审批时限由185个工作日压缩为45个工作日，社会投资备案类项目审批时限由155个工作日压缩为30个工作日，社会事务类审批时限由20个工作日压缩为5个工作日，市场主体登记实现当场受理、当场登记，审批提速率达80%以上，办理不动产转移登记耗时缩减至1个工作日。持续推进办税缴费便利化改革，打造高效办税环境，“非接触式”办税缴费比例90.16%。在全市范围内对国务院和省、州人民政府明确的第一批106项、第二批73项涉企行政审批事项采取直接取消审批、审批改为备案、实行告知承诺、优化准入服务等四种方式实施“证照分离”改革，破解市场主体“办照容易办证难”“准入不准营”等突出问题。对全市重点企业、重点投资项目开辟“绿色通道”，实行“提前介入、部门联动、帮办代办、容缺受理、限时办结、‘拿地即开工’预审批、跟踪服务、延时错时服务、惠企政策‘一站式’服务”等行政审批服务制度，促进营商环境持续向好，激发市场主体活力。宣传贯彻《优化营商环境条例》《云南省优化营商环境条例》和《楚雄州优化营商环境办法》，专项组定期召开联席会议、调度会议、专题办公会议和现场办公会议，及时帮助企业解决发展过程中存在的困难和问题，落实营商环境建设工作。

【互联网+政务服务】 2022年，楚雄市政务服务管理局做好政务服务事项目录网上清单录入检查指导，实现五级政务服务事项的规范化管理和法定要素标准化。年内，市级承接在线办理事项1315项，15个乡镇承接在线办理事项1320项，154个村（社区）在线办理事项6468项，线上政务服务大厅“一门”进驻率100%，网上可办率100%，全程网办率100%。整合完成政务服务事项入驻云南省政务服务平台办理，建成并上线运行政务服务“排队取号”系统、“好差评”系统，提升便民利企服务水平。年内，政务服务事项主动评价率92.93%，好评率100%。持续规范监管环境。建成完善国务院“互联网+监管”系统，完成监管事项检查实施清单认领，提升“互联网+监管”工作水平。年内，全市产生监管行为4683件，其中行政检查行为4212件、行政处罚320件、行政强制4件、其他行为147件，全市完成行政监管事项行为覆盖率29.35%，发布监管工作动态信息179条。建设基层政务服务平台，接通全市154个村（社区）电子政务外网，实现市乡村三级协同办公系统公文互传、视频会议系统主干线路连通。推进“一部手机办事通”应用工作，全市新开设17所学校手机缴费、119所学校招生手机报名功能、市人民医院手机预约挂号缴费功能，完成79个政务服务机构124枚印章采集和230类电子证照入库工作。截至12月31日，“一部手机办事通”可办事项1363件，累计线上业务办理量140.14万件。

【投资审批改革】 2022年，楚雄市政务服务管理局持续深化投资审批改革，不断完善重大项目、招商引资项目、审批全程代办制度，对审批事项实行全程代办、公开代办、高效代办、无偿代办。依托楚雄市投资项目审批服务中心，设立工程建设项目审批综合窗口，整合工程建设项目审批全流程审批事项，推行“前台受理、后台联审、统一出证”集成服务机制。强化各环节协调服务和监督管理，基本实现“项目申报—平台赋码—限时办结”规范的“一项一表一码”审批模式。整合精简材料，将投资项目立项到施工许可阶段的所有事项所需材料进行整合，制作一份办事指南、一张申请表单，避免申请人重复提交材料。实施“拿地即开工”模式。不断优化审批流程，利用项目土地手续办理时间，同步准备、模拟审批项目立项、环评、规划、建设等各环节手续，实现交地即办证、拿地即开工。至年底，完成1个工业项目“拿地即开工”审批，实现“7个工作日五证齐发”。年内，市投资项目在线监管平台共办理各类投资项目918个，涉及投资额8945.06亿元，按时办结率100%。

【公共资源交易】 2022年，楚雄市政务服务管理局围绕公共资源交易标准化、智能化、便捷化目标，全面推行交易不见面、评标背靠背、数据全程跑的交易新制度，实现土地、国有产权电子化上线交易，远程异地评标实现常态化。年内，全市组织开展交易项目229个（含乡镇交易项目41个），交易额62.76亿元，通过招标节约资金4650.58万元，增加收益金118.56万元。市级开展电子化交易项目188个，电子化率100%；远程异地评标项目145个，占77.12%；支持州内各县市远程异地评标客场项目62个。对照《云南省公共资源交易平台服务标准》《楚雄州公共资源交易管理局关于印发公共资源交易中心评标区规范化标准化建设指引的通知》，整合资金对交易中心评标区进行规范化标准化提升改造，配备门禁系统、对讲系统，设置交易中心见证室、行业监管和业主监督室、述标答疑和谈判室。按照州级工作要求，整合工程、政采、土地、矿业权、产权等所有类别进场材料，全州范围内交易项目进场只需提交《楚雄州公共资源项目进场交易登记表》“一张表”，实现“一表受理、一网通办”。落实保证金银行保函和保证金保险政策，年内，楚雄市老城区（不含开发区）房屋建筑和市政基础设施类招投标项目44项，参与投标单位641家，缴纳投标保证金21.73亿元。其中，采用现金缴纳方式11家，缴纳投标保证金22万元；采用保证保险方式缴纳630家，缴纳保费167.89万元（为应缴保证金21.71亿元的保险担保）。

【投资审批中介服务】 2022年，楚雄市政务服务管理局落实投资审批中介超市运行规则，严把公告审核、公开选取、洽谈签约、合同履行、服务评价，规范服务行为，强化“应选必选”。同时，严格执行《中介机构监督管理和信用评价暂行规定》，推动中介服务市场公开、透明运行，为持续提升“互联网+政务服务”、优化营商环境打下坚实基础。年内，市投资审批中介超市共签约项目366个，项目预算资金295.28万元，成交资金235.81万元，节约资金59.47万元，节约率20.14%。

（兰 莹）

政府信息公开

【概况】 2022年，楚雄市人民政府信息中心围绕省、州、市党委政府中心工作，坚持以服务大局为立足点，以领导决策需求为着眼点，以社情民意为聚焦点，紧扣经济运行中的苗头性倾向性问题、改革发展中的难点堵点问题、民生保障方面的热点焦点问题，始终做到围绕中心报“重点”、“同频共振”报“热点”、揭示矛盾报“难点”、深入调研报“疑点”、及时总结报“亮点”，突出特色，通过政务信息及时向省州市党委政府总结报送工作进展和成效、创新举措及典型做法。

【《政务信息》编发】 2022年，楚雄市人民政府办公室共编发《政务信息》30期、《信息专报》45期、《政务信息（增刊）》2期，共采用各乡镇、各部门政务信息1295条，其中，上报省政府办公厅、州政府办公室政务信息768条。被市人民政府领导批示4条、被州人民政府领导批示1条；被州人民政府办公室《楚雄政务信息》《一周政情》等刊物采用207条，考核得分1670分，超额完成州人民政府办公室下达的全年政务信息工作目标考核任务，获全州政府系统政务信息工作三等奖；被省人民政府办公厅《动态专报》《云南要情》等刊物采用53条，考核得分245分，超额完成省人民政府办公厅下达的全年政务信息工作目标考核任务，在全省51个县市区级信息直报点考核中位居第11名，获全省政府系统政务信息工作二等奖。

【政府信息主动公开】 2022年，楚雄市人民政府网站主动公开政府信息8428条，其中，政务动态类信息2959条，概况类信息137条，信息公开目录信息5332条；发布政府文件34件，政策解读14件，集中转发国家和云南省推荐转发的政策措施解读产品156次；新开设“稳就业保就业”“利企惠民政策”等7个专栏专题。全年公开涉及市场主体政策信息24条，发布《楚雄市进一步优化营商环境促进市场主体倍增实施方案》《楚雄市暖企纾困助力房地产业平稳有序发展十五条措施》等政策文件，提振市场主体信心。公开失业保险稳岗返还、留工补助、留工培训等信息55条，公开面向高校毕业生、退役军人、失业人员等重点群众的就业服务信息20条。编制并发布教育、卫生、供水、供气、供电、交通领域信息公开基本目录及指南，指导各单位通过政府网站“公共企事业单位信息公开”专题、公共企事业单位官方网站、新媒体等渠道公开各领域公共企事业单位信息1643条。年内，楚雄市主动公开重大建设项目批准和实施领域信息186条、财政领域信息502条、审计领域信息41条、民生保障领域信息209条、市场监管领域信息133条、生态环境领域信息89条、公共资源配置领域信息100条、统计数据信息51条。通过深入基层走访调查，组织编制村（居）委会公开事项清单，指导全市15个乡镇借助政府网站、村（居）务公开栏等平台，对各村（居）委会基本情况、惠民惠农财政补贴发放情况、社会救助情况等信息进行公开。至年底，全市15个乡镇村（社区）通过政府网站、政务公开栏、入户宣传、广播宣传等方式公开有关信息5000余条。

【政府信息依申请公开】 2022年，楚雄市人民政府按照《楚雄州人民政府办公室关于规范政府信息依申请公开办理程序的通知》要求，建立健全政府信息公开申请接收、登记、审核、办理、答复、归档的工作制度，明确各环节责任主体和办理时限。年内，全市各乡镇、市属各部门共受理政府信息公开申请44件，均全部办结。

【政府信息公开平台建设】 2022年，楚雄市人民政府加强政府网站政府信息公开栏目建设，优化栏目调整，集约化、规范化展示法定主动公开内容。加强政府系统政务新媒体管理，定期巡查发布内容及更新情况，严格规范政府系统政务新媒体开办、关停、注销、变更等程序。做好“12345”政务服务便民热线归并优化工作，至年底，楚雄市“12345”政务服务便民热线与双号并行保留话务座席热线已实现系统对接，全面建成与“110”报警服务台高效对接联动机制。落实国家、省州关于“12345”政务服务便民热线管理的相关要求，为群众排忧解难，及时回应群众诉求，提升群众满意度。全年办理“12345”政务服务便民热线工单7514件，办结率100%。

【政府信息公开监督保障】 2022年，楚雄市严格落实政府网站及政务新媒体常态化监管机制，坚持日读网巡网、季度通报，全年通报政府网站、政务新媒体运行情况4次，整改问题9件。将政务公开纳入对全市各乡镇、各部门的综合绩效考核，实行“季度+年终考评”的考核机制，全年开展政务公开季度考评4次，年终考评1次。9月5—7日，楚雄市人民政府办公室政务公开业务人员到部分乡镇开展政务公开业务培训，对政务公开及“12345”政务服务便民热线开展业务培训及工作督查指导，累计参训260余人。

【政府信息管理】 2022年，楚雄市人民政府加强行政规范性文件库建设。全面梳理、规范公开现行有效的行政规范性文件12件，并根据实际立废情况动态调整、完善行政规范性文件目录。完善政务公开目录体系建设，动态调整、更新政府信息主动公开基本目录（全清单）50个，参考国务院有关部门印发的试点领域和其他领域标准指引，编制并发布新增领域基层政务公开事项标准目录6个。

【政策解读与互动回应】 2022年，楚雄市通过政府网站发布文字形式政策解读12次，图片形式政策解读2次，新闻发布会形式政策解读1次，领导访谈形式政策解读2次，提升政策知晓率和到达率。全年办理政府网站“在线咨询”留言168件，发布意见征集6期，及时回应群众诉求，广泛征求企业和群众意见建议，助力政策完善。11月，为充分发挥政务公开在政府与群众间的桥梁纽带作用，楚雄市以政民互动为基本形式，组织开展线上线下相结合的“政务公开日”系列活动。

（张翔熙　杨映海）

信息管理

【信息化发展】 2022年，楚雄市以国家数字乡村试点为契机，统筹推进城乡信息化发展。制定数字乡村五年发展规划和试点工作方案，以电信运营商为主的多家市场主体参与试点建设，走出“政府主导、企业赋能、社会参与”的建设路径。加快推进数字赋能乡村振兴示范基地建设，推进农业产业数字化改造，推广数字化管理运用，建成数字农业示范基地5个，培育重点农业龙头企业67家，92家企业上线国家农产品质量安全追溯管理信息平台，益农信息社实现行政村全覆盖。实施“农村客运＋乡村智慧物流”项目建设，通过数字化打通乡村物流服务全链条，推动农产品“出村进城上商场”。全年全市农产品网络零售额7.36亿元。探索“数字乡村＋治理”模式，通过党建引领“一部手机治理通”和“威楚智慧党建”平台，将全市划为4607个网格构建数字化网格化治理体系；“村级三资管理”“文明威楚”“5G智慧水利”“智慧出行”“智慧安防”等应用有效促进基层社会治理方方面面；鹿城镇“数智治理”、东瓜镇“庄甸小管家”、吕合镇“智慧警务”等平台及时破解基层治理的堵点难点，提升乡村数字化治理效能。建成政务服务网上大厅，1824项政务服务事项可通过线上办理，高频事项全程网办率98.48%，实现政务服务“一网通办”；建成市、乡、村三级医共体应用平台，552个定点医疗机构信息化全覆盖，远程会诊、影像集中诊断、双向转诊等网络医疗让群众在家门口就能享受到优质医疗服务；投资4500万元加快乡村数字校园建设，建成楚雄教育云平台，使优质教学资源下沉乡村学校，助推义务教育均衡发展。整合各类平台和App数据资源，将分散的“块数据”“条数据”联通建成数字乡村综合服务云平台，联通24个应用平台接入数字乡村云平台统一管理，初步实现全市城乡资源数据采集、汇总、存储、分析和可视化运用，推动城乡数据信息资源整合共享。

【信息化基础设施建设】 2022年末，楚雄市有宽带端口62.13万个，宽带用户28.81万户，其中光缆用户28.48万户；光缆规模总皮长4.51万千米，其中，城市地区接入光缆规模皮长2.34万千米，农村地区接入光缆规模皮长2.17万千米。市际出口带宽2980GB（吉字节），各乡镇带宽501GB（吉字节）。行政村光网覆盖率100%，自然村光纤宽带网覆盖率99.33%，城市4G覆盖率100%，行政村以上4G覆盖率100%，自然村4G覆盖率99.37%。年内，全市建设5G基站1517座，城区覆盖率99.07%，5G网络在城区实现千兆覆盖，行政村以上实现5G网络全覆盖，自然村5G覆盖率60%。

（刘　恒）

【网络建设】 2022年，楚雄市主城区开通5G室外基站473个，主城区和发达集镇5G网络连片覆盖，主城区大流量区域5G深度覆盖。加快4G网络优化改造提升，持续开展LTE（通用移动通信技术的长期演进）室外基站建设优化，完成城市及农村96个4G站点增补、30个自然村光网建设，乡镇及行政村以上4G信号全覆盖，自然村网络覆盖率实现提升，偏远农村用户享受千兆高速互联网。投资3000万元建成中国电信国家云楚雄云大数据中心节点，一期能力2000核，存储资源180TB（太字节），支持公网/专网接入服务，平台通过国家2.0三级要求。

（梁华云）

【数智赋能】 2022年，中国移动楚雄市分公司与楚雄州吕合煤业有限责任公司合作，探索数字化转型发展，通过5G+云+AI技术实现煤矿生产智能化，推动解决传统煤矿行业效能低下、地质灾害频发等问题；通过打造集中化一体管理平台，优化管理模式，合理调配资源，降低管理成本及安全事故率。以数字乡村项目助力龙头企业发展，建设完成“数字乡村综合服务云平台”“楚猪一号智慧养殖大数据中心”“5G+无人机”“5G+精准种植示范基地”等5G应用。年内，楚雄市大数据中心在中国移动楚雄市分公司东南新城办公大楼落成。

（张溶鑫）

人事管理

【专业技术人才队伍】 2022年，楚雄市加大人才培养力度，组织88人机关事业单位工人参加技能人才培训，其中，中级工16人、高级工44人、技师28人。推荐上报各类人才29人，其中，推荐“享受省政府特殊津贴专家”候选人1人、“云南省有突出贡献优秀专业技术人才”人选3人、“兴滇英才支持计划”首席技师13人、“兴楚名匠”7人、“州中青年学术和技术带头人培养人选”5人参加省州选拔；评选“百名威楚工匠”98人；推荐申报专家基层科研工作站6个；深化职称改革和专业技术职称评审申报推荐管理工作，审核推荐512人参加评审，其中，正高级12人，副高级192人，中级226人，初级82人。深入企业宣传技能人才培养政策，动员企业积极组织人员参加高技能人才培训。年内，新增高技能人才436人。

【事业单位人事管理】 2022年，楚雄市完成事业单位公开招聘、紧缺人才招聘及政策性安置153人，其中，公开招聘工作人员80人，市教体系统引进高中紧缺学科教师35人，2019年招聘特岗教师服务期满且考核结果为合格及以上被聘用为学校教师20人，农村订单定向医学生2人，三支一扶人员2人。事业单位公开选调工作人员40人。年内，根据《事业单位人事管理条例》《事业单位工作人员奖励规定》《云南省人事厅转发〈事业单位工作人员考核暂行规定〉的通知》文件规定，圆满完成楚雄市2022年度事业单位工作人员及机关工勤人员年度考核工作。

（吴谨屹）

招商引资

【概况】 2022年，楚雄市实施招商引资项目406个，完成州外到位资金462.78亿元，完成州级下达任务数421.33亿元的109.84%，比上年增长26.32%。其中，完成省外到位资金350.02亿元，完成全年任务数279.94亿元的125.03%，增长43.79%；完成产业到位资金253.48亿元，增长26.42%，产业项目资金占总到位资金的54.77%。

【招商洽谈活动】 2022年，楚雄市压实招商引资第一责任人责任，落实“一把手”招商、小分队招商工作制度，以长三角、珠三角、京津冀、深圳、武汉、成都、重庆等区域和城市为重点，组织开展“请进来”“走出去”招商活动327次，市级领导带队赴省外招商28次，“请进来”洽谈96次。年内，促成中国航天科工集团有限公司、上海水星家用纺织品股份有限公司、力方数字科技集团有限公司、江苏中信博新能源科技股份有限公司等26家500强及高新技术企业到楚开展项目洽谈，签约宇泽40吉瓦单晶硅拉棒、宇泽42吉瓦切片、集中式光伏电站、光伏支架、哀牢山·楚雄野生动物世界建设等25个重点产业及其配套项目，其中亿元以上项目15个。

【重大项目推进】 2022年，楚雄市建成宇泽一期、二期10吉瓦单晶硅拉棒+8吉瓦切片项目和晶科一期5吉瓦电池片车间，实现产值98亿元。宇泽公司总部从江西省迁到楚雄市，成为云南省首家本土硅光伏企业，晶科能源成为楚雄州首家入选2022年度国家智能制造优秀场景企业。

【项目策划推介】 2022年，楚雄市聚焦“十四五”规划以及产业定位、区域发展思路，围绕光伏及半导体新材料产业、生物医药大健康产业、高原特色现代农业和绿色食品产业、文化旅游产业、现代物流产业等产业链，加强项目策划包装。年内，包装重点项目56个，提报州级重点项目12个，州级重点储备项目17个，入选省级重点策划项目1个。完善更新《楚雄市投资指南》，代表省州在第6届南博会、第5届进博会签约，举办“投资楚雄·合作共赢”福建厦门推介会、楚雄市2022年火把节“全国百家商会楚雄行”推介会，通过介绍推荐、广播电视、网络新媒体、微信公众号等形式，推介宣传楚雄招商“好声音”，吸引更多企业来楚聚集发展。

【投资服务】 2022年，楚雄市健全完善市级领导挂点联系重点招商项目服务机制，结合“三进企业、为企解忧”服务活动，落实招商项目月走访制度，按照“一个项目、一名市级领导、一个专班、一套方案、一包到底”的“五个一”机制落实招商引资项目服务责任，加快推进重大招商引资项目建设。年内，市级主要领导深入落地企业，为企业排忧解难15件（次），带头营造亲商、安商、爱商、护商的营商环境；23名市级领导、7家行业主管部门、3个产业招商项目专班、6家属地乡镇，做好项目全生命周期的跟踪、协调、服务工作，为企业协调办理事项255件（次），得到项目业主好评。

【“投资楚雄·合作共赢”招商引资福建厦门专场推介会】 2022年6月25日，楚雄市“投资楚雄·合作共赢”招商引资福建厦门专场推介会在福建省厦门市举行，市委副书记、代理市长罗兴贵出席会议并致辞，云南省厦门商会、云南厦商实业有限公司等70余家企业参加。推介会围绕光伏及半导体新材料产业、高原特色农业、生物医药及大健康产业、数字经济产业、民族特色文化旅游、现代物流产业、城市更新、中心城区商业综合体及住宅开发8个项目进行介绍，并就楚雄高新区4个园区情况和投资产业进行推介。楚雄市人民政府、楚雄高新区管委会与平和琯溪生态蜜柚产业园发展有限公司、上海奇高新能源有限公司、福建润盈建设集团有限公司等10家企业签约，签约项目涉及文旅、医疗、商务服务等领域，项目协议投资总额57.8亿元。

【火把节“全国百家商会楚雄行”招商引资推介会】 2022年7月22日，楚雄市举行2022年火把节“全国百家商会楚雄行”招商引资推介会，100余家省内外企业齐聚楚雄，共度火把节，共商合作事宜。州委常委、楚雄市委书记、楚雄高新区党工委书记冯毅出席会议并致辞，向参会企业介绍楚雄市交通区位、文化旅游、产业园区建设、营商环境打造等情况，楚雄市委副书记、市长罗兴贵就楚雄市5个文旅项目、3个新兴产业项目、5个商贸物流和地产项目、4个高原特色农业项目作推介，楚雄高新区党工委副书记、管委会主任鲁潜就楚雄高新区4个园区情况和投资产业作推介，参会企业到云南摩尔农庄生物科技开发有限公司、中国彝医药博览馆、楚雄市光伏及半导体新材料产业基地、楚雄市工业大麻产业基地等地进行实地参观考察。楚雄市人民政府、楚雄高新区管委会与云南省浙江商会、云南省福建总商会等12家企业签约，签约项目涉及装备制造、新能源、文旅、生物医药、农产品加工等领域，协议投资总额129亿元。

【参与上海嘉定招商引资推介会】 2022年8月3日，楚雄州2022年上海嘉定招商引资推介会暨项目签约仪式在上海市嘉定区举行，州委副书记、州长张文旺在会上致辞，副州长李勇作全州重点产业推介，州委常委、市委书记、楚雄高新区党工委书记冯毅作楚雄市招商推介，来自上海的申稼生物科技有限公司、上海愚农农业有限公司、上海乐祎科技发展有限公司等40余家企业负责人出席推介会。签约仪式上，楚雄市签订楚雄高新区与上海嘉定工业区产业开发合作框架协议、楚雄高新区云甸零碳园区项目等12个合作项目，意向投资总额226.06亿元。

【参与第6届南博会暨第26届昆交会】 2022年11月20日，第6届南博会暨第26届昆交会经贸合作项目签约仪式在昆明滇池国际会展中心举行，楚雄市委副书记、市长罗兴贵与南京玉虎文旅集团、力方数字科技集团有限公司分别签订《哀牢山·楚雄野生动物世界建设项目投资运营合作协议》和《楚雄老君山生态文化旅游产业园科技文化旅游产业项目投资运营框架协议》。2个项目分别投资20亿元和24亿元，以招商引资、合作共建等方式，依托老君山片区地理、人文等优势资源，通过基础建设、技术开发和市场运营，打造楚雄老君山生态文化旅游产业园，助力楚雄文化旅游产业发展。在会展中心，市委副书记、市长罗兴贵率队到楚雄展区开展巡馆，与参展企业交流，了解企业发展及产品销售情况，云南马大泡食品有限公司、云南摩尔农庄生物科技开发有限公司、楚雄云泉酱园有限责任公司和楚雄州志祥粮油有限公司参加展会。

（何佳瑾）

3月10日，楚雄市2022年优化营商环境与招商引资工作电视电话会议

（市投资促进局　提供）

经济社会发展研究

【概况】 2022年，楚雄市人民政府办公室、市经济社会发展研究中心整合市发展改革局经济运行分析、“八比八拼月擂台”和市统计局统计咨询、统计公报等有关职能，开展决策咨询和研究工作，加强与省政府发展研究室、省政府发展研究中心和州政府研究室的沟通和对接。年内，完成国务院发展研究中心在楚雄市2个乡镇4个村委会12户样本调查，完成清华大学校地人才合作“楚雄行”系列活动，保障省政府研究室、省政府研究中心和州政府研究室调研组到楚雄市专题调研10余个。

【文稿起草】 2022年，楚雄市经济社会发展研究中心牵头起草并完成2023年《政府工作报告》。牵头起草《楚雄市抓项目促投资稳增长“八比八拼”月擂台行动实施方案》，通过开展“八比八拼月擂台”行动，兑现奖励200万元，开展约谈30次，形成苦干实干、奋勇争先的良好氛围，并列入全市政府系统2023年继续重点打造的“创新楚雄”十大典型经验之一。牵头起草《楚雄市2023年政府工作报告重点任务分解》，创新形成“百亿目标任务分解”“百项重点工作任务分解”“影响楚雄”十大重点项目任务分解、“幸福楚雄”十大民生实事任务分解、“创新楚雄”十大典型经验任务分解、“先锋楚雄”十大全省标杆任务分解、“五大提速攻坚战”任务分解。牵头起草《关于进一步规范政府系统重大事项决策行为的实施意见》《市政府重大决策出台前向市人大常委会报告制度》。配合完成市政府迎接国务院大督查和补充耕地、城乡绿化美化、新型城镇化等10余项省州重点工作现场会重要材料，服务保障政府领导讲话等重要文稿起草工作。全年完成各类重要文稿60余篇。

【课题研究】 2022年，楚雄市经济社会发展研究中心围绕市委、市人民政府“大抓招商、大抓项目、大抓融资、大抓改革、大抓机制、大抓安全”的要求，全年精心谋划选定5个方面的调研主题。通过到一线听取意见、实地调研、收集资料，牵头形成《推进楚雄市金融服务乡村振兴创新示范区建设的思考》《楚雄市绿美乡村建设情况调研报告》等10余个调查研究报告，参与《楚雄市建设现代化区域中心城市》《楚雄市乡村振兴“三巩固”“六争先”三年行动计划实施方案》《楚雄市核桃产业高质量发展三年行动计划》等20余项重点工作部署文件的调查研究、起草撰写和审核把关等工作。为规范政府系统公文办理质量，根据市政府领导安排，牵头草拟并推动出台《楚雄市政府系统公文质量测评办法》，年内，该项工作由楚雄市经济社会发展研究中心组织实施，每季度对政府系统公文质量测评情况进行一次通报，每季度召开一次政府系统办公室主任联席会议，对政府系统办文、办会工作进行协调、安排和部署。

【安邦智库建设】 2022年，楚雄市政府办公室、市经济社会发展研究中心与安邦世纪（成都）科技咨询有限公司签订《信息服务合同》。内容包括提供2项主要服务：简报信息产品《每日经济》，信息更新频率为每天，服务费1.2万元／年；数据库产品《政府大数据信息库》，数据库可获取通过公开渠道追踪比对、田野调查形成的带有观点和建议的简要分析，以及先进发达地区的先进经验，费用3.6万元／年。12月12日，组织市政府办调研科、市经济社会发展研究中心、市发展改革局、市统计局相关干部职工40余人，收看安邦智库2023年度《经济趋势研讨会论坛》。

（张翔熙）

市直机关事务管理

【概况】 2022年，楚雄市机关事务服务中心坚持中央“八项规定”和有关接待纪律，服务保障好全国政协和省委、省人民政府有关领导赴楚雄市调研等重点工作，协助开展国家机关事务管理局到楚雄市调研名特优产品相关工作，参与筹备2022年火把节暨招商引资推介等大型活动。年内，开展廉洁自律承诺践诺，与全体干部职工、公务用车综合保障全体司勤人员、定点接待宾馆酒店和定点维修企业相关负责人等签订《廉洁自律承诺书》50余份。

【公车保障】 2022年，楚雄市采取“集中管理、统一调度”的模式，合理利用、有效配置公务用车资源，降低公务用车的运行费用成本。落实责任，强化司勤人员的教育管理，对每一辆车的运行情况进行分析和研判，及时掌握排查车辆状况和是否存在安全隐患，确保领导和用车单位乘得安全、用得满意；强化管理，严格执行调车程序、规范车辆管理，分别建立“车辆检查、调车记录、车辆保养、车辆维修”等管理台账，做到一车一档，确保车辆安全、有序、高效运行。至年底，为78家单位提供用车服务2386车次，安全行车41.5万千米，未发生严重交通安全事故。在做好全市党政机关公务出行保障的同时，履行市公务用车管理领导小组办公室职能职责，严格执行公务用车管理办法，强化公务用车日常监督，规范公务用车更新、报废审批程序。全年发出公务用车节假日监管通知要求5份，违规使用公务用车核查通知16份，电话核查整改145次，涉及54家单位79辆车。

【房产管理】 2022年，楚雄市按照市人民政府第41次常委会会议相关要求，政府采购购买物业管理服务办公区3个，调整2家单位办公用房，对5家单位办公楼提出维修建议。全年先后抽查35家机关单位办公用房使用情况，对于超标违规情况及时督促整改。完成全市党政机关办公用房信息数据系统上报，涉及78家单位、164幢，总用地面积43.44万平方米，总建筑面积35.95万平方米，办公用房建筑面积21.75万平方米，技术业务用房建筑面积13.47万平方米。牵头开展66家机关事业单位1560个内部停车位对外开放。建立完善全市公共机构能源资源系统，全市有166家下属单位名录库，涉及用能人数3.36万人次。对年度内的28家节约型机关创建单位进行检查评价并按时上报。

【后勤保障】 2022年，楚雄市机关事务服务中心机关后勤服务重点负责市机关职工食堂的运营管理工作。从服务干部职工，保障工作出发，始终严格标准，规范管理，从细处着手，认真落实好机关食堂的各项工作。全年服务就餐职工2.1万人次。

【会议服务】 2022年，楚雄市机关事务服务中心安排专人负责会议服务，牢固树立“小差错就是大问题”的意识，以高度的责任感确保不出差错。年内，保障全市视频会议367场次，参与省、州、乡镇调试395场次；对23个视频会议分会场开展巡检工作，排除大小隐患74起，保证全市视频会议系统的安全、稳定运行。

（张家宏）

〔栏目编辑：杨加丽〕

中国人民政治协商会议
楚雄市委员会

综　述

【概况】　2022年，中国人民政治协商会议楚雄市第十届委员会履行政治协商、民主监督、参政议政职能，推动全市政协事业实现新发展，为全市经济社会高质量发展和民主政治建设作出贡献。全年召开全体会议1次，常委会会议4次，党组会议17次，主席会议8次，干部职工会议43次，收到政协提案269件，立案246件；组织开展专题调研7次，专题视察2次，民主监督2次，督察督办2次，召开经济运行恳谈会1次，提出意见建议10条。

【重大事项请示报告制度】　2022年，政协楚雄市委员会结合工作实际，制定市政协党组向市委请示报告制度。年内，楚雄市政协严格执行政协履职中的重大问题、重大事项、重要活动向市委请示报告制度，全年就召开十届一次全体会议、制定重点协商和民主监督计划等有关重大事项向市委请示报告4次，党组书记每2个月向市委常委会和市委书记报告工作1次，确保市政协始终在市委领导下主动负责、积极有效地开展工作。

【政协常委会自身建设】　2022年，政协楚雄市委员会组织召开主席会议、党组会议、政协常委会会议，举办委员全员培训1期，“书香政协”读书活动2期，组织主席班子成员参加为期3天的全国政协第139期干部培训班暨加强和改进新时代市县政协工作专题研讨班、为期2天的全省政协系统业务培训班、为期3天的州政协委员培训班。深入落实中共楚雄市委《关于加强新时代人民政协党的建设工作的实施意见》，研究制定《楚雄市政协党组2022年“基层党建提质增效年”工作方案》。突出强化组织建设和思想政治引领，建立4个层级的联系制度（即：党组班子成员3项联系制度，主席班子联系民主党派、无党派、宗教界代表人士制度，中共党员常委联系党外常委制度，市政协委员2项联系制度），采取打电话、走访、座谈、邀请调研、参与工作等方式，加强与联系对象的经常性联系，了解掌握联系对象的工作情况，深入宣传党和国家方针政策，及时了解思想动态做好思想引领，充分听取意见建议，推进党的组织对党员委员全覆盖、党的工作对政协委员全覆盖，把党的领导落实到政协履职的全过程。召开市政协党组2022年党建、党风廉政建设、宣传思想暨意识形态工作会议安排部署相关工作，制定《2022年度市政协党组班子成员抓基层党建工作责任清单》《2022年度市政协党组书记抓基层党建工作责任清单》《党组关于全面推进“清廉机关”建设实施方案》《党组2022年意识形态工作要点》《2022年党组理论学习中心组学习计划》《2022年机关干部职工理论学习计划》《党组2022年“基层党建提质增效年”工作方案》压实党建工作责任和意识形态工作责任制。开展庆祝建党101周年系列活动，组织召开党员大会6次、支委会10次、党小组会议40场次、党员干部上党课3场，开展主题党日活动10次。

重要会议

【政协楚雄市十届一次会议】　2022年1月18—22日，中国人民政治协商会议楚雄市第十届委员会第一次会议在楚雄鹿城召开，会期5天。州委常委、楚雄市委书记冯毅出席会议并在开幕式上讲话，会议审议并批准马子才代表政协楚雄市第九届委员会常务委员会所作的工作报告、赵峨代表政协楚雄市第九届委员会常务委员会所作的提案工作报告，列席楚雄市第十届人

1月18日，中国人民政治协商会议楚雄市第十届委员会第一次会议　（马兴华　摄影）

民代表大会第一次会议第一次全体会议，听取并协商讨论政府工作报告，“两院”工作报告和其他有关报告，提出意见建议90条，选举孙春荣为政协楚雄市第十届委员会主席，选举王崇福、赵峨、阮骏、刘云波为政协楚雄市第十届委员会副主席，选举凡瑞为政协楚雄市第十届委员会秘书长。

【政协楚雄市十届常务委员会会议】 2022年，政协楚雄市十届常务委员召开会议4次，协商讨论相关工作。

第1次会议 3月30日召开。会议传达学习全国、省、州“两会”精神；协商讨论通过《政协楚雄市委员会2022年重点协商和民主监督计划》《政协楚雄市委员会2022年重点工作安排意见》《中国人民政治协商会议楚雄市第十届委员会专门委员会设置的决定》《中国人民政治协商会议楚雄市第十届委员会各专门委员会主任副主任名单》。

第2次会议 6月22日召开。会议传达学习习近平总书记近期重要讲话、指示精神和重要会议精神；听取市乡村振兴局关于楚雄市巩固拓展脱贫攻坚成果加快乡村振兴情况的通报；听取市农业农村局关于楚雄市乡村振兴重点产业发展情况的通报；听取市卫生健康局关于楚雄市深化医疗卫生体制改革情况的通报；听取市教育体育局关于楚雄市深化中小学铸牢中华民族共同体意识教育情况的通报；听取并审议通过《关于楚雄市巩固拓展脱贫攻坚成果加快乡村振兴重点产业发展情况的调研报告》《关于楚雄市深化三医联动改革加快推进紧密型县域医共体建设情况的调研报告》《关于楚雄市深化中小学铸牢中华民族共同体意识教育情况的调研报告》《中国人民政治协商会议楚雄市委员会协商工作规则》《中国人民政治协商会议楚雄市委员会委员履职工作规则》《中国人民政治协商会议楚雄市委员会关于强化政协委员责任担当的实施办法》《政协楚雄市委员会委员履职考评办法》《政协楚雄市委员会委员服务管理办法》《政协楚雄市委员会常务委员述职暂行办法》和人事事项。

第3次会议 9月23日召开。会议传达学习习近平总书记在中央统战工作会议、中央民族工作会议上的重要讲话精神，州政协近期重点工作会议精神；听取市发展改革局、市自然资源局、市林草局、市市场监管局、市工业信息化科学技术局、市政务服务管理局关于优化营商环境情况通报；听取市民族宗教局关于楚雄市创建全国全省民族团结进步示范市情况通报；听取市司法局关于楚雄市开展矛盾纠纷多元化解工作情况通报；听取州生态环境局楚雄市分局关于中央生态环境保护督察反馈问题整改情况通报；专题协商楚雄市优化营商环境加快培育和壮大市场主体工作、楚雄市创建全国全省民族团结进步示范市工作、楚雄市全国市域社会治理现代化试点矛盾纠纷多元化解工作和市政协十届一次会议提案办理视察重点提案督办及九届五次会议“B”类提案“回头看”工作。

第4次会议 12月28日召开。会议传达学习中共二十大精神和省委十一届三次全会、全省政协系统深入推进委员联系界别群众暨委员工作室工作会议精神，州委十届四次全会、市委十届五次全会精神；听取市人民政府通报政府系统办理市政协十届一次会议提案情况、市委办公室通报党群系统办理市政协十届一次会议提案情况；听取市住房城乡建设局、市教育体育局、市市场监管局、市水务局、市商务局、市卫生健康局、市发展改革局关于市政协十届一次会议提案建议落实情况专项民主监督意见整改情况的通报；听取市农业农村局、市工业信息化科学技术局、市城管局办理市政协十届一次会议提案情况报告并进行民主评议；听取十届市政协常委述职及市政协各专委报告2022年度工作，听取委员工作室建设情况通报和协商通过有关人事事项。

协商议政

【概况】 2022年，政协楚雄市委员会制定《中国人民政治协商会议楚雄市委员会协商工作规则》，经6月22日政协楚雄市第十届委员会常务委员会第二次会议审议通过后印发执行。全年召开楚雄市协商议政会5次，协商恳谈会4次。

【协商议政会】 2022年4月19日，楚雄市组织部分市政协委员及市卫生健康局、市中医医院、市妇计中心、市疾控中心相关领导召开调研座谈会，对楚雄市开展深化三医联动改革加快推进紧密型县域医共体建设工作开展专题协商。

4月28日，楚雄市组织部分市政协委员及市委宣传部、市委党校、市民宗局、市教体局、市文化和旅游局、市融媒体中心、鹿城小学、永安小学、金鹿中学、北浦中学各1名领导召开调研座谈会，对楚雄市深化中小学铸牢中华民族共同体意识教育开展专题协商。

5月19日，楚雄市组织部分市政协委员及市农业农村局、市工业信息化科技局、市烟草公司、市林草局、市供销社、开发区经济发展部、市文化和旅游局、市乡村振兴局、市商务局、市市场监管局、市发改局、州生态环境局楚雄市分局各1名领导召开协商会议，对楚雄市巩固拓展脱贫攻坚成果、加快乡村振兴重点产业发展情况开展专题协商。

6月17日，楚雄市组织部分市政协委员及紫溪镇、鹿城镇、苍岭镇、市交通运输局、市城管局、市总工会、市人民法院、市政务服务管理局、市民族宗教局、高新区组织人事部各1名领导召开调研座谈会，对楚雄市推进民族团结进步示范样板工程工作开展专题协商。

8月31日，楚雄市组织部分市政协委员及市委政法委、市信访局、市公安局、市司法局、市农业农村局、市人民法院、市人民检察院各1名领导召开调研座谈会，对楚雄市推进市域社会治理矛盾纠纷多元化解工作开展专题协商。

【协商恳谈会】 2022年3月15—18日，楚雄市政协组织市政协主席班子成员，各委室主任，联络处有关政协委员召开座谈会，就联络处设置、运行管理情况，联络处活动场所、工作运行保障有关事项进行研究明确，对联络处总召集人、联络员人选进行初步协商，就下步联络处开展学习培训、调研视察、双助推、协商在基层等活动和工作进行协商恳谈。

8月4—5日，楚雄市政协组织部分市党代表，市人大代表，市场主办方、经营方代表，群众代表，市政协委员及鹿城镇、东瓜镇、市属有关部门领导召开楚雄市城区农贸市场无障碍通道规范建管协商议事会议，对城区农贸市场无障碍通道建设工作开展协商恳谈。形成部分农贸市场无障碍通道建议管理意见建议。

8月25日，楚雄市政协组织部分市政协委员及市人民政府分管领导、市发改局、市住房和城乡建设局、市教体局、市农业农村局、市城管局、市卫健局、市市场监管局、市工信局、市水务局、市商务局主要领导召开座谈会，对市政协十届一次会议提案、九届五次会议“B类”提案办理工作中存在的主要困难和问题进行协商恳谈。

12月8日，楚雄市组织部分市政协委员及市委宣传部、市林草局、市自然资源局、市教体局、市总工会、团市委、市妇联、市工商联领导对楚雄市关注森林活动进行协商恳谈。

【经济运行恳谈会】 2022年10月12日，楚雄市召开经济运行恳谈会。会议由市委常委、市人民政府常务副市长周德华通报楚雄市2022年前3季度经济运行情况，部分市政协委员发言。会后共梳理部分市政协委员10个方面、35条意见建议报市委市人民政府参考。

10月12日，楚雄市政协2022年经济运行恳谈会 （叶国友 摄影）

民主监督

【中央生态环境保护督察反馈问题整改情况进行视察监督】 2022年5月16—19日，政协楚雄市委员会组织部分政协委员深入西舍路等4个乡镇对楚雄市落实中央生态环境保护督察反馈问题整改情况进行视察监督，提出部分意见建议。

【落实河（湖）长制工作情况进行督察】 2022年5月16—19日，政协楚雄市委员会组织部分政协委员深入西舍路等4个乡镇对楚雄市2022年上半年落实河（湖）长制工作情况进行督察，提出部分意见建议。

【重点办理提案及九届五次会议“B”类提案“回头看”情况视察督办】 2022年8月23—25日，政协楚雄市委员会组织部分政协常委、委员组成视察督办组，对市政协十届一次会议遴选出的10件重点提案和10个部门承办的133件提案及九届五次会议办理的25件“B类”提案的续办续复工作开展视察督办。通过视察督办，提出5个方面意见建议：提高站位，深化认识；端正态度，认真办理；立足落实，提高质量；加强跟踪，督促落实；强化宣传，增进影响。

提案工作

【概况】 2022年，政协楚雄市委员会提案委员会贯彻落实《全国政协提案办理协商办法》和《政协楚雄市委员会提案协商实施办法（试行）》，通过开展重点提案督办活动，发挥重点提案办理示范带动作用，推动全市提案办理工作，提高提案办理质量。市政协十届一次全会以来共收到提案295件，根据《政协楚雄市委员会提案工作规则》《政协楚雄市委员会提案立案审查实施细则》等规定，审查立案269件。按照《政协楚雄市委员会重点提案遴选与督办办法》初选，与有关承办单位进行协商，报请市政协主席会议审定，确定市政协重点督

12月5日，市政协委员到市法院诉讼服务中心调研 （叶国友 摄影）

办提案10件。重点提案由市政协主席班子成员领衔督办，市政协相关委室牵头组织实施。督办活动采取调研、视察、听取汇报、协商座谈、民主评议等方式进行。7月30日，重点提案完成督办，并形成重点提案督办工作书面总结报市政协提案委员会。至年底，所有提案全部办结。

【加快楚雄市数字经济建设的提案】 2022年1月6日，政协委员李春闻提出的《关于加快楚雄市数字经济建设的提案》。建议：强化顶层设计，科学编制发展规划；科学谋划“十四五”，推动数字经济、“数字楚雄”建设干在实处、走在前列；强化基础设施建设力度，打牢数字经济发展基础；推动网络互联互通，实现数据资源共建共享；狠抓数字应用建设，推动数字经济与各行业融合发展；强化招商引资，大力培育数字经济；强化人才培养，确保网络信息安全。该提案由楚雄市发展和改革局承办。6月，已办结。

【加快推进楚雄市基层公共卫生体系建设的提案】 2022年1月6日，政协委员刘应雄提出的《关于加快推进楚雄市基层公共卫生体系建设的提案》。建议：注重人才建设，市人民政府要围绕培养、引进和使用人才三个环节，针对人才队伍的现状，采取学历教育、继续教育、短期培训等有效手段，加强公共卫生人才队伍的教育培养；适当给予卫生系统引进人才自主权，编制人才引进规划，建立公共卫生医生规范化培养、“单位人”培养模式；完善服务功能，不断健全市乡镇、村（社区）三级网络，完善各种功能，加强技能培训，提高医疗水平和医疗设施。进一步健全和完善突发公共卫生事件应急处理体系，完善应急处理预案。加强三级协调配合，逐步理顺机制、联动部门，形成合力，齐抓共管，通过整合资源把公共卫生服务体系建设搞好；深入教育宣传，充分利用各种宣传媒体，全覆盖、多方位宣传好公共卫生相关政策、法律法规和卫生保健基本常识，广泛开展爱国卫生和健康教育，提高广大干部群众对公共卫生服务体系建设重要性的认识；强化监管和物资保障，组建专业监管队伍，对依法行医、药品质量、医疗器械质量等方面加强监管，切实保障广大群众就医和用药安全。进一步梳理应急物资需求，强化储备使用管理，完善物资储备目录和标准，制订物资储备中长期计划，建设平战结合的应急物资保障机制。该提案由楚雄市卫生健康局承办。6月，已办结。

【加强市场主体培育工作的提案】 2022年1月12日，政协委员杨国荣提出的《关于加强市场主体培育工作的提案》。建议：统一思想，让发展合力“聚起来”；突出重点，让市场主体“多起来”；分类施策，让市场主体“强起来”；政策扶持，让市场主体“大起来”；优化环境，让市场主体“活起来”。该提案由楚雄市市场监督管理局承办。6月，已办结。

【加强青少年心理健康教育的提案】 2022年1月14日，政协委员赵敏提出的《关于加强青少年心理健康教育的提案》。建议：重视心理健康教育课程设置；建议各学校充分利用心理咨询室。该提案由楚雄市教育体育局承办。6月，已办结。

【提升农村人居环境的建议】 2022年1月15日，政协委员李丽华、闻杰提出的《关于提升农村人居环境的建议》。建议：因地制宜，科学编制村庄规划；突出重点，提高整治水平；建管并重，完善长效机制；拓宽融资渠道，加大资金投入；广泛宣传发动，营造浓厚氛围；健全机制体制，落实责任。该提案由楚雄市农业农村局承办。6月，已办结。

【深化落实教育“双减”政策的提案】 2022年1月17日，政协委员李振海提出的《关于深化落实教育‘双减’政策的提案》。建议：相关部门要建立完善体制机制；学校要尽快推出合情合理的校内课业培训和扶助计划；教师要深入解读《“双减”意见》政策，主动适应、主动改变。该提案由楚雄市教育体育局承办。6月，已办结。

【农村饮用水水源地保护的提案】 2022年1月18日，政协委员刘欢、杨楚黎提出的《关于农村饮用水水源地保护的提案》。建议：做好宣传文章，加强水源地保护宣传；加强水源地的监管；加大饮用水水源地农村生活污染治理力度，减少农村面源污染。该提案由楚雄市水务局承办。6月，已办结。

【加快推进楚雄市新能源汽车充电设施建设的提案】 2022年1月18日，政协委员杞发荣、徐彦提出的《关于加快推进楚雄市新能源汽车充电设施建设的提案》。建议：加快推进楚雄市新能源汽车充电基础设施建设；激励社会资本进入公共充电设施建设，鼓励更多的新能源汽车企业参与公共充电设施建设和服务；加大统筹力度，除城区鹿城、东瓜外的乡镇要做好新能源汽车充电基础设施建设规划，逐步推进建设工作。该提案由楚雄市发展和改革局承办。6月，已办结。

【保护耕地、保障粮食安全的提案】 2022年1月19日，政协委员钱丽媛提出的《关于保护耕地、保障粮食安全的提案》。建议：开展耕地撂荒情况调查，建立农村撂荒耕地台账，精准反映各乡（镇）、各村、各户耕地撂荒面积、认真分析撂荒原因，掌握农村耕地撂荒情况；落实落细耕地地力保护补贴、种粮补贴等政策，加大对补贴发放情况的监督，揭示撂荒耕地享受补贴等问题，对于长期撂荒的停止发放补贴，待复耕复种后再重新纳入补贴范围。同时及时足额兑付各项惠农补贴，提高耕地使用者保护耕地的积极性和主动性；完善耕地保护目标责任制，明确耕地保护主体责任，将耕地保护各项任务层层细化至乡（镇）、村、组、户；结合农业、水利等措施，改善土壤性状、提高土壤肥力，为种植粮食作物创造良好的土壤环境条件；加强农村土地宣传，加大土地法律法规的宣传工作，将政策法规做到家喻户晓，让每一户、每一人都对土地撂荒防治问题有更加深刻的认识。该提案由楚雄市农业农村局承办。6月，已办结。

【推进农产品线上销售的提案】 2022年1月20日，政协委员杨继强提出的《关于推进农产品线上销售的提案》。建议：从农产品生产环节入手，夯实产业基础；从销售环节入手，打造农产品品牌；从配套环节入手，完善信息载体；从公共服务入手，助推电商升级。该提案由楚雄市商务局承办。6月，已办结。

【政协楚雄市十届一次会议以来提案工作】 2022年，政协楚雄市十届一次会议期间共收到提案295件，审查立案269件。3月13日召开提案交办会，精准交办到39个承办单位办理，开展跟踪督办13次，重点提案督办、提案办理情况专题视察2次，推动提案成果转化，269件提案全部办复。

【优秀委员工作室、优秀政协委员及提案表扬】 2022年11月15日至12月15日，政协楚雄市委员会组织对全市21个委员工作室及所属委员开展履职评价工作。经组织考核评选并报主席会议审定，对经济及工商联界委员工作室等6个委员工作室、李祎等39名“优秀政协委员”和《关于疫情防控背景下促进旅游企业加快复苏的提案》等26件“好提案”给予通报表扬。

表3　2022年政协楚雄市十届一次会议重点提案办理情况统计表

编号	提案标题	提案者	主办单位	协办单位	联系委室
11	关于加快楚雄市数字经济建设的提案	李春闻	市发展和改革局	市住房和城乡建设局、市农业农村局	办公室
29	关于加强市场主体培育工作的提案	杨国荣	市市场监督管理局		提案委
45	关于推进农产品线上销售的提案	杨继强	市商务局		委员联络委
46	关于保护耕地、保障粮食安全的提案	钱丽媛	市农业农村局		经农人环委
74	关于深化落实教育“双减”政策的提案	李振海	市教育体育局		文史委
139	关于农村饮用水水源地保护的提案	刘　欢、杨楚黎	市水务局		提案委
149	关于加快推进楚雄市基层公共卫生体系建设的提案	刘应雄	市卫生健康局	市市场监督管理局	社法委
199	关于加快推进楚雄市新能源汽车充电设施建设的提案	杞发荣、徐　彦	市发展和改革局		民宗委
226	关于加强青少年心理健康教育的提案	赵　敏	市教育体育局		文史委
268	关于提升农村人居环境的提案	李丽华、闻　杰	市农业农村局	市自然资源局	经农人环委

视察调研

【县域医共体建设专题调研】 2022年4月18—19日，政协楚雄市委员会组织部分政协委员深入鹿城镇河前社区卫生室、东华镇卫生院、市中医医院、市人民医院，对楚雄市深化三医联动改革加快推进紧密型县域医共体建设工作开展专题调研。通过调研，提出6个方面的意见建议：要夯实改革基础，成为“一家人”；要完善运行机制，拧成“一股绳”；要明确功能定位，下活“一盘棋”；要激发内生动力，用好“一把尺”；要加强互通共享，构建“一张网”；要强化改革合力，凝聚“一条心”。

【深化中小学铸牢中华民族共同体意识教育工作调研】 2022年4月27—28日，政协楚雄市委员会组织部分政协委员深入大过口乡、吕合镇和鹿城小学、北浦中学、金鹿中学、楚雄高新区永安小学对楚雄市深化中小学铸牢中华民族共同体意识工作情况开展调研。通过调研，提出5个方面意见建议：提高政治站位，深化思想认识；凝聚各方力量，形成工作合力；抓好师资队伍，夯实教育基础；紧抓课堂教学，完善课程体系；建设校园文化，抓好传承创新。

【巩固拓展脱贫攻坚成果加快乡村振兴重点产业发展情况专题调研】 2022年5月16—19日，政协楚雄市委员会组织部分政协委员深入西舍路等6个乡镇对全市巩固拓展脱贫攻坚成果加快乡村振兴重点产业发展情况开展专题调研。通过调研，提出4个方面意见建议：端正态度提高认识；完善规划加强引导；统筹城乡夯实基础；精准扶持培强龙头。

【优化营商环境培育壮大市场主体专题调研】 2022年5月26日、27日、30日，政协楚雄市委员会组织部分政协委员协同州政协调研组开展优化营商环境培育市场主体专题调研。通过调研，提出8个方面意见建议：进一步强化公平理念；进一步强化政策落实；进一步强化信息服务；进一步强化法治理念；进一步强化要素保障；进一步强化招商引资；进一步强化工作创新；进一步强化系统谋划。

【推进民族团结进步示范样板工程工作专题调研】 2022年6月30日至7月1日，政协楚雄市委员会组织部分政协委员深入紫溪镇、苍岭镇、鹿城镇、云南广厦规划建筑设计院、市总工会、市法院、市政务服务管理局、市交通运输局、兴隆寺等对楚雄市推进民族团结进步示范样板工程工作情况开展调研。通过调研，提出5个方面意见建议：提高政治站位，充分认识打造民族团结进步示范区样板的重大意义；把发展作为示范区样板建设的第一要务，着力推动民族地区经济发展；把强化资源整合作为民族团结进步创建工作关键点，着力增强示范区样板建设合力；把重视各民族文化的传承保护和创新交融作为示范区样板建设内生动力，着力壮大民族团结精神力量；把深入开展民族团结进步示范创建作为示范区样板建设重要内容，着力维护各民族大团结；把创新机制作为民族团结进步创建制度保障，着力构建创建长效机制。

【无障碍通道规范建管协商议事活动】 2022年8月4—5日，政协楚雄市委员会组织部分市党代表、市人大代表、市场主办方、经营方代表、群众代表、市政协委员及鹿城镇、东瓜镇、市属有关部门领导召开楚雄市城区农贸市场无障碍通道规范建管协商议事会议。对城区农贸市场无障碍通道建设工作开展协商，形成部分农贸市场无障碍通道建设管理意见建议。

【市域社会治理矛盾纠纷多元化解工作专题调研】 2022年8月30—31日，政协楚雄市委员会组织部分政协委员到东华镇、苍岭镇和市司法局、市人民调解委员会、市农业农村局对楚雄市推进全国市域社会治理现代化矛盾纠纷多元化解工作情况开展专题调研，提出5个方面意见建议：强化组织领导，提高思想认识；强化工作方法，提升履职能力；强化宣传教育，增强法律意识；强化队伍建设，夯实发展基础；强化保障机制，凝聚工作合力。

【上半年经济运行情况专题调研】 2022年9月6—7日，政协楚雄市委员会组织部分政协委员深入市农业农村局、市林草局、市工业信息化科技局、市商务局、市住房和城乡建设局、高新区进行2022年上半年经济运行情况专题调研，提出部分意见建议。

政协专门委员会工作

【提案委员会】 2022年，政协楚雄市委员会提案委员会草拟和审定155个提案撰写目录提供委员参考，让委员找准撰写提案的切入点。对政协楚雄市十届一次会议期间收到的295件提案进行初审、会审和终审，并案22件，不予立案4件，立案269件。3月13日召开提案交办会议，把269件提案交由37家市级党政部门及2个乡镇办理。对市政协十届一次会议评选出的10件重点提案和10家承办部门承办的133件提案及市政协九届五次会议办理的25件“B类”提案的续办续复工作情况开展视察、督办。年内，撰写报送提案工作信息37条（篇），其中，《云南政协报》采用7篇，云南政协报客服端采用14条，州政协速览采用1篇；向州政协报送社情民意3篇，撰写调研报告1篇，编辑“政协提案之声”11期。联系指导3个委员服务联络处按照“4+1”的要求开展好相关工作。参与市人力资源和社会保障局事业单位公开招考、招聘现场民主监督3场次。

【经济农业农村和人口资源环境委员会】 2022年，政协楚雄市委员会经济农业农村和人口资源环境委员会组织开展3项专题调研：5月16—19日，深入西舍路等6个乡镇，围绕“巩固拓展脱贫攻坚成果加快乡村振兴重点产业发展”主题开展深入调研。5月26—30日，协同州政协开展“优化营商环境加快培育壮大市场主体”调研。9月6—7日，组织经济工商界部分政协委员深入楚雄锦达农业开发有限公司养殖基地、中农联云南核桃交易市场等开展上半年经济运行情况专题调研。10月12日在市委党校召开楚雄市政协2022年经济运行恳谈会。会议由党组书记、主席孙春荣主持，市委副书记、市人民政府市长罗兴贵出席会议并讲话。结合2022年上半年经济运行情况专题调研，陈飞等8名市政协委员作专题发言，提出35条意见建议并形成综述报告1篇和社情民意8篇供市委、市人民政府决策参考。协调开展专项视察监督3次：5月11日，协同州政协开展龙川江综合整治提升工作情况视察，向州政协及有关部门提出意见建议11条。5月16—19日，开展2022年上半年落实河（湖）长制、林长制及生态环保问题整改情况督察视察，提出视察监督对策建议6条。10月20日，协同州政协到东华镇河前河、白衣河水库施工现场和大地基乡马龙河重点河段视察及河（湖）长制工作督察，提出持续抓好“四清”工作等督察意见4条。指导城区第四及大地基乡2个委员工作室开展好“4+1”活动，大地基乡委员工作室在考核中获“优秀”等次，2名政协委员均被评为“优秀”政协委员。配合省州政协开展“推动核桃产业高质量发展及农业科技创新”“楚雄州现代农业示范区建设”及“龙川江流域综合治理提升”“楚雄州绿色硅光伏产业发展”“优化营商环境培育壮大市场主体”等6场专题调研视察及落实河湖长制、林长制情况督察，完成交办的“关注森林”等工作任务。加强与市发展改革局等18家市属对口联系部门的协商沟通，参加联系部门开展的各类重点项目、重要会议的协商议政服务工作，完成保山市政协、江西宜春市政协、四川攀枝花市米易县政协等9批次考察调研协调服务任务。

【教科卫体和文化文史学习委员会】 2022年，政协楚雄市委员会教科卫体和文化文史学习委员会组织开展“深化三医联动改革，加快推进紧密型县域医共体建设”专题调研，深入实地，了解楚雄市开展公立医院综合改革、推动医共体建设、消除药品加成、推进分级诊疗、改革医保支付方式、开展远程诊疗及基层医疗机构综合能力提升等方面的情况；调研所形成上报的“社情民意”得到州政府主要领导的批示。参加“楚雄市高中教育提质增效工作专班”，在开展深入调研、多次会议讨论的基础上参与撰写相关工作方案；采取召开督办工作座谈会的形式对“关于加快落实城区学校规划建设选址用地的提案”办理情况开展跟踪督促；参加《楚雄市义务教育阶段学校课后服务管理办法》和“楚雄市妇女儿童发展规划（2021—2030年）”意见建议征求座谈会，结合实际提出意见建议。拟定持续打造书香政协履职品牌工作方案，对“书香政协”委员活动基地建设开展实地踏勘，确定3处选址；组织干部职工到市方志馆举行“书香政协委员活动基地”挂牌仪式暨“楚雄市政协机关强化党史学习激活书香政协之源专题讲座”；邀请知名书画家开展“宣传贯彻二十大精神暨书香政协主题书画创作活动”。指导城区第五委员工作室开展相关工作；开展“协商在基层”活动，解决群众诉求，确保协商成果运用到位、取得实效。指导督促委员服务联络处完成提案上报、大会发言、委员考核、信息上报等工作。做好政协全会的会前、会中、会后的一系列采访宣传报道工作。以贯彻落实二十大精神为主题，编撰书画《文史资料》1辑。

【社会和法制委员会】 2022年，政协楚雄市委员会社会和法制委员会聚焦市委政府重点工作积极建言献策，提交集体提案2件。组成调研组，到东华镇、苍岭镇和市司法局、市人民调解委员会、市农业农村局，对楚雄市推进全国市域社会治理现代化矛盾纠纷多元化解工作情况进行专题调研，提出具有可行性实效性建设性的意见建议，撰写有价值的调研报告，供市委、市人民政府决策参考。州、市政协调研组深入辖区企业实地调研法治化营商环境。先后组织主席班子及委员深入商贸企业和法院、检察院开展专题视察3次。贯彻落实省州市政协开展“协商在基层”工作，指导城区委员工作室（1）、东华镇委员工作室、子午镇委员工作室、大地基乡工作室（9月以前联系）开展学习活动。指导联系委员工作室及时做好《委员履职档案》和记录《委员履职日志》、撰写提案、搜集社情民意信息等工作。组织指导联系的3个委员工作室完成二次全会的提案建议、协商意见和二次全会发言稿撰写、收集、审核和上报，做到每个委员1件提案、每个工作室1件集体提案，完成大会发言稿8篇，提出“一府两院”的协商意见59条。根据《楚雄市推进全国市域社会治理现代化试点工作方案的通知》文件精神，接受州第三方考评组的评审验收3次。根据市委政法委《平安建设目标管理责任制考核评价实施细则》的相关要求，认真落细落实市政协平安楚雄建设、综治维稳、常态化扫黑除恶斗争、反邪教、矛盾纠纷排查化解、普法依法治理、依法治市、法治建设等工作。组织云南兴彝律师事务所律师为委员开展“百名法学家百场报告会”专题讲座1场。

【民族和宗教委员会】 2022年，政协楚雄市委员会民族和宗教委员会组织部分市政协委员开展《深化中小学铸牢中华民族共同体意识教育》和《关于楚雄市推进民族团结进步示范区样板工作》的专题调研。深入城区第（3）委员服务工作室、三街镇、树苴乡委员服务工作室调研了解工作，按照统一的建设标准，指导工作室搭建好委员履职平台和开展好“协商在基层”工作。组织城区工作室委员对楚雄市交房即交证、交地即交证和工业大麻、晶科、宇泽企业实地调研，对永兴小吃路段污水横流情况及烂尾楼工作推进情况进行走访了解，并撰写社情民意，以工作室名义提交集体提案1件。推进“协商在基层”工作，树苴乡“建设民族团结示范村”协商议事成果得到有效转化，协商解决三街镇三街村委会下力格么村民小组饮水安全问题。依托城区委员服务联络处（3）平台，针对彝人古镇宝鼎苑小区住户向彝人古镇社区反映小区管理不规范问题与社区开展调研1次，召开协调会议2次、协商会议1次，提出合理小区管理制度，保障住户权益及消防安全。巩固市政协州级民族团结进步示范创建单位成果，做好2019年、2020年、2021年三年来的创建资料收集和归档，申报复核材料，确保复核工作圆满完成，2022年市政协被市委评为民族团结进步示范“模范集体”。市政协机关分别有1名干部和1个家庭被市委评为民族团结进步示范先进个人和示范家庭。

【委员联络委员会】 2022年，政协楚雄市委员会委员联络委员会围绕“城区农贸市场无障碍通道规范建管、城市交通、老旧小区提升服务管理、农村人居环境提升、乡村振兴产业发展、城乡教育工作、民族团结进步示范建设”等热点难点问题，确定26个协商议题，开展26场次形式多样的基层协商活动，形成“符合实际、体现民意、助推发展”的协商意见88条，为群众实际解决困难办实事26件。上报省政协信息26篇，在《云南政协报》刊播信息37篇，在州政协工作速览播报9条，制作“协商在基层”专题宣传片5部。统筹做好联络服务工作，科学合理划分成立21个委员工作室。拟定《委员服务管理办法》等11项制度，为加强和改进政协委员的履职管理提供基础和依据。完成228名政协委员年度履职考核，21个委员服务联络处年度工作考核，实现委员履职管理制度化、规范化。研究出台《委员工作室“4+1”工作制度》《委员联系服务界别群众制度（试行）》等系列制度，建立240名政协委员《履职档案》《委员履职手册》。推进委员工作室建设，实现界别全面覆盖、委员全部入室的建设目标。以加强政协委员联络作为新时代人民政协工作履职的突破口，把“数字政协”委员信息化履职平台建设作为“干在实处，走在前列”大比拼标杆项目，完成在全省县、市（区）级政协的争创目标。发挥政协力量和委员资源，开展“五项产业”和做好“10件实事”“双助推”工作，深入扶贫联系点，走访慰问脱贫包保户。

（黄泽利）

〔栏目编辑：杨加丽〕

中国共产党楚雄市纪律检查委员会　楚雄市监察委员会

2023

楚雄市年鉴

综 述

【概况】 2022年，楚雄市纪检监察机关始终把学习贯彻习近平新时代中国特色社会主义思想作为重中之重，坚持把迎接党的二十大召开和学习宣传贯彻党的二十大精神作为工作主线，坚决贯彻党的自我革命战略思想和全面从严治党战略方针。年内，召开市纪委常委会引领学23次、理论学习中心组专题学8次、干部职工会广泛学21次。全年立案130件，处分127人。项目化、清单化、具体化推进“清廉楚雄”建设7个专项行动，“红白榜”综合排名位居全州第一，其中4个专项行动名列榜首。打造市城管局、鹿城小学等28个“清廉单元”示范点，选聘清廉网格监督员562人。纠正“四风”（形式主义、官僚主义、享乐主义、奢靡之风），查处违反中央八项规定精神问题11件29人，通报曝光7批10起。常态化通报曝光涉嫌酒驾醉驾问题8批11人，作风革命效能革命典型案例通报3批5起，查处破坏营商环境行为144件51人、群众身边腐败和作风问题41件72人，推动烂尾多年的“万湖东城”“鹿鸣清城”项目复工续建。全覆盖推广村（社区）集体“三资”（农村集体资金、农村集体资产和农村集体资源）提级监督，常态化推进“打伞破网”工作，综合施策化解信访举报积案。开展专项监督30余场次，发现问题640余个，移交问题线索44件。制定十届市委巡察工作规划，开展“巡察工作基础建设年”，对64个党组织开展常规巡察3轮，发现问题1396个，提出意见建议169条，累计清退违规资金44.2万元，移交问题线索16件。在全州创新开展“互联网+巡察”，开发运用“码上巡察”平台，成立市委巡察信息研究中心，楚雄市被确定为全省县级巡察工作联系点。

【“四项监督”统筹衔接机制】 2022年，楚雄市纪检监察机关探索建立纪律、监察、派驻、巡察“四项监督”统筹衔接机制，构建“1+3+6”大监督工作格局，使各类监督形成合力，增强工作的整体性、协同性和实效性。在粮食购销领域腐败问题专项整治中，市委监察机关整合各类监督力量，推动专项整治、专项巡察、专项审计、专案办理同向行动，严肃查办一批“靠粮吃粮”的贪腐案件，清除长期隐匿粮食购销领域的政治生态污染源，找准粮食企业乱象背后的病根病灶。年内，紧盯部门职责履行，以精准有力的监督推动景泰园小区违法违规建设整治，经验做法拍摄成《党员干部带头拆！“走心”拆违的楚雄样本》专题片在“清风云南”播出。

【纪检监察队伍建设】 2022年，楚雄市坚持以政治建设为统领，加强机关党的建设，推动党建与业务工作双融合双促进双提升，市纪委市监委2名干部分别获中央纪委国家监委和省纪委省监委嘉奖，2名干部被评为“楚雄州贯彻新发展理念、推动高质量发展先进个人”。选优配强纪委监委领导班子，调整交流纪检监察干部7名，提拔使用7名，从系统外选调7名。注重以案代训、以战代训，用“实训夜校”“巡察讲堂”“每月一测”淬炼“内功”。市监委首次向市人大常委会报告专项工作，拓宽特约监察员和阳光监督员监督渠道。加强内部监督和制约，处置反映纪检监察干部信访举报2件，严防“灯下黑”。

重要会议

【中共楚雄市纪委十届二次全会】 2022年2月26日，中国共产党楚雄市第十届纪律检查委员会第二次全体会议在楚雄市举行。出席全会的有市纪委委员25人，列席295人。州委常委、市委书记冯毅出席全会并讲话。市委常委，市人大常委会、市人民政府、

2月26日，中国共产党楚雄市第十届纪律检查委员会第二次全体会议 （黄永美 摄影）

市政协、楚雄高新区领导班子成员及市人民法院院长、市人民检察院检察长出席会议。有关方面负责人参加会议。全会由市纪委常委会主持，全会以习近平新时代中国特色社会主义思想为指导，全面贯彻落实党的十九大和十九届历次全会、十九届中央纪委六次全会，省第十一次党代会、省纪委十一届二次全会，州第十次党代会、州委十届二次全会、州纪委十届二次全会以及市第十次党代会、市委十届二次、三次全会精神。总结2021年工作，部署2022年任务。会议审议通过陈燕青代表市纪委常委会所作的《弘扬自我革命精神　忠诚履行职责使命　以优异成绩迎接党的二十大胜利召开》工作报告。

【中共楚雄市纪委十届常委会会议】 2022年，中共楚雄市纪委市监委共召开十届常委会（监委委员）会议23次，研究部署相关工作。

1月5日，召开十届市纪委常委会第14次会议暨市监委委员会议，研究审议党纪监察立案工作。

1月20日，召开十届市纪委常委会第15次会议暨市监委委员会议，研究审议党纪监察立案事宜。

1月24日，召开十届市纪委常委会第16次（扩大）会议暨市监委委员会议。会议传达学习中国共产党第十九届中央纪律检查委员会第六次全体会议精神和习近平总书记在全会上的重要讲话精神；传达学习中国共产党楚雄州第十届二次全体会议精神，楚雄市第十届人民代表大会第一次会议及政协楚雄市第十届委员会第一次会议精神。研究审议《楚雄市纪委市监委党史学习教育专题民主生活会领导班子对照检查材料》，移送审查、党员处分等事宜。

2月8日，召开十届市纪委常委会第17次会议暨市监委委员会议。会议传达学习中共云南省纪委十一届二次全会、中共楚雄州纪委十届二次全会、中共楚雄州委政法工作会议精神，研究中共楚雄市纪委十届二次全会相关事宜。

2月10日，召开十届市纪委常委会第18次会议暨市监委委员会议，研究审议党纪监察立案工作。

3月4日，召开十届市纪委常委会第19次会议暨市监委委员会议。会议传达学习省委贯彻习近平总书记在省部级主要领导干部专题研讨班上的讲话精神和读书班开班仪式上王宁书记的讲话及《省委巡视工作领导小组关于认真学习贯彻〈关于加强巡视整改和成果运用的意见〉的通知》《中共楚雄市委印发〈贯彻落实中央八项规定精神具体实施办法〉》，传达全市组织、宣传思想、意识形态工作会议精神，学习《2022年全市统战工作会议和市委对台工作会议精神》《楚雄市创建全省全国民族团结进步示范市工作会议精神》要求，并研究贯彻意见。审核楚雄市2021年度党风廉政建设责任制考核结果，通报市纪委市监委2021年度科级及以下公务员、机关工人年度考核等次评定情况。

3月7日，召开十届市纪委常委会第20次会议暨市监委委员会议。会议研究审议市纪委市监委成立创建全省全国民族团结进步示范市工作领导小组、工作方案和任务分解方案并安排部署相关工作，研究审议大额资金使用，市监委向市人大报告专项工作实施方案及违纪违法案件审理工作。

3月28日，召开十届市纪委常委会第21次会议暨市监委委员会议。会议传达学习省委常委、省纪委书记、省监委主任冯志礼在州市纪委书记座谈会上的讲话精神，省纪委省监委《关于德宏州盈江县花费巨资建设“象群”雕塑搞“面子工程”“形象工程”等问题的通报》《关于三起巡视整改监督责任落实不到位典型问题的通报》，市委办公室、市人民政府办公室印发《楚雄市重点产业和重大项目专班推进制度的通知》；研究审议领导班子分工事宜，清廉楚雄专项行动，清廉单元建设，2020年度综合绩效个人考核奖金年终发放方案，谈话室改造，监察立案，违法案件调查及处置等工作。

4月7日，召开十届市纪委常委会第22次会议暨市监委委员会议。会议传达市委办公室、市人民政府办公室印发《楚雄市推进作风革命加强机关效能建设10条措施（试行）的通知》精神，研究《楚雄市纪检监察工作高质量发展三十条》及贯彻意见，审议监察立案事宜。

5月23日，召开十届市纪委常委会第23次会议暨市监委委员会议。会议传达学习州委常委、州纪委书记、州监委主任杨佳贤“两个责任”专题约谈讲话精神。研究追责问责、违纪违法处分和市纪委市监委党建工作相关事宜。审议《市纪委市监委2022年度意识形态工作责任书》《市纪委市监委理论学习中心组2022年专题学习重点内容安排》。

5月25日，召开十届市纪委常委会第24次会议暨市监委委员会议，研究审议违纪违法案件处分事宜。

6月2日，召开十届市纪委常委会第25次会议暨市监委委员会议，研究审议党纪立案事宜。

6月16日，召开十届市纪委常委会第26次会议暨市监委委员会议。会议传达学习5月27日中央政治局会议和中央政治局第十九次集体学习精神，州委常委、州纪委书记、州监委主任杨佳贤在“清廉楚雄”调度会议上的讲话精神并研究贯彻落实工作。研究审议“码上巡”开发运用、干部人事、违纪违法案件审理等工作。

6月29日，召开十届市纪委常委会议第27次会议暨市监委委员会议。会议传达学习习近平总书记在6月17日中共中央政治局第四十次集体学习时的讲话精神，研究审议领导班子分工、案件移送等工作。

8月1日，召开十届市纪委常委会第28次会议暨市监委委员会议，研究审议干部人事、乡镇监察人员及纪检专干任免等工作。

8月10日，召开十届市纪委常委会第29次会议暨市监委委员会议，研究审议监察立案事宜。

8月31日，召开十届市纪委常委会第30次会议暨市监委委员会议，研究审议党纪立案等事宜。

10月9日，召开十届市纪委常委会第31次会议暨市监委委员会议。会议传达学习习近平总书记近期重要讲话、批示指示精神。听取责任部室对照州纪委州监委2022年综合考核《定量考核指标体系》，汇报各自牵头的指标完成情况，分析存在问题，研究部署下步工作。听取“清廉楚雄”建设7个专项行动“红白榜”指标完成情况及“清廉楚雄”“清廉单元”推进情况汇报，研究部署下步工作。研究审议《州纪委州监委对市纪委市监委政治监督专项蹲点调研反馈意见整改方案》，大额资金收支情况、工会经费补助、干部工作、党纪政务立案和党员干部处分事宜。

11月11日，召开十届市纪委常委会第32次会议暨市监委委员会议。会议传达学习党的二十大精神、十九届中央纪律检查委员会向中国共产党第二十次全国代表大会的工作报告、《中国共产党章程》，研究审议《州纪委州监委2022年综合考核加分事项》、大额资金收支情况、问责和党员干部处分事宜。通报谈话室、休息室改造及设备安装项目结算情况等。

12月12日，召开十届市纪委常委会第33次会议暨市监委委员会议。会议传达学习党的二十大精神和省委、州委关于学习贯彻党的二十大精神的通知精神，研究审议楚雄市纪委监委“走读式”谈话场所提升改造项目有关事宜。

12月16日，召开十届市纪委常委会第34次会议暨市监委委员会议。会议传达学习党的二十大精神和习近平总书记近期重要讲话、指示批示精神及州委十届四次全会、市委十届五次全会精神和《中共楚雄市委关于深入学习贯彻党的二十大精神 奋力开创新时代楚雄市社会主义现代化建设新局面的决定》。研究讨论市纪委市监委领导班子成员分工事宜。审议楚雄市纪委监委“走读式”谈话场所提升改造项目有关事宜，近期大额资金收支情况和立案事宜。

12月20日，召开十届市纪委常委会第35次会议暨市监委委员会议。会议研究审议楚雄市纪委市监委“走读式”谈话场所提升改造项目选取招标代理公司有关事宜及立案事宜。

12月21日，召开十届市纪委常委会第36次会议暨市监委委员会议。会议研究审议楚雄市纪委市监委“走读式”谈话场所提升改造项目有关事宜及干部处分事宜。

12月28日，召开十届市纪委常委会第37次会议暨市监委委员会议。会议研究审议干部处分及楚雄市纪委监委“走读式”谈话场所提升改造项目有关事宜。

【楚雄市2022年度党风廉政建设责任制检查考核汇报会暨述责述廉测评会议】 2022年11月7日，楚雄市召开2022年度党风廉政建设责任制检查考核汇报会暨述责述廉测评会。州委第四检查考核组领导及成员；市委常委，市人大常委会、市人民政府、市政协、楚雄高新区领导班子成员，市法院院长，市检察院检察长；市属各部门党政主要领导；市纪委常委、市监委委员，市纪委市监委各派驻机构负责人；各乡镇党委书记、人大主席、乡镇长、纪委书记；各类代表21名参加会议。

廉政教育

【党风廉政建设】 2022年，楚雄市召开市纪委十届二次全会，全面安排部署党风廉政建设和反腐败工作。市委与3个市级班子和15个乡镇、51个市属部门党组织签订《党风廉政建设责任书》，并对2022年重点工作进行任务分解，压紧压实责任。市委主要领导认真履行第一责任人责任，做到“四个亲自”（即：重要工作亲自部署、重大问题亲自过问、重点环节亲自协调、重要案件亲自督办），召开市委常委会会议14次、党风廉政建设责任制工作领导小组会议2次，专题听取研究党风廉政建设和反腐败工作。坚持落实党风廉政建设“两个责任”（即：党委负主体责任，纪委负监督责任）双月提醒报告制度，实行重点监督事项派单机制，连续5年开展“两个责任”专题约谈，推动党委主体责任、纪委监督责任、书记第一责任人责任、班子成员“一岗双责”贯通联动、一体落实。加强对“一把手”和领导班子的监督，分级分层开展“一把手”监督谈话900余人次，组织27家单位“一把手”在市委常委扩大会议述责述廉。制定领导干部插手干预重大事项记录报告制度，规范领导干部用权行为。对2021年度党风廉政建设责任制考核为优秀的单位进行通报表扬。市委常委会3次专题听取省委对州委、州委对市委2021年度党风廉政建设责任制检查考核反馈问题整改落实情况汇报，确保问题彻底整改到位。坚持市委常委带队，组成检查考核组10个，对2022年度党风廉政建设责任制检查考核，深入检视全市管党治党、政治生态建设中存在的突出问题，压实管党治党政治责任。

【警示教育】 2022年，楚雄市持续推进以案促改、以案促教、以案促治，发挥案件查办的治本功能。市委常委会常态化学习通报违纪违法典型案例6次25起，全市组织召开警示教育大会287场次，受教育人数2.15万人次。组织全市各级各部门观看《“黑影”现形记》《念错酒“经”的掌门人》《龙川江之问》《迷失的“粮”心》《筑路人的不归路》等系列警示教育专题片1000余场次，接受教育3.4万人次。对7个案件深入剖析发案原因，规范并用好纪检监察建议，建立跟踪、反馈等机制，强化跟踪督促，确保整改效果，发出建议书11份。

【廉洁文化】 2022年，中共楚雄市纪委市监委深入贯彻落实中央《关于加强新时代廉洁文化建设的意见》，把厚植廉洁文化作为推动全面从严治党的重要内容，以“十个一”系列活动推进廉洁教育走深走实。组织“威楚清风”微视频征集及展播活动，搭建指尖上的“廉洁文化课堂”，拓展清廉文化阵地，推动更大范围、更加生动地传播廉洁文化。深入学习贯彻省委、省纪委省监委“清廉云南”建设和州委、州纪委州监委“清廉楚雄”建设的安排部署精神，召开“清廉楚雄”建设工作推进会议2次，压紧压实各级党组织“清廉单元”建设政治责任。聚焦党员干部勤勉、营商环境优化、乡村治理有效、育人环境改善、医德医风转变5个方面抓好“清廉单元”建设，做好新时代廉洁文化建设，培树市政务服务管理局、鹿城小学等一批“清廉单元”示范点。

【“清廉楚雄”建设行动调度会】 2022年5月20日，楚雄市召开“清廉楚雄”建设行动调度会。市纪委常委、市监委委员，市纪委市监委机关各部室、各派驻机构负责人，市委巡察办副主任，乡镇纪委书记参加会议。会议对相关工作情况进行通报，听取“清廉楚雄”建设各专项行动及乡镇纪委工作情况汇报，并对工作进行安排。

8月20日，楚雄市召开清廉楚雄建设第二次推进会议。市属各部门主要领导，各乡镇党委书记、纪委书记，市纪委市监委领导班子成员，市纪委市监委机关各部室、派驻机构负责人，市委巡察办主任、巡察组长参加会议。市委教育工委、市卫生健康局党委、市财政局党委、鹿城镇党委汇报“清廉单元”工作推进情况，市委常委、市纪委书记、市监委主任钱志华出席会议并讲话。

10月24日，楚雄市召开“清廉楚雄”建设7个专项行动第三次调度会，市纪委常委、市监委委员，各乡镇纪委书记，市纪委市监委机关各部室、派驻机构、巡察机构全体人员参加会议。会上，负责牵头“清廉楚雄”7个专项行动的部室、组围绕工作推进情况、工作中存在的问题和不足、下步工作计划3个方面内容进行深入分析。市委常委、市纪委书记、市监委主任钱志华出席会议并讲话。

【市级领导干部警示教育大会】 2022年4月29日，楚雄市召开市级领导干部第一期警示教育大会。全市实职副处级以上领导集体观看《“黑影”现形记》《念错酒“经”的掌门人》以及国家和省长江经济带生态环境警示教育片。州委常委、市委书记冯毅开展集体廉政提醒谈话。

8月20日，楚雄市召开市级领导干部第二期警示教育大会。全市实职副处级以上领导，市属各部门党政主要领导（含楚雄高新区各部、局、中心），市委办公室副主任、市政府办公室副主任，各乡（镇）党委书记、乡镇长，市属各国有企业主要负责人集体观看由州纪委州监委组织拍摄的警示教育片《龙川江之问》《迷失的“粮心”》。州委常委、市委书记、楚雄高新区党工委书记冯毅出席会议并开展廉政提醒谈话。

12月14日，楚雄市召开市级领导干部第三期警示教育大会。全市实职副处级以上领导，市委办公室常务副主任、副主任，市政府办公室副主任，市属各部门党政主要领导（含楚雄高新区各部、局、中心），各乡（镇）党委书记、乡镇长集中观看警示教育片《对“酒驾醉驾”坚决说不》《失守的质检“守门人”》，州委常委、市委书记、楚雄高新区党工委书记冯毅出席会议并开展集体廉政提醒谈话。

监督执纪

【党内监督】 2022年，楚雄市深入落实《中国共产党党内监督条例》，严格执行《关于构建“大监督”工作格局的实施意见（试行）》，认真落实市纪委市监委《关于推进“四项监督”统筹衔接提升监督质效的实施办法》，坚持系统观念，健全权责协同、优势互补、资源共享的“1+3+6”大监督体系，统筹推进纪律监督、监察监督、派驻监督、巡察监督有机贯通、相互融合，推动制度优势更好转化为治理效能。持续优化“1+3+6”大监督工作格局，9类职能监督主体移送问题线索60条。前移监督执纪关口，精准运用“四种形态”处置332人次，

8月20日，楚雄市“清廉楚雄”建设2022年第二次推进会议　（黄永美　摄影）

其中第一、二种形态占比83.73%。

【日常监督】 2022年，中共楚雄市纪委市监委研究制定《楚雄市纪委市监委2022年监督检查工作方案》，明确日常监督事项21个、专项监督事项24个。年内，把7个执纪监督审查调查室、19个派驻机构、5个市委巡察组优化设置为5个综合监督检查组，建立由党风政风监督室牵头抓总，1个派驻机构统筹负责、1个执纪监督审查调查室、1个市委巡察组、2个相关派驻机构分工协作、具体实施、相互协调、一体推进的“1+1+3”室组巡联动监督机制。

【监督保障】 2022年，中共楚雄市纪委市监委紧扣纪检监察职责，聚焦“三新一高”等重大决策部署落实情况，精准监督、跟进监督，问责落实“两个维护”不彻底、履行“两个责任”不到位党组织7个、党员干部34人。年内，开展以精准监督助力“湖泊革命”专项行动，对龙川江水生态环境保护不力问题严肃追责。围绕环保督察反馈问题整改、巩固拓展脱贫攻坚成果同乡村振兴有效衔接、作风革命效能革命、“清廉单元”建设、烂尾楼清理整治、“一卡通”专项治理、统计造假不收手不收敛问题专项纠治等工作，组织开展监督检查30余次，发现问题640余个并督促整改，移交问题线索44件。全覆盖对各乡镇各部门开展政治监督蹲点调研，及时发现和纠正政治偏差。持续开展巡视巡察、审计、环保督察等各类反馈问题整改监督。

【专项监督检查】 2022年，楚雄市纪委围绕巩固拓展脱贫攻坚成果同乡村振兴有效衔接、“一卡通”专项治理工作开展专项监督检查，同时对烂尾楼、学校食品安全、集体“三资”等整治项目均组织开展监督检查。全市纪检监察机关共受理问题线索41个，处置41个，处理72人，给予党纪政务处分7人；通报曝光5人。重点对2016年以来各级各类环保监督检查反馈的118件（按127件整改）问题的整改情况进行监督检查，发现问题67个，全部督促完成整改，受理处置问题线索12件，立案8件，问责5个单位4人，给予党纪政务处分9人，采用批评教育等方式处理108人，制发纪检监察建议7份。

审查调查

【问题线索处置】 2022年，楚雄市纪检监察机关受理信访举报522件，处置问题线索309件，立案130件，结案142件，处分127人，采取留置措施9人，移送检察机关13人，挽回经济损失1645.7万元。发挥“室组乡”联合办案机制优势，办理上级指定管辖案件12件。开展办案安全专题教育和集中纠治活动，推进“走读式”谈话综合场所建设，为安全执纪审查“保驾护航”。深挖案件背后存在的深层次问题，制发纪检监察建议书21份，督促弥补制度短板和监管漏洞。

【监督执纪问责】 2022年，楚雄市查处违反中央八项规定精神问题11件29人，通报曝光7批10起。常态化通报曝光涉嫌酒驾醉驾问题8批11人。发现作风方面问题89个，发出典型案例通报3批5起。开展优化营商环境监督治理专项行动，查处破坏营商环境行为144件51人。为受到不实举报的干部36人澄清正名。坚持以“小切口”推动大治理，持续整治乡村振兴、教育医疗等民生领域侵害群众利益问题，查处群众身边腐败和作风问题41件72人，推动烂尾多年的“万湖东城”“鹿鸣清城”项目复工续建。全覆盖推广村（社区）集体“三资”提级监督，督促开展惠民惠农财政补贴“一卡通”专项治理，常态化推进“打伞破网”工作，综合施策化解信访举报积案，解决群众急难愁盼问题。

【“7个专项”行动】 2022年，中共楚雄市纪委市监委严格按照作风革命效能革命要求，持续保持工作劲头，推进“清廉楚雄”建设“7个专项”（以“小”见严纠“四风”专项行动、优化营商环境监督治理专项行动、“小切口”整治民生领域问题专项行动、以精准监督助力“湖泊革命”专项行动、新冠疫情防控一线监督在行动、正风肃纪雷霆行动、澄清正名激励担当作为专项行动）行动。开展以“小”见严纠“四风”专项行动方面，全市各级纪检监察机关受理以“小”见严纠“四风”专项行动问题线索30个，查处11个，处理29人，问责6人，党纪、政务处分19人，通报曝光12件。年内，全市各级纪检监察机关受理问题线索188个，查处188个，问责8人，党纪政务处分43人，移送司法部门10人，发现问题82个，整改82个，通报曝光38人。开展疫情防控专项监督检查1128次，发现并督促整改问题562个，问责2人，谈话提醒305人，批评教育2人。开展正风肃纪雷霆行动，发现问题线索309件，立案130件，立案审查调查科级干部15人，结案144件，采取留置措施9人，移送检察机关12人，挽回经济损失1051.98万元，给予党纪政务处分78人，其中给予党纪处分66人，政务处分21人，双重处分9人。澄清正名激励担当作为专项行动方面，通过书面澄清和会议澄清方式对失实检举控告澄清35件36人，提醒教育21件21人。

（周　瑾）

〔栏目编辑：杨加丽〕

民主党派 · 工商联

2023
楚雄市年鉴

中国致公党楚雄市基层委员会

【概况】 2022年，中国致公党楚雄市基层委员会深入学习贯彻习近平总书记关于做好新时代党的统一战线工作的重要思想的论述，开展中共党史学习教育、“不忘合作初心，继续携手前进”主题教育活动、“矢志不渝跟党走、携手奋进新时代”政治交接主题教育。围绕中共楚雄市委、市人民政府的中心工作，认真履行参政议政、民主监督、政治协商职能，不断加强自身建设，主动开展社会服务。至年底，中国致公党楚雄市基层委员会设主委1人、副主委3人；有支部6个，党员88人。党员中，致公党楚雄市委员会有州人大代表1人，州、市政协委员9人，人民陪审员2人，纪检监察部门“阳光监督员”4人，市检察院“益心为公”检查云平台公益保护志愿者1人。

【思想政治建设】 2022年，致公党楚雄市基层委员会坚持以习近平新时代中国特色社会主义思想为指导，深入学习贯彻中共二十大精神，以中共党史学习教育为主线，以坚定理想信念为目标，强化政治理论学习，开展主题教育活动。深入学习贯彻《中国共产党统一战线工作条例》和参政党建设有关文件精神，夯实党员思想教育基础。坚持领导班子领学促学，召开主委会议、全委会议、读书心得交流会等进行专题学习，班子成员联系各支部开展学习活动。5月，以“读史修身，正心明志——喜迎中共二十大”为主题开展“书香支部”读书会1期，选派各行业优秀党员分享阅读学习体会，以形式多样的活动着力提升致公党员的政治素质和履职能力，做到以读书促共识、以读书促履职。

【参政议政】 2022年，致公党楚雄市基层委员会主动向致公党省委会上报适合在楚雄州开展的调研课题，借致公党省委会在楚雄开展课题调研之机，带动基层委员会参政议政能力有效提升。5月，致公党省委会课题组先后赴楚雄市、元谋县等地开展调研，所形成的调研报告经致公党中央整理上报后，获得中共中央领导同志批示。致公党省委对基层委员会组织党员发挥专业特长，提交成果素材，为重点调研成果提供支撑给予书面表扬。年内，在楚雄州政协十一届一次会议及楚雄市政协十届一次会议期间，基层委员会共提交集体提案22件，其中《关于加快推进节水型社会建设，应对楚雄州水资源严峻形势的提案》《关于加快城市新能源汽车充电设施建设的提案》2件提案分别被州、市政协评选为重点督办提案。《关于通过破产方式推进“烂尾楼”问题解决的提案》《关于集中优势资源打造现代化高质高效农业示范基地的提案》等6件提案分别被州、市政协评选为“优秀提案”“好提案”，党员曾光微、丁义红、徐彦、曾珏被评为州、市优秀政协委员。同期，党员曾珏获十二届州人大“优秀代表”称号，所撰写的2件建议被评为“优秀建议”。

【社会服务】 2022年，致公党楚雄市基层委员会向致公党省委会争取到价值20万元（码洋）的图书捐赠项目，向楚雄州民族中学、楚雄市中山镇小学捐赠图书4000余册，缓解云南边疆民族落后地区学校“缺书少书”的困难，以实际行动助力教育发展。协调社会各界资源向山区中小学开展捐资助学活动。10月，基层委员会赴楚雄市中山镇中心小学开展社会服务活动，向10名优秀学生发放助学金，协调爱心企业为全校800余名学生开展口腔义诊，由致公党党员中的资深律师开展校园安全法律知识专题讲座1期，捐物捐资价值1.8万元。

（徐　彦）

楚雄市工商业联合会

【概况】 2022年，楚雄市工商联召开党史学习教育专题民主生活会和巡察整改专题民主生活会，召开理论学习中心组学习会议9次，干部职工专题学习27次，组织民营经济人士开展习近平总书记在民营企业座谈会上的讲话、中央经济工作会议精神、中央统战工作会议精神、习近平总书记对新时代民营经济统战工作作出的重要指示精神、习近平总书记“七一”重要讲话及党的二十大精神学习活动6场次400余人次，教育引导干部职工深刻领会“两个确立”的决定性意义，不断增强“两个维护”的政治自觉、思想自觉、行动自觉。1月27日，市工商联被州工商联督查评比为2021年度全州县市工商联工作优秀等次。8月11日，楚雄市工商联和楚雄市人民法院共建沟通联系机制的做法被中华全国工商业联合会办公厅和最高人民法院办公厅通报表扬。11月16日，市工商联被《中华工商时报》表扬为2022年度云南省民营经济宣传阵地建设成效突出单位。12月27日，市工商联被全国工商联表扬为2022年度民营企业调查点工作先进示范单位。

【市工商联合会（总商会）九届执委会议】 2022年，楚雄市工商业联合会（总商会）第九届执委会议共召开2次，对换届选举、会员会费收缴及管理进行审议和表决。

九届一次执委会议　3月1日，楚雄市工商业联合会（总商会）九届一次执委会议在市委党校召开。州委常委、楚雄市委书记冯毅出席开幕式并讲话，市委常委、市委办主任顾平、纪委副书记郭宜宏、楚雄市人民政副市长张海、楚雄高新区党工委副书记、纪工委书记王连波和市工商联九届执委共70人参加会议。州人大常委会副主任、州工商联主席蒲涌到会指导。市委副书记袁培林主持开幕式并宣读《关于表扬楚雄市2017—2021年工商联先进集体、先进工作者、优秀会员和第三届优秀中国特色社会主义建设者的通报》。会议审议通过市政协副主席、市工商联主席赵峨代表市工商联（总商会）第八届执行委员会所作的工作报告，选举产生市工商业联合会（总商会）第九届领导班子。

九届二次执委会议　5月13日，楚雄市工商业联合会（总商会）九届二次执委会议在市委党校召开。市工商联九届执委共60人参加会议。会议听取并审议市政协副主席、市工商联主席赵峨代表市工商业联合会（总商会）第九届执行委员会所作的《工作报告》。表决通过《楚雄市工商联

3月1日，楚雄市工商业联合会（总商会）第九次会员代表大会第一次全体会议召开　（依春蕾　摄影）

直属会员会费收缴及会员管理办法（草案）》。

【商会建设】　2022年，楚雄市工商联按照“提高质量、优化结构”要求，按每年新增会员数不少于12%的比例开展会员发展。年内，新增会员217家。截至12月底，楚雄市工商联有会员企业1999户，其中，企业会员734个，个人会员1247个，商（协）会18个。年内，楚雄市工商联对15个乡镇商会党建工作情况开展摸底排查，梳理形成《楚雄市乡镇商会制度参考》印发各乡镇。年内，对乡镇商会规范化建设、活动开展、作用发挥等进行现场指导和专题调研。

【民营经济党建】　2022年，楚雄市工商联开展“优化营商环境，我为群众办实事”主题党日、执委班子构建“亲”“清”新型政商关系廉政提醒谈话、诚信经营公开承诺等活动，把民营经济人士健康成长的思想融入“听党话、感党恩、跟党走”的理想信念教育之中。年内，楚雄市工商联通过总商会交流群、市工商联执委微信群、市工商联微信公众号等新媒体平台开展党的二十大精神、习近平总书记“七一”重要讲话和省州市党代会精神，普及惠企稳企政策等相关知识200余条。

【民营经济调查研究】　2022年，楚雄市工商联依托全国工商联民营企业调查系统，组织入库的53户企业开展履行社会责任调查、企业运营情况调查、优化营商环境调查及企业发展政策落地落实、稳产等问卷调查5次。持续实施“访企业、助发展”大调研行动以及“大调研、大走访、解难题”活动，共走访调研民营企业300余户次，了解民营企业特别是中小微企业生产经营中的问题和困难，帮助企业解决困难问题5个。年内，撰写问题类信息10篇、社情民意信息12篇、调研报告6篇。

【民营经济法律服务】　2022年，楚雄市工商联发挥民营企业法律维权服务投诉中心作用，4月，与市法院联合开展“百名法官进百企”活动，30名法官与50家民营企业结成稳定的共建关系，为民营企业零距离提供法律服务。5月，与市人民检察院联合开展“送法进企”活动，挂牌成立楚雄市人民检察院服务和保障民营经济健康发展工作联系点，建立联席会议制度。配合市检察院等部门开展涉案企业第三方合规性审查工作，联合下发《楚雄市涉案企业合规第三方监督评估机制实施办法（试行）》，助力楚雄市社会治理体系和治理能力现代化建设。落实工会、人社局、工商联、工信局组成的“三方四家”联席会议制度，为维护非公有制企业权益发声。

【民营经济人士参政议政】　2022年，楚雄市工商联按照“思想政治强、行业代表性强、参政议政能力强、社会信誉好”的标准，选配48人民营经济代表人士进入执委班子，26人兼任副会长（其中6人兼任副主席）。推荐民营经济代表人士13人进入州工商联第六届执行委员会，12人担任州十三届人大代表和十届州政协委员，16人担任楚雄市第十届人大代表和政协委员。开展城区政协委员联络2处的工作，组织经济界政协委员开展交流学习、民情恳谈、协商在基层等活动，支持鼓励广大民营经济代表人士参政议政。在“两会”期间，动员会员及民营经济中的人大代表、政协委员积极建言献策，撰写建议、提案，形成市工商联集体提案6件，工商联界别的政协委员个人提案8件。强化统筹协调，严把导向和质量，组织80户民营企业参与做好评议政府职能部门工作。

【服务民营经济发展】　2022年，楚雄市工商联围绕年度“贷免扶补”创业担保贷款90户目标任务，明确工作思路和完成时限，开展创业担保贷款政策宣传，做好电话解答咨询、登记预约办理等相关工作。年内，完成贷免扶补98户1774万元，完成任务数90户的109%；完成担保贷款2户40万元，完成任务数1户的200%。“两项贷款”（贷免扶补和担保贷款）带动就业465人。年内，楚雄市工商联适时走访州属异地商会，推介楚雄市的重点产业、重点项目情况。参与“投资楚雄·共赢未来”——楚雄市2022年火把节“全国百家商会楚雄行”招商引资推介活动。支持配合乡（镇）

5月13日，2022年楚雄市工商联社保减负惠企政策宣讲活动　（侬春蕾　摄影）

商会开展以商招商，帮助协调项目备案和落地相关工作，全面完成年度2.4亿元的招商引资任务。

【民营经济人士培训教育】 2022年，楚雄市工商联以会员活动、主题党日等形式2次组织4个商会和121个会员企业开展金融赋能、就业稳岗、项目推介活动。组织民营经济代表人士及工商联干部职工参加法律知识、惠企政策、新媒体营销手段运用知识培训4次，为企业答疑解惑，帮助企业谋发展。组织推荐全市颇具行业代表性的12名民营企业家到南京大学参加楚雄州民营经济高质量发展专题培训。

【民营经济社会服务】 2022年，楚雄市工商联引导民营经济人士投身光彩事业，动员民营企业捐款33万元，为8个乡镇提供产业发展帮扶资金25.5万元。资助大地基乡、新村镇、鹿城镇25名大学新生7.5万元，帮助解决上学经费问题。年内，楚雄市工商联组织云南楚雄变压器有限公司春节期间走访慰问脱贫户61户，为脱贫户送去价值0.75万元大米和食用油等生活用品。动员协调楚雄汇耘农业科技开发有限公司与苍岭镇、吕合镇合作，种植工业辣椒26.67公顷。

【"万企兴万村"楚雄行动】 2022年，楚雄市工商联紧扣"两个健康"主题，引导异地商会、行业商会、民营企业参与"万企兴万村"行动，注重发挥行业协会、乡（镇）商会的作用，广泛动员会员企业参与，拓宽行动覆盖面。截至12月底，有100余户企业参与产业建设、提供就业和消费帮扶行动。开展"万企兴万村"典型培树和宣传推广活动，把恒业农庄、摩尔农庄、紫溪彝村作为"万企兴万村"示范企业（村）向州工商联推荐上报。与融媒体中心合作，开展"万企兴万村"楚雄行动企业专题报道工作，对12户自身发展好，产业带动和就业带动性强，具有一定社会责任感和影响力的企业，在楚雄市广播电视台、融媒体中心等媒体进行集中报道。

【理想信念教育实践活动】 2022年3月2日，楚雄市工商联开展"传承红色基因　坚定理想信念　推动改革发展"理想信念教育实践活动。组织新当选的第九届执行委员会委员70人，到子午镇云龙红色文化教育基地开展以"传承红色基因　坚定理想信念　推动改革发展"为主题的理想信念教育实践活动，进一步巩固拓展党史学习教育成果，引导民营经济代表人士坚定理想信念，听党话、感党恩、跟党走。

【"强国复兴有我"主题活动】 2022年9月30日，楚雄市工商联干部职工为缅怀革命先烈，铭记历史，弘扬爱国主义精神，注重发挥"9·30"烈士纪念日的涵养教育功能，开展"强国复兴有我"主题活动。组织党员干部8人到东华烈士陵园开展主题教育活动，坚定理想信念、凝聚人心力量，把初心落在行动上，把使命担在肩膀上，尽职尽责干好本职工作，以实际行动迎接党的二十大胜利召开。

（李　娟）

〔栏目编辑：杨加丽〕

群众团体

2023

楚雄市年鉴

楚雄市总工会

【概况】 2022年，楚雄市总工会深入推进“模范机关”建设，严格落实“三会一课”制度，开展主题党日活动12次、党员“双报到”及志愿活动4次，表彰优秀党支部1个、优秀党员10名，党总支被市直机关工委认定为市级“模范机关”创建示范点和“规范化建设示范党支部”。年内，楚雄市总工会申报云南省总工会乡镇职工之家服务阵地建设项目1个。11月30日，彝海公园职工驿站被中华全国总工会评定为“最美工会户外劳动者服务站点”。“楚雄铸牢中华民族共同体意识教育基地”建成投入使用。市总工会被评为市级“创建国家卫生城市工作先进集体”“民族团结进步工作模范集体”，获“云南省民族团结进步示范单位”称号。

【基层工会建设】 2022年，楚雄市总工会坚持党建带工建，采取分类指导、灵活组建、全面推进、兜底组建等方式抓好建会入会工作，指导30家基层工会换届。6月9日，召开八届五次全委及常委会，按程序替增补工会委员4名、工会常委2名，选举主席、副主席及经审委主任、副主任。全市46家百人以上企业均成立工会组织；28家新就业形态企业全部建会，发展会员2567人；全市15个乡镇154个村（社区）全面完成建会，并选树打造5个村（社区）工会兜底建示范点。年内，全面启动工会组织和会员实名制管理，采集工会组织731个，实名制会员2.56万人。扎实推进“六有”基层工会建设工作，“六有”基层工会建成率90%。至年底，全市有基层工会1089个，工会会员4.5万人。

【产业工人队伍建设改革】 2022年，楚雄市总工会紧抓楚雄市被确定为非公企业产改示范市契机，主动向市委领导汇报工作2次，召开工作联席会议1次、调度会3次、推进会2次，制定《楚雄市贯彻落实〈云南省新时代产业工人队伍建设改革“十四五”规划〉实施方案》《楚雄市创建新时期产业工人队伍建设改革非公企业示范市工作方案》。年内，成立工作专班，组建工作指导组3个，深入企业进行“大走访、大调研”，一对一、点对点蹲点指导示范企业产改工作，楚雄市5家企业成功创建为州级产改示范点，形成“六聚焦、六着力”工作经验并在《楚雄日报》刊载。

【职工权益维护】 2022年，楚雄市总工会召开政府与工会联席会议1次。开展农民工工资支付专项检查1次，受理农民工工资欠薪15人次。开展以“六看六比”为主要内容的“安康杯”竞赛和全市燃气企业安全生产监督检查，推荐评选市级安全生产示范企业21家。调处职工劳动合同纠纷2件，接待处置信访及矛盾纠纷16件次，选派人员全程参与市建筑公司、市保安公司企业改制工作。

【劳动竞赛及技能比武】 2022年，楚雄市总工会以“奋进新征程、建功新时代”为主题，紧扣市委、市政府的重大工程、重大项目、重点产业、重点园区，广泛开展岗位练兵、技能比武、技术创新等竞赛活动。年内，组织教育教学等领域职工技能竞赛4场，指导支持基层工会开展各类技能比拼活动20余场。

【劳模（工匠）关爱服务】 2022年，楚雄市总工会深入推进职工、劳模、工匠创新工作室、技师工作站建设，累计创评州级“技师工作站”1个、“创新工作室”5个、“模范班组”6个，“工人先锋号”省级2个、州级9个、市级57个。评选“威楚工匠”22名，楚雄市华丽包装实业有限责任公司技术工人段斌获省级五一劳动奖章。“五一”期间，发放慰问金4万元，走访慰问劳模80名。

【职工思想政治引领】 2022年，楚雄市总工会始终把坚持党的领导作为工会工作的最高政治原则和根本保证，把抓好职工思想政治引领作为工会的重要职责，坚持不懈用习近平新时代中国特色社会主义思想凝心铸魂。年内，利用楚雄工人文化宫区位优势，建成“工会历史成就展厅”“楚雄铸牢中华民族共同体意识教育实践基地”等阵地，组织开展劳模事迹宣讲进企业2场、劳动者风采展播5期、“我心中的劳动者”摄影作品征集活动1场、最美环卫工和快递员事迹报道4期。

【职工群众文化建设】 2022年，楚雄市总工会组织开展“奋进新征程、阅读再出发”读书活动1场、书香工会好书推荐13期、“颂党恩、咏经典、传家声”亲子诵读竞赛1场、演讲比赛1场。组织“鹿城杯”职工篮球赛、厨艺大赛、婚姻家庭讲座、女职工招聘会、职工集体婚礼各1场、单身职工交友联谊活动2场。组织“情系女职工、法在你身边”知识竞赛、《中华人民共和国工会法》辅导讲座、职业病防治讲座、心理健康进企业、防范网络

4月9日，楚雄市总工会2022年“颂党恩·咏经典·传家声”亲子诵读活动

（刘艳萍　摄影）

诈骗讲座各1场。组织一线职工外出进行疗休养222名。

【和谐劳动关系创建】 2022年，楚雄市总工会紧抓维护劳动领域政治安全工作，制定《楚雄市总工会维护劳动领域政治安全工作方案》并层层签订责任书，开展劳动关系分析研判3次、法律援助3件、劳动法律监督检查2次、劳动争议调解2件。年内，完成集体协商企业1144户，占任务数的100.88%，覆盖职工2.14万人（其中女职工1.09万人）。累计创建劳动关系和谐园区2个、和谐企业37个。

【工会普惠服务】 2022年，楚雄市总工会开展“八送”普惠服务，解决急难愁盼问题，工作经验在《时代风采》、“云岭职工”刊载。全年累计帮扶救助困难职工及慰问一线职工2551人次，发放帮扶救助慰问金144.27万元。其中，春节期间投入资金81.37万元，慰问困难职工、环卫工1058人，免费为新就业形态劳动者300人进行体检。“五一”期间发放慰问金2.1万元，慰问困难职工70户；发放慰问金10.8万元，慰问新就业形态劳动者和重点项目劳动者360人。中秋、国庆期间，发放慰问金35.64万元慰问困难职工和一线职工314人，免费为新就业形态劳动者240人体检，为困难职工子女4人发放金秋助学金。11月，投入专项经费3万元，对困难企业职工100人进行慰问。全年发放7.36万元，对患大病、遭受重大意外事故的职工25人进行帮扶救助。第18期职工医疗互助活动为职工4.6万人提供医疗保障，收取参互金555.2万元，补助互助金750余万元，惠及职工8297人次；心理健康服务累计为职工提供咨询及辅导200余人次；完成“贷免扶补”创业贷款申报27户。

【“温暖三十年·工会伴你行”集中慰问一线职工活动】 2022年2月9日，楚雄市总工会开展“温暖三十年·工会伴你行”集中慰问活动。把党委和政府的关怀、工会组织的温暖送到一线职工心坎上，让他们有更多获得感、幸福感、安全感。践行工会组织引领职工群众感党恩、听党话、跟党走的政治责任。楚雄市总工会党组书记、主席马文辉，市总工会党组成员、副主席杨朝龙，市城市综合管理行政执法局副局长、工会主席宋明臣，党组成员、组织宣传网络教育部部长何家雄等领导参加慰问活动，楚雄启城城服有限公司副总经理郭亚梅陪同慰问。本次慰问活动，共整合中央、省、州、市资金82.57万元，累计慰问职工1362人。其中，深度困难职工和相对困难职工17人，一线环卫工人1039人，省级驻村工作队队员2人，新就业形态劳动者300人，部分患重大疾病职工4人。

【“会聚良缘”单身职工联谊活动】 2022年8月4日下午，楚雄州、市总工会女职工委员会联合举办2022年会聚良缘——工会之爱“七夕与‘蓝’有约”单身职工联谊活动。楚雄州、市属行政企事业单位的单身职工共80余人参加活动。楚雄市总工会党组副书记、常务副主席张金娜为活动致辞。活动在消防战士们演奏《逆行者》的音乐声中拉开帷幕，“蓝朋友”向嘉宾们展示部分消防器材并讲解用途、搜救犬科目展示。通过“心灵手巧”“永结同心”“心肝宝贝”“心动男神女神”等游戏环节，13对男女最终交友成功，在台上共同合影留念。

（王元杰）

中国共产主义青年团楚雄市委员会

【概况】 2022年，共青团楚雄市委员会按照“依靠党建带团建、围绕经济抓团建、服务青年促团建”的工作思路，对团的组织设置、活动方式、工作内容等进行探索和创新。4月13日，楚雄市东兴中学团委获“全国五四红旗团委”。4月25日，共青团楚雄市职业高级中学委员会、共青团楚雄市西舍路镇委员会获州级“五四红旗团委”，共青团楚雄市市场监督管理局支部委员会、共青团楚雄市人力资源和社会保障局支部委员会、共青团楚雄市检察院支部委员会、共青团楚雄市楚雄爱尔眼科医院青年志愿者服务队支部委员会获“五四红旗团支部”。6月，楚雄市公安局富民派出所集体获市级“五四青年奖章”。

【团组织建设】 2022年，共青团楚雄市委员会加强基层团组织建设，持续巩固加强党政机关、学校、乡镇、村（社区）等传统领域团组织覆盖的同时，扩大在“两新”组织等领域的覆盖面。年内，楚雄市有共青团组织1110个，其中，基层团委29个，团工委1个，团总支177个，团支部818个；学校领域团支部172个，机关事业单位领域团支部73个，国有企业领域团支部4个，非公企业领域团支部97个，社会组织领域团支部18个，城市社区

8月4日，市总工会举办“会聚良缘　与蓝有约”七夕单身职工交友联谊主题活动

（刘艳萍　摄影）

6月1日，楚雄市学习贯彻习近平总书记在庆祝中国共产主义青年团成立100周年大会上的重要讲话精神座谈会　　（团市委　提供）

领域团支部160个，农村领域团支部382个。

【青少年思想政治引领】 2022年，共青团楚雄市委员会引导广大团员青年参与“青年大学习”网上主题团课，参学率保持全州10县市第一。开展主题教育实践活动，围绕“喜迎二十大、永远跟党走、奋进新征程”主题，组织乡镇、学校、机关单位、“两新”组织等领域开展丰富多样的主题团日活动50余场次，在西山爱国主义教育基地开展新团员集中入团仪式，让团员青年接受“沉浸式”精神洗礼。6月，举办青少年文艺大赛，引导全市青少年运用合唱、舞蹈、绘画、书法等形式，采用线上展示、举办文艺晚会相结合方式，展示共青团在党的领导下团结奋斗的光荣历程。

【青少年先进典型选树培育】 2022年，共青团楚雄市委员会开展“两红两优”“青年五四奖章”评选活动，楚雄市获评“全国五四红旗团委”1个，州级“五四红旗团委”2个、“五四红旗团支部”4个、“五四青年奖章”集体1个。评选市级“五四红旗团委（团支部）”11个、优秀团干部9人、优秀共青团员15人，“五四青年奖章”集体3个、个人15人。构建少先队员阶梯式成长激励体系，规范开展“红领巾奖章”争章活动，评定“二星章”大队10个、中队21个、个人72人，“三星章”大队3个、中队12个、个人31人。

【新社会组织团建】 2022年，共青团楚雄市委员会坚持突出重点、稳妥有序、应建尽建的原则，以服务青年成长、激发青年活力、助力企业发展为出发点，立足社会领域青年流动分布聚集特点。从青年工作生活入手，探索多种团建模式，推动“两新”组织团建广覆盖，培育青年社会组织新动能。年内，新建“两新”领域团组织54个。

【智慧团建】 2022年，共青团楚雄市委员会将“智慧团建”作为从严治团管团的突破口和着力点，以信息录入工作为抓手，依托“智慧团建”平台完成团员发展、团员注册、组织关系接转、学社衔接、组织生活开展、推优入党等基础工作，加强基层团组织、团员管理工作，推动共青团工作建设实现网络化管理。加大业务培训力度，召开学校、乡镇、市属部门智慧团建培训会议，详细讲解智慧团建系统操作方法，提升基层团组织工作人员的业务水平。加大工作督查调度，定期在工作群提醒工作任务，通报各基层团组织工作完成情况，确保圆满完成全市智慧团建工作。

【青少年权益维护】 2022年，共青团楚雄市委员会开展“青春呵护 防溺水专项行动”，宣传普及青少年安全及自救保护知识。借助“青听心语”平台宣传和推广，组织平台专家深入实验中学附属学校、大地基中学等开展心理健护活动。开展青少年法治宣传和国防教育，举办暑期“少年警校”2期，组织300余名青少年参加。争取“为了明天”工作项目，建设未成年人司法保护社会支持体系，开展预防青少年违法犯罪工作。

【青年就业创业】 2022年，共青团楚雄市委员会开展“梦在远方 路在脚下——共青团与你同行”优秀外出务工青年经验分享活动，促进农村青年劳动力转移就业。做好“贷免扶补”、小额担保贷款工作，解决青年和非公有制企业创新创业困难，全年完成贷款发放59户，成功放贷1082万元。组织电商青年参加楚雄州“核桃之星”直播带货培训暨直播技能比赛。举办高素质农民“青年先锋”培训班，组织农村青年致富带头人、青年家庭农场经营者、返乡创业大学生等青年群体，开展电子商务政策理论、综合素养、专业能力、实操演练培训。

4月30日，楚雄市2022年新团员集中入团仪式　　（团市委　提供）

【青年人才服务】 2022年，共青团楚雄市委员会招募大学生西部计划志愿者61名，支持乡村建设。组织开展大学生返家乡社会实践活动，按照“因需设岗、按岗招人、双向选择、就近就便”的工作原则，组织59名学生到市属单位、乡镇开展假期实习，为大学生择业导向奠定基础，让青年在实践中锻炼成长。深入实施《楚雄市中长期青年发展规划(2021—2025年)》，完善青年工作联席会议运行机制，推进青年事业发展。

【青年志愿服务】 2022年，共青团楚雄市委员会组建“青鹿”志愿服务队，招募储备志愿者200人。打造“小火把”新时代文明实践志愿服务项目，获楚雄州首届新时代文明实践志愿服务项目大赛二等奖。实施美丽楚雄青春行动，全面推进绿色低碳发展，常态化开展低碳出行、绿色生活、节能减排、光盘行动等志愿服务，投身“湖泊革命”，深化保护母亲河行动、“河小青”“湖小青”等品牌工作，开展净滩行动3次，参与青年志愿者60余人。围绕民族团结进步示范市创建，申报团中央“民族团结筑梦想”志愿服务项目，初心志愿者协会团队入选“永远跟党走”青年志愿者服务队，开展促进民族团结、铸牢中华民族共同体意识志愿服务活动。

【“青年之家”建设】 2022年，共青团楚雄市委员会建成“青年之家”38个，覆盖市、乡镇、村（社区）、非公企业四级网络。提升“青年之家”利用率和活动质量，调研青年需求、整合区域资源、设计服务项目、打造特色品牌，开展爱心公益、返家乡社会实践、党史学习宣讲、青年创新创业等服务项目，提升青年之家活跃度。全年开展“青年之家”活动150余场次，服务青少年5000余人。

【少先队工作】 2022年，共青团楚雄市委员会制定《楚雄市全面加强新时代少先队工作的实施方案》，聘任市委副书记担任少工委名誉主任。组织开展“红领巾心向党 争做新时代好队员”“习爷爷教导记心中”“我学习的榜样”党员先锋人物寻访等主题实践活动323场次，教育引导少年儿童从小听党话、跟党走。以“童心港湾”“情暖童心”为主题开展“青·护航”爱心助学10场次，筹集爱心善款和物资78.76万元，资助范围覆盖全市4.2万名中小学生。制定《加强新时代楚雄市少先队辅导员队伍建设的实施意见（试行）》，配齐各级少先队辅导员。

【“我为青年办实事”主题实践活动】 2022年，共青团楚雄市委员会开展“爱心励志基金”“爱心圆梦大学”“圆梦微心愿 携手向未来”等项目，为农村留守儿童、城市随迁子女等青少年群体提供帮助，全州首个“童心港湾”工作站在栗子园社区揭牌运营。年内，搭建爱心互助和传递的桥梁，实施“爱心圆梦大学”项目，筹集资金45.5万元，帮助大学新生106人。开展“圆梦微心愿”活动2场次。

【县域共青团基层组织改革试点】 2022年，共青团楚雄市委员会对照《县域共青团基层组织改革试点县评估指导标准》，落实改革举措，巩固深化改革成果，经团市委自主申报、州市一体评估、团省委复评、团中央复核。9月1日，楚雄市县域共青团基层组织改革试点工作被共青团云南省委评估为“优秀”。

【团员队伍管理】 2022年，共青团楚雄市委员会严格入团程序，突出政治性标准和先进性要求，落实推优入团、评议入团等制度，开展团员核查工作，确保团员发展准确规范。年内，发展新团员805名，其中社会领域团员60名。严格团员全链条管理，保持毕业学生团员组织关系“学社衔接”率在95%以上。

【大学生“返家乡”（暑期）社会实践启动仪式暨岗前培训】 2022年7月18日，楚雄团市委组织召开楚雄市2022年大学生“返家乡”（暑期）社会实践启动仪式暨岗前培训会。通过培训，帮助返乡大学生志愿者在实践中了解社会，增强服务家乡的自觉性和主动性，为楚雄市经济社会高质量发展做出贡献；在实践中服务社会，热心公益事业，参加志愿服务，努力在服务基层、服务群众中升华人生价值、放飞人生梦想；在实践中磨炼意志，接受各种考验，把实践岗位作为增长见识、锤炼本领的最好课堂，不断提高综合素质；在实践中增长才干，抓住机会，尽心尽力地工作。培训实践活动共招募来自不同学校的大学生返乡志愿者51名，全市21家单位为返乡大学生提供实践岗位21个。

【“爱心圆梦大学”捐资助学活动】 2022年8月26日，共青团楚雄市委、市教育体育局联合楚雄春暖爱心社在紫溪中学举行“爱心圆梦大学”捐资

8月26日，共青团爱心圆梦大学捐赠仪式 （团市委 提供）

助学仪式。共青团楚雄市委书记冯晓瑞、市教育体育局副局长何云海、楚雄州“春暖爱心社”社长刘文学、名誉社长田春旺、杨正海，各爱心企业、乡镇、受捐学生代表参加捐赠仪式。楚雄市教育体育局副局长何云海主持捐赠仪式，共青团楚雄市委书记冯晓瑞致辞。捐助活动共筹集146家爱心企业及个人资金45万元，帮助困难的大学新生118人渡过入学难关。

（舒兆娟）

楚雄市妇女联合会

【概况】 2022年，楚雄市妇女联合会立足楚雄市实际，以《中国妇女发展纲要》《中国儿童发展纲要》和云南省、楚雄州新“两规”和市“十四五”规划为指导，通过有效对接，严格执行前期调研、征求意见、专家评审、风险评估、逐级审核等各项程序，9月20日，楚雄市在全州第一家印发实施《楚雄市妇女发展规划（2021—2030年）》和《楚雄市儿童发展规划（2021—2030年）》(简称新“两规”)，这是楚雄市第四个周期的妇女儿童发展规划。年内，选树三八红旗手（集体）等先进典型，共命名楚雄市三八红旗手15名、楚雄市三八红旗集体10个，推荐获评楚雄州三八红旗手4名、推荐获评楚雄州三八红旗集体2个；获评云南省三八红旗手1名、获评云南省三八红旗集体1个。

【妇联组织建设】 2022年5月27日，楚雄市妇女联合会召开八届四次执委（扩大）会议，选举挂职副主席1人，兼职副主席3人，增替补执委21人，经过调整，市妇联第八届挂职副主席1人，兼职副主席4人，执委35人，全面完成《“十四五”时期云南省深化妇联系统改革实施方案》中明确的关于县（市）区妇联挂职兼职副主席及执委配备的目标任务。9月26—28日，楚雄市举办优秀妇女后备干部培训班，参训49人，从党的理论知识、民法典及男女平等基本国策、家庭廉政文化建设、公务礼仪、女性心理健康等方面进行妇女干部职业素养能力水平提升培训。10月25日，楚雄市召开基层妇联组织规范化建设推进会议，现场观摩学习东瓜镇詹家社区、鹿城镇灵秀社区、学桥街社区、市人大机关在基层妇联组织规范化建设方面取得的成效及工作经验，按照健全基本组织、配强基本队伍、开展基本活动、落实基本制度、强化基本保障的“五个基本”要求，常态化长效化推进基层妇联组织规范化创建。年内，完成98家基层妇联组织规范化达标创建，完成创建目标的40%。从市级层面选树市卫健局、市检察院、市人大常委会机关、紫溪镇、紫溪彝村社区、栗子园社区、灵秀社区、启迪K栈“双创”空间等作为机关、乡镇、企事业单位市级基层妇联规范化建设示范点，推荐灵秀社区为州级党建带群建示范单位。组织市属各部门、各乡镇妇联主席现场参观学习，以示范引领抓好各自辖区、所属单位的基层妇联规范化建设。至年底，全市有妇联组织255个，其中，乡镇妇联组织15个，村（社区）妇联组织154个，机关、事业单位建妇联组织41个，“两新”组织建妇联组织45个。

【妇女思想政治引领】 2022年，楚雄市妇联举办全市妇联系统学习贯彻党的十九届六中全会专题宣讲，围绕喜迎党的二十大，联合举办“喜迎党的二十大·中华民族一家亲·同心共筑中国梦”主题演讲比赛。全市各级妇联组织立足独特的文化资源及“妇女之家”等阵地优势，采取红扇子志愿宣讲服务队、彝家火塘、乡村夜话、“故事会”等形式组织开展“巾帼心向党·奋进新征程”大宣讲、“新时代女子课堂”等线上线下宣讲活动368场次。

【“巾帼建功”行动】 2022年，楚雄市妇女联合会联合州妇联开展“弘扬清廉家风　共建美丽家园　助力乡村振兴”活动，举办民族刺绣技能培训9期，参训妇女560余人。整合市属相关部门举办电子商务、中草药、红梨等种植和肉牛养殖、稻田养鱼、土鸡等养殖技术培训26期，参训妇女2450人次。全面推进巾帼创业金融扶持行动，落实“贷免扶补”和“小额担保”贷款72户1339.6万元。楚雄市八角镇兴裕中药材种植基地获评“楚雄州巾帼创新业示范基地”，大过口乡彝绣便利店李万秀、子午镇罗只碑村委会一组妇女小组长李琼芬2人获评“巾帼致富带头人”。命名楚雄市2022年巾帼创新业示范基地10个、巾帼致富带头人20人，推荐获评楚雄州巾帼创新业示范基地1个、巾帼致富带头人2人，让不同行业、不同群体的妇女学有榜样、行有示范。参与省妇联“亲情守望·同心抗疫”社会募捐活动，动员全市49家单位、妇女干部职工826人捐款10.7万元，发放防疫健康包110份，慰问一线女性医务工作者28人8400元。

【妇女儿童维权关爱工程】 2022年，楚雄市妇女联合会开展妇女权益保障法、反家庭暴力法、家庭教育促进法等法律法规政策宣传，开展各类法律法规政策宣传26期，接待来信来访来电30件，其中，婚姻家庭权益类案件25件，劳动和社会保障权益类案件2件，涉及赡养1件，其他类案件2件，调处率96.67%。通过实施“妇联妈妈”帮扶项目、关爱女性健康沙龙等活动，对困境儿童、特殊困难妇女入户走访开展心理疏导600余次，为困境妇女儿童351人送去帮扶慰问金7.04万元。定期召开“五项机制”（重点人群和家庭关爱服务机制、妇女儿童侵权案的发现报告机制、建立和完善多部门联防联动机制、上下联动妇女儿童舆情应对机制和妇女儿童侵权案件工作督查制度）联席会议，增强楚雄市妇女儿童权益工作合作机制成员单位的联动作用，在全市18个公安派出所成立妇女儿童维权工作站，开展困难妇女司法救助16人，救助资金3.4万元。

【农村妇女“两癌”检查救助】 2022年，楚雄市妇女联合会配合市卫生健康局开展妇女常见病检查、“两癌”（宫颈癌和乳腺癌）筛查工作。年内，在全市15个乡镇开展农村妇女“两癌”检查工作，农村妇女“两癌”患者被全国救助6人6万元，省级救助4人1.94万元。

【"百千万巾帼大宣讲"活动】 2022年，楚雄市妇女联合会开展"百千万巾帼大宣讲"活动，利用各级妇联组织独特的文化资源及"妇女之家"等阵地优势，采取红扇子志愿宣讲服务队、彝家火塘、乡村夜话、"故事会"等形式开展宣讲。年内，组织开展"巾帼心向党·奋进新征程"大宣讲、"新时代女子课堂"等活动，在线上线下开展花灯演出368场次，观众9.8万人次。

【"家家幸福安康工程"实施】 2022年，楚雄市妇女联合会开展"家家幸福安康工程"实施。年内，通过层层评选，在全市推荐评选"绿色家庭"示范户22户，"最美家庭"示范户46户，"民族团结进步示范家庭"38户。择优推荐并获命名省级"绿色家庭"1户，州级"绿色家庭"5户，州级"最美家庭"3户，州级"民族团结进步示范家庭"10户，州级"清廉家庭"2户，州级"健康家庭"7户。以世界读书日为契机，围绕喜迎党的二十大，开展"亲子共沐书香 强国复兴有我"亲子阅读主题实践活动，传承红色基因，激发少年儿童树立"强国复兴有我"的远大志向，开展亲子阅读81期，参与2.7万人。开展喜迎党的二十大主题实践活动112期，参与5.4万人。开展家庭教育知识讲座和家庭教育促进法宣讲26期，参与4.6万人。

【"2022年妇女普法暨婚育新风"线上宣讲活动】 2022年9月20日，楚雄市妇联组织全市妇联干部、妇联执委、妇女小组长、婚姻调解工作人员以及妇女干部群众等参与收看"2022年妇女普法暨婚育新风"线上宣讲活动。通过"云南女声"微信视频号，采取集中收看、自行在线观看等方式收听收看法律讲座《民法典中关于房屋买卖的那些事》和心理讲座《收心用心安心——开学季心理调适的6个锦囊》的宣讲，让广大妇女了解法律知识和心理知识，增强学法、用法、守法的法治意识，参与收听收看3600余人次。

【"亲子共沐书香·强国复兴有我"亲子阅读主题实践活动】 2022年5月30日，楚雄市妇联联合市教育体育局等部门在市党群服务中心开展"亲子共沐书香·强国复兴有我"楚雄市2022年"六一"亲子阅读主题实践活动。活动由市妇联党组成员、副主席陈琪主持。活动组织观看《了解亲子共读中的三要素》指导视频，为家庭开展亲子共读提供科学指导。邀请楚雄樊登读书运营中心的老师带领大家一起分享楚雄籍革命先烈故事——《赵祚传烈士传》。活动穿插抢答、朗诵、小组比赛等内容，分组比赛积分最高的第三小组的每个家庭赠送《孩子你慢慢来》书籍。活动现场还组织家庭分享亲子阅读计划，鼓励家长陪伴孩子读好书，以亲子共读为切入点，与孩子共同成长。活动有22个家庭共48人参加。

5月30日，市妇联组织开展"亲子共沐书香·强国复兴有我"亲子阅读主题实践活动　（马如功　摄影）

【移民妇女普法及婚育新风培训班】 2022年8月15日，楚雄市妇联、东瓜镇妇联在永兴社区举办移民妇女普法及婚育新风培训班。市妇联副主席陈琪、东瓜镇副镇长李丽萍出席培训班。培训班邀请云南精益律师事务所合伙人、专职律师、楚雄市妇联法律顾问陆绍芬围绕《中华人民共和国民法典》《中华人民共和国妇女权益保障法》《中华人民共和国反家庭暴力法》等相关法律知识，结合自身办案经验，立足妇女特点，以案释法，作专题讲解。同时，还为大家讲解女性在婚姻、家庭生活、劳动中保护自己权益的途径。并倡导妇女要明确自身权利义务，提高依法自我保护意识。楚雄市文明家庭代表王静和永兴社区54名移民妇女参加培训。

（郭永芝）

楚雄市科学技术协会

【概况】 2022年，楚雄市科学技术协会以庆祝第六个"全国科技工作者日"为契机，组织市全民科学素质工作领导小组成员单位深入开展"四个一"（即：开展一次风采、组织一场座谈会、写一封慰问信、到一线开展一次服务）活动，团结带领广大科技工作者听党话、跟党走，在旗帜鲜明讲政治上作表率，在担当作为上作表率，在勤政为民上作表率，在团结协作上作表率，在清正廉洁上作表率。12月，楚雄市科协被云南省科学技术协会、云南省人力资源和社会保障厅表彰为云南省科学技术普及奖先进集体，被云南省科协表彰为全国农民科学素质网络竞赛优秀单位、科普大篷车运行管理先进县市。2023年1月被中国科协命名2021—2025年第二批全国科普示范市。

【科协基层组织建设】 2022年，楚雄市科协健全完善基层科普组织，15个乡镇党委书记兼任乡镇科协主席，将"四长"纳入科协组织兼职；154个村（社区）党总支（支部）书记兼任科普分会会长，并配有1名以上科普员；组建楚雄市科普志愿服务队1支，科普志愿服务分队18支，累计

5月13日，市科普志愿服务队到大过口乡民族中学开展“弘扬科学精神　激发科技梦想”科普大篷车进校园活动　（毕　馨　摄影）

招募科普志愿者2668人，形成市、乡（镇）、村（社区）、科普志愿服务队四级科普组织网络。年内，组建10支科技专家服务团，常年定期开展农村产业发展、新科技推广等前沿科技培训。建成省级以上科普教育基地4个、科技专家工作站18个；打造科普教育基地4个、青少年科技教育基地5个、农村科普示范基地48个、科普特色学校26所；建成科普e站35个，建成楚雄市科普生活馆1个。全市15个乡镇建有科普大学、科普教育培训室，154个村（社区）均建有集文化活动室、党员活动室、科普活动室为一体的综合性活动场所，并有专用或合用的科普宣传栏，科普宣传阵地实现全覆盖。

【科普宣传】　2022年，楚雄市科协打造楚雄科普微信平台、《科技之窗》栏目、科普e站、科普长廊等民生科普宣传平台，不断扩大科普宣传影响力。利用“文化、科技、卫生”三下乡、“科技活动周”“科普大篷车六进”等，开展科普宣传近1000场次，发放科普资料14.8万份（册），形成相信科学、尊重科学、爱科学、学科学、用科学的氛围。

【科普活动】　2022年，楚雄市科协修订完善《楚雄市创建2021—2025年度全国科普示范市创建材料汇编》5册。抓实“项目工作法”，组织完成《楚雄市全民科学素质行动计划纲要（2022—2025年）实施意见》《楚雄市“十四五”科普工作发展规划》的编印。年内，楚雄市再次被提名为2021—2025年度全省、全国科普示范市创建单位。结合“四万三进”、全国文明城市建设活动，推进“我为群众办实事”活动。围绕科技活动周、全国科普日活动主题，组织各乡镇开展“走进科技、你我同行”“喜迎二十大，科普向未来”等系列科普展教活动121场次，发放科普资料32.4万份（册），展出科普展品6件、科普展板20块。打造楚雄市科普生活馆，坚持“每季一主题、每月一计划、每周一活动”，让市民近距离体验科技神奇，不断提升市民满意度，累计开展活动12场次。开展科普大篷车“六进”活动34场次。开展党员干部“走村访户”活动，为结对帮扶村、联动共建社区解决实际问题，累计党员干部“走村访户”8次，联动共建社区开展志愿服务活动35次。

【科技企业】　2022年，楚雄市科学技术协会加快科技专家服务站建设，发挥好牵线搭桥的作用，帮助市内企业与科研机构、高等院校等进行科技合作，引智引资，突破技术瓶颈，促进企业创新发展。年内，云南金七制药有限公司科技专家工作站获评2022年度云南省科技专家工作站并获奖补资金20万元。围绕以科技进步推动绿色能源、生物医药、文化旅游和现代农业发展，发挥“科技入楚”论坛会和省、州科协学术交流会等交流平台作用，整合政府、院校、科研机构、企业、农民专业合作组织和种植大户的力量，共同为工业大麻、魔芋、核桃、特色水果、中草药、畜牧养殖等产业发展出谋划策。

【科协服务乡村振兴】　2022年，楚雄市科协用好科技专家服务乡村振兴信息平台，选派科技专家指导乡镇打造“一乡（镇）一主导产业、一村一骨干产业、一户一增收项目”的现代农业特色产业。年内，用好“农技协”助力乡村振兴平台，创新“农技协+龙头企业+互联网”“农技协+示范基地+合作社+公司+互联网”等农技协发展模式和“党组织+农技协”引领产业发展及“农技协+党员”引领创业增收模式，投入资金113.5万元，实施科普助力乡村振兴项目18个。用好基层科普项目建设平台，投入各级科普项目资金150余万元，集中打造云龙科普小镇、紫溪彝村科普小镇、路域生物多样性科普体验馆、彝人古镇示范社区、栗子园示范社区、紫金冬桃协会、猕猴桃种植协会、兴蕴枇杷协会等一批科普示范点。用好科普志愿者服务平台，组建科普志愿服务队1支，科普志愿服务队分队47支，常态化开展科普志愿服务活动51场次。用好线上科普宣传平台，利用科普e站、《科技之窗》、科普楚雄、中国科普App等新媒体，采取线上科普体验式互动，广泛宣传前沿科普知识，累计播放《科技之窗》96期，推送健康养生、前沿科技等科普知识4万余条。

【科技培训】　2022年，楚雄市科协以中小学“双减”政策为契机，以科学教育课堂为阵地，引导中小学生参与楚雄市第38届青少年科技创新大赛，征集作品651件，向州科协申报优秀作品343件参与州级赛事。整合涉农、科技、惠农等资源，开展以农函大培训、农村实用技术培训等为主的培训班300场次，培训新型农民1.5万人次。针对老年人，围绕“老有所乐、老有所学、老有所为”目标，重点开展涉及健康养生、网络安全、智能信息化运用等内容的科普讲座150余场次，培训社区老年人7500人次。

【科普服务】 2022年，楚雄市科协用好科技专家服务乡村振兴信息平台、农技协助力乡村振兴平台、基层科普项目建设平台，投入资金283.5万元。以“青少年科技创新大赛”“青少年机器人大赛”为平台，引导中小学生参与科技创新实践。以科学教育课堂为阵地，“校园科技节”为载体，不断激发青少年科技兴趣，推动科技教育在校园普及。面向领导干部和公务员，把科技知识培训纳入各单位理论学习中心组学习和公务员培训规划的重要内容，促使领导干部和公务员用科学的思想和方法谋划、推动工作。深入开展农民技术职称评定工作，组织评定农民专业技术职称274人。深入推进“威楚产业技术领军人才”“威楚名匠”“威楚农村拔尖乡土人才”培养工作，紫溪镇科协干部李华被中国农技协选树为“2022年百强乡土人才”，王兴平、李红运等一批农村拔尖人才进入楚雄市乡土人才库，成为威楚农村拔尖乡土人才。

（毕　馨）

楚雄市文学艺术界联合会

【概况】 2022年，楚雄市文学艺术界联合会有作家协会、摄影家协会、书法家协会、美术家协会、诗词楹联学会5个市级文艺家协（学）会。年内，选优推优文艺人才加入各级协会（学会），秦迩殊加入中国作家协会，罗为民加入中国书法家协会；楚雄市籍曹宇辉、吴文光、杨湘云、李文珍、杨渔勇、刘剑韬、刘华7人加入省民间文艺家协会；苏杨文静、王旭明、刘兴花3人加入省作家协会，李文珍加入省戏剧家协会，张家凤、鞠兴阳2人加入省诗词楹联学会；年内，共有26人加入州级各类协会、124人加入市级协会，其中，党员占34.57%。6月，楚雄市文联制定《楚雄市文联关于楚雄市美术家协会“文艺名家”工作实施方案（试行）》，通过提名、推荐、公示，认证周智、梁春达、杨国荣、倪跃华4名美术家为首批楚雄市“美术类文艺名家”，并举行楚雄市首批“美术类文艺名家”授牌仪式。9月，市文联编纂的《紫溪山志》被楚雄州地方志编纂委员会评定为楚雄州第一届“精品志书”三等志书。10月，市文联被国家机关事务管理局、中共中央直属机关事务管理局、国家发展改革委、财政部评为“节约型机关”。12月，被州委、州政府表彰为楚雄州文化工作优秀集体。

【美术作品展及书画创作】 2022年，楚雄市文联与市纪委市监委联合举办“喜迎二十大　清廉楚雄行　清廉楚雄美术作品展”，以网络展的方式展出美术作品20幅，点击浏览4600余人次。讲好廉洁故事，向市纪委市监委提供李启东、池生春等素材，以供《云南纪检监察》遴选。搜集整理高量成、高长寿、李凝、杜思禹、吴锡达、高廷灿、李定国7名历史文化名人及《骠川道中》《南安守行》《马龙河》3篇诗文，提供东华镇党委打造廉洁村居。与市政协联合举办“2022年楚雄市政协、市文联宣传贯彻党的二十大精神书画创作活动”；编纂《楚雄市学习贯彻党的二十大精神书法美术作品文史资料》，在市“两会”期间发放。

【文艺创作】 2022年6月，楚雄市摄影家协会会员颜谦的摄影作品《绿孔雀》被《人民日报》发表并收藏，10月入展“云南这十年”云南省喜迎党的二十大胜利召开美术书法摄影展；邓雄的摄影作品《恐龙河自然保护区内的绿孔雀展翅飞翔》在《人民日报》发表。8月，李光彪、秦迩殊创作的散文《只待青绿归林中》在《光明日报》发表。12月，邓雄的《COP15——镜头记录绿孔雀之美》等15件摄影作品被新华社采用。曹宇辉的长篇小说《天雨流芳》代表云南省作协评定为云南省上报中国作协定点深入生活作品。作家协会会员刘兴花创作的散文《傻娘阿红》获2022年度《散文百家》全国优秀散文征文大赛优秀奖，《花开童年》系列儿童文学作品之《我爱班集体》《真正的偶像》《牵手善良》出版发行。黄志鹏的散文《人生天地间，当识范仲淹》编入复旦大学出版社编纂的《大学语文》教材。秦迩殊创作的长篇小说《阿莫沙蒂》获第九届云南省文学艺术奖（文学类）。年内，秦迩殊创作的小说《秘密》《猪拱菌》分别入选云南省年度小说卷、儿童文学卷选本；散文《等待城市苏醒》入选云南省文联主编抗疫文学集《爱的灯盏》；纪实文学《高原稻人》获得云南报告文学学会中短篇精品项目。12月，经过州文联遴选，秦迩殊参与楚雄文旅故事《楚雄好玩呢》编撰出版工作，负责撰写楚雄市板块1.7

10月23日，市文联组织摄影家协会会员到紫溪山采风　（樊梅红　摄影）

7月6日，市书法家协会书法临创点评会　（市文联　提供）

万字文化旅游产业发展宣传文字。市美协靳广伟作品入展由云南省文学艺术界联合会主办的“云南这十年”云南省喜迎党的二十大胜利召开美术书法摄影作品展。市美协白静、倪跃华作品入选“喜迎二十大·振兴美丽乡村——云南省大型美术作品展”，并入选2022年度云南省委宣传部文艺精品创作专项扶持资金项目。

【采风交流活动】　2022年3月，楚雄市摄影家协会利用微展公众平台进行“秘境哀牢·天成佳境”——楚雄市西舍路生态风光摄影作品展，充分展示西舍路高山峻岭，壮丽的生态风光。同月，摄影家协会在微展公众平台进行“邂逅那场春雪”主题摄影作品展。3月，楚雄市文联、市摄影家协会组织12名摄影家到中山镇举行“保护生态”主题文艺创作活动。4月，摄影家协会在微展公众平台进行“那些花儿”主题摄影作品展。5月14日，楚雄市摄影家协会应牟定县摄影家协会的邀请组织部分会员参加牟定县新桥镇原牟定铜矿旧址的摄影采风活动。6月4日，为弘扬中国传统文化，在端午节之际，楚雄市摄影家协会组织会员参加由楚雄汉家衣衫汉服体验馆、楚雄星月汉服社、楚雄彝人古镇举办的端午祭事采风活动。10月，楚雄市文联到云龙红色文化基地举行“红色文化”采风活动，创作完成3篇红色文化散文。10月1日—29日，楚雄星海湖文旅小镇与楚雄市摄影家协会联合举办“定格美好·发现星海湖万物之美·星海摄影大赛”，组织会员参与为期近1个月的拍摄、投稿、网络投票、现场评分，最终评出一等奖1名、二等奖3名、三等奖5名及优秀奖6名、入围奖8名。

【文艺为民服务】　2022年春节期间，楚雄市文联组织市书法家协会、诗词楹联学会到大东社区、学桥街社区、栗子园社区等举行义务写春联活动，共赠送对联600副、福字260个；诗词楹联学会举办“喜迎二十大”书法作品展。年内，市诗词楹联学会举办国学文化宣讲2场次、老年大学诗词论坛4次；市美术家协会进校园活动1次，到紫溪镇举行“喜迎二十大”写生创作活动，举办“喜迎二十大”美术作品展；市音舞协会举办音乐创作培训1次；市戏剧家协会到子午镇举办“戏曲进乡村”活动。

【《楚雄文艺》编印】　2022年4月，楚雄市文联编辑部完成年度《楚雄文艺》核验换证工作。全年编辑印刷《楚雄文艺》4期68万字，刊发部分工作纪实照片24幅，艺术照片65幅，美术作品30幅，书法作品40幅，小说9篇，散文29篇，18个组诗，纪实文学8篇，文学评论6篇，乡土文化作品27篇。年内，夏、秋之卷按照市委宣传部要求，开设“模范风尚”栏目，共刊发楚雄道德模范先进人物8篇2.8万字。

【“遇见楚雄·文学艺术季”活动】　2022年6—12月，楚雄市文联编辑上报文学作品64篇，美术作品36件，摄影作品78件，书法作品12件，被云南楚雄网、云听楚雄、楚雄融媒、“学习强国”学习平台、《金沙江文艺》《楚雄日报》等媒体、杂志采用文学作品56篇、美术作品28件、摄影作品56件、书法作品8件，采用率78%。结合“遇见楚雄·文学艺术季”系列活动开展宣传，18件优秀文艺作品被云听楚雄、“学习强国”学习平台采用；认真学习习近平新时代中国特色社会主义思想，阅读中国共产党党史、新中国史、改革开放史、社会主义发展史等重点主题读物，讲好在党的领导下版权工作中展现的故事，推进使用正版软件、作品登记、版权示范创建等工作，宣传版权法律法规和基本知识，聚焦版权运用转化和产业发展，推动版权理念深入人心，共同营造爱读书、读好书、善读书的社会氛围。

【“书香九进”活动】　2022年4月23日，楚雄市文联开展“书香九进”活动，组织部分作家到彝人古镇社区参加签名赠书、阅读活动。在楚雄市方志馆开展“奋进新征程·阅读再出发”读书日暨全民阅读活动启动仪式和文艺协会版权宣传活动。在7个文艺家协（学）会广泛宣传知识产权、版权工作，组织学习由云南省文联权益保障部编印的《文艺维权常用法律汇编》。

（曹宇辉）

楚雄市残疾人联合会

【概况】　2022年，楚雄市残疾人联合会落实行业帮扶责任，巩固拓展残疾人脱贫攻坚成果，提升残疾人康复服务，改善残疾人家居环境，提高残疾人生活质量，结合残疾人需求促进残疾人就业创业。开展扶残助残志愿服务、宣传、捐助活动，选送残疾运动员参加州、省残疾人运动会，选拔文化艺术人才，做好残疾人文体人才储备。楚雄市城区农贸市场无障碍通道规范建管协商特色亮点作为全州示范、全省交流。年内，完成市乡两级残联班子换届，配齐配强市、乡残联班子，全市154个村（社区）均成立村残疾人协会。

【残联组织建设】 2022年，楚雄市残疾人联合会抓好残联专干、残疾人专职委员（联络员）队伍建设，探索实施市残联工作人员、乡镇残联专干、村（社区）残疾人联络员（专职委员）三级代办服务队伍。年内，《“十四五”残疾人保障和发展规划》印发执行，召开楚雄市残疾人事业工作会议，完成15个乡镇和市级残联换届，全市154个村（社区）均成立村残协，实现“四个有”（有组织、有制度、有办公活动场所、有经费）全覆盖。

【残疾人康复服务】 2022年，楚雄市提升残疾人康复服务水平，为行动不便、出行困难的重度残疾人解决办证难、接受服务难的问题，投入资金79.8万元，开展白内障筛查3657人，接受手术591人。投入资金15万元开展“阳光家园计划”项目指导和帮助残疾人开展康复服务，惠及4个乡镇残疾人100人，满意率100%。投入资金180万元为残疾人免费安装假肢22人、发放辅助器具248台，儿童康复107人，精准康复386人，盲人定向行走训练10人次，免费换发第三代残疾人证650人、为智力精神患者开展残疾评定186人、为听障人士适配助听器60人，开展残疾人基本状况调查1.37万人，全市残疾人基本康复服务覆盖率85%、残疾人辅助器具适配率85%。市图书馆建成盲人阅览室，让视力残疾人享受阅读喜悦。投入资金36万元，完成60户贫困重度残疾人家庭无障碍改造项目“一户一方案”精准细化到户，改善残疾人家居环境和生活质量。

【残疾人就业服务】 2022年，楚雄市有102家机关、事业、企业单位安置残疾人就业165人；设立村（社区）公益性岗位开展集中安置残疾人就业24人。完成残疾人求职登记40人，推荐残疾人就业11人；兑付残疾人高校毕业生求职补贴1.7万元，促进残疾大学生就业创业；投入资金33.95万元开展盲人按摩店规范化建设，全市盲人按摩机构32家，吸纳盲人就业96人。至年底，全市累计建成省级残疾人就业创业示范基地4个、残疾人就业创业示范户11户；创建省级乡村振兴残疾人帮扶示范基地1个，获得省级补助资金25万元，辐射带动残疾人就业108人种植枇杷26.67公顷，增收60余万元。

【残疾人职业技能培训】 2022年，楚雄市围绕农业产业发展状况，结合残疾人实际需求，投入资金7.05万元，针对16～59周岁农村困难残疾人或亲属，免费开展家禽养殖技术培训，帮助残疾人提高自我发展和增收能力。年内，在西舍路镇、中山镇、大过口乡开展残疾人农村实用技术养殖培训班3期，培训47人。

【“阳光助残”活动】 2022年，楚雄市组织“阳光助残”志愿服务队到小区开展“我为残疾人办实事”助残志愿服务，免费量血压2356人次、理发1230人次、测量体温3586人次，发放宣传材料3000余份。市残工委成员单位及爱心企业在桃源湖体育公园举行全国第31个“助残日”志愿活动，接受政策健康咨询800余人次，免费为眼疾病患者检查426人，发放助听器、拐杖等残疾人辅具12套，发放宣传资料1200余份，新闻媒体、LED显示屏刊播标语2000余条次。对接企业开展“捐资扶残助学”主题活动4次，10家企业帮扶困难大学生32人，帮扶现金6.17万元，定向捐赠西舍路镇困难学生2万元；向州特教学校捐赠学习用品、大米等物品，价值4万余元；捐赠困难学生家庭电磁炉160台，价值4.5万元；组织干部职工捐款，帮扶困难残疾学生23人，捐赠床上用品5件套、学习用品等价值1万元；筹措资金12万元，开展春节、敬老节、助残日走访残疾人慰问活动，累计走访困难残疾人200人。开展世界读书日“点亮心灯”视障人士阅读活动、“喜迎党的二十大·少年儿童心向党”庆“六一”文艺会演活动；组织开展残疾未成年人爱心义诊活动，免费为残疾未成年人检测视力、口腔；组织残疾未成年人开展“点亮微心愿 快乐我相伴”集体生日活动，常态化开展“与爱同行，共享阳光”系列品牌活动，帮助未成年人特殊群体健康成长。

【残疾人权益保护】 2022年，楚雄市残疾人联合会维护残疾人合法利益，处理残疾人来访、来电、来信

4月22日，市残联工作人员在视障阅览室为视障人员提供阅读服务

（李 强 摄影）

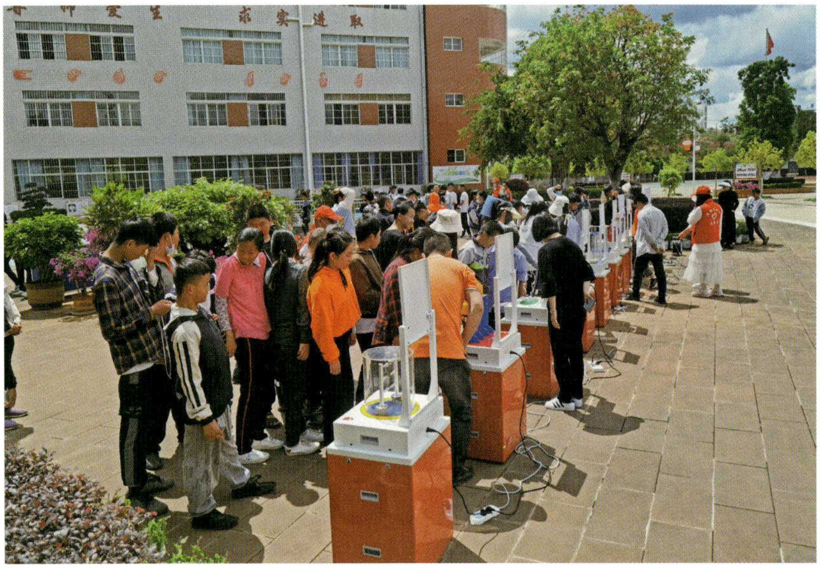

5月12日，市残联在全国助残日开展“走进科技·你我同行”科普进校园特殊学校专场活动　（李　强　摄影）

反映或咨询事项267件次，满意率98.4%。依托文化进家庭“五个一”活动推动残疾人文体事业发展，选拔33名残疾运动员参加楚雄州第七届残疾人运动会，为楚雄州参加省第十二届残疾人运动会输送运动员9名；选拔优秀运动员7名、文化艺术人选13名，做好残疾人文体人才储备。楚雄市城区农贸市场无障碍通道规范建管协商特色亮点成为全州示范，参加全省交流。

【持证残疾人基本状况调查】 2022年8月15日至9月26日，楚雄市开展年度持证残疾人基本状况调查工作。召开持证残疾人基本状况调查工作培训会议，规范统一残疾人基本服务状况调查工作内容和流程。组建323人基本状况调查队伍，以入户调查为主、电话问询调查为辅，对全市持证残疾人就住房、教育、就业、社会保障、基本医疗与康复等进行摸底统计。通过摸底调查，全市有持证残疾人1.37万人。按残疾等级划分：一级残疾931人，二级残疾2645人，三级残疾4519人，四级残疾5644人。按残疾类别划分：视力残疾1219人，听力残疾887人，言语残疾235人，肢体残疾6960人，智力残疾1181人，精神残疾2663人，多重残疾594人。按年龄段划分：未满16周岁348人，年满16周岁未满60周岁8120人，年满60周岁及以上5271人。按性别划分：男性7775人，女性5964人。均实现学有所教、劳有所得、病有所医、老有所养、住有所居。

【楚雄市残疾人联合会第八次代表大会】 2022年9月28—30日，楚雄市残疾人联合会第八次代表大会在市委党校召开。会议通报表扬楚雄市2018—2022年残疾人工作优秀集体优秀个人和残疾人自强模范；审议并通过楚雄市残疾人联合会第七届主席团工作报告，确定今后五年残疾人事业发展战略、工作方针和主要任务；选举产生楚雄市残疾人联合会第八届主席团、出席楚雄彝族自治州残疾人联合会第八次代表大会代表。

【参加楚雄州第七届残疾人运动会】 2022年7月16—20日，楚雄州第七届残疾人运动会在州体育馆举行，设比赛项目6个大项、42个小项，参赛运动员285名。楚雄市派出33名残疾人运动员参加田径、游泳、篮球、举重等6个项目比赛。参赛运动员年龄最小的12岁，年龄最大的70岁，年龄20岁以下占40%。通过比赛，获得金牌17枚、银牌14枚、铜牌9枚，全州积分榜排名第六名。

（李　强）

楚雄市法学会

【概况】 2022年3月4日，召开楚雄市法学会五届二次常务理事会和第五届二次理事会议。市委常委、市委政法委书记邝华然当选为市法学会会长，至年底，楚雄市法学会有常务理事22名、理事35名。全年发展中国法学会会员20余名。至年底，全市有237名中国法学会会员。年内，组织理论学习中心组学习2场次，3名干部职工作交流发言，组织学习法治知识130余篇，不断增强干部职工的法纪意识。

【法学研究】 2022年，楚雄市法学会组织法学会会员参与相关法治论坛，向市属会员单位转发征文通知3个，收到并上报论文7篇。组织课题研究和研讨会，围绕“三同步”工作机制开展课题研究，收到并上报调研文章3篇。11月下旬，围绕如何贯彻落实《信访工作条例》为主题开展工作研讨，邀请市委政法委、市法院、市检察院、市司法局、市信访局的法学会会员参加研讨。

【法治宣传活动】 2022年，楚雄市组织开展“青年普法志愿者法治文化基层行”和“百名法学家百场报告会”等法治宣传活动，市法学会印发活动方案，组织普法志愿者573人参与法治文化基层行活动，开展普法活动273场次，其中，线上普法132场次，线下普法活动141场次。开展双百活动9场次，受众486人。

【参与法治实践】 2022年，楚雄市法学会每月向州法学会报送工作信息，至年底共报送62篇，其中被州级以上媒体网站采用9篇。印发《关于推荐首席法律咨询专家库专家的通知》，市法院副院长、市法学会副会长吴京华入选楚雄州首席法律咨询专家库专家。市级成立的专家库共16人。配合完成市域社会治理终期评估验收向法学会提供材料；收集整理本委普法材料，制定印发《中共楚雄市委政法委员会关于开展法治宣传教育的第八个五年规划（2021—2025年）》《中共楚雄市委政法委2022年普法依法治理工作要点》等工作计划；报送全面依法治市（法治建设）考核材料；法学会1名工作人员全程配合做好打击整治养老诈骗专项行动工作。

（普绍宏）

楚雄市红十字会

【概况】 2022年，楚雄市红十字会制定下发《楚雄市红十字会监事会工作规则（试行）》《楚雄市红十字会监事会监督办法（试行）》，推动市红十字会内部治理机制健全完善。年内，提高红十字捐赠款物情况的公开性、透明度，自觉接受社会监督，保障捐赠人和社会公众的知情权、参与权和监督权。对2021年、2022年市红十字会捐赠款物接收和发放、救助金发放、“99公益日”网络筹款项目执行情况进行公示7次，对执委会发出《工作提醒函》2次。

【人道救助】 2022年，楚雄市红十字会联合团市委、市妇联开展“扶危济困·你我同行”捐资助学社会帮扶活动，募集捐赠资金58.7万元，帮扶困难学生164人，覆盖全市15个乡镇低收入家庭、监测对象、脱贫户等大中小学学生。年内，对患有先天性心脏病、白血病等重特大疾病的贫困患者给予救助，救助白血病儿童1人，发放救助金3万元；向3户因病困难家庭发放人道救助金3000元。

7月13日，市红十字会工作人员在大过口乡中心民族小学开展应急救护知识培训

（市红十字会　提供）

【“三献”工作】 2022年，楚雄市红十字会联合州中心血站、市卫生健康局开展“医务人员献血月”、“公职人员献血月”、“5·8”世界红十字日和世界献血者日宣传活动，宣传普及“三献”（造血干细胞捐献、人体器官捐献和无偿献血）知识，并发布无偿献血倡仪书。年内，组织动员志愿者243人成功采集造血干细胞血样，参与无偿献血879人、献血量21.78万毫升。完成2022年人体器官捐献“生命之约·大爱传递——让人道之花绽放”5.8千米健步走主题宣传活动，呼吁更多社会公众报名登记成为器官捐献志愿者，通过扫码成功登记为遗体和人体器官捐献志愿者579人。

【人道筹资】 2022年，楚雄市红十字会开展世界助残日爱心助学捐赠活动，向在校大学生21人和高中生10人发放残疾人及残疾家庭助学金7万余元。组织爱心企业为一线工作者捐赠价值2.8万元的防疫及生活物资。筹集新鲜蔬菜、抗疫药品、口罩和防护服等价值235万余元的抗疫物资，于4月1日、4月15日分批次发往上海嘉定。参与全省红十字“99公益日”滇苗助学网络筹款活动，全市215支团队4.25万人次参与捐款，获得筹款45.53万元。

【红十字志愿服务】 2022年，楚雄市红十字会填补公共场所体外除颤仪空白，在全市办公楼、学校、图书馆、酒店、客运站、商超、旅游景区等公共场所投放自动体外除颤器（AED）65台、急救包130余个。加强红十字志愿服务队伍建设，发展红十字会志愿者1500余人，持证救护员300余人；组织红十字志愿者开展农村人居环境整治、义诊、免费理发等服务活动4次84人次。

5月8日，市红十字会工作人员在红十字主题文化广场开展应急救护培训

（郑世兰　摄影）

【应急救护救援】 2022年，楚雄市红十字会开展应急救护持证培训1434人次，公益培训42场次6000人受益。以开展主题党日、走进生命教育体验馆为内容，组织市级单位党组织联合开展“救在身边·机关先行”活动，市政协、市政务中心、市卫生健康局、市信访局、市残联、电力系统等多家党支部3000余人参加红十字会应急救护知识普及活动。

【“博爱送万家”活动】 2022年，楚雄市红十字会制定“博爱送万家”主题活动方案，明确活动开展的重点村，向各乡镇、红十字会慰问小组传达活动要求，组织开展入户走访慰问困难群众。活动累计向困难群众发放救助金1.64万元；发放生活物资家庭包20个、冻疮膏400支、衣服100件，价值4.69万元；惠及受困家庭300余户。

【红十字主题文化广场投入使用】 2022年5月8日，楚雄市红十字主题文化广场投入使用，投资金额16.72万元。年内，为市民提供免费医疗咨询服务、科普教育等，普及自救互救知识技能，广场开展红十字系列志愿活动20余场次。

（郑世兰）

楚雄市计划生育协会

【概况】 2022年，楚雄市有计划生育协会组织178个，其中市级1个，乡级15个，村（居）委会154个，流动人口协会8个（其中，鹿城镇的东兴、栗子园、青龙和米市街4个，东瓜镇的永安、车坪、詹家和彝人古镇4个）。市、乡村有协会理事2543人，其中女性896人；有团体会员170个，有会员小组2864个，个人会员6.39万人，会员人数占全市总人口的11%以上。全市计划生育群众自治村（居）委会154个，修订完善《计划生育村规民约》和《计划生育基层群众自治章程》，完成率100%；有会员之家169个，规范会员之家建设完成率95%。

【计划生育“会员活动日”】 2022年5月21日，楚雄市计划生育协会结合楚雄市实际，把“5·29”计划生育会员活动日与科技宣传活动周有机结合起来，组织全市15个乡镇计划生育协会开展活动。组织市人民医院在桃源湖广场为广大群众开展义诊活动，为过往的群众宣传计生法律法规、卫生健康常识、优生优育等保健知识。活动免费测量血压150余人次，发放妇幼保健计划生育宣传资料1万余份，接受群众咨询170余人次；受教育3000余人次。

【计划生育家庭扶助】 2022年，楚雄市完成计划生育家庭独生子女户和双女绝育户意外伤害保险2.49万户，涉及8.19万人，保费金额63.54万元。其中，49～65周岁农村独生子女伤残和死亡家庭国寿绿舟意外伤害保险244人，每人份30元合计7320元；完成65周岁以上农村独生子女伤残和死亡家庭国寿夕阳红意外伤害保险228人，每人份20元合计4560元；为失独家庭父母406人购买意外疾病住院护理保险。根据国家、省、州计划生育协会通知要求，在全市开展优生优育赠险活动，为女性及儿童1239人办理免费赠送优生优育保险，为怀孕的妇女及0～6岁儿童提供保障1份。

（杨林美）

〔栏目编辑：杨加丽〕

法 治

2023

楚雄市年鉴

政法委与综治

【概况】 2022年，中共楚雄市委政法委巩固深化政法队伍教育整顿成果，防控重大风险，提高服务高质量发展能力，维护政治安全、社会安定、人民安宁。年内，市委政法委向市委请示报告工作12次，市属政法机关向市委政法委请示报告重大事项43次。市委政法委被州委政法委作为“新时代政法楷模先进集体”推荐上报省委政法委参与评选，全市政法系统8个集体、39名个人受到州级以上表彰。楚雄市群众安全感满意度调查在全省129个县（市、区）中位列第37名，比上年上升45名。

【平安楚雄建设】 2022年，楚雄市建立市级领导联系指导驻楚中央、省、州属单位，市属政法系统领导班子成员联系指导乡镇和市属部门工作制度，深化群众安全感、满意度提升工作。集中开展“全能神”邪教组织三年专项行动收网，组织开展打击整治跨境违法专项行动。落实依法处置、舆论引导、社会面管控“三同步”工作机制，确保案件办理“三个效果”（政治效果、社会效果、法律效果）相统一，严防影响社会稳定的案（事）件和网络舆情发生。学习宣传贯彻落实《中华人民共和国反有组织犯罪法》，按照决心不变、标准不降、力度不减的要求，保持对黑恶势力的高压严打态势。

【矛盾纠纷排查化解】 2022年，楚雄市构建市、乡、村、组四级调解网络体系和行政管理、行政执法部门调解组织，建立调解委员会1194个，配备调解员1.34万人。把“四个专项行动”（特殊群体服务管理、命案防控三年攻坚、突出矛盾风险排查化解、打击整治养老诈骗）与涉稳风险隐患、突出矛盾、婚姻家庭纠纷大起底大排查大化解工作统筹起来，全覆盖、无盲区、零死角排查化解各类风险隐患，完成纠纷化解1380户。楚雄市人民法院探索推进“巡回审判+指导调解+以案释法+普法宣传”诉源治理模式，推进“无讼村委会”示范创建，通过诉前多元解纷方式处理案件4473件，成功化解2416件。对排查化解的矛盾纠纷，按照低、中、高三类进行风险评估，并由相关乡镇及行业主管部门适时进行跟踪回访，掌握动态情况，巩固化解成果。

【市域社会治理】 2022年，楚雄市制定《楚雄市市域社会治理“十四五”专项规划》，分年度实施基层社会治理项目100项，总投资29.28亿元。深化“放管服”改革，建立和完善办事指南和工作规程，实行“马上办、网上办、就近办、一次办”，全市90%以上的村（社区）可直接办理或代办政务服务事项，城市社区综合服务设施实现全覆盖，村级综合服务设施覆盖率90%以上。加强基层社会治理，打造一批符合楚雄市情、彰显楚雄市特色、造福楚雄市民众的特色示范项目，国家级试点项目“楚雄市矛盾纠纷多元化解模式”成为社会矛盾的减压阀，省级试点“栗子园社区基层社会治理项目”成功探索基层社区社会治理的有效载体和模式，州级试点“学桥街社区三网（精细化管理网络、区域化组织网络、多元化服务网络）融合项目”在整合基层社会治理资源参与社会治理方面做出有益探索，全州首个专门学校建立未成年人罪错行为预防矫治体系。

【扫黑除恶常态化】 2022年，楚雄市围绕“打、防、管、控”四项任务，深化信息网络、交通运输、工程建设、自然资源和边境治理、文化旅游等行业领域整治，启动教育、金融放贷、市场流通三大行业领域整治，巩固提升行业领域整治成果。开展打击涉网黑恶犯罪专项行动，以公安部下发的“裸聊”敲诈、网络“套路贷”、恶意索赔犯罪为基础，以其他正在经营的涉信息网络黑恶犯罪案件为拓展，集中优势兵力，收网一批信息网络黑恶犯罪团伙。直核深挖一批重点线索，开展综合治理，挤压黑恶势力滋生空间。加强督导检查，压紧压实党委政府主体责任、政法机关直接责任、纪委监委监督责任、职能部门监管责任。做好刑释人员安置帮教，加强接返衔接，杜绝留下衔接遗漏、失控隐患。

【法治楚雄建设】 2022年，楚雄市制定《楚雄市法治建设指标体系》《楚雄市争创国家级、省级法治政府示范市工作方案》，细化分解《楚雄市法治楚雄建设规划（2021—2025年）》《楚雄市法治政府建设规划（2021—2025年）》年度主要工作任务，推动规划贯彻落实。加强法治政府建设，组织开展涉及知识产权保护、优化营商环境、计划生育的规范性文件专项清理工作3次，清理行政规范性文件11个。开设维护企业权益绿色通道，推动涉企纠纷快立案、快送达、快保全、快调解、快审判、快执行。

【政法领域改革】 2022年，楚雄市发挥社会体制改革专项小组办公室牵头抓总作用，加快推进执法司法制约监督体系改革和建设，加强与市公安局、市人民检察院、市人民法院、市民政局、市人力资源和社会保障局等成员单位和责任单位的联络沟通，了解掌握工作情况，督促推动改革，支持各成员单位推进改革。贯彻落实《云南省政法领域全面深化改革2022年任务管理台账》，推动政法领域全面深化改革事项落细落实，构建权责清晰、权责统一、监管有效、保障有力的执法司法责任体系。年内，结转2019—2021年未完成的改革任务18项，2021—2023年任务14项，各部门新增改革任务47项。

【四个专项行动】 2022年，楚雄市组织开展特殊群体服务管理、命案防控三年攻坚、突出矛盾风险排查化解、打击整治养老诈骗“四个专项行动”。开展特殊群体全覆盖、拉网式排查，研究制定针对性政策措施，组织开展帮扶救助、解决诉求、落实政策等工作，集中力量做好特殊群体服务管理。开展矛盾纠纷大排查大化解，制定专项工作方案，充实基层矛盾纠纷排查预警工作力量，以户为单位，逐户进行梳理排查，落实普法教育、亲情感化、心理疏导等措施，提前介入做好纠纷调处化解和疏导工作。开展打击整治养老诈骗专项行动，组建成立专项行动办公室，落实发动宣传、行业整治、线索核查等措施，从源头上防范打击养老诈骗犯罪。

【政法队伍教育整顿成果巩固】 2022年，楚雄市结合政法领域存在的突出问题，持续巩固政法队伍教育整顿成果。年内，组织开展政法委系统以案促改警示教育活动和纪律作风整治，讲授专题廉政党课5场次，开展集体廉政提醒谈话3场次，“一把手”监督谈话4人次，配合纪检监察机关查处政法系统违纪违法案件5件5人，举办政法系统政治轮训2期。

【“三月平安宣传月”活动】 2022年，楚雄市以“加强基层社会治理，建设更高水平平安楚雄”为主题，在桃源湖集中开展“三月平安宣传月”活动，围绕宪法、平安建设、打击犯罪、防范电信诈骗、安全感满意度等内容，通过设立咨询服务台、悬挂宣传横幅、摆放宣传展板、发放宣传材料等形式，向群众宣讲平安建设的重要性，普及各类安全防范知识。15个乡镇按照“户外有广告、电视有画面、广播有声音、网络有专题、手机有信息、街面有宣传、单位有氛围”的工作要求，组织开展系列宣传活动，营造平安楚雄法治楚雄建设浓厚氛围。

（普绍宏）

6月20日，市司法局开展《中华人民共和国民法典》法治宣传教育进机关专题讲座 （杨 颜 摄影）

法治政府建设

【概况】 2022年，楚雄市加强习近平法治思想学习教育，健全依法决策机制，规范行政决策程序，深化行政审批制度改革。加快转变政府职能，用法治思维和法治方式推动工作、解决问题、化解矛盾，推动法治政府建设更加符合客观规律、时代要求、人民愿望，为全市经济社会及各项事业高质量发展提供法治保障。

【依法治市考评体系建设】 2022年，楚雄市召开市委全面依法治市委员会第五次会议，审议《楚雄市党政主要负责人述法办法》《楚雄市法治建设指标体系》《楚雄市争创国家级、省级法治政府示范市工作方案》，安排部署全面依法治市工作。细化分解《楚雄市法治楚雄建设规划（2021—2025年）》《楚雄市法治政府建设规划（2021—2025年）》年度主要工作任务，制定《楚雄市2022年法治建设考评量化清单》，明确年度重点工作任务。坚持法治建设与经济社会发展同谋划、同部署、同推进、同督促、同考核、同奖惩，把法治建设工作纳入全市“干在实处，走在前列”大比拼综合绩效考核，完善考评对象、考评办法、奖惩措施。落实法治建设考评办法，市委全面依法治市委员会成立七个督查考核组，对全市法治建设工作情况进行督查，组织开展全市党政主要负责人履行法治建设第一责任人职责考评、年度述法等工作。年内，全市依法治市工作考评对象72个，考评为“优秀”等次8个；获中央级表彰的集体3个，个人4人；获省级表彰的集体3个，个人7人；获州级表彰的集体9个，个人16人；3个部门在全州作经验交流。

【行政决策制度建设】 2022年，楚雄市持续推进行政决策标准化建设，制定《楚雄市人民政府重大行政决策

3月1日，市司法局在桃源湖开展“三月平安宣传月”活动 （李 芹 摄影）

6月24日，云南省司法厅《中华人民共和国行政处罚法》培训——楚雄市分会场　（莫水强　摄影）

目录标准》及配套文件7个，出台《楚雄市重大行政决策合法性审查工作规则》。严格规范性文件管理，完善规范性文件审查备案制度，印发《楚雄市人民代表大会常务委员会规范性文件备案审查办法（试行）》。严格决策程序，重大行政决策经公众参与、专家论证、风险评估、合法性审核后，提交部门领导班子会议、市政府常务会议或者全体会议讨论，行政首长在集体讨论基础上作出决定。加强重大行政决策事项管理，调整完善年度重大行政决策事项目录清单并在市人民政府门户网站公示。落实决策执行和实施效果反馈制度，加强督察督办，严格责任追究。严格重大事项请示报告制度，各部门不定期向市委、市人民政府报告重大事项。年内，政府部门报告重大事项239次，市人民法院报告12次，市人民检察院报告8次。

【履行法治政府建设责任】　2022年，楚雄市调整充实市委全面依法治市委员会，制定《楚雄市法治政府建设实施规划（2021—2025年）》及重点任务分工方案，细化法治政府建设目标任务，明确责任单位，压紧压实乡镇和市级部门责任，推进工作落实。7月26日，市委副书记、市人民政府市长罗兴贵主持召开全市法治政府建设工作推进会，传达学习省、州法治政府建设工作会议精神，总结成效、分析形势，安排部署下步工作。8月29日，召开市委全面依法治市委员会第五次会议，传达学习省委依法治省、州委依法治州第四次会议精神，审议通过《楚雄市法治建设指标体系》《楚雄市争创国家级、省级法治政府建设示范市实施方案》，相关部门和乡镇主要领导在会议上进行述法，落实党政主要负责人履行推进法治建设第一责任人职责。推进法治楚雄建设，打造楚雄市矛盾纠纷多元化解模式、栗子园社区基层社会治理、学桥街社区“三网”（精细化管理网络、区域化组织网络、多元化服务网络）融合、“问题少年”专门学校等24个特色示范项目，通过市域社会治理现代化第三方评估验收。“一颗印章管审批”改革精简优化市乡两级行政权力事项250项，基本形成“审管分离”格局。推进东华镇、大过口乡基层整合审批服务执法力量改革工作，赋予试点乡镇行政处罚权限各217项、行政许可等职权各40项、公共服务事项各6项；优化整合试点乡镇机构设置，加强审批服务执法队伍建设，67名行政执法人员通过考试取得执法资格。至年末，试点乡镇累计办理行政审批事项1728项，公共服务事项3400余项，开展行政执法检查242次。组织开展法治政府建设示范创建，各乡镇人民政府、市属部门在市人民政府门户网站公开法治政府建设年度报告，接受人民群众监督。年内，创建市级民主法治村116家，楚雄市政务服务管理局被云南省人民政府表彰为云南省法治政府建设工作先进单位。经楚雄市委机构编制委员会办公室核定，楚雄市司法局增设法治督察科、行政复议与应诉科。

【法治化营商环境建设】　2022年，楚雄市落实《中共楚雄州委全面依法治州委员会办公室关于加强研究落实推进法治化营商环境建设工作措施的通知》和优化营商环境40条措施，出台《楚雄市推进法治化营商环境行动方案（试行）》，召开楚雄市加强法治保障推进法治化营商环境建设工作交办会，安排部署法治化营商环境建设重点工作。坚持依法依规，在服务企业上明界限、不错位，做到“四个坚决”（坚决规范涉企执法、司法行为，坚决打击涉企违法犯罪行为，坚决保护企业知识产权，坚决优化涉企法律服务）。围绕重点企业升规达限、重大项目顺利推进和市场主体倍增行动，落实稳增长政策措施、援企稳岗措施、招商引资措施。优化法律服务供给，推进“百名检察官服务百家民营企业”活动，在市工商联挂牌成立“服务和保障民营经济发展工作联系点”并定期召开联席会议，加大涉产权案件审理力度，持续推进公益诉讼，全年办理涉产权网上咨询97件次、诉讼立案7827件，行政公益诉讼立案115件。楚雄市公证处引进公证员5人，其中具有涉外公证办理资格3人，实现涉外法律服务队伍零的突破。市、乡镇公共法律服务平台和值班律师开展面对面法律咨询1.16万人次，代写法律文书143件，惠及群众1.59万人次。推进行政审批“一站式”服务、“一窗式”受理、“一章式”审批模式，线上政务服务大厅“一门”进驻率、网上可办率、全程网办率得到提升；企业登记全程电子化，实现企业开办0.5个工作日内办理及“一天不用等、一次不用跑、一分不用花”的目标；推行证明事项告知承诺制，减少证明事项，降低制度性交易成本，减轻企业和群众负担。年内，全市政务服务窗口共办理各类审批、服务事项150.23万件，办理证明事项告知承诺事项2.55万件。

【行政执法监督】 2022年，楚雄市推行行政执法“三项制度”（行政执法公示制度、执法全过程记录制度、重大行政执法决定法制审核制度），公开市级行政执法主体、权责、执法依据等事项清单和执法人员执法身份、执法决定、执法信息。做好楚雄市行政执法综合管理监督系统的建设推广和云南省行政执法证件管理系统的日常应用，完成行政执法主体和行政执法人员信息录入工作，组织开展全市行政执法业务培训和执法证到期换证工作。年内，全市参加行政执法资格网上考试638人，免试换证人员1018人，年满50周岁申请免考换证167人，开展基层行政执法队伍能力素质提升专题培训2期。推行行政执法案件回访制度，全年开展行政执法案件回访5082件次。开展乡镇综合执法改革行政执法主体资格审查及公告工作，印发《楚雄市人民政府关于大过口乡和东华镇行政执法主体资格的公告》，对改革后大过口乡和东华镇人民政府的行政执法主体资格、下放权责清单、执法依据、执法监督电话等在市人民政府门户网站向社会公告，组织改革乡镇行政执法资格证考试2场次，2个乡镇共67人取得综合行政执法资格证。开展行政执法案件评查工作，组织全市行政执法部门自查行政执法案卷7754件，州、市抽查评查全市行政执法案卷117件，综合合格率90.4%。结合执法检查、案卷评查等工作，强化对推行包容审慎监管措施落实情况的督促检查。年内，全市突发环境应急预案备案46家，开展现场检查119次，下发责令限期整改通知书17份。立案查处生态环境违法案件8件，办理生态环境违法信访投诉件70件。进行食品安全抽检972批，查处食品违法案件54件，受理消费者投诉（举报）2066件。

【行政复议和应诉】 2022年，楚雄市制定印发行政复议改革实施方案，在楚雄市司法局增设行政复议与应诉科，负责承办市人民政府行政复议案件及行政应诉案件，在全市15个乡镇司法所设立行政复议代办点，方便群众就近申请行政复议。年内，共收到行政复议申请21件，经审查，因不属行政复议受案范围依法作出不予受理决定7件，立案受理14件，均在法定时限内办结，办结率100%。各级人民法院共审理涉及楚雄市级行政机关的行政案件27件，其中以楚雄市人民政府作为被告的应诉案件19件（行政案件6件，民事案件2件，行政复议应诉案件11件），行政机关负责人出庭应诉率100%。市人民政府法律顾问室按照《中华人民共和国行政诉讼法》和《楚雄彝族自治州行政机关法定代表人出庭应诉暂行规定》，提交作出行政行为的证据、法律依据，依法出庭应诉，依法、合理、公平解决行政争议。坚持有错必纠、依法办事，督促相关部门主动履行人民法院生效判决、裁定确定的履行义务案件2件次。

【合法性审查】 2022年，楚雄市印发决策事项合法性审查工作通知，出台重大行政决策合法性审查工作规则，明确审核机构，充实审核人员，规范审核程序。10月18日，市十届人大常委会第11次主任会议通过市人大常委会规范性文件备案审查办法（试行），从市属相关部门聘请规范性文件备案审查法律咨询专家14名，健全完善规范性文件审查制度。实行重大行政决策目录管理，加大法制审核力

4月8日，楚雄市2022年“法律明白人”培训巡回宣讲——八角镇专场

（市司法局 提供）

度，严控政府合同、议题等决策风险，持续推进重大决策社会稳定风险评估工作，强化考核监督，督促部门重视规范性文件审查工作，提高规范性文件合法性审核工作质量，推进依法行政。年内，全市组织审查规范性文件2个、政府各类合同54个、其他文件47份；清理政府规范性文件13个，决定继续有效13个。

【行政争议化解】 2022年，楚雄市人民政府发挥行政复议化解行政争议主渠道作用，通过书面审查、实地调查、集体讨论等方式开展案件审理工作，监督纠正不合法行政行为1件，制发行政复议建议书1份；行政复议后申请人提起行政诉讼2件，经法院审理后均维持复议决定，做到案结事了。将行政争议调解与社会矛盾纠纷调处化解工作相融合，在全面查清事实、正确适用法律、坚持依法办案的前提下，畅通衔接沟通渠道，推动人民法院、人民检察院、司法行政机关、行政复议机关、被诉行政机关等部门参与其中，组织召开复议应诉工作交流研讨会议5次，发挥典型案例的指导示范作用，提升办案质量和效率。健全协调联动机制，运用灵活有效的协调化解方式，引导行政机关负责人“出庭发声”，共同促进行政争议案件诉源治理和行政争议实质性化解。

【政府规范性文件清理】 2022年，楚雄市根据楚雄州人民政府办公室开展行政规范性文件制定主体资格和行政规范性文件清理工作、楚雄市人大常委会办公室开展《中华人民共和国民法典》涉及法规等规范性文件专项清理工作要求，按照“谁起草实施、谁负责提出清理意见”的原则，明确行政规范性文件清理范围、清理重点、清理主体、清理原则，细化行政规范性文件制定主体部门清理责任，由市司法局指导各乡（镇）、各部门对本单位制定的相关规范性文件进行清理，协助相关部门公布现行有效行政规范性文件目录，接受人民群众监督。组织开展行政规范性文件清理工作，对内容与现行法律、法规、规章和政策不一致以及不适应经济社会发展要求的规范性文件，提出“继续有效”“失效”“修改”和“废止”的意见。年内，组织开展行政规范性文件专项清理工作3次，现行有效的11件行政规范性文件均不存在与《中华人民共和国民法典》《中华人民共和国行政处罚法》《中华人民共和国人口与计划生育法》、“放管服”改革及优化营商环境政策措施相冲突、不衔接不配套的问题。

【行政权力制约监督】 2022年，楚雄市人民政府严格落实重大事项请示报告制度，主动接受人大监督、政协民主监督、纪检监察监督和司法监督，办理市人大代表建议议案269件、市政协提案269件，行政机关负责人出庭应诉率100%。坚持政府党组理论学习中心组学习、政府常务会议学法、领导班子集体学法等领导干部学法制度，落实国家工作人员学法用法制度，组织开展楚雄市国家工作人员任职法律考试，组织1400余名行政执法人员开展新修订的行政处罚法执法培训2期。持续推进政务公开，主动公开政府信息8428条（次），解读政府政策性文件14件（次），回应公众关注的热点和重大舆情5件（次），回应群众关注关切事项680件（次），办理“12345”政务服务便民热线服务事项7514项，回复率、事项办结率均达100%。

【法律顾问】 2022年8月16日，楚雄市印发《楚雄市人民政府关于聘任市人民政府法律顾问的决定》，10月16日印发《中共楚雄市委关于聘任市委法律顾问的决定》，对市委、市人民政府法律顾问进行调整充实。建立市人民政府法律顾问列席政府常务会、市委常委会会议制度，推动实现党政机关法律顾问全覆盖。年内，市委有法律顾问11人，其中，党内法规工作机构、政府法治人员5人，执业律师6人；市人民政府有法律顾问10人，其中，政府法治人员5人，执业律师5人；35个市级部门、15个乡镇聘请法律顾问107人。市委、市人民政府法律顾问参与审查、修改各类合同98件、政府公告12件，出具合法性审核意见78件，参与处置重大信访案件7件，行政处理决定、行政复议决定17件。

（徐晓丹）

公 安

【概况】 2022年，楚雄市公安局深化全面从严管党治警责任，召开党委理论学习中心组集中学习会议和党的二十大精神专题学习等会议，持续开展肃清孙力军政治团伙余毒流毒等专项整治行动，常态化开展警示教育与廉政提醒谈话。投入50万元完成6个派出所执法办案区改造。加强执法监督，与检察机关联动，推进执法规范化培训，增强民警依法侦查、依法取证意识。加强干部队伍建设和警力优化配置，完成15名领导干部调整优化、6名民警岗位调整、5名新警招录、5名民警调入与21名民警退休的衔接过渡。深入推进作风革命和效能建设，严格执行文件会议限额管理制度，文件、会议数量同比下降15%。全年发出警务督察通报10期、通报问题8个11人，各级巡察、审计、督察、督导反馈问题限期整改并长效坚持。年内，2个集体、21人立三等功，7个集体、124人获得嘉奖，16个集体、56人获得荣誉称号。5月，李洪富被公安部表彰为“全国优秀人民警察”，马忠明被表彰为“全国公安机关爱民模范”。

【打击犯罪】 2022年，楚雄市公安局接报有效报警5.12万起，比上年上升5.26%，其中刑事和治安两类警情分别下降34.36%和31.13%。立刑事案件4395件破1952件，综合破案率44.41%，提高3.57个百分点。立经济犯罪案件98件破95件，涉案金额1.82亿元。查破毒品刑事案件10件，抓获14人。治安案件立案225件破98件、环食药侦案件立案39件破39件、交通刑事案件立案491件破491件。查处治安案件1.14万件3354人，查处率91.06%，治安打处人数上升10.98%。

【社会治安管理】 2022年，楚雄市公安局执行一级加强勤务和战时勤务

“四项机制”（最高等级的情报研判机制，最高等级的圈层防控和公安检查站查缉勤务，最高等级的街面巡逻防控勤务，战时执勤调度机制），全年分阶段、梯次升级社会治安、圈层防控勤务等级。开展治安要素大起底及行业场所“三查四告知”（大排查、大清查、大检查；向业主及从业人员进行管理主体责任告知、依法规范经营告知、奖励举报渠道告知、电信诈骗基本形式告知），加强辖区内流动人口服务管理，落实出租房屋治安管理，挤压违法犯罪生存空间，堵塞治安管理漏洞，流动人口、出租房屋基础信息采集覆盖率、准确率达95%以上。强化“一标三实”（标准地址；实有人口、实有房屋、实有单位）信息采集维护，强化行业场所“黄赌毒”等治安问题整治，强化矛盾纠纷排查化解，行动期间发动党员突击队、社会群众力量9000余人次。开展全国夏季治安巡查宣防行动3波次9晚、社会治安集中整治行动17轮，完成警卫安保和重要节点秩序维护任务180余场次。

2月21日，市公安局交通警察大队民警道路保畅　（马　超　摄影）

【危爆物品管控】　2022年，楚雄市公安局开展涉枪涉爆大排查，通过边排查、边整改、边落实，强化枪爆物品制造原材料和流通关键环节管控，堵住源头，消除隐患和威胁。发挥专门机关、基层组织、干部群众等各方面力量，深化动员上缴、举报查缴、检查收缴等工作，以多破案、追源头、捣窝点、摧网络、断销路为目标，打合成战、集群战，侦破一批涉枪涉爆案件，打击处理一批涉枪涉爆违法犯罪人员，形成强大震慑效应。

【网络安全治理】　2022年，楚雄市公安局按照“发现得了、控制得住、处理得当”总要求，严打网络违法犯罪。年内，楚雄市未发生影响较大的网络舆情，社会秩序持续平稳。

【“110”接处警】　2022年，楚雄市公安局依托“情指行”一体化实战化运行机制，推进警情处置全过程监督、警情反馈全流程回溯、群众诉求全闭环监测，提升“110”接处警工作质效。畅通报警通道，根据警情接报常量和峰值测算，调整优化接警班组运行模式，实行错峰轮班、换岗，保持接警人数与警情数量同频同步，警情接通率保持99%以上。加强接警员培训督查，坚持对接警员开展每日抽检、每月培训，提升接警员快接快派及重大警情处置能力。加强警情治理，对重复警情、超时反馈警情、定性不准警情、敏感重大警情等数据，建立“日检查、周通报、月调度”等机制，压实“110”指挥中心和派出所综合指挥室盯办督办工作责任，制发“110”接处警警情分析研判通报365期，推动警情源头治理常态长效。加强警情回访，结合警情预警风险，听取和征求报警求助群众对接警态度、民警出警速度、现场处置等方面的满意度及意见建议，全年共回访涉企、涉校等重点矛盾纠纷类警情7480起，群众满意率99.8%。

【户政管理】　2022年，楚雄市公安局结合户政工作实际，将公安政务服务事项全部入驻政务大厅办理，推出“互联网+户政服务”、服务窗口涉企服务事项快办、开设居住证和身份证快速办理通道、居民身份证“多拍优选”和换证提醒、户籍服务错峰办理、上门受理6项新举措，为教育、人社、计生、银行等职能部门和机构提供人口数据核对服务。全年审核各类户口业务3061条，受理居民身份证办证业务4.22万件，办理临时居民身份证3536个，登记新增流动人口5108人，发放“云南省居住证”5.43万本。

【出入境管理】　2022年，楚雄市公安局抓好境外人员动态管控、中国公民出国（境）管理、“三非”外国人专项治理及涉外案事件应急处置，推动出入境管理工作高质量发展。落实非必要、非紧急不出境要求，做好办证申请受理、公民因私出国出境证照申请办理工作。年内，受理公民因私出国出境证照申请570人次，查处违反出入境管理行政案件16件16人，其中，遣送出境14人，罚款1人，警告1人，未发生影响稳定的涉外事件。

【重点单位安全保卫】　2022年，楚雄市公安局加强辖区重点单位安全保卫工作，落实街面巡逻防控措施，在重点时段对重点单位周边进行治安守护及交通疏导，强化巡逻防范，及时发现、制止各类违法犯罪行为。排查整治风险隐患，开展安全检查、隐患排查行动300余次，出动警力1200余次，排查风险隐患32处，下发风险提示函或隐患告知书、整改通知书32份。与重点单位和企业开展安全保卫工作约谈，指导督促落实内部安全防范制度，签订责任书，压实主体责任，预防安全风险。

【道路交通安全管理】　2022年，楚

雄市公安局推进事故预防“减量控大”工作，现场查处交通违法20.05万件，其中酒驾醉驾案件842件，派出所所均查处1232.5件，交通违法现场查处数、酒驾醉驾、无证驾驶和超速行驶、18类重点交通违法“四项数字”与上年相比有所上升，一般程序事故起数、死亡人数、受伤人数、直接财产损失“四项指标”与上年相比全面下降。

【警务督察】 2022年，楚雄市公安局按照威楚护航、“百日行动”专项督察部署要求，以“强政治、提效能、重结果”专项督察为引领，将“护航二十大、忠诚保平安”主题实践总要求贯穿于专项督察各环节，督促推动各项安保工作措施落到实处，确保全市社会治安大局稳定。年内，发出警务督察通报10期，通报问题8个11人，各级巡察、审计、督察、督导反馈问题限期整改并长效坚持。

【公安信访工作】 2022年，楚雄市公安局与市信访联席会办公室对接，采取“一案一策、一事一专班、一人一措施”梯次攻坚措施，抓好重点案件侦查、重点行业整治、重点纠纷化解三个环节，健全完善信访工作机制，成功化解多起信访案件。聚焦事关群众切身利益信访事项办理质量，聚焦社会关注度高的舆情信息处理，常态化对信访相关工作措施落实情况进行督促检查，确保信访工作成效。

【公安科技信息化建设】 2022年，楚雄市公安局以“天网”视频监控系统建设为基础，实施社会治理智慧化工程“智慧安防”项目建设，整合公共视频资源，应用视频智能化手段，构筑智能化立体防控网，为可视化指挥调度、突发事件处置、视频督察等实战应用提供技术支撑。贯彻落实省州公安机关圈层防控“一图展示、一键调度、全域融合”建设工作要求，投入建设资金185.5万元，推进全市圈层防控建设，建成车辆抓拍点14个、设备38套、电子围栏2套。依托老旧小区改造，实施智慧安防项目建设，接入鹿城镇片区136个小区周边视频结构化抓拍设备和后端存储设备，接入东兴路、鹿城东路片区视频结构化抓拍前端和智能化管理平台及存储。

【公安便民服务】 2022年，楚雄市公安局组织反诈宣传和普法宣传进校园、进社区、进企业活动，设立民警“护学岗”，维护学校周边治安秩序。在楚雄市政务服务中心开设车驾管便民服务窗口，以“一窗通办”为契机，落实车驾管业务便民利民措施，打造服务群众“警务前站”，全年服务群众1.17万人次，减少材料提供3万份，为群众节省费用3万元。推进法治化营商环境建设，办理回复信访、督察及“12345”政务服务便民热线来信来访及咨询件651件，户籍证照自助办理大厅、“流动车管所”下乡、为企业提供法律咨询等便民服务措施受到群众好评。

7月21日，市公安局交通警察大队民警指挥交通 （高海涛 摄影）

【公安改革创新】 2022年，楚雄市公安局推进警务模式改革，以指挥中心为轴，初步建立信息统合、手段集合、指挥融合、行动联合的“情指行”一体化机制，实现情报信息“一中心”连接流转、指挥调度“一条线”闭环运行、勤务实战“一站式”响应支撑。重塑街面巡逻防控体系，投入185万元，完成环市环城圈层防控点位建设，与公安检查站、主要通道卡口构筑外围防控圈。试点重大敏感警情快接快处机制，根据警情热力分析和治安要素聚集度，将城区划分为12个网格，在网格中再细化确定10个“双快”（重大敏感警情快接快处机制）和“1、3、5分钟”响应区域，实行骑警、巡特警、PTU（Police tactical unit 武装处突单元）、派出所巡逻和机关下沉警力分区布警、网格布防，构筑城区整体防控、重点驻守两层防控圈；投入165万元购买执法记录仪等警用装备，依托现有平台系统，统筹管控要素、警力、装备叠加上图、动态展示，实现城区社会治安管控要素和街面警力“一屏展示、一键调度”，城区警情处置到达时间平均缩短3～6分钟，街面接触性侵财类警情、案件分别下降28.07%、33.3%。优化特殊人群管理服务模式，探索病残吸毒人员集中救治、安置就业新模式，推进市戒毒康复中心改扩建暨箱包皮具加工项目二期建设；配合做好楚雄市专门学校安全管理及值守工作，就读学生有序流转；落实易肇事肇祸严重精神障碍患者困难家庭“以奖代补”等机制，化解治安管理风险。

【夏季治安打击整治“百日行动”】 2022年，楚雄市公安局落实“百日行动”，开展全国夏季治安巡查宣防行动3波次9晚、社会治安集中整治行动17轮。开展打击整治枪爆违法犯罪专项行动，依法查办“盗抢骗”、治安等案件，净化社会环境，排除安全隐患。电信网络诈骗打防实现“两降两升”目标，开展预警劝阻1329条，成功率97.89%，接警止付金额超20亿元，返还资金148.76万元，“国家反诈中心”App实名注册超过15万人。推进事故预防“减量控大”工作，现场查处交通违法案件查处数、酒驾醉驾、无证驾驶和超速行驶、18类重点交通违法与上年相比有所上升，一般程序事故起数、死亡人数、受伤人数、直接财产损失全面下降。

（朱洪波）

检 察

【概况】 2022年，楚雄市人民检察院强化司法规范化建设，落实检察官办案责任清单，推进岗位廉政风险防控，执行《领导干部干预司法活动、插手具体案件处理的记录、通报和责任追究规定》《司法机关内部人员过问案件的记录和责任追究规定》《关于进一步规范司法人员与当事人、律师、特殊关系人、中介组织接触交往行为的若干规定》等重大事项填报制度。开展“对标先进、争创一流”实践活动，提高司法办案质效，刑事检察“案件比”为1∶1.1，检察业绩综合排名居全州首位。加强检察文化建设，实施文化育检工程，成立融媒体工作室，被人民网、省州级主流媒体采用信息70余篇。建成院史馆、检务公开展示厅，提升检察文化传播能力。年内，获集体表彰16次，其中，省部级表彰1次，州级表彰5次，市级表彰10次；获个人表彰12次13人，其中，省级表彰1人次，州级表彰3次4人，市级表彰8人次。

【刑事检察】 2022年，楚雄市人民检察院突出惩治群众反映强烈的“诈骗”“两抢一盗”“黄赌毒”犯罪。开展打击治理电信网络新型违法犯罪42人，提起公诉64人。与公安机关、人民法院、监察委员会建立打击洗钱、电信网络诈骗、寄递违禁品等违法犯罪工作机制，提升打击犯罪合力。

【民事行政检察】 2022年，楚雄市人民检察院落实“精准监督”工作要求，坚持办案数量与质量并重，办理民事检察案件350件。开展民事支持起诉工作，115件起诉案件均得到支持。结合法治政府建设，促进依法行政，办理行政检察案件88件；办理督促行政机关履职案件33件，帮助农民工追索欠薪223.06万元；推进行政争议实质性化解工作，办理行政争议实质性化解案件3件。

9月26日，市人民检察院在大过口乡中心小学举办“小邱法治课堂”进校园活动

（孙 锐 摄影）

【公益诉讼检察】 2022年，楚雄市人民检察院督促整治城区停车费收取不规范行为行政公益诉讼案，入选全国检察机关公益诉讼优秀案例“千案展示平台”。聘任公益保护志愿者19名，开启“公益诉讼+志愿服务”公益守护新模式，聚焦人民群众关心关注的热点问题，推进违规倾倒建筑垃圾整治、古树名木挂牌保护、公园桥栈破损修复、彝村保护管理等工作。

【未成年人检察】 2022年，楚雄市人民检察院严厉打击侵害未成年人犯罪，批准逮捕18人，提起公诉35人。坚持“教育、感化、挽救”方针，对涉嫌轻微犯罪并有悔罪表现的未成年人，不批捕14人、不起诉11人、附条件不起诉14人。依法保障涉罪未成年人的合法权益，纠正违法15次，提供法律援助39人次。落实社会调查、犯罪记录封存等涉案未成年人特殊保护制度，深化未成年被害人“一站式”取证工作，向未成年被害人提供心理康复、法律支持等综合救助，发出楚雄州首份督促监护人履行职责的家庭教育督促令。以未成年人检察“小邱法治课堂”为依托，开展普法宣传等活动68场次，受教育群众2万余人次。5月30日，“小邱法治课堂”获楚雄州首届新时代文明实践志愿服务项目大赛金奖，工作团队获楚雄州未成年人思想道德建设优秀集体。

【检察监督】 2022年，楚雄市人民检察院加强案件办理执行和侦查活动监督，在楚雄市公安局设立侦查监督与协作配合办公室，提前介入引导取证125件次，纠正违法47件，审查监督立案21件，监督撤案30件。深化刑事审判监督，提出（提请）刑事抗诉6件，监督纠正程序违法20件。对楚雄市看守所监管活动和刑事执行活动合法性进行监督，纠正刑事执行违法（违规）20件，纠正监外执行违法（违规）18件，财产刑执行监督17件。贯彻监督与支持并重的民事执行监督理念，共同推进解决执行难问题，办理民事执行活动监督案件65件，办理虚假诉讼监督案件2件，提请抗诉的李某某等人劳务合同纠纷裁判结果监督案入选“云南省检察机关民事检察2022年度十大优秀案件”；办理审查行政审判活动违法监督案件33件，发出的检察建议均被采纳；审查行政执行（含非诉执行）活动监督案件19件，发出的检察建议均被采纳。年内，办理公益诉讼检察监督案件137件，对于行政机关未依法全面及时履行职责的，向市人民法院提起行政公益诉讼案件3件。

【检察听证】 2022年，楚雄市人民检察院注重运用检察听证方式化解矛盾，围绕“案结、事了、人和”目标，邀请人大代表、政协委员、人民监督员以及相关部门人员参加检察听证24场次。就事实认定、法律适用和案件处理等问题听取意见，接受社会监督，提升办案质效和检察公信力，听证案件矛盾纠纷化解率100%。

【检务公开】 2022年，楚雄市人民检察院强化认罪认罚自愿性和合法性审查，适用认罪认罚771件948人，认罪认罚适用率92.04%。对危害国家安全、严重暴力、涉黑涉恶等重罪案件及其他犯罪情节恶劣、拒不认罪的案件，当严则严，该捕即捕，该诉则诉。对2件审查受理的普通刑事案件，经与公安机关协作配合，提前介入引导取证，以恶势力犯罪集团涉嫌寻衅滋事、敲诈勒索、故意伤害等7个罪名提起公诉35人，楚雄市人民法院作出有罪判决，判处首要分子吴某某有期徒刑20年。在办案中追捕、追诉17人，发出检察建议2份，纠正侦查活动违法1次，发现线索3条。

【检务为民服务】 2022年，楚雄市人民检察院开展矛盾纠纷排查化解、命案防控、特殊人群服务管理、养老诈骗专项整治“四个专项行动”，办结各类信访案件115件，6件首次信访案件由市人民检察院领导包案办结。开展命案防控工作督查，提前介入侦查命案4件。加强对违法犯罪未成年人的帮教挽救，到学校开展法治教育12次。加大反诈骗宣传力度，做好“日日昌”“农金宝”等非法集资类案件接访工作。落实最高人民检察院“四号”“七号”“八号”检察建议，对市区部分机动车道窨井盖缺失、某寄递企业实名寄递制度执行不严、某燃气公司“以包代管”安全生产隐患等问题，向相关主管部门发出社会治理类检察建议47份。

【检察改革创新】 2022年1月，楚雄市人民检察院与楚雄市司法局共同设立“检调对接办公室”，联合制定深化“检调对接”工作实施意见，为刑事和解、民事赔偿、多元化解、释法说理等化解各类矛盾纠纷搭建新平台。根据刑事诉讼法规定，扩大刑事和解的适用范围，坚持把矛盾纠纷化解贯彻办案始终，依法办好群众身边“小案”。设立司法调解案件专人负责、案件承办人全程跟踪办理和配合调解的联动配合工作机制，配齐工作人员，强化内设部门之间的配合协作，解决以往案源分散、被动受案的情况。针对已经和解的案件召开公开听证会，邀请各界人士担任听证员，通过听取当事人和听证员意见，保障当事人合法权益，公平公正处理案件，实现案结事了人和。年内，促成刑事和解34件。

【司法救助】 2022年，楚雄市人民检察院畅通司法救助渠道，办结国家司法救助案件59件，救助案件数量位居全州第一；向符合救助条件的被害人发放国家司法救助金10万余元。与楚雄市妇女联合会共同开展“关注困难妇女儿童群体，加强专项司法救助”活动，对符合救助条件的12名妇女儿童予以重点救助。与楚雄州人民检察院联合办理司法救助案件8件，向8名申请救助的困难群众发放国家司法救助金9万元。

（孙　锐）

法　院

【概况】 2022年，楚雄市人民法院受理各类案件1.62万件，审执结1.54万件，比上年分别上升8.78%和13.19%，法官人均办案427件，综合结案率94.72%，收案数和结案数均在楚雄州10家基层法院中排名第一，人均结案数在云南省131家基层法院中排名第八。年内，楚雄市人民法院与楚雄市工商业联合会共建的服务企业沟通联系机制被全国工商联办公厅、最高人民法院办公厅纳入《工商联与人民法院沟通联系机制典型事例（2020—2022）》。楚雄市人民法院被国家机关事务管理局、中共中央直属机关事务管理局、国家发展改革委、财政部授予“节约型机关”称号，被云南省人民政府表彰为“2018—2021年度平安云南建设先进集体”；楚雄市人民法院行政审判庭被最高人民法院评为“人民法院行政审判工作先进集体”。楚雄市人民法院民二庭庭长钟磊被《云南法制报》评为“2021年度云南十大法治新闻人物”，综合办公室主任刘剑松被云南省高级人民法院评为“全省法院文化建设先进个人”，党组书记、院长景华被中共楚雄州委评为楚雄州“贯彻新发展理念、推动高质量发展”先进个人；酒鸡口法庭庭长李瑛被云南省高级人民法院评为“全省法院人民法庭工作成绩突出个人”。

【刑事审判】 2022年，楚雄市人民法院受理刑事案件656件935人，审结636件872人。维护国家安全和社会稳定，审结跨境犯罪案件9件11人。持续推进常态化扫黑除恶，审结以沈某、吴某某等人为首的涉恶案件2件33人。依法严惩电信网络新型犯罪，推进“断卡”行动，审结帮信罪等网络犯罪案件40件62人。依法守护粮食安全，审结粮食系统职务犯罪案件3件6人。保持惩治腐败高压态势，审结贪污贿赂、渎职等案件11件17人，全市干部职工旁听职务犯罪庭审500余人次。护航青少年健康成长，设立“少年圆桌审判”法庭，审结未成年人犯罪案件10件14人。

【民商事审判】 2022年，楚雄市人民法院受理民商事案件9502件，审结8855件。准确适用《中华人民共和国民法典》，回应人民群众教育、医疗、住房、就业等民生诉求，审结各类民生案件6200件。促进良好家风建设，发出人身安全保护令1份，婚姻家庭案件以调解和撤诉方式结案632件，调撤率80%。开通劳务纠纷化解绿色通道，解决劳务争议案件823件，为农民工追讨欠薪977.14万元。持续优化法治化营商环境，参与“烂尾楼”专项整治行动，以破产审判助力万湖东城等地产项目解困重生，审理破产案件16件，审结物权、股权等纠纷151件，合同纠纷6487件。对存在伪造、毁灭证据、虚假陈述等妨碍法院审理案件的11个当事人予以司法惩戒。

【行政审判】 2022年，楚雄市人民法院依法履行行政审判集中管辖职能，受理4县市行政案件130件，审结126件，依法审查行政非诉案件23件，行政机关负责人出庭应诉率100%。邀请行政机关执法人员旁听庭审，开展行政执法培训6次。推动行政争议实质性化解，行政案件和解撤诉率15%。发布年度行政审判白皮书，发出司法建议6份。

【环境资源案件审判】 2022年，楚雄市人民法院审结盗伐林木等涉环境资源犯罪案件15件17人。发挥环境资源审判集中管辖职能，审结环境资源行政案件9件。挂牌成立哀牢山国家级自然保护区司法保护基地、哀牢山国家级自然保护区生态环境保护巡回审判点、紫溪山省级自然保护区巡回审判点、西山州级自然保护区法律服务点、龙川江水资源保护区巡回审判点5个自然保护区生态司法保护基地和巡回审判点，推出“巡回审判+党建共建、以案释法、警示教育、法治宣传”生物多样性司法保护机制。

【案件执行】 2022年，楚雄市人民法院受理执行案件5947件，执结5761件，执行到位金额7.9亿元。推进“简案快执、繁案精执”改革，创新设立执前和解制度。贯彻落实善意文明执行理念，运用绿色通道、活封活扣、暂缓执行等方式，助力企业复工复产。加大困难群体救助力度，发放司法救助金19万元。加大失信惩戒力度，限制高消费4229人，纳入失信被执行人名单2736例。

【民事诉讼改革】 2022年，楚雄市人民法院推进诉讼制度改革，建立速裁工作格局，推进案件办理繁简分流、轻重分离、快慢分道，组建速裁团队12个，办理民事速裁案件6811件、刑事速裁案件228件。深化以审判为中心的刑事诉讼制度改革，严格执行刑事审判“三项规程”（《人民法院办理刑事案件庭前会议规程（试行）》《人民法院办理刑事案件排除非法证据规程（试行）》《人民法院办理刑事案件第一审普通程序法庭调查规程（试行）》），适用认罪认罚从宽制度审结案件547件646人。

【审判管理】 2022年，楚雄市人民法院推进新型审判权力制约监督体系建设，院（庭）长带头办理重大疑难案件1755件，监督“四类案件”（重大、疑难、复杂、敏感的案件；涉及群体性纠纷或者引发社会广泛关注，可能影响社会稳定的案件；与本院或者上级人民法院的类案裁判可能发生冲突的案件；有关单位或者个人反映法官有违法审判行为的案件）852件。

【诉源治理】 2022年，楚雄市人民法院深化诉源治理，“段莉萍法官工作站”入驻栗子园社区，为社区群众提供诉讼指导、巡回审判、诉前调解、普法宣传等司法服务。“段莉萍普法讲堂”线上线下结合推进普法宣传，开展普法宣传32场，发放普法宣传资料1万余份，发布普法微视频35期。建立健全案件风险防控机制，加强与

8月2日，市人民法院到紫溪镇紫溪彝村巡回开庭审理土地纠纷案件　（倪晓钰　摄影）

乡镇矛盾纠纷排查化解联动，做好诉前风险排查、诉中诉后风险处置。参与酒驾醉驾专项整治行动，在驾考现场设立巡回法庭1个，拍摄酒驾醉驾警示教育片《醉与罚》。司法守护老年人“钱袋子”，开展养老防诈专项宣传12次，覆盖3万余人次。持续推出为群众办实事、“八五”普法等宣传专栏，推送新媒体作品343期，被《法治日报》《云南法制报》等省级以上媒体采用稿件146篇。深入50家企业开展“百名法官进企业”活动。推动矛盾纠纷源头预防、就地化解，派出法庭新收案件数量连续三年下降。

【多元解纷和诉讼服务体系建设】 2022年，楚雄市人民法院集成线上线下跨域立案、多元调解等“一站通办”功能，建成集约高效、便民利民的“一站式”多元解纷和诉讼服务体系，“一站式”评估指标位居全省前列。引入特邀调解组织，选派特邀调解员，参与诉前调解纠纷2613件，司法确认62件，诉调对接中心多元调解案件3613件，90%以上的案件当场或短期内履行完毕。设立“马缨花”民族调解室，配备双语法官2名；设立群众工作室，实行院长、执行局长接待日制度，及时办结回复各类信访案件，推动矛盾纠纷源头预防、就地化解。引入物业调解协会参与纠纷化解，审结物业纠纷1003件，调撤率90.24%。

【人民法庭建设】 2022年，楚雄市人民法院创建洒鸡口法庭“哀牢党旗红、山高法官近”党建品牌，司法服务乡村振兴、民族团结进步，与综治中心、司法所、派出所共建矛盾纠纷联动调解机制，中山镇法鲁古、大过口乡依齐么等“无讼村委会”示范创建取得实效。推进“民族团结进步示范法庭”创建，坚持到7个乡镇巡回审判点流动巡回，家门口开庭、火塘边普法、送法进校园成为常态，巡回审判率100%，诉前调解矛盾纠纷62件。

【智慧法院建设】 2022年，楚雄市人民法院建成州内首个异地开庭规范化互联网法庭，畅通网上诉讼渠道。“24小时自助法院”投入使用，全天候为群众提供诉讼服务。推进政法跨部门大数据办案平台建设，完成刑事案件跨部门流转570件，电子换押59人次。坚持“让数据多跑路，让群众少跑腿”理念，网上立案2541件，互联网开庭146件，电子送达1.05万件次，网络查控执行案件5585件。

（田安凤）

司法行政

【概况】 2022年，楚雄市司法局持续巩固政法队伍教育整顿和党史学习教育成果，加强干部选拔任用和司法协警队伍管理，常态化开展纪律作风和工作督查并向基层和行业延伸，对基层司法所开展指导督导52次。年内，楚雄市司法局被省委、省人民政府表彰为第十六届云南省文明单位，被市委、市人民政府表彰为楚雄市第四轮禁毒防艾人民战争先进集体、2016—2020年楚雄市“七五”普法工作优秀集体，被市委表彰为楚雄市“三八”红旗集体，被市人民政府表彰为2021年度全市政府系统政务信息工作先进单位；被中国关工委、中央政法委、司法部、共青团中央、中国法学会表彰为“全国青少年普法教育优秀辅导员”1人，被省司法厅表彰为“云南司法行政之星”2人，被州委、州人民政府表彰为“2018—2022年楚雄州信访工作优秀个人”1人，被市委、市人民政府表彰为“教育工作先进个人”1人。

【“八五”普法】 2022年，楚雄市围绕“八五”普法规划、“法治宣传教育三年行动计划”目标任务，落实普法责任制，履行普法责任评价书“三单一书”（普法责任清单、重要普法节点提示单、重点任务督办单；履行普法责任评价书）制度体系，形成党委统一领导、部门行业分工负责、各司其职、齐抓共管的“大普法”工作格局。将习近平法治思想纳入市、乡（镇）、村三级党员干部教育培训内容，结合“万名党员进党校”培训，组织开展全市党员干部大培训、大轮训131期3.5万人次。聚焦服务“十四五”时期楚雄市高质量发展目标任务，以“法律七进”（进机关、进乡村、进社区、进学校、进企业、进单位、进网络）为载体，组织开展法治宣传活动5026场次，发放法治宣传资料50余万份。强化《中华人民共和国民法典》、新修订的《中华人民共和国行政处罚法》学习，组织全市党政机关干部职工参加全国百家网站微信公众号民法典知识竞赛活动，组织1400余名行政执法人员参加新修订的行政处罚法执法培训2期。以“美好生活·民法典相伴”为主题，以“民法典进农村”为重点，组织开展“民法典宣传月”活动，全年开展民法典各类宣传教育1302场次，发放民法典宣传资料18.6万份，受教育27万人次。投入资金20万元，把小龙井公园打造成为楚雄市法治文化主题公园，建成宪法广场1个、民法典宣传广场1个，安装一批宣传展板及雕刻、石刻等法治主题元素。楚雄市青少年法治宣传教育基地开展讲解72场，参观学习1.2万人次，其中，学生1.18万人次，团体及其他组织246人次；举办“家长开放日”活动32期，开展警示教育拓展活动8期。持续推进法治乡村建设，累计创建“全国民主法治示范村（社区）”2个，“全省民主法治示范村（社区）”9个，“全州民主法治示范村（社区）”17个，“楚雄市民主法治村（社区）”116个。贯彻落实司法部《乡村“法律明白人”培养工作规范（试行）》和省、州落实措施，与市委宣传部、市乡村振兴局、市农业农村局等六部门联合印发村（社区）“法律明白人”培养工程实施方案，明确培养标准、实施路径等，全市培养乡村“法律明白人”774人。年内，表彰“七五”普法工作优秀集体36个、优秀个人60名。

【公共法律服务】 2022年，楚雄市推进公共法律服务模式改革，完善“网上办、指尖办”，探索开展“互联网+公共法律服务”，加快“云南智慧公共法律服务云平台”运用，实施服务能力提升工程，建立质量评估监督体系、服务评估体系，矛盾纠纷实现“一站式”多元化解。制订《楚雄市法律

8月9日，市司法局干部到企业开展普法志愿服务活动　　（李　凤　摄影）

服务市场“双随机、一公开”工作方案和工作计划》，制定管理对象清单和检查人员清单，明确法律服务从业人员遵纪守法、遵守执业道德和执业纪律等方面要求，对涉及律师、基层法律服务工作者、公证员的投诉及时进行调查处理，召开法律服务行业督导会议4次、法律服务行业精神文明建设会议1次。

【社区矫正与安置帮教】 2022年，楚雄市司法局组织开展《中华人民共和国社区矫正法》宣传活动，采取悬挂宣传条幅、发放宣传彩页和社区矫正法律法规宣传读本、现场讲解等方式，宣传普及社区矫正相关法律知识，引导社会力量和群众参与社区矫正工作。组织开展大排查大清理大整治，坚持每月进行风险研判，分析风险点，提出对应工作措施。突出社区矫正领域纠纷排查化解，聚焦涉矛盾纠纷、信访问题和其他影响稳定的人员，协调多方力量及时进行教育、帮扶、疏导，遏制不稳定因素突发，维护社会安全稳定。推进部级智慧矫正中心建设，坚持“三区十八室”（综合管理区：工作人员办公室、社区矫正指挥中心、档案资料室、社会联络室、装备室和值班室；监督管理区：报到登记室、信息采集室、宣告室、训诫室、驻检室和警务联络室；教育帮扶区：教育培训室、心理辅导室、宣泄室、图书阅览室、技能培训室和自助矫正室）标准，建成功能室18间。坚持社区矫正信息化建设统一规划、统一标准、统一平台、统一管理、统一数据治理的信息化工作机制和集约共建原则，完善相关制度机制，落实信息数据采集录入、信息化运用等指标。

【人民调解】 2022年，楚雄市持续健全社会矛盾纠纷多元化解组织体系，整合乡镇、市属部门和行业调解力量，组建完善1个矛盾纠纷多元化解中心、1个市级人民调解委员会、34个行业部门调解委员会、15个乡镇和154个村（社区）及2878个村（居）民小组人民调解组织，配齐154个村（社区）专职人民调解员186名，形成“一网络、三调解、五对接、十一调委、千组织、万调员”的“大调解”组织体系。楚雄市司法局印发常态化开展矛盾纠纷排查化解工作通知和《2022年人民调解业务培训工作方案》，建立矛盾纠纷排查、防控相结合的工作机制，规范和明确矛盾纠纷化解工作，组织业务骨干分别到15个乡镇开展业务培训。按照“村不漏组、组不漏户、户不漏人”的原则，组织15个乡镇、154个村（社区）调解委员会186名专职人民调解员深入一线，加大排查力度，拓展排查广度，确保矛盾纠纷排查化解工作取得实效。年内，全市各级人民调解组织共调解矛盾纠纷5051件，调解成功4857件，履行4853件，调解率100%，成功率96%，履行率100%。市人民调解委员会共受理各类纠纷369件，成功调处333件，调解成功率90.24%；接待来访群众3778人（次），接听群众来电416次。

【律师工作】 2022年，楚雄市推进法律服务市场“双随机、一公开”工作，加强对法律服务从业人员遵纪守法、遵守执业道德和执业纪律等方面的监督管理，对涉及律师、基层法律服务工作者、公证员的投诉及时进行调查处理。常态化开展日常监督检查，对2家基层法律服务所执业活动情况进行检查，召开法律服务行业督导会议4次、法律服务行业精神文明建设会议1次，组织律师参加各种培训416人次。强化基层法律服务市场监管，完成辖区内9个基层法律服务所、30名基层法律服务工作者年度检查和考核。至年末，全市有律师事务所17家，

5月18日，楚雄师范学院学生到楚雄市青少年法治宣传教育基地参观学习　（李　凤　摄影）

律师91人。其中，专职律师77人，兼职律师7人，公职律师4人，法律援助律师3人；党员律师42人，民主党派律师4人。

【法律援助】　2022年，楚雄市建立健全法律援助案件审批、案件指派、重大疑难案件集体讨论、征求受援人意见建议等一系列制度，公开公民申请法律援助办事指南，优化服务流程，提升服务质量。利用法律服务机器人、“云南掌上12348”微信公众号，宣传普及法律援助知识。规范法律援助应援尽援工作，提高法律援助质量，维护受援人合法权益，促进法律援助事业规范发展。年内，楚雄市法律援助中心办理法律援助案件351件。楚雄市公共法律服务中心解答法律咨询1782人次，解答公证咨询125人次，分流人民调解案件141件，分流法律援助案件10件，分流民事诉讼代理8件，值班律师为认罪认罚犯罪嫌疑人提供法律服务530人次。

【公证服务】　2022年，楚雄市公证处有员工26人，其中公证员4人、公证员助理21人，在楚雄市区设立市政务服务中心、市人民法院（司法辅助中心）、西门古城凤鸣花园、本宽大厦4个服务点，在禄丰市、南华县、永仁县设立派驻点。年内，办理公证案件1882件，结案1882件，完成司法辅助调解案件131件，辅助楚雄市人民法院执行局执行立案2732件，送达执行法律文书3394件；司法拍卖案件收案410件，成交298套，成交总金额7184.87万元。开展公益公证法律服务5件，免收公证费1.5万元。开展公证法律宣传3场次。

（赵学武　张晓露）

〔栏目编辑：丁普瑞　马健平〕

军　事

2023
楚雄市年鉴

楚雄市人民武装部

7月27日，2022年度中共楚雄市委议军会议暨国防动员委员会全体会议
（赵诗林　摄影）

【概况】　2022年，楚雄市人民武装部按照中央军委国防动员部、云南省军区、楚雄军分区党委的决策部署，在楚雄市委的领导下，紧扣学习宣传贯彻党的二十大精神这条主线，坚持以习近平强军思想为统揽，以强军目标为引领，以建设一流人民武装部为奋斗目标，突出政治引领，聚焦备战打仗，深化从严治党，聚力班子建设，厚实基层底蕴，强化创新发展，推动全市武装工作高质量发展。

【党管武装】　2022年，楚雄市持续增强党政领导干部国防意识，市委议军会议研究审议基层武装干部队伍建设和党管武装工作先进单位、先进个人相关事宜，组织军地党政领导参加“八一”军事日活动，组织新任专武干部参加云南省军区和楚雄军分区组织的专武干部培训。结合军分区基地化轮训，训实教练员骨干队伍，培养组训明白人。年内，开展专武干部资格认证，全市专武干部公务员占比100%。

【思想政治建设】　2022年，楚雄市人民武装部坚持把思想政治建设摆在首位，突出举旗铸魂，打牢思想政治基础。坚持把学习贯彻习近平主席系列重要讲话作为首要政治任务，围绕学习宣传贯彻党的二十大精神这一主线，聚焦“忠诚维护核心，矢志奋斗强军”主题教育，忠诚拥护“两个确立”，做到“两个维护”，强化政治思想建设，提高政治站位，筑牢思想防线，在学习中紧跟步伐、在理解中看齐追随、在领悟中铸牢军魂，做到听党指挥不动摇、看齐追随不偏移。

【军事工作】　2022年，楚雄市人民武装部贯彻习近平主席开训动员令，狠抓练兵备战落实，推动军事斗争国防动员准备。按照相关硬性指标进行编组，完成普通民兵、基干民兵编组任务。围绕国防动员新职能新使命，统计掌握国防潜力数据，与14家单位签订装备动员预征预租协议。紧贴战训一致目标，落实“仗怎么打、兵就怎么练，遂行任务需要什么、就训练什么”要求，推进民兵军事训练，全年组织5批民兵基地化轮训，完成6所高中学校的军训任务。提升民兵参勤备勤能力，出动民兵500余人次参与乡镇森林山火扑救工作。

9月19日，楚雄市自然资源局2022年国防教育宣讲会
（市自然资源局　提供）

【征兵工作】　2022年，楚雄市人民武装部坚持以“五率”（报名率、上站率、合格率、择优率、退兵率）考评为抓手，聚焦大学毕业生、高级技工人才征集重点，畅通大学毕业生入伍“绿色通道”，做到优先报名应征、优先体检政考、优先审批定兵。年内，组织召开动员潜力形势分析会，举行“楚雄征兵号”主题公交暨征兵宣传启动仪式，为立功军人家庭登门送喜报，浓厚“一人当兵、全家光荣”的氛围。及时发布征兵工作相关信息，在“云南征兵”公众号发布信息10篇、强军网发布信息15篇，发放征兵宣传材料1万余份。依托楚雄电视台、楚雄融媒体、七彩云南等平台，利用户外视频和道路广告电子屏，实现征兵宣传常态化、长效化，做到一年两征、四季准备，完成年度兵员征集任务。

【基层武装部规范化建设】　2022年，

9 月 30 日，楚雄州民族中学新生军训结训仪式暨特色军训展示检阅仪式

（赵诗林　摄影）

楚雄市人民武装部抓好基层武装部规范化建设，15个乡镇基层武装部规范化建设通过检查验收。承办云南省基层人民武装部规范化建设推进会，筹措资金50万元用于紫溪镇武装部基础设施升级改造，先后迎接全省部分县市武装部到楚雄市参观观摩，为全省基层武装部规范化建设提供可借鉴的成功经验和实践样板。

【双拥工作】 2022年，楚雄市人民武装部牢固树立军民一家亲思想，发挥协调军地、服务地方的桥梁纽带作用，协调对接退役军人事务局等地方有关部门，协助开展退役军人就业、军人子女入学、随军家属安置、上门送立功喜报、落实优抚政策等工作。组织全体干部职工投身乡村振兴、扫黑除恶、创文创卫、应急抢险等工作。加强涉军维权工作，依法维护军人军属合法权益，营造尊崇军人、关爱军属的良好氛围。

【预定新兵役前集中教育训练】 2022年9月4—13日，楚雄市在河前国防教育训练基地开展下半年预定新兵役前集中教育训练。楚雄市人民武装部按照“早策划、早部署、早落实”的宗旨，采取集中教育训练方式，全封闭管理预定新兵，让预定新兵集中精力、静心学习，提前体验部队学习、训练、管理、生活“四个秩序”，为预定新兵上好入伍第一课，引导预定新兵迈好军旅生涯第一步。

【预定新兵役前教育主题演讲比赛】 2022年9月14日，楚雄市在河前国防教育训练基地举行“喜迎二十大　青春献国防　热血铸军魂”主题演讲比赛。预定新兵通过“新兵说兵事、新兵连兵心”的演讲方式，登台开展《参军报国、不负使命》《热血青春　圆梦军营》《我的当兵梦》《保家卫国正当时、无悔青春献军营》《逐梦军营、不负韶华》《好男儿就是要当兵》等10余项演讲，军地领导观看演讲比赛并为获奖选手颁发荣誉证书和军旅书籍等奖品。

【特色军训暨红色宣讲进校园活动】 2022年9月24日，楚雄市人民武装部创新国防观念教育和党史、军史学习教育模式，走进楚雄州民族中学，开展以“喜迎党的二十大　永远跟党走　红歌满校园　青春献国防”为主题的特色军训暨红色宣讲进校园活动。9月30日，在为期7天的楚雄州民族中学军训圆满结束之际，新生军训结训仪式暨“喜迎党的二十大，运动展风采，团结向未来”特色军训展示检阅仪式在楚雄州民族中学新校区操场举行，高一新生各班方阵逐一进行手语、捕俘拳、旗语演练等科目汇报展示，市人民武装部部长顾成国为师生讲述党史、军史和战斗英雄故事，讲解《中华人民共和国兵役法》《中华人民共和国国防法》《中华人民共和国国防教育法》。

（赵诗林）

武警楚雄支队

【概况】 2022年，武警楚雄支队坚持以政治建设为统领，持续掀起党的二十大精神学习宣传贯彻热潮，聚焦“忠诚维护核心、矢志奋斗强军”，深化“传承红色基因、担当强军重任”主题教育，开展“读红色书籍、看红

9 月 30 日，武警官兵到楚雄市西山爱国主义教育基地参加楚雄州 2022 年烈士纪念日向人民英雄敬献花篮仪式　（武警楚雄支队　提供）

色电影、唱红色歌曲”活动，举办主题演讲比赛、先进事迹交流、主题党日及“忠诚献给党”歌咏比赛、书画、摄影等活动，筑牢官兵听党指挥、献身强军事业的思想根基。

【执勤安保规范化】 2022年，武警楚雄支队着眼履行“两个维护”职责使命，坚持以战领训、实战实训，锤炼官兵过硬本领，圆满完成各项执勤安保任务，确保执勤目标和看守、看押、守卫目标绝对安全。年内，支队和1个中队分别被总队表彰为练兵备战和执勤先进单位。

【基层建设】 2022年，武警楚雄支队扭住强基层、固根本、蓄底气工作，落实蹲点帮建和调研强队，开展季度“过组织”活动，创新基层量化评比，组织开展正副班长、副中队长（排长）、党组织书记、党员发展对象等培训，提升基层建设能力，夯实基层基础。年内，1个大队连续3年、1个中队连续6年、1个中队连续7年被总队表彰为基层建设先进单位，1个中队被总队表彰为“强军先锋”并获集体三等功。

（王 波 和 煦）

人民防空

【概况】 2022年，楚雄市贯彻落实人民防空法律法规和政策措施，组织实施人民防空发展规划，统筹推进人民防空备战工作。12月，整合经济动员、交通战备、信息动员的综合协调职能和人民防空相关职能，组建楚雄市人民政府国防动员办公室，办公室设在市发展和改革局，并加挂楚雄市人民防空办公室牌子，负责承担市国防动员委员会及人民防空日常事务工作。12月29日，在市发展和改革局举行“楚雄市人民政府国防动员办公室”“楚雄市人民防空办公室”揭牌仪式。

9月18日，楚雄市东瓜镇永安社区新时代文明实践站2022年9·18“铭记历史·勿忘国耻”强国复兴有我人防宣讲 （东瓜镇 提供）

【人防工程建设审批】 2022年，楚雄市人民防空办公室按照《楚雄彝族自治州人民防空工程建设管理办法》，审批人防行政许可59件。启动建设楚雄市“4410”项目，完成项目立项、可研评审、地质勘察、项目选址意见书等工作。

【人防规划与建设】 2022年1月18日，楚雄市国土空间规划委员会2022年第一次全体会议审议通过《楚雄市人民防空专项建设规划》。年内，楚雄市城区常住人口人防工程人均面积达到“十四五”规划要求。

【人防知识宣传教育】 2022年，楚雄市每月组织专业人员对中央控制器进行检查，每季度对防空警报器进行检测及保养维护维修。9月18日，组织开展防空警报试鸣活动，全市防空警报鸣响率100%，音响覆盖率95%；州、市人民防空办公室在桃源湖联合设置宣传点，悬挂人民防空宣传布标，开展人防知识宣传活动，向群众宣讲防空警报的种类和识别方法、自救互救常识等知识，发放人民防空知识宣传单和防空防灾手册2000余份。

（石 磊）

〔栏目编辑：丁普瑞 马健平〕

经济管理

2023
楚雄市年鉴

宏观经济调控

【规划编制】 2022年，楚雄市组织编制“十四五”市级重点专项规划22个，印发实施7个，其余15个通过市人民政府常务会审定。制定出台楚雄市城乡绿化美化“1+N”实施方案，10年规划进入修改阶段。加强区域发展规划编制，制定印发楚雄市加快建设现代化区域中心城市意见，制定出台楚雄市高质量推进以县城为重要载体的城镇化建设实施方案。

【经济运行分析】 2022年，楚雄市按照“疫情要防住、经济要稳住、发展要安全”的总体要求，落实国家和省州稳住经济一揽子政策和系列措施，研究制定国民经济和社会发展年度计划以及一季度“开门红”、二季度“双过半”、三季度“功九成”、四季度“大收官”工作方案，执行经济运行分析研判、预警、应策、推动、问效“五个主题”制度，做好经济运行预测、预警、分析和研判，提出有针对性的意见建议。组织召开2022年市委经济工作会议，回顾上一年经济工作情况，研判经济下行等风险挑战和宏观经济政策、产业转移、绿色低碳转型等方面机遇，分析三次产业发展、城乡建设、收入分配、人才招引、招商引资、改革创新、风险防范化解等工作，提出全年经济工作的总体要求和主要任务。定期召开市委常委会会议、市人民政府常务会议专题研究部署经济工作，组织召开全市经济运行分析会议12场次，通报经济运行情况，分析经济形势，安排部署稳增长工作，细化落实稳增长政策措施，协调解决经济运行中的困难和问题，全市经济发展取得新成效。年内，全市实现地区生产总值610.11亿元，比上年增长5.5%，其中，第一产业增长5%，第二产业增长8.2%，第三产业增长2%。地方一般公共预算收入33.46亿元，比上年增长20.6%；城镇和农村常住居民人均可支配收入分别达46111元和16461元，比上年分别增长4.1%和6.7%。居民消费价格水平上涨1.2%，城镇登记失业率3.2%，均控制在年度目标范围内。

（丁志吉）

7月25日，楚雄市优化营商环境促进市场主体倍增领导小组第一次会议

（丁志吉　摄影）

【固定资产投资】 2022年，楚雄市申报楚雄州“四个一百”（一百个重点前期项目，一百个重点新开工项目，一百个重点在建项目，一百个重点竣工项目）重点支撑项目81个，总投资1247.1亿元；谋划专项债券项目96个，总投资534.72亿元；申请专债资金248.15亿元。谋划申报预算内项目60个，总投资235.77亿元，申报预算内资金88.77亿元。集中开工项目223个，计划总投资490.22亿元，其中产业类项目36个，总投资127.81亿元，年度计划完成投资57.4亿元。年末，全市在库项目637个，总投资647亿元。全市固定资产投资超出目标16亿元，比上年增长16.2%。

（王洪梅）

【产业结构优化】 2022年，楚雄市推动产业结构转型升级，一、二、三次产业之比由上年的8.5 ∶ 52.7 ∶ 38.8调整为8.1 ∶ 53.9 ∶ 38。硅光伏产业链加快延伸，建成宇泽一期、二期10吉瓦单晶硅拉棒+8吉瓦切片项目、晶科一期5吉瓦电池片车间，实现产值98.66亿元，签约宇泽三、四、五期和晶科一期M1车间项目，引进年产20万吨多晶硅项目。宇泽公司总部从江西迁到楚雄市，成为全省首家本土硅光伏头部企业，晶科能源成为全州首家入选2022年度国家智能制造优秀场景企业，并成功下线全省第一片高效太阳能电池片。全市完成工业总产值567.4亿元，比上年增长7.9%（按现价计算），规模以上工业总产值增长10.9%（按可比价计算），13个企业和产品品牌入选省级“绿色云品”品牌目录。推进农业产业化、规模化、市场化、品牌化、数字化，实施农村一、二、三产业融合发展推进行动，保障粮食安全和重要农产品供给，确保“米袋子”“菜篮子”货足价稳，全市完成农林牧渔业总产值84.83亿元（现价），比上年增长5.8%（按可比价计算）。国家级电子商务进农村综合示范项目通过验收，县域商业体系建设项目启动实施，火把节停办2年后重新举办，西门古镇商业中心开业运营，举办房地产展示交易会、汽车博览小镇首届车展等活动。全年接待国内外旅游者1493.02万人次，比上年增长150.4%；实现旅游业总收入160.43亿元，比上年增长157.5%，文化旅游业增加值增长11.4%（按可比价计算）。

（何　艳）

【重大项目推进】 2022年，楚雄市储备项目1167个，争取省“五个一批”（谋划一批、储备一批、开工一批、建设一批、投产一批）、州“四个一百”（一百个重点前期项目，一百个重点新开工项目，一百个重点在建项目，一百个重点竣工项目）项目73个，获批到位预算内投资3.49亿元。全年列入省级集中开工重点产业项目36个，总投资127.8亿元，年内实际完成投资52.33亿元；列入省级“四个一百”重点支撑项目39个，总投资869亿元，年内实际完成投资130.7亿元；列入州级“四个一百”重点项目81个，总投资1153.63亿元，年内实际完成投资129.6亿元。

（王洪梅）

【经济体制改革】 2022年，楚雄市持续推进经济体制改革，完成产业发展深化改革、财税体制改革、“放管服”和国企改革共4项23个重点改革任务。检验检测机构整合改革试点等4项国家级、省级试点改革任务顺利推进。

【社会信用体系建设】 2022年，楚雄市整合47个部门力量，持续推进社会信用体系建设，在《云南省信用信息共享平台》录入共享信用数据286.18万条。健全完善守信联合激励和失信联合惩戒机制，推进诚信社会建设，新增失信黑名单自然人1337人、企事业单位及法人358家（人），限制高消费4229人，累计进入黑名单的自然人1.03万人，企事业单位及法人2533家（人），限制高消费2.16万人。

【能源领域安全监管】 2022年，楚雄市发展和改革局落实“管行业必须管安全”责任和安全生产专项整治三年行动计划，建立问题隐患和制度措施“两个清单”。年内，开展煤矿安全等能源领域安全生产检查100余次，排查隐患84项，整改77项；巡查油气长输管道高后果区52个，排除占压等安全隐患3个；处置电力安全隐患31处。

【重点产业和重大项目专班】 2022年，楚雄市印发《楚雄市重点产业和重大项目专班推进制度》《关于成立楚雄市耕地保护和占补平衡等23个工作专班的通知》等制度文件，明确各专班工作制度、专班人员、运行机制、职责任务和保障措施等，在市发展和改革局设立专班综合办公室，并设立楚雄市绿色硅光伏产业建设和项目策划包装2个工作专班。市发展和改革局加强与各专班的协调联动，畅通各专班之间的联系互动，做好专班综合统筹协调指挥部日常工作，按月通报各专班工作开展情况，跟踪对接问题解决落实情况，整理形成各专班工作任务清单、问题清单、工作计划清单，定期向市委、市人民政府报送工作情况，服务协调重点工作推进。年内，组织召开28个专班调度会5场次。

（白章华）

【“八比八拼月擂台”行动】 2022年6月，楚雄市出台抓项目促投资稳增长“八比八拼月擂台”行动实施方案，确定经济指标、固定资产投资、招商引资、争资融资、项目建设、市场主体、民生保障、营商环境8项重点工作，采取“一月一排名、一月一比拼”的方式，在全市33个政府部门、15个乡镇、2家国有企业中开展比拼行动，比谁在经济指标中贡献力度大、在固定资产投资中比重占得高、在招商引资中项目落地多、在争取资金中积极性高、在项目建设中开工投产快、在市场主体倍增中抓得紧、在转移就业中输出质量比例高、在政务服务中营商环境优，提振各级干部干事创业精气神，推动形成任务一布置、马上抓落实，工作一部署、马上去推动的工作作风，促进全市经济社会发展。年内，全市组织开展比拼5场次；发放红旗207面，兑现奖励资金149.99万元；发放黄旗187面，开展分管领导约谈28次、主要领导约谈10次。

（丁志吉）

自然资源管理

【概况】 2022年，楚雄市耕地面积4.87万公顷，园地面积1.11万公顷，林地面积32.09万公顷，草地面积6752.67公顷，湿地面积775.04公顷，城镇村及工矿用地面积1.56万公顷，交通运输用地面积7944.04公顷，水域及水利设施用地面积5470.76公顷，其他土地面积1.72万公顷。

【土地利用及建设用地供给】 2022年，楚雄市自然资源局组织上报土地征收成片开发方案5个，申报总面积296.67公顷，其中，获批楚雄市2021年第一、二、三次和2022年第一、二次土地征收成片开发方案。年内，组织开展楚雄市第三、四、五、六、九批城镇建设用地，楚雄市第一批次国有农用地转用项目、云南楚雄国家石油储备地下水封洞库工程等项目组件工作，报批总面积158.73公顷，其中涉及耕地36.53公顷。获批楚雄东南绕城高速公路项目用地186.84公顷，楚雄市建设用地总面积207.96公顷，其中第一批次城市建设用地14.93公顷。年内，签订集体土地征收协议33份，征收土地面积61.23公顷，签订

8月26日，楚雄市抓项目促投资稳增长“八比八拼月擂台”行动第一次会议

（丁志吉 摄影）

地面附着物补偿协议12个，征地补偿总费用5021.63万元。年内，云南省重点建设项目涉及楚雄市101个，其中，完成滇中引水工程、玉溪至楚雄高速公路、楚雄至大姚高速公路、楚雄市东南绕城高速公路、楚雄州妇幼保健院整体搬迁建设、楚雄市盛世中学建设、富民工业园区220千伏宇泽输变电供配电、云南兴麻智萃生物科技有限公司5吨工业大麻加工、云南东晋电线电缆制造有限公司搬迁技改等93个项目用地保障，保障率92%；继续保障楚雄至景东高速公路、楚雄民用机场等8个项目用地。楚雄州"四个一百"项目涉及楚雄市73个，其中，完成楚雄市城乡物流基地产业园、楚雄市西门片区城市更新建设、楚雄市东兴路北片区城镇老旧小区改造带动城市更新试点、楚雄市棚户区改造、浙江运达风力发电机组生产基地建设等61个项目用地保障，保障率83.6%，保障用地675.76公顷；继续保障楚雄市白衣河水库建设、汽车博览小镇等16个项目用地。年内，供应土地51宗387.93公顷，合同价款13.72亿元，实际收缴入库非税收入15.59亿元。其中，划拨土地12宗，面积204.12公顷，划拨费1931.84万元；出让土地39宗，面积183.81公顷，成交总价款13.53亿元。加强供后监管，组织开展2019年至2022年10月11日动态巡查工作，应巡查项目1165个，完成巡查1160个，未巡查5个，巡查率99.57%。其中，出让金缴纳巡查任务数275个，完成巡查275个；交地巡查任务数364个，完成巡查364个；开工巡查任务数315个，完成巡查314个，未巡查1个；竣工巡查任务数211个，完成巡查207个，未巡查4个。

【城乡建设用地增减挂钩】 2022年，楚雄市落实州委、州人民政府补充耕地三年攻坚行动统一部署，订立增减挂钩工作三年攻坚目标任务1000公顷，采取边挖掘资源边组织实施的方式推进增减挂钩项目。年内，第一批先行实施增减挂钩项目4个，涉及8个乡镇、78个地块25.16公顷，拆旧区面积25.16公顷，投资估算2352.24万元。该批项目可研及规划设计方案通过市审州核转省厅批复，与农户签订拆除协议25.12公顷，拆除房屋（矿山工棚）占地面积16.13公顷，复垦耕地15.88公顷，6个乡镇垦造的旱地均按农时节令完成小春种植，鹿城、东瓜2个乡镇垦造的水田用于大春插秧。加强后备资源挖掘和项目储备，推进以空心村、闲置集体建设用地、矿山废弃地等适宜实施城乡建设用地增减挂钩项目地块踏勘，选取散乱废弃闲置地、原废旧矿区、废弃砂石场、低效利用农村建设用地等纳入资源储备库。年末，全市15个乡镇累计上报增减挂钩项目240.26公顷，其中，"空心村"167.19公顷，废弃矿山、瓦窑等73.07公顷。完成外业调查113.02公顷，累计签订拆除协议96.58公顷，拆除房屋（矿山工棚）占地面积82.83公顷，复垦耕地49.84公顷。

【闲置土地处置】 2022年，楚雄州自然资源和规划局下达楚雄市批而未供土地处置任务基数54.97公顷（市本级），实际完成批而未供土地处置16宗、面积14.78公顷，完成州级下达任务基数的26.88%，超过云南省自然资源厅下达处置任务数25%的指标任务。加强土地市场动态监测与监管，完成闲置土地处置6宗、面积12.35公顷，处置率54%，超过云南省自然资源厅下达处置任务数30%的指标任务。

【矿业权管理】 2022年，楚雄市自然资源局以强化矿产资源管理、整顿和规范矿产资源开发秩序和非煤矿山转型升级为重点，加强采矿权、探矿权监管工作。全市有探矿权18家、采矿权53个，其中，砂石场、砖厂42个，金属矿8个（含金矿1个），煤矿3个。全年立案查处矿产违法案件9件，收取罚没款14.87万元。加大矿山安全生产宣传力度，在全市砂石场、砖厂、金属矿、煤矿矿区开展安全生产专题讨论、集中宣讲、培训辅导186场次。开展安全生产"公开课""大家谈""班组会"等学习活动4场次，参与212人次。在桃源湖设置宣传点，发放宣传资料300余份，宣传画册100余份。组织开展全员应急救援演练和知识技能培训63场次，参与3190人次，参与"第一责任人安全倡议书"活动150余人次。组织观看典型事故警示教育片、专题展2场次，参与106人次。年内，对吕合镇的矿山、危险化学品、烟花爆竹、道路交通、农机、建筑施工、人员密集场所消防、民爆器材、学校等重点行业和领域进行安全生产督导4次；对14个乡镇的矿山企业开展巡查25次，发现问题51个，发出整改通知书51份，全部按期完成整改；配合53家矿业权人完成矿山网上直报系统的录入、上报、网上信息公示、储量核实上报工作。

【自然资源确权登记】 2022年，楚雄市自然资源局完成第三次全国国土调查省级最终抽查验收和反馈意见整改工作，全市国土调查主要数据公报在市人民政府门户网站公布。省级下发楚雄市2022年一、二季度自然资源常规监测图斑1973个，面积1212.35公顷，市自然资源局协同乡镇和技术单位，按时完成实地核查。组织开展辖区内测绘地理信息行业"双随机、一公开"（在监管过程中随机抽取检查对象，随机选派执法检查人员，抽查情况及查处结果及时向社会公开）抽检工作，强化测绘单位和测绘成果质量监管。

【耕地保护和占补平衡】 2022年，楚雄市自然资源局以耕地保护督察为抓手，采取措施防止耕地非农化、非粮化，组织实施耕地占补平衡和城乡建设用地增减挂钩。至9月底，完成2021—2022年补充耕地项目栽种入库工作18个，产生耕地数量61.43公顷，水田指标185.95公顷，年粮食产能78.14万千克。年内，43个土地整治（提质改造）项目完成土地权属调查及地上附着物清理腾地工作，进场施工。

【国有土地使用权出让】 2022年，楚雄市自然资源局委托市公共资源交易中心以线上电子化方式出让国有建设用地使用权39宗，出让土地面积183.81公顷，土地出让成交总价款13.53亿元，实际收缴入库非税收入15.6亿元。办理划拨土地二级市场上市交易出让及转让531宗，其中，公有住房333宗，城区自建房198宗；涉及土地面积1.27公顷，其中，公有住房0.48公顷，城区自建房0.79公顷。办理出让土地使用权转让2020宗，转让土地面积8.55公顷。收储国有土地使用权土地17宗，收储面积68.67公顷，收储补偿费403.54万元。

【自然资源执法】 2022年，楚雄市自然资源局利用乡镇赶集日、桃源湖宣传点，发放《中华人民共和国土地管理法》《中华人民共和国矿产资源法》《地质灾害防治条例》等宣传资料7000余份。围绕土地、矿山等领域，开展自然资源动态巡查，依法查处土地矿产违法案件。年内，出动巡查车辆110余车次，巡查人员450余人次，送达《责令停止自然资源违法行为通知书》29份，制止违法行为为29件。立案查处违法案件9件，结案违法占用耕地案件3件，查处占用耕地面积6.68公顷，罚款金额176.21万元；立案查处矿产违法案件3件，收取罚没款14.87万元。完成违法违规占用耕地图斑整改31个，面积17.69公顷。

【城乡规划展示馆】2022年，楚雄州城乡规划展示馆按照统一着装、统一进行讲解训练、统一讲解模式“三个统一”要求，提升接待讲解服务水平，发挥“城市名片”和“滇中会客厅”作用。根据展示需求，对馆内布展内容及数据进行更新。加强消防控制室人员值守，做到每天有专人值班检查设备。定期检查维护馆内消防器材，定期组织工作人员进行消防安全演练，保障规划馆消防安全。年内，接待游客100余场次3500余人次。

【不动产登记】 2022年，楚雄市不动产登记中心办结发放不动产权证书1.68万本、不动产登记证明1.23万本，收取不动产登记费284.64万元（含自助终端缴费）；服务巩固拓展脱贫攻坚成果、公租房申请、纳税、司法等各类查询业务8.2万人次。优化业务流程和窗口设置，“一窗受理”的转移登记业务全部实现自助打证，实现不动产交易从签订二手房买卖合同到取得不动产权证书2个小时内办结。年内，“一窗受理”服务窗口受理登记业务3670件，“最多跑一次”网上服务平台办理登记业务1.9万件，自助打印不动产权证书3552本，微信服务大厅自助缴纳登记费30.09万元。设立“绿色服务”窗口，为老、弱、病、残、孕及出差、上学等特殊需求的办事群众提供优先服务和上门服务。设置企业专窗，让企业在最短时间内完成不动产登记业务办理。推行不动产权证书（不动产登记证明）邮寄专递便民服务，实现办事企业和群众“足不出户、送证到家”。建立不动产登记“容缺服务”机制，减少申请人跑腿次数。落实小微企业不动产登记费减免政策。年内，减免小微企业登记费18件，减免金额3320元；办理容缺服务登记业务12件；邮寄不动产权证书（不动产登记证明）27本。持续推进城市住宅小区地下车位（库）不动产权证书办理工作，发放不动产权证书568本；开展“交房即交证”“交地即交证”，为东岸汀院、格林绿城一期、格林天樾、彝海学府、紫溪壹号、彝海山庄等10个新建商品住宅小区办理产权证书2385本，11户企业享受“交地即交证”服务。为4个历史遗留问题小区办证2934本，其中，兆顺第一城项目房屋1708套，办理分户不动产权证书1261套；润泰·中央公园项目房屋841套，办理分户不动产权证书742套；民族家园项目房屋203套，办理分户不动产权证书165套；金色花园项目房屋872套，办理分户不动产权证书766套，4个小区不动产权证书办理均实现应登尽登、“动态清零”。

（黄文华）

7月5日，楚雄市不动产登记中心“政银对接”助力营商环境双提升座谈会

（杨 皎 摄影）

国有资产监督管理

【概况】 2022年，楚雄市制定《楚雄市配置整合行政事业单位资源资产支持做强做大国有企业实施方案》《楚雄市清理盘活资产资源实施工作方案》，明确任务书，画出路径图，推动国有资本做大做强做优，确保国有资产保值增值。深化国企改革，完成市保安公司、市属粮食企业改革改制工作，市建筑公司改制工作进入收尾阶段。印发《楚雄市进一步加强和改进国有资产监督管理实施办法》，为国有企业监管提供政策保障。

【国企改革发展】 2022年，楚雄市组建市产业发展投资集团有限公司，与市城乡投集团公司一同成为楚雄市“投、融、建、管、营”一体化经营的国有资本投资运营实体。参与州市平台股权合作，将市城乡投集团公司9家全资子公司、3家分公司的51%股份无偿上划州国投集团公司，通过“股权划转、州属县管”优化发展结构，依托州级国资背景增信，提升楚雄市企业信用评级。开展混合所有制改革试点工作，市产投集团公司全资子公司恩泽殡葬服务有限公司与华坪帝泰陵园开发有限公司合作，双方共同出资组建混合所有制项目公司，由项目公司投资、建设、运营楚雄陵园、楚雄紫溪人文纪念园及相关殡葬服务。

【国有资产资源盘活】 2022年，楚雄市把全市行政单位及财政全额拨款事业单位出租（含出借）、闲置的非公益性国有资产有偿转变为经营性国有资产，依法依规配置整合到国有企业（集团），实行集中统一经营管理。市财政局（市国资委）印发《关于对市级行政事业单位现存国有闲置性房屋及土地资产进行清查的通知》，在摸清家底的基础上，对特许经营权、房改房、周转房、水库资产、城市路网、综合体等存量资产进行盘活。

（刘雪松　陈婷婷）

财　政

【财政收支】 2022年，楚雄市完成一般公共预算收入33.46亿元，比年初预算数28.58亿元超收4.88亿元，增长17.1%，比上年增收5.71亿元，增长20.6%，其中：税收收入完成14.56亿元，比上年下降7.1%，占一般公共预算收入的43.5%；非税收入完成18.9亿元，比上年增长56.6%，占一般公共预算收入的56.5%。完成一般公共预算支出55.33亿元，比年初预算数60.63亿元减支5.3亿元，下降8.7%，比上年减支3.53亿元，下降6%。完成政府性基金预算收入23.57亿元，比年初预算数24亿元减收4294万元，下降1.8%，比上年增收7006万元，增长3.1%。完成政府性基金预算支出20.37亿元，比年初预算数12.66亿元增支7.71亿元，增长60.9%，比上年增支3.8亿元，增长22.9%。完成社会保险基金收入12.15亿元，比年初预算数11.58亿元超收5650万元，增长4.9%。完成社会保险基金支出11.96亿元，比年初预算数10.64亿元增支1.32亿元，增长12.5%。完成国有资本经营预算收入52万元，比年初预算增收12万元。完成国有资本经营预算支出48万元，比年初预算数减支378万元。

【稳增长措施落实】 2022年，楚雄市全面落实各项减税退税降费政策，共依法减免税费26.38亿元，办理留抵退税企业户数1355户，实际退库税款12.35亿元。发挥政府性投资拉动作用，下达中央、省、州预算内资金3.49亿元，用于支持老旧小区改造、工业园区建设、城市老旧燃气管道更新改造、水利基础设施建设、农业绿色发展等重点领域。打好“绿色能源牌”，推进硅光伏产业发展，支持特色产业体系发展壮大，助推特色产业链做优做强，向上争取产业园区建设资金1亿元、专项债券资金4亿元，市级投入企业扶持资金1113.62万元。

9月28日，楚雄市2022年预算绩效管理专题培训　（市财政局　提供）

【民生保障】 2022年，楚雄市完成民生支出36.7亿元，占地方一般公共预算支出的66.3%。投入8.68亿元，推进义务教育、学前教育、普通高中教育均衡发展。投入4.23亿元，持续扩大基本公共卫生服务覆盖面，推进市中医医院、市人民医院、方舱医院等项目实施，提高群众医疗健康保障水平。投入8604.5万元，加大就业、再就业、困难群众补助等经费投入，落实困难残疾人生活补贴和重度残疾人护理补贴，提高城乡居民低保补助标准，让全体社会成员共享改革发展成果。投入8666.1万元，用于支持巩固拓展脱贫攻坚成果同乡村振兴有效衔接。统筹资金2276.57万元，支持新冠疫情防控物资采购、公共医疗卫生体系建设、核酸检测和疫苗接种。

【债务风险防控】 2022年，楚雄市建立债务风险应急处置机制和债务风险常态化监督机制，按期偿还政府债务本息，申请再融资债券资金偿还债务，守住不发生系统性风险的底线。强化“三保”（保工资、保运转、保基本民生）责任担当，落实“三保”主体责任，算好“财力账”“支出账”“平衡账”三本账。全市完成“三保”支出24.29亿元，其中，保工资16.53亿元，保运转1.98亿元，保40项基本民生（本级配套部分）5.78亿元。楚雄市被省级纳入“三保”低风险等级管理，有效保障全市工资足额发放、机构正常运转和基本民生支出足额兑现。严明财经纪律，聚焦优化营商环境、财政运行风险防控、惠民惠农财政补贴资金“一卡通”等领域，开展财经秩序专项整治行动，提高财政管理效能和法治化水平，防范风险隐患。

【财政监管】 2022年，楚雄市持续压减非急需非刚性支出，严控一般性支出，“三公”（政府部门人员因公出国境、公务车购置及运行、公务接待）经费保持只减不增。履行财会监督职能，围绕部门预算管理、财政收入、财政支出、会计管理、内部监督、绩效管理等领域，开展财经秩序专项整治。204家预算单位开展项目财政绩效自评，部门整体及项目绩效目标实现程度、预算执行情况实现双监控，覆盖所有财政资金，并对6个重点项目9.24亿元资金开展第三方绩效评价。深化政府采购制度改革，落实采购计划系统备案工作，“政采云”电子卖场实现政府采购“网上交易”，各预算单位通过“政采云”电子卖场完成订单949个，完成交易额1759.1万元；推行“政采贷”，实现零的突破。

（陈婷婷）

税 务

【概况】 2022年，国家税务总局楚雄市税务局（以下简称“楚雄市税务局”）健全完善一体化综合监督体系，制定监督责任清单，明确255项监督事项、944条监督内容，推动各类监督责任清单化、规范化、立体化。推进作风革命，加强效能建设，党委班子成员带头在一线转作风、解难题、促发展，累计服务企业1600余户次。加强队伍建设，做好执法资格考试、干部选拔任用、职级晋升等工作，完成64名干部职级晋升。年内，在全省税务系统推进作风革命效能建设纳税人缴费人专项需求满意度征集活动中位列第一，获云南省总工会“爱心妈妈屋”“会暖春芽”示范表彰；第一税务分局获云南省“三八红旗先进集体”称号；郑兴华获得“楚雄州普法先进个人”称号，邹鑫、杨丽芹、詹娅、李家乾获得楚雄州税务局“职业能手”称号。

【税费收入】 2022年，楚雄市税务局组织税费收入133.01亿元，比上年增收53.12亿元，增长66.6%。其中，税收收入91.62亿元，比上年增收47.61亿元，增长108.2%；财政划转非税收入15.22亿元，比上年增收1.67亿元，增长12.3%；社会保险费及其他规费收入26.17亿元，比上年增收3.89亿元，增长17.4%。组织入库地方级税收收入18.56亿元，比上年增收3.49亿元，增长23.1%，完成楚雄州税务局下达市级税收任务。组织入库地方一般公共预算收入9.59亿元，比上年减收4333万元，下降4%，完成全年任务数的103%，超收3286万元。

7月8日，市税务局干部到大地基乡中邑舍开展税收政策宣传　（市税务局　提供）

【税费优惠政策】 2022年，楚雄市税务局成立退税减税降费政策落实工作领导小组及专项工作组，推进专班实体化办公，会同财政、人行等部门建立工作机制，确保减税退税降费高效落实。打好政策惠民和服务便民“组合拳”，组建远程税费咨询辅导服务团队，开展“百名税干进千企”“税法流动课堂”“政策云讲堂”等活动，推动组合式税费支持政策直达快享。相关做法作为楚雄州优化营商环境典型案例推广，工作成效被中央广播电台中国之声、云南卫视等媒体报道。年内，依法减免税费12.1亿元。

【税收征管改革】 2022年，楚雄市税务局开展“八五”普法，巩固“三项制度”（税务系统行政执法公示制度、执法全过程记录制度、重大执法决定法制审核制度）推广成果，落实“首违不罚”清单，完善公职律师和法律顾问制度，规范税收执法。加强税收监管，落实“双随机、一公开”（在监管过程中随机抽取检查对象，随机选派执法检查人员，抽查情况及查处结果及时向社会公开）监管机制，常态化开展扫黑除恶、行业系统综合治理等工作。深化“放管服”改革，接续开展“便民办税春风行动”，落实5大类20项82条便民服务措施。推进“互联网+税务”，扩大“非接触式”办税缴费服务范围，优化流程、简并资料、压缩时限，提升纳税人、缴费人满意度、获得感。深化部门协作，做好“银税互动”、市场主体倍增、“个转企”等工作，帮助市场主体纾困解难。

（周　文）

金融监管

【概况】 2022年，中国银行保险监督管理委员会楚雄监管分局引领辖区内银行业保险业支持稳住宏观经济大盘，深化银行业保险业改革，防范化解金融风险，推动辖区内银行业保险业实现稳健运行，助推地方经济社会发展。年末，楚雄市银行业金融机构各项存款余额623.66亿元，增长6.69%；各项贷款余额593.23亿元，增长9.19%。全市保险机构实现保费收入21.98亿元，增长8.43%；累计赔付支出10.04亿元，比上年增长23.16%。结合楚雄州“十四五”规划，对接经济社会发展需求。加强监管引领，督促辖区内银行保险机构贯彻稳增长政策措施，支持实体经济稳增长。年末，全市建筑业、农林牧渔业、批发和零售业、租赁和商务服务业贷款比上年分别增长38.78%、21.05%、26.98%、38.05%。提升金融服务乡村振兴能力，助推楚雄市成功申报成为全省金融服务乡村振兴创新示范区。年末，全市

8月9日，中国银行保险监督管理委员会楚雄监管分局领导到民营小微企业开展调研　（钱志华　摄影）

普惠型涉农贷款余额48.61亿元，比上年增长18.85%。开展“新市民”在城镇安居创业专题调研，加强政策宣导和部门联动，为吸纳新市民就业较多的企业、社区、行业协会确定1～2家主责银行，督促开展常态化服务对接。支持民营小微企业减负纾困，为93户“专精特新”企业逐一确定结对银行，督促辖内银行机构加强“银税合作”贷款产品研发推广，推动银行业金融机构减费让利，减轻小微企业负担。全市普惠型小微企业贷款余额64.36亿元，增长15.67%；普惠型小微企业贷款余额户数1.58万户，增长9.95%。

【金融市场监管】　2022年，中国银行保险监督管理委员会楚雄监管分局推动重点领域风险化解，筑牢防风险底线。严防信用风险，按月监测、按季提示通报，督促辖内银行机构严防不良贷款新增，加快不良贷款入账。关注农小机构风险，开展隐性不良贷款摸底排查和全面风险排查，督促机构签订风险排查承诺书，完成7家法人机构检审联动现场检查。构建风险处置合力，与中国人民银行楚雄州中心支行建立中小法人机构风险联合研判机制。关注高风险机构，做好银行风险处置，针对性制定“一家一策”风险化解方案。深化“内控合规管理建设年”成果，组织全辖保险机构开展“监管法规学习月”活动，针对车险、农险等重点领域开展专项治理；督促人身险机构加强产品销售行为可回溯管理，落实“双录”要求；推动中介机构清虚提质，引导不符合保险代理业务条件的机构主动退出保险中介市场。指导机构抓好安全生产，开展安全生产大检查抽查，落实安全维稳各项工作措施。

【金融改革】　2022年，中国银行保险监督管理委员会楚雄监管分局引导银行保险机构提升金融服务供给水平，深化银行业保险业改革发展。持续开展公司治理专项排查整治，推动金融机构加强党的领导。强化法人机构公司治理，健全“三会一层”（股东大会、董事会、监事会和高级管理层）管理机制，提升公司治理水平。深化农小银行机构改革，坚持“成熟一家，改制一家”原则，推进农村信用社改制。推广肉牛保险，推动肉牛产业成为金融助力乡村振兴发展的重要项目。通过“保险+期货”助力乡村振兴，促成楚雄州首单“保险+生猪期货项目”落地。探索“科技+保险”新路径护航企业创新发展，成功落地重点新材料首批次应用综合保险。服务民生领域，推行防返贫险划片包干机制，推动普惠型保险发挥社会保障功能。指导保险公司对接州医保局，推进城市定制型商业医疗保险产品，推动“楚雄惠民保”正式落地。加强金融消费者合法权益保护，推动楚雄州银行保险业人民调解委员会在诉前化解矛盾纠纷。组织全辖银行保险机构开展“防范非法集资宣传月”活动，联合相关部门开展“网络安全宣传周”活动和“金融知识普及月”活动。

（钱志华）

【货币政策传导】　2022年，中国人民银行楚雄州中心支行用好货币政策工具，精准服务实体经济，全市累计发放再贷款7.21亿元，向2家地方法人金融机构提供普惠小微贷款支持工具激励资金466.9万元，撬动普惠小微贷款净增3.42亿元。建立中小微企业金融服务“3+5+1”工作机制，出台金融支持电商类市场主体发展措施14条、金融支持彝绣特色产业发展措施12条，推行“码上融资”，推动普惠小微企业贷款实现增量、扩面、降价目标。年末，全市普惠小微贷款余额65.18亿元，比年初增加11亿元，增长20.41%，高于各项贷款增长11.22个百分点。开展金融服务乡村振兴考核评估和劳动竞赛，引导金融机构加大涉农金融资源投入，全市涉农贷款余额327.65亿元，比年初增加21.36亿元，增长6.97%。楚雄市房地产贷款余额134.87亿元，比上年增长4.14%，高于全州平均水平1.77个百分点。落实脱贫人口小额信贷政策，发挥信贷资金巩固脱贫防返贫作用，全市脱贫人口小额信贷存量3700户，小额信贷余额1.65亿元。年内，促成全州首笔“单一窗口”跨境人民币汇款业务落地，全市跨境人民币结算量1.5亿元，是上年同期的1.3倍，增长27.12%。

【地方金融风险防范】　2022年，中国人民银行楚雄州中心支行压实地方政府属地风险处置责任、监管部门监管责任和金融机构风险化解主体责任，守住不发生系统性区域性金融风险的底线，金融风险实现“早识别、早预警、早发现、早处置”。综合利用央行评级、存款保险、资产质量真实性评估、银行压力测试、重点关注企业监测、重大事项报告等金融风险评估工具，提升风险排查综合效能，做好风险处置应对。年内，全市未出现高风险金融机构，未发生挤兑风险事件。

【人民币发行及现金管理】 2022年，中国人民银行楚雄州中心支行加强人民币流通管理，维护人民币正常流通秩序，确保市场流通中票面结构合理、现金供应保障充足、流通中人民币整洁卫生。常态化长效化开展现金清分，清分假币张数大幅下降。年末，全辖累计投放现金34.34亿元，回笼现金32.93亿元，净投放现金1.41亿元，共调拨发行基金9次，金额34.29亿元。年内，全辖回笼残损币16.33亿元，占回笼额的49.59%。

【国库监督管理】 2022年，中国人民银行楚雄州中心支行坚守“国库资金安全”和“国库业务系统运行安全”两条底线，高效办理预算收支业务，共办理楚雄市各类国库业务77.22万笔，金额500.61亿元，比上年增长18.28%。落实减税降费政策，办理楚雄市留抵退税1433笔，金额12.62亿元。年内，办理全州各类国库业务330.29万笔，比上年增长14.47%，金额1680.32亿元，增长12.97%，其中，国库收入367.74亿元，增长8.42%；国库支出882.34亿元，增长5.27%；预算收入退付72.61亿元，增长201.13%；更正调库业务96.51亿元，增长36.68%；全州国库库存16.13亿元，增长53.23%。

【外汇管理】 2022年，中国人民银行楚雄州中心支行推进汇率风险管理工作和跨境金融区块链平台应用，落实外汇管理便利化政策，促进辖区涉外经济发展。年末，全州涉外收支总额3.06亿美元，比上年增长13.92%，其中，涉外收入1.99亿美元，比上年增长46.26%；涉外支出1.07亿美元，比上年下降19.32%。涉外收支呈顺差态势，顺差金额9231.27万美元，比上年增长23.95%。银行结售汇总额2.27亿美元，比上年增长3.65%，其中，结汇额1.23亿美元，比上年增长27.4%；售汇额1.04亿美元，比上年下降15%。

【支付服务】 2022年，中国人民银行楚雄州中心支行优化支付服务，强化支付市场监管。年内，全市支付服务零投诉，开户服务0.25个工作日内完成，支付手续费降费惠及所有市场主体，全市197个普惠金融服务站（点）将“金融宣传+支付服务+信贷咨询+融资对接”“一站式”下沉农村地区。建立楚雄州银警协作联合打击电信网络诈骗违法犯罪工作机制，上线账户风险监测平台，深化电信网络诈骗和跨境赌博“资金链”治理，保障人民群众财产安全。

【反洗钱】 2022年，中国人民银行楚雄州中心支行推动反洗钱协调机制建设，加强反洗钱调查、协查、线索移送、分析研判等，全市“洗钱罪”宣判3起，实现洗钱罪判决“零”突破。楚雄州辖内人民银行组织联合宣传31次，自主宣传56次，辖内金融机构开展自主宣传250次，参与联合宣传37次，受众人数16.8万人次。

【金融统计】2022年，中国人民银行楚雄州中心支行推进绿色金融示范区创建工作，按季开展银行业金融机构绿色金融评价，引导金融机构提升绿色金融工作水平。年末，全市绿色贷款余额80.93亿元，比年初增加27.29亿元，比上年增长50.88%。

【征信管理】 2022年，中国人民银行楚雄州中心支行加大“一系统一平台”推广力度，提供中小微企业融资新支撑。年内，全市动产和权利担保统一登记系统新增登记143笔，比上年增长87.8%，创新发放活体、原材料、存货和半成品质押贷款8159万元；中征应收账款融资服务平台新增成交188笔，金额53.67亿元。

【金融消费权益保护】 2022年，中国人民银行楚雄州中心支行提升金融宣传辐射面和影响力，加固金融“防护网”。畅通渠道，规范金融消费投诉管理，维护金融消费者合法权益。推进金融纠纷线上诉调对接，全省第2家实现“总对总”金融纠纷在线诉调对接平台“全覆盖+双认证”，全年通过人民法院调解平台受理金融纠纷63件。

（杨娇娜）

审　计

【概况】 2022年，楚雄市审计局开展审计55项，审计查出违规金额1.4亿元，管理不规范金额5.34亿元。经审计处理处罚，累计促进财政增收节支1.35亿元，向市人民政府上报审计情况专报3份，向被审计单位提出审计建议167条，向纪检监察及相关部门移送违纪线索14件。《楚雄城建投资开发有限公司原总经理高伟同志任期经济责任审计》被州审计局表彰为二等奖，《楚雄市开发投资有限公司原总经理李俊同志任期经济责任审计》被州审计局表彰为三等奖。选派2人参加省州项目审计，选派5人参与市委巡察工作。

【政策落实审计】 2022年，楚雄市审计局以促进优化营商环境各项政策措施落实到位、打造一流营商环境为目标，重点关注优化营商环境十大专项行动、重点工作任务落实情况，跟踪中央及省重大减税降费政策措施落实情况，查找重大政策措施贯彻落实中存在的突出问题，分析问题根源，完善相关政策制度。年内，组织开展促进优化营商环境跟踪审计和楚雄市“十三五”期间易地扶贫搬迁债务情况审计1项。

【财政预（决）算审计】 2022年，楚雄市审计局完成市本级预算执行和决算草案以及市财政局、市工业信息化科技局、市政务服务管理局部门预算执行审计，市级预算单位预算执行情况全覆盖审计调查。年内，审计查出部分单位预算管理不精细、执行不规范，非税收入管理规定执行不严格、结余结转资金统筹不够，部分资产游离账面之外、国有资源资产管理不到位，违规使用资金、年终决算不实等问题并督促相关部门整改，提升财政资金管理水平，促进部门预算规范管理。

【经济责任审计】 2022年，楚雄市

审计局实施市管领导干部经济责任审计8项，分别是东华镇党委原书记黄忠宝、紫溪镇人民政府原镇长徐金顺、中山镇人民政府原镇长王达军、楚雄市搬迁安置办公室原主任徐涛、楚雄市退役军人事务局原局长黄国钺、楚雄市林业和草原局局长普有华、楚雄市商务局局长段锐、楚雄市医疗保障局局长徐俊任期经济责任审计；开展市管领导干部离任经济责任事项交接4项。审计查出部分单位在下属单位转嫁报销费用、结余资金未缴财政、工程建设项目搞形式上的招标、无依据列支资金、虚开发票报销费用、未按规定设置会计账对工会账务进行核算、非税收入未及时缴库、坐支应当上缴的非税收入、未按规定缴纳合同印花税、扩大支出范围、以拨作支等问题，增强被审计单位依法理财意识。

【政府投资建设项目审计】 2022年，楚雄市审计局开展政府投资建设项目竣工决算审计25项。对重点建设项目竣工决算的真实性、合法性和实现的经济效益及环境效益进行审查、评价，保障建设项目严格执行建设程序，资金使用合理、合法，真实反映竣工项目的实际财务状况和最终建设成果。重点关注投资项目立项审批情况，建设单位内部控制制度建立及执行情况，建设资金筹集管理使用情况，工程招投标、监理及合同管理情况以及投资绩效情况。

【行政事业审计】 2022年，楚雄市审计局组织开展市人力资源和社会保障局、市农业农村局、市卫生健康局、市公安局、市人民医院、市国有林场财政财务收支审计以及市城乡投集团公司2019—2021年度经营管理情况审计调查和紫溪镇村级组织集体资源资产管理情况审计调查8项。年内，审计查出个别单位人员骗取财政资金、超标准超范围发放专项补助资金、未按规定组织项目验收、超标准向企业拨付财政补助资金、以租赁方式规避政府采购等问题，严肃财经纪律，促进被审计单位规范资金管理。

【专项资金审计】 2022年，楚雄市审计局开展楚雄市2019—2021年度就业补助资金、基本公共卫生资金管理使用情况、2020年农村公路养护资金管理使用和市乡村公路工程项目建设情况、2020—2021年高标准农田建设资金管理使用和项目建设情况、2019—2021年度城镇老旧小区改造项目专项审计调查。年内，审计查出未按照工程设计图纸施工、购买中介服务不规范、应拨未拨上级财政资金等问题。

【资源环境审计】 2022年，楚雄市审计局组织开展市林业和草原局局长、州生态环境局楚雄市分局原局长履行自然资源资产管理和生态环境保护责任情况审计。年内，审计查出未按规定办理环评手续、未按规定办理排污手续、行政处罚未在规定期限内缴纳、未按规定时限作出行政处罚决定等问题并督促相关部门整改，推动领导干部守法守纪守规尽责。

5月10日，省审计厅调研组到楚雄市审计局调研计划财务管理工作

（吴　雨　摄影）

【审计问题整改】 2022年，楚雄市审计局推动落实审计整改主体责任，做实审计监督“后半篇文章”，建立各级审计反馈问题整改工作台账。4月，提请市人民政府办公室下发整改情况专项检查通知，组成专项检查组4个，到各被审计单位开展整改情况跟踪检查。分别于4月2日、8月25日、9月16日在市人民政府常务会议上专题汇报上级审计机关反馈涉及楚雄市整改事项和楚雄市审计局审计查出问题整改情况。8月11日，组织召开审计整改工作提醒（交办）会议。8月24日，市人民政府组织财政、住建、水务、自然资源、农业农村、审计等相关部门，召开审计查出问题整改督办会议。至年末，审计署组织开展审计涉及楚雄市审计项目2个，需整改问题6个，完成整改3个，剩余问题整改有序推进；省审计厅组织开展审计涉及楚雄市审计项目3个，需整改问题7个，完成整改4个，剩余问题整改有序推进；州审计局组织开展审计涉及楚雄市审计项目4个，需整改问题7个，完成整改3个，剩余问题整改有序推进。市审计局2021年组织开展审计项目查出问题458个，完成整改453个，整改率98.9%，剩余问题整改有序推进，占应整改数的1.1%；2022年1—6月审计查出问题111个，完成整改103个，整改率92.8%，剩余问题整改有序推进，占应整改数的7.2%。

【审计机关内部监督管理】 2022年，楚雄市审计局梳理近3年审计工作情况，针对工程建设领域存在的乱点乱象问题及时向市人民政府报告，得到市人民政府领导批示，责成有关部门研究制定工程项目建设管理责任追究规定，开展工程建设领域乱点乱象专项治理，规范项目建设管理行为。贯彻落实《党委（党组）落实全面从严治党主体责任规定》，召开全面从严治党、集体廉政谈话会议和“两个责任”专题约谈会议，通报违反中央八项规定精神和“四风”问题典型案例，推动审计干部廉洁自律。

【审计法定报告职责履行】 2022年，楚雄市审计局履行审计工作法定报告职责，接受市委对审计工作的全面领导。4月1日，报请市委审计委员会召开会议，审定《楚雄市2022年度审计项目计划草案》；市委常委会分别于10月14日、12月8日听取审计整改工作情况汇报；市人民政府常务会议分别于4月2日、8月25日、9月16日听取全市审计工作情况及审计发现问题整改情况汇报；依法向市人大常委会报告2021年度市级预算执行审计工作。

（尹国富）

统　计

【概况】 2022年，楚雄市认真贯彻落实习近平总书记关于统计工作重要讲话和指示批示精神，坚持依法统计、依法治统，持续夯实统计基层基础，狠抓统计数据质量，加强经济运行研判分析，做好地区生产总值支撑基础指标监测和评估，持续提升统计工作的法治化、制度化、科学化水平，为楚雄市经济社会高质量发展提供统计支撑。

【统计服务】 2022年，楚雄市统计局提高统计监测分析水平，改进常规性经济分析报告形式，开网报数期间实行“一日一上报”“一日一分析”，对数据波动异常、未能如实反映经济社会发展现状的情况，及时发出统计监测预警信息专报，为市委、市人民政府提供数据研判分析依据，提高统计监测的前瞻性和有效性。制定印发《楚雄市统计局信息分析任务分解通知》，推动统计信息分析工作规范化、制度化，更好发挥统计的信息、咨询、监督职能作用。全年编审报送统计分析50期50篇、统计信息44期220篇、统计专报3期，其中信息分析市级采用42篇、州统计局内网采用38篇、州委州人民政府采用1篇、省统计局内网采用18篇、省人民政府采用2篇、国家统计局内网采用1篇；编辑印发《统计快报》11期1320册，《统计公报》1400册，《统计法律法规及统计业务知识汇编》200册，《国民经济三次产业分类手册》200册。

9月23日，市统计局工作人员在桃源湖开展“统计开放日”宣传活动

（张国军　摄影）

【统计监测】 2022年，楚雄市统计局做好农业、工业、商贸、能源、建筑业、房地产、投资等11项常规统计专业月度、季度调查、汇总、上报等工作，纳入“企业一套表”联网直报平台规模以上工业84户、商贸业196户、建筑业124户、服务业49户、房地产业38户，“四上”(规模以上工业、有资质的建筑业、限额以上批发和零售业、限额以上住宿和餐饮业、有开发经营活动的全部房地产开发经营业、规模以上服务业法人单位）企业均按时完成统计月报、年报工作，联网直报率100%。加强“四上”企业入库管理和企业主体培育，联合商务、税务等部门人员到其他县市考察学习工业、商贸达规达限培育工作先进经验，强化部门联动和信息共享，全面开展存量摸底排查，抓实达规达限业务培训。年内，组织申报入库“四上”企业104户，其中工业5户、批发9户、零售23户、住宿6户、餐饮12户、服务业11户、建筑业31户、房地产业7户。

【依法统计】 2022年，楚雄市印发《中共楚雄市委 楚雄市人民政府关于加强新时代高质量统计工作实施意见》，开展统计造假不收手不收敛专项纠治工作，市人民政府分别召开工作动员部署会议和中期推进会议，对全市工作进行全面安排部署，确保工作进度和实效。按照“四必查”（必查权力干预、必查“数据寻租”、必查执法不严、必查入退库）要求，组织查阅市委市人民政府文件77份、部门文件34份，自查入库项目604个、入库企业414户，未发现市委、市人民政府和行业部门干预统计、将统计部门列为指标任务完成责任单位等情况。按照国家和省、州工作部署，组织开展统计造假屡禁难绝问题专题调研，要求各乡镇、各部门根据市级印发的工作方案认真开展自检自查、如实填报问卷，同时选取部分部门、乡镇开展实地调研，未发现统计造假、弄虚作假等情况。制定实施《楚雄市统计局2022年统计执法检查工作方案》，组织执法队伍对全市42户企业项目进行执法检查，发现数据出入2户，发出问题整改通知书2份，督促按时整改到位。

【统计基础建设】 2022年，楚雄市

统计局制定《楚雄市统计局干部职工深入基层调研工作制度》《楚雄市统计局服务群众 服务基层 服务企业“三服务”清单》，主动服务部门、乡镇、联网直报企业60余次，对辖区平台直报企业和固定资产投资项目开展数据质量核查100余次。制定年度统计业务培训方案，分时段分批次组织乡镇、部门和“四上”企业统计人员参加上级业务会议和培训班学习，组织开展市级业务培训。年内，组织行业部门、乡镇和“四上”企业统计人员开展统计法规、业务培训15场次，参训750余人次。

（张国军）

6月27日，市市场监督管理局工作人员到农贸市场开展市场秩序规范整治工作

（王 鹏 摄影）

市场监督管理

【概况】 2022年，楚雄市开展质量提升行动，守住食品、药品、工业产品和特种设备安全底线，培育壮大市场主体激发市场活力，持续巩固提升全省食品安全示范城市创建成果，多项工作在全州市场监管工作会议上进行经验交流。年内，楚雄市市场监督管理局被市委、市人民政府表彰为“楚雄市创建国家卫生城市先进单位”，被市精神文明建设指导委员会表彰为“楚雄市城市品牌创建先进集体”，被市人民政府表彰为全市政府系统政务信息先进单位。

【市场主体监管】 2022年，楚雄市市场监督管理局落实“先照后证”、证照分离改革措施，降低市场主体准入门槛，推行上门服务、网上服务、“一站式”服务等举措，推进个体工商户全程电子化办理和智能开办，受理网上全程电子化登记办件7638件。向基层放权赋能，群众在属地乡镇即可进行农民专业合作社、个体工商户和食品经营登记办理。持续优化营商环境，取消审批7项、审批改为备案5项、实行告知承诺13项、优化审批服务48项，办理备案937件、告知承诺件601件、审批3613件，累计办理改革事项业务5151件。加强事中事后监管，检查经营主体1.05万户，督促备案或责令整改305户。实施市场主体倍增计划，强化市场主体数据统计分析和情况收集，激发市场主体倍增活力。年内，全市新登记各类市场主体1.47万户，净增市场主体1.05万户，完成全年任务的101.2%。市场主体总量7.06万户，每千人拥有市场主体111.8户，每千人拥有企业27.3户，总量和年度增量居全州首位。

【知识产权】 2022年，楚雄市对市场主体开展分级分类指导，明确品牌定位，完善商标注册便民措施，强化政策宣传和商标保护，全市各类市场主体向国家知识产权局提交商标注册申请1172件，新增有效注册商标854件，有效注册商标总数5759件；被国家知识产权局授权专利628件，其中发明专利31件，有效发明专利增至211件。指导云南岭东印刷包装有限公司成功申报国家知识产权优势企业，云南爱尔发生物技术有限公司申请“中国驰名商标”认定，“云泉豆瓣酱”“楚雄雨生红球藻”申报地理标志保护产品，楚雄佑琳生科技有限公司、楚雄州志祥粮油有限公司2户企业成功申报2022年度“云南省知识产权优势企业”。建设“楚雄市知识产权维权援助站”1个，为市场主体提供知识产权维权援助公益服务。楚雄师院附小、楚雄市思源实验学校被确定为云南省第二批中小学知识产权教育试点学校，楚雄第一中学、鹿城小学申报云南省第三批中小学知识产权教育试点学校进入公示。

【质量提升】 2022年，楚雄市深入实施质量强市战略，建立完善质量工作考核机制，持续推进特色农产品等9个领域质量提升行动，全面加强质量基础设施建设。坚持以质量管理、计量、标准、认证认可和检验检测等为核心，以知识产权、特种设备、缺陷产品召回等为延伸，提供8个方面的质量基础设施“一站式”线下服务，向企业推广卓越绩效管理模式，落实企业安全主体责任，强化企业质量主体意识，促进企业加强质量建设，提升质量管理能力。

【标准计量】 2022年，楚雄市持续推进企业产品和服务标准自我声明公开及企业自我声明标准评价工作，60户企业157条标准覆盖172种产品，并在“企业标准信息公共服务平台”公开。对14户企业与群众生产生活密切相关的21个批次8247件定量包装商品净含量进行抽检，立案查处不合格案件2件。对15个农贸市场1636台计量器具进行检定，对37家单位2100台计量器具进行监督检查，把重点领域的计量器具纳入“云南省计量信息监管系统”，完善量传溯源体系。

【市场监管领域行政执法】 2022年，楚雄市市场监督管理局严格履行打击走私、打击侵权假冒、打击传销规范直销、公平竞争审查、知识产权保护、价格监督检查等市场监管职能，围绕民生热点和社会焦点行业，加大双随机、价格违法、限制竞争违法行为查处力度，严厉打击冒用、仿冒知名商品外观、标识的侵权行为，严厉打击虚假宣传和商业诋毁等不正当竞争行为。全年办理市场监管领域各类违法立案案件79件，简易案件305件。

【消费维权】 2022年，楚雄市围绕年度消费维权主题，组织开展“3·15”系列宣传活动。推进“诚信经营 放心消费”承诺创建活动，超额完成年度创建工作，为55户示范企业（店）进行授牌。向社会通报年度“12315”消费者投诉热线投诉举报情况和消费投诉热点、楚雄市消费维权十大典型案例。推进消费纠纷多元化解机制建设，完善行政约谈制度，及时化解消费纠纷，受理消费者投诉举报2066件，其中，举报357件，投诉1709件，调处率98.9%，为消费者挽回经济损失118.4万元；受理办理“12345”政务服务便民热线、信访系统、网络舆情等各类来信来访件434件。

【合同监管】 2022年，楚雄市在市人民政府门户网站公示由市场监管总局开发的合同示范文本库，供各类市场主体和公众进行查阅下载，为市场交易提供公平合理、条款清晰的合同文本，保障合同各方当事人权益。年内，消费者权益保护指挥中心调解合同纠纷210件。

【广告监管】 2022年，楚雄市加强广告导向监管，发布《楚雄市市场监督管理局关于严禁借党的二十大等重大活动名义从事商业营销宣传的告知书》，集中整治借党的二十大等名义从事违法违规商业营销宣传活动。加强广告监测检查，组织检查传统媒体、互联网、户外等广告324条次。持续开展“神医神药”“近视防治”违法广告检查整治，排查开展网络直播营销活动的企业、工作室及个人11家。落实“双减”政策，持续抓好校外培训广告管控工作。组织开展广告行业“诚信经营”示范创建活动，4户广告经营单位获得2022年度“诚信经营放心消费”示范企业称号。年内，处理涉嫌违法广告线索44条，立案查处违法广告案件2件。

【市场主体信用监管】 2022年，楚雄市制定市场监管领域部门“双随机、一公开”（在监管过程中随机抽取检查对象，随机选派执法检查人员，抽查情况及查处结果及时向社会公开）监管工作计划，完善“两库一单”（市场主体名录库、执法检查人员名录库，随机抽查事项清单）建设，形成部门统一随机抽查事项清单314项，联合抽查事项清单37项，入库执法检查人员信息717条，累计建立监管对象库6.13万户。年内，全市制定部门抽查计划78个、部门联合抽查计划32个，市级23个部门双随机监管全部使用省协同监管平台，抽查检查监管对象1578个，基本实现部门抽查计划和部门联合抽查计划全覆盖。加强事中事后监管，全市3.34万户市场主体公示年度报告，在“国家企业信用信息公示系统（协同监管平台——云南）”归集并公示行政许可4.59万条、行政处罚743条、抽查检查6473条，被列入经营异常名录企业20户，被标记为经营异常状态个体工商户18户，修复信用信息市场主体324户。开展失信联合惩戒，信用情况审查1979人次、4.47万条，扶贫动态数据监测查询647人次。

【特种设备安全监管】 2022年，楚雄市健全完善特种设备风险管控和隐患排查治理长效机制，加强特种设备典型事故案例研究，定期分析研判辖区特种设备安全风险，督促企业落实主体责任，强化源头治理管控，压实特种设备监管责任。年内，持续开展安全保障专项行动，紧盯人员密集场所、重点领域、重要时间节点，采取专项督查、回头督办等措施，检查生产经营单位320余家，现场整改安全隐患28项。办理特种设备安装告知1184件，使用登记1109台（条）（含公用燃气管道107条）；辖区电梯经纬度采集录入完成率95%，配合推进电梯应急平台建设。全市未发生特种设备安全事故。

【食品安全监管】 2022年，楚雄市市场监督管理局发挥食品安全委员会办公室统筹协调职能，组织成员单位开展食物中毒防控工作，加强农村集体聚餐食品安全监管，强化宣传教育，提升居民食品安全满意度。推进“食品安全示范县市”创建，全市创建餐饮示范街2条，学校食堂全部接入校园食品安全监管平台，率先在全省实现“互联网+视频厨房”，建成率100%。开展食品安全领域“守底线、查隐患、保安全”专项行动，对粮食制品生产、生产加工小作坊、打击养老诈骗等10余个领域的食品安全进行

5月9日，市市场监督管理局工作人员到楚雄人民商场开展宣传诚信理念——楚雄市2022年诚信经营宣传进诚信示范店活动 （王 鹏 摄影）

7月7日，楚雄市2022年“全国食品安全宣传周”诚信教育进校园专题讲座　（王　鹏　摄影）

专项整治，排查消除各类食品安全风险隐患，营造良好食品安全氛围，保障群众食品安全。加强食品安全风险防范，完成各级食品质量安全监督抽检1907批次，对全市1.03万户食品企业按规定频次实施风险分级监督管理，持续推进餐饮服务单位“红黑榜”制度，检查并公布8期“红黑榜”。

【药品安全监管】　2022年，楚雄市市场监督管理局对涉及药品、医疗器械的827户经营使用单位实施全覆盖监管，2700余户化妆品经营单位纳入监管，保障群众用药用械安全。开展现场药店核查126户次，发放《医疗器械经营许可证》55份，备案43件，现场核查58户次。开展20个药品化妆品医疗器械专项整治，查办案件92件，其中，移交公安部门8件，药品一般程序4件，医疗器械6件，化妆品4件，当场处罚70件。完成药品监督抽验82批次，化妆品抽样8批次，医疗器械抽样6批次。开展“四项”监测（药品不良反应监测、医疗器械不良事件监测、化妆品不良反应监测、药物滥用监测）工作，收集药品不良反应（ADR）报告表425份，医疗器械不良事件（MDR）报告表55份，化妆品不良反应16例。利用“3·15”“3·31”“药品科技宣传周”开展宣传活动，发放宣传资料5000余份，引导群众安全用药。推进监管人员能力提升，组织专场培训班3期。

（曹志芬）

物价管理

【价格收费管理】　2022年，楚雄市严格清费治乱减负，继续降低城市道路占用费、防空地下室易地建设费等7项收费。开展清理整治供水供电供气行业不合理收费行动，落实价格优惠政策，降低用电用气成本。依法开展价格审批，完成楚雄市城市供排水价格改革工作。加强行政事业性收费管理，严格实行收费单位收费情况公示清单制度。

【价格认证】　2022年，楚雄市受理完成价格认定案件317件，认定金额289.79万元。其中，刑事案件174件，认定金额131.94万元；行政案件143件，认定金额157.85万元（涉烟案件103件，认定金额154.67万元；其他行政案件40件，认定金额3.18万元）。

【控价工作】　2022年12月，楚雄市居民消费价格总水平环比上涨-0.7%，比上年上涨0.4%，累计涨幅1.2%，其中，食品价格环比上涨-1.3%，比上年上涨1.7%，累计上涨-0.2%。食品类中，粮食价格环比上涨0.3%，比上年上涨0.9%，累计上涨-2.5%；鲜菜价格环比上涨0.7%，比上年上涨-16.9%，累计上涨1%。

【价格监测】　2022年，楚雄市加强粳稻、小麦、玉米、烤烟、油菜、核桃、生猪7个品种18个项目的农产品成本调查，完成农产品成本调查任务。跟踪监测楚雄市各类价格市场变动情况，启动肉蛋菜等40个重要民生商品价格监测预警旬报制度，分析预测市场价格变动趋势。

【价格执法】　2022年，楚雄市持续开展重要节日期间市场价格监督检查，加强新冠疫情防控物资价格和医疗机构、教育机构、粮食市场、水电气等民生领域价格监督检查，严查不明码标价、哄抬物价、价格欺诈等违法行为，规范价格收费行为。年内，责令转供电主体清退421户终端用户多收电费77.23万元，房地产企业清退多收住户配套费、燃气管道安装费、不动产抵押登记费140.47万元。

（张琳　武静）

国有资本投资运营

【城乡建设投资】　2022年末，楚雄

市城乡建设投资集团有限公司资产总额139.87亿元，下辖24家公司，业务范围涵盖基础设施、产业园区、城镇开发、扶贫开发、战略性新兴产业、绿色发展等重大项目的投资、融资、建设、管理、运营及成立相应实体或者控股、参股的实体进行经营和对外投资。集团公司及各子分公司，分别制定完善“三定”方案、绩效薪酬管理办法，规范权力清单；落实党建入章工作，把党的领导融入公司治理各环节，把企业党组织内嵌到公司治理结构中，明确和落实党组织在公司法人治理结构中的法定地位，做到组织落实、干部到位、职责明确、监督严格，全年完成9家公司党建入章工作。年内，公司被市委、市人民政府授予“楚雄市创建国家卫生城市先进集体”“楚雄市城市品牌创建先进集体”称号；入选2022年“兴滇英才支持计划”首席技师1人，被评为楚雄市创建国家卫生城市先进个人4人，被评为楚雄市城市品牌创建先进个人1人，被评为楚雄市民族团结进步模范个人1人。

经济指标　2022年，楚雄市城乡建设投资集团有限公司完成固定资产投资23.52亿元，完成年度目标的117.61%，固定资产投资指标完成情况在19家市属有关部门中排名第2位；完成招商引资4.54亿元，完成年度目标的328.62%，招商引资指标完成情况在40家市属有关部门中排名第1位。

融资工作　2022年，楚雄市城乡建设投资集团有限公司通过项目贷款、特许经营权转让、资产收益权转让、流动资金贷款等方式，多渠道开展融资工作。年内，获批融资金额20.54亿元，放款金额14.72亿元。

项目建设　2022年，楚雄市城乡建设投资集团有限公司实施项目22个，总投资65.39亿元，至年末完工7个、在建15个。年内，楚雄市城乡物流基地产业园建设项目（一期）、青龙河东岸（阳光大道至彝海南路）滨水绿化建设工程、楚雄市屋顶分布式光伏试点项目、楚雄市保障性租赁住房建设项目（西门小区地块）开工建设；楚雄市人民医院新区二期项目获得云南省住房和城乡建设厅建筑施工安全生产标准化工地和工程质量管理标准化示范项目“双标”工地称号，楚雄市人民武装部整体搬迁新建工程项目被楚雄州住房和城乡建设局授予“楚雄州建筑施工安全生产标准化工地”称号。

城市维护工作　2022年，楚雄市城乡建设投资集团有限公司负责管理维护老城区路灯9000余杆、光源2.3万个、城市人行道路89.9万平方米、城市机动车道路359.54万平方米、雨污管道3万个，负责老城区城市绿化管养绿篱120万平方米、人行道树1.84万棵、花箱884个和清扫保洁维护公厕92个、洗手台85座。全年城市主干道路灯亮灯率98%以上，次要道路灯亮灯率95%以上。年内，月均清掏雨污检查井652个，疏通堵塞沟道315米，维修人行道、整改残疾人便道约340平方米，零星修补机动车道329平方米，铣刨摊铺沥青路面416平方米，维修更换雨水、污水井盖15处，路灯电缆故障排查处理约100处，参与城区应急防洪抢险4次。

【产业发展投资】　2022年，楚雄市产业发展投资集团有限公司围绕市委、市人民政府中心工作，参与楚雄市基础设施、产业园区、城镇开发、扶贫开发、战略性新兴产业、绿色发展等重大项目的投资、融资、建设、管理、运营，并成立相应实体或者控股、参股的实体进行经营和对外

6月15日，青龙河东岸（阳光大道至彝海南路）滨水绿化项目建设　（市城乡建设投资集团有限公司　提供）

投资。

经济指标　2022年，楚雄市产业发展投资集团有限公司完成固定资产投资18.37亿元，完成年度目标的122.46%。实现招商引资到位资金9000万元，完成年度目标的162.93%。

融资工作　2022年，楚雄市产业发展投资集团有限公司开展融资项目总额3.5亿元；完成云南省首笔水利固定资产盘活项目“水源贷”融资项目，总投资4.46亿元，向中国建设银行股份有限公司楚雄州分行申请融资贷款3.5亿元。发展基金业务，与楚雄泽辰股权投资基金管理有限公司合作发行楚雄市首支教育产业私募股权投资基金，基金首发规模3亿元，用于楚雄市辖区内教育产业建设、投资、运营等领域。

重点项目建设　2022年，楚雄市产业发展投资集团有限公司坚持做实项目储备及代建工作，落实“储备一批、实施一批、谋划一批”工作要求，稳步推进重点项目建设。7月，楚雄市工业大麻监控中心项目开工建设，项目总投资273.68万元，建设内容包括公安监控大厅装修、网络及网络安全设备采购安装、机房工程、综合布线等。8月，楚雄市富民工业园区220千伏宇泽变输变电工程开工建设，项目总投资3亿元，主要建设内容为综合楼、警传室、主变及配电室、消防水池、事故油池、站区内道路及绿化等配套设施建设。10月，楚雄市彝海片区标准化中学建设项目开工建设，项目总投资36.5亿元，规划用地面积7.12公顷，建设内容主要包括教学用房、配套建设及室外附属设施工程；楚雄市2022年老旧小区改造（电信小区等35个小区）项目开工建设，项目总投资9028.86万元，改造内容包括水电户表改造、排水雨污分流、道路、照明、绿化、停车泊位以及消防系统、安防系统、垃圾分类设施等基础配套设施；西静河中型水库除险加固工程开工建设，项目总投资8281.68万元，建设内容为大坝坝体混凝土防渗墙构筑、坝基及坝肩灌浆防渗、溢洪道局部扩涵防渗处理、闸门启闭机更换、观测及安全监测设施新建、水保配套工程等；长征国家文化公园（楚雄段）“彝族火把节”非物质文化遗产展示馆建设项目开工建设，项目总投资2500万元，建设内容包括非遗项目展示厅、音视频展示厅、非遗培训教室、火把节传统表演艺术类的展演剧场、排练厅、传统手工技艺生产传习用房、技艺展示厅、火把节传统民俗活动室外展演活动场地及绿化景观工程建设。12月，楚雄市30户以上自然村通硬化路项目开工建设，项目总投资1.07亿元，建设内容为土石方工程、路面工程、交通工程、防护工程、涵洞工程、平面交叉工程、临时弃土场等；楚雄市长江经济带农业面源污染治理项目开工建设，项目总投资8334万元，建设内容以畜禽养殖污染治理为重点，兼顾农田污染、水产养殖污染治理，统筹种养业污染治理设施建设，降低农业面源污染。

医疗废物处置　2022年，楚雄市产业发展投资集团有限公司下属的楚雄市亚太医疗废物处置有限公司承担楚雄市、禄丰市、南华县、双柏县、牟定县、武定县辖区内医院、卫生所（院）、诊所、疾病预防控制中心、中心血站、医疗教学科研机构和村级卫生所（室）、养殖农场及周边地区产出的医疗废物集中收运、处置工作。年内，公司安全收处医疗废物1806.31吨，其中涉疫医疗废物305.4吨，日均医疗废物处置量超过5.4吨。

【楚雄市产业发展投资集团有限公司组建成立】　2022年4月，楚雄市在原楚雄市国有资本投资经营有限责任公司基础上改组成立楚雄市产业发展投资集团有限公司。公司由楚雄市人民政府100%控股，注册资金30亿元，内设办公室、人力资源部、财务管理部、综合融资部、市场投资部、项目管理部、风险防控部7个部门，下辖楚雄市数字科技发展有限公司、楚雄市公共立体停车场投资管理有限公司、楚雄市恩泽殡葬服务有限公司、楚雄市水务发展投资有限公司、楚雄市工业投资有限公司、楚雄市亚太医疗废物处置有限公司、楚雄市景耀能源有限公司、楚雄市祥邦恒商贸有限公司、楚雄兴泰文化旅游产业有限公司、楚雄康泽农业发展有限公司、楚雄市嘉隆电力发展有限公司11家子公司。

（鲁剑斌　权思嘉）

〔栏目编辑：丁普瑞　马健平〕

楚雄高新技术产业开发区

2023
楚雄市年鉴

综　述

【概况】 2022年，楚雄高新技术产业开发区（以下简称“楚雄高新区”）按照立足新发展阶段、贯彻新发展理念、构建新发展格局、推动高质量发展“三新一高”要求，抓产业发展、营商环境、市场主体、改革开放、创新发展、绿色发展。2月，科技部火炬中心公布2021年度国家高新区综合评价结果，楚雄高新区综合排名第142名，比2020年上升18名，获得云南省科学技术厅一次性500万元研发经费支持。3月，楚雄州人民政府公布2021年度质量考核结果，楚雄高新区以99.5分获第一，连续3年蝉联全州质量考核第一。8月，被认定为国家知识产权强国建设试点园区；11月，被认定为全省首批绿色低碳示范园区。年内，全区实现地区生产总值333.52亿元，同比增长10.1%；园区营业总收入745.41亿元，增长11%；工业总产值541.88亿元，增长20.5%；完成固定资产投资125.1亿元，增长15%；地区生产总值占全州总量的18.9%，连续5年综合绩效考核和“干在实处，走在前列”大比拼考评被州委、州人民政府评定为“优秀”等次。

【产业发展】 2022年，楚雄高新区制定出台《楚雄高新区推动高质量发展的实施意见》《楚雄高新区融入云南面向南亚东南亚辐射中心建设实施方案》《楚雄高新区主导产业高质量发展行动方案》《稳增长稳市场主体保就业创业七条措施》等系列政策措施，修订完善“提质增效十二条”“科技创新十一条”等政策，为产业发展提供“硬支撑”。围绕构建以生物医药、新材料产业为主导，绿色食品、绿色化工、现代服务业为辅助的“2主3辅”现代产业体系，成立植物蛋白产业、生物医药产业、绿色铜产业、彝风文旅康养度假区等工作专班，推进重点产业发展。围绕全州建设“滇中药谷”要求，制定出台《楚雄高新区培育生物医药产业集群实施方案》，与药科院、海景医药、宝藤生物等企业和机构合作，坚持以医药制造产业为核心，向上游延链、补链，做大做强生物医药产业，全年实现生物医药产业产值78.13亿元。推进以滇中有色20万吨阴极铜生产为代表的延链补链项目，推动冶金化工等传统产业在绿色低碳发展中焕发新机，加快楚雄绿色铜产业聚集基地绿色化、差异化、规模化发展，全年实现新材料产业产值239.51亿元，同比增长42.5%。

【市场主体培育】 2022年，楚雄高新区制定升规达限计划，为企业提供“一企一策”培育方案及帮扶措施，全年新增规模以上工业企业4户、限额以上商贸企业20户、规模以上服务业企业2户、资质以上建筑业企业8户。年末，全区聚集各类市场主体2.25万户，其中，企业7479户（“四上”企业171户，规模以上工业企业70户），个体工商户1.5万户，农民专业合作社13户，市场主体比上年末净增3128户，增长16.3%，企业数量占全州总数的18.1%；高新技术企业47户，科技型中小企业61户，高新技术企业数量占全州总数的46.1%；全区千人拥有市场主体151户，千人拥有企业49户。

【运行管理体制机制改革】 2022年，楚雄高新区成立楚雄州自然资源和规划局高新区分局，强化建设用地等要素保障体系。加快国有企业改革，成立威楚医药企业管理公司、誉达园区运营管理公司、盛彝市政设施管理有限公司等一批专业化区属企业，楚雄高新区“1+N”国有资本“投融建管营”和“小管委会+大公司”基础不断提升。建立健全工作制度，对党工委工作规则、管委会工作规则等18项制度进行修订，废止制度24项，新增管委会工作规则配套制度等15项。建立高新区专题大讲堂制度和高新区月学习例会制度，利用晚间业余时间，定期组织全区干部职工开展集中学习。年内，针对财政金融、招商引资、审计等方面组织专题学习6场次。

【“拿地即开工”服务保障】 2022年，楚雄高新区制定实施《楚雄高新区工程建设项目“拿地即开工”实施方案（试行）》，从制定政策、创新机制、减少环节、压缩时限、提高效率、队伍建设等10个方面优化营商环境。深化行政审批制度改革，率先推行告知承诺制度、容缺受理制度和专家审批制度，建成由260名各领域专家组成的楚雄高新区行政审批专家库，通过第三方服务机构从专家库随机抽选相关领域专家进行技术评审。推进“减证便民”改革，在全省首创工程建设项目“拿地即开工”审批模式，在全州率先取消社会投资类房屋和市政工程建设项目初步设计审查事项；项目审批全面推行“容缺审批”“容缺受理”，在申报材料齐全、有效前提下，可容许要素材料暂时缺少或出现错误，降低审批环节启动门槛，年内，办理容缺受理审批9件。清理规范涉及群众办事的各类证明事项，审批材料总体减少22%。完善纳税人缴费人税费争议咨询解决机制，6月22日在高新区行政审批大厅设立“惠企政策‘一站式’服务窗口”，6月29日在楚雄州医药行业协会、中药材产销协会挂牌成立“楚雄开发区税务局公职律师税费争议咨询调解服务站”，11月17日开通惠企政策咨询热线。

【楚雄州自然资源和规划局高新区分局挂牌成立】 2022年，楚雄高新区根据《中共楚雄州委机构编制委员会关于设立楚雄州自然资源和规划局高新区分局的批复》，按照“同意设立楚雄州自然资源和规划局高新区分局，为楚雄州自然资源和规划局正科级派出机构”的要求，推进楚雄州自然资源和规划局高新区分局组建成立工作。5月20日，楚雄州自然资源和规划局高新区分局正式挂牌成立。

【楚雄高新区总工会成立】 2022年8月11日，楚雄高新区总工会成立暨第一次代表大会召开。会议选举产生楚雄高新区总工会第一届委员会、经费审查委员会和女职工委员会，并选举产生“三委”班子。

【楚雄云泉酱园有限责任公司被认定为“绿色工厂”】 2022年，楚雄高新区以制造业绿色改造升级为重点，加快推进绿色低碳发展，构建绿色园

5月20日，楚雄州自然资源和规划局高新区分局揭牌授印仪式　（楚雄高新区　提供）

区、绿色工厂、绿色设计产品和绿色供应链，提升资源利用效率和清洁生产水平。1月15日，工信部发文公布2021年度绿色制造名单，楚雄云泉酱园有限责任公司成功上榜，获“绿色工厂”称号，成为楚雄高新区首家“绿色工厂”企业。

【产业互联网示范工作】　2022年，楚雄高新区组织实施云南摩尔农庄生物科技开发有限公司年产20万吨有机及国食健字核桃乳（航天级标准功能性核桃乳）深加工生产线智能制造提升改造，对原有生产线进行智能化改造提升，增加智能装备、建立智能产线、推进智能物流，推动实现生产全过程智能控制和生产全流程数字化、智能化、标准化，提高生产效率和能源利用率，带动核桃产业发展。5月，云南摩尔农庄生物科技开发有限公司的“年产20万吨有机及国食健字核桃乳（航天级标准功能性核桃乳）深加工生产线智能制造提升改造项目”获评“2021年云南省产业互联网企业数字化转型示范项目”。

【餐饮美食大赛】　2022年6月30日，由云南省总工会调研组、楚雄高新区经济发展局、楚雄市总工会主办，楚雄州餐饮行业协会承办的“遇见楚雄，食在高新”楚雄高新区2022年餐饮美食大赛在楚雄建华国际大酒店举行，楚雄高新区党工委副书记吴炬出席开幕式并致辞。大赛共有32家餐饮企业、75道传统及民族菜品参加比赛，共评选出金奖、银奖、优秀奖3个奖项。

园区建设与发展

【概况】　2022年，楚雄高新区成立园区服务工作专班，做好园区内重点企业和项目帮扶及跟踪服务工作。加快高铁新城片区开发，完成楚南路两侧绿化补植工程、汪官山铁桥拆除工程、楚雄市第三污水厂及配套管网建设、云南楚雄高新实验学校建设项目小初部分等重点项目，星海湖小镇、彝风文旅康养度假区等文旅项目持续推进。推进苍岭工业园区建设，云甸化工园区获云南省第二批化工园区确认名单公示并上报省政府审批，川至半导体新材料、衡众原料药、金山化学试剂等一批化工项目完成前期工作，云甸污水处理厂、云甸二号标准厂房改扩建项目竣工，第三自来水厂及配套管网建设、云甸化工园区螺旋钢管生产和防腐钢管生产及配套建设、楚雄高新区招商服务中心等项目建设提速。推进增量配电改革试点工作，110千伏变电站项目开工建设。

【重点项目】　2022年，楚雄高新区建立中长期重大项目分类管理制度，制订项目推进计划和重点项目责任表，落实领导班子包保重点项目负责制、科室部门责任制，加快重点项目建设。坚持超前谋划，梳理支撑项目120个，计划总投资325.05亿元。其中，庄甸、赵家湾、桃园片区项目21个，计划总投资32.09亿元；云甸片区项目33个，计划总投资135.67亿元；城市建成区项目61个，计划总投资156.78亿元；安置小区项目5个，计划总投资0.51亿元。加大项目申报力度，申报2022年地方政府专项债券项目59个、2023年提前批次专项债券项目25个，云甸工业片区供气管网及LNG（液化天然气）应急储备站建设项目获批专项债券资金1亿元；申报中央预算内投资项目24个、省预算内投资项目69个，获得中央预算内投资项目资金2298万元、省级资金支持820万元。加快重大项目建设，推动项目工程量、实物量、投资量“三量齐升”，新开工建设项目18个，竣工项目6个，滇中有色20万吨阴极铜延链补链项目、摩尔农庄植物蛋白产业园等重大项目有序推进。

【项目建设用地】 2022年，楚雄高新区探索工业项目“标准地”出让模式，成为全州2个“工业项目标准地”出让试点地区之一，组织起草《楚雄高新区工业园区推行工业项目“标准地”改革实施方案（试行）》并通过州级审查。处置批而未供和闲置土地，分类处置批而未供土地30.2公顷，完成省级下达处置任务基数的131.11%；依法处置闲置土地61.59公顷，完成省级下达处置任务基数的205.82%。供应各类具体建设项目用地50.83公顷，比上年增长58.94%，其中，出让土地30.07公顷，比上年增长126.24%。召开“政银企”座谈会、金融支持科技型企业融资示范区工作协调会议，组织上报国家贴息中长期贷款项目4批次，被国家发改委锁定项目19个，计划总投资27.3亿元，申请贷款总额15.8亿元。

【余热回收集中供热建设项目】 2022年，楚雄高新区组织实施楚雄滇中有色金属有限责任公司内部余热资源深度回收集中供热项目，推进余热资源绿色低碳循环利用，树立园区绿色低碳循环发展示范引领标杆，加快“运动式减碳”向“环保型项目”转型。楚雄滇中有色金属有限责任公司内部余热资源深度回收集中供热项目总投资1.26亿元，年供气15万吨，以管网系统方式，向桃园工业区、赵家湾工业区企业供热，实现余热资源社会化梯级利用，带动园区集群式发展。

【楚雄高新区被认定为云南省绿色低碳示范产业园区】 2022年，楚雄高新区顺应绿色能源发展大势，推进绿色低碳示范产业园区建设，吸引重大产业项目和龙头企业入驻，开辟工业绿色低碳发展新路径。4月1日，云南省工业和信息化厅等7部门联合发文，公布《云南省绿色低碳示范产业园区认定一批和实施一批名单》，楚雄高新区被认定为“云南省绿色低碳示范产业园区”。

【云甸化工园区进入省工信厅审核认证公示名单】 2022年，楚雄高新区持续推进云甸化工园区规划建设，布局发展医药化工产业及化工新材料、涂料、颜料化工品制造，推动化工产业化发展。5月17日，云甸化工园区进入省工信厅组织审核认证的《云南省第二批化工园区确认名单》。

【云南省纳税服务大数据中心在楚雄高新区落地试点】 2022年4月1日，云南省纳税服务大数据中心在楚雄高新区落地试点。纳税服务大数据中心，利用“互联网+”和大数据分析技术，通过集成消息精准推送、预约办税、远程帮办、发票寄递、交流互动、直播点播、招商引资等73项功能，创新纳税服务智能化方式，构建税务机关与纳税人沟通交流的畅通渠道，实现从无差别服务向精细化、智能化、个性化服务转变，确保税费优惠政策直达快享，促进市场主体充分享受政策红利。

招商合作

【概况】 2022年，楚雄高新区完成招商引资州外到位资金208.78亿元，比上年增长26.34%，其中，省外到位资金143.43亿元，比上年增长

5月6日，赵家湾绿色食品产业园一角　（杨明全　摄影）

54.93%；产业到位资金130.16亿元，占到位资金总额的62.34%。开展“请进来、走出去”招商活动199次，接待来访客商569人次，先后赴上海、南京、成都等地开展招商对接49次，组织参与厦门等专场招商推介活动3场次，与远景科技、威高医疗器械、国药集团、华氏医药、海景医药、科大讯飞等企业进行洽谈合作，成功引进远景科技集团云甸零碳园区项目、中国医药百强神威药业集团西南总部项目、苏州海景化学药品改良型新药技术研发中心、药科院生物医药公司化学药制剂产研基地等一批项目。年内，新签约项目11个，其中，产业类项目9个，协议投资额192.5亿元。制定《楚雄高新区“僵尸企业”“僵尸项目”清理工作实施方案》，清理赵家湾生物产业园区内恒泰祥、幸福农业2家僵尸企业。

【签订全州首个“飞地经济”协议】 2022年2月16日，楚雄高新区与双柏县人民政府签订“飞地经济”合作框架协议，成为楚雄州首个“飞地经济”协议。协议立足高新区工业园区规划布局、交通区位、产业定位等方面优势和双柏县耕地后备资源、林业资源、森林碳汇等资源优势，优化高新区云甸工业片区工业生产性项目产业空间布局，探索开辟县区合作新路径，推动双方经济社会发展。

【楚雄高新区投资服务中心联合挂牌成立】 2022年11月，楚雄州、楚雄高新区投资服务中心联合挂牌成立并投入使用。投资服务中心对楚雄州内2市8县及楚雄高新区的招商引资资源优势进行布展宣传，设立楚雄高新区宣传展厅及各县市农副产品展厅。投资服务中心实行招商引资项目“代办制”，为招商引资项目提供全程全方位专业化服务，保障招商引资项目快速落地推进，提升楚雄州招商引资软环境。

科技创新

【双创平台建设】 2022年，楚雄高新区有工程研究中心、院士专家工作站、重点实验室、评价实验室、企业技术中心、新型研发机构等省级以上创新平台23个，省级众创空间、省级科技企业孵化器等省级以上孵化平台6个，通过CMA（美国注册管理会计师）、CNAS（中国合格评定国家认可委员会）认证的第三方检测机构2家。摩尔农庄与江南大学等合作筹建的“植物蛋白与植物油脂产业创新研究院”入选云南省2022年新型研发机构培育名单，彝人古镇特色文旅产业创业孵化园区被评定为省级创业孵化示范基地。举办高企培育和研发投入专题培训会、高新技术企业培育认定专家团队“一对一”专题辅导会，辅导企业进行高新技术企业、企业技术中心、专家工作站等申报，新认定高新技术企业11户，入库国家科技型中小企业61户，获批建立州级专家工作站企业1户，入选云南新型研发机构培育对象公示名单企业1户、州级企业技术中心公示名单企业7户，新型研发机构实现零的突破。

【创新环境优化】 2022年，楚雄高新区与云南省科技厅、楚雄州人民政府共同设立联合专项资金，按4：3：3出资比例设立专项资金2000万元，支持关键技术攻关和创新创业平台建设，第一批获支持项目7个。加强对众创空间、孵化器平台的服务管理工作，中科（楚雄）创新中心正式运营，引进八戒科技服务有限公司，合作成立楚雄八戒科技服务有限公司，建设八戒（楚雄）产业创新中心。组织参加2022年云南“创新创业之星”评选大赛等活动，云南特可科技有限公司获创业之星组奖项，楚雄滇中有色金属有限公司获省科技进步二等奖。先后与红塔村镇银行、农村商业银行签订“创指贷”战略合作协议，全年向区内科技型企业发放“创指贷”贷款6230万元。年内，成功申报云南省知识产权优势企业9户，通过云南省知识产权优势企业复审1户。组织摩尔农庄、欣绿茶花申报中国专利奖，技术合同成交金额2.82亿元。昆明合众智信知识产权事务所楚雄分所、楚雄璟汇知识产权服务有限公司、楚雄高新区科技创新局入选云南省知识产权信息公共服务网点机构，PCT（专利合作条约）国际专利实现“零”突破。

【创新人才培养】 2022年，楚雄高新区抓好高层次创新创业人才和急需紧缺人才的培养、引进和使用工作。组织企业申报兴滇英才、云南省知识产权人才等各类人才项目，引进院士（专家）、万人计划等高层次人才119人，认定兴滇英才、云南省知识产权人才、彝乡英才等各类人才47人，开发科研助理岗240个，完成预期目标的120%。组织企业参加楚雄高新区“不负韶华国聘行动”火炬专场招聘会，提供岗位22个招聘62人。

【签订全省首个“创指贷”战略合作协议】 2022年，楚雄高新区以获批云南省首家“以企业创新能力为核心指标的科技型中小企业融资评价体系建设试点”为契机，持续推进以企业创新能力为核心指标的科技型中小企业融资评价体系试点工作，创新推出基于定量评价、非财政、非税收、精准化支持科技型企业发展的科技金融新产品“创指贷”，推动企业创新能力转变为“融资资本”。1月21日，科技部官网发布楚雄高新区“创指贷”工作情况，对楚雄高新区“创指贷”经验做法给予肯定，云南省科技厅将楚雄高新区“创指贷”工作经验列入2022年向国务院大督查上报的典型案例。2月22日，楚雄高新区与楚雄市农村商业银行股份有限公司签订全省首个“创指贷”战略合作协议。

【首届创新创业大赛】 2022年7月28—29日，楚雄高新区举办首届创新创业大赛。28日，大赛启动仪式在高新区中小企业创业园广场内举行，州科学技术局、州发展和改革委员会、州工业和信息化局、楚雄高新区部分领导和参赛企业代表近60人出席启动仪式。大赛由楚雄高新区管委会主办，中科（楚雄）创新中心承办，云科楚雄启点众创空间、云科彝·创众创空间协办，以“聚才汇智共创未来”为主题，涉及科技农业、信息技术、生物医药、电子商务等领域的36个项目（企业组26个，团队组10个）参赛，评选出企业组奖项7个、团队组奖项3个。

7月28日，楚雄高新区首届创新创业大赛　　（楚雄高新区　提供）

【楚雄高新区入选国家级知识产权强国建设试点园区】 2022年，楚雄高新区完善楚雄高新区国家级知识产权强国建设试点园区建设工作方案，成立国家级知识产权强国建设试点园区建设工作专班和知识产权工作领导小组，召开专项动员会，推进国家知识产权强国建设试点园区相关工作，获批云南省知识产权专利信息工作站，3家机构获批云南省公共服务网点。8月29日，国家知识产权局公开发布《关于确定国家知识产权强县建设试点示范县和国家级知识产权强国建设试点示范园区的通知》，楚雄高新区被确定为国家级知识产权强国建设试点园区，成为云南省入选的2家园区之一。

【云南宾飞科技有限公司获得PCT国际专利】 2022年，楚雄高新区强化企业申请国际专利引导培育工作，采取选派知识产权特派员、开展“三进”企业等方式，“一对一”服务指导企业加强国际专利布局。云南宾飞科技有限公司研发“一种短距离高精度定位方法及定位系统”，基于万物互联的新物联网思维，引入设备到设备架构，攻克解决无线网络出现拥塞时定位精度显著下降的问题，提高多行业领域使用精准位置管理人与人、人与物、物与物的连接效率。9月，“一种短距离高精度定位方法及定位系统”获得PCT（专利合作条约）国际专利授权通知书，楚雄高新区PCT国际专利实现零的突破。

（刘昱彤　金　珠）

〔栏目编辑：丁普瑞　马健平〕

农　业

2023

楚雄市年鉴

综　述

【产业发展】　2022年，楚雄市落实好惠农政策，加快结构调整步伐，深化农业农村改革，提高农业综合效益和竞争力。全年农林牧渔业现价总产值84.83亿元，比上年增长5.6%，完成可比价总产值84.95亿元，增长5.8%，绝对值全州排名第二，增长率全州排名第三。高原特色农业增加值55.32亿元，比上年增长5.2%。农村常住居民人均可支配收入1.65万元，全州排名第三，比上年增长6.7%，全州排名第九。完成农业固定资产投资49.95亿元，全州排名第二，完成州下达任务57.03亿元的87.6%，全州排名第四。年内，数字乡村工作成效写入中央网信办印发的国家数字乡村试点工作报告；吕合镇成功申报为全国农业产业强镇（水稻），大过口乡入选全国“一村一品”示范村镇（魔芋）；农村人居环境整治工作经验受到州委表扬。

【高标准农田建设】　2022年，楚雄市争取实施高标准农田建设项目2批，总投资5385万元，在子午、东华、苍岭、吕合、鹿城、树苴、八角、中山、西舍路、大地基10个乡镇建成高标准农田2139.99公顷，其中，新增机耕面积1160公顷，改善灌溉面积286.66公顷，改善除涝面积213.33公顷，新增节水灌溉面积480公顷，10个乡镇涉及的28个村委会、1.35万户农户、5.71万人受益。年末，全市累计建成高标准农田1.64万公顷、高效节水灌溉面积1433.33公顷。

【耕地质量保护】　2022年，楚雄市抓好“两区”（粮食生产功能区、重要农产品生产保护区）划定“回头看”问题整改，持续推进“大棚房”监管整治，完成耕地“非粮化”、农作物、农业生产基本情况及种植意向的摸底调查，建立耕地“非粮化”和耕地“撂荒”台账，排查出5类耕地种植情况4316宗5693.33公顷。年内，完成受污染耕地安全利用监管286.26公顷，其中，安全利用271.1公顷，管控15.16公顷。完成耕地质量监测点肥效试验13组。

【惠农政策落实】　2022年，楚雄市利用电话、短信、宣传单、集贸日等平台，借助乡镇、村组公开栏等阵地，持续宣传惠农补贴政策。实行村级公示制，做到补贴政策公开、补贴范围公开、补贴标准公开、补贴资金发放方式公开、补贴农户公开、补贴面积公开、补贴金额公开“七公开”。设立举报箱，公布举报电话，接受社会监督，确保资金安全运行。年内，全市组织兑付耕地地力保护补贴、种粮农民一次性补贴资金5247.24万元，受益农户7.64万户19.11万人。

【农业科技推广】　2022年，楚雄市实施测土配方施肥5.33万公顷、化肥减量增效1.97万公顷，实施优质水稻示范262公顷、水稻百亩连片示范76.4公顷、种养综合示范6.67公顷，推广稻田养鱼示范80公顷、水稻生产全程机械化示范66.67公顷，开展农作物病虫鼠害防治15.7万公顷。年内，投入中央农业资源及生态保护补助资金94.75万元，实施“化肥减量三新配套升级版示范”技术试验5组、水稻叶面肥喷施666.67公顷、玉米水溶肥应用666.67公顷，开展水稻、玉米肥效试验2组。

【农业信息化】　2022年，楚雄市推进信息入户工程，建设“云农‘12316’三农综合信息服务平台”公益服务网页，完成152个益农信息社信息更新，利用“三农通”平台编辑发布种植养殖技术、农作物病虫鼠害防治技术、农产品供求等信息654条。推进数字农业建设，在农业农村部农情信息调度系统上传基点县水稻监测报表17期，在云南省农业农村厅农情调度平台上传报表336期。

【农业保险】　2022年，楚雄市完成政策性农业种植业保险投保1.16万公顷，其中，水稻1646.67公顷、玉米9920公顷，保险费338.93万元。受理理赔案件136件，定损面积2433.33公顷，理赔金额376万元，其中，水稻案件受理12件，定损面积33.33公顷，理赔金额约6万元；玉米案件受理124件，定损面积2400公顷，理赔金额约370万元。完成养殖业保险能繁母猪投保2.57万头，受损理赔230.79万元；完成育肥猪投保13.53万头，受损理赔350.07万元；完成肉牛投保2165头，受损理赔28.8万元。

种植业

【粮食生产】　2022年，楚雄市制定下发《楚雄市粮食生产实施方案》《关于抓好2022年粮食等主要农产品生产的通知》等文件，签订《2022年楚雄市粮食生产目标责任书》等，建立“一个认识扛责任、一个机制压责

3月15日，福洋农业有限公司员工在东华镇收购白菜　　（王明安　摄影）

任、一套台账清底数、一张图纸明规划、一批项目强基础、一支队伍强督导”的工作机制，粮食生产实现上图布局、台账管理。落实优质粳稻示范样板207片1320公顷，指导服务补充耕地种植水稻256.34公顷。全年种植粮食作物3.73万公顷，产量21.79万吨，比上年分别增长0.7%、1.79%，粮食种植面积、产量在全州排名第二。其中，种植夏粮1.44万公顷，比上年增长1.65%，产量5.01万吨，比上年增长1.02%；种植秋粮2.29万公顷，比上年增长0.21%，产量16.78万吨，比上年增长2.02%。

【主要农产品供给】 2022年，楚雄市完成农作物种植6.15万公顷，其中，粮食作物种植3.73万公顷，经济作物种植2.42万公顷，粮经种植比例为61∶39。落实“菜篮子”行政首长责任制，蔬菜、肉类等重要农产品稳产保供。全年蔬菜产量20.58万吨，比上年增长2.2%；肉类总产量5.47万吨，比上年增长7.4%；蛋产量0.17万吨，比上年增长2%。

【果蔬产业】 2022年，楚雄市种植蔬菜1.34万公顷（含复种），产量44.5万吨，产值9.2亿元，其中，商品蔬菜8000公顷，产量24万吨，种植品种以花菜、菜心、萝卜、番茄、黄瓜、洋芋、菜豆类和叶菜类为主，产品除满足本地市场供应外，主要销往昆明、上海、深圳和东南亚国家。至年末，全市有66.67公顷以上规模种植基地3片、33.33公顷以上种植基地5片、13.33公顷种植基地15片，培育子午骏成、东华福洋、吕合龙兴天露、苍岭亚盛等一批农业龙头企业和规模种植基地。鲜食水果种植面积4160公顷，产量6.5万吨，比上年增长2%，产值2.53亿元，比上年增长10.9%，主要种植梨、桃（冬桃）、枇杷、樱桃、芒果、柑橘、葡萄、蓝莓、澳洲坚果等。有水果种植农民专业合作社11个，果品加工企业2户，年加工能力1500吨。西舍路芒果获有机认证，东华“兴蕴”“彝州金果果”枇杷、“绿巨人”猕猴桃等品牌水果销往上海、北京、广东等地，紫溪樱桃和冬桃、东华杨梅和枇杷、鹿城草莓、苍岭葡萄等时鲜水果吸引市民和游客前往采摘。

养殖业

【畜牧业】 2022年，楚雄市实现畜牧业产值31.75亿元，比上年增长13.31%，在全州排名第二。制定出台《楚雄市金融支持肉牛肉羊产业发展实施方案（试行）》等政策性文件，建立楚雄锦达农业开发有限公司“楚牛超市”，楚雄树苴华兴特色种植养殖发展基地“树苴牛超市”，新建年出栏10头以上肉牛养殖场（户）83个，肉牛存栏11.22万头，全州排名第三，牛肉产量8010吨，全州排名第一。年末，全市有肉牛存栏10头以上养殖场（户）1170个，专业合作社156个、企业6家，养殖品种主要有云岭牛、滇中黄牛、西门塔尔、安格斯。肉羊存栏20.12万只，出栏17.8万只，完成计划任务17.36万只的102.8%，完成州级下达任务15.12万只的118%，全州排名第四。有肉羊养殖户9280户、规模养殖企业7户，养殖品种主要有云岭黑山羊、云上黑山羊。生猪存栏31.02万头，出栏50.52万头，完成计划任务50.2万头的100.6%，完成州级下达任务42.9万头的117.8%，出栏量全州排名第二。有生猪养殖户4.74万户，规模养殖企业37户，养殖品种主要有滇撒猪、大约克、长白猪、杜洛克。家禽存栏221.19万羽，出栏445.42万羽，完成计划任务444万羽的100.3%，完成州级下达任务389.99万羽的114.2%，全州排名第二。有家禽养殖户5.7万户、规模养殖企业22户，家禽出栏381.38万羽，比上年增长6.59%。

【动物疫病防控】 2022年，楚雄市累计免疫生猪口蹄疫54.8万头（次），猪瘟54.8万头（次），高致病性猪蓝耳病54.8万头（次），免疫占实际存栏94.83%。牛口蹄疫累计免疫14.67万头（次），免疫占实际存栏94.19%。羊口蹄疫累计免疫33.04万只（次），免疫占存栏94.45%。高致病性禽流感免疫371.72万羽，免疫占存栏93.02%。羊小反刍兽疫免疫32.4万只（次），免疫占存栏92.62%。完成鸡新城疫、羊三联（痘病）、猪肺疫、家犬狂犬病等免疫398.93万只（头）。发放猪免疫耳标12.72万套、牛免疫耳标0.1万套。发放使用猪口蹄疫、牛羊口蹄疫、高致病性禽流感疫苗387.23万毫升，发放高致病性猪蓝耳病疫苗、猪瘟脾淋苗、高致病性禽流感疫苗122.52万头份。完成家畜禽体内驱虫数353.02万头（只）。建立15个乡镇145个村（社区）2778个村民小组7.87万户养殖户的免疫档案，做到应建尽建。年内，调查15个乡镇200个村民小组散养户221户、规模养殖场49个，累计调查猪2.66万头、牛832头、羊3062只、禽18.69万羽、马22匹、犬136只，均未发现

6月9日，楚雄锦达农业开发有限公司肉牛规模养殖场 （市农业农村局 提供）

所调查疫病临床症状。开展7个病种免疫抗体效价监测，监测家畜禽样品3912份；开展9个病种疫情监测，监测家畜样品3153份。完成狂犬病、高致病性禽流感、新城疫、猪瘟、高致病性猪蓝耳病、山羊小反刍兽疫监测采样1425份。完成生猪样品、养殖场环境、农贸市场等样品常态化防控监测采样1946份。

【淡水渔业】 2022年，楚雄市水产品产量0.6万吨，渔业经济总产值1.26亿元，分别比上年增长1.4%、6.5%，全州排名第一。其中，雨生红球藻规模化养殖面积40万平方米，比上年增加6.8万平方米；初加工产量200吨，增加50吨；销售收入6781万元，增加1148万元。年末，有养殖坝（库）塘1359个，养殖面积2524.33公顷，养殖户278户，养殖企业102个，主要养殖品为鲤鱼、草鱼、鲢鱼、鲫鱼、青鱼和观赏鱼，产品销往攀枝花、大理、昆明等地。

（李作伟）

林草业

【概况】 2022年，楚雄市深入实施“生态立市”战略，坚持走“生态建设产业化，产业发展生态化”之路，一手抓资源保护，一手抓产业发展，形成生态建设与产业发展双赢局面。境内有哀牢山国家级自然保护区、紫溪山省级自然保护区、西山州级自然保护区，全市林地面积35.47万公顷，占国土面积的78.3%；森林面积33.57万公顷，森林蓄积量2440万立方米，森林覆盖率75.62%。

【产业发展】 2022年，楚雄市完成林业草原一产产值5.49亿元，比上年增长8.6%；市林业和草原局向上争取补助资金6880.58万元、占年度计划9000万元的76%；完成固定资产投资8155万元，占年度计划1.2亿元的67.9%；招商引资到位资金3.5亿元，占年度计划3.9亿元的90%。完成经济林果造林9.12万公顷，其中，核桃8万公顷，花椒9333.33公顷，芒果1053.47公顷，枇杷807.33公顷。种植林下中药材1678.93公顷，完成野生菌保育促繁科技示范基地20公顷，建成核桃初加工机械一体化生产线8条，审核兑付林业贷款贴息114.27万元，完成楚雄市核桃产业国家农村产业融合发展示范园3个板块26个子项目建设。争取核桃科技提质增效示范基地建设13.33公顷，培育核桃交易市场主体30家。成功申报中国楚雄西舍路镇青石峡森林康养人家。

【林草资源保护】 2022年，楚雄市完成审批永久性占用林地项目32个314.24公顷，临时性占用林地项目3个22.38公顷，收取植被恢复费4500.51万元。完成2018—2021年森林督查、2013—2017年毁林专项行动违法图斑数据整改830个，查处违法案件536件。年内，森林督查300个遥感影像疑似图斑140件341.72公顷、林草湿图斑监测322个。开展公益林监测，监测核查执法“三个全覆盖”（调查全覆盖、执法全覆盖、整改全覆盖）遥感影像疑似图斑275个、面积228.63公顷，完成成果数据库提交和森林资源管理一张图更新、国家级省级公益林优化、湿地监测等工作。森林草原防灭火工作实现零火灾、零伤亡、零卫星热点，火灾受害率控制在0.9‰以内，火灾当日扑灭率100%；实施有害生物监测34.27万公顷，监测率100%；防治森林病虫害1980公顷，防治率100%；产地检疫率100%。年内，林业综合行政执法大队查处案件105件，处罚132.6万元，收回林地面积19.01公顷，恢复植被4453株。

【绿化造林】 2022年，楚雄市开展“互联网+全民义务植树”活动，实施河前小河、青龙河等生态廊道建设，持续推进国土绿化工作。5月31日，州、市绿化委员会联动，在青龙河畔东岸滨河公园组织开展州市级机关干部职工义务植树启动仪式。通过网上募捐、线下建设义务植树基地等措施，种植乡土树、景观树、彩叶树306株；拓展义务尽责模式，组织开展“绿水青山”志愿服务活动2次；累计完成适龄公民义务植树172.7万株，零星植树（含路旁、沟旁、渠旁和宅旁“四旁”植树）200万余株。年内，实施封山育林项目666.67公顷，完成异地造林任务72.4公顷；开展冬季国家造林补贴低效林改造项目1000公顷、退耕还林生态林森林抚育项目3246.67公顷；全市国有林场培育乡土树种绿化苗木50万株，实施国家华山松良种基地建设项目51公顷、云南香榧早实丰产栽培技术推广示范项目6.67公顷、退化云南松提质增效经营技术推广示范项目4个66.67公顷。

【省级森林乡村创建】 2022年，楚雄市林业和草原局学习借鉴曲靖市麒麟区创建省级森林乡村的成功经验做法，组织开展第三批省级森林乡村创建工作，从全市15个乡镇中遴选符合条件的乡村推荐上报，共推荐28个村（社区）参加评选。11月23日，云南省第三批省级森林乡村名单公布，楚雄市成功创建省级森林乡村28个。年末，楚雄市省级森林乡村创建数量累计达到62个。

【林场改革】 2022年，楚雄市制定实施《楚雄市全面深化国有林场改革实施方案》，组织开展清产核资工作。全年新建管护点1131.25平方米，修缮管护点1422.62平方米。

（李兴强）

特色农业

【现代种业】 2022年，楚雄市建成高原粳稻、玉米育繁种基地306.67公顷和魔芋种芋基地1666.67公顷，完成玉米新品种试验1组，品种7个。对11个种子企业和单位承担的玉米、水稻联合体区域进行监管共57组，品种525个。种子生产备案企业7个，面积307.87公顷，品种25个；种子经营备案企业7户，个体门店121个，品种160个，备案种子109.09万千克。

（李作伟）

【核桃产业】 2022年，楚雄市发挥“楚雄核桃”国家地理标志证明商标效应，挖掘楚雄地区压榨和食用核桃油历史文化资源，推广“五个一”标准（一个标准塘、一棵合格苗、一担农家肥、一挑定根水、一块覆盖膜）和10项技术措施（密度调控、整形修剪、品种改良、固土保墒、套种间作、中耕施肥、旱季灌水、病虫害防控、成熟采收、科学烘烤），开展“四率”（核桃成活率、成长率、挂果率、优果率）建设，推动核桃基地建设规模化、标准化。组建核桃产业联合社，引导企业和农户建立“公司+基地+合作社+农户+市场”发展机制，建成核桃种植面积集中连片达到3333公顷规模或产量达到1000吨的标准化生产基地12个，配套建成核桃初加工机械一体化生产线12条，实现统一管理、统一采收、统一烘烤、统一收购、统一销售。年末，全市核桃种植面积8万公顷，其中投产面积5万公顷（进入盛果期面积1513.33公顷），15个乡镇发展核桃种植户4.23万户12.71万人。年内，全市核桃干果产量1951.1万千克，加工核桃仁2500吨，生产核桃油796吨，销售核桃油654吨，核桃综合总产值46.55亿元，其中，一产产值3.3亿元，加工产值5970万元。有核桃加工经营主体15家，从业人员2000余人；核桃油加工企业2户、作坊加工点16个，在建有机核桃油加工项目1个，设计产能2万吨。云南摩尔农庄生物科技开发有限公司建成年产3000吨欧盟、中国双有机认证的核桃油生产线，云南楚雄东宝生物资源开发有限公司“东宝一捏脆”核桃系列产品被认定为“绿色食品A级产品”“云南名牌产品”，“楚雄核桃油”等产品销往上海、中国香港、日本等国内国外市场。

（李兴强）

【魔芋产业】 2022年，楚雄市种植魔芋4666.67公顷，产量12.4万吨，产值5.3亿元，加工出口魔芋精粉2000多吨，种植面积、产量、产值均居全州第一。年内，新引进魔芋加工企业楚雄云长生物科技有限公司入驻赵家湾绿色食品加工园区。年末，全市有魔芋专业合作社、家庭农场12户，魔芋精粉加工企业10户，15个魔芋产品获得农业农村部绿色食品认证。

【食用菌产业】 2022年，楚雄市种植人工食用菌432万平方米，产量11.75万千克，产值5.05亿元，分别比上年增长12%、16%、18%，种植品种以茶树菇、香菇、平菇、鸡油菌、白参和羊肚菌为主，种植区域主要分布在鹿城、东华、吕合、子午4个乡镇。年末，全市共培育楚雄市璟洋食用菌园、楚雄市闽艳食用菌种植基地、楚雄市昌谊食用菌开发有限公司、楚雄市乾远食用菌种植园4户重点企业。

【中药材产业】 2022年，楚雄市种植中药材2840公顷，产量1.55万吨，产值4.1亿元，重点种植滇红花、续断、黄精、木香、重楼、天冬、金银花、当归、龙胆、丹参等优势品种，每个品种种植面积均超过33.33公顷。年末，全市共培育中药材经营主体79户，建成鹿城牛至、新村滇红花和红大戟、东华滇重楼、子午天门冬、中山紫丹参等规模化种植示范基地24个。

8月23日，紫溪镇紫溪彝村万寿菊花海　（紫溪镇　提供）

【花卉产业】 2022年，楚雄市种植花卉以鲜切花为主，面积1000公顷，产量1.5亿枝，产值2.1亿元，分别比上年增长10.5%、26%、24%，种植品种主要有玫瑰花、向日葵、康乃馨、洋桔梗、蜡梅等，种植区域主要分布在苍岭、东华、子午、鹿城4个乡镇。年末，全市共培育花卉种植农户162户、重点企业26户。

【茶叶产业】 2022年，楚雄市茶园面积706.67公顷，生产茶叶276吨，产值1946万元，分别比上年增长2%、12.5%、11.8%，平均单产23.6千克，平均单价59.6元/千克。其中，名优茶95.6吨，产值862.8万元；绿色食品茶37.7吨，产值456万元；古树茶3吨，产值186万元。年末，全市共有大地基乡中邑社茶厂、三街镇蚂蝗箐茶厂、大过口乡西康朗茶厂等企业生产的17个系列绿茶产品获得农业农村部绿色食品认证。

【工业大麻产业】 2022年，楚雄市引进云南植雅生物科技有限公司在鹿城镇中本社区开展2个地块的工业大麻科学研究种植，进行喆雅系列、植雅系列新品种选育。云南瓯麻生物科技有限公司、云南麻叶生物科技有限公司、云南植雅生物科技有限公司、云南汇荐久策经贸股份有限公司4家企业在吕合、鹿城、苍岭3个乡镇的3个村委会流转土地40公顷，开展工业大麻花叶原料种植，品种均为当前云南主推品种云麻8号，共生产花叶原料90吨，提取大麻二酚（CBD）1.1吨，销售收入2700万元。

【休闲农业】 2022年，楚雄市有农家乐、休闲农庄等休闲农业经营主体93家，主要分布在鹿城镇大东、河前、中本，东瓜镇桃园、庄甸，紫溪镇紫溪社区、冷水、紫金，东华镇莲华、红墙等村委会（社区），经营范围以农家乐餐饮、观光采摘、休闲农业、垂钓、露营等为主。全年接待游客120万人次，营业收入8194万元，带动1.5万人就业。

农业机械化

【农机购置补贴】 2022年，楚雄市按照《云南省2021—2023年农业机械购置补贴实施方案》《云南省农机购置补贴产品核验流程（试行）》要求，将粮食、生猪等重要农畜产品生产所需机具全部列入补贴范围，推行“自主购机、定额补贴、先购后补、县级结算、直补到卡（户）”的操作方式，做到“见人、见机、见票”，应补尽补。年内，通过农业农村部门申请办理和手机App申请办理，争取中央财政农机购置补贴资金871万元，补贴从事农业生产的个人和农业生产经营组织5192户，农户购置机具6819台（套），受理报废补贴机具9台。

【农机装备】 2022年，楚雄市农业机械总值6.55亿元，比上年增长7.03%；农机总动力达46.06万千瓦，比上年增长2.26%。年末，全市拥有各型拖拉机7534台，其中大中型拖拉机4401台，小型拖拉机3133台；拖拉机配套农具4525部，耕整地机械2.56万台，联合收割机92台，水稻插秧机22台，排灌机械2.68万台，农产品初加工机械3.59万台，机动脱粒机2.15万台，动力喷雾机9654台，植保无人机21台，畜牧饲草加工机械2.39万台，渔业机械395台，保鲜冷库362座，粮食烘干机16台，果蔬烘干机（设备）3156座，其他机械1.08万台（套）。

【农机作业】 2022年，楚雄市组织3.79万台（套）拖拉机、联合收割机、微耕机、耕整机投入农业生产，完成农机作业面积7.45万公顷，与上年持平，其中，机耕面积3.87万公顷，机械化收割8800公顷，水稻机械化插秧666.67公顷，机电排灌1.53万公顷，机械化植保1.1万公顷。主要农作物耕种收综合机械化率54.32%，

9月20日，水稻机械化收割　　（市农业农村局　提供）

比上年提高1.12个百分点，超州下达目标任务1个百分点，其中，水稻机械化耕种收综合机械化率57.78%，比上年提高2.08个百分点，玉米、麦类和油菜耕种收综合机械化率45%，蚕豆、烤烟等农作物耕种收综合机械化率34%。

【农机服务】 2022年末，楚雄市有农机经营服务组织和农机户4.47万个，其中，农机专业合作社12个，农机大户358户，农机修理点63个，农机经营销售网点112个，农机户4.38万个；农机销售、作业、维修三大领域乡村农机从业人员达4.86万人。年内，培训机手修理工1000余人，检修各类农业机械1.54万台。

【农机安全监管】 2022年，楚雄市开展拖拉机驾驶员安全培训25场次1110余人次，查验各类型拖拉机792辆次，纠正拖拉机违法行为32辆次，检查各类型农业机械353辆，检查农机销售点、修理点10个，农机专业合作社2个，检验联合收割机16辆，排查处理违法载人、脱检、无牌行驶、驾驶证逾期等一般农机事故隐患855起，解体回收变型拖拉机1155辆。年内，全州农机事故应急救援处置演练在楚雄市举行；楚雄市农业安全生产管理工作经验在全州农业安全生产工作调度会议上交流，全国“平安农机”示范县创建待农业农村部审核。

农业产业化经营

【新型农业经营主体】 2022年，楚雄市实施市场主体倍增行动，新增农业企业962户、州级以上龙头企业3户、农民专业合作社37个、家庭农场213个；新增规模养殖大户65个，完成州级下达任务60个的108.3%。年末，全市有农业企业1985户，州级以上龙头企业59户，农民专业合作社776个，家庭农场808个。

【农产品加工】 2022年，楚雄市完成农产品加工业总产值183.43亿元（现价），全州排名第一，比上年增长15.05%，农产品加工产值与农业总产值比2.16∶1。核桃、魔芋、中药材等优势农产品加工成为楚雄市打造“绿色食品”的重要支撑，云南摩尔农庄生物科技开发有限公司、云南爱尔发生物技术股份有限公司、楚雄云泉酱园有限责任公司等龙头企业生产的核桃乳、虾青素、豆瓣酱、白皮核桃、魔芋精粉等特色农产品在省内外有一定知名度。

【农产品品牌创建】 2022年，楚雄市吕合镇成功申报全国农业产业强镇，“一县一业”创建主导产业优质粳稻推广种植9653.33公顷，新增绿色产业基地15个、“三品一标”农产品9个，大过口乡获评全国“一村一品”示范村镇（魔芋）。年末，全市共有“三

品一标”农产品154个，其中，无公害农产品21个，绿色食品119个，有机食品12个，地理标志农产品2个。

【农业投入品监管】 2022年，楚雄市组建农业行政综合执法队，开展种子法规宣传培训24场次320余人次，出动执法车辆5152车次；开展农资市场整顿150个次，检查农资经营企业、农产品种植基地、农药产品、种子品种等3296个次，检查兽药饲料经营、养殖、诊疗企业3240家次，排查兽药品种92个，办理执法案件30件。年内，楚雄天食种业股份有限公司违法生产经营种子案被省农业农村厅评为优秀典型案例。

【农产品质量安全监管】 2022年，撤销楚雄市农产品质量监测检验站和楚雄市畜产品安全检测中心，“农产品质量安全监测检验”和“养殖环节违禁添加物检测及饲料、兽药检测”职责划转到楚雄州检验检测认证院。年内，楚雄市开展食用农产品“治违禁 控药残 促提升”三年行动，推广食用农产品承诺达标合格证制度，完善食用农产品主体目录新型经营主体284家，开具承诺达标合格证564张，带证上市农产品达6735吨。抽取蔬菜、水果样品农残检测6092批次，合格率99.97%。监督检查屠宰厂（场）116次，监督抽检“瘦肉精”210头份，督促屠宰企业开展“瘦肉精”自检2450头，非洲猪瘟自检13.77万头，检疫生猪、牛、羊等60.94万头（只），287户农产品生产经营主体上线国家农产品质量安全追溯信息管理平台。全市15个乡镇139个村（居）委会实现农产品质量安全网格化管理。

【吕合镇获批创建全国农业产业强镇】 2022年，楚雄市组织推进以优质粳稻（含繁育种）为主导产业的农业产业强镇申报创建工作，带动全市优质水稻产业发展。4月27日，农业农村部计划财务司发布《农业农村部办公厅 财政部办公厅关于公布2022年农业产业融合发展项目创建名单的通知》，吕合镇获批创建“全国农业产业强镇”，并获得项目扶持资金1000万元。吕合镇“全国农业产业强镇”项目实施期限2年，计划总投资4030万元，其中，2022年项目一期总投资1700万元（中央财政补助资金300万元，自筹资金1400万元），2023年项目二期总投资2330万元（中央财政补助资金700万元，自筹资金1630万元）。

【大过口乡入选全国“一村一品”示范村镇公示名单】 2022年，楚雄市发展“一县一业、一村一品”，以培育壮大大过口乡魔芋产业为示范引领，健全“招商引资+”工作机制，引进培育楚雄天泰农业、一致魔芋等龙头企业开展魔芋精深加工，与湖北强生魔芋、河南卫龙食品等企业合作开展订单生产销售，成立魔芋专业协会1个、魔芋专业合作社6个，培育魔芋加工企业7户，魔芋精粉年加工能力达3000吨，构建“产、供、销”一体化魔芋产业链，推动形成“绿色种植——订单回收——精深加工——品牌终端”魔芋产业绿色循环经济。大过口乡建立“一套班子抓落实、一支队伍送技术、一个组织搞服务、一份订单促生产”工作机制，推广“企业+合作社+基地+农户”模式，发动农户因地制宜发展魔芋种植，全乡9个村委会3282户农户种植魔芋886.67公顷，全年魔芋总产值1.8亿元，种植户户均增收5.5万元。建立魔芋种植乡土人才专家库，加大科技培训和技术指导力度，加快无公害农产品、绿色食品、有机农产品和地理标志产品认证，以大过口乡魔芋种植为蓝本的《魔芋栽培技术规范》（DB 5323/T 94—2017）地方标准通过州级评审，成功注册“大过口”鲜魔芋商标，2家魔芋生产企业的9个魔芋产品获得农业农村部绿色食品认证。11月1日，大过口乡入选农业农村部公布的第十二批全国“一村一品”示范村镇公示名单。

（李作伟）

12月1日，大过口乡魔芋种植户晾晒魔芋片 （大过口乡 提供）

农田水利

【水利项目规划】 2022年，楚雄市规划防洪、供水、水生态3大类工程378个项目，规划工程总投资215.06亿元。其中，“十四五”规划项目166件，总投资122.36亿元，“十四五”期间计划完成投资55.04亿元；中长期规划项目212件，规划投资92.7亿元。马龙河中型水库新建工程可行性研究报告编制完成。中石坝水库扩建工程可行性研究报告上报州发展和改革委审查。西叉拉、罗文村2件小（1）型水库可行性研究报告报州发展和改革委组织评审；清水河小（1）型水库可行性研究报告编制抓紧推进。龙川江至云甸化工园区引水工程初步设计报告通过市水务局评审。青龙河、三街河河道治理工程初步设计报告获得州水务局批复，白衣河、马龙河河道治理初步设计报告正在编制。配合州水务局推进九龙甸水库扩建工程、不管河引水工程前期规划工作。

【重点水利项目】 2022年，楚雄市投资2460.33万元的中山镇红丹箐小（2）型水库竣工验收。投资1.16亿

4月2日，山区首座小（1）型水库——三街镇响水箐水库通过下闸蓄水阶段验收　（市水务局　提供）

元的山区第一座小（1）型水库三街镇响水箐水库、投资3348.90万元的八角镇第一座小（2）型水库葫芦箐水库、投资941万元的树苴乡腊武地小（2）型水库完成下闸蓄水验收。总投资23.93亿元的滇中引水二期配套工程楚雄市段、投资8281.68万元的楚雄市西静河中型水库除险加固工程、投资约3000万元的龙川江流域（吕合段）水环境综合治理试验项目开工建设。投资4.82亿元的楚雄市白衣河中型水库征地移民补偿工作基本完成，导流泄洪输水隧洞全线贯通并具备过流条件，截水墙盖板全部浇筑完成并完成灌浆，具备大坝截流条件。罗其美小流域治理和九龙甸、团山、西静河水库集中式饮用水水源地保护项目（一期）、青山嘴水库至东华子午引水工程、农村供水保障项目有序推进。

【病险水库除险加固】　2022年，楚雄市完成岔河坝等24件小（2）型水库除险加固工程建设，累计完成投资3407.35万元。完成关坝河水库、团山水库、楚双水库3件小（1）型水库和76件小（2）型水库安全鉴定。

【水利管理】　2022年，楚雄市制定出台年度用水总量、用水效率、水功能区限制纳污“三条红线”控制目标，完成楚雄州最严格水资源管理考核自检自查及存在问题整改工作，全市12个重要水功能区地表水水质达标率91.6%，3个集中式饮用水水源地水质达标率100%，县域节水型社会达标建设通过水利部评估命名。完成中央环保督察、取用水管理专项整治存在问题整改落实工作。强化开发生产建设项目水土保持日常监督执法检查，完成21件开发建设项目水土保持信息化建档录入以及老土洞采石场、东南新城加油站新建等项目监督执法检查工作。完成13个疑似扰动图斑现场复核工作，查处生产建设违规违法项目17件。

（杨进荣）

〔栏目编辑：丁普瑞　王从芳〕

工业·建筑业

2023
楚雄市年鉴

工业经济运行

【概况】 2022年，楚雄市落实经济运行研判、预警、应策、推动、问效“五个主题”制度，做好政策宣传、政策服务、政策兑现“三进企业”精准帮扶服务，加大工业企业达规培育力度，激发产业发展新动能，培植壮大主导产业，工业经济运行稳中有进，实现平稳增长。年内，新增规模以上工业企业6户，规模以上工业企业达83户；工业总产值567.4亿元，比上年增长7.9%；工业增加值比上年增长7.7%（按可比价计算，下同）；规模以上工业总产值546.6亿元，比上年增长10.9%；规模以上工业增加值比上年增长9.3%，增速高于上年2.2个百分点，居全州第九位，其中，烟草制品业增长5.8%，增速高于上年1.2个百分点；非烟（含电）工业增长13.3%，增速高于上年3.1个百分点。从三大门类看，采矿业增长642.4%，制造业增长9%，电力、热力、燃气及水的生产和供应业增长9.2%。从重点行业看，全市5个重点行业有2个增长、3个下降，其中，烟草制品业及电力、热力的生产和供应业保持增长，化学原料及化学制品制造业、医药制造业、有色金属冶炼及压延加工业比上年有所下降。

【民营工业发展】 2022年，楚雄市民营工业实现增加值293.21亿元，比上年增长7.7%，占全市地区生产总值的48.1%，成为增加城乡居民收入、财政收入的重要支撑。落实融资担保政策，对符合条件的贷款企业，向州融资担保公司推荐，提高中小微企业的信贷获得率。争取项目资金，组织云南爱尔发生物技术股份有限公司、云南兴麻智萃生物科技有限公司、云南东合实业有限公司、云南领峰机械制造有限公司4户企业申报中小企业做优做强发展项目补助，组织楚雄市华丽包装实业有限责任公司、云南新华印刷二厂有限责任公司、云南岭东印刷包装有限公司3户企业申报省级专精特新“小巨人”企业培育奖补，协助云南爱尔发生物技术股份有限公司申报2022年云南省绿色食品20佳创新企业，云南爱尔发生物技术股份有限公司获得省级中小企业做优做强发展项目补助资金286万元。成立企业上市工作领导小组，制定上市培育计划，推进民营企业上市投融资工作，楚雄三牧农业科技有限公司、楚雄富民金鹿食品有限公司、楚雄广利塑料有限公司3户企业上市“新四板”。

（段 悦 张 平）

【工业产业链建设】 2022年，楚雄市建立重要工作、重点产业和重大项目专班推进制度，成立由市委、市人民政府领导为领衔领导，各市级领导为组长的绿色硅光伏、绿色铜、生物医药、植物蛋白等重点产业发展工作专班，做好重点产业延链补链强链工作。硅光伏产业链建设实现突破，新签约项目2个，总投资80亿元，由云南宇泽半导体有限公司出资建设年产20吉瓦单晶硅拉棒和20吉瓦切片项目，建成达产后产能规模可扩大至50吉瓦单晶硅拉棒和50吉瓦切片。楚雄滇中有色金属有限责任公司20万吨阴极铜生产、再生铜资源循环利用基地和铜冶炼炉渣综合回收利用、楚雄高新区余热回收及集中供热建设等项目落地建设，东晋电线电缆搬迁技改项目进行主体工程施工。引进云南药科院生物医药股份有限公司化学药高端制剂产业基地建设项目、楚雄君威化学材料有限公司光伏清洁能源高纯电子化学试剂生产基地项目，云南华派医药科技有限公司化学药品改良型新药研发中心建设项目开工，云南裕丰药业智能化中药生产线升级改造等项目加快推进。

（龙 丹 张 安）

10月23日，市工业信息化科技局工作人员到楚雄市鹿城彩印有限责任公司开展“三进企业”活动 （市工业信息化科技局 提供）

【“三进企业”活动】 2022年，楚雄市开展政策宣传进企业、帮扶服务进企业、政策兑现进企业“三进企业”活动，推动工业企业发展。以会代训加强政策宣传，印制《楚雄市稳增长政策文件汇编》，宣传省州市各项稳增长、企业降本增效、扶持企业发展等有关政策，确保政策宣传到位、解读到位，提振企业发展信心。深入企业了解存在的困难和问题，对企业反映的困难和问题，明确责任部门、责任科室和责任人员，限时进行办理，确保企业困难和问题及时得到解决。年内，楚雄市工业信息化科技局服务企业196人次，发现问题89个，解决问题78个。持续落实各级稳住经济“一揽子”政策，从税费减免（缓交）、就业稳岗等方面入手，让企业充分享受各级补助补贴，帮助企业渡过难关。年内，全市兑现2021年度企业扩产促销和达规等奖励资金545万元。

【规模工业企业培育】 2022年，楚雄市在做好规模以上工业企业帮扶的基础上，加大工业企业培育力度，抓实新建投产企业及规模以下企业的达规培育工作。联合乡镇摸排具有升规潜力的工业企业，梳理建立培育企业名录库，对相关企业进行实地走访并宣传省、州、市稳增长政策，统计部门做好企业申规工作，壮大全市工业经济基本盘；对暂不符合申规条件的企业进行培育，力争纳入规模以上工业企业。年内，全市新增规模以上工业企业6户，规模以上工业企业累计达83户。

【规模以上工业重点行业】 2022年，楚雄市规模以上工业增加值比上年增长9.3%。从三大门类看，石鼓煤矿恢复生产，采矿业增加值增长642.4%；制造业增加值增长9%；电力、热力、燃气及水生产和供应业增加值增长9.2%。其中，烟草制品业增加值增长5.8%，增速高于上年1.2个百分点；电力供应业增长8.4%，增速高于上年14.4个百分点；水的生产和供应业增长19.7%，增速高于上年12.5个百分点。以宇泽、晶科为首的一批行业领军企业落地投产，绿色硅产业迅速崛起，计算机、通信和其他电子设备制造业比上年增长345.3%。化学原料及化学制品制造业、医药制造业、有色金属冶炼及压延加工业等行业比上年有所下降。

【规模以上工业主要产品】 2022年，楚雄市规模以上工业产品销售率93.7%。在楚雄市统计局公布的规模以上工业主要产品产量中，发电量、低压开关板、中成药、硫酸、单晶硅产量及自来水生产量比上年增长，其中单晶硅产量1598.1万千克，比上年增长73%。铜材、印刷、变压器、机制纸等产品产量比上年下降，其中水泥、商品混凝土、钢化玻璃、电力电缆、纸制品等产品产量下降超过30%。

（张　平　段　悦）

工业园区

【概况】 2022年，楚雄工业园区聚集工业企业147户，其中规模以上工业企业68户。园区实现工业总产值541.88亿元，比上年增长（下同）20.51%，其中规模以上工业产值534.45亿元，增长23.72%。园区营业收入745.41亿元，增长11.04%。工业企业营业收入539.2亿元，增长44.93%，其中规模以上工业企业营业收入537.59亿元，增长49.66%。固定资产投资总额74.1亿元，增长33.47%，其中工业固定资产投资总额56.9亿元，增长49.83%。基础设施投资总额17.19亿元。

【赵家湾工业区】 2022年，赵家湾工业区聚集企业27户，其中建成企业13户。年内，引进云南千味德源食品有限公司食品生产加工基地、楚雄开发区生鲜冷链加工及配送中心、植物蛋白产业园一期植物蛋白超级工厂8万吨核桃综合利用、楚雄优和成农产品加工及仓配基地改扩建、云南云辣生物科技有限公司食品制造及植物提取加工基地等项目落地建设，生物医药和绿色食品产业集群不断发展。全年完成工业总产值51.37亿元，其中规模以上工业企业完成工业产值51.07亿元；实现营业收入46.89亿元，其中规模以上工业企业实现营业收入46.62亿元。

【庄甸工业区】 2022年，庄甸工业区聚集制药企业30户，其中建成企业14户。年内，矢光昀恒生物科技（云南）有限公司10吨/年工业大麻加工、神威药业西南总部生产基地等项目落地建设，云南裕丰药业智能化中药生产线升级改造项目、云南铭鼎药业有限公司技改搬迁项目建成投产，神威药业西南总部生产基地项目完成神威药业（昆明）公司15个品种整合至楚雄，完成神威药业（四川）公司35个品种整合至楚雄。全年完成工业总产值30.71亿元，其中规模以上工业企业完成产值30.13亿元；实现营业收入19.51亿元，增长58.72%，其中规模以上工业企业实现营业收入19.14亿元，增长57.64%。

【桃园工业区】 2022年，桃园工业区聚集冶金化工企业28户，其中建成企业13户。年内，引进云南东晋电线电缆制造有限公司电线电缆电柜生产制造、云南天腾化工有限公司微生物菌筛选和年产2000吨生物菌剂扩繁及2万吨生物载体有机质项目功能性仓库建设等项目。全年实现工业总产值157.4亿元，增长0.99%，其中规模以上工业企业实现产值156.85亿元，增长0.97%；实现营业收入152.54亿元，增长2.09%，其中规模以上工业企业实现营业收入152.08亿元，增长2.08%。

【云甸化工园区】 2022年，云甸化工园区聚集企业7户，其中规模以上工业企业1户。年内，引进半导体高纯材料提取、陶瓷产业园、天然气综

4月28日，桃园工业区远景　（李少宾　摄影）

合利用及日供200万立方米LNG应急储备站、年产500万平方米功能性膜产品、云甸综合服务区、衡楚药业建设、岷江塑胶有限公司年产5万吨钢塑复合防腐钢管、远景科技年产2～3吉瓦智能风机叶片制造基地8个招商引资项目。青山嘴水库至殷家箐水库输水管道工程完工通水，殷家箐水库至园区输水工程建成投入使用；苍岭220千伏变电站建成供电，云甸110千伏变电站完成场地平整基础施工建设；云甸招商展示服务中心项目完成前期工作；园区路网骨架基本成型。5月，云甸化工园区入选云南省第二批化工园区公示名单。全年完成工业总产值1.31亿元，比上年增长58.18%；实现营业收入1.31亿元。

【富民工业区】 2022年，富民工业区聚集工业企业55户，其中规模以上工业企业25户。年内，建成投产云南宇泽半导体有限公司一期3吉瓦、二期7吉瓦单晶硅拉棒项目和晶科能源（楚雄）有限公司一期M2车间5吉瓦高效太阳能电池片项目，在建云南宇泽半导体有限公司三、四期20吉瓦单晶硅拉棒和22吉瓦切片项目，引进风力发电机组、光伏支架、屋顶分布式光伏、地面集中式光伏发电等项目15个，其中开工项目13个。年内，完成芙雅温室大棚项目1.33公顷土地的选址及场地平整，完成黄草片区综合利用总体规划编制及控制性详细规划、入园水电路规划设计；光伏及半导体新材料产业基地入选云南省新型工业化产业示范基地；争取楚雄市中小企业科技创业园项目前期经费100万元，富民工业园区标准化厂房建设项目建设经费1亿元；申报地方政府专项债项目4个，其中楚雄光伏及半导体新材料产业基地标准化厂房及配套基础设施建设项目获得地方政府专债4亿元；组织9个企业项目申报2022年省级制造业高质量发展专项资金，其中，产业项目2个，配套重大项目的园区基础设施补短板项目4个，先进制造业集群项目1个，企业技术改造与创新方向项目2个。全年完成工业总产值235.59亿元，增长27.85%；完成税收20.59亿元，增长21.7%。

【富民工业区光伏及半导体新材料产业基地入选云南省新型工业化产业示范基地】 2022年，楚雄市根据《云南省工业和信息化委员会关于印发云南省新型工业化产业示范基地管理办法的通知》要求，组建工作领导小组，协调解决光伏及半导体新材料产业基地创建工作中存在问题，督促和引导全市光伏及半导体新材料产业达到省级新型工业化产业示范基地要求。制定光伏及半导体新材料产业发展规划，加大对骨干企业、重大项目的支持力度，在发展规划、财税金融、政务服务、创新创业等方面给予支持，做好产业发展保障。完善公共服务体系和信息基础设施，推动企业信息化和工业化深度结合，引导云南宇泽半导体有限公司、晶科能源（楚雄）有限公司等企业通过两化融合贯标、纳入智能制造试点示范，研发、生产、管理、服务等主要环节采用智能制造系统和装备，信息化水平达到国内同行业先进水平。4月，富民工业区光伏及半导体新材料产业基地入选"2022年度云南省新型工业化产业示范基地"。

【云甸工业园区110千伏园北变输变电工程项目开工建设】 2022年10月17日，国家第五批增量配电业务改革试点项目云甸110千伏园北变输变电工程项目在苍岭云甸工业园区开工建设。项目计划总投资4076万元，建设内容为新建110千伏变电站1座，一期装变容量1×50兆伏安，终期装变容量为2×50兆伏安，设110千伏、35千伏、10千伏3个电压等级，主要以35千伏及10千伏电压等级对用户供电，建成后可提供8亿千瓦时/年的电力保障，消除苍岭工业片区电力供应短板。年内，完成投资2526万元。

（龙　丹　龙怡扬）

硅光伏及绿色能源产业

【概况】 2022年，楚雄市实现硅光伏产业产值98.66亿元，比上年增长420.77%；实现增加值25.22亿元，比上年增长347.4%，对全市工业增加值的贡献率为122.4%，为全市工业经济增长提供新的支撑。绿色能源产业实现增加值17.8亿元，比上年增长8.8%。

（段　悦　龙　丹）

【光伏及半导体新材料产业基地】 楚雄光伏及半导体新材料产业基地规划用地面积约600公顷，其中富民片区400公顷，按照"工业硅——光伏级多晶硅——单晶硅——硅片——电池片——组件——光伏发电"为一体的硅光伏全产业链发展布局，重点发展单晶硅拉棒、切片等上游产业，发展电池片、电池组件等中游产业和石英坩埚、石墨件、逆变器件等配套产业，以及高纯磷、高纯铟、高纯镓、磷化铟晶圆等半导体材料及硅材料生产，推动建设云南省具有较强竞争力、产业链最全的光伏及半导体新材料产业体系和产品集聚区，打造云南"世界光伏之都"引领示范区。2022年，楚雄市通过政策支持、机制优化，加快推进楚雄光伏及半导体新材料产业基地建设，依托晶科、宇泽、川至半导体等企业，重点发展单晶硅拉棒、切片、电池片、电池组件等硅光伏中游产品，全年实现硅光伏产业产值98.66亿元。年末，楚雄光伏及半导体新材料产业基地完成投资30亿元；建成拉棒产能10吉瓦，在建20吉瓦；建成切片产能8吉瓦，在建22吉瓦；建成电池片产能13吉瓦。

【硅光伏及绿色能源产业链建设】 2022年，楚雄市以"建链延链补链强链"为主线，谋划包装绿色硅、绿色能源、先进装备产业项目，并筛选一批招商项目进行推介。落实"一把手"招商、产业链招商、点对点招商、以商招商、填空式招商，新签约和新开工招大引强项目取得突破。统筹推进风电装备制造、储能电池等绿色能源产业布局，引进运达、远景等风电行业标杆，推动建设百亿级风电装备制造产业集群。年内，重点实施推进晶科能源（楚雄）有限公司年产20吉瓦高效太阳能电池片和川至半导体10万吨高纯磷、高纯铟、高纯镓等项目。

4月25日，云南宇泽半导体有限公司厂区外景　（宇泽半导体有限公司　提供）

【云南省首家本土硅光伏“头部企业”落户楚雄市】 2022年3月10日，宇泽半导体（云南）有限公司正式更名为云南宇泽半导体有限公司，总部由江西省迁入楚雄市，成为云南省首家本土硅光伏“头部企业”。云南宇泽半导体有限公司注册资本增至15亿元，楚雄州国有资本投资集团、楚雄市城乡建设投资集团有限公司等企业参股投资，在楚雄、广南、宜春、东川设有4个制造基地。

【晶科能源（楚雄）有限公司入选2022年度国家智能制造优秀场景】 晶科能源（楚雄）有限公司是楚雄市硅光伏全产业链中的链主企业，2022年下线全省第一片高效太阳能电池片。2022年，晶科能源（楚雄）有限公司依靠自动化设备，通过大数据应用、人机协作、信息化网络制造、生产线自动化运输，形成完整的智能制造体系。车间内运用AGV智能小车进行生产线衔接，相较普通车间降低人工成本约30%，部分工序采用柔性机械手臂的方式，提高设备的运转效率和产品质量。12月，工业和信息化部、国家发展改革委、财政部、国家市场监管总局联合公布2022年度国家智能制造试点示范工厂揭榜单位和优秀场景名单，云南省3户企业入围4个优秀场景，其中晶科能源（楚雄）有限公司智能协同作业成功入选，成为自2021年国家智能制造示范行动启动以来楚雄州首个入围的企业。

【硅光伏及绿色能源产业主要企业】 2022年，楚雄市把硅光伏作为“一号产业、一号项目、一号工程”来抓，依托自然资源禀赋、交通区位优势、要素市场体系，先后引进云南宇泽半导体有限公司、晶科能源（楚雄）有限公司、楚雄川至电子材料有限公司，生产单晶硅拉棒、单晶硅切片、电池片、高纯磷等产品。年末，培育楚雄华润燃气有限公司等绿色能源企业。（龙　丹　刘　恒）

云南宇泽半导体有限公司　云南宇泽半导体有限公司是招商引资入驻的光伏民营企业，主要生产、研发、加工、销售单晶硅拉棒及切片产品。2022年，公司二期项目7吉瓦单晶硅拉棒设备全部安装到位并投产，8吉瓦切片车间加快建设；三期项目20吉瓦拉棒和四期项目22吉瓦单晶硅切片生产线同时开工建设；五期项目20吉瓦拉棒+20吉瓦切片生产线建设11月完成签约；二期、三期项目被纳入云南省“重中之重”项目；成立楚雄州企业技术中心和楚雄州吕国强专家工作站。年内，公司在职人数突破1200人，完成产量1.6万吨，实现产值41.8亿元。（陈　娜）

晶科能源（楚雄）有限公司　晶科能源（楚雄）有限公司主要生产高效太阳能电池片。2022年，公司入选工业和信息化部等四部委联合公布的“2022年度国家智能制造优秀场景”名单，成为云南省3户入围企业之一；参加第五届数字中国建设峰会，入库云南省智能制造示范项目、云南省2022年工业质量品牌提升重点项目。年内，公司在岗员工1027人，完成高效太阳能电池片产量7.55亿片（5.7吉瓦），实现产值56.1亿元，完成出口700万美元，实现利润2.62亿元，入库税收0.88亿元。（雷　敏）

云南迪能能源科技有限责任公司　云南迪能能源科技有限责任公司主要从事新能源技术研发、技术转让及咨询服务，天然气锅炉、生物质能源生产设备销售及安装服务，机电设备安装、调试、维修，工业用蒸汽、天然气、生物质颗料、机器设备、五金材料、新能源产品生产销售。2022年，公司蒸汽供应量8.59万吨，天然

2月25日，楚雄州宇泽半导体（云南）有限公司三期年产20吉瓦单晶硅拉棒及6吉瓦切片建设项目开工现场　（丁志吉　摄影）

气用量281.06万立方米，生物质用量1.59万吨，替代燃煤1.53万吨，减少碳排放4.84万吨；实现销售收入2324万元，上缴税金18万元；在职员工17人。（谭发平　熊丽梅）

楚雄华润燃气有限公司　楚雄华润燃气有限公司隶属于华润集团，主要经营城镇燃气销售，燃气工程设计安装，燃气设备、器具生产、销售和维修，管道燃气输配管网及相关设施建设与经营，汽车加气站建设与经营等。2022年，公司销气量823万立方米；新增中压管网7千米、低压管网10千米，累计建成中低压管网510千米，其中中压管网190千米、低压管网320千米；签约居民用户5152户、非居民用户41户，累计开发工业用户14户（在用户10户）、商业用户455户（在用户361户），安装居民用户8.13万户（通气3.93万户）；管道燃气维修服务1218次。年末，公司在职员工58人，楚雄本地员工占比97%，专业技术人员17人，其中，助理工程师14人，工程师3人；国家注册安全工程师2人。（白世睿）

楚雄市供排水有限公司　楚雄市供排水有限公司是市属国有企业，主要承担楚雄规划区生产、生活用水供应及城区污水收集处理，供排水范围涉及鹿城、东瓜、紫溪、苍岭4个镇，服务人口约40万人，供水总用户约12万户。2022年，公司在职职工198人，下设21个部门（含3个子公司）；有观音山水厂、楚雄市第二自来水厂、楚雄市第四自来水厂3座自来水厂，日平均供水量约12万立方米，管理维护城区供水管网816.2千米；运营管理楚雄市第一污水处理厂、楚雄市第二污水处理厂、楚雄市第三污水处理厂3个污水处理厂，日平均处理污水量16.57万立方米，出厂水排放标准均达到一级A标；运营管理1个工业污水处理厂，日处理量4000～5000立方米。（李永发）

生物医药业

【概况】　2022年，楚雄市加大生物医药企业引进培育力度，提升庄甸、赵家湾2个医药园区建设成果，加快云甸化工园区规划建设，健全完善中药饮片、原料药、药品制剂、植物提取物、医疗器械、药用包装材料、保健食品、健康食品等多产品多门类的产业体系。年内，全市实现生物医药产业增加值10.36亿元，比上年下降38%。（张　安）

【中药配方颗粒产业基地】　中药配方颗粒产业基地规划用地面积573.33公顷，以楚雄高新区庄甸医药园区为基础，规划建设庄甸中药配方颗粒先行示范基地，中远期以智明小草片区为重点，规划建设全国中药配方颗粒产业基地。2022年末，庄甸医药园区入驻生物医药企业38户，形成以云南神威施普瑞药业有限公司中药配方颗粒产业园为核心的中药配方颗粒先行示范基地。

【化学原料药基地】　2022年，楚雄市加快建设以化学原料药、医药中间体为重点的生物医药产业集群。加大招商引资力度，与国药集团、华氏医药、上海宝腾生物对接洽谈，引进签约苏州海景医药公司化学药品改良型新药研发中心项目、云南药科院化学药高端制剂产业基地建设项目等3个生物医药延链补链项目。年内，推进云南衡楚药业有限公司楚雄医药化学原料药建设等项目，计划总投资5.5

5月16日，庄甸医药园区一角　（市民族团结进步创建办　提供）

3月28日，云南神威施普瑞药业有限公司生产车间　（楚雄高新区　提供）

亿元的云南药科院生物医药股份有限公司化学药高端制剂产业基地完成基础工程。

（王智勇）

【工业大麻产业基地】　楚雄市工业大麻产业基地规划总面积217公顷，其中一期占地133.33公顷。2022年，楚雄市把工业大麻产业作为生物医药产业发展新动能，申报创建工业大麻产业发展示范园区，助推全市产业结构转型升级。成立楚雄市工业大麻发展专班和工业大麻产业服务中心、技术推广中心，编制《楚雄市工业大麻产业发展规划》《楚雄市工业大麻种植发展规划》，制定《关于推进工业大麻产业健康发展的意见（试行）》。完成主干道、地下管网、电力设施、燃气管道及日常污水处理设施铺设，工业大麻综合服务中心、工业大麻展厅、楚雄市公安局工业大麻监控中心及园区安全电子围栏相继建成并投入使用。中国农科院西南工业大麻研究院在大麻园区综合服务楼挂牌开展工作；云南麻叶生物科技有限公司、云南芙雅生物科技有限公司、云南赛维汉普科技有限公司3户企业入驻园区开展生产加工，云南植雅生物科技有限公司（方盛集团）开展工业大麻种子CBD产品高含量研发培育。年内，楚雄市公安局发放《工业大麻种植许可证》6个、《工业大麻加工许可证》2个。年末，全市累计签约企业17户，落地12户，2个工业大麻新品种通过云南省种子管理站组织开展的专家鉴评；筹备组建加工企业2个，取得云南省公安厅发放的《工业大麻科学研究种植许可证》1个。

（钱朝燕）

【神威药业西南总部楚雄生产基地建设】　2022年2月，神威药业西南总部楚雄生产基地建设项目签约落户楚雄高新区。神威药业西南总部楚雄生产基地位于云南神威施普瑞药业有限公司厂区，计划总投资3亿元，建设内容为神威药业（昆明）有限公司整体搬迁至楚雄高新区，整合集团内部中药片剂、硬胶囊剂品种转至楚雄高新区生产，楚雄中药配方颗粒扩产建设。

（徐　宏）

【生物医药业主要企业】　2022年，楚雄高新区聚集生物医药企业38户，其中，规模以上企业17户，高新技术企业12户，国家知识产权示范企业1户，国家知识产权优势企业5户。设立国家级工程研究中心1个，院士（专家）工作站3个。拥有国药准字药品有效批文434个，其中，全国独家品种27个，省内独家产品52个，国家中药保护品种5个；医院院内制剂68个，其中彝药制剂品种24个；中药配方颗粒标准546个，中药破壁饮片备案64个；医院院内制剂品种资源81个。年内，生物医药产业实现工业产值78.13亿元，销售收入62.95亿元。

（张　安）

云南盘龙云海药业有限公司　云南盘龙云海药业有限公司是国家高新技术企业、云南省创新型企业，主要生产中药及天然药物制剂，主要产品有排毒养颜胶囊、灵丹草颗粒、龙灯胶囊、喉舒口含片以及"盘龙云海""诗莉薇"系列护肤品，拥有药品批准文号24个（其中，全国独家生产品种8个，保健食品批准文号3个）、专利33项（发明专利5项，实用新型专利25项，外观专利3项）。2022年，公司获得全国工商联民营企业调查点优秀示范企业、云南省知识产权优势企业、专精特新中小企业称号。全年实现产值1.78亿元，销售收入8636万元，上缴税金1425万元；有在职员工200余名，其中，大专及以上学历人员占55.5%，专业技术人员占35.6%。

（宫　敏）

云南神威施普瑞药业有限公司　云南神威施普瑞药业有限公司是神威药业集团全资子公司，主要进行中药提取及制剂生产，片剂、散剂、硬胶囊、软胶囊四大剂型通过GMP认证，获批546个中药配方颗粒品种的生产及销售资质，填补云南省生产现代配方颗粒的产业空白。公司建设的云南省配方颗粒重点实验室是全省首个中药配方颗粒重点实验室，云南省中药配方颗粒工程研究中心成为全省首家中药配方颗粒工程研究中心。2022年，公司实现产值1.7亿元，营业收入1.54亿元，上缴税金1165.5万元，带动就业176人。（杨葵林）

云南楚雄天利药业有限公司　云南楚雄天利药业有限公司是国家高新技术企业、全国民族特需药品定点生产企业，主要从事药品、保健食品、消毒产品及化妆品研发、生产和销售，胶囊剂、片剂、酊剂、合剂、中药饮片5个剂型的生产线通过新版GMP认证，拥有12个品种23个国药准字批准文号，其中拥有自主知识产权的全国独家品种2个，主要产品有藿香正气水、红花逍遥胶囊、紫丹活血片、板蓝根片、消炎利胆片。2022年，公司实现产值3.09亿元，主营业务收入1.2亿元，上缴税金545万元；在职员工160人，新增就业8人。

（蔡晓云）

云南新世纪中药饮片有限公司 云南新世纪中药饮片有限公司集科研、种植、生产、销售为一体，主要从事中药饮片生产，中药饮片年产能规模5000吨。公司采取“公司+合作社+农户”模式，在云南省建立多个中药材规范化种植基地。2022年，公司获得国家知识产权优势企业、楚雄州十大科技创新企业、楚雄州科学技术奖、楚雄州龙头企业等称号，带动楚雄州300户农户种植中药材增加收入。全年实现产值1.3亿元，拥有员工88人，其中，大专以上学历25人，专业技术人员20人。（兰程明）

楚雄和创药业有限责任公司 楚雄和创药业有限责任公司是楚雄州境内唯一一家从事小容量注射剂生产的制药企业，以化学药小容量注射液研发、生产、销售为主，兼顾消毒液、医疗器械等医疗卫生用品研发生产。公司建立省级企业技术中心、博士专家工作站，获得专利授权22项，其中，发明专利2项，实用新型专利20项，软件著作2项；建有小容量注射剂生产车间2个、生产线4条，年生产能力10亿支；建有消毒剂车间2个、生产线3条，总产能4200万瓶。2022年，公司在职职工160人，其中：大专以上学历45人，本科以上学历25人；中级专业技术职称8人，初级专业技术职称17人。全年实现销售收入1.31亿元，上缴税金951万元，带动就业50余人。（华　丽）

云南金七制药有限公司 云南金七制药有限公司是从事云南三七产业大健康制药的国家高新技术企业和国家知识产权优势企业，拥有专利授权33项，取得国家新药证书1个，药品生产批准文号8个，保健食品批准文号2个，主要生产七叶神安滴丸、三七口服液、三七铬软胶囊。2022年，公司被认定为国家科技型中小企业、省级专精特新中小企业、新四板挂牌企业。在职员工75人，实现销售收入4896万元，利润总额275万元，上缴税金708万元。（杨新燕）

云南郡筹制药有限公司 云南郡筹制药有限公司建有前处理提取车间、中药饮片车间、固体制剂车间，有片剂、颗粒剂、丸剂生产线及中药饮片、中药前处理及提取生产线，拥有国药准字批准文号27个，其中，片剂品种9个，颗粒剂品种2个，丸剂品种16个，具备年产片剂10亿片、颗粒剂500吨、丸剂1亿粒的生产能力。2022年，公司获得云南省知识产权优势企业称号；销售片剂1.8万件，颗粒剂10.15万件；实现产值1.72亿元，销售收入0.61亿元，上缴税金204.71万元；在职员工147人。

（朱晓琼）

10月20日，云南金七制药有限公司口服液生产线贴标工序

（云南金七制药有限公司　提供）

云南瑞药金方现代中药有限公司 云南瑞药金方现代中药有限公司拥有破壁饮片品种64个、冻干粉品种2个，直接口服饮片品种25个，可生产15个制法的普通中药饮片品种，其中有独家破壁饮片品种8个，代表品种有三七破壁饮片、天麻破壁饮片、龙血树叶破壁饮片、红曲破壁饮片、鹿仙草破壁饮片等。2022年，公司获得国家高新技术企业、云南省科技型中小企业、云南省知识产权优势企业称号，成功申报“楚雄州张水寒专家工作站”和云南省科技厅“中央引导地方科技发展专项资金《中药（民族药）配方用破壁饮片技术标准研究项目》”。实现产值4000万元，上缴税金205万元。在职员工83人，其中，本科以上学历16人，中专以上学历64人；高级职称1人，中级职称7人。新增就业15人。（李文刚）

云南世纪华宝医药产业开发有限公司 云南世纪华宝医药产业开发有限公司是以中药饮片、化妆品、保健食品、医疗器械、消毒产品为一体的大健康企业，是云南重要的松花粉生产加工基地，建有6条GMP标准生产线，拥有国家发明专利28项，主要产品包含药品、化妆品、食品、医疗器械、消毒产品，年加工松花粉1000吨以上。2022年，公司获得国家高新技术企业、科技型中小企业称号。全年实现产值1102万元，营业收入1029万元，上缴税金89万元；在职员工86人，新增就业23人。（李香言）

楚雄云植药业有限公司 楚雄云植药业有限公司是国家高新技术企业、云南省科技型中小企业、云南省省级成长型中小企业，建有云南省企业技术中心，前身为云南植物药业有限公司植物原料药车间，主要从事植物原料药及中药提取物等产品研发、生产、销售，拥有20个植物原料药品种及三七总皂苷、灯盏花素、岩白菜素等多条生产线。2022年，公司新增实用新型专利授权1项，拥有实用新型专利9个、发明专利4个；一期工程建设形成年处理生药材5000吨、年产植物原料药150吨产能规模。全年实现产值2.07亿元，上缴税金1710万元；在职员工140余人，带动就业140人。

（陈　玲）

云南楚雄云中制药有限责任公司 云南楚雄云中制药有限责任公司拥有

片剂、胶囊剂、颗粒剂、丸剂4个口服固体制剂生产线，以及中药前处理及提取生产线、压片糖果和植物固体饮料生产线、中药饮片生产线，年生产规模片剂3亿片、胶囊剂2亿粒、颗粒剂360吨、丸剂70吨，提取药材600吨，拥有屏风生脉胶囊、小儿麻甘颗粒、红金消结浓缩丸、舒泌通丸、麻仁丸等"云中"牌中药制剂品种10个，压片糖果食品3个，固体饮料1个。2022年，实现产值5521.5万元，营业收入4406万元，上缴税金180万元；有员工90人，其中专业技术人员25人。（陈秀明）

绿色食品制造业

【概况】 2022年，楚雄市利用楚雄工业园作为国家农业科技园加工核心基地的优势，推动绿色食品制造业发展。强化"第一车间"建设，提供优质加工原料，全市种植核桃8万公顷、花椒9333.33公顷、魔芋4666.67公顷。实施品牌创建工程，拓宽市场营销渠道，"三品一标"（无公害农产品、绿色食品、有机农产品和农产品地理标志）认证企业51家、绿色食品119个。11月，云南摩尔农庄生物科技开发有限公司被评选为云南省智能制造标杆企业。年内，云南摩尔农庄生物科技开发有限公司、云南爱尔康生物技术有限公司2户企业被认定为云南省行业"小巨人"企业。全市实现绿色食品业增加值6.84亿元，比上年下降10.2%。

（张　安）

【植物蛋白产业园】 2022年，楚雄州人民政府与光明投资共同发起设立植物蛋白产业发展基金，投资整合30亿元，在楚雄市共同建设楚雄生态植物蛋白产业创新基地，以"3+1"（3个产业生态+1个产业配套）模式，建设植物蛋白科技创新中心、植物蛋白超级工厂、核桃云大数据平台及云南核桃国际交易中心（现代化冷链物流集散枢纽项目）以及产业服务配套区。2022年，植物蛋白产业发展基金一期（1亿元）项目完成工商设立、基金募资等工作；植物蛋白超级工厂一期8万吨核桃综合利用项目完成179棵工程桩施工、部分基础开挖、钢筋定制安装等工作。

（王智勇）

【楚雄雨生红球藻产业基地】 2022年，楚雄市围绕建设全球最大雨生红球藻产业化基地目标，推动云南爱尔发生物技术股份有限公司开展楚雄雨生红球藻种质培育与虾青素制品开发，延伸楚雄雨生红球藻资源开发利用产业链条，拓展产品形态与应用领域，构建一、二、三产融合的新兴业态。年内，新建楚雄雨生红球藻产业化基地40万平方米。

（龙　丹）

【绿色食品制造业产业链建设】 2022年，楚雄市制定绿色食品制造业品牌创建推广计划，持续开展"三品一标"认证工作，培植发展食品加工产业集群、产品知名商标、企业和个人质量百强品牌。引导企业参加云南省绿色食品"10大名品""10强企业""20佳创新企业"等评选活动，培育地域特色品牌，提高企业影响力和竞争力。按照"扶优、扶强"原则，鼓励云南摩尔农庄生物科技开发有限公司、云南楚雄东宝生物资源开发有限公司等企业整合农业、林业、工业等各方面优势资源，集中扶持一批核桃加工骨干企业，打造核桃干果、核桃乳等加工产业集群，做强做大核桃品牌。鼓励楚雄绿福鲜农业科技有限公司、云南马大泡食品有限公司等企业采用新工艺、新技术提高加工深度，重点发展蔬菜保鲜、速冻蔬菜、脱水蔬菜和发酵蔬菜等精深加工系列蔬菜产品，提高冻干蔬菜、速冻蔬菜比重，开发蔬菜汤包、蔬菜粒等高附加值时尚产品。支持云南玛格达同佳食品有限公司等企业研发和引进保鲜、营养液提取、速冻、脱水、盐渍等食用菌加工技术和设备，开发膨化果蔬食品、休闲食品、多糖提取、保健食品等产品，提高高端产品比重和产业整体效应。加大云南楚山源生物科技有限公司、云南滇源农工贸有限公司、楚雄云长生物科技有限责任公司等企业技改帮扶力度，孵化和培植创新型企业，引进新技术、新设备，开发以魔芋、玫瑰茄、食用花卉、豆类、蜂蜜、食用菌等为原料的保健和营养食品。

（王智勇）

【楚雄优和成农产品加工及仓配基地】 楚雄优和成农业公司农产品加工及仓配基地位于楚雄高新区赵家湾生物产业片区，计划总投资7360万元，建设集多元化及智能分拣功能为一体的生产线。2022年，楚雄优和成农业公司重点推进食用农产品深加工生产线建设项目，建成面积2万平方米的供应链仓储用房及集加工、仓储、物流、销售为一体的供应链硬件设施，新建1000平方米野生菌、山野菜预包装食品冷藏库和2000平方米多功能一体化食品生产车间。

【楚雄市云龙酱油厂被认定为"云南老字号"企业】 2022年，楚雄市商务局深入楚雄市云龙酱油厂等企业，指导企业挖掘优秀传统文化，按照《"云南老字号"评定规范》组织申报第七批"云南老字号"企业。11月，经云南省老字号专家委员会评审并经社会公示，云南省商务厅认定楚雄市云龙酱油厂（品牌：国宝号；注册商标：国宝号）为"云南老字号"企业。

（熊建芬　钟晓艳）

【绿色食品制造业主要企业】 2022年，楚雄市绿色食品制造业规模以上企业有云南摩尔农庄生物科技开发有限公司、云南玛格达同佳食品有限公司、云南爱尔康生物技术有限公司、云南爱尔发生物技术股份有限公司、云南马大泡食品有限公司、楚雄市天济魔芋厂、楚雄云泉酱园有限责任公司、云南楚山源生物科技有限公司、楚雄州胡氏米业有限责任公司、楚雄云长生物科技有限责任公司、楚雄绿福鲜农业科技有限公司、楚雄富民金鹿食品有限公司、云南云辣生物科技有限公司、楚雄泰恒工贸有限责任公司、楚雄市树苴乡农业技术综合开发公司、楚雄州志祥粮油有限公司、楚雄三牧农业科技有限公司、楚雄嘉顺魔芋种植有限公司、楚雄生生农产品加工有限公司、楚雄金鑫生物资源开发有限公司、楚雄诚光农业发展有限公司、云南楚雄东宝生物资源开发有限公司22户，规模以下企业有云南千味德源食品有限公司、楚雄优和成农业科技有限公司、楚雄绘农经贸有限公司、楚雄现代食品工贸有限责任公司、云南滇源农工贸有限公司、楚雄市云龙酱油厂等企业；成功培育国家级农业产业化龙头企业1户（云南摩尔农庄生物科技开发有限公司）。

（王建芬　许嘉强）

云南摩尔农庄生物科技开发有限公司　云南摩尔农庄生物科技开发有限公司是农业产业化国家重点龙头企业、国家重点林业龙头企业、国家重点军民融合发展民营企业、国家知识产权示范企业、中国产学研合作创新示范企业、首批中国林草产业创新企业，集有机食品、功能性食品和民族药研发、种植、加工、生产、销售为一体，主要产品有核桃乳、核桃油、核桃果（仁），主要品牌为摩尔农庄，拥有保健食品批准文号4个、国家专利技术147项。2022年，“年产20万吨有机及国食健字核桃乳（航天级标准功能性核桃乳）深加工生产线智能制造提升改造项目”被云南省工业和信息化厅评选为云南省产业互联网企业数字化转型示范项目，摩尔农庄有机核桃油获第十二届IEOE中国国际食用油产业博览会“优质健康油脂金奖”；公司被云南省工业和信息化厅认定为云南省绿色工厂、云南省“专精特新”中小企业、云南省智能制造标杆企业，被第二十届中国食品安全大会组委会授予“2021—2022食品安全诚信单位”称号。年末，在职员工422人。

（杨席燕）

云南爱尔发生物技术股份有限公司　云南爱尔发生物技术股份有限公司主要从事楚雄雨生红球藻研究培养、加工销售，产品包括楚雄雨生红球藻粉、虾青素油、虾青素微囊粉。2022年，楚雄雨生红球藻培养规模40万平方米，产量200吨；公司连续第四年获评云南省绿色食品牌“20佳创新企业”，被认定为云南省“专精特新”中小企业；3月，公司创始人、总经理张勇被州委、州人民政府授予“兴楚人才奖”贡献奖。

（毕其才）

云南马大泡食品有限公司　云南马大泡食品有限公司是全国“万企帮万村”精准扶贫行动楚雄州示范企业、云南省农业产业化经营“省级重点龙头企业”、云南省成长型中小企业、云南省科技型中小企业，是集蔬菜种植、收购、加工、销售为一体的酱腌菜生产企业，年生产能力4万吨，主要产品有老坛酸腌菜、泡小米辣、泡红椒、泡红油辣和剁椒、辣椒酱、泡黄姜等，拥有单品70余个。公司培育形成“公司+基地+农户”的农业产业发展格局，以“订单农业”的方式与农户建立合作关系，促进楚雄市及周边县（市）蔬菜产业发展。2022年，公司实现产值6642.16万元，营业收入6375.4万元，新增就业89人。

（李雁鸿）

楚雄云泉酱园有限责任公司　楚雄云泉酱园有限责任公司是国家高新技术企业、云南省老字号企业，专业从事调味品生产、研制、开发经营活动，拥有云泉牌、云泉酱园2个注册商标，发明专利2个、实用新型专利25个、外观专利5个，工艺技术列入“云南省非物质文化遗产生产工艺保护”名录，“云泉牌油豆瓣酱”系列产品、“云泉牌蚕豆瓣酱”通过国家绿色食品发展中心审核许可使用绿色

7月8日，云南爱尔发生物技术股份有限公司雨生红球藻培育基地　（云南爱尔发生物技术股份有限公司　提供）

6月3日，楚雄云泉酱园有限责任公司豆瓣发酵车间

（楚雄云泉酱园有限责任公司　提供）

食品标志，自1993年以来连续29年出口豆瓣酱。2022年，公司获得“2022云南省绿色食品20佳创新企业”称号。

（何志萍）

楚雄绿福鲜农业科技有限公司 楚雄绿福鲜农业科技有限公司是集技术研发、原料基地种植管理、生产加工、自营出口贸易为一体的农产品加工企业，主要产品为冻干米葱、冻干中葱，建有生产车间及配套厂房8277平方米、高低温冷库17间（总面积2028平方米）、冻干生产线2条及配套设施，日加工鲜葱4～6吨，年产冻干香葱130～150吨，拥有授权发明专利2项。2022年，公司被认定为规模以上工业企业，有在职员工93人；向云南省股权交易中心成功申请基础层挂牌，挂牌代码：600165。年内，公司在楚雄市子午、吕合、紫溪山和元谋县新华、牟定县等地发展香葱种植基地26.67万平方米，带动农户150余户，收购鲜葱1600余吨。全年生产冻干香葱130吨，实现销售收入2286万元，出口退税123.6万元，产品全部出口日本、德国。

（陈明刚）

楚雄富民金鹿食品有限公司 楚雄富民金鹿食品有限公司主要生产、加工、销售金鹿系列和阿伍哥系列面条。2022年，公司有员工39人，实现销售收入1850万元，上缴税金14.9万元，带动就业30人。2月，被云南省工业和信息化厅授予“云南省省级专精特新‘成长’企业”称号；8月，被云南省股权交易中心授予“云南股交挂牌公司”称号。

（王美凤）

楚雄三牧农业科技有限公司 楚雄三牧农业科技有限公司专门从事清真火锅牛油生产、销售，主要产品为液体牛油、火锅牛油，占据云南省牛油市场份额75%左右。2022年2月，公司获评云南省省级创新型中小企业（省级专精特新“成长”企业）；3月，获评云南省第十六批农业产业化省级重点龙头企业；10月，获评云南省省级高新技术企业。年内，实现产量1.1万吨，产值1.4亿元，上缴税金89万元；提供就业岗位80余个，带动周边农村劳动力就业40余人；在职员工80余人，其中，研究生学历1人，大学本科学历10人，大中专学历24人。

（王宏伟）

建材业

【概况】 2022年，楚雄市以富民工业区为重点，坚持以绿色发展为引领，引进绿色建材企业，培育壮大楚雄志达新型建材开发有限公司等建材企业10余户，推进路银建材、锦汇商混等项目建设，建材业保持平稳发展。年内，建材业实现增加值131.26亿元，比上年增长7.5%。

【建材业产业链建设】 2022年，楚雄市依托富民工业区，汇集新型建材优势企业，打造绿色建材创新发展集聚区。搭建合作发展平台，成立新型建材产业链协会、产业链协同发展委员会，促进企业优势互补、协同发展。邀请专家服务团“入企问需”，助力企业科技创新，推动新产品研发、新技术推广运用。部门协调联动，开展“进企业推项目解难题”活动，当好企业“服务员”，推动新型建材产业高质量发展。年内，锦汇商混项目完成土地手续办理，路银建材厂房建设等项目建成试生产。

【建材业主要企业】 2022年，楚雄市建材业企业主要从事商品混凝土、新型墙材等产品生产，主要企业有云南省楚雄恒基管道工业有限责任公司、华新水泥（楚雄）有限公司、楚雄宏强商品混凝土有限公司、楚雄志达新型建材开发有限公司等。

（龙　丹）

云南省楚雄恒基管道工业有限责任公司 云南省楚雄恒基管道工业有限责任公司是国家级高新技术企业，获得中国优秀节能减排绿色环保企业认证，前身为楚雄联营水泥制品厂，是楚雄州最早的集水泥制品科研开发、生产制造、销售服务于一体的综合性企业，取得实用新型专利31项，拥有机械设备600台（套），产品使用于省内和邻近省份的各大工程。2022年，公司实现销售收入4638.17万元，上缴税金289.17万元，带动就业22人；有员工150人，其中，专业技术研发人员23人，专业生产技术骨干57人。

（郎晓琴）

楚雄宏强商品混凝土有限公司 楚雄宏强商品混凝土有限公司专门从事商品混凝土生产、加工、销售，拥有中联重科股份有限公司双180生产线，密闭式储料仓为全新的环保商砼站，商砼应用于工业与民用建筑、高速公路、高铁、机场等项目。2022年，公司完成商品混凝土产量60万立方米；在职员工50人，其中，高级工程师1人，工程师1人，实验员6人，资深泵手7人，资深操作手6人；自有搅拌运输车辆50台，泵车6台。

（陈嗣勐　纪　明）

华新水泥（楚雄）有限公司　华新水泥（楚雄）有限公司前身为昆明水泥股份有限公司楚雄水泥厂，主要生产“石林”牌水泥，品种有P.O42.5级、P.SA42.5级、P.SA32.5级矿渣硅酸盐水泥，并能按用户特需提供新品种水泥，用于高层建筑、高速公路、大坝、桥梁和隧道等工程建设，年产能规模60万吨。2022年，公司实现产值1.98亿元，主营业务收入1.17亿元；在职职工48人，带动就业46人。

（布海涛）

楚雄志达新型建材开发有限公司　楚雄志达新型建材开发有限公司主要生产蒸压加气混凝土产品（新型绿色建材），获得国家绿色建材三星标识，列入云南省绿色建筑技术与建材推广目录，被云南省住房和城乡建设厅评为省级绿色装配式建筑产业基地。2022年，公司获国家高新技术企业称号。全年实现销售收入5500万元，上缴税金260万元；员工100人，带动就业300余人。（周顺兴）

冶金化工及机械制造业

【概况】　2022年，楚雄市以绿色铜业发展为引领，推动以滇中有色20万吨阴极铜生产为代表的延链补链项目，打造绿色化、差异化、规模化的楚雄绿色铜产业聚集基地，促进冶金化工等传统产业绿色低碳发展。以产业转型升级为重点，加快企业技术改造，引进金属制造、电力设备、机械制造、新能源汽车及配套等先进装备制造产业，领峰机械制造技改项目建成投产。年内，冶金化工产业实现增加值27.19亿元，比上年增长3.4%；装备制造产业实现增加值5130万元，比上年下降46%。

（龙　丹　罗晓丽）

【再生铜资源循环利用基地】　再生铜资源循环利用基地占地面积约12.87公顷，建筑面积约5万平方米，主要建设年产20万吨高杂阴极铜电解系统、成品库、再生铜原料仓库等设施，并对配套的火法系统、阳极精炼系统进行改造。2022年，楚雄高新区以楚雄滇中有色金属有限责任公司为主体，启动实施再生铜资源循环利用基地建设，投资5.66亿元新建20万吨/年高杂阴极铜电解系统及配套设施，推动构建“原生+再生”协同发展新格局，实现铜产业延链补链。年内，完成场地平整，边坡治理。

（许嘉强）

【远景风机叶片制造基地】　2022年3月4日，楚雄高新区与远景科技集团签署零碳园区项目合作协议，计划投资121.5亿元，打造云甸零碳园区项目。其中，风电装备产业集群项目总投资30亿元，一期建设智能风机叶片制造基地。远景风机叶片制造基地选址于云甸工业园区，总投资4亿元，规划用地面积6.44公顷，主要建设年产2吉瓦陆上智能风机叶片生产线（年产叶片300套），叶片制造前后道车间、库房、办公楼及其他配套设施。8月16日，远景风机叶片制造基地建设项目举行开工仪式，年内完成临时用电基础施工和验收、变压器安装、场地部分桩基础施工。（聂　坚）

【冶金化工及机械制造业主要企业】　2022年，楚雄市冶金化工及机械制造业规模以上主要企业有楚雄滇中有色金属有限责任公司、云南云开电气低压成套有限公司、云南楚雄仁恒化肥有限公司、云南天腾化工有限公司、楚雄变压器有限责任公司等。

（许嘉强）

楚雄滇中有色金属有限责任公司　楚雄滇中有色金属有限责任公司是国家知识产权优势企业，隶属于中铝中国铜业有限公司所属的云南铜业股份有限公司，为云南铜业冶炼板块重要企业之一，是楚雄州有色金属冶炼龙头企业，主要产品为阳极铜和工业硫酸，拥有国家知识产权局授权专利84件，其中发明专利11件。2022年，公司有正式员工472人，生产阳极铜19.16万吨、工业硫酸60.32万吨，实现营业收入129.4亿元，上缴税金7706.69万元，带动就业485人。

（樊　幸）

云南楚雄仁恒化肥有限公司　云南楚雄仁恒化肥有限公司主要产品为烟草专用复合肥及其他农作物专用复合肥，开发出60余个品种，产品主要销往滇西、广西、广东、东南亚等地区。2022年，公司生产复合肥5.92万吨，实现产值1.91亿元；有职工62人，其中，硕士研究生1人，大专以上学历40人，专业技术人员35人。

（马谷剑）

云南天腾化工有限公司　云南天腾化工有限公司为国家高新技术企业、云南省首批“万村千乡”国家级农资配送中心，是云南云天化股份有限公司独资的大型复合肥生产企业，主营特种、专用复合肥及大量元素水溶肥、微生物菌剂产品，拥有“金沙江”“天腾”“收获”3个主销品牌，发明专利3项，实用新型专利19项，外观设计专利8项，国内注册商标35件，商标著作权证书2件，计算机软件著作权登记证书1件。2022年，公司获农业农村部农产品质量安全中心“全国生态环保优质农业投入品（肥料产品）生产试点”、全国新型肥料行业研发协作联盟“2022肥料行业绿色环保示范单位”。年内，在职员工123人，完成产量24.21万吨，销量24.16万吨，实现营业收入7.74亿元，上缴税金197万元。（余红林）

云南云开电气低压成套有限公司　云南云开电气低压成套有限公司为国有控股企业，是云开电气股份有限公司的全资子公司，主营0.4千伏低压输配电及送电产品，并被授权开展母公司的全部经营性业务。2022年，公司加强与施耐德、西门子等国际著名电气集团企业以及国内大专院校和科研院所的交流与合作，引进国内外先进技术，建立具备完全自主知识产权的技术开发体系，打造开关行业中成套能力较强的输配电及控制设备生产制造基地。年内，公司主营的低压产品实现产值约8000万元。

（张　安）

楚雄变压器有限责任公司　楚雄变压器有限责任公司是国家高新技术企业、云南省首批“专精特新成长型企业”，专业生产电动机，主要产品有S11型10千伏级配电变压器、35千

7月10日，云南天腾化工有限公司厂区外景　　（楚雄高新区　提供）

伏级电力变压器、非晶合金配电变压器、干式变压器、单相变压器、矿用变压器、组合式箱式变压器、高低压电气成套设备等，可年产各型号变压器3000台/50万千伏安、高低压成套设备3000台（套）。2022年，公司实现产值3724万元，销售收入3879万元，上缴税金76万元，带动就业65人。

（杨文兵）

建筑业

【概况】　2022年，楚雄市制定实施《楚雄市2022年抓建筑业稳房地产专项行动方案》《楚雄市促进建筑业企业市场主体倍增培育计划》，加大金融、资质、税收、土地等要素保障力度，鼓励市外优质建筑业企业、工程总承包企业落户，支持市内建筑业企业与市外大型建筑业企业组建联合体和项目公司参与市内重点项目建设，鼓励大型建筑业企业向项目投资、建设、运营、管理、服务转变，开拓城市更新、轻资产运营、特色小镇、新基建等新兴业务。年内，全市完成建筑业总产值208.14亿元，比上年增长26.97%。

【建筑工程】　2022年，楚雄市住房和城乡建设局调整充实安全生产监管工作领导小组，压实建筑施工安全生产"五方责任主体"责任。制定《楚雄市住房和城乡建设领域安全生产专项整治三年行动计划实施细则》，成立三年行动工作领导小组，组织开展专项整治工作，排查建筑施工企业存在的各类风险隐患并进行集中整治。强化行业部门监管职责，严格报建、招标、施工等工程建设法定程序，加大"未批先建"行为巡查和处置力度，全年受理监管房屋建筑和市政项目100项（含标段），其中新报监督项目10个，总监督面积约450万平方米，监督覆盖率100%。强化质量安全行为监督，开展复工复产专项检查3次，下发质量安全监督记录78份，工程质量整改记录2份，工程停工整改通知1份。年内，全市重点建筑工程项目有泷淇·誉泷天骄（二期）、东南片区彝都大道（瑞东路至文鼎路）建设项目、鹿城镇彝海社区东乾苑（倪家嘴、黄土坡、迤干、外干四个居民小组）建设项目（一标段、二标段）、"恒宁·京樾城"建设项目一期（一标段、二标段）、城乡物流基地产业园建设项目（一期）、碧桂园楚雄映象三期、格林绿城二期等。

【建筑节能和绿色建筑】　2022年，楚雄市新建民用建筑设计阶段执行节能强制性标准比例100%，施工图设计阶段执行节能强制性标准比例100%；竣工验收阶段符合绿色建筑工程项目44个173.58万平方米，绿色建筑面积占新建建筑面积的84.19%。促进装配式建筑与新型建材融合发展，完成装配式钢结构项目8个31万平方米。

【建筑企业】　2022年末，楚雄市有资质以上建筑业企业124户。其中，建筑工程施工总承包一级资质4户，专业承包一级资质4户，建筑工程施工总承包二级资质26户，专业承包二级资质

9月28日，在格林绿城项目二期开展2022年全国质量月楚雄市"质量安全进企业"诚信宣传活动　（王星力　摄影）

3户，建筑工程施工总承包三级资质68户，专业承包三级资质19户（楚雄鸿安建业有限公司、云南建投第十四建设有限公司、云南楚雄建华建设工程集团有限公司、云南永兴建设有限公司、楚雄三街建筑安装工程有限责任公司、楚雄易宏建设工程有限公司、云南凯域建筑工程有限公司、云南省第四公路桥梁工程有限公司、楚雄市楚光电力实业有限责任公司、云南滇西路桥建设有限公司、云南泓业建筑工程有限公司、云南德余建筑工程有限公司、云南建铭建筑工程有限公司、楚雄德江建筑安装工程有限公司、云南苴却建筑工程有限公司、云南集捷建设工程有限公司、云南鹿樾建设工程有限公司、楚雄州振彝项目投资有限公司、云南顶轩建设工程有限公司）。

【建设项目基本建设程序管理】 2022年，楚雄市办理建设工程报建67项，建筑面积212.27万平方米，投资总额62.15亿元；拦标价备案4项，建筑面积22.2万平方米，工程造价8.16亿元；依法监管招投标项目29项，建筑面积52.05万平方米，招标控制价41.87亿元，中标价41.04亿元；对不使用国有资本投资项目执行直接发包方式，通过审核备案16项，建设规模54.32万平方米，建设投资总额13.93亿元。年内，对1个不符合基本建设程序的项目进行行政处罚，处以罚金32.58万元。

【房屋市政工程质量安全监管】 2022年，楚雄市监管房屋建筑和市政工程77项，监督面积653.64万平方米；办理竣工验收备案64项，建筑面积214.13万平方米，完成36个项目消防验收工作。开展质量安全巡查检查315次、季度检查及专项检查13次、联合检查4次，下发质量安全监督记录276次，停工整改通知6份。

（杞永华）

〔栏目编辑：丁普瑞　马健平〕

烟草产业

2023

楚雄市年鉴

综　述

【产业发展】 2022年，楚雄市以烟叶生产、卷烟制造、包装印刷、辅料制造为主导，推进科技创新、品牌打造、市场拓展，提高产品科技含量，提升卷烟品牌价值，支持新型包装印刷等烟草配套产业发展，打造卷烟生产和配套产业为一体的产业集群。加强以楚雄卷烟厂为主导的企业培育，推进产品创新和产品结构优化，提升烟叶质量，增强科技创新和可持续发展能力，巩固楚雄烟叶在全国、全省的地位，增强烟草产业在省内外的影响力、竞争力。年内，全市烟草制品业增加值同比增长5.8%，增速高于上年1.2个百分点；烟草配套产业实现增加值96.7亿元，同比增长5.5%。

【烟草全产业链建设】 2022年，楚雄市实施现代烟草农业建设、烟叶复烤加工产能提升、红塔集团楚雄卷烟厂产能提升、卷烟配套产业整合培强四项战略，提升以烟叶种植和加工、卷烟生产和销售、有关生产服务配套产业为一体的产业集群，夯实烟草及配套加工产业在全市工业中的支柱地位，巩固楚雄市作为云南“两烟”行业重要基地之一的地位。推进烟草产品减害降焦，以高端突破提升卷烟品牌价值，提高烟草综合开发利用水平。推进新型包装印刷、辅料生产、香精香料等烟草配套产业发展，完成楚雄市华丽包装实业有限责任公司高档香烟接装纸、铝箔纸生产线更新，加快宏鑫印刷二期技改项目建设。

【烟草产业转型升级】 2022年，楚雄市利用工业“互联网+”和5G信息技术，与省内外烟草企业搭建平台共建、信息共享的大数据平台，完善从烟草种植到生产销售的数据网络，促进烟草产业转型发展。红塔集团楚雄卷烟厂集成应用红塔集团多项科技成果和自主专利技术提升工艺水平，实现科技成果与生产实践的有机结合，形成“打叶复烤生产线”“红塔山核心加工技术生产线”两个特色工艺项目，成为世界烟草第一家采用分切打叶复烤工艺技术、行业内第一家从烟叶工商交接到打叶复烤、制丝、卷包在同一平面进行生产作业的“两个第一”。

（龙　丹）

烟叶生产

【烟叶种植】 2022年，楚雄市有种烟乡镇15个、村委会115个、小组1322个、农户1.1万户，种植烤烟7133.33公顷，其中，“一乡一品”种植K326品种1566.67公顷，占全市种植面积的21.96%；云烟87品种种植面积4693.33公顷，占全市种植面积的65.8%；引进种植云烟116、121新品种，分别占全市种植面积的2.99%和9.25%。落实种烟片块638片，其中，66.67～666.67公顷连片5片986.67公顷，33.33～66.67公顷连片12片574.4公顷，6.67～33.33公顷连片365片4473.33公顷，6.67公顷以下连片256片1100公顷。每个乡镇规划建设1片6.67公顷以上的标准化生产示范样板，在子午镇打造1片333.33公顷以上、在东华镇打造3片66.67公顷以上高标准市级示范样板。

【烤烟科技推广】 2022年，楚雄市根据烤烟地块移栽时间及移栽条件实行梯度育苗，落实商品化育苗点51个，育苗61.74万盘1.28亿株。按照预整地移栽技术要求，4月30日全面完成

6月25日，楚雄市中山镇烤烟连片种植　（吴文杰　摄影）

预整地，5月15日全面完成移栽。推广节水移栽技术，推广膜下小苗移栽5066.67公顷，占种植面积的71.1%。推广“一部手机种好烟”谱系，实现种烟业务办理、政策宣传、技术落实、物资购买、金融服务等线上服务。全市建立生产服务网格115个，推动揭膜培土、排水除涝、封顶打权等中耕管理关键技术落地落细，配齐配强烘烤管理队伍，加强烘烤技术培训，降低烤损率，增加烟农收益。

【烤烟绿色生产】 2022年，楚雄市堆捂营养土117.12万吨，推广施用有机肥2333.33公顷，施用有机肥3500吨，推广绿肥示范220公顷，大田营养土还田、商品有机肥推广、绿肥种植示范三种土壤改良方式综合覆盖率100%，田间农药废弃物包装回收率100%。全面推广使用0.01毫米地膜，开展烟田废弃地膜回收5133.33公顷、烟田农药包装废弃物清除回收7133.33公顷。开展农残快速检测，指导督促烟农安全用药，落实采烤前20天和烤房内严禁喷施农药等管控措施，坚持做好干烟叶农残检测。推广蚜茧蜂防治蚜虫技术1.57万公顷，其中，烤烟7133.33公顷，其他农作物8560公顷；蓝板示范713.33公顷，性诱剂示范3333.33公顷。持续推进绿色能源烘烤变革，新建生物质新能源烤房12群65座，移动式纯电新能源烤房1群30座。

【烟叶生产基础设施建设】 2022年，楚雄市建设非高标准基本烟田烟水配套工程682件、烟草农用机械20台、育苗设施和配套设备26件、烟叶调制设施95件，项目建设资金1253.14万元，行业补贴资金915.96万元，项目申请主体整合投入337.18万元。批复建设东瓜烟叶站新建项目，计划投资2480万元，占地面积0.93公顷。

【烟叶收购】 2022年，楚雄市收购烟叶1450万千克，均价33.39元，比上年31.77元增加1.62元，增长5.1%。上等烟比例72.03%，比上年75.34%下降3.31个百分点。烟叶收购总值4.84亿元，比上年4.43亿元增加0.41亿元；烟农户均收入4.41万元，比上年3.75万元增加0.66万元；烟叶税1.07亿元，比上年9748万元增加902.5万元。

（姜　云）

卷烟生产经营

【红塔集团楚雄卷烟厂生产经营】 红塔集团楚雄卷烟厂厂区占地66.53万平方米，建成具有自主知识产权的1.2万千克/小时打叶复烤生产线1条、制丝线1条和卷接包装机组24台（套）。2022年，工业总产值115亿元，比上年增长（下同）5.75%；主营业务收入97.3亿元，增长2.2%；实现税利84.46亿元，增长1.05%，其中，税费71.04亿元，增长3.42%，利润13.42亿元，下降9.87%。在岗职工1598人，其中，取得专业技术人员资格证书712人，拥有高级技师49人，各类专业维修师56人。年内，被云南省红十字会授予“2021年‘99公益日’网络筹款爱心单位”称号，提报的“云南中烟新媒体系统楚烟门户”被云南省企业新闻工作者协会评为“云南省优秀企业新媒体”二等奖；离退休管理科被中国烟草总公司授予“烟草行业离退休干部工作先进集体”称号，雄宝酒店被云南省应急管理厅授牌为“安全生产标准化二级达标企业”，工艺质量科被楚雄州总工会、楚雄州文明办命名为楚雄州2022年度“五一巾帼标兵岗”；8位职工被评为“云南省优秀企业新闻工作者”，卷包车间职工赵琪被州委、州人民政府授予楚雄州首届“兴楚人才奖”。

卷烟生产　2022年，红塔集团楚雄卷烟厂共生产4个系列9个牌号卷烟59.12万箱，比上年增加0.51万箱，增长0.88%。其中，玉溪品牌卷烟4.88万箱，比上年减少0.66万箱，下降11.91%；红塔山品牌卷烟51.31万箱，减少0.43万箱，下降0.84%；红梅品牌卷烟2.88万箱，增加1.56万箱，增长118.24%；首次生产ASHIMA品牌卷烟（出口）500箱。全年开展80余次制丝工艺优化调整、120余次产品配方维护，新制定过程质量控制标准4项，实时修订完善质量管控标准5项，累计开展56次烟用材料样品试机验证和45次批量试机验证工作，卷烟成品合格率99.85%，比上年上升0.01个百分点；年度产品质量综合评价得分100分，卷烟质量抽检合格率100%；卷烟产品质量检验综合平均得分95.12分；烟碱变异系数2.53%，成品水分变异系数1.14%。全年卷烟单箱综合能耗10.78千克标煤（煤、电、油消耗折为标煤），比上年上升0.58千克，其中，卷烟单箱耗电40.13千瓦时，上升5.25千瓦时；单箱耗燃料5.85千克，下降0.07千克；单箱耗油0.43千克，上升0.02千克；单箱耗水0.31立方米，下降0.02立方米。年内，烟草制品业增加值同比增长5.8%，增速比上年提高1.2个百分点。

复烤加工　2022年，红塔集团楚

9月28日，东华镇烤烟专分散收现场　（吴文杰　摄影）

雄卷烟厂累计加工初烤烟叶55.74万担，减少0.55万担。生产烟叶模块26个，增加8个；日平均投料4846.85担（242.34吨、16.83批），增加76.62担，增长1.61%；初烤烟出片率66.41%，下降0.53%；实物产品得率96.96%，增长1.43%。

原料保障　2022年，红塔集团楚雄卷烟厂持续深化“第一车间”理念，集中优势资源，保障烟叶原料稳定、优质供给，圆满完成烟叶工商交接工作。入库烟叶57万担，上等烟比例73.16%，其中，K326品种39.24万担（含2260烟叶9万担），NC297品种0.93万担。入库烟叶品种合格率96.5%，等级合格率72%，等级纯度95.3%。落实烤烟种植面积1.35万公顷，涉及6个县市、25个乡镇、227个村委会、1.9万户烟农。

科技创新　2022年，红塔集团楚雄卷烟厂获得专利授权83件，计算机软件著作权登记24件，其中，《“智造”未来可期——云南中烟红塔集团楚雄卷烟厂智能化转型升级纪实》作为云南中烟首家卷烟工厂的创新成果刊登在国家烟草专卖局官网“烟草行业数字化转型”数字经验板块。年内，获云南中烟优秀QC成果一等奖1项、二等奖2项、三等奖2项；获红塔集团科技项目进步奖二等奖1项、三等奖1项，优秀QC成果一等奖2项、二等奖2项、三等奖4项；2个QC小组获“云南省优秀质量管理小组”奖项。

（杨　鹏）

【卷烟销售】　2022年，楚雄市烟草专卖局销售卷烟2.23万箱，比上年减少1635箱，下降6.84%，其中省产品牌销量1.93万箱，占比86.61%。实现卷烟销售收入8.85亿元，比上年减少2809.75万元，下降3.08%，其中单箱销售收入3.97万元，比上年增加1544元，增长4.04%，总体呈现一、二类卷烟销售收入增长，三、四类卷烟销售收入下降态势。

【烟草专卖管理】　2022年，楚雄市烟草专卖局深化联合执法，保持打击涉烟违法犯罪高压态势，加强“两烟”（烟叶、卷烟）市场监管，维护烟农和消费者利益，强化许可证后续监管，规范楚雄市卷烟市场秩序。全年查处涉烟案件114起，案值686.21万元，查获卷烟140.53万支、烟叶烟丝36.17吨。其中查处国标一级网络案件1起，货值532.79万元，查获制丝设备9台、烟叶18.66吨、烟丝11.82吨，批捕11人。

（姜　云）

11月17日，红塔集团楚雄卷烟厂制丝车间　（楚雄卷烟厂　提供）

烟草配套企业

【概况】　2022年，楚雄市以烟草配套企业为主导，扩展生产卷烟用商标、包装纸、拉线、胶带、胶黏剂等烟草配套产品的开发、设计、生产和销售，为卷烟生产提供优质产品和服务。年末，全市有规模以上烟草配套企业4户，全年实现烟草配套产业增加值96.7亿元，同比增长5.5%。

【云南岭东印刷包装有限公司】　云南岭东印刷包装有限公司主要生产卷烟用商标和瓦楞纸。2022年，实现销售收入1.63亿元，上缴税金1007万元，利润总额732万元；招聘员工30余人，员工增至297人，其中，技术研发人员40人，高级技术职称5人，中级以上技术职称26人。年内，取得实用新型专利6项，累计拥有发明专利1项、软件著作3项、外观设计2项、实用新型专利38项；获云南省“专精特新小巨人”企业和国家级“知识产权优势企业”称号。

（陈耀凯）

【楚雄市华丽包装实业有限责任公司】　楚雄市华丽包装实业有限责任公司主要从事烟用接装纸、内衬纸、框架纸、拉线、胶带、胶黏剂的开发、设计、生产和销售。2022年，实现销售收入1.32亿元，上缴税金511万元；在职员工150人；带动就业40人。

（段　斌）

【楚雄宏鑫印刷（集团）有限公司】　楚雄宏鑫印刷（集团）有限公司是集专业设计、开发、生产为一体的烟用材料盒包装纸、条包装纸、封签纸、接装纸印刷企业，是云南中烟的供应商，通过“高新技术企业”“创新型中小企业”“云南省企业技术中心”评价认定。建成标准化厂房2.75万平方米，拥有高速凹印烟标生产线2条和圆压圆烫金机，以及复合生产线（喷码+烫金+模切），具备年度配套90万大箱烟标生产能力。拥有智能化接装纸生产线2条，具备年产3000吨接装纸产品生产能力。获得国家发明专利2项，实用新型专利12项。2022年，实现营业收入1.72亿元，利润总额390万元，上缴税金225万元；职工240余人。

（马　峥）

〔栏目编辑：丁普瑞　马健平〕

旅游业

2023
楚雄市年鉴

综　述

【概况】 2022年，楚雄市坚持文旅融合发展，加强文化旅游重点项目建设，打造特色文旅产业链，推进品牌创新，推动“旅游+”项目发展。6月，上榜“2022年全国县域旅游发展潜力百佳县”名单，列第33位。年内，成功创建国家4A级旅游景区1个（中国彝族十月太阳历文化园），3A级旅游景区1个（路域生物多样性楚雄科普示范园），全国乡村旅游重点村1个（紫溪彝村），省级旅游名镇2个（紫溪镇、东瓜镇），省级旅游名村2个（紫金村、小伍排村），省级旅游扶贫示范村1个（红卫桥村）。申报丙级旅游民宿2家，培育涉旅小微企业17家。彝人古镇成功创建省级文化产业园区，获评云南省“彩云之南等你来”夜间群众文艺演出活动2022年“优秀示范点”。年末，全市有旅行社13家，正常营业6家；星级酒店7家；旅游厕所93座；旅游从业人员620人。

【云南省首批全域旅游示范区创建成果巩固提升】 2022年，楚雄市围绕标准引领、创软建硬、示范带动、动态监督的思路，落实旅游活动全域化、旅游空间全景化、旅游监管全覆盖、社区居民全参与、旅游成果共分享的工作要求，整合森林城市、园林城市、文明城市等创建项目，推进城景一体化发展，加快特色旅游城市建设，持续巩固提升云南省首批全域旅游示范区创建成果。依托交通优势，突出文化和生态两个主题，围绕线路丰富产品业态，注重旅游业态创新，差异化打造精品，培育“旅游+”文化、农业、研学、康养、旅居、美食、购物等产业，增强可游性，推动景点旅游向全域旅游转变。

【入选2022年度全国县域旅游发展潜力百佳县】 2022年6月，全国县域旅游研究课题组、北京华夏佰强旅游咨询中心联合发布《全国县域旅游研究报告2022》暨“2022年全国县域旅游综合实力百强县”“2022年全国县域旅游发展潜力百佳县”名单，楚雄市以第33位次入选2022年度全国县域旅游发展潜力百佳县。此次全国县域旅游研究对象为内地1866个县（含县级市、自治县、旗、自治旗、特区、林区），从旅游资源潜力、旅游市场潜力、旅游开发效益、社会经济支撑条件4个方面20项指标分析总结城市旅游业系统。

旅游规划

【“十四五”文化旅游产业发展规划】 2022年，楚雄市编制实施《楚雄市文化事业和旅游产业发展“十四五”规划》，紧扣全省建设文化和旅游“双强省”发展目标，以大滇西旅游环线、楚雄“四大走廊”（记述生命起源的生命走廊，记述地球沧桑巨变的奇山异水走廊，记述中原文化、古滇文化、民族文化、边陲文化相互激荡、交相辉映的古镇文化走廊，记述彝族古老神奇历史的优秀彝族文化走廊）建设为统领，以实现旅游过境地向旅游目的地转变为目标，实施全域旅游、融合发展、国际化高端化特色化智慧化三大战略，促进特色城市风貌改进、产业转型升级、乡村振兴，打造大滇西旅游环线新亮点。依托资源、环境、区位优势和产业发展基础条件，面向国内外文化旅游市场需求和客源市场定位，按照整合现状、突出主题、加快建设、以点带面、功能互补、统筹发展的空间布局原则，推动构建“一核、两组团、六区、多点”（打造一个滇中公园城市休闲发展核、构建两个文化生态旅游组团、建设六个特色旅游区、开发多点文化旅游产品）全域旅游发展体系。

【全域旅游发展规划】 2022年，楚雄市编制《楚雄市全域旅游发展规划（2020—2030年）》，加快全域旅游和乡村旅游发展。聚焦塑造国际旅游品牌，培育国际山水康养旅居目的地、民族文化体验引领中心、公园城市休闲示范区，打造现代旅游名城、高端休闲度假旅游地和特色民族文化集聚区。立足辖区全域发展资源，统筹15个乡镇空间发展，推进“旅游+”产业谋划与开发，强化核心区域辐射带动，发挥旅游规模效应和组合优势，打造滇中公园城市休闲发展核、哀牢生态风情山地发展核、中山—大过口文化集镇发展核“一主两副”的“三核”驱动格局，构建青山湖—太阳谷康娱休闲度假旅游轴、礼社江—五街河高山峡谷生态乡村旅游轴、马龙河—白衣河河谷风情体验旅游轴、楚雄—玉溪—景洪旅游联动发展经济辐射轴“四轴”串联体系，整合民族文化体验与生态康养度假精品旅游环线，实现东部城市休闲与文化体验发展区和西部山地探险与生态旅游发展区的协同互补，加快彝风体验与休闲度假组团、环青山湖康体娱乐组团等七个组团发展，推动形成“三核四轴整合协同，一环两区组团发展”的全域旅游空间结构体系。

旅游开发

【概况】 2022年，楚雄市紧扣云南省建设文化和旅游“双强省”目标，融入大滇西旅游环线建设，实施推进一批文旅建设项目，提升景区旅游服务水平，推动打造康养旅游胜地和最美乡愁旅游地。年末，全市有国家A级旅游景区8个，其中，AAAA级旅游景区4个（楚雄州博物馆、彝人古镇、紫溪山国家级森林公园、中国彝族十月太阳历文化园），AAA级旅游景区4个（紫溪彝村、摩尔梦工厂工业旅游观光园、路域生物多样性楚雄科普示范园、彝海公园）。

【市域精品旅游线路】 2022年，楚雄市加大旅游基础设施建设，打造市域精品旅游线路，增强市域旅游竞争力和吸引力，提升游客游览体验感和满意度。开发彝族文化体验、都市休闲娱乐、康体养生度假、农业观光体验、山地生态探秘、科普研学、美食购物、哀牢十景休闲观光、马龙河谷农业休闲体验、山地运动、避寒度假等旅游产品，打造彝族文化体验与生态康养度假精品旅游环线、城市休闲与文化体验旅游环线、哀牢风情与马龙河谷休闲环线、山地文化与生态旅游环线。利用民族文化、历史文化、高山峡谷、湿地生态、低热河谷、生态农业景观等资源，打造紫溪山—太阳谷康娱休闲度假之旅、礼社江—五街河高山峡谷生态探秘之旅、马龙河—白衣河河谷风情体验之旅、楚雄自驾游廊道文化品鉴与生态观光之旅等旅游线路。

【云龙红色文旅小镇】 2022年，楚雄市按照“传承红色基因、提升人居环境、留住乡韵乡愁、建设美丽乡村”的总体思路，挖掘红色文化，融入文明乡风，持续推进云龙红色文旅小镇建设。修缮红色阵地，保护南安古镇文物古迹，传承花灯戏曲等民俗文化，培育商业文旅融合新业态。采取“村委会+合作社+企业”运作模式和“红色+民俗+生态+美丽庭院”发展模式，打造集参观、教育、传承、体验、驻训为一体的云龙红色教育基地，全年接待学员170批次7320人次。发挥红色教育基地辐射带动作用，拓展延伸红色文化乡村产业链，推进乡村旅游开发建设，种植特色果蔬86.67公顷、魔芋80公顷、油茶6.67公顷、花卉5.33公顷，发展农特产品、手工作坊、农家小吃，全年实现收益907万元。

【彝人古镇获评云南省“彩云之南等你来”夜间群众文艺演出活动“优秀示范点”】 2022年，楚雄市立足地域优势和民族文化特色，以打造“彩云之南等你来”夜间文化活动示范点为抓手，发展夜间文化旅游经济新业态新模式，扩大夜间文化旅游供给，满足游客多层次、多元化的文化和旅游消费需求，激发文化和旅游经济消费潜力。年内，彝人古镇获评云南省“彩云之南等你来”夜间群众文艺演出活动2022年“优秀示范点”；接待游客360万人次，带动就业3780人次。

【楚雄“田野里”种植园投入运营】 2022年2月，楚雄“田野里”种植园建成投入运营。楚雄“田野里”种植园占地面积约5.3公顷，投资800余万元，是集蔬菜种植采摘、生态养殖、露营、餐饮、会议、亲子活动等功能于一体的综合种植园。园区以农耕文化及实践教育为特色，配备专业的活动设计团队和执行团队，开设劳动教育、生态食育、自然美育、农业科技等课程，成为多个教育培训机构及学校指定劳动实践基地。年内，被评选为东瓜镇乡村振兴示范点和党建活动基地。

【紫溪山景区楚雄市西片区旅游基础设施可行性研究报告获批】 2022年7月11日，《紫溪山景区楚雄市西片区旅游基础设施可行性研究报告》获楚雄州发展和改革委员会批复。紫溪山景区楚雄市西片区旅游基础设施项目工期3年，新建游客接待服务中心1390.27平方米、停车场4713.12平方米、旅游厕所65.54平方米、活动广场1553.53平方米、标识系统125块，改建景区内部道路1514.5米（宽6米）、景区连接交通干线314米（宽8米），配套建设供水设施、消防设施、污水处理设施、景观亭、停车场充电桩和变压器、智慧化设施等工程。年内，紫溪山景区接待游客38.6万人次。

【彝风湿地·星河露营地投入运营】 2022年4月18日，楚雄高新区与伟光汇通文化旅游投资集团有限公司签约建设楚雄彝风文旅康养度假区项目。其中，彝风湿地·星河露营地项目与琢舍酒店连为一体，配套合院酒店、帐篷酒店、房车酒店等多类型住宿产品和绿地草坪2万平方米，提供野餐休闲、户外烧烤、房车租赁、婚礼聚会、研学拓展等休闲体验服务。7月21日，彝风湿地·星河房车露营地投入运营，建成“观星”帐篷酒店群落，主营“星空下的房车生活”主题“云想”房车酒店，配备一体化睡眠、沐浴、休闲等设施，采取“营地+”的运营模式，打造“与家同行，随兴而游”的新兴旅行方式，成为楚雄市首个标准化房车露营地。

【楚雄老君山生态文旅产业园项目启动建设】 2022年10月16日，哀牢山·楚雄野生动物世界建设项目投资运营合作协议签约仪式在楚雄市委党校举行，正式启动楚雄老君山生态文旅产业园项目建设。项目位于楚雄市东瓜镇桃园社区，规划面积约17.6平方千米，总投资约78.91亿元。项目依托楚雄区位条件与云南生物版图，通过整合哀牢山区域的特色物种优势，采取总体规划、分区开发的建设模式，规划建设野生动物世界、奇险律动森林、理想桃园美村、未来生物小镇等4大功能板块，展现云南生物多样性，打造复合型动物主题产业园区及生态文化旅游度假区。

【中国彝族十月太阳历文化园成功创建国家AAAA级景区】 2022年，楚雄市发展全域旅游，提升景区景点、星级饭店、旅游民宿服务质量和水平，实施旅游品牌战略，推进区域性文化旅游消费中心和“旅游目的地”建设。对照国家旅游景区质量等级管理办法和旅游景区质量等级划分与评定标准，开展中国彝族十月太阳历文化园创建国家AAAA级景区工作。10月26日，中国彝族十月太阳历文化园被评定为国家AAAA级旅游景区，楚雄市辖区内AAAA级景区增至4个。年内，中国彝族十月太阳历文化园接待游客

5月12日，彝人古镇景区外景　（李少宾　摄影）

36万人次。

【紫溪彝村入选全国乡村旅游重点村】 2022年6月，楚雄市文化和旅游局根据云南省文化和旅游厅、云南省发展和改革委员会《关于开展第四批全国乡村旅游重点村镇遴选推荐工作的通知》，会同紫溪镇人民政府，组织开展紫溪彝村申报全国乡村旅游重点村工作。11月，紫溪彝村被文化和旅游部命名为“第四批全国乡村旅游重点村”。年内，紫溪彝村接待游客51.6万人次。

旅游业态

【红色旅游】 2022年，楚雄市持续挖掘革命历史遗存，整合红色文化资源，推进“威楚红色文化走廊”建设，打造红色旅游经典路线。年末，全市有“威楚红色文化走廊”党史党性教育基地11个（西山爱国主义教育基地、楚雄市国家综合档案馆、中共楚雄市委党校、云龙红色教育基地、蚂蚁堆会议会址、三街烈士陵园、东华烈士陵园、富民烈士陵园、吕合红军烈士陵园、中山烈士陵园、八角烈士陵园），形成“一山一馆一校一址七园”红色经典路线。其中，西山爱国主义教育基地被列入云南7条专题红色旅游精品线路中的“滇西抗战”红色旅游路线和“重走长征路”红色旅游路线。年内，西山爱国主义教育基地、云龙红色教育基地接待游客8.73万人次。

6月10日，楚雄卷烟厂职工到云龙红色教育基地参观　　（子午镇　提供）

【乡村旅游】 2022年，楚雄市推出老君山生态文旅产业园、红卫桥河谷农业休闲及避寒度假旅游区、云龙红色文旅小镇、紫溪精品民宿休闲经济带、七彩枫林旅养小镇等一批乡村振兴农旅融合招商项目，策划包装紫溪山、老君山、以口夸等一批中央预算内投资项目和专项债券项目。发展以林果采摘、休闲餐饮为主的乡村旅游，种植冬桃、樱桃、草莓、云南红梨等特色经济林果666.67公顷，形成紫溪山半山公路沿线、鹿城十三湾等乡村休闲旅游集聚示范区。以乡村振兴为契机，将小伍排村纳入农业休闲旅游观光示范区建设，打造形成楚源乡生态园。运用特色农业、田园风光、体验田园特色产品和休闲生活等休闲旅游新模式，建成陈家冲休闲农业观光园，协同推进毛菇山旅游项目开发，带动龙河片区发展。盘活闲置资产，拓展延伸红色文化乡村产业链，促进文旅产业融合发展，打造云龙红色文旅小镇。以微度假为主题，建成恒业农庄、三道河小森林营地、山里人家等乡村休闲度假项目，推动乡村旅游迭代升级。以子午镇以口夸民族传统文化保护区为依托，打造以诗歌文化为主题的特色小镇。培育“楚雄彝绣”品牌，建设彝人古镇、紫溪彝村、三街镇、树苴乡、大过口乡、八角镇示范点6个，实施民族刺绣产品开发项目，发展专业绣娘6000余人，带动从业人员2680人。年内，全市乡村旅游从业人员4200余人，接待游客223.41万人次，实现旅游总收入1.12亿元，比上年增长6%。

【假日旅游】 2022年，楚雄市统筹常态化新冠疫情防控和假日旅游促消费工作，推出门票优惠等措施，撬动假日旅游消费。春节期间，全市接待游客12.49万人次，实现旅游收入7804.24万元。其中，过夜游3.3万人次，旅游收入2725.37万元；一日游9.19万人次，旅游收入5078.87万元。全市平均床位出租率16.17%，其中星级饭店床位出租率18.8%。“五一”小长假期间，全市接待游客16.69万人次，其中，过夜游4.83万人次，一日游11.86万人次，实现旅游收入1.84亿元。端午节期间，全市接待游客9.14万人次，实现旅游收入3410.36万元。其中，接待住宿游客1129人次，一日游9.03万人次，全市平均床位出租率18.5%。国庆节期间，全市接待游客26.76万人次，实现旅游收入1.72亿元。其中，过夜游8.02万人次，旅游收入6659.89万元；一日游18.74万人次，旅游收入1.06亿元。全市平均床位出租率39%，其中星级饭店床位出租率29.9%；受理旅游投诉2起及游客退换货2起。

【康养旅游】 2022年，楚雄市利用区位优势和自然资源，推进实施“十四五”文化旅游产业发展规划，推动康养旅游产业集群建设。推进彝风湿地文旅小镇项目，建成彝时光和味觉森林建设项目，累计完成投资13.46亿元，琢舍酒店、星河露营地投入运营。推进紫溪森林康养小镇建设，乡伴原舍酒店项目主体建筑封顶，完成外部景观打造及样板间装修，累计完成投资7000万元。加强景区开发及提升改造，持续推进紫溪山景区楚雄市西片区和彝人古镇旅游基础设施建设，建成陈家冲、恒业农庄、三道河小森林营地等乡村休闲项目。推出青山湖旅游度假区、楚雄老君山生态文旅产业园、梦幻彝海、太阳历演艺小镇等招商引资项目，成功签约哀牢山·楚雄老君山野生动物世界开发建设项目。

旅游宣传营销

【旅游项目招商推介】 2022年，楚雄市按照云南省文旅厅文旅招商项目“35102”（每个州市新策划100亿元以上项目不少于3个、50亿元以上项目不少于5个、20亿元以上项目不少于10个，每个县市策划10亿元以上项目不少于2个）谋划要求，依托辖区内文化旅游资源，借鉴国内先进经验和典型案例，策划包装威楚铜鼓博览园、紫溪精品民宿休闲经济带等招商项目31个，计划总投资443亿元。以深化文旅产业融合发展为主线，明确产业招商重点和方向，探索“文旅+”新业态，培育和引进龙头企业、优质项目、优势产品，推动文旅产业优化升级。组织参加云南省文旅产业招商大会、楚雄州“绿色产业”推介会、楚雄州引客入楚踩线考察推介会等活动，并进行文化旅游产业项目推介。参与州文化旅游局招商团，到云南省康旅控股集团有限公司等重点企业开展招商走访洽谈。

【旅游宣传推广】 2022年，楚雄市加强旅游宣传推广，让游客认识楚雄、走进楚雄，提升楚雄旅游的知名度和影响力。2月，邀请楚雄州旅游形象大使母其弥雅回到家乡楚雄，拍摄彝人古镇形象片，宣传推介楚雄自然风光、风土人情、文化历史、美食潮玩、城市文明。4月，制作推广《紫溪山上樱桃红》《楚源乡：畅游浪漫花海　品味特色美食》《邂逅田野里　“童”乐好时光》《赏峡谷风光　寻山水野趣》《紫溪彝村　宋村：邀您乐享慢时光》《来紫溪山　我“氧”你》《走进方志馆 最忆楚雄情》等“主播当导游 细品家乡美”系列短视频。6月，制作“钟灵毓秀　魅力楚雄”文旅招商推介宣传片并在新华网发布，浏览量超过63万次。

【参与2022年“中国旅游日”系列活动】 2022年5月18日，楚雄州2022年“中国旅游日”系列活动启动仪式在楚雄市彝风湿地文旅小镇·琢舍酒店举行，集中开展旅游宣传推广活动。此次系列活动以“感悟中华文化、享受美好旅程”为主题，主要包含博物馆系列活动、图书馆、文化馆、畅游畅玩等系列活动以及宣传推介活动。活动期间，针对“吃、住、行、游、购、娱”6个方面，开展消费满减、发放优惠券及红包、信用卡消费满减及折扣、景区门票优惠、周末优惠观影、1元购商超影音券等金融促消费助文旅优惠活动，推介“紫溪山野外生存与生物多样性·亲子露营野趣之旅”“探索现代城市中的古老文明·亲子趣味定向研学之旅”“插秧季做快乐城市小农夫·亲子农耕体验之旅”“欢乐彝村体验之旅”4条精品旅游线路。

【参加州“绿色产业”推介会】 2022年6月18日，楚雄市参加楚雄州“绿色产业”推介会。推介会以“绿色产业”为主题，采取“视频推介+现场推介”的形式进行，市委副书记、市长罗兴贵参加推介会并重点推介楚雄市硅光伏产业，并与江西融合实业发展有限公司签订《宇泽半导体（云南）有限公司年产22吉瓦切片项目投资协议》。楚雄高新区管委会副主任杨朝俊作绿色产业推介并与重庆投资商陈之前签订《楚雄优和成农业科技有限公司农产品加工及供应链仓储项目投资协议》。

【参加州引客入楚踩线考察推介会】 2022年9月5日，楚雄州人民政府举行引客入楚踩线考察活动并举行旅游推介会。楚雄市人民政府副市长李智才参加推介会，并代表楚雄市进行文化旅游推介，重点推介8条精品旅游线路。9月5—9日，受邀的省内外旅行社和旅游业协会代表在楚雄开展为期5天的踩线考察活动。

旅游节庆活动

【概况】 2022年，楚雄市依托火把节、马缨花节、茶花文化节、油菜花节、樱桃节、农民丰收节、彝族年等节庆，丰富乡村休闲活动，将节事体验与现代消费业态相结合，拓展文化节事旅游消费市场，打造文化节事旅游品牌。年内，部分节庆活动采取小规模线下举办。

【2022中国云南楚雄火把节】 2022年7月22日，“‘遇见楚雄·火火欢歌’2022中国云南楚雄火把节”开幕。开幕式主会场设在中国彝族十月太阳历文化园内，举行祭火大典、火把音乐节、无人机表演、烟火表演。火把节期间，举办“全国百家商会楚雄行”招商引资推介会，楚雄市人民政府、楚雄高新区管委会与12家企业举行集中签约仪式，协议投资总额129亿元，签约项目涉及装备制造、新能源、文旅、生物医药、农产品加工等领域。火把节期间接待游客42.08万人次，

7月22日，“喜迎党的二十大　民族团结心向党”2022年彝族火把节文艺演出

（市文化和旅游局　提供）

8月7日，西舍路镇首届哀牢山生态文化旅游发展论坛暨招商引资项目签约仪式
（李佩芳 摄影）

比2019年同期增长19%。

（李 磊）

【首届哀牢山生态文化旅游节】 2022年8月6—8日，“秘境哀牢山 魅力西舍路”——楚雄·西舍路首届哀牢山生态文化旅游节在西舍路镇举办。生态文化旅游节以“生态、绿色、人文、体验”为主题，以节为媒推介西舍路的生态旅游文化资源。活动期间，西舍路镇开展短视频大赛、生态风光掠影展、短视频直播平台进乡村宣讲文旅项目培训班、农特产品线上线下展销、文艺展演、旅游发展论坛、招商引资项目签约、篝火晚会、自助游等系列活动，参与群众1.7万人次；短视频大赛官方抖音账号作品展示播放量36万人次，作品点赞3万余次，转发8000余条，评论5000余条；农产品线上、线下销售额20余万元，成功签约项目3个。

（钟 皓）

【冬桃采摘节】 2022年11月12日，楚雄市在鹿城镇吉乐村举办冬桃采摘节。冬桃采摘节以“尝新桃、游吉乐、助力乡村振兴”为主题，组织开展采摘品尝冬桃、农产品展销、文艺演出等活动，吸引游客600余人次，实现交易额8万元。

（李朝香）

旅游监督管理

【旅游企业帮扶】 2022年，楚雄市落实助企纾困政策措施，支持帮助文化旅游行业稳岗就业、恢复生产。组织开展政策宣传、政策服务、政策兑现“三进企业”活动，指定专人指导服务企业做好项目资金申报工作，助力企业纾困发展。年内，帮助伟光汇通文旅运营有限公司向省级申请贷款贴息1400万元、演艺企业奖补资金50万元，彝海公园景区向省级申请国家3A级旅游景区创建奖补资金30万元，天麓旅行社向省级申请纾困奖补资金30万元，天麓旅行社、紫溪旅行社向省级申请旅游高质量发展奖补资金3.48万元。

【旅游市场监管】 2022年，楚雄市加强旅游市场管理，提升文化旅游行业服务水平，促进文化旅游行业复苏发展。组织文化旅游、市场监管、交运、公安等部门，联合开展旅游市场秩序整治专项检查，对辖区旅行社、A级旅游景区、购物企业、住宿企业、餐饮企业、旅游交通运输企业以及过境旅游团队等旅游要素单位进行重点检查。年内，共出动检查人员1722人次，检查旅游要素单位536家次（其中：旅行社12家，星级饭店8家，旅游景区7个，旅游团队餐接待企业1家，旅游汽车公司2家，旅游购物店452家，景区周边酒吧、烧烤摊51家，高速公路服务区3个），旅游大巴车21辆，旅游团队18个，导游18名；下发旅游市场秩序整治告知书1份，接处涉旅投诉2起，为旅游者挽回经济损失3136元，向楚雄州文化旅游综合执法支队移交文化旅游案件线索3个。以查处不合理低价游、擅自改变行程、指定购物为切入点，以旅行社、A级景区为重点，采取检查、巡查、抽查和以会代训、约谈等措施，组织开展旅游市场综合监管。

【文明旅游创建】 2022年，楚雄市持续推进文明城市创建和文明旅游长效管理，提升城市旅游形象。利用楚雄市电视台、“数字楚雄”微信公众号、城乡电子显示屏等媒体，播放安全文明旅游宣传片，开展安全文明旅游公益提醒。依托户外广告宣传栏、文明旅游志愿者，开展文明旅游宣传。组织开展文明旅游申报创建活动，全年推荐申报省级文明旅游示范单位3家（紫溪旅行社、楚雄州博物馆、维笙雄宝酒店）、国家级文明旅游示范单位1家（彝人古镇景区）。

【“一部手机管旅游”平台运用】 2022年，楚雄市加强“一部手机管旅游”平台运用，助力旅游市场监管。年内，“一部手机管旅游”投诉接处中心共接处投诉61件，接处率100%，平均办结时长50分3秒。受理旅游商品退货16件，涉及金额6.63万元，累计退款金额0.31万元。

（李 磊）

〔栏目编辑：丁普瑞 马健平〕

商贸服务业

2023

楚雄市年鉴

综　述

【概况】　2022年，楚雄市持续实施“工商强市”战略。按照发展提速、比重提高、结构提升要求，转变商贸经济发展方式，扩大消费、引导生产、改善民生、繁荣市场，推动形成以传统业态为主体，城市综合体、购物广场、特色街区、专业市场等为平台，连锁经营、物流配送、电子商务等新型服务业态并存的商贸服务业发展格局，促进消费市场繁荣发展。

【限额以上商贸企业及个体户】　2022年，楚雄市商贸企业达限49户（入库商贸企业31户，提交报件材料待批18户），其中，市本级入库17户，楚雄高新区入库14户。至年末，全市限额以上商贸企业及个体户160户。其中，市本级93户（批发业19户、零售业47户、住宿业9户、餐饮业14户、限上个体户4户），楚雄高新区67户（批发业18户、零售业26户、住宿业8户、餐饮业15户）。

【商贸经济】　2022年，楚雄市实现社会消费品零售总额223.9亿元，比上年增长5.3%。其中，市本级实现134.67亿元，占全州的34.8%，比上年增长5.7%；楚雄高新区实现89.23亿元，比上年增长4.7%。从业态来看，全市批发业商品销售额完成252.37亿元，占全州的54%，比上年增长6.7%；全市零售业商品销售额完成148.17亿元，占全州的29.8%，比上年增长4.3%；全市住宿业营业额完成11.24亿元，占全州的36.3%，比上年增长15.1%；全市餐饮业营业额完成32.05亿元，占全州的26%，比上年增长9.4%。

【批发零售业】　2022年，楚雄市新增批发零售业5303户，年末累计2.94万户。年内，全市有限额以上批发企业40户，含药品批发、生产生活资料批发、农资批发、成品油批发、食品批发、建材批发等。具有一定规模的大型批发市场12个，其中，建材批发市场5个、钢材批发市场1个、水果批发市场2个、蔬菜批发市场2个、小商品批发市场2个；实现批发业销售额252.37亿元，比上年增长6.7%。有鹿城大厦、人民商场、明珠百货、福乐多、金冠、裕盛、鸿福、沃尔玛、亚西亚、德雅、千子言等500平方米以上的大型商场、超市14个；有紫溪商业购物中心、北浦伟业购物广场、新龙江购物广场等购物广场6个，便利店、生鲜超市及超市连锁经营网店70个；零售网点2500余个，其中，限额以上零售业法人企业75户；实现零售业销售额148.17亿元，比上年增长4.3%。

【住宿餐饮业】　2022年，楚雄市新增住宿餐饮业2369户，年末累计1.03万户。年内，全市有限额以上住宿法人企业19户、个体户1户，其中楚雄州宾馆、云华酒店、祥溢酒店、海悦文华酒店、轩逸酒店、彝人古镇大酒店、建华国际大酒店、永兴大酒店、琢舍酒店等星级酒店、旅游酒店、连锁酒店20户；实现住宿业营业额11.24亿元，比上年增长15.1%。有限额以上餐饮法人企业29户、个体户3户，其中赢融酒店、丰盈阁、稻生一、天天杀猪菜、源质原味、润江来、彝特旅游、毅盛餐饮、欧创餐饮、相国府餐饮、山菌园等正餐服务、特色美食、自助餐、小吃、烧烤经营户32户；全年实现餐饮业营业额32.05亿元，比上年增长9.4%。

【促消费活动】　2022年，楚雄市围

8月9日，楚雄市鹿城大厦稳增长促消费惠民生启动仪式　（市商务局　提供）

绕传统消费能级提升，开展“消费促进月”活动，组织引导商贸企业开展线上线下联动促销活动。聚焦汽车、家电、家具等大宗商品消费，开展以旧换新、汽车下乡等促销活动。开展“吃在楚雄、用在楚雄、住在楚雄”系列促销活动，鹿城大厦等企业开展“8·18”鹿城大厦家电节等促销活动。活跃消费市场，促进批发业、零售业、住宿业、餐饮业市场主体互补式发展。全年发放“彩云消费券”6期，组织线上零售住宿餐饮企业93户参与“彩云消费券”发放促销活动，组织汽车销售企业30户参加“彩云购车补”惠民促销活动，组织线上批发零售企业98户开展“千企冲刺”销售竞赛活动，获奖励支持企业12户。制定《楚雄市2022年汽车促销补贴活动实施方案》，9月20日至12月15日开展促销补贴活动，由市级财政出资150万元，参与活动的汽车销售企业出资150万元，对参与活动的前960名消费者，在享受国家汽车购置税减免政策的基础上，给予燃油汽车购车补贴，其中，购车价（不含税）30万元（含）以上的补贴5000元，购车价（不含税）30万元以下的补贴3000元。与上年同期相比，增加汽车销售额1.92亿元，拉动限额以上汽车销售企业增长6.6个百分点，零售业增长3.6个百分点；增加车辆购置附加税1200万元，车船税收入42.34万元。

【行业协会组建】 2022年，楚雄市推进行业协会组建，搭建行业协调服务平台。8月，组织42户电商企业组建成立楚雄市电子商务协会。9月，组织36户限额以上汽车销售企业组建成立楚雄市汽车销售协会，组织51户餐饮酒店企业组建成立楚雄市餐饮酒店行业协会。

商贸市场建设

【概况】 2022年，楚雄市通过招商引资，加强商贸基础设施建设，发展新型商业业态，商业网点质量和规模实现双提升，基本形成以农贸市场、大型超市（商场）、百货店、购物中心为主，专业点、专卖店为辅的城市零售商业体系，连锁经营、便利店等新兴业态逐步成熟。年末，市区有农贸市场24个，批发零售网点5000余个，其中，限额以上批发零售贸易企业110家，全市社会消费品零售总额对国民经济增长的贡献率38%。

【重点商贸项目建设】 2022年，楚雄市组织11户企业参与县域商业体系建设行动项目申报，7个项目通过评审及初验，获得项目补助资金360万元。2月，投资1.78亿元的楚雄市城乡物流基地产业园一期项目开工建设，至12月12日项目主体工程完工，完成投资8200万元。10月，投资2.13亿元的楚雄市城乡物流基地产业园二期项目正式开工，年内完成投资2000万元；楚雄滇中汽车博览小镇一期项目展示中心试运营。12月，楚雄市2021年国家级电子商务进农村示范项目由云南省商务厅委托第三方开展项目绩效评价。楚雄县域商业体系建设行动项目获州级项目资金支持900万元，组织上报项目12个；至年末，苍岭镇农贸市场项目建设进度达50%，城乡物流园项目一期稳步推进，其余项目实施完毕。年内，瑞特商业中心等项目投入营业，楚雄泰丰菠萝哨仓储物流园、楚雄城乡农产品加工集采集配及冷链流通供应链建设等项目有序推进。

【农副产品市场建设】 2022年，楚雄市针对城区部分农贸市场规模小、交易场所拥挤、服务功能不全、环境卫生脏乱差等问题，采取提升改造、引摊入市、拆除重建等措施，推进农贸市场改造升级，全年完成城区农贸市场改造升级24个、引摊入市3个、拆除重建1个。聚焦特色农产品市场交易需求，持续推进农产品交易市场建设，中农联（楚雄）国际农产品交易市场项目完成一期建设。年末，全市有农产品交易市场24个。

会展业

【火把节城市旅游商品展销会】 2022年7月22日至8月10日，楚雄市组织举办火把节城市旅游商品展销会。展销会由楚雄巨匠文化旅游项目投资有限公司主办、楚雄瑞晨会展有限公司承办，举办地点在楚雄市怀象街与中大街交会口临时停车场，项目包括地方名特优产品展销、羊汤锅等特色小吃及地方小吃、物资交流、科普宣传及政策法规咨询、旅游产品及资源推介、投资项目洽谈等。展销会期间，参展商户237家，参加活动人员10万人次，商品成交额1100万元。

【农特产品展销会】 2022年9月5日，楚雄市2022年农特产品展销会启动仪式在兆顺第一城举行，市委副书记、市委组织部部长柳思福出席启动仪式并致辞，市人民政府副市长、市政府办公室主任张正明主持启动仪式，楚

9月5日，楚雄市2022年农特产品展销会　（俞华昌　摄影）

雄市电子商务公共服务中心与参展企业进行商品订购集中签约。展销会展期9月5—15日，以“农特产品出村进城 政企协作助农增收”为主题，采取线上线下融合方式，开展展示展销、主题推介、产销对接、网络直播、互动促销等活动，集中展示全市15个乡镇的特色农特产品，有彝绣产品、核桃油、核桃干果、古树茶、蜂蜜、火腿、火锅底料、红梨、彩色蔬菜、羊汤锅产品等60余种。展销期间，参展企业17户，签订交易订单7553笔，实现交易额38.52万元。

【滇中汽车博览小镇首届车展】 2022年国庆节期间，由楚雄市汽车销售协会主办、伟光汇通滇中汽车博览小镇承办，举办“楚雄市滇中汽车博览小镇首届车展”。展销期间，设置展位38个，23个品牌100余款车型参展，18家汽车销售企业销售汽车95台，销售额875.96万元。

物流业

【概况】 2022年，楚雄市健全市乡村三级物流配送体系，建设市级电商物流一体化配送中心1个，与乡镇电子商务公共服务站点合并建设乡镇物流配送中转站15个、一级村级物流服务点62个，建设二级村级物流服务点30个，实现物流服务覆盖全境，配送中心到村级网点配送实现“次日达”，部分“隔日达”。在楚雄州农产品供应链创新基地提升改造公共仓1个，引进相关农产品电商销售企业10余家，年发货3万余件。年末，全市有市（县）级物流集散中心3个、分拨中心3个、乡镇物流服务站15个、行政村综合物流服务点125个，市区、乡镇及行政村（社区）覆盖率100%。

【快递产业】 2022年，楚雄市有快递品牌1个，快递企业147家，营业网点212个。年内，全市完成快递业务量1085.47万件，比上年增长51.95%。其中，完成同城快件量147.54万件，比上年增长4.13%；完成异地快件量937.86万件，比上年增长63.79%；完成国际及港澳台快件量685件，比上年增长31.23%。实现快递业务收入1.52亿元，比上年增长29.05%。

【城乡物流基地产业园】 楚雄城乡物流基地产业园位于楚雄市紫溪镇，占地面积9公顷，总投资1.78亿元。2022年，楚雄城乡物流基地产业园完成信息服务中心、研究中心、1#配套多功能仓、垃圾中转站建设，启动信息中心装修和保鲜冷藏中心、2#和3#配套多功能仓、1#和2#速冻库、消防水泵房、室外附属工程等项目施工。年内，楚雄市人民政府与京东科技签订合作框架协议，推进京东数字经济赋能中心、人力资源服务、乡村振兴数智中心建设。

【物流枢纽建设】 2022年，楚雄市聚焦滇中重要物流枢纽建设，完善物流产业发展政策措施，出台《关于加快推进现代物流产业发展的实施意见》和《楚雄市推进电子商务与快递物流协同发展实施方案》。加快物流园区规划建设，完善云甸工业园区配套基础设施，重点规划建设楚雄国际物流基地、楚雄快递物流产业园等物流枢纽。完善城市末端配送设施，解决物流快递进社区“最后一百米”问题，全市40余个小区投放150余组3200个物流快递柜。完成乡镇、村级13个物流快递站点快递经营许可证办理，在15个乡镇61个村（社区）设立楚雄乡村物流集散中心分站及物流收取点，全市物流服务覆盖率100%。年末，全市有4A级物流企业1户、3A级物流企业1户、2A级物流企业1户，重点物流企业有中国邮政集团公司楚雄州分公司、楚雄顺通交贸、楚雄恒建物流等6户，具有一定规模

10月1日，楚雄市滇中汽车博览小镇首届车展　（市商务局　提供）

的物流园2个；邮政营业网点23处，覆盖全市所有乡镇；预冷、保鲜及销地冷藏、冷冻设施191个，容积8.2万立方米，冷藏能力2.1万吨，基本满足高原特色农产品冷链物流需求。

【物流体系建设】 2022年，楚雄市争取物流项目专项债券1.78亿元，推进楚雄市城乡物流基地产业园等项目建设，启动楚雄市快递物流分拣中心建设。楚雄市商务局与楚雄太阳女汽车旅游集团合作，整合“太阳女物流服务点”104个，推进“交快合作”，山区乡镇建制村快递物流覆盖率100%。与市供销社签订战略合作协议，共同推进站点业务合作、高原特色农产品开发、产运销一体化农村物流服务体系建设、区域公用品牌应用推广、传统商贸流通企业转型及人才培养等工作。与鹿城大厦签订传统商贸流通企业转型培育合作协议，依托电商服务站点资源与鹿城大厦合作开展“工业品下行”批零线上销售。

（熊建芬）

【乡村物流】 2022年，楚雄市依托建制村100%通客车成果，引导运输企业发展“农村客运+乡村物流”，建成二级乡镇物流配送中心15个、三级电商物流服务点154个，派件成本降低20%，寄件成本降低50%，市区到村的派件时间压缩到1天以内。

（高　帆）

电子商务

【概况】 2022年，楚雄市按照“市场有效、政府有为、因地制宜、突出特色、目标导向、切合实际”的要求，加快国家电子商务进农村综合示范项目创建，打造“高原特色农产品供应链”和“电商+流通”新型农村电商发展模式，提高区域知名度和经济活力，带动传统产业发展，形成示范效应和带动效应，全面促进农村电商提质增效。年内，电商户数（电子商务市场主体）169户，电子商务交易额33.59亿元，其中网络零售额21.01亿

11月20日，楚雄市第二届电商直播创业大赛现场　　（市商务局　提供）

元（实物型网络零售额18.48亿元，服务型网络零售额2.53亿元，在全省的排名分别为第15位和第16位）。

【电商人才培养】 2022年，楚雄市开展电子商务进农村综合示范项目乡（镇）村站长选拔大赛，选拔出15名镇级电子商务服务站长，以专业电商人才带动行业健康发展。打造州级兴楚电商创业领军人才，推荐申报楚雄州“兴楚电商创业人才”4人，经评审认定1人。年末，分批选拔认定“威楚电商创业人才”14人，兑现一次性创业补助21万元；获“彝乡电商创业人才”称号14人，兑现一次性创业补助140万元。

【电商直播培训】 2022年，楚雄市开展电商网络直播培训班，对直播带货产品宣介、视频剪辑、带货术语等电商技巧开展实操演练培训，提高电商运营水平。支持企业开展促销活动，组织楚雄唯上商务服务有限公司、楚雄允文职业技能院校、最美云南快手MCN等电商开展网络主播直播带货。全年开展电商人才培训140场3071人次，其中实操技能培训2991人次，电商直播、短视频培训381人次。11—12月，开展楚雄市第二届电商直播创业大赛1期，26支参赛战队直播476场次，直播时长1113.25小时，点赞数227.76万次，观看人数29.04万人次，销售额64.14万元。

【电商品牌打造】 2022年，楚雄市推进电子商务进农村综合示范乡镇、示范村创建，向上申报示范乡镇3个、示范村29个。以特色农产品为依托，扶持电商企业开发网销农产品，加快农业绿色化、优质化、特色化、品牌化建设，提高绿色农产品网络知名度与竞争力。打造“威楚云耕”农产品区域公用品牌1个，完成品牌商标设计与注册，开发设计品牌IP1个以及延展应用，制定品牌管理手册与品牌管理办法；完成“彝家云深处”“彝山吹”特色产品品牌注册，开发精品网货15款。

【全国电子商务进农村综合示范项目】 2022年，楚雄市围绕完善农村电子商务公共服务体系、健全市乡村三级物流配送体系、推动农村商贸流通企业转型升级、培育农村电商带头人4个板块建设目标，加强统筹，整合资源，强化资金管理，推进全国电子商务进农村综合示范项目建设。建成市级电子商务公共服务中心1个，与电商服务企业达成合作15家；建设乡（镇）电商服务站15个，乡镇服务站覆盖率100%；建设村级电商服务点62个，村级服务点覆盖率达50%以上。完成楚雄市特色农产品展销中心升级改造，签约电商供应链培育对象3个（“吕合菜籽油”“云龙酱油”“野坝子蜂蜜”）、供货协议29家；“彝州优选”线上商城入驻商家97家，上架产品

381个，开展农产品线上线下展销活动7场次。提升改造产地公共仓1个，引进农产品电商销售企业7户，累计发货3.7万件。与楚雄市供销社、楚雄市鹿城大厦实业有限公司开发“工业品下行”农村商贸流通商城系统“鱼雅惠选”，上架产品391款，其中，家电63款，食品264款，洗化用品64款。

（熊建芬）

社会服务业

【中介服务业】 2022年，楚雄市做好科技中介服务、房地产中介服务、人力资源服务等工作，深化中介服务行政审批改革，对新登记注册的中介服务机构，在名称核准、投资人资格、经营范围、营业场所等方面按照有关规定适当放宽条件。加强主体培育，加大中介服务业招商力度，支持中介服务机构开展连锁化、网络化经营，推动企业、高等院校、科研院所联合设立中介服务机构，提高中介服务供给能力和市场活力。完善中介服务业人才培养机制和职业教育体系，沟通对接楚雄技师学院、楚雄市职业高级中学等院校开设中介服务业相关专业或课程，对符合就业扶持政策的有关职业培训给予职业培训补贴，将中介服务高端和紧缺人才纳入全市高层次人才引进目录享受相关支持政策及待遇。年内，全市新增中介服务业企业及个体户23户，年末累计323户。

【广告服务业】 2022年，楚雄市聚焦广告设计、制作、发布、代理等领域，推动广告服务数字化转型，支持广告经营企业联合重组和集约化经营，培育创意水平高、竞争实力强、能够承接高端广告业务的广告企业。组织广告经营者发布者等市场主体开展广告业务培训，邀请专家讲解《中华人民共和国广告法》和常见广告违法行为，加强典型案例宣传，促进广告市场规范化发展。加强广告导向监管和监测检查，集中整治借党的二十大等名义从事违法违规商业营销宣传活动，组织检查传统媒体、互联网、户外等广告324条次，处理涉嫌违法广告线索44条，立案查处违法广告案件2件。组织开展广告行业“诚信经营”示范创建活动，4户广告经营单位获得2022年度“诚信经营放心消费”示范企业称号。年内，全市新增广告服务业企业及个体户475户，年末累计2125户。

【养老及康养服务业】 2022年，楚雄市争取省、州养老服务体系建设项目资金2000余万元，吸引社会资本投入3000余万元，实施综合养老服务中心、公办养老机构、农村区域性养老服务中心等12个项目建设。与楚雄州国投公司合作开展养老服务体系建设、管理、运营领域的深度合作，构建以街道级综合养老服务中心为支撑，以民办养老机构为补充，以社区居家养老服务中心为主体，乡镇、社区、小区三级衔接互补的养老服务体系。发展中医养生保健服务，建成“老年友善医疗机构”17个，楚雄仁泽中西医结合医院、楚雄州老年护理院（榕慷养老院）等机构为老年人提供全护、半护有偿养老和医疗服务。年内，全市新增养老及康养服务业企业27户，年末累计72户。

（李　馨　曹志芬）

对外贸易

【概况】 2022年，楚雄市研判外贸经济发展形势，采取引进培育、工作协调、向上争资、政策兑现等模式，通过召开外贸企业座谈会等方式倾听企业诉求，帮助企业解决实际困难，促进企业发展。年末，全市有经营业绩的外贸企业25户，其中，市本级17户，楚雄高新区8户。全市完成外贸进出口总额45.35亿元，比上年下降3.3%。

【出口贸易】 2022年，楚雄市有经营业绩的外贸企业25户，以出口业务为主。外贸企业出口的产品类别和输出市场呈现多元化发展趋势，出口产品由野生菌、人工食用菌、蔬菜等农产品向单晶硅片、太阳能电池片、五金、矿山机械、药品、生物科技产品等领域延伸，出口市场从周边的中国香港、东南亚、东亚延伸到南非、比利时等欧洲国家。

【参与第五届中国国际进口博览会】 2022年11月5—6日，楚雄市交易分团赴上海参加第五届中国国际进口博览会。在云南省交易团组织的中老铁路沿线开发合作推介会暨第二届中国老挝磨憨—磨丁经济合作区招商对接会上，楚雄市人民政府与晶科电力科技集团公司签约楚雄市农业光伏电站建设项目，项目总投资72亿元，计划装机规模1434兆瓦。进博会期间，楚雄市组织11户采购商参会，重点采购产品涵盖高端装备、机械设备、食品、大宗商品等。

（钟晓艳）

供销合作

【概况】 2022年，楚雄市供销系统完成销售总额26.77亿元，农副产品购进10.16亿元，农副产品市场交易额2.43亿元，电子商务销售额2849.68万元，营业总收入增长11.11%，汇总利润增长10%，资产总额增长9.07%，所有者权益总额增长13.87%。年内，楚雄市供销社在2022年度全州供销系统综合业绩考核中位列第一。5月，被市人民政府表扬为“2021年度政府系统政务信息先进单位”。6月，被市委、市人民政府表扬为“创建国家卫生城市先进集体”。

【供销综合改革】 2022年，楚雄市印发《楚雄市关于开展生产、供销、信用“三位一体”综合合作的实施方案》，成立楚雄市“三位一体”综合合作工作领导小组，协同推进“三位一体”综合合作工作。市供销社与市委组织部、市农业农村局、市乡村振兴局等部门联合，强化与村“两委”合作，吸纳村“两委”成员、农民组建村级供销合作社，夯实基层社组织基础，探索完善“供销合作社+龙头企业+农民专业合作社（联合社）+农户”等发展模式。与楚雄市农商行签订《开展生产、供销、信用“三位一体”战略合作协议》，开展农村信用体系建设、综合金融服务对接、客户信息互荐，将基层供销合作社、专

12 月 15 日，吕合镇电子商务服务站开业　　（市供销社　提供）

业合作社、新型合作经济组织等推荐给市农商行，开展建档和信用评级，对符合条件的社员给予授信和金融支持，在利率上给予优惠。云龙供销社普惠金融服务站开展普惠金融服务，为群众提供取款、转款、存款和消费以及电费缴纳等服务，办理群众取款3000余笔，涉及资金500余万元。落实农民专业合作社绑定农户、龙头企业绑定农民专业合作社的“双绑”运行机制，促进合作社、农户、龙头企业结成利益共同体。围绕提升农资供应保障能力和农产品销售能力，依托“三位一体”综合合作，增强日用消费品供应能力，聚合生产、供销、信用服务功能于一体。

【农业生产资料供应】 2022年，楚雄市供销社做好籽种、化肥、农药、农膜、农机具和日用消费品等物资调供、销售和保障工作，确保春耕、秋种期间农资不脱销、品种不断档、商品不抬价、质量有保障，稳定农资经营市场，发挥服务“三农”主渠道作用。年末，全市有农村综合服务中心社18个，综合服务社涵盖农资、日用工业消费品、农药、农机具等多种经营类别。年内，全市供销系统销售化肥5.19万吨、有机肥9920吨、农药226.3吨、农膜592.46吨。

【农产品流通体系建设】 2022年，楚雄市新建新村镇密者村和五街村、西舍路镇闸上村和德波苴村村级供销社4个，改造提升薄弱基层社1个。新建子午供销社为农服务综合体，改造提升子午镇农贸市场和农产品批发市场。成立大过口春华普惠供销有限公司，弥补大过口乡供销社服务功能缺失状况。新建大地基红卫桥电商基地、吕合村供销社农产品石榴基地和大过口乡春华普惠供销电商服务站。年内，西舍路、新村、中山、八角、大地基、三街、树苴等山区乡镇供销社收购核桃、贡菜、萝卜条、中药材等农副产品，促进农民增收。楚雄德开、西舍路西韵、绿之源等电商企业与基层供销社合作，“云彝脆皮果核桃”“福禄山土鸡”“哀牢明珠核桃”“源之态”等一批绿色生态农产品通过云品惠等电子商务平台销售。

【“万企兴万村”消费帮扶】 2022年，楚雄市供销社动员供销企业和合作社参与“万企兴万村”消费帮扶行动，调查统计15个乡镇和17个部门食堂采购需求，对13个乡镇“万企兴万村”消费帮扶对象农特产品进行摸底调查。通过“万企兴万村”消费帮扶活动，10家基层社（公司）绑定12家合作社收购核桃、药材、果蔬、生猪、土鸡等农副产品，收购金额4609万元，其中脱贫户和监测对象户2197户，收购金额1424万元。与市乡村振兴局、市商务局共同承办“楚雄市2022年扶贫农特产品展销会”，组织3家乡镇供销社和3家农民专业合作社参加为期10天的农特产品展销活动，销售金额超300万元。

（王韵琴）

粮油购销

【粮食购销】 2022年，楚雄市贯彻落实党中央“保粮食安全”决策部署，筑牢收购底线，落实最低收购价政策，发挥国有粮食购销企业主渠道作用，设置收购网点5个，敞开收购农民余粮。通过宣传栏等方式，公开收购价格和质量标准，向农户宣传国家粮食收购政策，开展粮食收购市场监督检查，维护农民利益，提高农民种粮积极性。全年国有粮食企业收购粳稻，实际收购价超过省定粳稻最低收购价每千克0.38元。

【粮油储备】 2022年，楚雄市落实市级粮油储备规模，完善粮油轮换管理和库存监管机制，执行《楚雄市市级储备粮管理办法》和《楚雄市市级储备食用油管理办法》，储备粮按规定及时轮换到位。开展粮食库存检查，检查政策性粮食收储企业2户，储备粮油质量各项指标达到国家标准，宜存率100%，各级储备粮油数量真实、质量完好、储存安全，实现账账、账实、账卡、账簿相符。年末，按期完成市级储备粳稻轮换任务，成品粮月末库存率90%以上，按要求轮换出库储备菜籽油。

【军用粮油保障】 2022年，楚雄市贯彻军粮供应管理暂行办法，规范军粮管理，落实国家军粮供应政策，因地制宜抓好粮油筹措，严把军供粮油质量关。坚持“一批一检一报告”制度，确保军供粮油质量和数量。采购优质小包装粮油、精品粮油、挂面、野外应急食品及应急物资，保障部队需要。开展双拥工作，召开驻楚官兵和武警官兵粮油供应座谈会，广泛征求部队意见和建议，履行全心全意为部队服务的承诺。

【安全储粮和安全生产】 2022年，楚雄市抓好安全储粮和安全生产“两个重点”，确保国家粮油库存数量、质量等方面无重大隐患。按照“有仓必到、有粮必查、查必彻底”要求，对全市粮食库点开展粮食春秋季安全生产、消防安全检查以及粮食库存清查，对储藏在部分库点的粮食和市级储备菜籽油进行逐仓清查。经过清查，楚雄市承储的储备粮油、商品粮按规定进行分仓储存，库存粮食没有发现严重虫粮、高水分粮、霉变粮和发热粮等储粮安全隐患，所有粮油储藏状态及管理水平良好，所储粮油数量真实、质量可靠、储存安全。年内，全市未发生重大安全储粮事故和安全生产事故。

【粮油食品安全】 2022年，楚雄市抽检稻谷样品10份、大米样品4份，经楚雄州粮油产品质量监督检验站检验，所储存粮食的质量指标和储存品质指标符合国家粮食质量标准，检验合格率100%。利用“世界粮食日”“食品安全宣传周”和“粮食质量月”，开展粮食质量、节粮减损宣传活动3次，设立咨询宣传台，投入宣传人员12人次，发放宣传资料200余份，接受群众咨询100余人次。

（李佳麒）

石油购销

【中国石油云南楚雄销售公司】 2022年，中国石油云南楚雄销售公司坚持市场导向，紧跟市场变化、客户需求，推广“1+15+N”营销经验，电子卡办理排名全省第四。攻关重点项目客户开发，聚焦物流行业等多渠道开发，推进批发零售一体化，深化异业合作增量，培育5座吨级加油站。围绕“人・车・生活”新需求，优化业务运作，创新促销、渠道拓展、管理提升等非油业务。坚持安全高效，压实安全环保责任，组织开展领导干部、关键岗位人员HSE（健康、安全和环保）履职能力评估，推进加油站标准化建设，新增44座加油站标准化达标创建，实现加油站100%达标。完成5座加油站双低治理目标。持续推进体制、机制和管理优化，完成大部制改革目标任务。

（袁海龙）

3月19日，小河口加油站完成提升改造投入运营

（中国石化销售云南楚雄石油分公司　提供）

【中国石化销售云南楚雄石油分公司】 2022年，中国石化销售云南楚雄石油分公司主要经营油气和易捷服务两大业务，油气业务包括汽油、柴油、润滑油零售、直销和批发以及天然气零售，易捷业务主要包括“易捷”便利店、汽车服务、餐饮、广告、ETC充值、沥青等。公司设部门7个，县级分公司10个；有在营油库1座；在营加油站83座，加气站1座，易捷便利店72个。聚焦经营创效，应对油价剧烈波动、市场需求锐减等挑战，全力拓市扩销提效，做好成品油市场保供。优化市场竞争区域划分，结合市场环境开展差异化精准营销。拓展服务功能，打造非价格竞争优势，新建优化5座汽车服务之家、5座司机之家。提升加油站现场服务水平，百日竞赛年度考核排名全省第一。巩固传统油气终端网络竞争优势，拓展充换电、太阳能光伏发电等新能源项目，投入运营太阳能光伏发电站4个、充电站3个、换电站1个。加快库站信息化系统应用，保障网络安全，推进数字转型。年内，新增加油网点8座，实现成品油销售34.5万吨、天然气销售1515吨、易捷服务销售额0.95亿元，实现营业收入34.29亿元，缴纳税金2400万元。

（向　华）

〔栏目编辑：丁普瑞　马健平〕

金融业

2023
楚雄市年鉴

银行业

【中国农业发展银行楚雄州分行】 2022年，中国农业发展银行楚雄州分行推进已批待放贷款贷前条件落实，打通贷款投放“最后一公里”，全年投放各项贷款22.45亿元，比上年多投放8.06亿元，年末各项贷款余额98.94亿元，完成楚雄州金融办下达信贷增量任务的204%。年内，服务国家粮食安全和重要农产品稳产保供，粮油贷款余额8.28亿元；支持乡村产业振兴，发放农村土地流转和土地规模经营贷款0.47亿元、种业贷款0.2亿元、民营小微企业贷款0.24亿元；支持农业农村建设，累计投放农村路网建设贷款10.67亿元、投放城乡一体化贷款2.41亿元；服务生态文明建设，累计投放林业资源开发与保护贷款1.78亿元、生态环境建设与保护贷款4.22亿元。

（何正芬）

【中国工商银行股份有限公司楚雄分行】 2022年，中国工商银行股份有限公司楚雄分行实现拨备前利润2.77亿元，实现净利润2.01亿元，年末等级行评定系统排名第五位，KPI考核（A+）系统排名第二位。年末人民币全部存款余额126.32亿元，比年初增加8.69亿元，增长7.39%。加快信贷投放力度，为辖区内重点产业、重点客户和重点项目提供融资支持，全年制造业贷款增加1.46亿元，民营经济贷款增加1.58亿元。继续实施贷款阶段性延期还本付息政策，累计为29户普惠小微企业实施延期偿还贷款本金78笔6603万元。年末，各项贷款余额119.19亿元，比年初净增8.33亿元，增长7.51%。实施“第一个人金融银行”战略，个人全量客户比年初新增3.17万户，储蓄存款比年初净增7.12亿元。践行外汇业务首选银行战略，推广跨境人民币汇出汇款便利化业务，完成首笔“中国国际贸易单一窗口”跨境人民币汇出汇款业务和首笔电子交易平台远期结汇业务。年末，涉农贷款比年初净增3.86亿元，其中普惠型涉农贷款净增7147万元。加强信用风险管控，落实“一户一策”清收方案，实施清收处置，持续优化信贷资产，全年清收转化不良贷款5011万元。全行不良贷款余额2905万元，比年初下降1060万元；不良率0.24%，比年初下降0.12个百分点，不良额、不良率持续双降。

（李维荣）

【中国农业银行股份有限公司楚雄市支行】 2022年，中国农业银行股份有限公司楚雄市支行坚持存款核心地位，加强公私联动，调整业务结构，推进与各类客户的业务合作，各项存款稳定增长。年末，各项存款余额92.1亿元，比年初增加9亿元，完成计划任务的111.87%，增长10.94%。其中，对公存款时点余额43.42亿元，比年初增加3.9亿元，增长9.83%，四行存量占比27.22%，增量占比621.5%，居第一位；个人存款时点余额48.7亿元，年增量5.2亿元，增长11.95%，四行存量占比32.35%，增量占比31.6%，均列第二位。聚焦楚雄州重大项目建设，加大对全市重点领域、重点建设项目、小微企业和“三农”信贷投入，成功办理全州首笔外部银团贷款，对云南省绿色能源重点项目“晶科能源10吉瓦（一期）基础设施建设项目”投放项目贷款10亿元，向楚雄市级医院投放流贷及重大设备更新改造贷款2.5亿元，支持发放5个乡镇土地占补平衡贷款3000万元。年末，各项贷款余额51.12亿元，比年初增加4.17亿元，完成计划任务的82.64%，增长8.89%。其中，对公贷款时点余额25.67亿元，比年初增加26.45亿元，增长11.49%；个人贷款时点余额25.46亿元，年增量1.53亿元，增长6.39%。坚持科技赋能，持续推进数字化转型业务，全年发放社保IC卡4.1万张，退役军人优待证1.4万张，掌银月活客户5.8万户，拓展微商圈商户511户。在楚雄市7个坝区乡镇代管中心账户签约“三资”（农村集体资金、农村集体资产、农村集体资源）管理平台并上线运行。投入运行州市两家医院银医通业务，为客户提供预约挂号、取号、缴纳药费、查询、打印等就医方面的便捷服务。打造楚雄市小学订餐配送服务平台，为全市近万名学生、家长提供金融订餐服务。年内，全行涉农贷款19.51亿元，绿色信贷2.8亿元，惠农e贷1.4亿元，农户信息建档1690户，在楚雄市15个乡镇设立惠农支付点76个，普惠金融服务站40个，惠农通引荐服务点19个。开创“威楚肉牛贷”品牌，向楚雄市辖区乡镇养殖大户授信1000余万元，投放全州第一笔活体抵押智慧畜牧贷300万元。与楚雄市人民政府签订《金融服务乡村振兴战略合作协议》，开启“银政”创新合作新篇章。

（顾　珊）

8月2日，中国银行保险监督管理委员会楚雄监管分局组织开展2022年金融知识宣传月联合宣教活动　（中国银行股份有限公司楚雄州分行　提供）

9月1日，中国建设银行股份有限公司楚雄州分行帮助楚雄滇中有色金属公司建立个性化“智慧食堂” （中国建设银行股份有限公司楚雄州分行 提供）

【中国银行股份有限公司楚雄州分行】 2022年末，中国银行股份有限公司楚雄州分行人民币日均存款余额46.04亿元，比上年末新增0.45亿元，增长0.99%。其中，公司日均存款25.96亿元，比上年末减少1.34亿元，下降4.9%；个人日均存款20.08亿元，比上年末新增1.79亿元，增长9.8%。人民币时点贷款余额62.07亿元，比上年末新增2.26亿元，增长3.79%，其中，公司贷款45.42亿元，比上年末新增1.3亿元，增长2.95%；个人贷款16.65亿元，比上年末新增9609万元，增长6.13%。外币日均存款余额605万美元，比上年末减少19万美元，下降3.02%，其中，公司外币存款54万美元，比上年末增加18万美元，增长51.35%；个人外币存款551万美元，比上年末减少37万美元，下降6.34%。外币贷款时点余额3万美元（全部为银行卡透支），比上年末增加1万美元，增长96.95%。全年办理国际结算业务量2912万美元，比上年末增加191万美元，增长7.03%；办理跨境人民币结算量7118万元，比上年末减少1052万元，下降12.88%。行政事业拓客完成率63.08%，全辖排第三名；州公积金、国土及法院时点存款3.22亿元，比上年末增加1.06亿元，日均存款3.36亿元，比上年末增加2.92亿元；为州自然资源局开通全球现金管理平台业务，年内新增日均存款7000万元。政府专项债资金留存余额2.2亿元。华电、国电投新能源公司获批授信总量17.28亿元，累计实现投放1.34亿元。普惠型小微企业贷款1.87亿元，比年初新增7093万元，完成全年省行下达任务计划6235万元的113.76%。与滇中有色、华电能源等单位开展党建共建活动，获批授信总量8.8亿元，投放8000万元。加大对重大项目的支持力度，上报并获批姚南高速公路授信总量12亿元，实现投放2亿元。抢抓绿色光伏及“县县通高速公路”建设发展“黄金窗口期”，围绕楚雄州建设绿色能源光伏之都核心基地及滇中交通枢纽中心，营销对接华电、国电投、中电建、中广核、三峡、华能等新能源公司及姚南、牟元高速公路。投放对公普惠贷款4555万元，对私普惠贷款2538万元；新增普惠型小微贷款户数33户，其中，普惠小微企业法人新增6户，小微企业主及个体工商户新增27户，新增普惠首贷户29户，新增普惠型涉农贷款余额2500万元，完成全年任务的193.96%。支持科技型中小企业、高新技术企业9户，金额2.75亿元。开展助企纾困解难，利用“中银接力通报”续贷产品为2户客户提供无还本续贷金额1100万元，为26户客户办理还旧借新贷款4806万元；为4户高速公路贷款主体降低贷款利息，共让利392.85万元；为中小微企业客户降低融资成本10余万元，减免各类费用4.5万元。

（李应国）

【中国建设银行股份有限公司楚雄州分行】 2022年，中国建设银行股份有限公司楚雄州分行实现各项存款时点余额68.78亿元，比年初增加1.28亿元，增长1.9%；各项贷款余额42.51亿元，增加6.08亿元，增长16.69%，不良贷款额、不良贷款率考核排名居系统前列。开展全省首笔支持政府资产盘活增加有效投资融资创新模式业务，实现楚雄市城市供水水源地九龙甸水库资产及经营权转让项目3.5亿元固定资产贷款投放，被楚雄州人民政府列为“盘活存量资产，增加有效投资”创新融资新模式。聚焦民营小微企业，为楚雄市1130户个体工商户及小微企业投放线上贷款6.79亿元；对涉及小微企业的34项服务收费项目进行减免或优惠，小微企业贷款平均利率比年初下降0.1个百分点，全年在楚雄市办理延期普惠型贷款176笔9145.11万元，办理小企业无还本续贷125笔6793.47万元。落实“住房租赁战略”，助推公租房市场稳健经营，通过市场化方式有效盘活存量公租房资产。楚雄市辖区普惠贷款新增0.93亿元，贷款客户新增362户；深化云税互动，“云税贷”在楚雄市新增297户4771.91万元；“善担贷”在楚雄市投放12户1648.89万元；“收单云贷”“拉卡拉商户云贷”等商户类贷款在楚雄市新增53户750.4万元。围绕住房租赁市场，在全省首批完成保租房管理系统上线，年末3个公租房项目866套房源进入保租房系统，保障房源录入率100%。依托政府采购信息办理E政通业务10笔1944万元，依托核心企业办理供应链融资E信通业务3笔160万元；“我要上学”平台新上线楚雄市辖区学校14家，全年实现缴费3.1万笔2180.91万元，全市14个乡镇103所小学的1882名适龄儿童通过“我要上学”完成预报名；建行智能化“智慧食堂”就餐平台投入使用，实现餐补实时查询、就餐卡免去挂失补卡烦琐手续等多项功能。依托“裕农通”服务点为农户和合作社提供综合金融服务，年末涉农贷款余额30.82亿元，其中金融精准扶贫贷款3327.54万元；办理个体工商户经营快贷58笔573万元。

（李昊熹）

【交通银行股份有限公司楚雄分行】

2022年末，交通银行股份有限公司楚雄分行本外币资产总额69.91亿元，比年初减少2.13亿元，下降2.95%；负债总额70.52亿元，比年初增加1.43亿元，增长2.06%。本外币各项存款余额44.06亿元，比年初增加5.55亿元，增长14.41%；日均存款余额40.38亿元，比年初减少1.73亿元，下降4.1%。本外币各项贷款余额73.06亿元，比年初增加0.82亿元，增长1.13%；日均贷款余额70.05亿元，比年初增加1.11亿元，增长1.62%。计提资产减值损失前的利润总额1.34亿元，比年初减少0.32亿元，下降19.16%。投放滇中有色和晶科能源各1亿元流动资金贷款，制造业贷款较年初增加8155万元，增长84.36%。对接州内重点领域贷款项目，出具设备更新改专项贷款项目授信意向书9份，金额1.32亿元；出具制造业中长期贷款项目授信意向书4份，金额5.49亿元，数量和金额均在州内排名第二位。结合“一县一业”对接走访楚雄市等县（市）优质企业，承办召开交通运输行业银企融资对接会，抓实乡村振兴和普惠小微业务发展，普惠小微贷款增长22.4%，完成监管下达目标。全年累计发放住房按揭贷款148笔，住房公积金贷款105笔，金额9095万元，非房消费贷投放比上年净增1648万元。

（和　立）

【中国邮政储蓄银行股份有限公司楚雄市支行】　2022年末，中国邮政储蓄银行股份有限公司楚雄市支行各类贷款结余31.04亿元，比年初增加4.32亿元；各项存款余额14.23亿元，比年初增加0.83亿元。实现收入5404.01万元，比上年增长2.03%；实现利润总额3281.28万元，增长1.74%。逾期贷款1815.88万元，比上年末减少1036万元；不良贷款1766.57万元，比上年末减少1054万元，不良贷款实现双降，不良率控制在限额管控指标内。以小微易贷信用模式及抵押模式为拳头产品，支持企业经营发展，小企业贷款净增2701.38万元，普惠小微企业贷款净增2147.89万元；涉农贷款余额2.27亿元，比年初新增4714.57万元；普惠型涉农贷款余额6737.57万元，普惠小微贷款余额1.49亿元，小微企业贷款净增与投放排名全州第一位，获云南省分行小微企业业务先锋支行二等奖。与楚雄市税务局及开发区税务分局签订银税互动协议，联动银税互动企业贷款投放71户，新增放款7119.5万元。聚焦乡村振兴，建立乡村振兴服务专业团队，开展信用村建设与农户线上纯信用贷款，家庭农场大户纯信用贷款最高可达50万元，重点涉农企业纯信用贷款最高可达1000万元，一般农户纯信用贷款最高可达10万元。聚焦特色产业，开展白名单准入制，针对特色产业名单准入开展特色授信政策宣传，推出“肉牛贷”“玫瑰花贷”“枇杷贷”“果蔬贷”等农特产品专项贷款产品，发放肉牛肉羊养殖贷款1559户，金额1.02亿元。推进信用村建设，优化建设与授信流程，丰富线上产品推广，实现农户、家庭农产等特色经营主体贷款现场受理、现场放款，全年发放线上农户信用户贷款965.97万元。参与社会化拥军优属工作，针对现役、退役军人、新兵发放军人服务卡238张；承担楚雄市八角、吕合、紫溪、三街、子午、东华、树苴、中山8个乡镇退役军人优待证申领服务工作。

（李艳萍）

【上海浦东发展银行股份有限公司楚雄分行】　2022年末，上海浦东发展银行股份有限公司楚雄分行各项存款余额25亿元，比年初增加11.15亿元，增长80.52%，其中，单位存款余额15.73亿元，占各项存款的62.92%，比年初增加8.93亿元，增长131.49%；个人存款余额9.28亿元，占各项存款的37.12%，比年初增加2.22亿元，增长31.45%。各项贷款余额11.07亿元，比年初增加3386.97万元，增长3.16%，其中，公司贷款余额9.83亿元，占贷款总额的88.81%，比年初增加3138.15万元，增长3.3%；个人贷款1.24亿元，占贷款总额的11.19%，比年初增加248.84万元，增长2.05%。表外理财非标资产投资业务余额48.77亿元，其中，“扶贫基金”业务余额37.94亿元，“平滑基金”业务余额3.43亿元，“棚改基金”业务余额7.4亿元。不良贷款余额779.87万元，不良率0.7%，不良额比上年末减少198.7万元，不良率下降0.21个百分点，实现不良额、不良率双降，完成楚雄银保监分局下达的不良贷款“双控”任务指标。

（陈晓路）

【富滇银行楚雄分行】　2022年末，富滇银行楚雄分行各项存款余额56.15亿元，比上年新增14.84亿元，其中，公司存款余额24.63亿元，零售存款余额31.52亿元；各项贷款余额33.1亿元，比上年新增6.75亿元，其中，公司贷款余额24.18亿元，零售贷款余额8.93亿元；信贷稳增长任务全年完成率132.81%。在楚雄州银行业金融机构年度考核中排名第五位，受到州人民政府通报表扬。加强银政合作，与州人民政府签订战略合作协议，成功落地元谋县地方政府专项债1.48亿元；成功竞标州本级社保基金定期存款2.52亿元；完成楚雄市西门小区保障房建设1.37亿元项目审批，投放1.05亿元；审批晶科能源2亿元固定资产购置贷款，投放1732万元；向州内国有企业发放流动资金贷款1.1亿元；对接楚雄州国有资产投资集团1亿美元债发行项目、滇中楚雄科创城建设项目前期贷等重点项目。年内，向州内中小微企业、农业产业特色区域发放普惠金融贷款3.3亿元，普惠领域“双口径”指标全面达标，普惠金融贷款增长159%，全州排名第一；办理无还本续贷业务10笔，金额5810万元。新设乡村振兴站点60个，累计设立103个。聚能贷成功授信1160户；个人线下贷款投放160笔，金额5883万元。清收处置不良贷款631.11万元。

（冷梦霞）

【曲靖市商业银行楚雄分行】　2022年末，曲靖市商业银行楚雄分行各项存款余额16.02亿元，比年初增加5.45亿元，增长51.65%；各项贷款余额14.62亿元，比年初增加5.44亿元，增长59.33%。跟进重大项目、重点企业，用好项目信贷产品，发放保障性公共租赁住房经营权收购项目融资贷款2.9亿元，成为全曲商行首笔特定资产收益权质押融资业务。加大对实体经济、小微企业、绿色发展、制造业等领域融资支持力度，年末普惠贷款余额5.81亿元，比年初增加1.99亿元，增长52.09%；年度普惠贷款增量计划完成率排名全行第一，占全行增量的79.28%。

（王怡曦）

【楚雄红塔村镇银行股份有限公司】 2022年末，楚雄红塔村镇银行股份有限公司资产总额21亿元，比年初减少18.32万元，下降0.01%；负债总额18.74亿元，比年初减少231.9万元，下降0.12%；所有者权益2.26亿元，比年初增加213.58万元，增长0.95%。各项存款余额14.34亿元，比年初减少1.37亿元，下降8.71%，其中，单位存款4.53亿元，比年初减少3.34亿元，下降42.43%，占各项存款的31.59%；个人储蓄存款9.8亿元，比年初增加1.97亿元，增长25.12%，占全部存款的68.34%。各项贷款余额17.06亿元，比年初增加4980.75万元，增长3.01%，其中，农户及小微贷款余额12.72亿元，占各项贷款总额的74.52%，比年初新增5197.77万元，增长4.26%。全行总贷款户数4373户，其中，农户贷款户数1665户，小微企业贷款户数1512户，农户及小微企业贷款户数占全行贷款户数比重为72.65%。年内，在楚雄州首创“兴农之家”乡村振兴服务咨询点，将业务下沉乡镇，由3个业务团队负责咨询点日常工作，并在楚雄市苍岭镇建立分理处，联系城区5个营业网点开展服务乡村振兴工作，为楚雄市15个乡镇的农户提供金融服务。

（唐代强）

【楚雄市农村商业银行股份有限公司】 2022年末，楚雄市农村商业银行股份有限公司各项存款余额137.38亿元，比年初增加7.11亿元，增长5.45%。各项贷款余额115.73亿元，比年初增加10.37亿元，增长9.84%，其中，公司贷款余额35.17亿元，比年初增加4.75亿元，增长15.6%；个人贷款余额62.16亿元，比年初增加2.14亿元，增长3.57%；各项贷款占总资产的72.36%，存贷规模市场份额在楚雄市14家银行机构中保持第一位。年内，实现营业收入7.06亿元，比上年增加0.26亿元，增长3.82%；实现净利润0.3亿元，比上年增加0.2亿元，增长192.34%；上交各类税金4504.4万元。年末涉农贷款余额56.71亿元，普惠型涉农贷款余额净增3.99亿元，增长21.41%，完成涉农贷款信贷投放持续增长目标和涉农贷款增长目标。发放脱贫人口小额信贷783户，金额3556万元，年末脱贫人口小额信贷余额1.63亿元，惠及建档立卡脱贫户3638户。发放“贷免扶补创业小额贷款”“失业人员小额贷款”1300户，贷款余额2.08亿元。推进小微企业金融服务“量增、价降、面扩”工作，年末单户授信总额1000万元以下（含）的普惠型小微企业贷款余额24.24亿元，增长14.39%，比各项贷款增速高4.55个百分点；有贷款余额的户数8114户，比年初6616户增加1498户，为18户首贷户提供贷款2.19亿元。为紫溪镇量身打造“紫溪贷”系列金融产品，推出“彝绣贷”“惠牛贷”“炊烟贷”等12个贷款产品，年末“紫溪贷”授信124户，授信金额2080万元，用信金额1658.05万元。推出“担保公司担保+肉牛活体抵押”贷款模式，解决养殖户无担保无抵押难题。在全州银行业首家推出“批量担保”业务，满足养殖户信贷资金需求。推出“农担快捷贷”，为农户、家庭农场、种植养殖大户、农民合作社等解决10～300万元资金需求。与楚雄高新区签订“创指贷”战略合作协议，为科技型创新企业办理创指贷2户，金额2350万元。发放绿色能源、绿色食品、健康生活目的地“三张牌”贷款3.03亿元，余额5.57亿元；支持“四个一百”重点项目贷款余额1.9亿元；支持路网、水网、能源保障网、航空网、互联网“五网”建设贷款1.84亿元，余额5.81亿元；提供绿色信贷支持5.13亿元、604户，余额6.44亿元，存量户数594户；为21户科技型中小企业发放贷款2.78亿元，余额2.8亿元。年末，持有地方政府债券10.24亿元，占债券总投资额度的32.59%。制定《楚雄市农村商业银行稳企业保就业专项行动方案》，开展企业融资服务专项行动，对接专精特新企业27户，建立业务关系16户，给予信贷支持1.87亿元。建立健全“敢贷、愿贷”长效机制，对授信总额1000万元以下（含）的小微企业、个体工商户、小微企业主贷款，利率比上年末下降31个BP；加大对春耕备耕、禽畜养殖等的金融支持力度，向人民银行申请再贷款6.57亿元，对授信总额3000万元（含）以下的民营企业、小微企业贷款，给予不高于5.5%的优惠利率。开展民营、小微企业首贷培育行动，办理无还本续贷19户，续贷余额1.56亿元，办理普惠小微延期贷款本金3.11亿元；支持中小微企业268家，涉农贷款与小微企业贷款扣除重复部分的期末余额71.46亿元，占各项贷款总额的61.75%。起诉不良贷款119笔，金额1.92亿元；申请强制执行不良贷款73笔，金额1.61亿元；收回贷款本金44笔，金额1811.67万元，贷款利息62.8万元；全年清收处置化解不良贷款2.39亿元。

（杨德会）

保险业

【中国人民财产保险股份有限公司楚雄支公司】 2022年，中国人民财产保险股份有限公司楚雄支公司实现保费收入1.68亿元，其中，车险保费收入1.29亿元，非车险保费收入2915万元，农业保险保费收入929万元；上缴地方税收1147.39万元；直接赔款1.07亿元，综合赔付率61.93%。

（程　愉）

【中国人寿保险股份有限公司楚雄分公司】 2022年，中国人寿保险股份有限公司楚雄分公司实现保费收入9.78亿元，预算完成率104.49%，其中，长期险首年标准保费4706.58万元，预算完成率104.71%；首年期保费1.36亿元，预算完成率119.46%；10年期及以上首年期保费7339.21万元，完成年度预算目标的132.55%；短期险保费6595.38万元，预算完成率92.93%；政策性健康险保费2.59亿元，预算完成率111.79%。创新防贫保险产品，提供乡村振兴惠民保险3大类11个产品，承保建档立卡脱贫人口10.2万人，为7.67万人提供防贫保险保障23亿元，保费收入173.69万元。参与多层次社会保障体系建设，深入农村开展农村小额意外伤害保险、计生险、老龄险、学生保险等普惠金融保险，为44.03万人提供170亿元保险保障，保费收入4800万元；大病保险覆盖220万名城乡居民，全年受理大病保险赔案4.39万人次，给付金额1.87亿元。为全州222.48万名城乡居民提供大病健康保险服务；对全州农村低收入人口实施大病保险倾斜政策，起付线降低50%，报销比例提高5%，取消大病封顶线。助推民生保险保障，成为“楚雄惠民保”主承保商。

（邓开聪）

【中国太平洋财产保险股份有限公司楚雄中心支公司】 2022年，中国太平洋财产保险股份有限公司楚雄中心支公司实现保费收入1.16亿元，其中，车险保费收入9037.5万元，非车险保费收入1488.44万元，农业险1081.53万元；入账承保数量69.84万条，承担风险保额3012.64亿元；发生理赔案1.72万件，赔付总金额7924.11万元；上缴地方税收1718.03万元（含代扣代缴车船税1132.95万元）。开展肉牛、肉羊养殖保险项目，发挥保险保障作用，增强肉牛、肉羊产业抵御市场风险的能力，提高肉牛肉羊保险的覆盖面。年末，承保肉牛及能繁母牛1156头，涉及养殖户480户，保费收入23.1万元，保额717.2万元，报案数6件，赔付金额4.5万元。

（王晓婷）

【中国太平洋人寿保险股份有限公司楚雄中心支公司】 2022年，中国太平洋人寿保险股份有限公司楚雄中心支公司完成总保费收入2.24亿元，比

6月15日，中国人寿保险股份有限公司楚雄分公司参加楚雄市“守住钱袋子 护好幸福家”宣传活动 （中国人寿保险股份有限公司楚雄分公司 提供）

上年增长0.9%，其中新保保费收入7200.43万元；完成标准保费1.13亿元，比上年下降22.24%；个险业务完成标准保费收入9128万元，比上年下降27.4%，实现新保保费2778.96万元，比上年下降27.7%；完成团体业务整体新保保费收入4143.55万元，比上年增长8.98%，期缴标准保费收入1581.6万元，比上年增长77.26%；保费继续率92.01%，保单件数继续率83.03%。年内，理赔服务830人次，结赔案661件，比上年增长17.83%；支付赔款1257.72万元，比上年增长1.21%（其中，身故赔案56件，支付赔款291.58万元；重疾险赔案89件，支付赔款777.72万元；医疗险赔案516件，支付赔款188.42万元）。全年实现长期健康险总保费收入3970.6万元，保费收入基本与上年度持平；一年期健康险总保费收入146.5万元，比上年下降14.97%。

（丁忠贤）

【中国平安财产保险股份有限公司楚雄中心支公司】 2022年，中国平安财产保险股份有限公司楚雄中心支公司原保费收入3.31亿元，其中，车险保费收入2.22亿元，农业险保费收入4616.54万元，财产险、意健险及其他原保费收入6253.89万元；赔款支出2.25亿元，承保件数58.7万件，保险保额合计20096.52亿元。年内，承保烟叶种植保险7800.39公顷，涉及农户1.29万户，保额1.81亿元；承保商业性肉牛3头，保额1.5万元。

（母有玲）

【中国平安人寿保险股份有限公司楚雄中心支公司】 2022年7月1日，中国平安人寿保险股份有限公司楚雄中心支公司下设1个营业网点（禄丰网点），在职内外勤109人，其中，内勤12人，业务员97人。全年实现保费收入5107.67万元，比上年下降12.88%，原保费收入比年初提升5%以上；完成赔付支出584.61万元，其中，死伤医疗给付334.09万元，满期给付159.79万元，年金给付54.96万元，赔款支出35.77万元。扩展保障范围，对上市的80款长期疾病保险进行责任扩展；持续使用线上保单服务、线上理赔服务、线上续期缴费渠道、线上增值服务，为消费者提供服务便利。防范非法集资，组织开展涉非涉稳风险排查2次。

（谢 婷）

【中国大地财产保险股份有限公司楚雄中心支公司】 2022年，中国大地财产保险股份有限公司楚雄中心支公司实现保费收入2.08亿元，比上年增长9.05%，提供保险保障4889.94亿元。其中，车险保费1.5亿元，增长5%；财产险2771.48万元（其中农

业险2064.53万元），增长23%；意外险2274万元，增长10.03%；健康险269.04万元，下降1.47%；保证保险998.93万元，增长52.22%。赔付率58.04%，实现利润311.19万元。市场占比15.42%。缴纳税费2495.9万元（其中代扣代缴车船税1936.3万元），缴纳社会保险费377.92万元，支付赔款1.21亿元。拓展经营农业保险险种，推进农业保险"扩面、增品、提标"，实现政策性农业保险保费收入2064.53万元，提供保险保障4.74亿元，支付赔款1409.89万元，其中，养殖业保险承保34.68万头，保费1311.98万元，为2.4万户农户提供2.72亿元的风险保障；种植业保险承保2.69万公顷，保费752.55万元，为8.05万户农户提供2.01亿元的风险保障。年内，推出"企业福""阖家乐"等新冠疫情防控专属保险产品，扩展意外医疗费用、住院津贴、隔离费用等保险保障，"企业福"团意险投保人数1377人，实现保费收入59.76万元，提供保险保障10.1亿元；"阖家乐"家庭综合意外保险投保家庭户数601户，实现保费收入15.42万元，提供保险保障7.02亿元。基于移动互联平台推出5G智能大地理赔宝，报案至结案支付全过程时效提升至"小时"时代。运用"大地云农App"，为楚雄州小春作物大范围雪灾的灾情勘查、信息甄别和救灾止损提供技术支持与保障。

（罗玉萍）

【泰康人寿保险有限责任公司云南楚雄中心支公司】 2022年，泰康人寿保险有限责任公司云南楚雄中心支公司在全州设网点8家，实现总保费收入1.45亿元，其中，趸交保费171.94万元，首年期交保费1458.99万元，短期险保费227.94万元，续期保费1.26亿元；总赔付金额4082.79万元，服务客户3.31万人次。升级服务体系，服务内容从保险支付向前后端扩展，实现全流程零人工干预智能化"信用赔"服务，秒级结案；"健保通"覆盖医院1家，重疾绿色通道服务覆盖医院3家。

（张 杰）

【新华人寿保险股份有限公司楚雄中心支公司】 2022年，新华人寿保险股份有限公司楚雄中心支公司在职人员413人，其中，内勤人员32人，外勤人员381人。全年实现保费收入1.95亿元，其中，首年期交保费7193.76万元，趸交保费5054.33万元，短期险保费190.17万元，续期保费7038.24万元。完成理赔案件1380件，赔付金额1057.39万元，获赔率96.82%，其中，医疗理赔1296件，重疾理赔52件，身故理赔30件，伤残理赔2件。保费豁免12件（不计入理赔件数），医疗赔付243.19万元，重疾赔付491.2万元（重疾单件最高赔付48万元），身故赔付315万元，伤残赔付8万元，豁免保费69.54万元。

（赵海燕）

【"楚雄惠民保"上线启动销售投保】 2022年9月16日，城市定制型商业健康保险"楚雄惠民保"上线启动销售投保，投保范围为参加楚雄州基本医疗保险的在保人员，参保人员不限年龄，不限投保人健康状况，保险期间为2023年1月1日零时至12月31日24时，缴费档次为68元和128元，缴费人可通过"楚雄惠民保"微信公众号、职工医保卡等多种方式交纳保费。保障范围涵盖住院费用、特殊疾病门诊费用、特定高额药品费用，并在省内首创"医保+惠民保""一站式"理赔，将医保目录外费用纳入报销范围，个人最高保障额度590万元，特药、CAR-T免疫细胞治疗、质子重离子医疗纳入保障且实现零免赔。"楚雄惠民保"由中国人寿保险股份有限公司楚雄分公司首席承保，中国太平洋财产保险股份有限公司楚雄中心支公司、中国人民健康保险股份有限公司楚雄中心支公司、太平财产保险有限公司楚雄中心支公司、诚泰财产保险股份有限公司楚雄中心支公司、中国人寿财产保险股份有限公司楚雄中心支公司共保。截至12月31日，6家共保单位承保22.06万人，收取保费2215.46万元，并实现理赔与社保"一站式"结算。其中，职工投保7.23万人，占32.78%，居民投保14.83万人，占67.22%；68元档次投保10.13万人，占45.93%，128元档次投保11.93万人，占54.07%；微信支付方式缴费1465.62万元，占66.15%；医保扣费方式缴费750.02万元，占33.85%。"楚雄惠民保"采用"一站式"结算，实现大病商业保险系统与社会基本医疗保险系统省级对接，成为全国首创。"楚雄惠民保"经全国惠民保专门研究中心评审，在全国240个惠民保项目价值评估中位列全国第7。

（邓开聪）

证券业

【太平洋证券股份有限公司楚雄营业部】 2022年，太平洋证券股份有限公司楚雄营业部把"风险防控，合规经营"作为首要工作，严格执行《证券经纪业务管理办法》《太平洋证券股份有限公司经纪业务客户交易行为管理实施细则》《太平洋证券股份有限公司分支机构合规管理工作实施细则》《太平洋证券股份有限公司零售经纪管理总部廉洁从业实施细则》，完善公司治理结构和内部管理制度，建立健全客户交易行为管理内部制度，明确内部组织分工以及了解客户、交易监测监控、异常交易行为处理、监管协同等事项，推进差异化经营，追求股东和社会价值的最大化，促进长期可持续发展。参与打击非法集资及反洗钱宣传工作，全年发放宣传资料及提示信息2万余份。

（罗正华）

【南京证券股份有限公司楚雄营业部】 2022年，南京证券股份有限公司楚雄营业部围绕"坚定信心、保持定力、深化管理、稳中求进"的工作主基调，秉承"专业服务、创造价值"的服务理念，组织开展年度各项工作。在做好传统经纪业务的同时，服务小微企业，为楚雄州100余户企业提供企业上市规划、企业战略规划、财务梳理、融资咨询等服务，帮助10余户企业在股权交易中心成功挂牌。年内，被授予"2022年度楚雄州中小企业上市挂牌优秀服务机构"称号。

（曾 超）

【红塔证券股份有限公司楚雄营业部】 2022年，红塔证券股份有限公司楚雄营业部围绕“红塔智越”财富管理品牌，提升客户服务体验，推动建设涵盖投资者全方位需求的财富管理体系。持续实施互联网平台迭代升级，搭建互联网业务场景，推动互联网服务、产品、运营体系建设。持续推进标准化服务和产品体系的建设完善工作，完善金融产品线，拓展投资顾问产品体系，培育和扩大理财客户群体，满足客户多元化的投资理财需求，支撑财富管理业务转型发展，获得“新财富”最佳投资顾问荣誉。坚持稳健经营的原则，加强精细化管理，优化业务流程，以客户需求为中心，顺应市场变化和监管要求，挖掘客户需求，探索客户个性化需求实现方案，优化融资融券服务，提升融资融券业务增值服务水平，推进融资融券业务发展。依托公司国家级投资者教育基地，组织开展“投资者保护活动”19场次，通过线上与线下相结合的方式对9300余个投资者开展各项投资者保护工作。年内，实现A股交易量146.83亿元，基金交易量2.18亿元，债券回购33.46亿元。

（王卫华）

其他非银行金融机构

【概况】 2022年，楚雄市向州融资担保公司缴存担保贷款风险补偿准备金250万元，助力符合条件且有融资需求的经济实体获得担保贷款。楚雄市财政局加强辖区内2家融资担保公司日常监管，配合州金融办对2家融资担保公司进行2021年分类监管评级。

（杨 惠）

【楚雄州融资担保有限责任公司】 2022年，楚雄州融资担保有限责任公司注册资本金1.7亿元，全年开展贷款担保业务2925笔、金额6.35亿元，解除担保责任贷款917笔、金额4.21亿元。年末，在保贷款7233笔，余额11.76亿元。

（徐晓婷）

【楚雄本宽融资担保有限公司】 2022年，楚雄本宽融资担保有限公司与合作银行开展见贷即保业务，全年为553户农户及个人生产经营户获得银行贷款支持9462.9万元。年内，新增担保717笔，发放贷款4.77亿元，解除担保责任2.22亿元；免收担保企业保证金3531.22万元，减免担保费717.03万元。年末，在保贷款户数705户747笔，比年初增加339户，在保贷款余额5.06亿元，比年初增加2.55亿元，被担保人均为小微企业及“三农”主体，户均在保贷款71.73万元。

（韩鹏程）

【云南聚丰典当有限公司】 2022年，云南聚丰典当有限公司以房地产典当为主营业务，注册资本金1000万元，实收资本1000万元。年内，新增典当金额460万元，为动产质押典当，实现营业收入79.78万元。年末，典当余额310万元，为动产质押典当2笔，余额310万元。

（王 玮）

【楚雄得源典当有限公司】 2022年，楚雄得源典当有限公司以房产、汽车、批量物资、民品（黄金、钻石、翡翠、名表、奢侈品等）抵押、质押贷款为主营业务，注册资本金1200万元，实收资本1200万元。年内，新增接当量31当，典当金额103.96万元；收回37当，金额111.06万元；新增质押贷款25.57万元。年末，结余当量42当，典当余额1285.32万元，其中，抵押贷款余额1080万元，质押贷款余额205.32万元。

（史永明）

【楚雄市汇通小额贷款有限责任公司】 2022年，楚雄市汇通小额贷款有限责任公司加强风险防控，发展增量客户，控制经营成本，实现平稳发展。公司注册资本金2300万元，主要经营范围是在楚雄市内办理各项小额贷款。年内，在职员工5人，发放贷款1笔2万元，收回贷款149万元，实现经营利润230万元。年末，存量贷款21笔，贷款余额1346.66万元，其中支农贷款1070万元，占比79%。

（李忠衡）

【楚雄海联小额贷款股份有限公司】 2022年，楚雄海联小额贷款股份有限公司注册资本金6000万元，为中国小贷协会会员、云南省小贷协会副会长单位，连续七年在全省小额贷款公司监管分类评级中被评为A类A级。年内，发放贷款48笔4278.1万元，回收贷款4043.1万元，实现营业收入717万元。年末，存量贷款72笔，贷款余额8215.31万元；累计发放贷款9.2亿元，其中发放支农贷款6.12亿元，占贷款总额的67%；累计上缴税收2454万元。

（谢正刚）

【楚雄市达源小额贷款有限公司】 2022年，楚雄市达源小额贷款有限公司注册资本金6500万元，全年实现营业收入65.73万元，其中收回贷款利息63.53万元，亏损59.58万元。年末，贷款余额6113万元，其中涉农贷款2901.85万元，占贷款余额的47.47%。

（赵 靖）

〔栏目编辑：丁普瑞 马健平〕

房地产业

2023
楚雄市年鉴

房地产开发

【概况】 2022年末，楚雄市商品房建筑施工许可面积45.1万平方米，全年完成房地产固定资产投资68.38亿元，其中主城区完成房地产开发投资44.69亿元。累计建立房地产开发电子楼盘42个、商品房0.8万套，楼盘面积82.49万平方米；受理审核预售资金申请493笔，累计支取金额28.5亿元；变更、更正商品房买卖合同备案登记140件，撤销备案登记465件。年内，审批发放商品房预售许可证42份，批准预售面积73.14万平方米。

（高伟茗　黄晓萍）

【土地供应】 2022年，楚雄市坚持节约集约利用土地原则，采取长期租赁、先租后让、租让结合、弹性出让等方式加大产业用地供应，根据房地产市场情况适时调整城镇住宅用地供应量，强化土地收购储备制度，实施城镇建设用地集中供应和土地使用权公开交易制度，保障土地合理高效利用。年内，供应土地51宗387.93公顷，合同价款13.72亿元，实际收缴入库非税收入15.59亿元。其中，划拨土地12宗，面积204.12公顷，划拨费1931.84万元；出让土地39宗，面积183.81公顷，土地出让成交总价款13.53亿元。

【征地拆迁】 2022年5月24日，楚雄市被列为云南省集体土地征收标准化建设试点县市之一。楚雄市成立集体土地征收标准化建设试点工作领导小组，制定印发《楚雄市集体土地征收标准化建设试点工作方案》，抽调部门业务骨干组成工作专班，统筹推进全市集体土地征收标准化建设试点工作。制定印发《楚雄市征收集体土地补偿安置实施意见》，组织政策业务培训8场次，召开乡镇和村（居）委会干部会议、村小组党员干部会议、村小组户长会加强政策宣传，规范征收集体土地补偿安置行为，保障农村集体经济组织和被征地农民的合法权益。年内，开展集体土地征收项目14个，面积306.34公顷。其中，处于启动征收阶段的项目3个，面积22.23公顷；补偿安置阶段的项目2个，面积17.04公顷；协议签订阶段的项目7个，面积189.56公顷，签订补偿协议63份（其中，征收集体土地补偿安置协议12份，其他地上附着物和青苗补偿协议45份，农村村民住宅补偿安置协议6份），协议补偿资金5460.4万元，预存征地拆迁补偿资金2761.4万元；完成征地审批并发布征地公告的项目2个，面积77.51公顷。全市签订集体土地征收协议33份，征收土地面积61.23公顷，签订地面附着物补偿协议12个，征地补偿总费用5021.63万元。

（黄文华）

房地产交易

【商品房销售】 2022年，楚雄市做好稳地价、稳房价、稳预期工作，制定出台《楚雄市暖企纾困助力房地产业平稳有序发展十五条措施》，帮助房地产企业纾困，满足群众刚性和改善性住房需求，防范化解房地产市场风险隐患，促进房地产业良性循环和健康发展。年内，销售新建商品房9637套，销售成交面积96.7万平方米，销售成交金额51.95亿元，交易均价5372.7元/平方米。

【二手房交易】 2022年，楚雄市推进不动产登记“一窗通办”，完善不动产登记服务体系，实现二手房屋交易、契税缴纳、不动产登记“一站式”服务。全市在云南省房地产综合信息管理平台登记的房地产经纪机构有71家，其中经营范围包含租赁业务的有28家；全行业从业人员1000余人，其中，持有房地产经纪人资格证67人，持有房地产经纪人协理资格证207人，全年完成二手房交易2601套，成交面积29.94万平方米，成交金额13.37亿元。年内，下发《责令改正违法行为通知书》2份，对5家房地产经纪机构的违法违规行为进行全行业通报。

【楚雄州第八届房地产展示交易会】 2022年7月23日，楚雄州第八届房地产展示交易会暨彩云购物节在楚雄市彝海公园火影浮动广场举行启动仪式，省住房和城乡建设厅二级巡视员太良华、省房地产业协会会长梁炳辉、州人民政府副州长李勇出席启动仪式并巡展，市委副书记、市长罗兴贵在启动仪式上致辞。展会作为火把节的系列活动之一，以“康养胜境·宜居楚雄”为主题，由楚雄州人民政府主办，楚雄州住房和城乡建设局、楚雄市人民政府、楚雄高新区管委会承办，宣传推介楚雄城市，集中展示楼盘信息，展期7月23日至8月7日共16天，累计参观人数6.45万人次。展会期间，房地产板块客户登记1522组，累计成交147套，成交面积1.92万平方米，成交金额1.01亿元；意向成交96套，意向成交面积1.22万平方米，意向成交金额5578.61万元。美食展区成

11月29日，市民在楚雄市便民服务中心办理二手房交易　（李　兵　摄影）

7 月 23 日，楚雄州第八届房地产展示交易会暨彩云购物节现场　（市住房和城乡建设局　提供）

交金额26.5万元；相关产业成交金额7.6万元，意向成交218万元。文创展区成交金额2.57万元，意向成交金额12.4万元。

（高伟茗　黄晓萍）

房地产市场管理

【概况】 2022年，楚雄市制定印发持续整治规范房地产市场秩序工作方案、关于防范化解房地产市场风险隐患26条措施的意见，持续开展房地产市场秩序专项整治行动，查处侵害群众利益的违法违规行为，规范房地产开发企业、中介机构、住房租赁企业、物业服务企业、金融机构、网络媒体的经营行为，净化优化房地产市场环境。严格执行新颁布的《房地产开发企业资质管理规定》，重新办理二级资质61户，资质变更6户。至年末，取得房地产开发资质的企业114户。

（高伟茗　黄晓萍）

【交房即交证改革】 2022年，楚雄市推进新建商品房“交房即交证”改革试点工作，制定印发《楚雄市新建商品房交房即交证实施方案(试行)》，提升不动产登记效率。市自然资源局、市住房和城乡建设局、市城管局等部门协调联动，强化项目施工管理，规范房地产开发企业建设行为。推进“多测合一”改革，把相近或属于同一审批阶段的多个测绘业务整合为一个测绘阶段，引导开发企业按照审批阶段，委托同一家测绘单位跟进测量，共用基础性测量成果，统一成果数据采集。推行预购商品房预告登记，购房人委托开发企业代为申请预告登记的，由开发企业通过“互联网+不动产登记”平台申请办理；对已办理预告登记的按揭商品房，由贷款银行通过“互联网+不动产登记”平台申请办理预购商品房抵押权预告登记，保护购房人合法权益。简化工作流程，在竣工验收及成果审查备案阶段、交房前准备阶段、不动产登记阶段，市自然资源局、市住房和城乡建设局等部门加强协作配合，强化全周期管理，推动为

1 月 13 日，香颂美地·澜庭小区实现交房即交证，业主代表领取不动产产权证书

（市自然资源局　提供）

6月11日，鹿城镇中大街社区文联街人民商场小区召开业主委员会成立大会
（陈自怀　摄影）

企业和购房人办理不动产登记提速增效，确保交房之日交证。试点工作开展以来，累计为东岸汀院、格林绿城一期、格林天樾、彝海学府、紫溪壹号、彝海山庄等14个新建商品房项目小区办理产权证书4853本。

（黄文华）

【“烂尾楼”项目复工】　2022年，楚雄市清理上报的7个烂尾楼项目得到云南省烂尾楼清理整治工作省级协调机制办公室认可并销号，涉及占地31.93公顷，计划总投资33.39亿元，建筑面积127.47万平方米，购房户3850户。年末，中央公园项目累计办理业主不动产权证742本，办证率95%；民族家园项目累计办理业主不动产权证165本，办证率80%；豪庭世家项目累计办理业主不动产权证82本；七彩嘉园项目完成规划验收；鹿鸣美郡项目形成房屋实际测绘报告，开发企业组织购房户缴纳维修基金；鹿鸣清城一期项目实现交房；鹿鸣清城二期项目处于总图施工阶段。

（高伟茗　黄晓萍）

物业管理服务

【概况】　2022年，楚雄市加强物业服务企业资质管理和物业行业自律建设，培育物业服务品牌企业，规范物业管理活动，全年新增物业服务企业70户。至年末，楚雄市市本级有物业服务企业72户，实施物业服务项目187个。其中，住宅项目150个，服务户数7.39万户，总服务面积104.67万平方米；非住宅项目37个，服务户数6812户，服务面积15.13万平方米；居住小区成立业主委员会122个。楚雄高新区有物业服务企业56户，实施物业服务住宅小区126个。

【物业行业管理】　2022年，楚雄市严格落实《楚雄彝族自治州物业管理条例》，执行守信联合激励、失信联合惩戒机制和红黑名单制度，建立健全物业服务标准、服务规范、投诉反馈机制，实行物业企业信息公示和物业管理从业人员挂牌上岗制度，引导督促物业服务企业依法管理、诚信经营。年内，楚雄高新区制定实施《高新区物业服务企业考核管理办法》，对有物业服务的小区每个月进行一轮随机抽取考核，每季度进行一轮全覆盖考核，实行物业服务“红黑榜”制度，提升物业服务能力和发展水平。

（黄晓萍　张智丹）

【红色物业】　2022年，楚雄市制定实施《楚雄市强化党建引领加强业主委员会建设实施方案》，健全完善社区党组织领导下的小区党组织、业委会、物委会、物业服务企业议事协调、服务评价、纠纷调处等机制，依法推进多方协商共治，构建形成党建引领、条块联动、制度保障、群众参与的物业管理新格局。开展“双报到双服务双报告”活动，建立“社区大党委—网格党支部—小区党小组”三级纵向到底的服务体系和“社区干部+共驻共建单位+网格员”三位一体的网格化管理体系，形成政治引领、法治保障、德治教化、自治强基、智治支撑的“五治”融合小区治理模式。年内，全市738个居住小区全部成立业委会或物委会，住宅小区业委会或物委会覆盖率100%，13个物业服务企业成立党组织，党组织覆盖388个小区。

（高伟茗　黄晓萍）

〔栏目编辑：丁普瑞　李国祥〕

交通 · 邮政 · 通信

2023
楚雄市年鉴

公　路

【概况】　2022年末，楚雄市境内公路全长7005.36千米。高速公路117.66千米，其中，G56杭瑞高速58.06千米，S32楚广高速11.26千米，S45楚姚高速8.22千米，G8012玉楚高速40.12千米。普通国道109.55千米，其中，G320沪瑞线53.23千米，G227元双线56.32千米。省道130.44千米，其中，S224三岔河至水塘公路73.79千米，S218楚雄至广通公路15.01千米，S612楚南一级公路41.64千米。农村公路6647.69千米，其中，县道1110千米，乡道1146.35千米，村道4391.34千米。15个乡镇通班车率100%，全市154个村（居）民委员会通班车率100%。市交通运输局全年完成交通固定资产投资30.36亿元，完成年度目标27亿元的112.44%。

【东南绕城高速项目】　2022年，楚雄市推进东南绕城高速公路项目建设，东南绕城高速公路起于G56杭瑞高速K125+000处，止于子午镇，连接在建国高网弥楚高速公路和规划楚景高速公路，主线长度28.03千米，批复概算总投资56.93亿元。年内，项目征地拆迁加快推进，第一批林地获得批复，项目建设临时用地、用电报批和施工进度抓紧推进。年末，项目征地、通信线路迁改全部完成，施工标段的主进场道路以及挡墙、涵洞、桩基浇筑等开工建设。

【楚景高速项目】　2022年，楚雄至景东高速公路项目取得用地预审与规划选址意见书，工程可行性研究报告取得批复，初步设计及相关支撑报件通过省交通运输厅审查；州自然资源和规划局出具耕地占补平衡指标标准；完成项目公司注册。楚雄至景东高速公路设计路线全长101.22千米，其中楚雄市境内77.53千米；全线设置桥梁105座（含立交区主线桥，桥长单幅计）38.9千米，桥梁比例19.28%；全线设置隧道44座（隧长单洞计）142.69千米，隧道比例70.74%，全线桥隧比90.03%。项目建设工期4年，投资估算262亿元。

【农村公路建设】　2022年，楚雄市持续推进农村公路建设，组织实施一批公路建设项目。八角镇、树苴乡县乡道改建工程项目设计方案经过多次优化调整并通过市人民政府常务会议审议，设计里程30.42千米，预算总投资1.39亿元。年末，八角镇县乡道改造项目完成水泥稳定碎石基础铺筑，树苴乡县乡道改造项目启动实施。完成广楚公路至竹园公路新桥建设项目和50千米安防工程；推进楚雄市30户以上自然村通硬化路项目，惠及全市15个乡镇，建设里程152.49千米，计划投资1.07亿元。

【玉溪至楚雄高速公路全线通车】　2022年8月26日，玉溪至楚雄高速公路全线通车。玉楚高速起于玉溪市研和镇多依树村，止于楚雄市大坝村，全长190.6千米，楚雄市境内40.12千米，全线桥隧比达61.37%，单幅隧道90座，单幅桥梁328座，设计时速100千米/小时，概算投资349.8亿元。玉楚高速里程比原线路缩短100余千米，通行时间由原来的4小时缩短为1.5小时，玉溪市、楚雄彝族自治州周边市县实现互联互通。玉楚高速与G85昆明至磨憨国家高速公路、G56杭州至瑞丽国家高速公路相连，同时顺接在建的弥勒至玉溪、武定至易门和楚雄至大姚高速公路，形成内畅外联、互联互通的大交通网络格局。

【楚雄公路枢纽建成通车】　2022年8月26日，楚雄公路枢纽正式通车。楚雄公路枢纽位于楚雄市东瓜镇东瓜社区张家村附近，与楚雄医药高等专科学校相邻，设计为六层变形苜蓿叶结构，占地约43.33公顷，是云南省

9月28日，楚广高速与杭瑞高速互通立交　　（市交通运输局　提供）

9月12日，楚雄高铁站站台　（朱　荣　摄影）

现阶段规模最大的公路枢纽工程，横跨杭瑞高速6次，与杭瑞高速相连接5次，上跨广大铁路1次，与中石化输油管道存在路线交叉共计7处，路线全长5.56千米，连接互通G56杭瑞高速、G8012玉楚高速、S45楚姚高速。

铁　路

【铁路（高铁）建设】 2022年末，楚雄市境内铁路里程合计88.02千米，其中，广通至大理线K6+660～K54+600段47.94千米，楚雄至大理线（动车）K8+046～K48+125段40.08千米。年内，广通至大理铁路完成设备补强及电气化改造工程，楚雄市境内长约47.94千米，按速度120千米/小时进行改造，以货运为主。

【楚雄高铁站】 楚雄高铁站位于楚雄市东瓜镇车坪社区，是昆楚大（昆明—楚雄—大理）线上的主要客运站点和滇西通道上的重要组成部分，2018年7月1日随着昆楚大铁路开通正式投入使用，楚雄与昆明、大理形成一小时交通生活圈。楚雄站占地约1万平方米，站场规模为3台7线，站房建筑融入楚雄当地的民族文化元素和地域特点。车站设有2个候车大厅，配备普通候车座椅、商务按摩椅、自动扶梯、无障碍直梯、自动检票闸机通道和人工检票通道，以及母婴室、手机充电桩等设施设备，能同时容纳5000人聚集乘车。其中，车站一楼候车大厅面积2585平方米，设自动扶梯2台、无障碍直梯1台，有候车座椅642个、贵宾候车室1个，检票口设有自动检票闸机通道6个、人工检票通道2个；车站二楼候车大厅面积2204平方米，有候车座椅792个，检票口设自动检票闸机通道6个、人工检票通道2个。2022年，楚雄高铁站发送旅客164万人，日均发送4500余人；到达旅客168万人，日均到达4600余人。

（高　帆）

民　航

【楚雄机场项目】 楚雄机场项目2017年列入全国民用运输机场布局规划，2018年11月经云南省发展和改革委员会同意开展前期工作。楚雄机场场址位于楚雄市西南方向子午镇白沙哨，距离楚雄市区直线约11千米、公路约26千米，2019年7月获中国民航局场址批复。楚雄机场性质为国内4C支线机场，并预留4F机场发展空间，本期工程按照年旅客吞吐量100万人次、货邮吞吐量2500吨规划建设，项目拟用地243.07公顷，项目总投资约24.8亿元。2022年，楚雄市调整充实楚雄机场建设工作专班，组建项目指挥部，召开专班调度会议7场次，研究解决项目推进中的困难问题，加快推进楚雄机场项目前期工作。9月，国家发改委审查通过楚雄机场预可研。11月，国务院和中央军委批复楚雄机场项目预可研。12月，楚雄机场可行性研究报告逐级上报中国民航局审批。

【机场配套工程规划建设】 机场进场道路规划从楚雄东南绕城高速子午互通立交连接至机场航站区，全长3.1千米，按二级公路标准建设，估算投资1.08亿元。机场通信规划从东华电信机房和子午电信机房各接入1条通信光缆，估算投资600万元。机场供电规划从东华变电站和龙潭变电站各接入1条10千伏电源，估算投资300万元。机场供水规划从子午水厂架设管道供水至机场，估算投资250万元。年内，机场进场道路取得工程可行性研究报告批复，用地预审和初步设计有序推进；水、电、通信等配套工程完成初步规划方案。

【机场临空经济规划】 2022年，楚雄市结合楚雄机场项目建设，谋划开展机场临空经济规划工作。8月，完成机场临空经济规划招投标，与中国民航大学签订规划服务合同。年内，规划编制单位到楚雄多方征求意见，实地开展规划调研，完成面积为16.1平方千米的临空经济规划，并形成规划初稿。

（唐正华）

交通运输管理

【公路养护】 2022年，楚雄市交通运输局落实县道县管要求，发挥“路长制”管理体系作用，加强辖区内县道管理，解决县道管理中的重点难点问题。爱路护路乡规民约、村规民约制定率100%，实施农村公路水毁修复等养护工程，推进日常养护精细化，县、乡、村道优良路率、经常性养护率和绿化率全面达标。开展雨季水毁保通工作，雨季水毁中断的18条农村公路在两小时之内全部抢通，确保山区各乡（镇）生产生活物资的正常调运和沿线群众的安全出行。

【路政管理】 2022年，楚雄市根据全市农村公路点多、线长、面广的实际，建立覆盖全市的农村公路路政管理联动协管机制。加强与省州公路管理部门沟通对接，建立省、州、市三级路政联动协管工作机制，有效处置县乡道超限超载等违法行为。强化属地管理，将公路路政行政执法权规范下沉到乡镇，确保农村涉路违法违规行为早发现、早制止，推动农村公路管理从“事后花钱处治”向“事前管养预防”转变，提升农村路产路权规范化、科学化管理水平。开展路政执法教育，以开展公路两侧建筑红线控制区建房审批、清理整顿和公路平交道口许可审批为主，重点对坝区占用公路打场晒粮、乱堆乱放进行宣传教育和清理整治。5月和10月，分别开展公路打场晒粮专项整治行动，对辖区内部分市乡公路打场晒粮进行清理，确保公路安全畅通。健全管理机制，加强人员配置、制度配套，构建有人干事、照章办事的农村公路管理格局。建强管理队伍，调整充实市路政管理所人员，健全护路公约、村规民约等群众性管理制度，因地制宜制定爱路护路管理办法，提高群众爱路护路意识，提升农村公路管理水平。年末，全市县、乡、村三级路政管理机构设置率100%，“路长制”覆盖率100%；全市各乡镇公路管理所均配备农村公路路政管理专兼职人员2名以上，全市各村（居）民委员会“两委”委员中聘用农村公路路政协管员1名。

【运政管理】 2022年，楚雄市强化互联网+监管，提升运政管理水平。通过“云南省道路运输车辆动态监控政府监管平台”“楚雄州政府道路运输安全监管信息化平台”进行实时监控，采用现场与非现场执法相结合的方式，对运输车辆进行检查，抽查检查包车客运714车次、临时包车169车次，日常抽查检查班线车等车辆运行情况367车次，查获站外揽客行为车辆24辆，发现的违规违法情况反馈督促企业进行纠正和整改。开展安全生产“打非治违”行动，落实行政执法三项制度（行政执法公示制度，行政执法全过程记录制度，重大执法决定法制审核制度），突出“两客一危一网”车辆（从事旅游客运及公路客运的车辆，从事危险化学物品方面的车辆，网络预约出租车）违法违规行为整治，与公安交警部门建立道路运输联合执法常态化机制，每日在高铁站部署值守人员开展“打非治违”活动，不定期与其他单位联合开展“打非治违”工作，严厉打击非法营运和违法违规运输行为，全年累计办理行政处罚案件898件，办结890件，办结率99.1%，收缴罚没款111.55万元。不定期与楚大交巡警、高铁站警务站等单位开展联合执法工作，维护道路运输安全，全年出动执法人员1787人次，检查车辆6056辆，查处非法营运车辆及非法营运网约车案件19起，其中，非法营运6起，非法网约车13起。落实轻微违法行为包容免罚清单要求，10月31日起对满足《交通运输部交通运输领域轻微违法行为依法免予处罚高频事项清单（试行）》《云南省交通运输执法领域轻微违法行为依法不予行政处罚清单（第一版）》中所列适用条件的20个事项，向违法违规当事人告知违法事实和相关法律法规规章的规定，责令其改正，按要求与其签订《云南省交通运输执法领域轻微违法行为依法不予行政处罚告知书》，依法免予处罚，做好信用承诺信息归集工作。至年末，共办理轻微违法首次违法依法不予处罚案件37起。

2月21日，东华镇路政管理人员在朵基桥开展道路除雪保畅

（市交通运输局 提供）

【客货运输】 2022年，楚雄市鼓励企业开展班车定制化服务业务，5月1日楚雄至玉溪定制化班线正式上线运营。全面推进电子客票，4个等级客运站实现电子客票全覆盖。推进农村客运发展，全市共有农村客运班车63辆、“乡村巴士”11辆，建制村通班车率100%。其中，7个坝区乡镇64个建制村采用城市公交、城乡公交、赶集车等方式进行覆盖；8个山区乡镇和距离市区较远的坝区建制村共79个，采用开通农村客运班线或班线途经的方式进行覆盖；11个因地理位置偏僻，长期定居的群众数量少，外出务工、搬迁人数比较多，出行乘车需求量较小的村委会，采用网络预约、电话预约、“乡村巴士”等方式进行覆盖。全年新增货运企业13户，全市货物运输企业累计3265户，其中，普通货运企业3165户，大型物件运输企业94户，危险货物运输企业6户；全市公路货物营运车辆5757辆82.4万吨位，其中，货车3131辆，牵引车1277辆，挂车1349辆。年内，全市公路运输旅客周转量6.07亿人千米，比上年增长14.34%；公路运输货物周转量24.64亿吨千米，比上年增长10.52%；公路运输总周转量比上年增长12.32%。

【运输市场管理】 2022年，楚雄市持续开展公路货运源头企业、商砼运输车辆道路运输安全专项整治，检查企业10户车辆28辆，发现并处置6辆商砼运输车辆违法超载行为。持续开展货运物流行业安全集中攻坚专项整治，摸排货运物流经营户52户，发放告知书和备案表各15份。开展危货运输违法行为专项整治，查处危货运输车辆2辆并立案处罚，共罚款5000元，发现未使用电子运单且有行驶轨迹车辆8辆，均进行逐一核查。落实金融支持交通运输行业发展帮扶措施，开展融资对接，促进银企合作，帮助4户道路运输企业解决资金短缺经营困难等问题。提升"互联网+政务服务"的能力和水平，推进道路运输高频服务事项"跨省通办""省内通办"和"一网通办"，受理网上道路运输证年度审验事项1786件，网上从业资格证诚信考核891件。宣传落实惠民惠企纾困帮扶政策和行政许可相关政策，承办云南政务网办件4164件，受理行政许可808件。

【车辆维修企业管理】 2022年，楚雄市依法履行机动车维修行业行政管理职责，办理维修经营业户备案29户、变更6户、注销21户，其中，办理维修经营业户网络备案23户、网络注销1户。贯彻落实《机动车维修管理规定》，加强机动车维修行业日常监督检查，督促维修业户履行安全主体责任，全年检查机动车检测机构、机动车维修企业174户，督促未办理备案手续的15户维修业户完成备案，受理办结维修服务质量投诉25件。加强维修行业非法改装机动车整治，对13户从事大型货车维修企业、73户从事机动车悬架装置（钢板弹簧）维修企业进行重点监管，发放禁止非法改装告知书130份，签订承诺书130份；建立改装车、飙车等严重违法110接处警举报制度，对经公安机关认定为非法改装的车辆依法实施责任倒查。

【超限超载治理】 2022年，楚雄市加强源头治超力度，每个季度对全市14家重点公路货运源头企业开展超限超载治理专项行动，保障道路交通安全。坚持24小时值守制度，超限运输检测站共检测货运车辆6.86万辆，查处违法超限运输车辆10辆，卸载车辆10辆，卸载货物74.92吨，拒检冲卡车辆9辆，冲卡率1%以下。加强农村公路治理，组织各乡镇对辖区内农村公路进行巡查检查，对超限超载车辆较多、公路损坏严重的路段开展流动联合稽查，保护农村公路桥梁完好，保障群众出行安全。

12月25日，紫溪山风景区旅游环线景观 （市文化和旅游局 提供）

【铁路隐患整治】 2022年，楚雄市按照省、州安排部署，开展铁路沿线500米范围内环境隐患排查整治，发现安全隐患问题12个，限期协调推进整改工作。年内，制定印发《楚雄市人民政府关于进一步加快推进公跨铁桥梁及公铁并行地段护栏移交和管养工作文件的通知》，对公铁并行地段73处设施进行现场排查核实，确定权属及移交对象，其中，广大铁路34处，楚大线高铁39处。

【绿美交通建设】 2022年，楚雄市落实云南省绿美交通三年行动计划，因地制宜开展农村公路绿化美化，采取交通部门挖树塘、林业部门栽树的模式，打造老楚双线、老元勐线、大大线、者云线、紫溪山南北旅游环线等多条绿化美化精品路线。紫溪山风景区旅游环线以樱花树为主，矮灌木、格桑花、雏菊为辅，根据不同树种的特点，合理套种和规划株距。老楚双线、大大线等线路多为樱花、香樟、红叶石楠3种树套种，其他线路则多是香樟和红叶石楠2种树套种。紫溪山南北旅游公路（32千米）种植肋果茶183株、小叶冬青1096株、球花石楠1130株、云南樱花1857株、大桂花1株、红叶石楠109株，路肩野花组合8837.87平方米，实现公路林荫化、生态化、景观化。年内，全市完成县道绿化美化450千米，乡村道绿化美化300千米，县道绿化率80%，乡道绿化率78%，村道绿化率77%。

【绿色低碳交通】 2022年，楚雄市落实大力发展新能源公交车要求，做好政策宣传引导工作，鼓励企业投放节能环保的新能源车辆。年末，全市有纯电动公交车367辆，占比87.71%；新能源出租车（含网约车）1071辆，占比86.58%。

【成功创建"四好农村路"全国示范县】 2022年，楚雄市围绕乡村振兴、巩固拓展脱贫攻坚成果和高质量发展目标任务，巩固“四好农村路”省级示范市创建成果，积极申报创建“四好农村路”全国示范县。1月，楚雄市被交通运输部、国家乡村振兴局命名为“四好农村路”全国示范县。

（高 帆）

邮 政

【概况】 2022年，中国邮政集团有限公司楚雄州分公司有营业支局所134个，其中电子化支局134个；邮政代理金融网点48个，揽投站52个，邮政用车89辆。有投递段道513条，其中，城市段道149条、乡邮段道364条；城市投递段日均投递里程22.9千米，乡邮投递段日均投递里程86.12千米。有从业人员610人，其中中层及以上管理人员43人。年内，实现营业总收入1.79亿元，比上年增加2141万元，增长13.53%，完成省分公司下达预算1.74亿元的102.87%，全省排名第2位。

【寄递业务】 2022年，中国邮政集团有限公司楚雄州分公司按照“固优势、补短板”工作思路，以销售化转型为抓手，做实做细邮政项目，持续激活寄递市场，寄递业务经营质量与效益实现双提升，寄递业务收入完成1952.94万元。持续推进揽投站点经营效能提升，政务市场完成公文寄递收入34.49万元，生鲜市场开展极速鲜项目68个，校园市场实现寄递业务量1.7万件，现费市场特快日均揽收量约380件，粉丝拉新1.73万户。加快营销团队建设，16个站点入围全省“百强揽投站”。以网络优化为抓手，激活农村寄递市场，优化县乡邮路、增加运输频次，明晰奖励机制，整合营销资源推进板块协同，农村寄递业务发展实现增量扩面，全年乡镇网点特快收寄量10.23万件，比上年增长71.69%。做好楚雄城区各高校文书寄递业务的支撑与服务工作，组建党员突击队，分别到楚雄师范学院、楚雄医药高等专科学校收寄学生档案和录取通知书，协助进行信息录入、二次复核封装等工作，保障每一份学生档案和通知书顺利收寄，全年收寄学生档案6216件、录取通知书7800件。全年投递报纸2726万份，县级以上党政机关《人民日报》当日见报率100%。保障巡视巡察专用信箱寄递，巡视类专用信箱邮件零问题。

【集邮与文传业务】 2022年，中国邮政集团有限公司楚雄州分公司巩固传统业务，加速资源融合转型创新，培育文化传媒产业发展新动能。年内，结合生肖贺岁季，开展“生肖巡展+重点产品”宣传推介。借助楚雄州打造“绿孔雀之乡”品牌，开发制作邮资明信片2000套，形象宣传封1000套。围绕党的二十大、中国共青团成立100周年等热点题材，提供集邮定制服务。开拓校园报刊文创产品，做好集邮与文传专业传统项目的巩固和发展。

【邮政普遍服务】 2022年，中国邮政集团有限公司楚雄州分公司投入普遍服务资金143.26万元，其中，投资普服网点改造50.23万元，投资形象提升改造93.03万元；调整网点布局，乡镇网点覆盖率100%，有网点超过普遍服务标准行政村达15个。落实普遍服务“最后一公里”，加快农村物流体系和邮件自提点建设。年内，建设邮乐购站点501个，建成邮政自提点371个；通过邮乐小店、邮掌柜等线上渠道引导农产品销售，实现农产品交易额537.63万元；组织各级站点参与大单品批销活动，销售亿元大单品21.09万元，销售千万级大单品72.14万元；开设楚雄邮政线上直播，精选野生菌、西红柿、彝绣等县域特色产品进行直播销售。年内，建成信用村80个，发放融资E贷款1301.58万元。

【警邮合作】 2022年，中国邮政集团有限公司楚雄州分公司针对警邮项目运营特点，邮政专业团队优化流程、提升服务，承担公安证照包装、分拣、收寄、转运等工作。将“警医邮”与邮政业务深度融合，叠加金融、车险、速递、函件等业务服务，为客户提供更多增值体验。采取线上办、就近办、上门办等多种方式，形成身份证、车牌照等寄递业务“多点受理、一点寄递”的集约送达服务模式，实现“让数据多跑路，让群众少跑腿”。年末，有警邮合作网点132个、警邮车管所1个，日均办理业务100笔以上，服务群众6万余人次。

【楚雄邮政开启法院集约送达服务新模式】 2022年12月16日，楚雄州中级人民法院与中国邮政集团有限公司楚雄州分公司在楚雄州中级人民法院举行集约送达一体化服务合作签约揭牌仪式，正式开启法院集约送达服务新模式。集约送达采用以电子送达、电话送达等线上方式为主，以邮寄送达、外出送达等线下方式为辅的送达模式，在线上方式无法送达的情况下，再转为线下邮寄送达、外出送达，确保送达工作高质高效。通过签约，全面推行“法院+邮政”集约送达综合服务新模式。

（罗雄晶）

通 信

【中国电信楚雄市分公司】 2022年，中国电信楚雄市分公司实施云改数转战略，推进以云网融合为核心特征的数字信息基础设施建设与升级。全年实现全业务主营收入1.5亿元，发展移动用户5.08万户、宽带用户1.5万户、天翼高清用户1.2万户、天翼看家用户0.6万户、全屋Wi-Fi用户1.3万户。

数字化项目建设 2022年，中国电信楚雄市分公司以“互联网+企业生产”信息化综合管理服务应用为切入点，依托5G高速无线网络，应用工业PON（无源光纤网络）、工业云、人工智能、物联网等技术，与多家工业企业深入合作，开展数字化工业场景应用的规划建设。落实云南省“万企上云上平台”专项活动，助力楚雄市工业企业转型升级。完成楚雄市智慧社区平台建设并投入运营使用，社区、小区治理和服务向智慧化升级，达到公安部、住房和城乡建设部智慧社区建设“一标三实”（标准地址；实有人口、实有房屋、实有单位）标准，实现以图管房、以房管人、以人知房的数字化功能，并具备智慧城市建设开放共享整合能力。助力楚雄市

10月14日，中国移动楚雄市分公司工作人员开展电子政务网巡检

（中国移动楚雄市分公司　提供）

智慧城市创建，搭建完成智慧楚雄综合运营管理平台底座，将智慧城管、智慧社区、智慧政务、智慧出行、智慧停车、数字乡村、智慧建造等数字化平台进行门户整合，实现统一登录入口，搭建形成智慧城市大脑集成平台。助力乡村振兴、数字乡村建设，免费提供“数字乡村”共享平台，依托地理信息、遥感测绘、人工智能等技术，叠加自然资源、农业、水利、交通、建设、民政等概况，整合基层党建、便民服务、应急广播、平安乡村、视频会议、乡村治理、IPTV（交互式网络电视）定制宣传等重点应用。年内，全市15个乡镇全部建成智慧安防达标乡镇，平安楚雄、雪亮工程、智慧安防项目安装高清摄像头，并接入公共平台。

网络保障　2022年，中国电信楚雄市分公司加强网络维护基础管理，保障网络安全运行。开展网络安全隐患整治，提升网络安全运行保障能力。做好通信网络设备、线路防强电和杆路安全隐患整治工作，按照安全生产管理办法和规范标准，加强防范，消除安全隐患，确保通信和人身安全，通信网络正常运行。年内，完成楚雄市地震应急综合演练通信保障，完成中考、高考及相关资格考试通信保障，完成国庆节、党的二十大等重要活动通信保障。

（梁华云）

【中国移动楚雄市分公司】　2022年，中国移动楚雄市分公司聚焦5G优势，做深“融合+口碑”，持续巩固市场地位。全年运营收入突破4亿元，客户规模超46万户，宽带用户超14万户，5G终端客户超20万户。

网络运营　2022年，中国移动楚雄市分公司持续开展5G网络和千兆宽带建设，打造城区和农村“双千兆”网络，千兆宽带覆盖率99%。年内，5G基站建成600余个，5G城区覆盖率99.5%、农村覆盖率95%，“一张光缆网”覆盖率98%。

网络保障　2022年，中国移动楚雄市分公司配合市委、市人民政府及各企事业单位做好各类网络应急保障与演练。全年出动应急车辆32辆次、应急保障人员102人次，承接并完成党的二十大会议、省发展和改革委员会重大项目开工启动会等网络保障，州、市、乡镇信访会议和火把节、“绿孔雀”音乐节网络建设、维护及保障工作，为各级政府机关、事业单位、大中小企业的会议和活动提供优质的网络服务。

（张溶鑫）

【中国联通楚雄分公司】　2022年，中国联通楚雄分公司突出基础能力和基础市场份额双提升，持续完善OTN（光传送网）覆盖，推进横向到边、纵向到底，实现省级和重点城市5G专网和政务外网全部互联。支持IPv6电子政务外网，拓展电子政务外网覆盖范围，加快网络带宽扩容，推动实现万兆到州市、千兆到县市区、百兆到乡镇全覆盖，村（社区）按需接入。年内，新建千兆端口8359个，建设投资400万元；开通5G基站834个，投资8973.32万元。新建4G基站286个，投资3432万元。开通电信共享小区532个，投资263.84万元。全年实现电信业务总量1.35亿元。

数字政府建设　2022年，中国联通楚雄分公司按照政务网“统筹建设、扩容升级、移动接入、基层延伸、按需拓展”需求开展工作，完成省、州、市电子政务外网联通。紧跟州人民政府上云规划，提供“一城一池”服务，成为市（县）上云首选服务商，确保数据不出市（县）；推进非涉密系统上云工作，推动资源整合、数据融合。发挥数据治理和安全融合创新作用，参与一体化政务大数据平台建设，推出“AI能力开放平台”“联通链技术平台”“政务数据治理平台”“数字化业务支撑平台”“公共数据资源开发利用平台”和“智慧数据可视化平台”。提升“互联网+政务服务”能力，强化网上政务服务平台应用，推行“前台综合受理、后台分类审批、统一窗口出件”的综合窗口模式，加强电子证照共享应用，营造良好营商环境。提升改造、优化完善电子政务协同办公系统，保障系统安全可靠运行。加强机关事务管理和后勤服务数字化建设，推进差旅电子凭证网上报销工作和各级党政机关办公场所“人脸识别、智能测温”门禁系统建设。推进市域社会治理现代化试点建设，整合融入州内各类社会治理信息资源，开发爱国卫生“七个专项行动”等功能模块，加大平台推广使用力度，构建基层现代化治理新格局。

数字乡村建设　2022年，中国联通楚雄分公司发挥“5G⁺智慧云农”（云南联通自主研发的创新科技平台）优势，聚焦种植业、养殖业、大数据服务等平台应用推广，为县域农业数字化、智慧化发展提供联通解决方案，推动解决特色农产品种得好、养得好、管得好、卖得好等长期困扰农业生产的问题，促进特色农业的数字化转型。探索推广“农村通信合作社”村集体经济引领乡村振兴新模式，通过与乡镇、村委会开展合作，开展联通通信业务代理、宽带联合投资建设维护的运营模式，推动解决村集体经济发展难、村级数字化基础设施薄弱、数字乡村推进慢、智慧农业推广难、智慧家庭惠民普及不足等问题，共同推进通信基础设施建设、数字乡村运营、智慧农业推广和智慧家庭惠民等系列工作，助力农村、赋能农业、致富农民，聚力推进乡村振兴。

（马永兰）

【中移铁通有限公司楚雄分公司】　2022年，中移铁通有限公司楚雄分公司立足“属地移动装维营销专业化支撑者、数智工程服务市场化拓展者”定位，借助“党建和创”载体发挥基层党组织作用，持续优化合作生态，新增和创对象11个，合同金额2387万元。推进乡村宽带、平安城市摄像头、平安乡村千里眼和商务乡村宽带、村委会云视讯会议系统的安装维护，助推乡村建设数字化发展。年末，家庭客户装机11.29万户，比上年增长19.3%；互联网电视8.16万户，平安乡村4.72万户，全家Wi-Fi 7.07万户。完成未覆盖区域网络通信线缆3783个村（小区）点位，光缆布放4629千米，增补分纤箱9745个，覆盖用户4.93万户。完成平安乡村大喇叭、全州教育网“班班通”等项目建设。年内，组织开展招聘41次，招聘人数687人，举办培训班37次，累计培训1168人次；组织新增120人取得特种作业登高证，分公司作业人员登高证持证率86.13%，关键岗位持证上岗率96%；完成互联网络上门检修维护7.19万次。全年经营收入比上年增长124.7%，经营利润比上年增长275%。年内，被中移铁通有限公司云南分公司评为“先进基层党支部”“党建经营双优秀分公司”“学习工匠先进集体”。

（李　婷）

【中国广电云南网络有限公司楚雄市分公司】　2022年，中国广电云南网络有限公司楚雄市分公司持续推进“智慧广电”建设。对城区宾馆酒店进行摸底调查，运用调查结果对潜在客户上门营销，发展智慧酒店11家200余户；实施智慧酒店回网资费政策，完成回网11家300余户。利用智慧乡村推进业务创新，完成东瓜镇东瓜社区白塔邑、谭家平台建设，打造私人定制板块，提升广电网络对外形象。推出市域现代化治理平台，以翡翠公园小区为试点，应对市场冲击，发展新用户、挽回流失用户。

广电转型升级　2022年，中国广电云南网络有限公司楚雄市分公司对接参与关联项目招投标工作，实现入网安装费、迁改赔补等集客业务系统收入582.78万元，资金收入246.47万元。围绕政府管理和社会服务需求，从服务个人用户向服务个人和集团用户转变。年内，完成鹿城镇东兴社区城市更新试点智慧安防建设项目和雁塔路、环城西路及东瓜物流园区等迁改代建项目。与税务、电力部门合作，开展税务“双代”（代征税款、代开增值税普通发票）、电力集抄等业务，其中税务“双代”业务全年开具发票48张，开票金额161.92万元。签订环城西路光缆入地、东瓜物流园区光缆入地、锦星驾校专线、富滇银行开机广告等15个政企业务合同，累计合同金额约450万元。探索推进网格承包制，打破原有经营模式，分担经营成本。

广电营销活动　2022年，中国广电云南网络有限公司楚雄市分公司开展“广场舞大赛”营销活动，发展新用户300余户。开展“广电5G尝鲜季，多重好礼送给您”主题促经营活动，实现资金归集42.8万元，办理开通192号段卡71张。开展“快销+小家电”模式促销活动，办理用户251户，收入金额19.2万元。聚焦5G网络192卡办理业务，完成固移融合办理1513张，完成州公司下达任务的75%；发展第三方代办渠道，代办员办理192卡80余张。

（夏林华）

〔栏目编辑：丁普瑞　马健平〕

城市建设

2023
楚雄市年鉴

城乡规划

【国土空间规划】 2022年，楚雄市构建形成国土空间总体规划（2021—2035年）框架，完成专题研究10个，包括现行空间类规划实施及国土空间现状分析与未来风险评估，“三线”协调和城镇开发边界划定，发展目标、战略和指标体系，人口时空变化和城镇布局，乡村振兴和市域村庄布点，产业发展和空间布局，国土综合整治和生态修复，历史文化保护传承和特色风貌塑造，基础设施统筹，水资源保障利用与用水安全。完成《楚雄市国土空间总体规划（2021—2035年）》与“三区三线”（生态空间、农业空间、城镇空间三类国土空间，城镇开发边界、永久基本农田、生态保护红线三条控制线）衔接，其成果完成公众、相关部门征求意见。

【“三区三线”划定】 2022年，楚雄市完成“三区三线”划定工作，并获自然资源部批准。按照省、州要求，对楚雄市生态保护红线、永久基本农田和城镇开发边界进行优化调整和划定。年内，划定生态保护红线面积9.54万公顷，占全市国土总面积的21.5%；划定永久基本农田3.26万公顷，占稳定耕地面积的89.25%，其中坝区划定基本农田8693.75公顷，占坝区稳定耕地面积的87.61%；划定城镇开发边界面积9719.89公顷，新增城镇建设用地1912.29公顷，城镇开发边界规模为现状建设用地的1.33倍。

【用地规划选址管理】 2022年，楚雄市自然资源局核发17个项目用地预审与选址意见书和35个用地规划许可证。严把建设项目规划审批关，按照国家、省、州相关法律法规和规定，严格控制建设项目用地性质、建筑密度、容积率、绿地率等技术经济指标和开发强度，保证规划方案符合项目建设用地规划设计条件及相关规范要求、技术标准。全年召开评审会、咨询会20场，评审、咨询概念性规划、控制性详细规划、项目修建性详细规划30个；办理私人建房建设工程规划许可证1件。在项目实施过程中，确保选址、规划设计审查、工程建设放线、工程竣工验收“四到现场”，杜绝规划管理“乱拍板”“乱放线”“乱调整”行为，全年验线及过程监督143次，项目规划核实验收37个。

（冯　鸣）

市政建设与城市更新

【市政基础设施建设】 2022年，楚雄市实施市政基础设施建设项目16个，完成投资2.68亿元。年内，改扩建市政道路6条，建设城市绿道、健康步道、自行车道20千米，打造口袋公园、街头小广场30个，新增绿化面积40万平方米。推进城市绿网建设，加快青龙河东岸（阳光大道至彝海南路段）滨水绿化工程建设进度，推进清香园、茶花园等青龙河滨河景观带建设。推进“智慧城市”建设，实施“平安楚雄·雪亮工程·智慧安防”建设，15个乡镇、31个社区及123个村委会、3150个自然村“智慧安防”建设全覆盖；各乡镇及村委会、公安“天网”工程新安装一批高清摄像头，实现主要路口、路段、重点区域监控全覆盖；提升政务服务“一网通办”水平，全市政务服务事项网上可办率99%，全程网办率93.6%，最多跑一次事项比例99.9%，事项办理时限压缩75%以上，一窗受理率90%以上。

（韩宗华　高寒松）

【“城市病”治理】 2022年，楚雄市印发《楚雄市城市病治理工作方案》，推进“城市病诊疗”。启动西山公园南片区提升改造项目，推进西门、金五谷、东兴路北片区城市更新项目，完成市政基础设施提升改造，信义街、环城西路、云泉街等10余处老旧街区“换新颜”。实施“增绿、畅通、亮化、人文、补水、治污、拆违、智慧”八大工程，推进街长制，

11月18日，彝海公园水体景观　　（王　洪　摄影）

11 月 15 日，西门古城口袋公园景观　　（市城管局　提供）

突出垃圾治理、卫生保洁、农贸市场、交通秩序整治等重点环节和群众反映强烈的热点难点问题，开展城市管理联勤联动和常态化志愿服务活动，城市面貌和形象得到提升。年内，完成投资1.5亿元。

【口袋公园建设】 2022年，楚雄市整合城市“边角地”，展示城市“方寸美”，营造家门口的“微幸福”，建成学府壹号、白沙冲等30个口袋公园、街头游园，新增绿地面积5.6万平方米。年末，建成区有各类绿地2004.73公顷，公园绿地528.9公顷，防护绿地109.52公顷，广场用地绿地6.63公顷，附属绿地936.96公顷，区域绿地422.72公顷，建成区绿地率38.07%，人均公园绿地面积14.63平方米。

（韩宗华）

【房屋市政工程安全专项整治】 2022年，楚雄市开展房屋市政工程安全专项整治“百日行动”，完成房屋建筑和市政设施隐患风险的普查工作。抓好自建房安全专项整治工作，排查自建房9.11万栋，录入信息归集平台经营性自建房7229栋，按照要求进行挂牌整治，完成整治红牌3栋、黄牌31栋、蓝牌61栋，依法依规完成房屋安全鉴定107栋。

（余　梦）

市政管理

【概况】 2022年，楚雄市聚焦“城市升级”文章，在城市管理科学化、精细化、智能化上持续发力，推动城市管理综合行政执法工作顺应发展新形势、符合市民新期盼，迈入高质量发展新阶段。年内，楚雄市城市管理综合行政执法局被国家机关事务管理局、中共中央直属机关事务管理局、国家发展改革委、财政部评为“节约型机关”。

【“网格化”管理】 2022年，楚雄市坚持属地管理、分级负责原则，建立健全以领导负责制为核心的责任体系，健全完善城市管理“三项机制”（督察调度机制、应急保障处置机制、常态化网格管理机制），构建以街长制为核心，依托“三网”（市级网格、乡镇网格、社区网格）共治的文明城市、卫生城市协调联动格局，形成齐抓共管、层层落实的城市精细化管理工作格局。加大城市精细化管理力度，划定城市建成区19个网格化管理区域，368名市容网格员“定人、定岗、定时、定责、定路”进行管理，强化源头治理、过程管控，落实学校、医院、农贸市场、客运站等重点区域周边“一点一策”治理措施。年内，整治占道经营3520件、乱摆乱放5730件，纠正各类不文明行为2052起，整治乱贴乱画1017件，清理违章散发、张贴、喷涂小广告1.7万条，拆除存在安全隐患户外广告25处，捕捉流浪犬、无主犬等80只，口头教育1100余起，发放宣传资料1100余份。

【市容市貌管理】 2022年，楚雄市发挥城市管理委员会统筹协调作用，推进城管、交警、市场监管等执法部门力量整合，推行“出门一把抓、回来再分家”工作模式，推动问题在一线查找、交办、整改。将作风革命效能革命贯穿到城市管理全过程各领域，创新城管干部履职考核、承包企业考核方式，推行“721”城市管理工作法（70%的问题用服务手段解决，20%的问题用管理手段解决，10%的问题用执法手段解决），从群众最急盼的事情做起，最不满意的问题改起，解决城市“顽疾”，提升城市“颜值”。全年受理市委书记市长信箱、“12345”政务服务便民热线、网上

2 月 24 日，市城市管理综合行政执法局执法人员对桃源湖广场舞噪声扰民行为进行劝导　　（黄维丽　摄影）

信访系统、来信来访、上级督办及各部门转办交办件1205件，办理楚雄州"党建引领治理通"上报件518件，接处城市管理值班热线电话465件，接处率100%。

【"两违"治理】 2022年，楚雄市按照"杜绝增量、消化存量、建立机制、确保长效"目标，推进"两违"（违法用地和违法建设行为）治理工作。制定《楚雄市推进城镇住宅小区违法违规建（构）筑物清理整治工作实施意见》，实施城镇住宅小区违章搭建清理整治"无违建"试点小区工作。全年出动执法人员2600人次、车辆520辆次，下达《责令改正违法建设行为通知书》61份，制止（叫停）各类违法建设行为160余户；依法查处规划管理类案件10宗，查处违法违规建筑面积413.1平方米。

【城市管理行政执法】 2022年，楚雄市城市管理综合行政执法局建立执法全过程记录制度，执行重大执法决定法制审核制度，推行行政执法公示制度，落实"首违不罚""轻微不罚"执法措施，促进城市管理领域严格规范、公正文明执法。深化柔性执法，将服务理念融入执法，首违不罚、轻微不罚，对特殊群体给予一定照顾，提供"引导式"服务、"提醒式"管理、"亲情式"劝解，变强制约束为柔和化解，在营造干净整洁城市环境的同时，传递出城市管理的温度。健全行政执法工作长效机制，完善城市管理行政执法自由裁量权标准及城市管理执法相关规章制度，加大违法案件查处力度。建立督察调度、应急保障、常态化网格管理三项机制，加强行政执法队伍执法培训，严格执行行政执法人员持证上岗和资格管理制度，推进行政执法培训，加强基层行政执法标准化、规范化建设，提高行政执法工作水平。建立执法人员资格准入制度、培训教育考试制度、执法评议考核制度、执法监督和奖惩机制。年内，办理行政许可1829件，金额62.16万元。

【数字城市管理指挥调度服务中心】 2022年，楚雄市数字城市管理指挥调度服务中心集成9项子系统，依托4G执法记录仪智能指挥平台，整合公安、交警等部门监控资源，建设一批高清摄像头、球形摄像头、高位影像摄像头，建立高效调配管理资源、快速处置、实时监督、全程留痕的数字化智慧化城市管理新机制。实行五级网格间的"信息共享、指令下达、问题反馈、处置上报"，健全应急处置机制，推动实现"一屏观全域、一网管全城、一键全调度、一脑筑孪生"的智慧城市未来典范。全年派发各类城市管理案件1.57万件，办结率99%。

（杨和能）

【楚雄智慧出行大数据中心建成运营】 2022年，楚雄市数字科技发展有限公司按照国家行业安全标准和国家信息安全保护标准，持续推进楚雄智慧出行大数据中心建设。楚雄智慧出行大数据中心利用分布式计算及大数据分析功能，为各类子系统扩容及无缝耦合对接提供支持，为大数据分析提供基础数据及非结构化数据存储及分析技术支持，为更多智慧化服务提供计算与存储资源支持，是综合性城市大数据资源中心。楚雄智慧出行大数据中心基于大数据云平台分布式计算部署模式及大数据分析框架进行构建，在兼顾楚雄·智慧出行平台功能与服务稳定运行的前提下，兼顾考虑未来城市级大数据中心的IT资源支撑需求，支撑适应未来城市发展中出现的更多智慧城市应用。6月，楚雄智慧出行大数据中心竣工验收并投入使用，承接智慧出行公共服务平台及各市级部门的信息化系统运行任务，如市融媒体中心、应急广播、智慧社区、彝海游园、数字乡村综合服务平台等。

（李　成）

市政公用事业

【环境卫生】 2022年，楚雄市制定完善《楚雄市城管局巩固卫生城市常态化工作制度》《楚雄市城市道路清扫保洁考核办法》《楚雄市垃圾收运考核办法》，建立"横向到边、纵向到底、全面覆盖、无缝对接"清扫保洁长效管理机制和清扫保洁作业、管理、执法、宣传"四位一体"综合保洁管理制度，坚持"统上来、分下去"的工作方法，分解细化环境卫生管理各项工作任务。补齐城市环境卫生设施设备短板，在主次街道设置垃圾分类收集亭215套、智能垃圾分类亭7套，分类收集果皮箱2480只。年内，城市道路对外承包清扫保洁面积460.31万平方米，出动水车、洗扫车、路面养护车5.22万辆次，洗扫城市道路320万平方米；开展环境卫生整治活动57次，收运餐厨垃圾5551.15吨，焚烧发电处理城市生活垃圾11.22万吨，发电量7500万千瓦时。城市街道清扫保洁率100%，道路机械化清扫率提升至90%，生活垃圾无害化处理率100%。

【城市绿化】 2022年，楚雄市以建设"康养胜境、宜居楚雄"的公园城市为目标，秉持节约型、精品化理念，在创新园林养护上下功夫，推行精细化管理，提升养护管理水平。围绕"城在绿中、路在林中、房在园中、人在景中"工作思路，科学统筹、塑造特色，提升城市绿地综合品质和服务效能。以"一江三河"（龙川江、青龙河、灵秀河、河前小河）滨河景观带为一级网格，市政道路为二级网格进行绿化景观提升改造，改善城市人居环境，提升城市形象和品质。按照"一街一景"原则，重点对市政道路进行创新美化、对绿地进行品质提升，打造城市一级、二级绿道相互呼应、互为整体的绿化景观网格体系。采取水泵抽水、水车和人工浇水相结合的方式，做好城市绿化抗旱保绿工作，对彝海东路、团结路、茶花大道、威楚大道、青龙河东西路、阳光大道、瑞东路、彝海北路、北浦路、航空路等路段重点管养，对街道零星花台、木质花盆及无水管路段进行浇灌，对老城区行道树进行根灌循环浇水，绿化景观成果得到巩固提升。年内，管护城区绿地面积118万平方米，新接收绿化面积6.4万平方米。做好枯枝清理、乔木修剪工作，全年出动600余人次参与环境卫生整治12次，清理绿化垃圾325吨，绿篱修枝整形189.6万平方米，绿化浇水16.8万立方米。持续做好60万平方米绿化带绿篱病虫害防治工作，全年施播化肥25吨，播种草籽、花籽1.2万平方米，完成乔木1600余株、海藻465株等树木绿篱病虫害防治工作。完善重点街道小花箱补植补栽等工作，全年补植地被植物59万余株、绿篱1000平方米；施工移植乔木120棵。年末，全市公园绿地面积8.48平方千米，比上年增长60.6%；建成区绿化覆盖率41.39%。

（杨和能）

3月26日，楚雄市西山片区园林景观　（李　燕　摄影）

【城市供水及污水处理】 2022年，楚雄市观音山水厂、第二自来水厂、第四自来水厂共供水4066.2万立方米，日均供水11.14万立方米。全年水源水检测1025次，出厂水检测1185次，管网末梢水检测591次，出厂水水质达标率99.1%，符合国家生活饮用水卫生标准要求。管理维护原水输水管线8次，原水管清洗排放5次，配水管网清洗排放35次。完成供排水管网改扩建工程，安装配水管网10.8千米。完成楚雄市污水再生利用与污水管网改造项目立项审批。推进中心城区污水管网建设，完成阳光大道、雄宝路污水管网改造5.5千米，提升灵秀小河、青龙河水质和污水收集率，稳定西观桥断面水质。污泥处置工程建成调试，第三污水处理厂调试运行，建设配套管网7.4千米，污水日处理总量达14万立方米，污水处理率100%。年内，楚雄市第一、第二、第三污水厂共处理污水6048.05万立方米，日均处理污水16.57万立方米。减排主要污染物化学需氧量1.02万吨，减排氨氮1020.4吨。污水处理厂进出水检测288次，均达到一级A标排放标准。

（韩宗华　李永发）

【电力供应】 2022年，云南电网有限责任公司楚雄鹿城供电局承担楚雄市15个乡镇、62万市民的电力供应服务、电网规划建设、电网运行维护管理等工作。全年完成售电量10.99亿千瓦时，实现主营业务收入4.24亿元，上缴税收1600万元。客户平均停电时间14.71小时/户，综合电压合格率99.92%，综合线损率4.15%，10千伏及以下线损率4.68%。加快电网改造升级，完成投资8005.94万元。电费回收率100%，第三方客户服务满意度测评85分。政企合作推动“水电气”联办，互联网办电率提升至99.94%。全年实施低压业扩配套项目1679户，为用户节省办电成本1697.5万元。建立“三经理+客户工程列车时刻表”机制，低压居民、非居民、高压单电源、双电源平均办电时长分别减少0.33天、0.84天、3.71天和6.42天。开展分时电价计量装置整改及智能交费实用化运作，电费自然回收率比上年提升20.92%，非现金缴费率99.9%。建立营销业务差错分析管控机制，电量电费差错率降至83.66%。健全监控指标库，建立洞察指标趋势可视化看板，超前预判提升管理水平。成立线损攻坚专班，年度线路线损异常率实现“0”目标，台区线损异常数量降至11台。制作“中压故障协同指挥模型”，建立故障抢修、客户服务应急处置协同指挥“驾驶舱”，中压故障抢修平均复电时间比上年减少0.65小时，抢修复电及时率比上年提升3.18%。前、中、后台协同发力，全年有责投诉比上年减少34.4%，意见工单比上年减少9.75%，95598话务量比上年减少20.46%，供电服务8项成效得到楚雄供电局市场部表扬；推广使用营销“融合”App和“南网在线”App等业务平台，“南网在线”互联网服务渠道累计绑定12.73万户，绑定完成率45.6%，互联网业务比例99.49%。积极争取投资，策划项目建设，编制年度“项目+物资+财务”三位一体里程碑计划，全年基建项目投资4个批次共8005.94万元。推行应急项目建设“属地负责制”，按期投产配网应急项目15个。完成10千伏宜旧线—子宜线联络线工程建设，“白停晚供”连续多月施工作业期间实现零投诉。解决配电自动化未有效覆盖、客户端低电压、线路全长超80千米、变电站新出线满足新增负荷、新建台区满足新增负荷及配变过载等问题。

（李美林）

【天然气供应】 2022年，楚雄市完成天然气销量1998万立方米，比上年增长16.9%，瓶装液化石油气销售497吨。新增中压管网18.6千米、低压管网31.3千米，签约居民用户8184户，工商业用户48户，社区自建房438栋，管道燃气维修服务2218次，开发天腾工业、云杭科技2户重点项目；楚雄晶科项目、滇中有色新增用气点重点项目投产，完成首户CNG（压缩天然气）用户的开发与通气。全市累计安装天然气居民燃气用户12万户，其中，通气5.69万户，工商业476户。年内，开展燃气安全隐患排查整治活动和燃气安全“百日行动”月度及节前安全检查12次，查出问题95项，整改问题95项，入户安检全覆盖，邀请第三方单位对各个小区低压管道进行定位检测，重新安装管线上方标识，完成253棵标志桩、362片标志贴、362处泄漏检测桩安装。

（李振兴）

【滇中引水二期配套工程楚雄市段开工建设】 2022年11月20日，楚雄市举行滇中引水二期配套工程楚雄市段开工仪式。滇中引水二期配套工程楚雄市段项目计划总投资23.93亿元，建设内容为一级支渠1条、二级支渠1条、三级支渠4条，全长142.06千米，以隧洞、暗渠和暗管为主，连通九龙甸水库、西静河水库、中石坝水库、楚雄市城区部分自来水厂、预留各乡镇自来水供水口等形式建设布局。项目设计总工期42个月，工程效益以城镇生活、工业供水、生态补水为主，兼顾农业灌溉用水，工程竣工后年引水量1.61亿立方米。项目涉及建设用地总面积398.13公顷，惠及全市7个坝区乡镇30个村（居）委会，解决楚雄市水资源短缺问题。

（杨进荣）

城市交通

【概况】 2022年，楚雄市有公交企业1户，开通公交线路26条，其中，城市公交17条，城乡公交9条；投入运营公交车421辆，其中新能源公交车367辆，占比87.17%。有出租汽车企业3户，网约车企业12户，运营出租汽车（含网约车）1237辆，其中新能源车1071辆，占比86.58%。

【公交车】 2022年，楚雄市优化公交车管理服务，组织交警、自然资源、住建、城管、市公交公司等有关单位进行现场实地踏查，对4路、5路、7路、9路、10路、11路、15路7条公交线路进行优化调整，许可公交公司延续经营线路13条，完成环城西路、峨碌公园、古山街、彝海大道、枫桥水郡、珑曦苑等32个公交站台改造和公交专用车道设置，提高公交通行效率。结合文明城市、卫生城市等创建工作，不定期对企业进行职业道德、法律法规、规章制度等综合教育检查，督促市公交公司坚持定期安全文明服务学习制度，按月组织安全文明例会培训，经常性聘请组织专家开展讲座培训，提升员工基本素质和驾驶员文明礼让、文明服务素养；加强车容车貌整治，坚持车辆每天一清洗、一趟一清扫制度，做到晴天无灰尘、雨天无积垢。

【出租车】 2022年，楚雄市探索“互联网+监管”新举措，提升出租车文明服务质量。采取政府购买第三方服务方式，由楚雄市城乡投资建设有限公司建设出租汽车监管服务平台，对出租车驾驶员拒载、不打表、乱收费、车内卫生环境差等违规行为进行常态监管和服务质量信誉考核，规范网约出租车、巡游出租车行业运营秩序，提升行业监管效率，年内出租车投诉减少。通过楚雄州道路运输安全监管信息化平台，抽查巡游出租车2080车次，发现疑似不安全驾驶行为598车次，并及时将不安全驾驶行为通报转发给相关企业，督促企业完成整改。

【网约车】 2022年，楚雄市加强网约车专项整治及合规化管理工作，联合市公安局交警大队，引导网约车驾驶员及平台公司合规化开展运营。对取得许可正常开展经营活动的网约车平台公司，允许其采用“个人带车加盟”模式运营，并加快证照办理进度。加强网约车企业合法经营监管，对提供服务车辆未取得《网络预约出租汽车道路运输证》的滴滴出行科技有限公司楚雄办事处给予行政处罚，对楚雄盛智易联科技有限公司、滴滴出行科技有限公司楚雄办事处、楚雄斑马快跑科技有限公司3家公司进行约谈，对不合规驾驶员及车辆进行清退，要求平台禁止向未取得《网络预约出租汽车运输证》的车辆和未取得《网络预约出租汽车驾驶员证》的驾驶员派单运营，全年清退5000余人次。压实平台监管主体责任，引导平台合规化经营，督促高德地图聚合平台开展清退工作，全年清退未在楚雄市办理经营许可的网约车平台9家。

（高　帆）

【共享交通】 2022年1月，楚雄市成立共享自行车服务中心，分为调度组、巡检组、客服组、维护修理组，开展电踏车调度、车辆站点保洁维护、接听用户投诉及建议、修理维护等工作。同时，会同交警、城管等部门，对运营区进行现场踏勘，在保障道路通畅、不影响行人通行的前提下，对城区主次干道的人行道、市场、医院、车站等人流密集区域划设停车位，确保共享电踏车有序停放。年内，投放智慧出行共享电踏车2000辆，智慧出行共享电踏车骑行订单总量132.6万次。

（权思嘉）

6月7日，公交车爱心送考　　（市交通运输局　提供）

城市创建活动

【概况】 2022年，楚雄市做好“城市升级”文章，巩固提升全国文明城市、国家卫生城市、全国双拥模范城、国家森林城市等创建成果，统筹推进国家园林城市、省级绿美城市创建，补齐城市建设、城乡治理的短板弱项，推动实现城市建设扩容提质。组织开展城市品牌创建评比表彰工作，召开楚雄市城市品牌创建先进集体和先进个人表彰大会，评选表彰城市品牌创建先进集体50个和先进个人100名。

（初文宇　李国祥）

【全国双拥模范城创建成果巩固提升】　2022年，楚雄市把双拥工作摆上重要议事日程，纳入全市经济社会发展和部队建设的总体规划、党政军领导干部政绩考核范围。调整充实市委退役军人事务工作领导小组和市双拥工作领导小组，研究解决退役军人事务、双拥创建热点难点问题。投入经费26.5万元，制作省级双拥模范城双拥工作专题片和工作画册；投入350万余元，实施驻楚某部队营区周边噪声隔音板安装、营区绿化、围墙修缮、双拥氛围营造等工程。开展野外驻训驻楚部队及春节、八一建军节走访慰问。利用网络、微信、简报等媒体宣传双拥工作，编写双拥工作信息12条，编印双拥简报24期，被中国双拥和省、州网站等媒体采用3条。12月1日，楚雄市再次被中共云南省委、云南省人民政府、云南省军区命名表彰为云南省第十一届双拥模范城。楚雄市先后九届成功创建云南省双拥模范城，连续六届获全国双拥模范城称号。

（李忠棋）

【全国文明城市创建成果巩固提升】　2022年，楚雄市印发实施《楚雄市2022年创建全国文明城市工作实施方案》，以“深化四个成果拓展、推进八项提升工程、补齐五个问题短板，开展四个专项整治，保持三个长效制度”工作为抓手，细化年度具体任务和责任。完善《楚雄市创建全国文明城市指挥部常态化开展全国文明城市建设工作制度》《楚雄市全国文明城市常态长效管理综合考核评价办法》《楚雄市创建全国文明城市“四级”包保责任体系》等常态长效管理机制，推进全国文明城市创建迈入制度化、规范化、专业化轨道。与71家市属部门和17家中央、省、州驻楚部门签订《楚雄市巩固拓展全国文明城市创建成果责任书》，建强3支督查队伍，精准压实责任，常态化开展督查。开展“三问三回应”（问意见、问困难、问建议；群众小微意见要落实回应，群众困难要帮扶回应，群众建议要记录回应）行动，收集群众需求，制定“需求清单”，突出“精准派单”。开展入户调查问卷宣传行动，提高群众参与文明城市创建工作的知晓率、支持率、参与率。年内，召开文明城市建设调度会议3次，重点问题交办会议5次，迎接中央文明办年度测评及省文明办模拟测评。

（初文宇）

4月27日，市民在彝海公园健康步道散步　（市住房和城乡建设局　提供）

【国家卫生城市创建成果巩固提升】　2022年，楚雄市组建巩固国家卫生城市创建成果长效机制办公室、爱国卫生运动专项办公室和兼职督查队伍，将卫生城市创建纳入“干在实处，走在前列”大比拼目标考核，以“分类、三单、扣分制”等为核心内容，常态化开展巡查督查、交办整改、考核问效。年内，补齐国家卫生城市创建短板，继续实行多渠道投入的经费保障机制，投资34.83亿元推进城市地下综合管廊、污水管网、第四自来水厂等项目建设，投资3060万元新建改建城市公厕254座、农村卫生厕所5.8万座，投资3.3亿元改造老旧小区115个，筹资6000余万元提升改造老旧农贸市场23个；建成各类体育训练场地1525处，社区健身设施覆盖率100%；创建国家卫生乡镇1个、省级卫生乡镇14个、省级卫生村141个。

【国家森林城市创建成果巩固提升】　2022年，楚雄市持续实施《楚雄市国家森林城市建设总体规划（2017—2026年）》，以巩固深化国家森林城市创建成果为主线，推进城市绿地增绿补绿、公园提升改造、城乡“林荫环道”建设、高速公路绿化、绿色水岸建设、互联网+全民义务植树基地和人工湿地建设，进一步保护城市的山、水、林、湖等生态细胞，巩固提升城市森林品质，优化城市生态环境质量。年内，利用“世界野生动植物日”“世界森林日”“世界湿地日”“爱鸟周”“世界地球日”“国际生物多样性保护日”“世界环境日”和古树名木保护宣传周等重要节点，通过主流媒体、单位电子显示屏、微信公众号、公园和乡镇集镇等场所，开展主题宣传活动，组织志愿者开展生态文明建设主题宣传活动10次，提升广大市民和社会各界对野生动植物保护的重要性认识和保护生态意识，推动生态文明理念深入人心。加大森林乡村创建和生态文明教育基地建设力度，挖掘本土古树名木、植物、花木崇拜等历史文化内涵，营造全民植树护绿、保护生态、共享森林城市创建成果的社会氛围。

（李兴强）

【国家园林城市创建】　2022年，楚雄市贯彻绿色发展理念，实施建设“公园城市”、打造城市“绿廊绿道”、推进城市“能绿尽绿”、推动实施“立

7月24日，龙川江楚雄市上章村片区段　　（王　洪　摄影）

体绿化”、搭建增绿行动“载体平台”五大城市增绿工程，打造“推窗见景、开门见绿”城市形态。推动构建分布均衡、结构合理、功能完善、景观优美、安全宜居的园林城市格局，以市场化运作提高城市园林绿化精细化、专业化、科学化管理水平。探索“以园养园”模式，实现彝海公园特许经营权划转。坚持典型引路、强化示范带动，通过以创争优，深化园林单位、园林小区申报创建工作，助推国家园林城市创建。年内，全市新增“楚雄市园林单位”“楚雄市园林小区”211家，累计达377家，其中成功申报创建省级园林单位（小区）166家。

（杨和能）

【省级绿美城市创建】　2022年，楚雄市开展城乡绿化美化三年行动，提升城乡面貌和人居环境，推进绿美城镇、绿美社区、绿美乡村、绿美河湖、绿美校园、绿美园区、绿美景区、绿美交通“8个绿美”建设，打造绿美城市。年内，将青龙河滨河公园作为全市绿化美化建设的亮点，以市树清香木、市花茶花为主题，打造鹿园、清香园、茶花园3个主题公园，栽植各类苗木6500余株，配套建设健身绿道、运动场地、公共厕所、智慧书吧、停车场等公共基础设施，扮靓老城区与东南新城连接点，争创全省绿化美化建设标杆样板，人均新增绿地面积约1平方米。聚焦打造15分钟高品质便民生活圈，启动实施彝海公园二期、蔡家冲社区公园、30个口袋公园建设、峨碌公园提升改造等项目，完成口袋公园新建4个、改造8个，完成阳光大道、彝海大道等城市绿道建设，新建滨河景观带7.1千米、城市绿道2.83千米、绿道慢行系统18千米、新增绿地面积40万平方米，城市建成区累计建成“一江三河”（龙川江、青龙河、灵秀河、河前小河）滨河景观带66千米、城市绿道35.42千米、绿道慢行系统271千米、各类绿地2004.73万平方米，平均万人拥有绿道长度1.02千米，建成区绿地率38.07%，人均公园绿地面积14.63平方米。开展城乡增绿补绿行动，补种乔木1276株，补植地被4464平方米，累计完成15条街道、271个老旧小区、149条背街小巷、126个城中村的增绿补绿工作，全市村庄绿化率48.38%。深化绿美单元创建，紫溪镇和东瓜镇庄甸社区蔡家湾分别获评2022年云南省“绿美乡镇”“绿美乡村”，176个绿美村庄通过省州认定，九龙甸、西静河、尹家嘴3个水库和彝海公园、青龙河被列为省级美丽河湖申报项目，累计建成国家级绿色学校2所、省州级绿色学校133所、州级绿美校园8所，建成大紫溪山绿美乡村示范区和龙川江、楚南路沿线等绿美乡村示范带7条，打造老元勐线、紫溪山南北旅游公路等一批“四好农村路”“美丽农村路”示范路，昆丽高速楚雄市段绿色廊道成为全省“美丽公路”建设示范路段。

（杨代杰　高伟茗）

新型城镇化

【新型城镇化综合试点】　2022年，楚雄市持续巩固国家新型城镇化综合试点成果，聚焦“康养胜境、宜居楚雄”城市定位，建立差异互补的新型城乡体系。以鹿城镇、东瓜镇为中心城区，向吕合镇、紫溪镇、东华镇、子午镇、苍岭镇“近郊坝区”推进，辐射带动三街镇、树苴乡、八角镇、大过口乡、中山镇、西舍路镇、新村镇、大地基乡“远郊山区”，实现乡镇差异化发展、城市资源整体优化配置。构建不同层次和类型、功能复合、安全韧性的城乡生活圈，形成1小时都市生活圈、30分钟城镇生活圈和15分钟社区生活圈。年内，推进实施西舍路森林小镇、中山中心集镇和三街民族文化小镇建设。出台农业户口人员进城买房补助政策，鼓励农村人口逐步向城镇、城市转移。年末，城市建成区面积52.6平方千米，城镇化率68.9%，成为楚雄州唯一人口正向流入城市。

【小集镇开发建设】　2022年，楚雄市坚持“一镇一定位、一镇一特色”，推动小集镇建设同承接城市功能、发展特色产业、服务“三农”相融合。根据产业布局，引导全市小集镇发展，鼓励依托当地资源优势，发展地域特征突出、专业性强、资源综合利用率高的现代加工业，建设产业特色鲜明、市场竞争能力强、辐射带动面广、绿色节约型的集聚发展区。结合提升城乡人居环境、城乡特色风貌打造专项行动和乡村振兴等工作，加强村镇农房建设监管，加大供水、污水处理、垃圾处理和公厕等基础设施配套，推进农村户厕改造，实施好小集镇绿化、美化、亮化工程，提升集镇环境。年内，硬化村组公路152千米，实施饮水工程1596件，改造卫生厕所1463座，打造州级以上美丽村庄32个，云龙村、大东社区创建为省级精品示范村。

（杨佳学）

〔栏目编辑：丁普瑞　马健平〕

乡村振兴

2023
楚雄市年鉴

综　述

【概况】　2022年，楚雄市严格落实“四个不摘”（摘帽不摘责任、摘帽不摘政策、摘帽不摘帮扶和摘帽不摘监管）要求，印发《关于做好2022年全面推进乡村振兴重点工作的实施意见》《关于明确市级领导挂联“包乡（镇）带村”工作的通知》等文件，压实各级责任。年内，召开全市巩固脱贫攻坚推进乡村振兴领导小组会议9次、现场办公会3次、专题会议17次，市委常委会、政府常务会列项专题研究14次。

【乡村振兴人才培养】　2022年，楚雄市下达人才培训资金500万元，举办乡村振兴人才培训班115期5750人次、劳动力培训5220场2.5万人次，纳入人才智力资源库7.72万人，培养“八个一百”（工业商贸优秀人才、烤烟种植能手、粮食粮经作物种植能手、养殖能手、威楚工匠人才、教育教学能手、医疗卫生人才和文化艺术旅游人才）优秀人才800人，回引农村优秀人才130人。开展科技示范户、种植大户和农业明白人培训27场次，培训技术员、科技示范户、种植大户、农业明白人2.12万人次，认定农村实用人才3.44万人。建立“粮经作物种植能手”和“养殖能手”人才信息库，入库人员662人，分别评选出“粮经作物种植能手”和“养殖能手”100人。“威楚电商创业人才”14人每人获一次性创业补助10万元，7人获创业补助21万元。在楚雄州首届职业技能大赛中楚雄市获金牌2枚、银牌1枚、铜牌3枚，获得“技术能手”称号21人。

【驻村工作】　2022年，楚雄市有巩固脱贫攻坚推进乡村振兴驻村工作队66支、176人，调整替换因身体、家庭、超龄等不适宜驻村队员54人，其中第一书记15人。年内，驻村工作队走访村小组1.45万人次，走访脱贫户5.59万户次，走访监测对象8392户次，开展民情恳谈1.49万人次，组织召开院坝会6706场次、火塘会3253场次。向脱贫户、监测对象宣传政策8.99万人次，帮助制定帮扶措施5239项。帮助驻村地制定完善各项制度545个，参与乡村中心工作及帮扶项目落实1568个，帮助驻村地争取到位帮扶项目95个、各类资金（含物资折合）443.2万元。参与组织召开村民大会3466场次，组织召开党员会议或党课1168场次，参与主题教育宣讲1062场次，帮助驻村地发展党员128人，落实为民服务清单1428件。

【领导调研】　2022年9月10—12日，十三届全国政协农业和农村委员会副主任、中国乡村发展志愿服务促进会会长刘永富率调研组到云南摩尔农庄生物科技开发有限公司、楚雄市新村镇摩尔农庄有机核桃基地、楚雄市绿之源农业发展公司就木本油料产业发展工作进行调研。云南省乡村振兴局党组书记、局长黄云波，楚雄州委书记刘勇，州委常委、楚雄市委书记冯毅，楚雄州人民政府副州长李勇等参加。

（俞华昌）

【农民丰收节活动】　2022年9月7日，八角镇以“品一江两河热果·展魅力八角风情”为主题，组织开展热果展销、文艺演出、电商带货、招商引资签约等活动。9月11日，楚雄市在吕合镇钱粮村委会举办第5届“中国农民丰收节”暨吕合镇第一届“吕·鱼”杯摸鱼比赛，以“欢庆丰收·喜迎党的二十大”为主题，开展红梨品鉴庆丰收、文艺演出庆丰收、收割开镰庆丰收、“吕·鱼”杯摸鱼比赛庆丰收、农特产品展销庆丰收、文体娱乐庆丰收、书画摄影采风庆丰收等活动，吸引游客500余人次。9月11—12日，鹿城镇以“摸鱼节”为主题，在青龙社区外石坝小组举办摸鱼体验、农特产品展销等活动。9月17—23日，苍岭镇以“稻鱼庆丰收”为主题，在楚雄禾丰农业科技开发有限公司智明村委会基地组织开展收稻子、摸稻花鱼等活动。9月23日，新村镇以“庆丰收·话农技·喜迎二十大”为主题，组织开展农产品展示、展销等活动。

农村改革

【农村土地流转】　2022年，楚雄市加强农村土地经营权流转管理服务，规范土地流转管理，土地承包经营权确权登记颁证工作收尾。年内，15个乡镇、142个村（社区）、2687个村（居）民小组、7.79万户完成确权登记发证，登记耕地5.81万公顷，确权承包地4.25万公顷，发证率99.97%。1.9万户农户流转农村土地4133.33公顷，实现地租收入254.85万元。

【集体产权制度改革】　2022年，楚雄市开展农村集体资产清查录入，推进农村集体经济组织赋码管理，农村集体产权制度改革试点成果持续巩固。年内，清查核实15个乡镇154个村（社区）2831个村（居）民小组的农村集体资产70.03亿元、集体土地45.37万公顷，组建新型农村集体经济组织207个，变更登记法定代表人

7月13日，楚雄市2022年度乡村振兴干部暨驻村工作队员业务培训会

（市乡村振兴局　提供）

34个，其中，村委会10个，村民小组24个。

【宅基地和耕地管理】 2022年，楚雄市印制《农村宅基地批准书》《乡村建设规划许可证》等1800本（套）、《一张图看懂农村建房审批流程》5000份。受理宅基地申请1453宗，审批1199宗，审批率80.4%，审批面积15.27公顷，实地巡查农村村民建房400余宗，核查疑似违法图斑129个，督促整改7.11公顷，拆除建筑物5653.71平方米，复种农作物及树木2.18万平方米。

（李作伟）

巩固拓展脱贫攻坚成果

【脱贫人口增收行动】 2022年，楚雄市制定印发《楚雄市促进脱贫人口持续增收三年行动计划实施方案（2022—2024年）》《楚雄市促进脱贫人口持续增收百日攻坚行动方案》，动员单位80余家、企业30家，投入精准帮扶资金1760.32万元。发放帮扶资金987.69万元，组织企业60余家在上海等地进行农产品展销。发放企业稳岗返还金718.78万元，失业保险、补助资金等858.6万元。脱贫户、监测对象人均纯收入稳定超过农村居民同期收入水平，7000元以下低收入人口动态清零。

【防止返贫动态监测帮扶】 2022年，楚雄市乡村振兴局按照《楚雄市巩固拓展脱贫攻坚成果防止返贫致贫动态监测帮扶工作实施方案》，按月开展防止返贫动态监测帮扶工作，坚持“一月一监测、一月一研判、一月一通报、一月一调度”。至年底，全市有脱贫人口9281户3.54万人，监测帮扶对象1531户4831人，其中，消除返贫致贫风险1302户4180人，未消除风险“三类人员”229户651人（包括脱贫不稳定户80户219人、边缘易致贫户77户194人、突发严重困难户72户238人）。

【易地扶贫搬迁后续帮扶】 2022年，楚雄市有易地扶贫搬迁脱贫人口420户1850人，其中，享受低保政策220人，特困供养人口1人。参加基本养老保险1465人，基本医疗保险全覆盖，安全饮水到户率、生活用电覆盖率和垃圾转运处理率100%，户均至少有1项增收产业。有劳动力户数420户，劳动力人口1224人，开展技能培训420人次，就业人数1070人，其中，省外就业317人，省内县外就业344人，扶贫车间带动就业1人，周边基地、园区、龙头企业等带动就业71人，公益就业38人，自主创业、灵活就业等其他类型299人，易地扶贫搬迁家庭有劳动力和就业意愿的建档立卡人口就业率100%，无零就业家庭。

【医疗保障助力乡村振兴】 2022年，楚雄市资助4.64万人参加城乡居民基本医疗保险，全市脱贫人口、边缘易致贫人口、特困人员100%参保。至年底，全市脱贫人口36种大病累计患病1339人，住院救治、随访管理或家庭医生签约服务1339人，救治率100%；脱贫不稳定户累计患病174人，住院救治、随访管理或家庭医生签约服务174人，救治率100%；边缘易致贫户157人，住院救治、随访管理或家庭医生签约服务157人，救治率100%；突发严重困难户17人，住院救治、随访管理或家庭医生签约服务17人，救治率100%。年内，全市农村低收入人口发生医保就诊9418人次，发生总费用3490.44万元，政策范围内费用3426.88万元，统筹支付1900.73万元，医疗救助307.97万元，农村低收入人口政策范围内医疗费用报销比例达80%。

【教育帮扶】 2022年，楚雄市有脱贫人口义务教育阶段适龄学生3086人，监测对象义务教育阶段适龄学生264人。全市脱贫人口、监测对象义务教育阶段适龄儿童100%入学、100%在校，无失学辍学。年内，全市组织申报“雨露计划”生活补助1545人，其中，春季学期860人（“雨露计划”603人、“东西协作”257人），秋季学期685人（“雨露计划”553人、“东西协作”132人）。为考取大学本科的困难新生106人争取到彝州春暖爱心社资助金44.7万元；办理生源地信用助学贷款2078人次，资金2054.6万元；落实楚雄州贫困学子奖励25人，奖励金额10万元；落实寒窗助学资助147人，资助金额9万元；争取河北神威药业“走进神苗”资助义务教育阶段贫困家庭学生100人，资助金额10万元。

【就业帮扶】 2022年，楚雄市聘用乡村公共服务岗位人员（脱贫劳动力）700人，按照每人每月800元的待遇标准筹集资金，按时足额发放待遇464万元。开展脱贫劳动力各类培训1.36万人次、脱贫劳动力技能培训1416人次。落实外出务工奖补政策，针对省外中、高风险地区务工并稳岗3个月以上的脱贫劳动力1138人，发放一次性务工补助113.8万元；发放脱贫劳动力6人创业贷款120万元；累计核发脱贫劳动力53人一次性创业补贴29.45万元。

【定点帮扶】 2022年，楚雄市有州、市挂联单位74家（州级单位11家、市级单位63家）干部职工挂包全市136个村委会、1.03万户3.86万人。年内，挂联单位职工走访结对帮扶对象4.42万户次，捐款捐物送温暖127.73万元，指导定点帮扶村开展党支部标准化规范化建设424次，指导定点帮扶村加强村“两委”班子建设424次；开展法治宣传教育活动651场次，开办道德讲堂和良好家风、家教、家训宣讲活动806场次，帮助开展移风易俗建立村小组红白理事会6250个；实施帮扶项目105个，投入帮扶资金819.57万元，惠及人口7.09万人；资助困难学生279人、12.95万元；帮助建立和引进新型农业经营主体342个，开展“科技讲堂”305场次1.52万人次、劳动力转移就业培训1980场次，帮助发展村集体经济实现总收入380.28万元，开展消费帮扶190.22万元，帮助销售当地农副产品增加收入251.46万元，帮助开展电商服务建成村级电商服务点268个，实现销售收入30.7万元，引进社会帮扶资金168.3万元。

【乡村振兴领域问题整改】 2022年，国家和省州2021年巩固拓展脱贫攻坚成果同乡村振兴有效衔接督查检查和考核发现问题49个（共性问题16个、个性问题33个），涉及楚雄市具体问题17个，举一反三查找问题47个，制定整改措施110条，所有问题整改清零。省、州检查反馈问题53个，涉及楚雄市具体问题4个，举一反三查找问题61个，制定整改措施247条，所有问题整改清零。成立专项监督督查组5个，开展实地督查和“回头看”，防止整改问题死灰复燃、反弹回潮。年内，组织开展巩固拓展脱贫攻坚成果专项督查3次、实地考评1次；累计抽调人员102人组成专项督查队伍，发现问题84个，下发问题通报3期，并跟踪督促问题整改到位。

【扶贫资产效益发挥】 2022年，楚雄市有经营性资产村（组）115个，折股量化集体资产8.06亿元，设置股权11.3万股，量化集体资源性资产份额1.21万公顷。按照80%用于促农增收、20%用于村集体公益事业、产业发展基础设施建设要求，抓好1485万元扶贫资产托管运营考核，扶贫资产收益79.15万元全部按比例分配。

【救助平台运行】 2022年，楚雄市用好“云南省政府救助平台”和“防贫服务热线”，实现“政府找”与“找政府”双向覆盖。年内，下发云南省政府救助平台运行管理通报4期，收到申请事项55件，办结55件，办结率100%；累计收到申请救助、帮扶事项3116件，办结2961件，消除返贫致贫风险1308户4191人。

【扶贫关爱基金】 2022年，楚雄市投入200万元，建立“扶贫关爱基金”，对享受各种帮扶政策后有返贫和新致贫风险农户给予帮扶，防止跌出监测底线。年内，累计开展救助5批次204户，拨付关爱资金177.38万元。

【防贫保险】 2022年，楚雄市投入150万元，为1.35万户农户购买防贫保险，对农户教育医疗、意外事故、自然灾害、饮水安全等风险点进行投保；通过日常检查、抽查、防贫热线受理渠道等方式，加大政策实施监督力度，督促保险承保公司提高服务质量和水平，维护参保人员信息安全。年内，累计赔付505笔125.41万元。

（俞华昌）

乡村产业

【“一乡一特”“一村一品”特色农业】 2022年，楚雄市投入产业发展资金3520万元，扶持从事种植、养殖新型农业经营主体332个，带动脱贫户8522户发展粮食、魔芋、肉牛、蔬菜等产业。推进以优质粳米为主导产业的“一县一业”（一个县或多个村以本地资源或优势为基础，发展能够体现本地特色和提高本地发展水平的产品或项目，形成一定的规模，成为当地标志性的一种区域特色发展模式）培育，推广种植优质粳稻9653.33公顷，落实优质粳稻示范样板122片853.33公顷，建设优质水稻示范样板233.33公顷。推进“一乡一特”（指一个乡镇，打造出一个适合当地的特色产业）发展，以大过口乡魔芋种植为中心，通过“双绑”（农户“绑定”合作社、合作社“绑定”龙头企业）利益联结，推行“公司+协会+合作社+农户”生产模式，种植魔芋4153.33公顷，带动脱贫户1286户种植魔芋188.07公顷。借助紫溪镇西霸农场，组织周边农户发展种植冬桃、樱桃、红梨、木梨、核桃、花椒等333.33公顷，拓展销售渠道，实行协议保底收购，在农场中耕管理、采收期等时段提供就业机会，定向帮扶群众462户，产业区户均增收2万余元、人均增收3000余元。依托兴蕴枇杷种植专业合作社，以“公司+合作社+协会+农户+基地+电商”发展模式，实行统一种植、统一管理、统一销售，种植枇杷866.67公顷，带动农户1280余户。年内，全市创建“一村一品”（以村为单位，根据当地的实际情况，发展一个特色化、本土化的品牌）专业村25个，村集体经济10万元以上村（社区）增至127个，占82.47%。

【农业产业扶持】 2022年，楚雄市重点扶持实施吕合镇龙兴天露农产品集团蔬菜种植、子午镇万寿菊种植深加工建设、紫溪镇农产品交易市场、稻梦空间、东瓜镇老君山农旅融合、苍岭镇云南种业集团优质稻制繁种、鹿城镇军屯社区肉牛养殖场建设、新村镇洒树咪养殖示范区建设、大自雄村集体经济核桃深加工和西舍路镇、大过口乡2个肉牛养殖等产业项目。年内，全市有农业龙头企业58家（国家级1家、省级20家、州级37家），培育州级以上重点农业龙头企业3户；有专业合作社714个、家庭农场596个；建成规模化畜禽养殖场（户）1417个；产业帮扶项目覆盖全市有条件发展生产的脱贫户和监测对象，农业产业保险实现全覆盖。

【农村电商】 2022年，楚雄市投资356万元建成1143平方米的楚雄市农村电商物流分拨中心；整合圆通、顺丰等物流快递公司，建成天猫优品服务站28个，每日发件300余单，为脱贫人口代购商品1200余件，节省资金10.6万元。年内，全市有州级电子商务服务中心1个、乡镇电子商务公共服务站点15个、村级服务站点43个，乡镇服务站覆盖率100%，村级服务站覆盖率27.6%。培训农村电商人才550人次，建成电商企业156户，带动就业610人，实现营业额1.72亿元，带动500户1125人脱贫人口人均增收1200元。

（李作伟）

【农旅融合】 2022年，楚雄市立足旅游资源、地方特色、民俗风情，打造乡村旅游新业态，持续建设完善紫溪彝村、东华镇小伍排村、陈家冲田野里等一批特色旅游村、民族特色旅游村寨，逐步形成以美丽乡村建设为依托、旅游特色村寨为带动、以发展庄园经济和打造农业庄园为支撑、以星级农家乐打造为切入点的乡村旅游发展格局。至年末，全市登记在册农家乐139户，乡村旅游从业人员4200余人，接待游客210余万人次，旅游收入1.06亿元。年内，紫溪镇、东瓜镇被评为“省级旅游名镇”，紫溪彝村、紫金村、小伍排村被评为“省级旅游名村”，红卫桥村被评为“省级旅游扶贫示范村”，大过口乡杞岔拉村、中山镇大自雄村、西舍路清水河村被评为“州级旅游示范村”。

【脱贫劳动力转移就业】 2022年，楚雄市开展劳务协作洽谈7场次，签订劳务合作框架协议和劳务合作协议15份，开发优质用工企业245户、优质岗位2.16万个，举行线上线下招聘会51场次，让每名脱贫劳动力至少获得3个就业岗位信息。鼓励用工单位、农民专业合作社等吸纳脱贫劳动力就业，让无法外出的脱贫劳动力就近就地转移就业，市内企业、农业专业合作社等用工单位吸纳脱贫劳动力就业1.01万人。建成“就业扶贫车间”20家，吸纳就业218人，发放就业扶贫车间吸纳就业奖补4.22万元。年内，全市脱贫劳动力转移就业1.94万人。

（俞华昌）

【产业技能助农】 2022年，楚雄市组建农业、畜牧兽医专业技术人员组成“产业帮扶专家服务组”，动员各村“土专家”进村入户、开设“田间课堂”“畜圈教学”等农村实用技术培训课堂。注重培育“核桃专家”“魔芋专家”“养殖专家”“水果专家”等专业人才，组织产业技能培训班10期55场次，脱贫户培训覆盖65%，培训新型职业农民2.5万人次，脱贫户和低收入人群通过培训掌握1～2门农业技术。

（李作伟）

乡村建设

【农村基层党组织建设】 2022年，楚雄市推进907个农村党组织规范化建设达标创建，建立党支部工作联系点444个，对20个软弱涣散基层党组织进行集中整顿，建成乡（镇）党员教育实训基地32个、村（社区）56个。开办农村党员冬春训，全市140个村（社区）站点参加学习，覆盖全市7000余名农村党员。年内，全市有乡镇党委15个、村党总支123个，乡镇“两新”组织党总支14个。

（俞华昌）

【村庄规划编制】 2022年，楚雄市综合实施村庄规划“多规合一”（将国民经济和社会发展规划、城乡规划、土地利用规划、生态环境保护规划等多个规划融合到一个区域上），根据编制进度，采取成熟一批审查一批的方式推进58个行政村的村庄规划编制，并于9—12月开展市、乡、村三级联审及专家评审。年内，58个行政村完成实用性村庄规划编制并成功报审，累计完成110个行政村实用性村庄规划编制，完成计划编制进度的80.88%。出台《楚雄市村庄规划编制工作实施方案》《楚雄市“干部规划家乡行动”实施意见》文件，印制《楚雄州村庄规划编制技术导则》《怎么规划我们的家乡口袋书》等宣传指导小册子3000余册。

（冯 鸣）

【数字乡村建设】 2022年，楚雄市制定印发《楚雄市数字乡村五年发展规划（2021—2025）》等配套文件。实施“宽带乡村”工程，农村地区光缆规模2.16万皮长公里，4G网络实现乡村全覆盖，自然村覆盖99.37%。投资4.46亿元，撬动金融和社会资本8.93亿元，实施“威楚数智大脑”平台、公共应急智慧广播平台、乡村数智安全工作平台、乡村法律服务平台、基层社会智慧治理体系、乡村立体化综合防控体系、“互联网+乡村文化”、乡村智慧旅游等国家数字乡村示范项目建设。53家农业企业纳入国家农产品质量安全追溯信息平台监管，兴蕴枇杷、林鑫鸡蛋、楚猪一号、锦达肉牛、龙兴天露西蓝花、金沃蓝莓6个重点智慧农业示范项目推动农业生产智能转型。

【乡村公共服务】 2022年，楚雄市完成乡村教育提升基础设施建设项目39个，投资4500万元建成“楚雄教育云平台”。乡镇卫生院100%达到国家基本标准和云南省甲级标准，投资568.61万元改扩建村卫生室23个，有标准卫生室142个，持证医生293人、护士61人，药品配备均在80种以上。15个乡镇敬老院、43个居家养老服务中心投入使用，残疾人协会全覆盖，留守儿童1804人纳入最低生活保障和临时救助。建成政务服务网上大厅，服务事项网上可办率99%，超过80项服务事项可在乡镇办结，累计办件240万件。154个村（社区）实现“农民文化技术网络培训学校”全覆盖。

【乡村文明】 2022年，楚雄市利用235个文明实践阵地、216支特色宣讲队、40个百姓宣讲示范点、154支6000余人志愿服务队，开展二十大主题宣传200余场次，宣讲5200余场，累计创建省级以上文明村镇17个、州级40个、市级28个。彝族大三弦舞、楚雄根雕、楚雄花灯戏（骠川花灯）、彝族葫芦笙制作技艺、楚雄骨角工艺、彝医药三吹粉疗法和彝医药推拿疗法7项乡村非遗工坊入选州级保护目录。持续推广运用“群众积分评议”“积分超市”“红黑榜”和乡村道德模范、

4月21日，苍岭镇新建的小集镇 （市融媒体中心 提供）

星级文明户、“最美家庭”、“好媳妇、好婆婆”等评选活动，推动人人传民俗，户户讲文明。

【乡村振兴项目建设】 2022年，楚雄市做好紫溪示范乡镇、“楚南路”乡村振兴示范带创建、乡村产业发展、农村基础设施、人居环境整治等项目审核入库工作，完善项目库建设入库项目220个，项目总投资1.01亿元。投入巩固脱贫攻坚推进乡村振兴项目建设资金3366.4万元（不含政策性资金投入），其中，中央衔接资金1197万元，省级衔接资金1851.4万元，州级衔接资金318万元。年内，实施村组道路改扩建工程4个，新建浆砌石挡墙1963.32立方米、简易桥涵3座。实施电力工程2件，安装400KVA变压器2台。实施村内户外道路硬化（含停车场）小组49个，硬化道路12.84千米，停车场18个。实施资产收益及村集体经济发展畜禽养殖项目9个，新建肉牛养殖圈舍1667立方米、肉兔养殖场圈舍450平方米，配置兔笼200组；实施物流冷链设施项目4个，农产品深加工建设项目5个，种业繁育基地建设项目1个。完成配套产业道路建设工程13个，混凝土路面硬化11.86千米；新修机耕路4.22千米；配套农业灌溉工程11件，新建水池25个，化粪池2个，沉沙池1个；沟渠建设16.5千米，坝塘修复3个，建设产业项目5项。

【金融服务乡村振兴】 2022年，楚雄市发放小额信贷资金3547.09万元、“紫溪贷”“惠牛贷”金融帮扶产品3091.1万元、“贷免扶补”创业贷款1.07亿元，扶持创业555人，带动就业2198人。加快实施金融服务乡村振兴创新示范区建设，紫溪医药康养小镇、中药材交易中心、医药加工园区基础设施等部分子项目开工建设，完成投资2.6亿元。

（俞华昌）

【农村安全饮水】 2022年，楚雄市持续实施农村供水保障专项行动项目，项目总投资2.54亿元，分3年（2021—2023年）实施完成，推动解决全市13.2万名农村群众生活饮用水保障。年内，实施村级安全饮水工程8件，架设管道14.45千米；鹿城镇、新村镇等9个乡镇建成供水主管道58千米、供水支管道79千米，进户管道123千米、水池46个，完成投资4750万元。推进农村供水工程水价核定及水费收缴工作，按照“补偿成本、合理收益、公平负担”原则，合理确定或者调整水价，年末水费收缴率61.53%。

（杨进荣）

乡村治理

【乡村治理体系建设】 2022年，楚雄市构建五级网络治理体系，建成基层治理网格4607个。对电信网络诈骗、拖欠工资等19个群众反映强烈、社会普遍关注的重点问题开展集中治理，处办平台上报事项9.96万件。农村刑事案件、治安案件发生率2.27%。全市群众安全感综合满意率96.83%，排全省第27位；扫黑除恶斗争群众满意率99.2%，排全省第5位。

（俞华昌）

【农村人居环境整治提升】 2022年，楚雄市组建农村人居环境整治提升工作专班，制定印发《楚雄市农村人居环境整治提升五年行动实施方案（2021—2025年）》《楚雄市绿美乡村三年行动实施方案（2022—2024年）》等文件，建立完善市级领导联系乡镇和市级部门挂点包村、会议调度、情况通报、考核奖励等工作机制，整治提升农村人居环境。开展入户宣传2605场次，张贴宣传标语3334条，发放宣传资料3.8万份，发动农民群众投工投劳11.3万人次，拆除残垣断壁4799处，清理农村生活垃圾5.8万余吨，村庄绿化率48.38%。年内，省级认定绿美乡镇1个、绿美村庄1个，乡村振兴精品村2个、美丽村庄19个；州级认定美丽宜居示范乡镇1个、示范村8个、示范村庄40个，乡村振兴示范乡镇1个、精品村庄7个、美丽村庄13个，绿美村庄176个。

【农村“两污”治理】 2022年，楚雄市持续推进乡镇“两污”（生活垃圾和污水处理）设施建设项目，苍岭镇、东华镇、子午镇、西舍路镇生活污水处理设施建成运行，八角镇、中山镇建设完工，实施污水收集处理工程32件，新建污水管网15.85千米，乡镇生活污水处理设施覆盖率64.29%。完成农村生活污水治理自然村2269个，行政村、自然村污水治理率分别为83.7%、87.41%，自然村污水资源化利用率83.85%。完成紫溪镇、子午镇、东华镇、吕合镇垃圾中转站建设，建成新村镇垃圾填埋场，坝区乡镇基本实现“村收集、镇转运、市处理”。八角镇、西舍路镇2个乡镇建成垃圾热解处理站，镇区生活垃圾处理设施覆盖率85.71%。

【农村改厕】 2022年，楚雄市严格落实农村改厕技术指导员制度，组建改厕技术专家服务队和改厕技术指导员队伍，加强改厕技术指导。严把改厕“模式选择、产品质量、施工质量、竣工验收”4道关，在确保质量的基础上，加快改厕和问题厕所整改进度。将公厕纳入村庄日常保洁，落实一厕一保洁员，切实加大公厕管护力度。教育引导群众养成健康文明生活习惯，做好户厕日常保洁，引导农户自行将厕所粪污还田、还林、积肥等，推动厕所粪污就地就近就农资源化利用。年内，全市改建完成农村卫生户厕、农村卫生公厕1480座；累计改建完成农村户厕6.74万座、公厕230座，农村卫生户厕覆盖率91.17%，行政村驻地和常住户100户及以上自然村卫生公厕全覆盖。

（李作伟）

【农房抗震改造】 2022年，楚雄市完成农房抗震改造600户，并通过市、镇、村三级竣工验收，争取民族地区农房功能提升试点项目1个。开展农村房屋安全隐患排查整治“回头看”，排查农村房屋6.96万户，存在安全隐患532户，并完成安全隐患整治。

（李玉美）

〔栏目编辑：敖春晖〕

生态环保

2023
楚雄市年鉴

综 述

【概况】 2022年，楚雄市严格“三线一单”（生态保护红线、环境质量底线、资源利用上线和生态环境准入清单）生态环境分区管控，强化空间布局约束、污染物排放管控、环境风险管控和资源利用效率要求，划分生态环境管控单元10个，继续推进各类环保问题整改和国家、省级生态文明建设示范市创建，修订楚雄市突发环境事件应急预案。年内，全市环境质量总体保持良好，未发生重特大突发环境事件。

【生态文明体制改革】 2022年，楚雄市组织召开生态文明体制改革专项小组会议4次。印发《关于进一步健全楚雄市生态文明体制改革工作通报制度的通知》，建立健全通报制度。上报市委改革办改革工作统计表12期，向上级改革部门汇报对接改革工作情况21次。年内，组织专项小组或成员单位改革培训14场832人次，开展改革督察2次，出台《楚雄市贯彻落实构建现代环境治理体系重点工作和改革举措》《楚雄市全面推行林长制实施方案》《楚雄市2022年龙川江水环境质量提升工作方案》等改革性文件。按月对楚雄市环境空气质量情况、城市饮用水水源地水质状况、龙川江西观桥断面水质对水生态环境质量影响状况、楚雄市2个污水处理厂运行情况、生态环境执法检查发现问题进行生态安全研判。

【国家生态文明建设示范市创建】 2022年，楚雄州生态环境局楚雄市分局根据《楚雄市国家生态文明建设示范市规划（2020—2025年）》要求，完成楚雄市创建第六批国家和省级生态文明建设示范市申报材料编制工作，并上报省生态环境厅审核。年内，拍摄、印制完成第六批国家生态文明建设示范市创建专题片、宣传图册；优选现场核查点位、拟定迎检方案。

【生态安全隐患排查】 2022年，楚雄市推进生态环境安全风险隐患排查整治，围绕“一废一库一品”、核与辐射安全、涉重金属、垃圾填埋场、医废处理厂、垃圾处理厂等重点及可能存在重大环境风险隐患点，开展排查12次，形成楚雄市1—12月生态安全研判情况报告。年内，楚雄市生态环境状况指数变化（ΔEI）小于1，生态环境状况变化幅度分级无明显变化，基本保持稳定。核实《云南省2021—2022年生态保护红线疑似生态破坏图斑清单》涉及楚雄市图斑2个，均无生态破坏问题。

【宣传教育】 2022年，楚雄市发挥市电视台、政府门户网站、数字楚雄公众号、七彩云端App等媒体平台宣传作用，以生态环境保护取得的经验做法、成效、典型案例等为宣传报道重点内容，发布生态环境保护工作动态新闻18篇（条），生态环境保护工作成效信息36篇（条）。组织开展“世界地球日”“世界环境日”“全国低碳日”等宣传活动18场次，发放宣传资料1.2万份，展出展板600余块，参与群众1万余人。向社会公开环境监测、水源地水质、环境状况及环境统计等相关信息87条，回应群众诉求11次。

环境质量

【大气环境质量】 2022年，楚雄市环境空气质量优良率100%，其中，优296天，良69天，比上年同期提高9.3%，未出现污染天气。细颗粒物（$PM_{2.5}$）平均值18微克/立方米，比上年下降10%。细颗粒物（$PM_{2.5}$）年均值控制在20微克/立方米。

【水环境质量】 2022年，楚雄市6个国控、省控水环境监测断面水质优良率100%。3个城市集中式饮用水水源地水质均符合或优于Ⅲ类水质要求。3个“千吨万人”饮用水水源地达标率66.7%。其中，苍岭镇关坝河水库水质类别为Ⅳ类，未达到Ⅲ类水质要求。9个乡镇级饮用水水源地水质达标率100%。年内，全市水环境承载力指数81.25%，为临界超载状态。

【声环境质量】 2022年，楚雄市城市区域声环境昼间平均等效声级值48.8分贝，比上年48.6分贝略有上升，声环境质量等级为一级标准，评级结果为好。城市道路交通声环境昼间平均等效声级值63.4分贝，比上年的63.2分贝略有上升，强度等级为一级标准，评级结果为好。

【土壤环境质量】 2022年，楚雄市无污染地块再开发利用不当造成的不良社会影响事件，重点建设用地安全利用得到保障。无突出耕地污染问题，未发生因耕地土壤污染导致农产品质量超标的不良社会影响事件。

【辐射环境质量】 2022年，楚雄市电磁辐射环境质量状况良好。综合电场强度测值范围在0.4～2.96V/m之间，低于《电磁环境控制限值》（GB 8702—2014）中规定的公众曝露控制限值12V/m（频率范围为30～3000MHz）。

污染防治

【大气污染物防治】 2022年，楚雄市认真落实大气污染物减排指标，从扬尘污染整治、农业秸秆禁烧管控、道路机动车管理、挥发性有机物污染防治、污染天气应急响应等方面做好大气污染防治工作。印发《关于做好2022年春夏季大气污染综合治理攻坚工作的通知》《关于认真做好今冬明春大气污染防治工作的函》，做好1—12月大气污染综合治理攻坚工作，确保大气环境质量继续保持优良。落实机动车环保检审工作，完成机动车尾气排放检测2.37万辆，尾气排放合格率97.57%。

【水污染防治】 2022年，楚雄市处理污水4703.87万吨，削减化学需氧量7994.5吨、氨氮759.7吨。做好饮用水水源地安全保障监督管理工作，确保水质达标。持续开展龙川江流域综合整治，第三污水处理厂投入运行，楚雄医专废水接入管网实现全处理，龙川江水环境质量持续改善。年内，全市15个乡镇、135个行政村、2600个自然村开展生活污水治理工作，118个行政村完成生活污水治理，治理率

87.41%，其中24个行政村完成生活污水收集处理、占比17.77%，达到《楚雄州农村生活污水治理三年行动实施方案（2022—2024年）》要求。

【土壤污染防治】 2022年，楚雄州生态环境局楚雄市分局动态完善尾矿库清单和加强汛期尾矿库环境风险隐患排查，楚雄小水井金矿完成安全评估和整改工作，市内尾矿库无污染情况发生。加强土壤污染4家重点企业监管，确保土壤污染防治工作落到实处。加强医疗废物处置有关工作，楚雄州人民医院医疗废物实现二维码全过程监管。加强固体废物监管工作，持续提升工业固废综合利用率。楚雄东方新能源环保有限公司生活垃圾焚烧飞灰全部进行螯合固化、安全填埋。

（李　丹）

【农业面源污染治理】 2022年，楚雄市开展畜禽粪污资源化利用技术培训17期440人次，完成规模养殖场备案83户，安装生产水表规模养殖场58户，建立养殖用水台账规模养殖场58户，规模养殖场设施装备配套率100%，大型规模养殖场设施装备配套率94.87%，畜禽粪污资源化综合利用率86.26%，达云南省、楚雄州综合利用率 75%以上要求。推广使用商品有机肥、绿肥种植、秸秆还田、水肥一体化示范2.7万公顷，化肥施用量（折纯）1.44万吨，比上年下降5.5%。举办科学安全用药培训30期2680人次，开展新农药推广使用3033.33公顷，推广物理措施、微生物制剂等生物农药、生态调控措施等防治4.87万公顷，农药施用量272吨（商品量），下降2.7%。回收大于0.01毫米的废旧农膜691吨，占总用量801吨的86.3%。秸秆产生量21.18万吨，综合利用量16.66万吨，综合利用率92.5%。

（李作伟）

环境质量监测

【城区环境空气质量监测】 2022年，楚雄市城区环境空气质量监测有效天数365天，空气质量优良率100%。可吸入颗粒物（PM_{10}）年均值26微克/立方米（一级），比上年下降13.3%；细颗粒物（$PM_{2.5}$）年均值18微克/立方米（二级），下降10%；二氧化硫（SO_2）年均值10微克/立方米（一级），比上年无变化；二氧化氮（NO_2）年均值14微克/立方米（一级），下降12.5%；一氧化碳（CO）年均值0.8毫克/立方米（一级），下降20%；臭氧（O_3-8h，污染物臭氧8小时）年均值115微克/立方米（二级），下降10.2%。

【集中式饮用水水源地质量监测】 2022年，楚雄市有九龙甸水库、西静

10月9日，青山湖湖湾湿地　　（李钟明　摄影）

河水库、团山水库3个州市级城市集中式饮用水水源地，监测频次每月1次。水质达标率和优良率均100%，其中，九龙甸水库水质类别为Ⅱ类，达到Ⅱ类水环境功能类别要求，水质状况为优；西静河水库水质类别为Ⅲ类，达到集中式生活饮用水水源水质要求，水质状况为良好；团山水库水质类别为Ⅲ类，达到Ⅲ类水环境功能类别要求，水质状况为良好。

【地表水质量监测】 2022年，楚雄市设地表水监测断面6个，其中，国控断面1个、省控断面5个，监测频次每月1次。年内，水质状况为优（水质类别为Ⅰ～Ⅱ类）的断面有3个（龙川江、青山嘴水库、吕合镇紫甸河），占50%；水质状况为良（水质类别为Ⅲ类）的断面有3个（龙川江西观桥、西静河水库、团山水库），占50%。

【农村千吨万人饮用水水源地环境质量监测】 2022年，楚雄市有"东华镇罗其美水库、子午镇自家冲水库和苍岭镇关坝河水库3个千吨万人"饮用水水源地，监测频次每季度监测1次。东华镇罗其美水库和子午镇自家冲水库水质类别均符合或优于Ⅲ类水质要求，苍岭镇关坝河水库水质未达标。其中，东华镇罗其美水库水质类别为Ⅱ类，水质状况为优；子午镇自家冲水库水质类别为Ⅲ类，水质状况为良好；苍岭镇关坝河水库水质类别为Ⅳ类，水质状况为轻度污染。

【城区酸雨质量监测】 2022年，楚雄市设置"州环境监测站"1个城区酸雨监测点位，当日上午9:00到第二天上午9:00为一个采样监测周期，监测频次"逢雨必测"。年内，楚雄市城区监测降水55场次，降水pH范围5.72～6.99，未出现酸雨。

【噪声环境质量监测】 2022年，楚雄市在城区设置州环境监测站、市环境监测站、福塔公园和楚雄师范学院4个功能区噪声监测点位，监测频次每季度1次。年内，"福塔公园"昼间全年平均等效声级值49.4分贝，夜间全年平均等效声级值39.4分贝；"楚雄师范学院"昼间全年平均等效声级值50.2分贝，夜间全年平均等效声级值41分贝；"楚雄州环境监测站"昼间全年平均等效声级值49.2分贝，夜间全年平均等效声级值41分贝；"楚雄市环境监测站"昼间全年平均等效声级值46.4分贝，夜间全年平均等效声级值37.7分贝。4个功能区噪声监测点位均符合相应的声环境功能区噪声限值要求，达标率100%。

节能减排

【概况】 2022年，楚雄市能源消费总量159.68万吨标煤，单位生产总值能耗（不变价）0.28吨标煤/万元。工业能源消费量72.47万吨标煤，工业产值能耗0.12吨标煤/万元；规模以上工业综合能耗（等价热值）64.51吨标准煤，单位工业增加值能耗（等价热值，不变价）0.38吨标煤/万元。年内，楚雄市年度节能目标完成情况与经济社会发展水平相适应，年度评价结果为完成等级。

【新能源充电基础设施建设】 2022年，楚雄市城乡建设投资集团有限公司与云南电网责任有限公司楚雄鹿城供电局合作投资489.94万元建设电动汽车充电基础设施，在东兴中学公共停车带、市委党校内停车带、青龙河珑曦苑公共停车带、市自然资源局公共停车带、州文化活动中心公共停车带建设充电桩49套（直流充电桩11套、交流充电桩38套），充电枪60支（直流充电枪22支、交流充电枪38支）。对有充电需求企业申请建设充电基础设施给予支持，完成5家企业充电基础设施备案、建设及运营。其中，云南云特新能源有限公司建设充电站3座、充电桩8套、充电枪21支，楚雄交通运输集团有限公司建设充电桩15套、充电枪30支，楚雄瑞速新能源汽车服务有限公司建设充电桩10套、充电枪26支，云南舒通汽车销售服务有限公司建设直流充电桩（双枪）5套、交流充电桩（单枪）4套，云南星充新能源科技有限公司建设直流充电桩（双枪）13套、充电枪26支。建设充电桩备案104套、充电枪163支。

【光伏太阳能利用】 2022年，楚雄市推广光伏应用促进技术创新和产业发展，提高光伏产业整体质量和效益，开工集中式光伏项目5个。优先在工业厂房、商业综合体、专业市场、大型会展场馆、体育场馆、高速公路服务区等建筑屋顶建设规模化的分布式光伏发电系统，开工建设屋顶分布式光伏项目1个，装机266兆瓦，总投资11.15亿元。在具备条件的地区进行太阳能干燥技术应用试点，加大太阳能热水器推广应用范围覆盖，鼓励农户使用太阳能热水器、太阳灶，通过适当补贴，推进太阳能应用。

（白章华）

【公共交通节能减排】 2022年，楚雄市响应国家大力发展新能源公交车的政策方针，做好政策宣传，鼓励企业投放节能、环保的新能源车辆。年内，全市投放纯电动公交车367辆，新购置新能源出租汽车85辆，在册运营新能源巡游出租车268辆；补贴新能源出租汽车新增购置企业2户，资金116.1万元；发放支持城市交通领域新能源汽车运营奖励资金642.41万元，其中购置新能源车辆（新能源公交车）运营546.31万元。

（高　帆）

【公共机构节能】 2022年，楚雄市完成近5年公共机构能源资源直报系统数据的督促检查、审核等相关工作，对不按时限要求填报公共机构能源资源系统的单位，通过书面提醒、打电话提醒等督促落实。完成公共机构能源资源管理直报系统账户管理、申领和变更工作。年内，全市有166家下属单位名录库，涉及用能人数6.46万人次，并健全公共机构节能工作联络机制。对72家用能单位进行督促检查和业务指导，对督促检查存在问题的单位下发整改通知书，并要求按时限整改完成。组织开展节水宣传周和节能宣传周活动及节约型机关创建业务培训会。按照楚雄市节约型机关创建行动实施方案，对2020—2022年度60家节约型机关创建单位进行现场检查评价，并按时限要求完成系统审核上报工作。至年底，全市创建节约型机关60家单位，完成三年创建行动州级下达创建任务数58家单位的103.45%，创建率100%。

（张家宏）

【“零碳园区”建设】 2022年，楚雄高新区与远景能源有限公司签署零碳园区合作协议，投资121.5亿元，打造辐射西南地区及南亚、东南亚绿色能源风电装备产业集群。引进楚雄能检科技有限责任公司在楚雄高新区桃园、赵家湾片区建设余热回收及集中供热建设项目，年减少二氧化碳排放3.2万吨、氮氧化物排放3240吨，年外供15万吨饱和蒸汽（0.8MPa），为楚雄高新区年节能量12701.45tce（吨标准煤当量），成为楚雄州节能降碳典型经验之一。

【全国低碳日宣传活动】 2022年6月13—19日，楚雄市开展全国低碳日“线上+线下”集中宣传系列活动。此次活动主题为“落实‘双碳’行动，共建美丽家园”。活动由楚雄州生态环境局楚雄市分局牵头组织，在“楚雄环境”微信公众号开设线上全国低碳日知识竞答活动，提升和扩大全社会参与的宣传覆盖面，参与网络互动答题2000余人次。在楚雄市桃源湖体育公园火把广场设立全国低碳日宣传咨询服务点，向过往群众宣传应对气候变化政策措施，全国碳市场、低碳城市建设、气候适应型城市建设等先进经验；市级部门、15个乡镇、有关重点企业和绿色单位同步开展集中宣传，累计向市民发放低碳日宣传单1200张，公众环保宣传手册8000余份，展出宣传展板200余块，悬挂标语100余块，受理现场解答群众咨询1000余人次，参与活动5000余人。

（李　丹）

生态环境监督管理

【环保督察等反馈问题整改】 2022年，楚雄州生态环境局楚雄市分局完成2016—2020年中央环保督察、中央环保督察“回头看”等7项督察反馈、交办楚雄市118项问题整改，并通过上级验收。完成2021年第二轮中央生态环境保护督察交办群众信访举报件28件整改，并通过州级验收。推进2021年第二轮中央生态环境保护督察反馈12项问题整改，其中，完成整改5项（通过州级验收1项，完成市级自查自验4项），整改达序时进度7项。完成2021年云南省生态环境保护交叉执法检查涉及610项131家企业、单位问题整改。完成2021年省委督查室、省政府开展中央生态环境保护督察整改工作督导检查涉及楚雄市6项问题线索办结。加快推进楚雄市自然保护地强化监督2个问题点位整改销号。

【林长制】 2022年，楚雄市严格落实“党委领导、党政同责、属地负责、部门协同、全域覆盖、源头治理”的长效机制，压实市乡村三级林长主体责任，建立“网格长+护林员+专管员”的村级“一长两员”网格化监管体系，强化森林资源源头巡查管护工作。建立林长制考核评价制度，对各乡镇总林长和各级林长实行年度量化考核。年内，组织完成林长315人、专管员2761人、市级责任区15个、乡级责任区143个、村级责任区2761个的监管考评工作。

（李兴强）

【河（湖）长制】 2022年，楚雄市推进全市水资源保护、水域岸线管理、水污染防治、水环境治理、水生态修复、执法监管6项河长制工作任务，河(湖)长制工作被州级考核为“优秀”等次。常态化开展河（湖）长巡河行动，市级河（湖）长累计巡河288次，提出河（湖）长巡查整改意见290条；乡镇级河（湖）长巡河4822次，村级河（湖）长巡河1.26万次，村级巡查员巡河1.99万次。推进河湖“清四乱”（清理整治河湖管理范围内的乱占、乱采、乱堆、乱建等突出问题）常态化规范化，市乡两级开展联合执法72次，开展河湖“清四乱”专项行动22次，出动执法人员468人次，拆除违法建筑物3处，清理整治河湖四乱问题5个、非法种植面积4.5万平方米。开展“清河行动”285次、参与人员2.36万人次，出动车辆机械772台次，投入各类资金299.66万元，清理河道1892千米，整治河道面积165.77万平方米，清理各类垃圾8864吨，河道两岸生态恢复37.57万平方米。组织“四不两直”（不发通知、不打招呼、不听汇报、不用陪同接待，直奔基层、直插现场）暗访巡查28次，下发工作交办单53次，工作督办通知6次，工作提醒函2次，工作通报4次，整改涉河问题183个。

（杨英平）

【环境执法】 2022年，楚雄州生态环境局楚雄市分局依法开展现场检查135家（次），出动检查人员397人次。接到环保投诉85件，办结84件，推进办理1件。开展环境保护执法检查，抽取“双随机、一公开”企业193家(次)并完成检查。开展企业雨季（汛期）环保安全生产检查，下发《楚雄州生态环境局楚雄市分局关于做好2022年雨季汛期环境管理和生态环境领域安全生产工作的通知》，及时对滇中有色渣场矿渣堆场、东方新能源生活垃圾处置填埋场渗滤液液位进行汛期安全检查。查处环境违法行为，下发责令限期整改通知书17份，完成整改15份，约谈存在问题企业负责人7家，生态环境违法案件立案11件，罚没金额76万元。加强辐射安全监管，推进重点企业强制性清洁生产审核，对辖区内射线装置单位辐射安全许可证到期、新办证单位出具初审意见15份。

【环境影响评价管理】 2022年，楚雄州生态环境局楚雄市分局做好省、州、市重点项目环评服务工作，全程参与重点招商引资项目前期工作，开辟环评审批绿色通道，超前介入、主动对接、跟踪服务、定期调度，及时掌握进展情况，加大省、州审批项目汇报协调力度，助力项目尽早落地。开展环评审批信息联网报送、企业自主验收和环评登记表备案管理，保障好抗疫项目申报等相关工作，提升生态环境系统优化营商环境能力。严格执行新环评分类管理名录，纳入环评

5月22日，州生态环境局楚雄市分局开展“5·22”国际生物多样性日主题宣传活动　（州生态环境局楚雄市分局　提供）

管理项目大幅减少，完成建设项目环评审批文件19件（报告表），签审下级环保部门意见59件，完成环保竣工验收17家，登记表备案264件，受理业务咨询80余次，完成突发环境事件应急预案备案49家。

（李　丹）

【长江“十年禁渔”】　2022年，楚雄市制定《楚雄市“中国渔政亮剑2022”系列专项执法行动方案》《楚雄市2022年渔政巡查及渔政执法工作方案》《严厉打击电鱼、毒鱼、炸鱼等非法捕捞专项整治行动方案》《楚雄市2022年违规渔具清理整治工作方案》，张贴、散发《楚雄市人民政府关于在龙川江实施禁捕的通告》《中华人民共和国渔业法》《云南省渔业条例》等各类宣传资料1800份。5月25日、7月27日、10月4日分别组织市农业农村局、市公安局、市市场监管局、市水务局、市交通运输局5个禁捕成员单位，开展联合巡查活动3次，出动车辆8台次，执法人员35人次，巡查龙川江河道52千米，劝离垂钓人员421人。年内，在龙川江楚雄市段建设禁捕智能监管平台9个，出动执法车辆215车次，出动执法人员879人次，巡查河道1210.8千米，清理销毁无人看管渔网12张，清理地笼205个，劝离垂钓人员1350人，立案查处违法案件4起，生态修复增殖放流鱼苗70千克。

（杨维波）

自然资源保护

【森林修护】　2022年，楚雄市实施森林管护34.47万公顷，完成森林抚育2000公顷，公益林建设333.33公顷。实施封山育林项目666.67公顷，完成异地造林任务71.2公顷、适龄公民义务植树172.7万余株、零星植树（含四旁植树）200万余株。组织实施冬季营造林项目3个，其中，国家造林补贴低效林改造1000公顷、森林抚育666.67公顷、退耕还林生态林抚育3.25万公顷。培育乡土树种绿化苗木50万株，开展国家华山松良种基地建设项目51公顷，实施退化云南松提升增效经营技术推广示范66.67公顷，云南香榧早实丰产栽培技术推广示范项目6.67公顷。

【野生动物保护】　2022年，楚雄市严格执行野生动物疫源疫病疫情报告制度，密切关注蛇、竹鼠、獾、野猪、鸟类等野生动物的异常情况。清理野生动物人工繁育和经营利用场所，发放《告野生动物养殖企业（单位、户）通知书》41份，督促野生动物人工繁育单位做好卫生防疫和逃逸管理。年内，市林草局、市市场监管局、市农业农村局、市森林公安局等部门对非法销售、购买、运输、携带等经营利用野生动物及其制品的行为依法打击7次，出动人员60余人次；清查野生动物人工繁育和经营利用场所41家，开展野外巡护监测200余人次，救助野生动物20余只，清除围网100余张。

（李兴强）

【自然保护地】　2022年，楚雄市启动自然保护地整合优化，开展调查摸底，梳理市域自然保护地（或风景名胜区）存在问题，并对保留、并入、撤销调出调入地块进行逐一审核、分类统计，广泛听取意见、组织专家论证，确保《楚雄市自然保护地整合优化方案》合法、合理、可行，无社会稳定风险；完成《楚雄紫溪山风景名胜区总体规划（2022—2035）》编制工作。年内，全市有自然保护地6个，保护地批复面积2.96万公顷，占全市总面积44.34万公顷（2019年第三次国土调查面积）的6.67%。其中，云南哀牢山国家级自然保护区楚雄市片区批复面积4500公顷，楚雄紫溪山省级自然保护区批复面积1.6万公顷，云南紫金山国家森林公园批准面积1700公顷，楚雄紫溪山风景名胜区批复面积6180公顷，楚雄西山州级自然保护区批复面积213.3公顷，禄丰樟木箐州级自然保护区楚雄市片区批复面积990公顷。

【生物多样性保护宣传】　2022年，楚雄市利用“中国植树节”“世界湿地日”“世界野生动植物日”“世界森林日”“爱鸟周”“世界地球日”“国际生物多样性保护日”“世界环境日”“古树名木保护宣传周”等重要节点，组织志愿者到桃源湖、西山公园、东华镇新街等场所开展生物多样性主题宣传活动10余次。在重点林区、保护区、森林公园等野生动植物较多的地方发放宣传单或设置永久性宣传牌100余块。5月22日，楚雄市组织部门10余家在桃园湖火把广场开展“国际生物多样性日”主题宣传活动。活动主要围绕COP15、保护区建设和管理、保护地专项执法检查、控制外来物种入侵等5方面内容，以悬挂条幅、设置展板、发放宣传册、宣传袋和现场咨询服务等方式进行。活动展出展板12块，发放宣传册600余份，环保宣传袋500余个，参与群众2000余人次。

（李　丹）

〔栏目编辑：敖春晖〕

教　育

2023
楚雄市年鉴

综　述

【概况】 2022年末，楚雄市辖区有285所学校（含市属学校263所），高等教育学校3所（楚雄师范学院、楚雄医药高等专科学校、云南现代职业技术学院）。普通中等职业教育学校7所（含市属2所，楚雄市职业高级中学、楚雄市教师进修学校）。基础教育274所（含市属261所）。其中，幼儿园118所（含市属116所）；义务教育144所（含市属141所），其中，小学123所（含市属120所），初中21所（初级中学18所、九年一贯制学校3所）；高中11所（市属高中4所）；特殊教育学校1所。有教职工1.05万人（市属6474人），有在校生15.17万人（市属7.86万人），有班级2767个（市属2217个）。

【教育经费投入】 2022年，楚雄市教育经费总投入8.68亿元，与上年持平。其中，学前教育、义务教育、高中教育和中职教育发展投入1.34亿元，项目建设投入1.4亿元。发放学生资助资金2404.03万元，其中，学前教育阶段128.15万元，义务教育阶段1296.46万元，普通高中阶段372.04万元，中等职业教育阶段607.38万元。

【校园安全】 2022年，楚雄市城区学校依托“悦泉水世界”专业游泳馆开设防溺水公益大课堂，增加学生防溺水知识和提高游泳技能，受益学生4577人。组织10轮校园周边安全检查，消除校园周边环境安全隐患。在全市各级各类学校推进“互联网+6T实务管理+明厨亮灶工程”，实施“6T”（天天处理、天天整合、天天清扫、天天规范、天天检查、天天改进）实务管理学校236所，达标216所。严格上、下学值班带班制度，执行“小红旗”路长制，专兼职保安配备、校园封闭式管理、“一键报警”和视频监控与属地公安机关联网、护学岗设置实现4个100%。

【民族教育】 2022年，楚雄市有民族中学2所（大过口乡民族中学、八角镇民族中学），民族小学21所。金鹿中学附设民族初中班2个、紫溪中学附设民族高中班2个。创建省级民族团结教育示范学校20所、州级民族团结教育示范学校29所、市级民族团结教育示范学校5所。不断探索改革汉、彝双语教学模式和民族教育教学方法，以板凳山州立民族小学为龙头，在少数民族人口占总人口50%以上的村民委员会成立民族小学、幼儿园。

【成人教育】 2022年，楚雄市辖区有函授校点7个，成人中等专业学校1所，专任教师28人。年内，以农村成人教育学校为依托，广泛开展技术培训，累计建设村级成人学校154所，成人办学覆盖面100%。以楚雄市老年大学、楚雄市职业高级中学为载体，构建终身教育体系，建有老年教育学院1所，老年大学16所，其中，市级1所、乡镇级15所；分校4所、教学点31个，开设专业17个、教学班66个，招收学员796人，实现15个乡（镇）在“家门口”开办老年大学，辖区内乡（镇）老年大学覆盖率100%。

9月4日，实验小学“护学岗”人员放学值守　　（市公安局　提供）

【特殊教育】 2022年，楚雄市有3～18周岁残疾儿童、少年337人，其中，学前教育阶段13人、义务教育阶段288人、高中阶段28人、因无法自理缓学5人，因到康复机构治疗办理休学3人。年内，对残疾儿童采取普通学校随班就读、特殊教育学校就读、送教上门等多种方式，“一人一案”妥善安置每名残疾儿童。随班就读学生329人，与楚雄州特殊学校联合开展送教上门工作22人次，妥善实施教育安置6人，为残疾大学生提供助学帮助72人；到楚雄州特殊学校组织开展物资捐赠活动2次，为学生发放学习、生活物资186人次；协调7个助残基地开展免费康复训练。

【招生考试】 2022年，楚雄市参加高考2660人，高考600分及以上70人，一本及以上人数513人，本科及以上人数1917人；三校生高考报名219人，上线率100%，本科上线15人，上线率12%，高于全省同类学校10个百分点。中考参考6317人，达到普通高中录取线5730人。

教育管理

【概况】 2022年，楚雄市研究制定《楚雄市乡镇中小学一体化办学工作实施方案》、修订完善《楚雄市高中教育提质增效工作三年行动方案》16个配套政策。持续开展校外未成年人心理健康辅导，组建专业心理团队到学校开展心理健康讲座、团体辅导11场次，个体辅导月均15人次。深化产教融合、校企合作，祥溢酒店成为楚雄旅游服务产教融合共同体实训基地。成立公办九年一贯制义务教育学校1所（楚雄高新实验学校），并于9月开学。年内，全市学前教育三年毛入园率97.32%，高于全省、全州6.97%、5.19%，九年义务教育巩固率106.66%，高于全省、全州9.5%、7.96%，高中阶段毛入学率95.19%，高于全省、全州3.95%、0.52%。

【教育督导】 2022年，楚雄市强化教育督导评价，坚持督学与督政相结合，围绕义务教育优质均衡发展、学前教育“幼有所育，幼有优育，幼有善育”目标，开展中小学校秋季学期综合督导13所、现代教育示范幼儿园市级督导评估14所、幼儿园办园行为市级督导评估81所，促进教育优先发展战略落实。年内，楚雄市机关幼儿园被云南省人民政府教育督导委员会办公室认定为“云南省一级一等幼儿园”；苍岭中学、云龙中学、北浦小学、灵秀小学被楚雄州人民政府教育督导委员会办公室认定为“州级现代教育示范学校”；市机关幼儿园、北路幼儿园、东瓜中心幼儿园、博源幼儿园被楚雄州人民政府教育督导委员会办公室认定为州级“现代教育示范幼儿园”。

【教育科研】 2022年，楚雄市发挥教研工作服务学校教育教学、教师专业成长、学生全面发展、教育管理决策4项主要任务作用。开展学校调研指导100余天（次），教研员人均听课100节；抓好高中新教材培训及使用工作；参与州、市级课题的管理和研究活动，科研课题结题33个。参加云南省教育科研论文竞赛，其中，获一等奖76篇、获二等奖307篇、获三等奖793篇。完成全市中小学数学、中学物理、小学科学课堂教学竞赛活动，评出小学数学组一等奖7人、二等奖8人、三等奖7人；小学科学组一等奖7人、二等奖8人、三等奖7人。参加云南省2022年“统编教材我来读”竞赛活动，获奖教师22人、学生35人。

【学校卫生体育艺术】 2022年，楚雄市加强对学校教学和生活环境、传染病防控、学校饮用水以及公共场所的卫生管理情况抽查，检查学生集体用餐配送企业1户、检查学校食品原材料集中供应企业1户，消除卫生隐患点21处。成功举办楚雄市第四届师生书画摄影比赛；在全市各中小学校广泛开展“传承红色基因”“红色故事大家讲”“祖国放心，强国有我”“喜迎二十大”系列活动等主题实践活动；鹿城小学、东瓜镇中心小学在“全国千万学生跳动啦啦操大课间活动”中，获“全国百佳校园大课间优秀单位”。在云南省第一届初中学生艺术实践活动中8个表演类节目分获一、二、三等奖，117篇艺术类作品分获一、二、三等奖。在全国中华魂主题教育活动线上演讲成果展示活动中，北城小学余佳代表云南省参加全国比赛。

【德育教育】 2022年，楚雄市召开未成年人思想道德建设工作相关会议2次，印发《楚雄市未成年人思想道德建设工作实施方案及任务分工》。开通“12345”未成年人保护热线，举行未成年人思想道德建设工作推进会、标杆点位创建经验交流会和现场观摩活动等16场次。制定完善《楚雄市未成年人思想道德建设工作考评标准》，开展年中、年终检查考评，辖区内主责部门、乡镇、社区、中小学校100%接受考评。年内，全市开展童心向党、传统文化展演、心理辅导等教育实践活动2680场次13.7万名师生参加；开展家风家训讲座、亲子教育等文明创建活动1027场次5.6万名师生参加；开展假期培训及辅导、普法教育、科普宣传志愿服务活动116场次1.2万个学生家庭参与。

【民办教育管理】 2022年，楚雄市印发《楚雄市非学科类民办教育培训机构设置标准(试行)》，自2月7日起，受理拟申办、审批非学科类培训机构办证，对申请拟办机构的13项材料严格审核，受理、公示民办教育机构登记70家。继续执行《关于印发楚雄市校外培训机构预收费监管办法的通知》，对取得《办学许可证》《企业法人营业执照》或《民办非企单位登记证书》的非学科类培训机构的风险保证金及家长缴纳的预收费资金实行统一监管，实地抽查辖区内公办（民办）中小学各1所、高中1所、职业教育学校1所、幼儿园3所，责令教育收费公示不规范的4家学校进行规范整改。

【办学条件改善】 2022年，楚雄市新改扩建中小学、幼儿园项目84个，其中，在建项目45个，完工项目39个，总投资概算9.91亿元。新建、改扩建城区学校14所，新建校舍及运动场地12万平方米；启动实施西城幼儿园、彝海小学、彝海片区标准化学校等6个新建项目和思源实验学校、北浦中学等改扩建项目。完成《楚雄市城区校点布局规划2022—2035年》编制工作，保留城区学校38所，规划建设99所，增补各学段学位10.71万个。

教师队伍建设

【师德师风】 2022年，楚雄市召开“清廉学校”建设推进会4次、试点学校现场会1次，选树试点学校4所。召开全市教育体育工作会议暨教师节表扬大会1场次，表扬教育先进工作者45人、优秀校长10人，选树优秀班主任、优秀教师100余人。与53个学校党组织书记签订《2022年党风廉政建设目标管理责任书》；组织副股级（副校级）以上领导235人对照四个“负面清单”进行自检自查。召开教育系统全面从严治党“以案促改”警示教育大会1次，以视频会议方式组织校园长（书记）参加省、州、市警示教育大会4次，组织机关干部和教职员工参加警示教育大会2次，组织收看警示教育专题片200余场次，组织中小学校长、财务人员200余人参加庭审现场警示教育1次。做好教育系统纪律作风突出问题专项整治工作，召开动员会议150场次，开展专题学习研讨303场次，签订师德师风承诺书6051份，参加专题研讨2207人；开展警示教育116场、交心谈心2192人、专题党课72场次。

【“县管校聘”改革】 2022年，楚雄市推进教职工“县管校聘”改革工作，完成二轮竞聘教师82人，通过第三轮竞聘教师4人；其中，从中学交流到小学任教79人，从城区中学交流

9月9日，楚雄市2022年教育体育工作会议暨教师节表扬大会

（市教育体育局　提供）

到山区小学任教2人，从城区高中交流到坝区小学任教2人，城区内交流任教3人，实现从高学段到低学段、城区到山区逆向流动。教职工4481人通过岗位竞聘到新岗位。推进党组织领导的校长负责制改革，启动苍岭中学、鹿城小学改革试点样板，调整18所学校书记、校长，教师378人完成职级评定能力测试。开展校长职级制改革，一、二级校长州级初评结束，完成三、四、五级校长职级制笔试。

【教师培训】　2022年，楚雄市围绕课程改革，通过教师自学、讨论、写心得体会、邀请专家学者专题讲座、外出培训教师回校作专题汇报、骨干教师作教学经验介绍、上示范课等形式，提升教学水平。年内，选派21人参加云南省第七期、第八期“万名校长培训计划”；组织辖区内中小学、幼儿园教师全员培训，参训教师1.19万人次；完成楚雄市第三届骨干教师第一期培训，参训教师52人。开展送培下乡活动，送培到校524人次。完成楚雄市第三届骨干教师年度考核，涉及教师827人。培育“楚雄州名校长”5人、“楚雄州名教师”20人、“楚雄州名班主任”20人，评选“楚雄市名校长”10人、“楚雄市名教师”100人、“楚雄市名班主任”100人。

【教师人才引进】　2022年，楚雄市发布《楚雄市2022年紧缺学科教师公开招聘公告》，公开招聘紧缺学科教师。年内，引进高层次人才4人，公开招聘高中紧缺学科教师32人，事业单位招考教师35人，特岗教师按程序转为普岗20人。

学前教育

【概况】　2022年，楚雄市有幼儿园116所，学前教育教职工2029人，其中，公办幼儿园有教职工711人，民办幼儿园有教职工1318人，专任教师1085人。在园幼儿2万人，其中，公办幼儿园在园幼儿7768人，其他在园幼儿1.22万人。全市学前一年儿童毛入园率98.23%，学前三年儿童毛入园率97.32%，公办幼儿园在园幼儿占比38.91%。

【普惠幼儿园建设】　2022年，楚雄市推进实施西城幼儿园、鹿城镇中心幼儿园建设。做好省级示范幼儿园创建、州级示范幼儿园创建复评，依法依规加强对86所民办幼儿园指导、监管、考评。年内，全市有普惠性幼儿园111所，营利性幼儿园5所，普惠性幼儿园达标率95.65%。

【“一村一幼”建设】　2022年，楚雄市实施“一村一幼”学前教育发展计划，扩大公办学前教育资源，增加学前教育学位。推进实施楚雄市东瓜镇中心幼儿园、西舍路镇中心幼儿园、西城幼儿园、鹿城镇中心幼儿园等幼儿园项目。学前教育“一乡一公办、一村一幼”覆盖15个乡镇。

1月12日，东城幼儿园邀请书法家协会会员倪华教小朋友写“福”字

（王慧媛　摄影）

【幼儿园中青年教师优质课评选活动】 2022年11月3—4日，楚雄市幼儿园教师技能竞赛暨优质课评选活动在市机关幼儿园举行。市属城区幼儿园8个集体教学活动和8名优秀教师参赛，50余名教师到现场进行观摩学习。活动涵盖幼儿园艺术、语言、社会、科学4个领域，评选出一等奖2名、二等奖3名、三等奖3名。

（董明骏）

【主要幼儿园简介】 2022年，楚雄市大力发展公办幼儿园，促进学前教育提质增长，缓解城镇化加快、“三孩”政策全面实施后的学前教育压力。

楚雄市机关幼儿园 2022年，幼儿园有教学班13个，在园幼儿457人，教职工63人（在编教职工28人），其中，州级骨干教师2人，市级骨干教师10人，骨干教师群体占在职在编教师的42.8%。幼儿园教师学历达标率、资格证达标率、普通话达标率100%。年内，获云南省教育宣传工作优秀单位、楚雄州“绿美校园”、党风廉政建设先进单位；在云南省教育厅学校民族团结进步教育系列活动——民族体育线上教学和竞赛活动中，《彝族牛仔舞》获二等奖，州、市级校园啦啦操比赛均获二等奖。被云南省人民政府教育督导委员会办公室、省教育厅认定为“云南省一级一等幼儿园”。12月，顺利通过云南省现代教育示范幼儿园省级评估。 （宁泽琼）

楚雄市北路幼儿园 2022年，幼儿园有教学班9个，在园幼儿374人，教职工41人。年内，被楚雄州人民政府教育督导委员会办公室认定为楚雄州现代教育示范学校；被楚雄州教育体育局、州人民政府教育督导委员会办公室发文认定为云南省一级二等幼儿园；被楚雄州文明办、州公安局认定为“文明交通”行动示范单位；被楚雄州全国民族团结进步示范区建设领导小组评定为州级民族团结进步示范学校。 （郑兰琼）

楚雄市东城幼儿园 2022年，幼儿园有教学班12个，在园幼儿467人，教职工57人，其中，专业技术教师23人，工勤人员2人，临聘人员32人。年内，参加省级论文竞赛，获奖21篇，其中，获一等奖4篇、二等奖6篇、三等奖11篇；发表在市级以上核心教育刊物4篇。党支部被中共楚雄市教育工作委员会考评为优秀等次；楚雄州2021—2022年度青少年校园三大球二小球州级总决赛啦啦操比赛幼儿组（全国啦啦操规定爵士0级2020版）第一名，幼儿组（第三套校园啦啦操示范套路）街舞二等奖，幼儿组（第三套校园啦啦操示范套路）花球二等奖；被云南省教育厅认定为全省教育宣传工作优秀单位。 （孙自平）

6月2日，东城幼儿园教师带领孩子们开展端午节包粽子体验活动

（王慧媛 摄影）

楚雄市鹿城幼儿园 2022年，幼儿园有教学班12个，在园幼儿494人。在园教职工71人，其中，在职在编38人，保育员12人，后勤及其他人员21人。有高级教师5人，一级教师16人，二级教师9人。有州级骨干教师5人，彝乡名师1人，威楚名师1人，市级骨干教师7人，骨干教师占专任教师的38%。全园保育员和其他工作人员持证上岗率100%。卫生保健人员4人，其中，专职3人，兼职1人。年内，在云南省民族体育微视频大赛中，获小学组一等奖；在云南省青少年足球联赛楚雄赛区暨2022年“奔跑吧·少年”楚雄市中、小学、幼儿园校园足球和啦啦操联赛线上比赛中，获幼儿组第三套校园啦啦操示范套路街舞二等奖（本部）、花球三等奖（分园）；“喜迎二十大·会聚巾帼·智创未来”云南省首届女职工创客（创业创新创造）大赛暨“玫瑰书香、心向未来”诗歌朗诵比赛中，开展“颂党恩、咏经典、传家声”亲子诵读，获优秀组织奖、教师家庭亲子诵读获三等奖1人；在云南省民族体育舞蹈线上教学成果竞赛中获一等奖。 （尹 璐）

楚雄市西城幼儿园 2022年，幼儿园有教学班10个，在园幼儿435人，教职工51人，专任教师均为大专以上合格学历，其中，有省级、州级骨干教师5人，市级骨干教师8人。年内，在云南省青少年足球联赛楚雄赛区暨2022年“奔跑吧·少年”中、小学、幼儿园校园足球和啦啦操联赛线上比赛中，街舞啦啦操和花球啦啦操分别获第一名、第二名；在楚雄州举办首届新时代文明实践志愿服务项目大赛中获金奖；楚雄州2021—2022年度青少年校园三大球二小球州级总决赛啦啦操比赛，街舞啦啦操和花球啦啦操均获第一名；楚雄市幼儿园中青年教师技能竞赛暨优质课评选活动中获一等奖。 （杨 涛）

楚雄市新苗幼儿园 2022年，幼儿园有教学班11个、教师55人、在园幼儿387人。8月，在鹿城中学新增设小班教学点1个。年内，新苗幼儿园把党建工作与教育教学融合，创新

党建品牌和教育教学工作，绘制《陈海和王金英》革命老区红色文化绘本，组建“小红音”宣讲队，宣讲红色故事，组织开展“我和我的祖国”“大美彝州”“强军梦”主题手工创意美术活动。

（潘　瑶）

义务教育

【概况】 2022年，楚雄市创新“强校+弱校”“城区学校+农村学校”互助帮带模式，调整优化义务教育学校布局，启动乡镇中小学一体化办学改革，促进校际、城乡、区域之间教育优质均衡发展。年内，义务教育阶段随迁子女、进城务工人员子女2917人实现就近就便入学，城区学校午间供餐服务6所学校、9个校区、1.1万名小学生，未发生食品安全事故。义务教育阶段学生入学率100%，在校率100%，资助政策享受率100%，义务教育阶段适龄残疾儿童、少年随班就读学生入学率90%以上。参加中考6317人，被普通高中录取5730人。

【素质教育】 2022年，楚雄市依托青少年校外活动中心开展课外活动10场次，参训学员5340人次。推进科学规划课程设置，重视学生德智体美劳全面发展及个性发展，鹿城小学、北城小学、茶花谷小学、环城小学等学校均建立综合实践教育基地，开展各类校外劳动实践教育活动100余场次。年内，北浦小学、鹿城小学、东瓜镇中心小学被云南省体操协会授予“云南省体操协会梯队训练网点共建单位”称号；在楚雄州2021—2022年度青少年校园三大球二小球州级总决赛中，楚雄市包揽小学、初中、高中男女足第一名；鹿城小学获2022年度全国文明校园先进学校提名。

【“双减”工作】 2022年，楚雄市持续加强“五项管理”（作业、睡眠、手机、读物、体质管理），实现作业“减量提质”，开展课后服务学校142所，参与学生5.45万人；《楚雄市鹿城小学用“六个五”系列课程做实劳动教育》入选云南省各地落实“双减”典型案例。关停从事学科类培训及无证照培训机构148家，楚雄市校外培训班治理经验在省教育厅校外培训治理工作视频调度会上交流，《楚雄市“六良方并用”除校外培训乱象》入选省教育厅第三批校外机构治理典型案例。

【控辍保学】 2022年，楚雄市实现控辍保学常态清零。年内，全市6～15周岁义务教育适龄儿童少年6.12万人，其中，义务教育在校生4.74万人，国网学籍在册4.74万人，学籍注册率100%。楚雄市户籍、随迁子女义务教育阶段适龄学生均无人辍学。

3月10日，环城小学组织学生烹饪实践　　（张　杰　摄影）

【第四届师生书画摄影比赛优秀作品展】 2022年9月29日至12月31日，楚雄市第四届师生书画摄影比赛优秀作品展在市青少年校外活动中心培训基地举办，展期3个月。展出作品以“喜迎二十大，奋进新征程”为主题，涵盖书法、绘画、摄影等作品，50所中小学、幼儿园1000余名师生参与，参赛作品1400余件，评审、遴选一等奖作品139件。

（董明骏）

【楚雄高新实验学校招生办学】 2022年，楚雄高新实验学校经市委、市人民政府批准成立，办学资金由楚雄高新区财政予以全额保障，为九年一贯制义务教育公办学校。学校总投资4.34亿元，占地12.47万平方米，建筑面积6.92万平方米，有教职工33人，均为本科学历，其中集团骨干教师9人。8月30日，楚雄高新实验学校顺利招生办学，招入新生500人，其中，小学一年级5个教学班、学生221人，初中一年级6个教学班、学生279人。

（鲁万明）

【市属主要中小学】 2022年，楚雄市推进义务教育优质均衡发展，鹿城小学等重点学校建设成果丰硕。

楚雄市鹿城小学 2022年，学校辖文庙校区、云荫寺校区、小花山校区有103个教学班，在校学生5436人，其中文庙校区36个班1944人，云荫寺校区49个班2598人，小花山校区18个班894人。在校教职工234人，专任教师225人。年内，学校教育科研论文获奖77篇；《鹿城小学实施分层作业，提升作业育人效果》《鹿城小学用“六个五”系列劳动课程做实劳动教育》成为云南省第一、二期“双减”典型案例向全省推广；被楚雄市教育体育局评为教育工作先进集体；获2021年教体系统“干在实处，走在前列”大比拼优秀等次；被楚雄州、市文明办评为未成年人思想道德建设先进集体；被云南省教育学会评为小

9月10日，鹿城小学校园辩论赛　　（鹿城小学　提供）

学语文教育教学研究工作先进集体；被云南省知识产权局、云南省教育厅评为云南省中小学知识产权教育试点学校；顺利转评为云南省文明校园；被推荐为2021—2023年创建全国文明校园先进学校。

（杨　雄）

楚雄市北浦小学　2022年，学校有36个教学班，在校学生1920人，在编教职工91人，其中，有彝乡教学名师1人，威楚教学名师2人，楚雄州名班主任2人，州市级骨干教师27人。年内，北浦小学少先队大队被共青团中央、教育部、全国少工委授予“全国优秀少先队集体”称号，被云南省体操协会授予“云南省体操协会梯队训练网点共建单位”，被楚雄州人民政府教育督导委员会办公室认定为楚雄州现代教育示范学校。参与云南省第十六届运动会体操比赛17人，获6金7银7铜，团体获体育道德风尚奖；参加楚雄市小学数学和小学科学课堂竞赛，获一等奖；参加楚雄市“喜迎二十大·永远跟党走·奋进新征程”文艺比赛，集体舞《出发使命》获一等奖、小合唱《地球妈妈》获二等奖；在2022年云南省青少年足球联赛楚雄赛区暨2022年“奔跑吧·少年”楚雄市中小学、幼儿园校园足球和啦啦操联赛线上比赛中，获小学组全国啦啦操花球0级一等奖、啦啦操街舞0级一等奖、小学组花球校园啦啦操示范套路“三等奖”；在全省教育系统“喜迎二十大——云岭师生说”理论宣讲比赛中获三等奖。　（陆　静）

楚雄市北城小学　2022年，学校辖2个校区，有教学班58个，其中，本部28个，南路30个。在校学生3073人，其中，本部1481人，南路1592人。有专任教师133人，其中，省级学科带头人1人，省级骨干教师1人，州级骨干教师5人，市级骨干教师26人。校内有工作坊5个。结题课题20个，其中，国家级课题1个，州级课题1个，市级课题1个，校级课题17个。年内，被州教体局、州少工委评为“优秀少先队工作先进集体”“红领巾奖章三星章集体”；被州文明办、州交运局评为“文明交通示范单位”。在全国第37届青少年科技创新大赛中，获得州、市级“优秀组织奖”；在云南省第14次珠心算比赛中，获“A组二等奖”“B组二等奖”；在楚雄州第18次珠心算比赛中，获“A组一等奖”“B组二等奖”“C组一等奖”；在州第七届棋类锦标赛中，一年级组获“团体一等奖”、二年级组获“团体二等奖”。

（杨松龙）

楚雄市环城小学　2022年，学校有教学班29个，在校学生1447人。在职教职工75人，其中专任教师72人。有高级教师10人，一级教师35人，二级教师27人，工勤人员3人。退休教职工37人。中共党员65人，其中，在职党员41人，退休党员24人。省级优秀自然教师、省级优秀科技辅导员1人，州级骨干教师5人，市级优秀校长1人，市级威楚教学名师3人，市级骨干教师23人。年内，成功创建“第二届云南省文明校园”、云南省“最美朗读校园”；被评为2022年度楚雄州“法治学校”、州级“绿美校园”；获楚雄市未成年人思想道德建设先进集体、楚雄市2022年教育工作先进集体、2021年“干在实处，走在前列”大比拼“优秀”。获楚雄州花球比赛三等奖，楚雄州象棋三年级、五年级团体各第三名；被表彰州级优秀辅导员1人、市级优秀辅导员8人，市级优秀班主任2人、市级优秀教师2人、市教体局优秀共产党员24人。（张　杰）

楚雄市灵秀小学　2022年，学校有教职工51人，其中，云南省“万人计划”教学名师1人，云南省骨干教师1人，兴楚名师1人，楚雄州骨干教师4人，楚雄州名班主任2人，楚雄市骨干教师9人。年内，在第四届云南省防震减灾科普讲解大赛获二等奖1人、获优秀奖2人，在第五届全国防震减灾科普讲解大赛获“优秀奖”1人，在云南省防震减灾科普知识小小讲解员比赛获创作奖三等奖2人、获“人气奖三等奖”1人；被中国地震局认定为国家防震减灾科普示范学校；被楚雄州人民政府教育督导委员会办公室认定为楚雄州现代教育示范学校。（赵太贵）

楚雄市茶花谷小学　2022年，学校有教学班18个，在校学生797人。有专任教师36人，其中，高级教师8人，一级教师14人，二级教师13人，专业技术人员1人；大学本科学历31人，专科学历5人；州级名教师1人，市级名班主任1人，市级骨干教师8人。年内，被评为云南省最美朗读校园，获云南省青少年创意编程与智能设计比赛优秀组织单位、楚雄州青少年科技创新大赛优秀组织单位、楚雄市平安校园、楚雄州平安校园、楚雄州绿色学校、楚雄市防震减灾科普示范学校、楚雄州防震减灾科普示范学校、楚雄市党建工作先进单位、创建第六届全国文明城市先锋学校；获楚雄市青少年文艺比赛三等奖、楚雄市参与式活动课堂竞赛一等奖、云南省防震减灾科普宣传“小小讲解员”比赛三等奖。（邹云文）

楚雄北浦中学　2022年，学校2个校区有教职工297人，其中，校本部233人，鹿城分校64人。在校学生83个教学班4227人，其中，校本部67个教学班3605人，鹿城分校16个教学班622人。应届中考毕业班参考1111人，达到普通高中录取分数线943人，普高上线率84.88%；达到省一级完全重点中学择优录取112人，占比10.08%；定向录取179人，占比16.11%。年内，获云南省青少年足球联赛楚雄赛区暨“奔跑吧·少年”楚雄市中小学幼儿园校园啦啦操联赛优秀组织奖、初中组街舞校园啦啦操示范套路第一名、初中组全国啦啦操规定街舞2级第一名、初中组全国啦啦操规定技巧0级第一名、初中组花球校园啦啦操示范套路第三名；获楚雄州2021—2022年度青少年校园三大球二小球州级总决赛篮球比赛初中女子组第二名；获“奔跑吧·少年”楚雄州第七届中小学生棋类锦标赛学组象棋团体第一名。（李建国）

楚雄市金鹿中学　2022年，学校有在职教职工148人，其中，正高级教师3人，高级教师34人，州市级骨干、名师47人。有州级名师工作室4个。有教学班43个、学生1938人，少数民族学生占学生总数的44%，是楚雄城区唯一一所在普通中学设有“民族初中部”的学校。年内，在2022—2023年全国啦啦操联赛（昆明站）中，获公开少年混合组——花球校园啦啦操示范套路（第三套）第一名、公开

11月10日，北浦中学建校20周年校庆　（李建国　摄影）

少年混乙组——花球规定动作（2020版）-0级第三名、公开少年乙组——爵士规定动作（2020版）-2级第三名、公开少年混乙组——花球规定动作（2020版）-0级第四名、公开少年乙组——街舞啦啦操示范套路(第三套)第五名；在云南省第十二届学校体育舞蹈锦标赛中，初一组6人校园牛仔舞（二级）-1组获第一名，初二组6人校园牛仔舞（二级）-1组分别获第一名、第二名、第三名，女子组初二组单人R-4组获第四名、J-3组获第五名、C-4组获第八名，团体“优秀组织奖”；在云南省青少年足球联赛楚雄赛区暨2022年“奔跑吧·少年”楚雄市中小学幼儿园校园啦啦操线上比赛中，“初中组爵士2级《第三套校园啦啦操示范套路》（2020）版”获第一名和团体道德风尚奖；在“云南省学校民族团结进步教育系列活动——民族体育舞蹈线上教学和竞赛活动”中，小学“佤族恰恰恰”获三等奖；在楚雄州2021—2022年度青少年校园三大球二小球州级总决赛啦啦操比赛中，2020版第三套校园啦啦操示范套路花球（少年组）获二等奖、街舞（少年组）获第一名，2020版全国啦啦操规定动作爵士2级(初中组)获第一名。

（张海燕）

高中教育

【概况】 2022年，楚雄市辖区有高中教学班453个、高中在校生2.41万人，专任教师1601人。年内，楚雄市普通高中突出提质增效、多样化发展，推进普通高中育人方式改革，落实新课程方案、新课程标准，使用新教材，落实学生综合素质评价，建立健全与新高考相适应的资源配备机制，指导学生科学规划学习生涯，参加高考2660人，600分及以上70人，一本及以上人数513人，本科及以上人数1917人，专科以上人数2660人。

【高中教育提质增效工作专班】 2022年，楚雄市成立高中教育提质增效工作专班，出台《楚雄市普通高中教育提质增效三年行动计划》，建立市级教育教学质量全程跟踪监控体系，及时分析研究高中教育教学情况。加强与中国地质大学、临沧一中等学校合作，校际师生交流200余人次。引进先进办学理念、师资力量、教育资源，向社会公开招聘高中紧缺学科教师32人。建立巡课系统，对学生课堂学习、教师教学情况开展巡查监督，累计巡课监督1000余次。

（董明骏）

【市属主要高中】 2022年，楚雄市抓好东兴中学等学校建设，构建全市普通高中教育新格局，实现全市教育联动发展，提升人民群众对普通高中教育的满意度。

楚雄东兴中学 2022年，学校有76个教学班，在校学生4507人，教职工314人。年内，高考600分以上69人，一本上线484人，本科上线1177人，连续多年成为楚雄州一本上线人数最多的学校。累计成功培养海外留学生286人，其中公派留学92人，涉及20余个国家。年内，被共青团中央授予“全国五四红旗团委”称号；获全国第四届中华经典诵写讲大赛“诵读中国”经典诵读大赛一等奖、云南省第四届“云岭杯”中华经典诵写讲大赛“书香彩云南”经典诵读大赛一等奖；在云南省第七届中小学艺术展演活动中，朗诵《破晓的曙光》获一等奖、声乐《瑶山夜歌》获二等奖、戏剧《长大真好》获二等奖、声乐《赛装》获二等奖、舞蹈《爷爷的军功章》获三等奖，美育改革创新优秀案例获二等奖、三等奖；获云南省第十六届运动会第三名（男足）、云南省足协杯第二名（男足）、云南省最佳阵容高中组第六名（男足）；在楚雄州青少年校园三大球二小球总决赛中，获男子组第二名和女子组第二名。（李德章）

楚雄紫溪中学 2022年，学校有教学班73个，其中，高中54个班，初中19个班。有在校学生3934人。有教职工279人，其中，高级教师102人，省、州、市骨干教师63人，楚雄市优秀校长1人，楚雄市“威楚人才奖”1人，彝乡教学名师1人，州学科技术带头人2人，楚雄市“百名教育教学能手”6人，州名师工作室主持人2人。年内，参加普通高考913人，600分以上2人，一本上线52人。获2021年高中教育质量综合考核先进学校二类学校三等奖；获云南省青少年足球联赛楚雄赛区暨2022年“奔跑吧·少年”楚雄市中小学幼儿园校园啦啦操联赛高中组街舞全国啦啦操自选动作第一名、初中组花球校园啦啦操示范套路第一名；获楚雄州2021—2022年度青少年校园三大球二小球州级总决赛啦啦操比赛初中组第三套校园啦啦操示范套路花球一等奖、啦啦操比赛高中组自选街舞第一名；获楚雄州2021—2022年度青少年校园三大球二小球州级总决赛足球比赛高中女子组第一名；获2022年云南省青少年足球联赛楚雄赛区暨2022年楚雄市中小学校园足球联赛高中女子组第一名。（刘 峰）

楚雄龙江中学 2022年，学校有教职工171人，中国地质大学（武汉）研究生支教老师5人，美丽中国支教老师3人，临时代课教师5人。学校

8月25日，东兴中学开展心理健康教育活动　（东兴中学　提供）

分高中部和初中部，教学班有49个，在校学生2157人，初中部13个班、444人，高中部36个班、1713人。年内，初中部获楚雄州教育体育局2021年初中教育质量先进学校坝区片三等奖；获云南省青少年足球联赛楚雄赛区暨“奔跑吧·少年”中小学幼儿园啦啦操联赛高中组街舞啦啦操示范套路第二名、花球校园啦啦操示范套路第三名，获体育团体道德风尚奖；获云南省青少年足球联赛楚雄赛区暨楚雄市中、小学校园足球联赛高中女子组第三名，高中男子组第三名；在云南省第三届学生田径锦标赛中，获团体第十二名和体育道德风尚奖。

（周兆强）

职业教育

【概况】 2022年，楚雄市推进职业教育融通融合融汇发展，深化产教融合、校校合作、校企合作、工学结合的职业教育办学模式和育人模式，全面推广现代学徒制等培养模式，启动楚雄州旅游服务产业职业教育集团组建项目，不断强化职业教育类型特色，加快楚雄市职业高级中学分校建设，深化教学领域各项改革，推进职业教育教师、教材、教法改革和“1+X”证书制度试点工作，提升职业教育教学质量。拓宽学生成长成才通道，通过三校生等政策，引导符合条件的高职生报考职业本科院校。

【校企合作】 2022年，楚雄市以促进就业为导向，推进职业教育体制机制创新，通过与企业、行业协会合作，聘请企业专技人员兼职教师参与教学。年内，市职业高级中学与17家企业共建校企实训基地17个，提供对口专业实习岗位680个。

【烹饪大师工作室成立】 2022年，楚雄市加强产教融合，深化人才培养模式改革，推进紧缺技能型人才培养。年内，楚雄市职业高级中学加强中餐烹饪与营养膳食专业人才培养，学校中餐烹饪与营养膳食专业成为省级骨干专业和州级唯一中餐烹饪省级骨干专业，有烹饪专业教师23人，其中，国家注册烹饪大师3人，省级学科带头人1人，州级学科带头人3人，彝乡教学名师1人，州级骨干教师1人，高级教师7人，高级技师6人，技师4人。9月7日，楚雄市职业高级中学与浙江省温州聚丰圆酒店集团合作共建烹饪大师工作室，签订现代学徒制人才培养计划。

（董明骏）

【楚雄市职业高级中学】 2022年，楚雄市职业高级中学有教学班64个，学籍人数3038人，其中，在校生1923人，五年制大专转段643人，高三年级实习生472人。有教职员工187人，其中，在编教职工117人，编外教职工70人；在编专任教师103人，外聘专业教师36人，是云南省重点中等职业学校、云南省就业再就业及创业培训定点机构、国家汽车运用与维修实训基地。年内，开设中餐烹饪与营养膳食、高星级饭店运营与管理、汽车运用与维修、畜牧兽医、服装制作与生产三年制中职专业5个；中餐烹饪与营养膳食、高星级酒店运营与管理、轨道交通与空乘服务、建设工程管理、幼儿保育五年制联办专业5个；开办“中本融通”三校生高考辅导班13个，其中综合高中试点班4个。年内，在2022年楚雄州职业院校技能大赛获一等奖7个、二等奖4个、三等奖6个；在楚雄州职业教育教师课堂教学大比武获二等奖1个、三等奖3个。

（王桃兴）

民办教育

【概况】 2022年，楚雄市引导民办教育健康持续发展，加大对民办学校的教育督导和指导力度，建设一批示范性、有特色的民办学校。年内，辖区内有民办学校92所（含市属88所），其中，普通中等专业学校1所，幼儿园87所，初中九年一贯制学校1所，高中3所。

【校外培训机构】 2022年，楚雄市贯彻落实国家“双减”政策，成立由市教育体育局牵头，市公安局、市民政局、市人力资源和社会保障局、市住房城乡建设局、市消防救援大队、市市场监管局、市行政审批局8个部门组成校外培训监管领导小组，开展工作排查和督查40余次，派出检查督查人员265人次，下发整改通知书379份。年内，全市非学科类校外培训机构31家，从事学科类培训及无证照的培训机构全部关停。

（董明骏）

【楚雄市思源实验学校】 2022年，楚雄市思源实验学校有教学班53个，学生2874名，在校教职工173名。年内，获楚雄州“2022年初中教学质量城区片四类学校一等奖”；被认定为“楚雄彝族自治州民族团结进步示范单位”；被市委、市人民政府授予“2022年教育工作先进集体”称号；在市级小学科学、小学数学参与式活动课堂教学竞赛中获一等奖、二等奖。在市教育系统第四届师生书画摄影比赛中获三等奖；在“奔跑吧·少年”“楚雄州第七届中小学生棋类锦标赛”中，一年级象棋、围棋、二年级象棋获一等奖，二年级围棋获二等奖；在楚雄州2021—2022年青少年校园三大球两小球州级总决赛中，小学组花球获一等奖、自选街舞获一等奖、街舞获二等奖。

（李　丽）

〔栏目编辑：敖春晖〕

科　技

2023
楚雄市年鉴

科技管理

【研发环境建设】 2022年，楚雄市成立以市委书记、市人民政府市长为双组长的市委科技创新委员会，加强对科技创新工作的领导，凝聚科技创新工作合力。完善政策措施，制定出台《楚雄市人民政府关于2022年稳增长的若干政策措施》，对年内新认定的高新技术企业给予一次性研发经费补助5万元。研究制定《楚雄市研究与试验经费投入奖励办法》，市财政安排专项资金100万元，对有研发经费投入的规模以上工业企业进行奖励。年内，全市规模以上科技服务业实现营业收入6758.8万元，比上年增长3.31%；科技服务业企业工资总额5675.5万元，比上年增长2.8%。

【研发投入】 2022年，楚雄市投入研发经费3亿元，占全州总量的45.7%，全州排名第一，比上年增加1.1亿元；投入强度0.53%，全州排名第二，比上年提高0.14个百分点，超出全州平均水平0.12个百分点。年内，全市完成财政科技投入4977万元，占全市财政支出的0.85%，全州排名第一。

【科技项目】 2022年，云南宇泽半导体有限公司年产5吉瓦单晶硅拉棒及2吉瓦切片产业化项目等7个项目，被列为省、州产业基础和产业链提升重点创新项目。云南麻叶生物科技有限公司工业大麻加工建设项目列为云南省工业质量品牌提升项目；晶科能源（楚雄）有限公司年产20吉瓦高效太阳能电池片生产线建设一期项目、云南领锋机械制造有限公司年产200台套矿山成套设备组装及2000吨矿山设备零部件技改扩建项目、云南麻叶生物科技有限公司工业大麻加工建设项目、楚雄路银建材有限公司厂房建设项目、云南东合实业有限公司楚雄城乡农产品加工集采集配及冷链流通供应链建设项目共5个项目列为楚雄州工业质量品牌提升项目。晶科能源（楚雄）有限公司20吉瓦高效太阳能电池片生产线建设一期智能制造数字化车间等4个项目被列为省、州智能制造示范项目。云南爱尔发生物技术股份有限公司云南雨生红球藻科技创新基地建设项目获中央引导地方科技发展专项资金支持，争取扶持资金270万元。

【科技人才培养】 2022年，楚雄市新建州级专家工作站2个，其中，市本级1个，楚雄高新技术产业开发区（以下简称“楚雄高新区”）1个。楚雄师范学院陈圣争入选云南省中青年学术和技术带头人后备人才。新获认定云南省科技特派员17名，争取工作经费51万元。

【高新技术企业认定】 2022年，楚雄市18户企业获国家高新技术企业认定，其中，新获认定11户，复审通过7户；市本级8户，楚雄高新区10户。全市63户企业进入2022年国家科技型中小企业库，17户企业完成云南省科技型中小企业备案。组织6户省级企业技术中心企业完成评价工作，8户企业获州级企业技术中心认定。

（胡建华）

【楚雄高新区6个项目获省科技厅科技金融结合专项支持】 2022年12月13日，云南省科技厅公示2023年度科技金融结合专项支持项目名单，楚雄高新区入选项目6个，补助金额合计194.55万元。其中，云南金七制药有限公司、云南爱尔康生物技术有限公司等5户企业入选“2022年科技创新融资贷款贴息补助”项目，楚雄红塔村镇银行股份有限公司入选“2022年科技创新融资贷款风险补助及银行费用补助”项目。

（金　珠）

科技活动

【中药材种植科技推广】 2022年，楚雄市种植中药材4084公顷，产量41.97万吨，产值7.84亿元。推行“公司+基地+合作社+农户”的农业产业化经营模式，组织云南神威施普瑞药业有限公司、楚雄和康中草药有限公司、楚雄新世纪中药饮片公司、楚雄州百草岭药业有限公司、楚雄市一品重楼种植基地、康美药业（昆明）种质资源有限公司、楚雄市东华镇紫源药材种植购销基地等企业，进行中药材种植、收购、初加工及销售。

（胡建华）

【第38届青少年科技创新大赛】 2022年10月31日至11月1日，楚雄州、市科协和楚雄市教育体育局联合举办楚雄市第38届青少年科技创新大赛。大赛征集到青少年科技创新小发明、小论文、科幻绘画、科技辅导员创新等7个类别的作品651件，评委对参赛作品进行评选，对部分作品进行现场展示。

（王　莉）

科学普及

【“走进科技·你我同行”主题科普活动】 2022年5月21—28日，楚雄市在桃源湖举行科技活动周“走进科技·你我同行”主题科普集中示范活动，聚焦“双碳”、生物多样性保护、科技创新、科技安全宣传教育、数字云南等内容，展出宣传展板40余块，发放健康生活读本、科普知识手册等宣传资料7500份（册），义诊500余人，咨询1500余人次。

（胡建华）

【中国彝医药博览馆入选云南省科普基地】 2022年2月10日，云南省科技厅发布关于认定23家单位为第十三批云南省科普基地及取消19家单位云南省科普基地称号的通知，认定23家单位为第十三批云南省科普基地，中国彝医药博览馆入选。年末，中国彝医药博览馆累计接待社会各界参观体验3.1万人次。

（王　晶）

【路域生物多样性楚雄科普示范园和体验馆建成开馆】 2022年3月5日，路域生物多样性楚雄科普示范园教育活动日暨科普体验馆开馆仪式在楚雄市举行，楚雄州人民政府副州长王建雄出席活动并宣布路域生物多样性楚雄科普体验馆开馆。路域生物多样性楚雄科普示范园是云南省生态环境厅批准建设的生物多样性保护示范项目，位于楚雄市郊楚姚高速公路楚雄

5月7日，市民到中国彝医药博览馆参观　（州中医医院　提供）

北收费站旁，占地面积约10.67公顷，投资6000余万元，采用园、馆、温室结合的建设模式，分为室内展馆、温室展区和室外展区3个部分，紧扣楚姚高速公路路域生物多样性特点，设置生态之窗、路域之美、万物之融3个篇章，展示楚雄典型生物群落、路域生态保护、修复技术和生态演替。位于园内的科普体验馆是集科普教育、互动体验等功能于一体的综合性场馆，以“楚姚高速公路沿线生物多样性调查研究及科普示范”为主题，运用VR全景技术、3D视觉沉浸式体验、多级互动技术、三维数字沙盘技术等科技手段，集中展示云南交通建设生态，科普宣传路域生物多样性保护重要性，供社会各界参观体验。年内，接待社会各界参观体验1万余人次。

（杨　柳）

科技交流合作

【科技需求项目征集】　2022年，楚雄市围绕新材料、新能源、生物、信息技术、先进装备制造、节能环保、现代服务业等产业，利用省、州、市政务信息网络、众创空间等媒体平台发布科技入楚需求信息，从科研平台建设、科技企业申报、科技成果转化、人才引进、专利成果引进和科技资本等方面征集需求项目。年内，全市征集科技需求项目33项。

【科技合作】　2022年，楚雄市以省内外大学为依托，结合辖区企业、科研单位的人才、技术、成果等需求，组织小分队分别开展对口洽谈。与昆明理工大学对接，举办“走出去、请进来”科技合作洽谈会2场。为宇泽、晶科等10多户企业提供技术咨询服务，促成宇泽、晶科等企业与昆明理工大学签订技术服务合作协议，建成吕国强、李绍元州级院士专家工作站2个。年内，云南宇泽半导体有限公司与昆明理工大学合作的《大尺寸N型单晶硅棒生产关键技术开发项目》获云南省科技厅工业领域科技计划立项支持，争取扶持资金600万元。

9月21日，楚雄师范学院组织部分学生到路域生物多样性楚雄科普示范园和体验馆参观学习　（杨　柳　摄影）

【科技入楚】　2022年，楚雄市加强与省内外高校对接，先后到昆明、上海开展科技入楚宣传推介，编印发放各种宣传推介手册5000多份。组织举办第六届科技入楚楚雄市专场对接会议暨信息化与工业融合创新发展研讨会，举行“科技入楚”项目签约仪式，与州内外企业、科研院所签订意向性合作协议20项，签约资金150.85亿元。

（胡建华）

气象服务

【气象预报】　2022年，楚雄市气象局与林业、水利、交通、自然资源、电力、民政等部门共同协作，建立防灾减灾预警服务联动机制。年内，制作发布月预报12期，专题天气预报23期，重要天气预报16期，防火抗旱专题预报2期，地质灾害预警4期，雨情快讯46期，气象快报29期，“1262”（提前12小时预报大于50毫米强降水落区精细到县，提前6小时和提前2小时预报大于50毫米强降水落区精细到乡镇）递进式预警服务12期，发布大风、雷电、暴雨、寒潮、冰雹等预警信号124期，为受灾群众开具气象服务证明15份，通过手机短信发送平台发布信息34万人次。元旦、春节、清明节、劳动节、端午节、高考、中考、中秋节、国庆节等重要节点，提供气象服务20余次，启动暴雨Ⅳ级应急响应命令3次，寒潮Ⅳ级应急响应命令4次。

【地面气象观测】　2022年，楚雄市气象局加强测报业务气象现代化建设。年内，大气监测站传输及时率≥99.6%，业务可用性≥99.8%，MDOS（气象资料业务系统）反馈率≥99.8%。区域自动气象站传输到报率≥98%，业务可用性≥99%，

7月5日，市气象局、市文明办到北城小学开展“气象防灾减灾知识进校园”活动　（市气象局　提供）

MDOS反馈率≥99.3%。土壤水分站传输及时率≥99.2%，业务可用性≥99.5%。酸雨资料传输及时率100%，闪电定位仪资料传输及时率≥98%，大气负氧离子资料传输及时率100%，达到业务质量要求。

【农业气象观测】 2022年，楚雄市气象局完成小春农作物小麦、蚕豆生育期、大春作物水稻从播种到乳熟期、烤烟观测、土壤湿度观测工作，完成工作基数1.86万个，零错情率。制作小麦、蚕豆、水稻作物生育状况观测、土壤湿度观测、烤烟观测记录年报表5份，完成蚕豆、水稻各生育期的观测及产量结构分析，对农作物生育期间的农业气象条件进行分析鉴定，完成作物生育期间出现的农业气象灾害、病虫害调查和观测地段田间各项农事活动记载。

【酸雨观测】 2022年，楚雄市气象局完成酸雨观测工作基数3594个。完成第31次全国酸雨观测质量样品考核工作，酸雨观测质量被中国气象局考核为优秀。

【人工增雨防雹】 2022年，楚雄市气象局邀请有资质的技术人员，对人工增雨防雹设备进行年度安全检测及安全隐患整改。组织80名作业队员进行上岗培训、考试，做到人工增雨防雹作业人员100%持证上岗。落实人工增雨防雹工作、作业人员政审、弹药存储等双批准制度，做到规范化、制度化。完成苍岭镇苍岭岗、东瓜镇兴隆、紫溪镇母掌、吕合镇回龙水厂、子午镇落形山、中山镇六街、树苴乡大庙山7个作业点的房屋防水施工，保障人工增雨防雹工作安全。全年办理20个作业点公众责任险和80名作业人员意外伤害责任保险，开展人工增雨防雹作业141点次。

【气象依法行政及防雷安全监管】 2022年，楚雄市气象局完善全市易燃易爆及人员密集场所防雷安全监管网上名录库，加强防雷安全监管，保障全市防雷安全。组织开展年度防雷安全监督检查，对全市加油站、加气站、非煤矿山等易燃易爆以及人员密集场所等74家企业开展防雷安全监管，向存在防雷安全隐患的企业提出整改要求，限期督促整改。联合市教育体育局对6所中小学进行防雷安全检查，向存在防雷安全隐患的学校下达整改通知书，限期督促整改。执行升放气球活动安全巡查制度和监管信息通报制度，强化楚雄市辖区内升放气球活动的监督检查，组织开展五一节、州庆、火把节等节庆活动巡查检查，对存在安全隐患的升放气球活动进行提前制止。

【公共气象服务】 2022年，楚雄市气象局开展特色农业气象服务、点对点直通式气象服务，提高特色农业气象服务经济效益。加强公共气象手机信息服务，对预警信息发布系统人员信息进行不定时更新，将重点气象预报预警、实时气象情况第一时间发送到群众手中，全年发布气象手机短信8万余条。每天做好电视天气预报公众气象服务工作，提高气象灾害监测预警信息发布及时性和有效性。围绕经济建设和招商引资，提供气象资料服务28次。破解气象预警信息传播“最后一公里”问题，通过农村应急广播网播出气象预警信息12期，实现气象灾害预警信息第一时间权威发布。

【气象监测现代化建设】 2022年5月1日，楚雄市气象局开通智能预报业务平台，正式运用于气象服务工作。开展气象监测预警补短板工程建设，完成鹿城镇磨盘山、苍岭镇苍岭岗、大过口乡磨刀箐、西舍路镇中学4个智能气象监测站建设并投入气象业务运行。推进多要素自动气象观测站建设，在东瓜镇毛菇山建成“六要素”（温度、湿度、气压、风速、风向、降雨量）自动气象监测站1个。完成楚雄市现代天气雷达道路硬化工程和气象监测预警中心升级改造项目建设。

【气象知识宣传】 2022年，楚雄市气象局通过手机短信发送宣传信息8万余条，电视天气预报栏目宣传50余条。通过“3·23”世界气象日、“5·12”防灾减灾日、防灾减灾知识进校园等活动，发放气象科普资料及宣传手册800余份，提供气象咨询服务500余次。在新华社客户端云南视频、《中国气象报》《楚雄日报》、楚雄政务信息、楚雄气象工作信息等媒体平台，刊登气象信息60余条。

（赵　敏）

〔栏目编辑：丁普瑞　马健平〕

文　化

2023

楚雄市年鉴

综　述

【院团改革】　2022年，楚雄市落实深化国有文艺院团改革部署，制定深化国有文艺院团改革实施方案，推进全市文艺院团改革工作。9月，撤销楚雄市民族文化演艺有限公司，成立楚雄市文化艺术团，属于楚雄市文化和旅游局下属股所级公益二类事业单位，承担政策宣传、文明实践、公共服务、惠民演出、艺术普及、地方剧种和特色民间艺术保护传承等工作。分流安置文艺团人员26人，其中，提前退休6人，继续留在院团工作13人，在系统内分流4人，分流到乡镇3人。9月30日，楚雄市文化艺术团揭牌仪式在楚雄市文化和旅游局举行，市人民政府副市长李智才致辞并为楚雄市文化艺术团揭牌。

（李　磊）

【文化资金投入】　2022年，楚雄市投入公共文化建设资金264.26万元。其中，投入免费开放经费109.76万元（中央资金92万元，省级资金16.1万元，州级经费1.66万元）；投入中央补助地方公共文化建设资金126.2万元，提升改造乡镇综合文化站1个、村级文化活动室3个，补助建设文化活动室1个、户外文化活动场地2个，打造最美公共文化空间2处，奖励扶持业余文艺团队32支；投入市级经费28.3万元，专项用于楚雄市图书馆购书经费。

【公共文化设施建设】　2022年，楚雄市实施基层文化阵地标准化建设，建设大地基乡腊脚村委会大平掌村小组和吕合村委会大天城二组文化活动场地，提升改造八角镇必达村委会上大村、东华镇莲华村委会桃节村、新村镇伍街村委会对过山村3个小组文化活动室，补助东华镇新柳村委会黄楝坡村小组文化活动室，惠及群众5.6万人。实施综合文化站提升改造项目1个，对三街文化站进行漏水门窗和裸露电网改造，打造新型文化服务空间。在楚雄市党群服务中心和东瓜镇彝人古镇社区，整合公共图书馆、文化馆服务功能，突出楚雄"非遗"特色，打造"最美公共文化空间"示范点。以楚雄市图书馆和楚雄市文化馆为总馆、乡镇文化站为分馆、行政村为基层服务点，实施图书馆总分馆建设项目、云南省公共文化云App运维和子午镇云龙村委会大数据中心村级示范点建设，把优质公共文化延伸到基层。

（刘　坤）

【彝绣产业发展】　2022年，楚雄市成立文化发展领导小组和彝绣特色文化产业发展工作专班，制定联席会议、统筹调度、督查、政策调研四项制度，建立部门包乡镇、乡镇包企业制度，彝绣特色文化产业发展工作专班指导乡镇开展彝绣馆（车间）建设，乡镇对辖区内的彝绣企业（个体户）进行指导帮扶。建立彝绣阵地与新时代文明实践所（站）融合建管制度，把彝绣产业发展融入新时代文明实践所（站）建设，形成市、乡（镇）、村三级联动，实现乡乡有绣坊、村村有点长的彝绣网格化管理体系。组建政策宣讲小分队，通过召开户长会、火塘会等形式，宣讲楚雄州"1+1+N"文化高质量发展政策体系（成立由州委宣传部牵头的彝绣产业工作专班，组建州文化发展公司和彝绣产业联合会，出台支持文化事业、文化产业繁荣发展的37条措施和加快彝绣产业高质量发展的6项政策），打通彝绣产业发展的"最后一公里"。整合各职能部门资源，从人员组织、技能培训、资金扶持、订单招商、车间建设等方面聚合力量，组织召开专班工作推进会议3次，打造鹿城镇栗子园社区彝绣车间，以点带面推进全市彝绣产业发展。11月17日至12月11日，按照"按需培训、自带订单培训"的原则，组织栗子园社区绣娘开展"盘金绣"彝绣技艺培训。12月7日，启动彝绣特色文化产业发展情况调查工作，实行"1天一汇总、2天一通报、5天一调度"工作机制，完成彝绣产业发展情况统计。全市共有彝绣协会9个，彝绣经营主体52个，其中，规模以上企业3家，产值1万元以上的法人经营户36户，个体经营户13户。年内，全市彝绣产值5254.77万元。

（董　玥）

【诗歌艺术小镇建设】　2022年，楚雄市围绕"诗意栖息、产村融合，促动文旅、留住乡愁，宜居宜业、乡村振兴"的"六个一"思路，突出特色文化"一镇一品""一村一特色"优势，依托子午镇以口夸文化大院，以诗歌艺术展示为主线，整合农村空置院落，挖掘地域文化资源，规划建设诗歌艺术小镇。与中国诗歌学会达成战略合作伙伴关系，组织承办"我与春天有个约会——以口夸之约主题诗会"，争取"中国乡村诗歌节"永久落户诗歌小镇，每年或两年举办一次"中国乡村诗会"暨"中国乡村诗歌论坛"，打造子午镇以口夸"中国诗歌艺术小镇"。

（朱　凯）

【文艺人才培养】　2022年，楚雄市新招聘急需艺术人才1人。楚雄市文化和旅游局向市委人才工作领导小组推荐申报评定百名优秀文化艺术旅游人才，选树基层最美文化工作者2人、优秀文化旅游艺术人才3人，被州委、州人民政府表扬为全州文化工作先进个人2人。

（李加福）

【文化市场新闻出版综合行政执法改革】　2022年5月31日，根据《中共楚雄市委机构编制委员会关于调整楚雄市文化和旅游局相关机构编制事项的通知》要求，撤销楚雄市文化和旅游局所属的楚雄市文化市场新闻出版综合执法稽查队。6月15日，楚雄市文化市场新闻出版综合执法稽查队人员整体上划楚雄州文化和旅游局，楚雄市文化和旅游局不再承担文化旅游执法权责，仅负责文化旅游行业日常监管。

（李　磊）

公共文化

【楚雄市图书馆】　2022年，楚雄市图书馆结合国家公共文化服务体系示范区创建和全国文化信息资源共享工程、农家书屋等文化惠民工程，实施乡镇和村（社区）图书借阅网络和文化信息网络建设，实现农家书屋、文化信息资源共享工程全覆盖。坚持"读者第一，服务至上”的原则，每周无休免费对外开放，常态化为读者提供免费阅览、上网和图书、期刊借阅等服务。年内，市图书馆场馆面积2200平方米，藏书13.5万册，设综合文化展厅、休闲书吧、多功能培训教室、少儿阅览室、视障阅览室、成人阅览室、电子阅览室等部室，全年接待读者13万人次。组织举办线上、线下培训16场次，参训1000余人次；开展公益讲座8场次，参加讲座750人次；开展流动展、业务辅导服务50场次。

3月10日，2022年“彝族马缨花节”项目代表性传承人培训班

（市文化和旅游局　提供）

【楚雄市文化馆】 2022年，楚雄市文化馆组织开展群众文化活动、文化艺术人才培训、群众文艺理论研究、文化交流，组织音乐、舞蹈、戏剧、美术、书法、摄影等艺术创作。年内，举办各类培训班29期，培训学员2320人；举办展览4次，接待观众5890人次；举办大型活动11场次；注册云南“文化云”新用户279人，上传展览展示文件559件、资讯410条，上传视频时长411分钟，发布志愿服务活动5场次，完成直播1场；场馆免费开放时长达2900小时。

（李　磊）

【楚雄工人文化宫】 2022年，楚雄工人文化宫配合楚雄州民族宗教事务委员会、楚雄市民宗局、楚雄市总工会，在文化宫三、四楼打造建设“楚雄铸牢中华民族共同体意识教育基地”。加强“职工书屋”和“电子职工书屋”的管理和维护工作，全年为职工群众免费提供阅读服务2万余人次。开设“职工小课堂”，组织举办月饼制作、茶艺品鉴等活动。联合州市有关单位，参与组织职工篮球赛、读书活动、志愿服务等活动30余场次。

（王元杰）

【楚雄新华书店】 2022年，楚雄新华书店有限公司设立连锁门店4个，其中中心书城1个、校园书店2个、乡愁书院及乡镇网点1个，经营图书18万册9万余种，服务学校110所、学生9万余人，全年销售收入1269万元。以流动图书车作为惠民服务、阅读宣传平台，深入乡镇、社区、机关、企业、学校、军营等组织开展“书香九进”及阅读分享活动112场次。年内，在中共中央宣传部、文化和旅游部、国家广播电视总局举办的第九届全国服务农民、服务基层文化建设中获“先进集体”称号；在云南省文化和旅游厅举办活动中获得“最美文化空间”典型案例称号。

（蒋　湖）

【楚雄新知图书城】 2022年，新知集团楚雄书城营业面积1680平方米，经营图书10万余种。至年末，累计上缴税收130余万元；向社会捐赠图书6000余册，总价值12万余元。

（李　勇）

【智慧书屋】 2022年，楚雄市“智慧书屋”由楚雄新华书店有限公司运营管理，书屋以智慧空间为基础，集文化、学术、社交、休闲阅读、体验等空间于一体，保持24小时开放运行。“智慧书屋”位于桃源湖体育公园，占地面积18平方米，投入资金25万元，供免费阅读、微信扫码自助购书。年末，有图书1800册，涵盖少儿类、文艺类、社科类、党政读物等类别。

【文艺骨干创作交流培训】 2022年，楚雄市组织业余文艺团队交流实践活动，展示团队艺术风采，提高业余文艺团队的演出水平和演出质量，培养壮大业余文艺团队，丰富群众文化生活。3月16—18日，在龙江公园江心楼开展文艺骨干创作交流学习实践活动，交流实践内容包括花灯选段、戏剧小品、广场舞培训等，参加学员50余人。

【“彝族马缨花节”非遗项目代表性传承人培训】 2022年3月10日，楚雄市在紫溪镇岔河村委会举办2022年“彝族马缨花节”非遗项目代表性传承人培训活动。培训内容涵盖国家级非遗“彝族火把节”、省级非遗“彝族羊皮鼓舞”“彝族葫芦笙舞”、州级非遗“彝族大三弦舞”“阿苏嘫说唱”“马缨花节”等非物质文化遗产传习。

【长征国家文化公园（楚雄段）“彝族火把节”非物质文化遗产展示馆建设项目开工】 2022年9月21日，长征国家文化公园（楚雄段）“彝族火把节”非物质文化遗产展示馆建设项目开工。长征国家文化公园（楚雄段）“彝族火把节”非物质文化遗产展示馆建设项目是国家发改委在“十四五”期间立项的文化保护传承利用工程项目，选址于楚雄市鹿城镇阳光大道北侧、青龙河东岸，占地6653.33平方米，主体建筑面积2750平方米，总投资2500万元，其中，中央专项资金2000万元，地方配套投资500万元。项目主体建筑馆内设长征文化展厅、非遗数字展厅、非遗实物展厅、非遗项目展厅、火把节传统表演艺术类展演剧场、排演厅、非物质文化遗产抢救性记录保存用房，主体建筑周边打造红军长征过楚雄雕塑群等景观带。

（李　磊）

4月23日，楚雄市在党群服务中心举办2022年“4·23”世界读书日全民阅读暨知识产权宣传周活动　（市创文办　提供）

群众文化

【文化惠民工程】　2022年，楚雄市聚焦“喜迎二十大”“二十大宣讲”主题，持续实施文化惠民涵养工程，选拔优秀社会文艺团队和原创精品节目，组织开展广场文艺演出、送戏下乡等文化惠民系列活动，演出内容有民族舞蹈、红色歌舞、戏剧小品等。依托七彩云端·威楚融媒、数字楚雄等平台，结合春节、端午节、火把节、中秋节等节庆活动，进行文艺演出线上展播，提高文艺展演覆盖面和传播率。年内，全市组织开展线上线下文化演出活动6366场次，受众120.47万人次。

（李　磊）

【“书香楚雄”建设】　2022年，楚雄市持续推进“书香楚雄”建设，不断满足人民群众精神文化需求。4月23日，举办2022年“4·23”世界读书日全民阅读暨知识产权宣传周活动。5月19日，举办“书香润童心”全民阅读之“红色童谣伴我成长”童谣传唱暨家庭亲子阅读指导活动。年内，楚雄新华书店、楚雄市图书馆、北城小学、时代书店城市书房被命名为楚雄市第一批“扫黄打非”“绿书签”读书角示范单位。

【“彩云之南等你来”夜间群众文化活动】　2022年，楚雄市以“彩云之南等你来”夜间群众文化活动为抓手，打造夜间文化活动品牌，推进文化与旅游业融合发展。年内，全市组织“彩云之南等你来”夜间群众文化活动2093场次，其中，篝火打跳、网红直播演出、网红歌手演唱、街头艺人演出、庙会文艺演出各238场次，祭火大典、彝乡恋歌、篝火晚会各187场次，民族乐器教学及演出146场次，其他演出196场次。年内，彝人古镇被云南省文化和旅游厅评为云南省“彩云之南等你来”夜间群众文艺演出活动“优秀示范点”。

（李　磊）

【农村公益电影放映】　2022年，楚雄市聚焦农村群众文化需求，结合农村人口年龄结构、文化程度和地域差异，实施文化惠民工程，点亮乡村“夜”生活，丰富群众文化娱乐生活。年内，全市有农村电影放映队6支，15个乡镇规划放映点141个，放映农村电影1726场次，观影11万人次，农村电影放映覆盖率100%，超额完成放映计划34场次。

（朱晓宇）

【春联网络展】　2022年1月6—20日，楚雄市文化馆、楚雄市书法家协会、云南楚雄鹿城大厦实业有限责任公司联合开展“楚雄市2022年‘寅虎接新·迎春送福’春联网络展”征稿活动，面向书法爱好者和社会各界人士征集春联作品。活动共征集到春联作品102对，入选的40幅作品在“楚雄市2022年‘寅虎接新·迎春送福’春联网络展”上进行展示。

【“我们的节日”活动】　2022年，楚雄市围绕“月月有主题，节节有活动”目标，采取线上线下同步、市乡两级上下联动的方式，组织开展“春节舞龙狮看花灯”“端午节包粽子”“中秋节赏月诗会”等传统节庆文化主题活动，实现全年节假日文化活动全覆盖。年内，全市组织开展“我们的节日”主题活动160场次，参与16.15万人次。

【“喜迎二十大　书声彩云南”阅读分享活动】　2022年5月27日，云南省“喜迎二十大 书声彩云南”阅读分享活动在楚雄市举办。阅读分享活动由前期朗读活动线上比赛和线下阅读分享活动组成，共收到参赛作品485件，通过专家初评，选出100件入围作品，评出一、二、三等奖6件获奖作品，4件优秀作品及24个优秀组织奖。阅读分享活动分“最是书香能致远”“腹有诗书气自华”“全民阅读正当时”3个篇章，部分获奖单位和楚雄州各州级单位展示阅读活动。活动当天，线下阅读分享活动暨颁奖仪式通过央视频、云报客户端、云南网、七彩云端等媒体平台联合直播，观众总量超过100万人次。

（李　磊）

【电影《花开高黎贡》放映推介活动】　2022年8月19日，生物多样性题材院线电影《花开高黎贡》放映推介活动在楚雄越幕影城举行。电影主创团队与观众进行交流，分享影片创作背后的故事和拍摄历程。电影《花开高黎贡》时长99分钟，以生态文明建设为主题，以实景拍摄的方式，通过外来者的体验展示高黎贡山的魅力和生态文明建设成效，展现生物多样性的云南之美。

（朱晓宇）

【“版权保护进书店”暨“绿书签进书店”系列宣传活动】　2022年11月7日，楚雄市在楚雄新华书店开展“版权保护进书店”暨“绿书签进书店”系列宣传活动。活动以“护助少年儿童健康成长，抵制有害出版物”为主题，开展预防未成年人犯罪、保护知识产权、绿色阅读、文明上网等知识宣传宣讲。

6月3日，楚雄市“我们的节日·端午”专场文艺演出　　（市文化和旅游局　提供）

【花灯小戏《雨过天晴》获省花灯滇剧艺术展三等奖】 2022年，楚雄市花灯小戏《雨过天晴》入选云南省第五届群众文化“彩云奖”决赛入围作品名单。11月，花灯小戏《雨过天晴》作为楚雄州代表剧目之一，参加第九届云南省花灯滇剧艺术展，获综合类三等奖。

（李　磊）

文化遗产保护

【概况】 2022年，楚雄市组织开展各类代表性传承人培训活动16场次，参加培训600余人次。年内，65名代表性传承人入选楚雄市“八个一百”文化人才队伍，入选国家级传承人评审1人；新增省级“非遗”代表性项目公示7项、州级“非遗”代表性项目8项，列入州级“非遗”工坊7家、市级“非遗”工坊8家。年末，全市有各级文物保护单位36处，一般不可移动文物61处。其中，全国重点文物保护单位2处（楚雄文庙、万家坝古墓群），省级文物保护单位3处（护法明公德运碑、楚雄雁塔、龙泉书院），州级文物保护单位8处，市级文物保护单位23处。

（李　磊）

【“非遗”工坊认定】 2022年，楚雄市组织开展首批市级“非遗”工坊推荐认定工作，经营主体和生产加工点被认定为“非遗”工坊15家，其中推荐列入楚雄州第一批“非遗”工坊7家。至年末，市级“非遗”工坊有

11月8日，市委宣传部、市文化馆在环城小学开展文物展览进校园主题活动

（市创文办　提供）

表 4　　楚雄市国家级、省级非物质文化遗产代表性项目一览表

序号	项目名称	项目类别	当前级别	项目保护单位	公布时间及批次			
					省　级	批　次	国家级	批　次
1	彝族葫芦笙舞	传统舞蹈	省级	楚雄市非遗中心	2017.02	第四批		
2	彝族羊皮鼓舞	传统舞蹈	省级	楚雄市非遗中心	2017.02	第四批		
3	彝族十二兽舞	传统舞蹈	省级	楚雄市非遗中心	2009.09	第二批		
4	彝族三弦舞	传统舞蹈	省级	楚雄市非遗中心	2022.12	第五批		
5	花灯戏（骠川花灯）	传统戏剧	省级	楚雄市非遗中心	2022.12	第五批		
6	根雕（楚雄根雕）	传统美术	省级	楚雄市非遗中心	2022.12	第五批		
7	云泉豆瓣酱制作技艺	传统技艺	省级	楚雄市非遗中心	2017.02	第四批		
8	骨角工艺（楚雄骨角工艺）	传统技艺	省级	楚雄市非遗中心	2022.12	第五批		
9	彝族葫芦笙制作技艺	传统技艺	省级	楚雄市非遗中心	2022.12	第五批		
10	拨云锭制作技艺	传统医药	国家级	老拨云堂药业有限公司			2014.11	第二批
11	彝医药（推拿疗法）	传统医药	省级	楚雄市非遗中心	2022.12	第五批		
12	彝医药（三吹粉疗法）	传统医药	省级	楚雄市非遗中心	2022.12	第五批		
13	火把节（彝族火把节）	民俗	国家级	楚雄市非遗中心	2005.08	第一批	2006.06	第一批
14	大过口彝族传统文化生态保护区	保护区	省级	楚雄市非遗中心	2013.12	第三批		
15	以口夸村民族传统文化生态保护区	保护区	省级	楚雄市非遗中心	2009.09	第二批		
16	岔河村板凳山彝族传统文化生态保护区	保护区	省级	楚雄市非遗中心	2017.02	第四批		

表 5　　楚雄市“非遗”工坊一览表

序号	工坊名称	工坊级别	公布时间	性质（合作社 / 企业 / 家庭作坊等）	所在地址	成立时间	非遗产品目录数量	所涉非遗项目
1	成香彝绣非遗工坊	州级	2022 年 10 月	企业	楚雄市三街镇三街村委会	2014 年 12 月	1100 件	彝族刺绣
2	彝族刺绣非遗工坊	市级	2022 年 9 月	企业	楚雄市大过口乡西康郎村委会新龙街 9 号	2016 年 3 月	600 件	彝族刺绣
3	云龙酱油酿造技艺非遗工坊	市级	2022 年 9 月	企业	楚雄市子午镇云龙村委会云龙老街	1975 年 10 月	8 类	云龙酱油酿造技艺
4	索玉彝绣非遗工坊	州级	2022 年 10 月	企业	楚雄市楚雄高新区彝人古镇四区 D111–1 号	2015 年 11 月	24 项	彝族刺绣
5	刘氏骨伤正骨理筋疗法非遗工坊	州级	2022 年 10 月	企业	楚雄市楚雄高新区迎宾大道西侧	2016 年 1 月	1 项	刘氏骨伤正骨理筋疗法
6	彝医黑膏药疗法非遗工坊	州级	2022 年 10 月	企业	楚雄市楚雄高新区振兴路 14 号	2022 年 8 月	5 项	彝医黑膏药疗法
7	齐苏堂彝医药非遗工坊	州级	2022 年 10 月	企业	楚雄市龙江路翠湖雅园 4 幢 2 层	2015 年 11 月	1 项	彝医三吹粉疗法
8	彝族刺绣非遗工坊	市级	2022 年 9 月	企业	楚雄市紫溪镇紫溪社区紫溪彝村一组	2022 年 9 月	130 件	彝族刺绣
9	彝族刺绣非遗工坊	市级	2022 年 9 月	企业	楚雄市楚雄高新区振兴路 642 号	2014 年 9 月	450 件	彝族刺绣
10	红绣坊非遗工坊	州级	2022 年 10 月	企业	楚雄市鹿城镇龙江公园花鸟市场 2 幢 1 号	2005 年 6 月	900 件	彝族刺绣

续表 5

序号	工坊名称	工坊级别	公布时间	性质（合作社 / 企业 / 家庭作坊等）	所在地址	成立时间	非遗产品目录数量	所涉非遗项目
11	彝族刺绣非遗工坊	市级	2022 年 9 月	企业	楚雄市楚雄高新区永安大道天行健·彝天地 5 幢	2014 年 11 月	1800 件	彝族刺绣
12	彝医推拿疗法非遗工坊	市级	2022 年 9 月	企业	楚雄市鹿城镇彝海社区玖龙国际彝药康养示范园	2015 年	2 项	彝医推拿疗法
13	彝族刺绣非遗工坊	市级	2022 年 9 月	企业	楚雄市楚雄高新区彝人古镇沁心苑、彝人部落	2006 年 5 月	600 件	彝族刺绣
14	南安根艺非遗工坊	州级	2022 年 10 月	企业	楚雄市鹿城镇万家坝社区栗子园村 58 号	2005 年 4 月	150 件	楚雄根雕
15	骨角工艺制作技艺非遗工坊	市级	2022 年 9 月	企业	楚雄市楚雄高新区彝人古镇彝人部落、楚雄市西小山路 28 号	2013 年 1 月	500 件	骨角工艺制作技艺

彝族刺绣“非遗”工坊8家，传统医药类4家，传统技艺类1家，传统美术类2家。州级“非遗”工坊名单7家。

（朱正禄）

【文物保护】 2022年，楚雄市持续推进文物修缮工程，全国重点文物保护单位楚雄文庙大成殿修缮工程通过省文物局终验，省级文物保护单位楚雄龙泉书院修缮工程通过省文物局终验，州级文物保护单位达诺王氏民居完成一期修缮任务，市级文物保护单位朝阳寺完成观音殿瓦屋面修缮工程。加强对全国重点文物保护单位“万家坝古墓群”的保护工作，多次召开专题会议研究万家坝古墓群保护工作措施，组织文化旅游、住建、规划等部门和鹿城镇、万家坝社区现场勘查，对万家坝古墓群保护范围和建设控制地带划定等相关工作统一意见，并按照《云南省文物局关于楚雄万家坝古墓群进行局部考古调查工作的复函》要求，推进二期调勘明确划定保护范围。加强文物管理和保护，制定《楚雄文庙——尊经阁、东庑、西庑、大成门、乡贤祠、名宦祠修缮工程》立项计划书，上报云南省文物局争取2023年修缮计划及资金支持；对楚雄机场建设、楚雄一中图书馆建设、鹿城小学文庙校区、九台山大方广寺、达诺王氏民居、吕合吕仙桥改造等项目中所涉及的文物保护问题进行指导；对楚雄市辖区内101处不可移动文物信息，组织进行核实、补充、完善、登记、拍照、绘图等工作；完成长江流域文物资源调查、革命文物调查、楚雄至景东高速公路文物调勘，完成《云南省级文物保护单位概览》中涉及楚雄市相关文物保护单位图文收集整理、全市碑刻石刻摸底调查、《楚雄文物博物志》一阶段资料收集工作。

（彭 梅）

【《岔河村板凳山彝族传统文化生态保护区保护规划》编制】 2022年2月24日，楚雄市组织发改、民宗、农业农村、住房和城乡建设、自然资源等部门，邀请楚雄州文化和旅游局及相关专家，对《岔河村板凳山彝族传统文化生态保护区保护规划》进行评审。紫溪镇岔河板凳山彝族传统文化生态保护区位于楚雄市西北40千米处，辖平掌、岔河、母掌3个村民委员会，核心区为岔河板凳山，是省级传统文化生态保护区。经过评审，与会专家同意通过《岔河村板凳山彝族传统文化生态保护区保护规划》并报送省级评审。

（李 磊）

融媒体（广播影视）

【概况】 2022年，楚雄市融媒体中心运行管理“楚雄市电视台”、“楚雄人民广播电台”、“七彩云端——威楚融媒”App、“学习强国”学习平台、“数字楚雄”微信公众号及视频号、今日头条、抖音、快手等第三方播发平台。年内，市融媒体中心入选首批新华社新闻信息中心云南中心“县级融媒体创新实践基地”，成为全省入选的10家之一；楚雄市媒体融合发展经验和做法在全省媒体融合推进会上作交流发言，成为全省6家交流发言单位之一。

【融媒体宣传报道】 2022年，“楚雄市城市形象”IP登陆美国纽约时报广场“中国屏”，成为全州首个在美国纽约时报广场“中国屏”推出宣传片的县市。楚雄市经济社会发展情况在中央电视台刊播5次，时长85分钟，是建台以来在中央级频道播出的最长时长、最多次数，其中“寻百强 看中国”大型融媒楚雄市直播活动在央视财经频道播出，成为云南省唯一入选县市；中央人民政府网站首次刊载楚雄市春耕备耕景象。做好迎接党的二十大系列主题报道，开设专题专栏，楚雄基层治理、政务服务、项目建设等工作经验被新华社、中央电视频道刊播。年内，播出《楚雄市新闻》1638条，发布图文信息3.61万条，省级以上媒体采用269条，是上年157条的1.7倍；中央级媒体采用96条，是上年10条的9.6倍。短视频产品344个，是上年171个的2倍，其中，浏览量100万以上38个、250万以上2个。“学习强国”学习平台供稿353篇，其中，被总网采用8篇，省网采用28篇，州网采用200篇，供稿量、采用量居全州第一，市融媒体中心被州广播电视台采用稿件量居全州第一。入选全国县级融媒体优秀作品季度赛名单4件，实现零的突破；获“象往之地·光影云南”全国影像作品三等奖1件，获云南省政协2022年“政协好新闻”奖一等奖1件，获省委宣传部融媒体作品比赛三等奖2件，获第38届云南新闻奖三等奖1件，入选楚雄州2022年正能量网络精品13件；云南省广播电视台首次整条采用楚雄市新闻。

6月1日，市融媒体中心工作人员到紫溪镇板凳山小学开展“六一”国际儿童节趣味拍摄活动　（市融媒体中心　提供）

【媒体矩阵传播建设】　2022年，楚雄市融媒体中心实施重心下沉、深度挖掘、一次采集、多元生成、多端发布，台、网、端集体发声。与人民网、新华社、“学习强国”学习平台等国家级媒体及云南广播电视台、《云南日报》《楚雄日报》、楚雄州广播电视台、云数传媒等省州媒体融通，实现央地联动、省州市联动，53家单位和15个乡镇入驻“七彩云端”App。完善新闻信息发布及舆论引导工作机制，彰显主流媒体的作用和价值。

【广播电视发展】　2022年，楚雄市辖区有电视台2个、广播电台2个，楚雄市自办广播节目调频FM93.1MHz、中波MW1098MHz，调频广播覆盖城市周边，中波覆盖全市15个乡镇，广播覆盖率100%。电视节目实现有线数字电视网络高标清同步播出，有线数字电视覆盖用户12.3万户，移动IPTV覆盖用户7万户，电信IPTV覆盖用户5.4万户，覆盖率99.2%。

【意识形态阵地建设】　2022年，楚雄市融媒体中心制定新闻信息审核管理办法、新闻稿件和信息截稿审稿时间通知，明确压实新闻截稿审稿时间及责任，提升新闻宣传时效。建立通讯员和每周新闻宣传策划会制度，细化明确记者每月宣传报道任务，制定新闻质量打分标准，提高新闻质量，全年《楚雄市新闻》平均时长提高到13.5分钟。

【正能量主题宣传】　2022年，楚雄市融媒体中心开展《喜迎二十大看家乡新变化》《2022年怎么干》《以排头兵姿态奋力做好“五篇文章”》《八比八拼月擂台》《领航中国·楚雄篇》《二十大时光》《新时代新征程新伟业》等主题报道，反映全市经济社会高质量发展，特别是党的十九大以来取得的历史性成就。

（朱晓宇）

〔栏目编辑：丁普瑞　马健平〕

卫生健康

2023

楚雄市年鉴

综　述

【概况】　2022年末，楚雄市辖区有各级各类卫生健康机构426家，其中，医院32家，基层医疗卫生机构382家（乡镇卫生院15家，社区卫生服务机构12家，村卫生室142家，门诊部18家，诊所、卫生所、医务室195家），专业公共卫生机构11家（疾控中心2家，妇幼保健院2家，健康教育所1家，采供血机构1家，急救中心、站2家，卫生健康综合监督执法局2家，计划生育服务站1家），爱国卫生技术指导中心1家。有卫生技术人员3894人，平均每千人（按常住人口计算，下同）拥有卫生技术人员7.92人，执业（助理）医师2.93人，注册护士3.65人，公卫医师0.11人，乡村医生0.49人；每万人拥有全科医师3.75人，卫生监督员0.34人。有各级各类卫生健康机构开放床位2691张，每千人拥有5.92张。5月，楚雄市卫生健康局被中共楚雄州委表彰为“楚雄州贯彻新发展理念、推动高质量发展”先进集体。6月，被市委、市人民政府表彰为“楚雄市第四轮防艾人民战争先进集体”和“楚雄市创建国家卫生城市先进集体”。8月，被楚雄州献血工作领导小组表彰为“2017—2021年度楚雄州无偿献血工作优秀集体”。9月，获楚雄州2022年基层卫生健康职业技能竞赛集体一等奖。

【基本公共卫生服务】　2022年，楚雄市紫溪、吕合卫生院在市内率先完成基本公共卫生服务项目“无纸化”试点流程工作，10月1日起“无纸化”工作在全市推开。年内，全市15个乡镇卫生院建成胸痛救治单元，6个乡镇卫生院建成心脑血管救治站。有5个专科列入临床重点（培育）专科建设，其中，省级确认1个（市医院呼吸内科），州级确认3个（市中医医院针灸科、皮肤科、老年病科），省级在建1个（市医院眼科）。脱贫人口及监测对象家庭医生签约服务100%，服务履约率100%。

【医疗卫生队伍建设】　2022年，楚雄市通过公开招聘补充专业技术人才10人、公务员1人，引进紧缺专业技术人才16人，录用2017届农村订单定向培养医学毕业生2人。选派专业技术人员到上级医院进修学习134人次，其中，国内省外1人次，省内州外22人次，州级59人次，卫生院人员到县市级进修52人次。鹿城卫生院、东华镇中心卫生院作为州级医疗机构住院医师规范化培训和全科基层实践基地，规培医学毕业生166人。选拔具有发展潜力和培养潜质中青年人才2人作为州卫生健康系统中青年学术和技术带头人培养人选。

【无偿献血】　2022年，楚雄市加强血液安全管理，开展血液安全风险监测预警，提升血液安全供应能力，优化血液管理信息化建设，推进献血者用血费用减免平台运用。年内，全市有用血医疗机构12家，其中，公立2家，民营二级8家，民营一级2家。11月，市人民医院接入献血者用血费用减免平台，无偿献血患者临床用血费用享受直接减免。全市无偿献血2869人次，献血量82.54万毫升。

疾病预防控制

【传染病报告】　2022年，楚雄市无甲类传染病报告；报告乙类传染病12种746例，发病率118.39/10万，死亡5例，死亡率0.79/10万；报告丙类传染病6种1302例，发病率206.62/10万，无死亡病例；报告其他传染性疾病8种717例，发病率113.79/10万。无霍乱、肺炭疽、传染性非典型性肺炎和鼠疫病例报告。调查处置手足口聚集性疫情10起、上呼吸道感染聚集疫情4起、食物中毒2起。报告处置突发公共卫生事件4起，2小时内及时响应国家疾控平台发出的预警信息297条。

【艾滋病防治】　2022年，楚雄市继续实施好第五轮防艾人民战争，推进实施防治艾滋病“六大工程”（净化社会环境防治艾滋病工程，在旅馆、娱乐等公共场所推广安全套工程，在吸毒人员中实施清洁针具交换和美沙酮替代治疗以降低毒品危害的工程，全民艾滋病防治知识宣传工程，建立艾滋病监测治疗的关爱中心体系工程、艾滋病预防监测和科技攻关工程），巩固提升“3个90%”（艾滋病病毒感染者发现率、治疗率、治疗有效率）成果。年内，艾滋病抗病毒治疗比例94.8%，治疗有效率98%。艾滋病母婴阻断管理率100%。

【慢性病综合防治】　2022年，楚雄

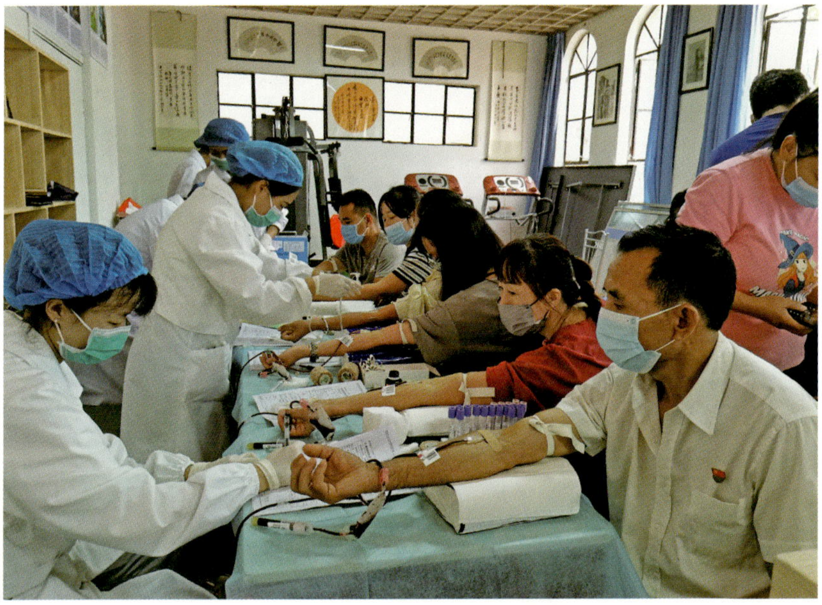

9月23日，市卫生健康局组织医务人员到吕合镇开展无偿献血活动
（市卫生健康局　提供）

市累计确诊高血压患者建档3.89万人，累计建档率80.02%，完成健康管理3.65万人，健康管理率93.97%。累计确诊糖尿病患者建档9464人，累计建档率99.62%，完成健康管理8617人，健康管理率91.05%。在册报告严重精神障碍患者2937人，在册报告患病率4.65‰，健康管理2852人，健康管理率97.11%，服药率94.76%。

【结核病防治】 2022年，楚雄市结核病初诊患者2316例，任务完成率118.16%。肺结核患者健康管理率100%，规律服药率98.74%。肺结核可疑者乡村推荐到位1552例，肺结核可疑症状推荐转诊到位任务完成率122.88%。学校肺结核单病例预警及时响应率100%，活动性肺结核病例校内密切接触者规范筛查率100%，学校结核病疫情处置率100%。

【地方病防治】 2022年，楚雄市疾病预防控制中心对市区7个乡镇开展鼠疫监测，完成鼠疫动物细菌学检验（鼠肝脾鼠疫杆菌培养）393份，均为阴性，完成率116%。筛查出疑似克山病6例，确诊慢型克山病2例。采集8～10岁儿童200名和孕妇100名的尿碘、盐碘开展碘缺乏病防治监测工作，结果显示，儿童尿碘中位数291.55微克/升，为碘高于适宜量；孕妇尿碘中位数170.35微克/升，为碘适宜。300份（学生和孕妇）食用碘盐监测结果显示碘盐覆盖率99.67%，碘盐合格率94.31%，合格碘盐食用率94%，非碘盐率0.33%。对儿童200名进行甲状腺B超检查，其中有甲状腺结节儿童19名，无甲状腺肿大，肿大率0。对病区村8名8～12岁儿童进行氟斑牙病情监测，未发现氟斑牙患者。开展发热病人血检1377份，其中，镜检1328份，RDT监测49份，完成率144.95%。采集流行性出血宿主动物标本待检100份，任务完成率100%。对200只老鼠开展生态学监测，任务完成率100%。全年无疟疾疫情发生，无不明原因猝死疫情发生。

【血吸虫病防治】 2022年，楚雄市疾病预防控制中心完成血吸虫病询检筛查5002人，血清学监测1051人，阳性12人，阳性率1.14%。阳性者全部进行病原学检查，未检出阳性病人。血清学阳性12人进行吡喹酮扩大化疗。查螺面积434万平方米，查出钉螺面积4.49万平方米，捕获并解剖钉螺865只，未发现感染性钉螺。在14个有螺村开展2～3轮灭螺和巩固灭螺，反复灭螺面积36.5万平方米。

9月27日，楚雄市中医医院医生参加中医针灸技艺交流 （李建华 摄影）

【计划免疫】 2022年，楚雄市免疫规划冷链疫苗运转359次。下发免疫规划疫苗53.84万人份，注射器11.52万支。全市接种免疫规划疫苗12.32万针次，建卡人数5692人，建证率100%。0～6岁适龄儿童免疫规划疫苗接种率95.83%。

中彝医药

【概况】 2022年，楚雄市持续推进“两馆四中心一科一室”建设（中彝医医院建设中彝医名医馆、中彝医治未病中心、中彝医康复中心，综合医院建设中彝医科；妇幼保健院建设中彝医妇幼保健康复中心；中彝医身心康复中心；乡镇卫生院、社区卫生服务中心设中彝医馆；村卫生室建设中彝医服务室并提供中彝医药技术服务），提升巩固“全国基层中医药工作先进单位”创建成果，市中医医院逐渐形成中西医协同、中医为主的服务形式。年内，乡镇卫生院建成省级示范中医馆4家；市妇幼保健院独立设置中医科，建成中彝医妇幼康复中心。

【中彝医药服务能力建设】 2022年，楚雄市印发《关于促进中彝医药传承创新发展的实施意见》《楚雄市推进中彝医药高质量发展任务清单》。18家公立医疗机构与楚雄州中彝医医疗集团签订《楚雄州中彝医医疗集团合作协议》，调剂使用州中彝医医疗集团院内制剂。市中医院综合服务能力提升项目达标验收，内分泌科、老年病科、皮肤科3个科室被云南省卫生健康委确定为中医特色专科建设项目。年内，全市接受中医药健康管理服务0～3岁儿童1.64万人次，覆盖率88.92%；65岁及以上老年人4.42万人，覆盖率62.53%；2型糖尿病患者8033人，覆盖率73.47%。

【中彝医药人才培养培训】2022年，楚雄市组织参加云南省中医馆骨干人才培训4人、云南省基层中医药适宜技术推广县级师资理论培训10人、中彝医适宜技术暨彝医药知识培训3人；实施全国西学中骨干人才培训项目和全国中药特色技术传承人才培训项目。年内，通过云南省中医医术确有专长人员医师资格考核12人。

爱国卫生

【爱国卫生“7个专项行动”】 2022年，楚雄市在推动爱国卫生“7个专项行动”（清垃圾、扫厕所、勤洗手、净餐馆、常消毒、管集市、众参与）、国家卫生城市的基础上，开展“绿城市、治污染、除四害、食安心、勤锻炼、管慢病、家健康”新“7个专项行动”。组成志愿服务队伍471支，参与人数10万余人，开展志愿服务活动1.9万余次、“八进”（进学校、进医院、进机关、进企业、进社区、进农村、进车站、进公共场所）活动1042场次，覆盖9.89万人次。制作播放爱国卫生相关新闻报道150条，发放宣传材料170万份，粘贴悬挂宣传标语、公益广告9500余幅。党政机关发挥带头作用，健康文明生活“八条新风尚”知晓率提升，形成全民参与、共建共享的爱国卫生运动氛围。5月，楚雄市被省委、省人民政府表彰为“云南省巩固爱国卫生‘7个专项行动’暨国家卫生城市达标考核优秀县”。年内，高铁站、汽车客运站、商场（超市）、学校、医院、电影院等2178家公共场所清洁消毒覆盖率100%，监督检查率100%。

厕所管理 2022年，楚雄市有公厕1705座，其中，市政公厕131座，旅游公厕29座，全部达到“三无三有”（无粪便、无臭味、地面无水渍，有手纸、有洗手液、有香薰）标准，实现管理达标常态化。学校卫生厕所668座，医院卫生厕所195座，全部达到“四净三无两通一明”（地面净、墙面净、厕位净、周边净、无溢流、无蚊蝇、无臭味、水通、电通、灯明）标准。

洗手设施建管 2022年，楚雄市新建、改造洗手设施5566座，其中，公共区域独立洗手台2967座，公厕附属2599座。建管并重，采取“以商促建”“以商养商”的市场化手段，解决公共洗手台“建管护”问题，做到便民、利民、益健康。

餐饮场所管理 2022年，楚雄市餐饮服务单位2474户，“三防”（防蝇、防尘、防鼠）设施安装率95%以上。295家学校食堂、中型以上餐馆“明厨亮灶”实施率100%，达到干净、整洁、安全、放心标准，群众就餐环境干净安全。

农贸市场管理 2022年，楚雄市按照《标准化菜市场设置与管理规范》要求，对城区20个农贸市场进行提升改造。协同全国文明城市巩固，组建由专班单位牵头，市场监管、城管、公安、交警、消防、鹿城镇、东瓜镇相关人员和市场主办方、经营方负责人为主体的农贸市场综合管理专班工作组，落实农贸市场常态综合管理责任，基本实现“五有”（有完善的防控指南、有防控管理制度和责任人、有适量的防护物资储备、有应急处置预案、有属地医疗卫生力量指导支持）要求和“五化”（集贸市场净化、美化、规范化、精细化、标准化）目标。

【病媒生物防制】 2022年，楚雄市定期开展爱国卫生大扫除志愿服务活动，发挥志愿者、党员干部带头示范作用，对主干道、背街小巷、村庄道路的裸露白色垃圾、粪堆、积水进行“拉网式”清理。发动企事业单位职工开展工作环境整洁专项行动，对车间厂房、办公室、食堂、厕所等人员集中场所进行清脏治乱大扫除，保持环境卫生干净整洁。在全市范围内以“灭鼠”为重点，开展春季、秋季病媒生物防制，做好“四害”（苍蝇、蚊子、老鼠、蟑螂）密度和抗药性监测、孳生地调查等。年内，利用捕鼠笼（夹）对各监测点开展鼠密度监测，布放鼠笼（夹）3600笼（夹）次，有效笼（夹）3536笼（夹）次，捕获老鼠26只，平均鼠密度0.74%。

【卫生死角清理】 2022年，楚雄市整治老旧小区、“三无”小区、城中村和城乡接合部等卫生死角和病媒孳生地，累计清除城市问题点位3500个、垃圾1万余吨。持续推进村庄清洁行动，发动基层干部群众3000余人次，投工投劳义务清理农村生活垃圾1.5万吨。

【爱国卫生月活动】 2022年，楚雄市印发《关于开展第34个爱国卫生月活动的通知》，围绕“文明健康、绿色环保”主题，开展爱国卫生月系列志愿服务活动。利用广播、微信群、宣传栏、LED显示屏等形式，宣传爱国卫生运动70周年光辉历程、爱国卫生运动历史发展与重要贡献等相关内容。组织开展志愿服务活动，对辖区内公路沿线、河道沟渠、大街小巷、办公区域、小区庭院的生活垃圾、杂物杂草、断枝枯叶、建筑垃圾、河塘漂浮物等集中整治。开展传染病预防健康教育，各实践站累计组织、服务居民群众1万人，发放宣传资料2.1万份。

妇幼保健

【概况】 2022年，楚雄市辖区户籍人口活产3847人，孕产妇死亡0人，死亡率0/10万。新生儿死亡8人，死亡率2.08‰；婴儿死亡13人，死亡率3.38‰；5岁以下儿童死亡24人，死亡率6.24‰。孕产妇系统管理率91.75%，孕产妇住院分娩率99.97%，剖宫产率46.86%。孕早期产前检查率92.01%，产后访视率97.99%，新生儿访视率99.24%。孕产期贫血患病率9.66%，产前筛查率94.41%，产前诊断率10.96%。

【关爱妇女儿童健康行动】 2022年，楚雄市辖区医疗机构活产5731人。开展新生儿遗传代谢性疾病筛查5713人，筛查率99.68%，听力筛查5773人，筛查率100.73%。0～6岁儿童眼保健和视力检查覆盖率93.06%。连续13年实施农村妇女“两癌”免费筛查项目，宫颈癌筛查2.35万人，乳腺癌筛查3.36万人。

【危重孕产妇及危重儿童和新生儿救治】 2022年，楚雄市推进“两个中心建设”（孕产妇管理中心、儿童健康管理中心），提升孕产妇及儿童救治能力。结合实际制定《2022楚雄市妇幼保健院辖区包保工作方案》《楚雄市孕产妇危重症评审方案（试行）》《楚雄市高危儿童分级分类管理方案（试行）》《楚雄市2022年高危儿分类分级管理工作流程（试行）》

等文件，成立楚雄市降消项目领导小组及技术指导组，制定《楚雄市危急孕产妇抢救资金补助实施方案》，落实孕产妇、儿童死亡包保责任制，市、乡、村三级孕产妇救治绿色通道畅通。

健康促进

【概况】 2022年，楚雄市居民电子健康档案覆盖率71.37%，孕产妇系统管理率91.75%，0～6岁儿童健康管理率81.81%，65岁及以上老年人健康管理率95.55%，严重精神障碍患者健康管理率97.11%。全市家庭医生签约居民31.17万人，签约率49.36%；履约31.17万人，履约率99.99%。

【健康县城建设】 2022年，楚雄市制定出台《楚雄市推进健康县城建设三年行动方案（2022—2024年）》，包含总方案1个、数据评价指标2套和行动子方案8个，落实省、州健康县城建设任务指标，融入楚雄市城市辨识度（健康生活目的地、特色康养示范市、体育小镇、体育城市等）、城市品牌（全国文明城市、国家园林城市、森林城市、民族团结示范市、食品安全示范城市、无废城市等）、特色亮点（持续巩固洗手设施商养结合管护、国家慢性病示范区、全国“两病”门诊用药保障和健康管理示范城市等）工作，提升健康县城建设。以关系群众健康的8个小切口（绿城市、治污染、除四害、食安心、勤锻炼、管慢病、家健康、创国卫）为抓手，促进健康宣传向群众听得懂、看得见、摸得着的方式转变。11月25日，楚雄市召开健康县城建设动员大会，启动健康县城建设，并就相关工作进行安排。

【健康楚雄行动】 2022年，楚雄市加强健康楚雄行动统筹指导，8月17日，召开健康楚雄行动工作会议，通报2021年度健康楚雄行动州级考核结果，总结回顾2021年健康楚雄行动工作情况，安排相关工作。11月8日，召开健康楚雄行动推进专题会议，部署年度考核有关事宜。10月21日、12月12日，召开健康楚雄行动推进情况专题研究部署会。建立健康科普资源库，把健康巡讲科普课件、宣传材料、健康素养、公益广告等科普资源在工作微信群、QQ群中分享，并提供各级各部门、各行业开展健康科普活动素材。用好39名市级专家库成员，以业务培训、科普作品征集、健康知识巡讲、健康咨询活动等形式，组织专家开展健康科普活动。年内，开展健康达人评选活动，评选健康达人5名。全市无烟党政机关、无烟医院、无烟学校创建比例100%。

11月28日，医务人员到紫溪彝村宣传防癌知识　　（市卫生健康局　提供）

【健康教育】 2022年，楚雄市在政府门户网站开设爱国卫生、科普楚雄、环境保护、创文创卫等专栏；在公共场所、媒体平台播放《提高健康素养　共享健康生活》《饮酒需有度　理性保健康》《送烟=送危害》《健康信息甄别》等公益视频；累计播放音像资料38种3479次，累计时长1.52万小时。发放健康教育宣传资料35种44.51万份。开展公众健康咨询活动368场次，参与3.92万人次。举办健康知识讲座928场，受益3.1万人次。开展个体化健康教育，受益18.59万人。

【居民健康素养监测】 2022年11—12月，楚雄市开展居民健康素养水平监测，全市居民健康素养水平23.14%，每100人中，有23.14人具备基本健康素养，了解基本健康知识和理念、知晓健康生活方式和行为，并具备基本健康技能。健康问题素养水平由高到低依次是安全与急救素养61.7%、科学健康观素养42.7%、基本医疗素养32.02%、传染病防治素养31.23%、慢性病防治素养30.81%、健康信息素养25.68%。总体呈现城市居民高于农村居民、女性略高于男性、居民健康素养水平与其文化程度呈正相关关系；公务员、教师和医务人员的健康素养水平高于其他职业；家庭收入越高，健康素养水平越高；未患慢性病者健康素养高于患慢性病者。

卫生监督

【医疗机构监督】 2022年，楚雄市推进医疗行业乱象整治工作，对违规接诊发热患者、门诊日志漏登、不执行测温、扫码、戴口罩措施较为突出的9家个体诊所责令停业整顿；查处使用非卫生技术人员、未按规定填写、保管病历、虚假宣传疗效、未严格执行医疗质量核心制度等案件10件，罚款10.6万元。严打非法行医行为，立案8件，罚款21.9万元，没收违法所得3.1万元。年内，全市医疗行业立案116件，罚款38.84万元；受理投诉66起，均按期办结，无重复投诉。

【公共场所和学校卫生监督】 2022年，楚雄市加大对城区食品“三小”（小作坊、小摊贩、小餐饮）和公共场所“五小”行业（小美容美发厅、小歌舞厅、小旅馆、小浴室、小网吧）卫生监督管理。年内，开展公共场所监督检查3235户次，出具卫生监督意见书557份。开展用人单位职业卫生监督检查277户次，出具卫生监督意见书179份。开展学校和托幼机构监督检查135家，出具卫生监督意见书137份。

【饮用水监测】 2022年，楚雄市卫生健康局对市政供水、二次供水、农村集中式饮水工程出厂水及末梢水、农村学校安全饮水工程、农村学校自备水源末梢水水样150份进行枯水期、丰水期采样检测。按照《生活饮用水卫生标准》（GB 5749—2022），在150份检测水样中，所检指标全部合格121份，合格率80.67%，其中城市水龙头检测水样32份，所检水样指标合格率100%。

【职业健康监管】 2022年，楚雄市卫生健康局上报职业健康体检信息1.56万条，审核新增具有职业危害因素用人单位信息卡14份，审核职业病复诊病例12例，审核职业病诊断、鉴定信息报告卡25份。处置疑似职业中毒事件1起，无重症及死亡病例，并按处置流程提交事件结案报告。完成辖区43家重点行业职业病危害因素监测现场采样、数据录入及审核上报。开展职业人群健康素养调查工作，调查人群160人，任务完成率100%。审核上报食源性疾病监测病例1115例，发生食源性疾病暴发事件（食物中毒事件）4起均结案，无重症及死亡病例。开展从业人员预防性健康体检1.42万人份，发现、调离“五病”（病毒性肝炎、痢疾、伤寒、活动期肺结核、皮肤病）人员6人（戊肝阳性5人、结核1人），发放健康体检合格证1.42万人份。

医政医管

【概况】 2022年，楚雄市印发《楚雄市贯彻落实推广福建省三明市医改经验深化三医联动改革措施的实施方案》，推广三明市医改经验；印发《楚雄市推动公立医院高质量发展实施方案》《楚雄市人民政府办公室关于印发楚雄市深化医药卫生体制改革2022年重点工作任务分解清单的通知》，推动医改工作。年内，全市公立医院优质护理覆盖率100%，市内就诊率保持在90%以上。

【医联体建设】 2022年，楚雄市累计建成三甲帮扶联盟医院专家工作站10个。其中，“胡竹林眼科专家工作站”“李炯明泌尿外科专家工作站”“阮标耳鼻喉科专家工作站”“张洁妇科专家工作站”“李自良口腔科专家工作站”“张远飞心内科专家工作站”“杨恩品皮肤科专家基层工作站”“郭翠萍中医针灸专家基层工作站”省级专家工作站8个，“何丽娟妇产科专家团队工作站”“李存芬超声专家团队工作站”州级专家工作站2个。年内，派出专家31名开展门诊接诊、疑难病例讨论、会诊、手术带教等业务帮扶，诊治患者1000余人。

【医共体建设】 2022年，楚雄市成立紧密型医共体基层业务指导中心、分级诊疗远程会诊中心、医学影像中心、医保管理中心、信息管理中心、消毒供应中心等一体化管理中心，实现医共体内优势互补、资源共享、同质化管理。年内，印发《楚雄市紧密型医共体市级医院支援乡镇分院实施方案》《楚雄市紧密型医共体基层服务能力建设帮扶实施方案（试行）》等文件，健全完善紧密型医共体城乡医院对口支援、优质医疗资源共享、人才下沉、人员上下流动长效机制。每轮帮扶由总医院及市中医医院分院、市妇计中心分院下派15名市级专家到15个乡镇分院带教，15个基层分院对应上派15名骨干医生到市级医院进修学习。

【公立医院综合改革】 2022年，楚雄市推进现代医院管理制度建立和医院“五大中心”（胸痛中心、卒中中心、创伤中心、高危孕产妇救治中心、高危儿童和新生儿救治中心）建设，完善急救体系，建成市人民医院国家基层胸痛中心以及省级卒中中心、危急重症孕产妇救治中心、危急重症新生儿救治中心和创伤中心。推进公立医院薪酬制度改革，落实“两个允许”（允许医疗卫生机构突破现行事业单位工资调控水平，允许医疗服务收入扣除成本并按规定提取各项基金后主要用于人员奖励），完成市人民医院、市中医医院2022年绩效总量核定，完成市妇计中心及收支结余为正的乡镇卫生院2021年绩效工资增核。以符

11月21日，中大街社区卫生服务中心医务人员导诊服务

（市卫生健康局　提供）

合公立医院设置规划标准医院床位数为基础，综合考虑医院类型特点、实际开放床位数、服务人口、服务量、发展趋势等因素，在市人民医院、市中医医院试行公立医院编制备案管理。

【医疗服务能力建设】 2022年，楚雄市推进市级公立医院临床重点专科建设，市中医院通过云南省县级中医医院综合服务能力提升达标验收。市人民医院新建省级专家工作站3个、州专家工作站1个，子午镇分院建成专家工作室3个。东华、西舍路卫生院达到国家推荐标准和社区医院建设标准并通过省、州验收；紫溪、大过口卫生院通过云南省一级甲等卫生院创建验收；子午、紫溪、大地基、八角卫生院通过胸痛救治单元项目建设验收。大过口卫生院和米市街、栗子园、车坪社区卫生服务中心建成基层慢性病管理中心并投入使用，市人民医院开设康复医学科。年内，全市15个乡镇卫生院成功创建云南省一级甲等卫生院，其中2个乡镇卫生院、1个社区卫生服务中心达到国家基本标准；基层慢性病管理中心和胸痛救治单元项目建设实现全覆盖；新增市中医医院和市妇计中心2个PCR（基因扩增）实验室。

【医疗信息化体系建设】 2022年，楚雄市推进医疗收费电子票据管理改革，市级3家二级公立医疗机构使用医疗收费电子票据。市人民医院核心业务系统通过网络安全等级保护年度二级测评，上线病历质控系统，实现病历三级质控；推广应用单病种管理系统，通过接口实现单病种向省级单病种平台直报，在年度评级自评环节中初步达到电子病历系统应用4级水平，并通过省级审核。市妇幼保健计划生育服务中心“云上妇幼”平台正式上线，医院信息系统完成慢性病、“两病”结算接口改造。完成“一部手机办事通”模块、“电子健康卡”线下应用工作，完成PCR实验室声智系统部署及系统培训，核酸实验室投入使用。市中医医院完成云南居民电子健康卡及“一部手机办事通”接入，

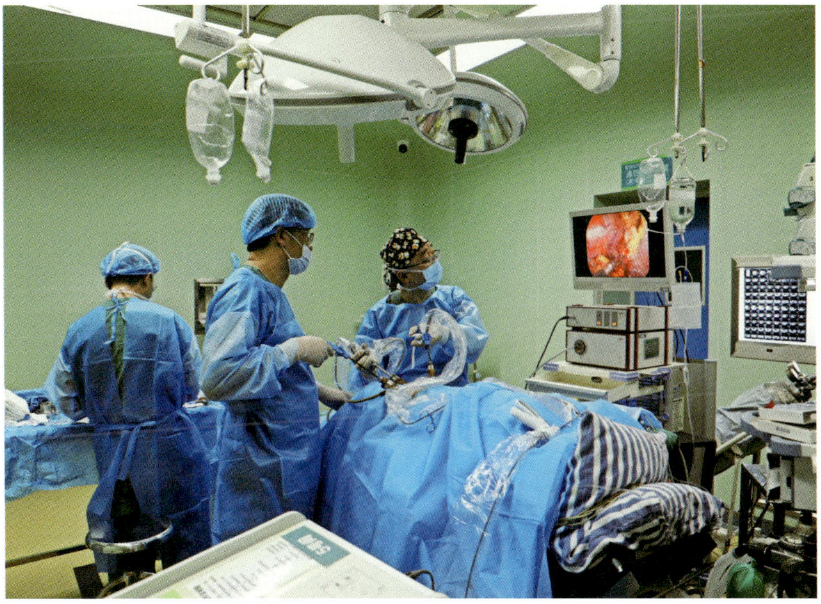

1月21日，昆明医科大学第二附属医院泌尿外科专家协同楚雄市人民医院医生为病人做微创手术 （市卫生健康局 提供）

医院公众号统一使用云南居民电子健康卡预约挂号、就诊；完成国谈药品的处方流转对接，实现院内到各药店国谈药品处方流转。实现医保跨省异地就医直接结算，完成微信医保移动支付环境测试。基层云HIS（医院管理系统）及远程诊疗系统运行，完成接口改造1项，优化系统功能9项。

【医疗安全】 2022年，楚雄市医疗废物集中处置覆盖率100%，二级以上医院安保系统建设达标率100%。年内，完成重大活动医疗保障52场次。做好转诊转院，由基层医疗卫生机构向二、三级医院转诊1022人次，由二、三级医院向基层医疗卫生机构转诊447人次。

【卫生基础设施建设】 2022年，楚雄市完成市妇幼保健院搬迁建设项目、市医养中心建设项目2022年地方政府专债项目编制，并通过国家发改委、财政部审核。推进市人民医院新区二期建设项目、市中医医院二期建设项目、东瓜社区卫生服务中心附属配套设施设备建设项目。市人民医院传染病区建成投入使用，东瓜社区卫生服务中心附属配套设施设备完成配备并投入使用。

【医疗服务价格调整】 2022年，楚雄市按照《楚雄州公立医疗机构医疗服务价格调整方案》要求，同步调整医疗服务价格191项，其中，上调170项，下调21项。补充完善2019年“一州一策”调整医疗服务项目价格158项，其中，上调130项，下调27项，取消1项。

【药品供应制度保障改革】 2022年，楚雄市推进药品供应制度保障改革，取消药品、耗材加成，巩固完善基本药物制度和破除以药补医改革成果。年内，组织辖区内18家公立医疗机构，开展药品耗材集中带量采购。

市级重点医疗机构

【楚雄市人民医院】 2022年，楚雄市人民医院门诊、急诊人次29.89万人（不含核酸检测），比上年下降19.73%；出院人次1.74万人，增长3.72%；实际开放床位380张，病床使用率86.47%，平均住院日6.95天；出院患者手术5191人次，增长8.37%，占出院患者的29.07%；微创手术占比8.12%，增长0.95%；病例组合指数CMI值1.05，权重大于2病例数860例，增加35例。临床路径管理1.3万人，入组率72%，完成率81%。抗菌药物

使用强度34.65DDD（平均日剂量），药占比27.12%。增设康复医学科，建立省级专家站3个和州级专家站1个，开展新技术、新项目20项，完成9项省级限制性医疗技术备案。招录卫生专业技术人员18人，选派业务骨干16人到三甲医院进修，接收各类医学院校实习毕业生208人。发挥影像中心、云心电中心、远程会诊中心、消毒中心、医保业务管理中心优势，完成各分院远程影像诊断报告3620人次、消毒中心消毒4561件、云心电诊断2.26万份，双向转诊1892人次，其中总院下转病人573人次，基层医院上转到总医院1319人次；远程会诊45人次。15家分院顺利通过胸痛救治单元验收，14家通过慢性病管理中心，4家通过心脑血管救治站建设；西舍路分院、东华分院优质服务基层行基层医疗机构达标建设通过国家推荐标准验收；15家卫生院通过云南省甲级标准和国家基本标准。严格落实传染病报告，报告各类传染病680例，其中，乙类传染病459例，丙类传染病215例，其他监测传染病6例，报告率100%。规范开展死因监测、食源性疾病监测及慢病登记管理工作，报告食源性疾病病例213例，新发恶性肿瘤病例59例，心脑血管病例234例。上报死亡病例报告卡103人次。完成本辖区内适龄儿童预防接种676剂次，狂犬病疫苗接种1073剂次，破伤风疫苗接种539剂次。

【楚雄市中医医院】 2022年，楚雄市中医医院占地面积2.33公顷，业务用房面积1.5万平方米，开放床位190张，设有临床科室11个、医技科室3个。在岗职工216人，有“云南省基层名中医”1人、“云南省优秀青年中医”1人、“彝乡名医”1人、“威楚名医”2人，楚雄州中青年学术技术带头人1人、州卫生健康系统学术技术带头人2人。年内，门急诊（不含核酸检测人次）12.71万人次，出院病人3117人次，平均住院日7.64天。突出中医药特色优势，制定中医优势病种诊疗方案14种，其中，12个优势病种均实施临床路径管理957人次，入径率58.39%，完成率97.16%，配备中医诊疗设备12类25种，开展中彝医诊疗技术54种，组织科室申报水光注射、舒敏导入、真菌检查、乳腺推拿等新技术新项目11项，开展中医护理13项4.35万例。开展中医工作督导考核4次；开展对乡、村两级医务人员中医药健康管理服务培训2场次285人次。推进信息化智能化建设，实现院内业务流程电子化，电子病历模块化、规范化，电子病历应用水平等级评价达到3级。推进项目建设，二期项目门诊楼、医技楼、老年康复楼完成主体工程建设，改造内部装修。市中医医院通过云南省县级中医医院综合服务能力达标验收。老年病科、内分泌科、皮肤科被确定为云南省中医特色专科建设项目，老年病科与云南省中医医院签订重点专科（专病）临床科室建设帮扶协议。建设“李春琳名医工作室”。参与云南省科技厅重大科技专项计划1项。

【楚雄市妇幼保健计划生育服务中心】 2022年，楚雄市妇幼保健计划生育服务中心占地面积4134平方米，建筑面积8978.21平方米，编制床位100张，有职工137人，卫生专业技术人员119人，占全院总人数的86.86%，其中，正高级职称1人，副高级职称13人，中级职称25人。年内，实际开放床位37张，病床使用率4.44%，平均病床周转次数3.51次，平均住院日4.67天。累计输血3人次，输注红细胞量7U。门诊2.62万人次，出院人数130人。州级专家站何丽娟团队出诊655人，宫腔镜术26人，宫颈锥切术1人，开展培训5次。州级专家站李存芬团队开展乳腺超声264人，腹部超声检查4人。至年末，以集成平台为基础，以电子病历为核心的HIS、云上妇幼、云南省妇幼健康信息平台成功完成国家医保双通道流转项目，电子处方平台流转及结算功能实现，电子病历及HIS平台与云南省妇幼健康信息平台出生医学证明、“两癌”妇女被病筛查部分基础数据对接互通。

（俞舒晗）

〔栏目编辑：敖春晖〕

体 育

2023
楚雄市年鉴

全民健身

【概况】 2022年，楚雄市有各类体育设施5228个，总面积250万平方米，人均体育场地面积2.56平方米，社区“15分钟健身圈”覆盖率100%。有全民健身路径588套，机关、企事业单位100%开展工间操，经常参与体育锻炼人口24万人。

【15分钟体育健身圈】 2022年，楚雄市依托“15分钟生活圈”，持续推进公共体育服务设施完善，多形式组织社区运动会，开展城区“万步有约”健步活动，引导群众养成运动习惯，形成文明健康生活方式。年内，社区“15分钟体育健身圈”初具规模，体育健身设施覆盖率100%；市、乡镇、社区三级公共体育健身设施网络基本形成，体育健身设施持续向农村延伸，农村健身设施缺乏情况得到改善。

【全民健身活动】 2022年7月27—30日，楚雄市在云南省十一届健身气功交流赛中，2个集体项目获第三名、1人获个人单项第二名，参赛团体获体育道德风尚奖。7月30—31日，楚雄市第一届“火把杯”气排球邀请赛在老年体育活动中心开赛，来自全州10县（市）18支代表队、200余人参加，通过比赛楚雄市男女队均获第一名。8月2—4日，楚雄市在小龙井室内场馆举办太极拳培训，为期3天，感恩太极大学堂校长杨大卫授课，参与学习培训120人。8月8日，楚雄市在州体育馆、老年体育健身中心举办体育健身和健身操展演活动、有氧健身操舞表演。

【体育进万家活动】 2022年1月，楚雄市在楚风苑小区广场开展“健身大拜年、体育进万家”志愿服务活动。活动由市健身体育服务分中心组织，市老体协、太极拳剑分会、柔力球分会、健身操分会参与。活动以“体育健民”“文化乐民”“知识守健康”为主题，分3个阶段进行，向参与群众讲解、展示健身球操、柔力球、八段锦基本动作要领，宣传健身、科学防疫、反诈骗、健康养生等知识，吸引群众参与1500余人次。

【第一届全民健身季活动】 2022年8月8日至9月16日，楚雄市举行第一届全民健身季活动暨第四季云岭职工健步走活动。活动分“全民健身进企业、全民健身进社区、全民健身线上网络投票大赛”3个板块，线上、线下结合，线下由州、市总工会组织，授权2支形体、健身教授团队，到城区各单位、企业及社区主题广场公园，进行健身、形体礼仪及体育舞蹈互动教学；线上组织各工会单位报名参与全民健身网络大赛短视频评比。

【“一分钟仰卧起坐”挑战赛】 2022年12月，楚雄市在全市范围内发起“一分钟仰卧起坐”线上挑战赛，1分钟内完成标准仰卧起坐次数最多者获胜，引导市民居家健身。参赛人数5000余人，评比出一等奖1名、二等奖3名、三等奖5名。

竞技体育

【概况】 2022年，楚雄市持续开展“紫溪山越野赛、云南楚雄家庭马拉松赛、城市（越野）定向运动赛、格兰芬多国际自行车节、七彩云南全民健身”等特色品牌体育赛事活动，定期举行乒乓球、羽毛球、传统弓箭等比赛。年内，公共体育场、老年体育健身中心融入国家体育总局数字控制中心。参加省第十二届少数民族传统体育运动会，获金牌4枚、银牌2枚；参加楚雄州第七届残疾人体育运动会，获单项17枚金牌；组建5个项目代表队117人参加云南省第十六届运动会体操比赛，获金牌7枚、银牌8枚、铜牌16枚和体育道德风尚奖，其中青少年足球比赛男子甲组获金牌1枚、铜牌1枚；举办第九届“云南牛人”家庭马拉松比赛。

【教练员培训】 2022年，楚雄市教育体育局做好社会体育指导员培训，培训形式从传统业务培训逐渐扩展到群众体育项目技能培训。年内，举办足球教练员D级、C级、三级社会体育指导员培训1期；游泳救生员、三级社会体育指导员培训1期；足球教练员丙级、三级社会体育指导员培训1期，参培40人。

【云南省女子足球后备梯队合作共建签约仪式】 2022年9月28日，云南省足球协会、楚雄市教育体育局、楚雄市足球协会在北浦中学道德讲堂举行云南省女子足球后备梯队合作共建签约仪式。仪式由市足球协会主席姜云秋主持，市人民政府副市长李智才、州教育体育局党组书记、局长罗向阳、省足球协会主席常林分别致辞并代表签约。

【第九届“云南牛人”家庭马拉松比赛】 2022年10月2日，楚雄市第九届“云南牛人”家庭马拉松赛在楚雄星河房车露营地举行，来自全国各地的700余名选手参赛，比赛项目为全程马拉松42.2千米、时长7小时。男子组选手王明华获冠军，选手邓朝庭、马亮武分别获第二名和第三名；女子组选手赵晓花获冠军，蒋晓汇和窦文秀分别获第二名和第三名；家庭组合杨洪、张永祥获冠军，何建安、李梅和陈雷、黄昊获第二名和第三名。

【楚雄（城区）气排球友谊赛】 2022年10月28—29日，楚雄市在老年体育活动中心举行（城区）气排球友谊赛。活动由市教育体育局主办，州老年体育协会气排球分会、州气排球协会、市老年人体育活动中心承办，比赛66场。设有中老年男子组、中老年女子组和中青年男女混合组3个组别，20支队伍175名中青年球员参赛。

【七彩云南格兰芬多自行车节——楚雄站】 2022年11月8日，七彩云南格兰芬多自行车节——楚雄站正式开赛，来自不同国家、地区及国内各省市的290名选手参加，赛程23.5千米，从彝人古镇出发，途经元双公路、朵基水库、紫溪山风景区等景区和交通动线。选手吴云获楚雄站男子长距离组冠军，选手何冲获楚雄站女子长距离组冠军。

【“威楚杯”第四届轮滑运动公开赛】 2022年11月19日，楚雄市“威楚杯”

11 月 8 日，2022 七彩云南格兰芬多自行车节——楚雄站开赛

（马兴华　摄影）

第四届轮滑运动公开赛在太阳历文化园举行，赛期1天。设有速度轮滑、自由式速度过桩2个大项；幼儿男子200米/300米计时赛，幼儿女子200米/300米计时赛，少年男子500米/1000米计时赛，少年女子500米/1000米计时赛，成人男/女500米计时赛，成人男/女3000米淘汰赛，男子自由式轮滑速度过桩赛、女子自由式轮滑速度过桩赛8个小项。来自楚雄市、南华县、大姚县、元谋县、禄丰市、双柏县9支队伍、164名运动员参赛。楚雄市2支参赛队伍获二等奖、1支队伍获道德风尚奖。

青少年体育

【概况】 2022年，楚雄市转变学校体育教学模式，中小学均开设体育与健康课，足球改革发展工作在云南省青少年体育工作会上作经验交流，北浦小学、鹿城小学、东瓜镇中心小学被云南省体操协会授予“云南省体操协会梯队训练网点共建单位”，楚雄市教育体育局被云南省体育局表彰为“云南省体育工作先进集体”。年内，全市中小学生每天校内体育活动时间不少于1小时，人均掌握2～3项体育运动技能。

【校园足球】 2022年，楚雄市以校园足球为着力点，挖掘“以球育人”“以球育德”“以球健体”“以球促智”的健康足球文化，采取政府投入与社会化运作等形式，探索、统筹用好各类社会资源，加大投入硬件设施保障力度。在体教融合的基础上，依托校点布局和资源优势，推进市足球协会与楚雄城区各中小学签订合作协议，开展校园足球课后训练合作，形成从幼儿园—小学—初中—高中培训体系。年内，17所幼儿园、中小学成为足球网点学校。

【儿童青少年主题健身活动】 2022年4月16日，2022“奔跑吧·少年”儿童青少年主题健身活动（楚雄分会场）启动仪式暨青少年野外生存训练营开营仪式在紫溪户外——摩尔农庄青少年户外体育活动营地举行。活动由国家体育总局青少年体育司指导，楚雄市教育体育局主办，鹿城小学、楚雄州户外运动协会协办，友脉文旅——尚行研学与紫溪旅行社、领航教育联合承办。活动涵盖野外生存训练及课程培训，配合运动与身体技能、团队沟通协作技能，提升学生野外生存能力，全市120名小学生参加活动。

【楚雄市中小学校园足球联赛】 2022年6月18日至8月17日，云南省青少年联赛楚雄赛区暨“奔跑吧·少年”楚雄市中小学校园足球联赛启动。参赛队伍16支，参赛运动员700余人，赛事采用单循环积分制比赛，分为2个阶段进行，历时60天，比赛201场。通过比赛，楚雄市小学组5所学校获得奖项、初中组3所学校获得奖项。

【中小学生棋类锦标赛】 2022年6月18—26日，楚雄市组织中、小学生820人参加楚雄州第七届中小学生棋类锦标赛。比赛在楚雄市一城体育俱乐部举行，设象棋、围棋2个比赛项目，按照年龄（年级）分组，积分编排开展对弈，全市100余人获奖。

【青少年校园三大球二小球比赛】 2022年7月16—26日，楚雄市选拔“学校组”16支队伍264人、组织“俱乐部组”4支队伍60人参加2021—2022年度青少年校园三大球二小球州级总决赛。通过比赛，足球项目高中男子组、高中女子组、初中男子组、初中女子组、小学男子组、小学女子组均获得第一名；篮球项目获高中男子组第三名、高中女子组第二名，初中男子组第五名、初中女子组第二名，小学男子组第二名、小学女子组第五名；排球项目获高中男子组、高中女子组、初中男子组第二名，初中女子组获第四名。

体育场馆建设

【概况】 2022年，楚雄市有体育场1个，体育馆8个，田径场28个，小运动场88个，足球场地150个，篮球场4223个，健身步道42条180千米。有免费、低收费开放体育场2个、体育馆1个、学校体育馆1个、老年人体育活动中心1个、田径场1个、11人制足球场1块、社会足球场（5人、7人制）14块、社会篮球场8块、网球馆2个、网球场12块、极限运动场1块。鼓励社会力量投资建设运营场所，建有篮球训练基地2个、户外拓展营地1个、游泳馆8个、羽毛球馆14个、健身房6个、轮滑场地1块。年内，东兴体育馆、小龙井老年体育馆、老体协综合楼及消防通道等附属工程建设项目建成投入使用；新建健康步道121.7千米、自行车道95千米，新增体

8月10日，楚雄高新区智慧游泳馆　　　（马兴华　摄影）

育场地35个、面积14.69万平方米。

【体育项目规划申报】　2022年，楚雄市抓好“滇中体育小镇（高原体育中心）”等体育项目建设，做好11个体育公园项目规划、申报和体育产业招商工作，启动“全域旅游+全域体育”示范市创建工作。年内，完成楚雄“滇中体育小镇（高原体育中心）”、高原体育训练基地、皮划艇训练基地、多功能体育馆建设、滇中楚雄国际体育五星级商务酒店建设项目规划5个，体育公园申报8个。

【体育场所安全隐患排查】　2022年，楚雄市以体育项目在建工程、体育培训场所、高危险性体育经营场所、体育赛事活动组织、体育经营场所等人员密集场所为重点，开展安全隐患排查2次。针对市内体育项目经营场所安全隐患、人员持证上岗、消防设施器材配备、应急预案演练、安全生产制度落实、用电安全、危险化学品安全使用等内容进行问询与档案查询，对存在安全隐患场所、经营单位提出整改意见书6份。

【“滇中体育小镇”项目】　2022年，楚雄“滇中体育小镇”建设项目位于东南新城东侧，占地1000公顷。以“康养+运动”为特色品牌，建设高原体育中心1个、五星级酒店1个，配套建设学校、医院、商住综合体等，总投资概算50.65亿元，用于承办国际国内各类赛事、各类运动队集训和旅居。

【高原体育中心项目】　2022年，高原体育中心建设项目位于东南新城“滇中体育小镇”内，占地40公顷，总建筑面积16.85万平方米，包含“一场三馆一基地”（建设3万座体育场1个、5000座体育馆1个、1500座游泳馆1个、1.2万平方米综合训练馆1个）；建设1条长2200米、宽130米、水深不低于3米的国际级皮划艇赛道。投资概算20.23亿元。

【四大体育公园项目】　2022年，楚雄市规划建设彝海体育公园、青龙河体育公园、太阳历城市体育公园、智慧体育公园项目，开发水上运动、沙滩运动、民族风情展演、群众娱乐休闲、商业经营交流等特色项目，打造集城市绿洲、聚集欢庆、运动康体、休闲旅游等多维一体的旅游、体育融合产业模式。4座体育公园占地220.9公顷，投资概算6.8亿元。

【青山湖生态体旅融合项目】　2022年，楚雄市依托青山湖生态环境和地域文化资源与氛围，融入数字、文化、生态、民俗，规划建设80千米环湖赛道、马拉松跑道、自行车骑行赛道、驿站和其他旅游基础配套服务设施，打造集观光、休闲、文化、运动、科普等综合功能于一体的“体育+旅游”融合发展目的地。总投资概算2亿元。

（董明骏）

〔栏目编辑：敖春晖〕

社会生活

2023

楚雄市年鉴

居民生活

【概况】 2022年，楚雄市财政城乡社区支出12.06亿元，比上年下降24.8%。全市城市居民每百户家用汽车拥有量73辆，农村居民每百户家用汽车拥有量43辆；城市居民每百户家用电脑拥有量86台，农村居民每百户家用电脑拥有量13台。电话机总数4.01万部，移动电话用户74.18万户，每百人拥有移动电话118.1部，接入互联网宽带用户29.83万户。全市154个行政村（包括社区居委会）全部实现村村通程控电话、通宽带接入。

（张国军）

【婚姻登记】 2022年，楚雄市民政局开展婚育新风宣传，婚姻管理引领婚育新风三年专项行动圆满收官。发挥“楚雄市婚姻登记流动服务小分队”便民作用，为行动不便居民提供上门服务3次。规范开展婚姻登记管理，受理婚姻登记业务8321件，婚姻登记服务合格率100%。

（李　馨）

【生育支持政策落实】 2022年，楚雄市审批录入特别扶助1003人、奖励扶助3249人。计划生育家庭参加城乡居民基本医疗保险财政资助4.25万人，发放失独家庭一次性抚慰金13户21人、农业人口独生子女家庭一次性奖励384户、城乡部分独生子女全程教育奖学金1484人，农村独生子女享受中考、高考升学加分照顾572人，独生子女保健费2379户。

1月28日，市民在鹿城大厦购买鲜肉　（高建波　摄影）

【生育服务管理】 2022年，楚雄市按照要求取消生育制约规定和社会抚养费促进居民优生优育，发放避孕套16.63万只、外用药550盒、节育器227套、口服避孕药187盒。目标人群叶酸服用率95.06%。开展免费婚前优生健康医学检查5138人，检查率99.68%，有效预防出生缺陷。通过全员人口审批平台办理生育服务证3582本，“一部手机”办理生育服务证359本。年内，全市辖区范围内（非户籍登记）出生3245人，其中，一孩1739人，二孩1377人，三孩出生123人，多孩6人；人口出生率5.81‰，出生人口性别比105。

【三孩生育保障】 2022年，楚雄市落实医疗保障政策，减轻参保群众生育负担，把参保职工符合政策生育三孩的生育医疗费用和生育津贴等费用纳入生育保险支付范围并按规定及时足额支付，督促各用人单位落实产假、陪护假等制度6次，保障孕产期女职工劳动就业权。继续宣传二孩、三孩家庭购房住房公积金贷款额度上调优惠政策，确保三孩家庭享受购房住房公积金贷款额度上调20%。年内，全市享受三孩生育相关政策家庭123个。

【托育服务】 2022年，楚雄市加强宣传引导，鼓励多方参与，增加托育服务资源供给。年内，登记办理辖区托育机构14家，7家招收3岁以下幼儿，实有托位数1108个、千人托位数1.79个，楚雄乖乖兔婴幼儿照护服务有限公司被州卫健委推荐参与省级示范性托育机构创建。

（俞舒晗）

【流动人口服务管理】 2022年，楚雄市落实出租房屋治安管理，挤压违法犯罪生存空间，堵塞治安管理漏洞，实现流动人口、出租房屋基础信息采集全覆盖，信息准确率95%以上。在“一标三实”（指标准地址、实有人口、实有房屋和实有单位）信息采集基础上，采用“以房管人、以业管人、以册管人、以证管人、以技管人”措施，完善流动人口信息采集、登记、录入工作，实现流动人口底数清、情况明。开展“一站式”办证便民利民服务，把全市流动人口比较集中的东城、西城、开发区、富民、东瓜派出所居住证受理点搬迁至市政务服务大厅，变“多头受理”为“一窗受理”，实现“最多跑一次”目标。

（朱洪波）

【居民收入】 2022年，楚雄市居民人均可支配收入3.45万元，比上年增长4.6%。按常住地划分，城镇常住居民人均可支配收入4.61万元，增长4.1%；农村常住居民人均可支配收入1.65万元，增长6.7%。城乡可支配收入差距缩小0.07%；城乡收入比2.8∶1。

【居民消费支出】 2022年，楚雄市居民人均消费支出2.7万元，比上年下降1.4%。城镇常住居民人均消费支出3.48万元，下降3.6%；农村常住居民人均消费支出1.49万元，增长7.8%。

【居民消费需求】 2022年，楚雄市社会消费品零售总额223.9亿元，比上年增长5.3%。年内，居民消费类商品支出降低，其中，烟酒类商品零售业商品销售额下降13.6%，电子出版物及音像制品类商品零售业商品销售额下降28.3%，服装类商品零售业商品销售额下降48.4%，鞋帽类商品零售业商品销售额下降10%，针织品类商品零售业商品销售额下降14.4%。汽车类商品升级消费需求增加，限额以上汽车类商品零售额增长8.8%，新能源汽车类商品零售额累计增长213.3%。

（张国军）

【市场物价】 2022年12月，楚雄市居民消费价格总指数101.2%，比上年同期上涨1.2%。在八大类商品和服务价格中，食品烟酒类价格指数100.7%，上涨0.7%，其中，食品类下降0.2%、粮食类下降2.5%、鲜菜类上涨1%、畜肉类下降9.1%、水产品上涨12.9%、蛋类下降3.1%、鲜果类上涨14.1%；衣着类价格指数101%，上涨1%；居住类价格指数99.2%，下降0.8%；生活用品及服务类价格指数100.4%，上涨0.4%；交通和通信类价格指数104.2%，上涨4.2%；教育文化和娱乐类价格指数100.2%，上涨0.2%；医疗保健类价格指数102%，上涨2%；其他商品和服务类价格指数101.8%，上涨1.8%。

（段　伟）

【殡葬服务】 2022年，楚雄市组建殡葬改革及公益性公墓项目建设工作专班，采取“统一规划、分步实施”模式开展楚雄市楚雄陵园、楚雄市殡仪馆提升改造及紫溪人文纪念园等项目建设。15个乡镇农村公益性公墓建成并投入使用，规划“十四五”期间建设村级公益性公墓45个。全市经营性公墓由市产业投资集团公司建管营一体化运作。年内，规划建设楚雄人文纪念园一期项目，林地征占手续报批；殡葬设施采购项目安装调试；市殡仪馆提升改造项目可研获得批复；市殡仪馆中山服务站建设加快，解决山区群众火化难、运距远的问题。年内，全市减免殡葬相关费用302.3万元，发放惠民殡葬补助资金133.5万元，农村公益性公墓覆盖率、火葬区火化率和骨灰入公墓安葬率持续保持100%。

（李　馨）

劳动就业

【概况】 2022年，楚雄市城镇新增就业1.27万人，城镇失业人员再就业6800人，就业困难人员就业4500人。城镇登记失业人员7086人，城镇登记失业率3.2%。发放创业担保贷款1.25亿元，扶持创业644人。

【农村劳动力转移就业】 2022年，楚雄市人力资源和社会保障局组织开展省外就业洽谈13场次，签订省外劳务输出合作协议11份，开发和推荐优质就业岗位2.15万个。年内，全市农村劳动力转移就业14.37万人。

【高校毕业生就业】 2022年，楚雄市建立离校未就业毕业生实名制信息库，摸清就业失业情况、求职意向、服务需求等信息。举办“线上线下”招聘会5场次，分批分期开发适合高校毕业生就业岗位3000余个。开展公共就业服务进校园活动，组织100余家企业到楚雄师范学院、楚雄技师学院、楚雄医专等高校，为毕业生求职“牵线”。年内，全市离校未就业高校毕业生总数1469人，落实就业去向1414人，就业率98%。通过创新服务方式为高校毕业生提供就业登记1046人，新增接收高校毕业生档案1760份，转出档案476份，接受就业创业咨询2145人次。通过就业见习等政策鼓励企业吸纳高校毕业生就业177人，通

2月24日，楚雄市在市民广场举办农村劳动力转移就业专场招聘会

（马兴华　摄影）

过“贷免扶补”创业贷款、个人创业担保贷款成功扶持高校毕业生创业27人，申报一次性创业补贴资金75万元，发放贷款487万元，带动就业94人。

【困难群体就业】 2022年，楚雄市通过举办专场招聘推荐会、发放创业贷款扶持创业、公益性岗位安置就业等方式，帮扶刑满释放人员、成功戒毒人员、艾滋病患者等特殊就业困难群体实现就业。年内，为即将刑满释放的服刑人员426人举办专场招聘推介会6次，现场报名就业人数174人，现场就业政策咨询203人，有93人与用人单位签订就业意向书；为成功戒毒人员1人发放“贷免扶补”创业贷款5万元；在公益性岗位安排艾滋病患者、成功戒毒人员11人。

【职业技能培训】 2022年，楚雄市围绕重点产业、热门行业、新型就业领域组织开展技能培训和创业培训。围绕种植、养殖、烹饪、维修等通用工种，医疗健康、养老托育、家政收纳等市场急需工种和电商网络直播、病虫害防治、乡村绿化管理等特色实用技能开展培训15期，脱贫劳动力职业技能培训2200人次，开展农民工技能培训1225人次，城镇下岗失业人员转岗和技能提升培训540人次。

【创业就业扶持】 2022年，楚雄市组织11家企业参加楚雄州第五届“中国创翼”暨第三届“创翼云南”创业创新大赛，楚雄八爪鱼网络科技有限公司、云南榕慷颐养有限公司代表楚雄州参加省级决赛。打造创业贷款、创业培训、创业服务“三位一体”创业扶持体系，发放“贷免扶补”创业贷款、个人创业担保贷款合计1.07亿元，成功扶持555人创业，带动就业2198人。依托楚雄市电商网商创业实训基地开展创业培训15期，带动就业1200余人。

【劳动关系管理】 2022年，楚雄市劳动用工登记备案户数6015户，劳动用工登记12.06万人次。对1144户企业签订集体合同，开展工资集体协商，涉及企业职工2.14万人。办理企业职工退休542人，其中企业人员正常退休514人。灵活就业人员参保退休202人，“两参”人员（参战退役人员和参加核试验退役人员）退休13人，提前退休28人（因病申请提前退休11人、特殊工种提前退休17人），收到工伤伤残等级、因病劳动能力丧失程度、工伤旧伤复发鉴定申请102人次。收取工伤认定申请材料191件，其中死亡12件，时效内办结率100%。

【劳动保障监察】 2022年，楚雄市开展劳动保障巡查检查用人单位420户，接受群众举报投诉2547件，立案调查17件，化解欠薪陈案2件，为2160名劳动者追讨工资3150万元，办理行政处理案件2件，行政处罚案件1件，罚款金额5000元，多部门联合调查案件6件。劳动保障监察举报投诉案件结案率96%，拖欠农民工工资举报投诉案件结案率98%。

【企业退休人员服务管理】 2022年，楚雄市累计接收中央、省、州属国有企业退休人员84户2.03万人，其中，央企42户、6396人，省属企业32户、5631人，州属企业10户、8287人。15个乡镇协助已故退休人员家属办理丧事229人次，支出慰问金7.44万元；看望慰问生病住院职工2263人次，支出费用27.16万元；发放各项生活费61.09万元。

（杨中国）

【劳动争议案件受理】 2022年，楚雄市劳动人事争议仲裁院处理劳动人事争议案件135件，其中，立案受理130件，不予受理5件。在立案受理的130件案件中，立案仲裁裁决96件（终局裁决61件），仲裁调解34件；其中，确认劳动关系8件，解除劳动关系93件，社会保险相关案件20件，拖欠劳动报酬案件9件，涉案金额1678.19万元。全国劳动人事争议案件调解平台处理劳动争议调解案件53件，涉案金额109.68万元，讨要工资案件占比92.5%。受理案外调解86件，接待来电、来信、来访群众516人次。仲裁办案系统案件录入率100%，录入准确率100%。仲裁案件结案率100%，调解成功率85%。

【劳动人事矛盾纠纷处理】 2022年，楚雄市劳动人事争议仲裁院完善专业性劳动人事争议多元调处机制，建立健全多层次劳动人事争议调解组织网络，做好“互联网+调解”工作，推行仲裁志愿者进企业活动，支持企业内部调解或利用社区等社会力量参与调解。年内，推行“全国劳动人事争议调解平台”线上调解，通过“互联网+调解”平台成功调解53起劳动纠纷。

【劳动人事法律援助】 2022年，楚雄市劳动人事争议调解仲裁法律援助工作站依托市法律援助中心与市劳动人事争议仲裁院，向楚雄市辖区范围内符合法律援助条件的社会弱势群体免费提供法律咨询、代拟法律文书、案件代理等服务。常态化开展劳动法、劳动合同法等法律法规宣传，不定期开展法律讲座、法律咨询、法制宣传教育引导劳动者通过政策咨询、“12348”法律援助服务热线等方式进行法律援助。年内，解答法律咨询326人次；受理劳动争议仲裁法律援助案件3件，涉案金额74.37万元。

（倪慧梅）

社会保险

【概况】 2022年，楚雄市推进全民参保扩面工作，运用政府门户网站、微信、QQ、电子显示屏等载体，在市级主流媒体平台宣传参保政策6次，开展政策解读15次；组建社保服务先锋队16支，到村、社区发放宣传资料5.6万份，推送政策信息256条，现场及电话答疑527人次。完成养老保险待遇调整，取消灵活就业人员参保户籍限制，督促施工单位按项目参加工伤保险，通过财政代扣代缴抓好全市事业单位参加失业保险，年内，养老金、失业保险金、失业补助金等足额发放，纳入养老保险实名库管理2.94万人，新增扩面对象3954人。

【养老保险】 2022年，楚雄市参加城乡居民社会养老保险24.03万人，其中企业职工基本养老保险参保4.52万人；发放养老金5.89万人。年内，机关事业养老保险参保人数1.44万人，其中，在职参保9911人，退休参保4447人；发放机关事业单位退休人员养老金6.05亿元。开展机关事业单位退休人员养老金调整，涉及全市退休人员4207人，月人均增资162.49元。

【工伤保险】 2022年，楚雄市工伤保险参保人数5.26万人，支付参保职工工伤待遇2624万元。按照《云南省人力资源和社会保障局关于进一步做好人力资源社会保障工作服务企业发的通知》和《云南省实施〈工伤保险条例〉办法的通知》文件，对使用农民工较为集中的行业，以及临时性、流动性大和就业不稳定的小微企业，优先办理参加工伤保险手续，农民工工伤保险参保人数5.26万人，按建设项目参保人数1.35万人。

【失业保险】 2022年，楚雄市通过财政代扣代缴抓好事业单位参加失业保险工作，引导失业人员通过“云南人社”App、“一部手机办事通”App、微信关注“就业彩云南”等手机平台线上申领失业保险待遇。开展失业保险“展翅行动”，激励和引导广大参保职工提高职业技能，为参保职工231人发放职业技能提升补贴资金43.75万元。5月13日，楚雄市在全州范围内率先启动2022年度第一批失业保险稳岗返还发放，为38家参保单位代表发放失业保险稳岗返还资金222.38万元。年内，全市失业保险参保职工3.3万人，支付失业保险待遇金1087.02万元。

（杨中国）

【生育保险】 2022年，楚雄市落实生育政策，贯彻执行《楚雄州职工生育保险实施办法》，及时兑付生育津贴。年内，全市享受生育津贴1837人，兑付津贴1106.75万元。

（唐　雨）

【被征地农民养老保险】 2022年，楚雄市开展被征地农民养老保障工作，实现被征地农民养老保险与基本养老保险制度衔接并轨。年内，完成全市22个村（社区）2万余人的被征地农民养老保险资格认定，累计兑现社会保险补助1.26亿元。

【社会保险基金监督管理】 2022年，楚雄市人力资源和社会保障局实施社保基金管理提升年行动，严格执行要情报告制度，完善常态化风险排查、内控监督、警示教育、案例通报机制，增强基金管理工作整体性、协同性。年内，排查疑点数据10批次592条，查实违规资金3.89万元，追回3.54万元。

（杨中国）

医疗保障

【概况】 2022年5月，楚雄市医疗保障局下属2家事业单位机构发生变化，“楚雄市医疗保险管理局”变更为“楚雄市医疗保险中心”，内设科室从6个减为4个；“楚雄市药品采购中心”加挂“楚雄市医疗保障基金运行监测评估中心”牌子。年内，楚雄市推进“公平医保、法治医保、安全医保、智慧医保、协同医保”建设，医疗保障违法违规行为专项治理年度考核全州第三名，社会保险执行率考核全州第一名，药品采购管理年度考核全州第三名，楚雄市医保服务窗口被州医保局党组评为“优质服务窗口”。

【医疗保险参保管理】 2022年，楚雄市参加市级基本医疗保险44.95万人（不含楚雄市户籍人口参加州级城镇职工医疗保险7.41万人），参保率95%以上，其中，参保城镇职工4.8万人，参保城乡居民40.15万人。在城乡居民集中参保期间，市医疗保障局采取“网格管理、包保到村、责任到人、定期指导”，重点对鹿城镇、东瓜镇每月1次到村组实地督查指导，提升指导力度和实效，抓好参保拓面工作。

【医疗保险基金运行管理】 2022年，楚雄市城镇职工基本医疗保险基金收入1.57亿元，收入计划执行率111%（州级下达收入计划1.42亿元），比上年增长40%；城乡居民基本医疗保险基金全年收入3.58亿元，其中，居民个人缴费资金1.33亿元，各级财政补助资金2.16亿元，其他资金90万元。城镇职工基本医疗保险统筹基金支出计划8300万元，实际统筹基金支出8067万元，支出计划执行率97%，增长11%；城乡居民基本医疗保险统筹基金支出计划3.11亿元，实际支出3.09亿元，支出计划执行率99%，增长8%。

【医疗保险待遇政策落实】 2022年，

4月29日，市医保局举行首批医疗保障基金社会监督员聘任仪式

（市医保局　提供）

楚雄市享受医保门诊待遇223.5万人次，其中，城镇职工享受医保门诊待遇108.5万人次，城乡居民享受医保门诊待遇115万人次。享受医保住院待遇8.15万人次，其中，城镇职工享受医保住院待遇0.98万人次，城乡居民享受医保住院待遇7.17万人次。城镇职工住院率20.4%，次均住院费用9841元，住院费用政策范围内报销比例78.7%；城乡居民住院率18.1%，次均住院费用6868元，住院费用政策范围内报销比例65.4%。“两病”门诊用药保障机制惠及群众2.78万人次，其中，享受高血压门诊用药保障待遇2.5万人次，享受糖尿病门诊用药保障待遇2800人次。支持生育政策，1837人享受生育津贴1106.75万元。

【医疗保险基金监管】 2022年4月，楚雄市首次聘任医疗保障基金社会监督员22名，召开联席会议1次。检查医药机构618家，处理618家，其中，拒付或放大扣款85家，暂停医疗机构1家、零售药店3家，实施行政处罚7家，追回医保基金损失401.2万元，罚款11.32万元。围绕“院外配药”“重复收费”“套高收费”“转嫁费用”等问题，开展收费价格、耗材采购专项检查，累计发现违规问题22个，追回违规费用26.94万元，责令退还28名患者违规费用2025元。以“织密基金监管网 共筑医保防护线”为主题，在全市医药机构开展为期1个月集中宣传活动，广泛宣传法律规定、典型案例。年内，组织召开政策宣传培训会议41次，集体提醒约谈6次，发放打击欺诈骗保宣传海报3400余份、宣传单8000余份。

【医保经办服务】 2022年，楚雄市激活医保电子凭证28.95万人，激活率65.99%，定点医药机构100%开通医保电子凭证结算功能，使用电子凭证结算率50.8%。市辖区21个定点医疗机构开通全国异地就医住院直接结算，5个定点医疗机构开通全国异地就医门诊直接结算，34个定点医疗机构和323个定点药店100%开通省内异地就医购药直接结算。建成15个乡镇为民服务中心和154个村（社区）为民服务站，把44项医保业务事项纳入在线服务，实现医保参保缴费“不出村”，基本实现各项医保经办业务可线上办理。5月17日起，在楚雄市政务服务中心设置医保综合窗口6个，实现单人临柜通办医疗保险业务39项，任意窗口即时办结业务25项，限时办结业务13项，累计办件量8.54万件，评价数6.99万件，满意程度100%，差评数0。开通基本医疗保险参保信息变更、城乡居民基本医疗保险参保登记、基本医保关系转移接续3个事项省内线上通办，办理214件。

【医疗保障“两定机构”管理】 2022年，楚雄市修订完善医疗保障服务协议，审核批准新加入“两定机构”52家（定点医疗机构11家、定点药店41家）。累计有“两定机构”622家，其中，定点医疗机构245家，定点药店377家。

【药品及医用耗材采购管理】 2022年，楚雄市组织实施7个批次国家组织带量采购药品和4个批次联盟药品带量采购品种237个，采购金额1557.82万元；参与5个批次医用耗材带量采购，采购金额277.61万元。中选价格与医疗机构原采购价相比较静态测算，节省资金4288.75万元，按照医保报销平均比例60%计算，为患者节省1715.05万元，为医保基金节省2573.25万元。

【医疗保障制度改革】 2022年，楚雄市启动医保药品“双通道”（两种买药途径——定点医院或定点药店）保障改革。10月底，市人民医院、市中医院、市妇幼保健院3家公立医院和楚雄德源堂大药房、虹成第二十九药房纳入试点并通过验收，实现谈判药品、治疗特殊病和慢性病药物能在“双通道”机构购买，并同步医保报销。实施楚雄市医共体实行城乡居民总额打包付费改革和市医院、市中医院实行按疾病诊断分组付费制改革（DRGs）。年内，医共体打包金额8800万元。

【“两病”示范区打造】 2022年，楚雄市继续推进城乡居民高血压糖尿病门诊用药保障和健康管理示范城市创建，医保基金拨付家庭医生签约服务费与服务质量直接挂钩，在打包付费结余资金分配时给予结余资金总额的2%作为奖励，得到上级医保部门肯定。7月19日，云南省医疗保障工作年中务虚会议在楚雄召开，省、州（市）医保局领导考察东华镇卫生院“两病”示范城市示范点打造工作，肯定楚雄市“两病”门诊用药保障和健康管理示范城市创建工作取得成绩。截至12月底，全市城乡居民纳入医保“两病”管理2.88万人次，其中高血压2.52万人次，糖尿病3607人次。落实东瓜镇、东华镇、三街镇3个示范乡镇“两病”规范管理，规范管理率100%，每日服药率99.5%，群众政策知晓率99.5%，“两病”备药率100%。

（唐　雨）

住房保障

【概况】 2022年，楚雄市以解决新市民、青年人等群体住房问题为出发点和落脚点，加快完善以公租房、保障性租赁住房和共有产权住房为主体的住房保障体系。年内，向市民公布公租房房源、公租房审核公示、分配摇号方案及结果等住房保障信息9次，累计建成保障性住房面积70余万平方米，保障户数1.2万户。

【保障性租赁住房建设】 2022年，楚雄市以“市场供需、职住平衡”为基本原则，筹建保障性租赁住房588套。市城乡建设投资集团有限公司为建设单位，分2个项目实施。其中，西门小区地块保障性租赁住房项目占地1.42公顷，建设300套，配建商业、幼儿园、地下车库，总建筑面积2.96万平方米，投资2.1亿元；东升路地块保障性租赁住房建设项目占地1公顷，建设400套，配建商业、地下车库，建筑面积3.67万平方米，投资1.86亿元。

【公共租赁住房】 2022年，楚雄市强化公共租赁住房日常管理，实现市场化运营，把9362套公租房未来30

9月30日，正在建设的保障性租赁住房建设项目（西门小区地块）

（市住房城乡建设局　提供）

年经营权（含租赁收益权）交由楚雄市城乡投物业服务有限公司管理。全年组织4075户公租房申请人公开分配摇号1次，分配房源494套。开展公租房年度审核工作，对不符合入住条件人员进行腾退。

【棚户区改造】　2022年，楚雄市推进城市住房困难群众“出棚进楼”，改善困难群众住房条件，推广棚改“楚雄模式”，缓解城镇内部二元矛盾，提升城镇综合承载能力。把棚户区改造与新型社区开发相结合，持续推进西片区城市更新棚户区改造项目，重点推进鹿城镇交通运输集团大修厂片区棚户区改造项目173户实物安置工作。年内，全市完成棚户区改造809户。

（普　敏）

【老旧小区改造】　2022年，楚雄市围绕“四个必须”（必须保基础、必须促提升、必须拓空间、必须增设施）要求，创新工作机制，推进城镇老旧小区改造及建后管理工作。完善老旧小区智能监控、智能车辆识别系统、智能充电桩、智能门禁系统、智能快递柜等基础设施配置，为小区智能化管理及智慧社区建设创造基础条件。成立完善老旧小区业主委员会，引进物业服务进行规范化管理，盘活小区闲置房屋及空地等资源，在小区内合理配置配餐点、便民服务超市、老年人日间照料中心、党员活动室等设施，拓展和深化社区服务空间。实施老旧小区生活垃圾分类投放设施配置、生活污水集中收集处理排放（雨污分流）、小区旱厕拆除或改造、增加小区绿化面积、完善小区灯光亮化、规范小区停车泊位施划、供水供电“一户一表”改造、燃气管道架设、完善消防设施等工程，改善小区居住环境。盘活小区空闲地，拆除闲置花台、煤（柴）棚、私搭乱建违法建筑，扩充并合理规划小区停车泊位设置，解决停车难问题。年内，完成投资3200万元，改造城镇老旧小区35个。

（夏古全）

社会救助

【概况】　2022年，楚雄市召开社会救助工作联席会议4次，出台《关于改革完善社会救助制度的实施意见》，完善“大救助”体系。利用低收入人口动态监测信息平台，强化对低收入人口监测预警，录入低收入认定系统动态监测人员991户1220人。加强信息建设，强化系统管理，提高社会救助及时性、快捷性，通过在线监测、跟踪督办等措施，保障城乡困难群众平等申请救助权利，年内，收到“云南省政府救助平台”民政救助申请事项1261件，办结事项1300件（含转办、续办事项）。

【最低生活保障】　2022年，楚雄市落实《楚雄市最低生活保障审核确认实施细则》，规范低保家庭收入、家庭财产具体项目核算标准和办法，推进部门信息共享，精准审核确认低保对象和确定发放档次及发放金额，按照省州文件要求，7月1日起城市最低生活保障标准提高至700元/人/月，农村最低生活保障标准提高至5343元/人/年。年内，发放1.73万人次城市低保金785.93万元；发放22.86万人次农村低保金4085.5万元。

【特困人员供养】　2022年，楚雄市贯彻落实《云南省特困供养人员认定实施细则》，建立健全特困人员主动发现机制，将符合特困人员救助供养条件的城乡贫困人口纳入救助范围，做到应救尽救、应养尽养。以落实委托照料服务为重点，推进分散供养特困人员“平日有人照应、生病有人看护”工作，健全完善分散供养协议签订长效机制，实现100%签订供养协议。7月1日起特困人员生活救助供养标准为910元/人/月，集中供养特困人员照料护理补贴执行一档835元/人/月、二档418元/人/月、三档251元/人/月，分散供养人员照料护理补贴执行一档151元/人/月、二档88元/人/月、三档50元/人/月。年内，发放617人次城市特困供养人员供养金（含照料护理补贴）51.63万元，发放1.34万人次农村特困供养人员供养金（含照料护理补贴）1251.84万元。

【临时救助】　2022年，楚雄市发挥临时救助救急难作用和巩固脱贫攻坚成果兜底保障作用，提高临时救助审批额度，乡镇临时救助审批额度提高至农村困难群众2385元/次，城市困难群众3960元/次。年内，发放6000人次临时救助金322.27万元。

（李　馨）

【医疗救助】　2022年，楚雄市医保局依托医保信息平台，建立医疗救助对象动态认定核查、精准识别和信息实时共享机制，与教育、公安、民政、退役军人事务、乡村振兴、工会、残联等部门加强工作协同，及时将符合条件人员纳入医疗救助范围。实施分层分类救助，落实重点资助对象参保缴费资助政策，重点救助对象合规医疗费用住院救助比例不低于70%。年内，医疗救助基金支出1794.58万元，医疗救助1.01万人，救助金额1005.92万元，资助2022年城乡居民参保4.64万人788.66万元。

（唐　雨）

【“寒冬送温暖”专项救助行动】 2022年11月，楚雄市启动“寒冬送温暖”专项救助行动，安排工作人员35人次，在夜间、降温时段、雨雪冰冻等极端天气、节假日等特殊时期加大巡查频次，主动救助；定期、不定期徒步巡查车站、繁华街道、商圈、地下通道、桥梁涵洞、废弃房屋、在建工地、农贸市场、公园、绿地、公用设施、城乡接合部等流浪乞讨人员集中地段（区域）。截至12月31日，开展巡查18次，其中夜间巡查2次；救助4人次，其中，护送返乡楚雄市户籍人员2人，不愿提供个人信息2人，无未成年人；发放衣服3件、棉被4床、食品10件。

社会福利

【概况】 2022年，楚雄市有社会福利机构72家，正常开展运营活动的社会福利机构22家，拥有床位数1029张，从业人员216人。有幸福食堂5家、社区居家养老服务站3家、乡镇日间照料中心和农村互助养老服务站42家。救助生活无着流浪乞讨人员149人次。

【儿童福利】 2022年，楚雄市发挥基层未成年人保护工作站作用，定期开展农村留守儿童探访活动，依托儿童督导员及村（居）儿童主任力量，构建市乡村三级未成年人保护网络。年内，孤儿、事实无人抚养儿童、艾滋病感染儿童123人纳入基本医疗保障救助，免交医疗保险金，按每人每月1290元标准发放基本生活费，发放孤儿等特困儿童1489人次，基本生活保障金187.64万元。发放5人在读大中专孤儿“福彩圆梦助学金”5万元。

6月1日，楚雄市2022年关爱困境儿童志愿服务活动　（付　婧　摄影）

【老年人福利】 2022年，楚雄市制定《楚雄市老年幸福食堂建设运营管理办法》，促进5个老年“幸福食堂”健康有序发展。加快街道层面综合养老服务中心项目、公办养老机构提质改造项目、农村区域性养老服务中心项目、城乡社区日间照料中心项目建设，提升养老服务基础。实施政府购买居家养老服务试点，把握不同老年人群体需求，实施居家适老化改造300户，推进普惠型养老服务，发放高龄补贴616.22万元。

（李　馨）

【残疾人福利】 2022年，楚雄市按时足额发放残疾人“两项补贴”（困难残疾人生活补贴和重度残疾人护理补贴），累计发放困难残疾人生活补贴3.19万人次223.55万元，重度残疾人护理补贴5.73万人次345.2万元。落实残疾人养老保险和医疗保险补贴政策，一、二级重度残疾人参加城乡居民医疗保险98.25%，城乡居民养老保险参保率88.71%。实施扶残助学，为考取高中、大专、本科的困难残疾人家庭子女及困难残疾人学生12人发放助学扶持资金1.8万元。

（李　强）

【福利彩票】 2022年，楚雄市遵守福利彩票“扶老、助残、救孤、济困”发行宗旨，规范福彩发行和资金管理使用；发挥福利彩票公益金支持民政事业发展、改善民政基础设施建设作用，增强福彩公益金使用效益。年内，全市销售福利彩票1.16亿元；接收国家、省级、州级福利彩票公益金补助1153.78万元，实施老年福利类项目18个、儿童福利类项目4个、社会公益类项目7个、残疾人福利类项目1个。

【困境儿童志愿服务活动】 2022年6月，楚雄市民政局在桃园湖广场开展“点亮六一 共护未来”儿童节主题宣传活动，以未成年人服务为主，围绕家庭、学校、司法、社会、网络、政府6项保护内容，宣传《中华人民共和国未成年人保护法》，发放传单500余份，参与群众700余人次；走访慰问栗子园社区困境儿童4名；参加鹿城镇中本完小少先队新队员入队仪式，为50名困境儿童发放爱心学习包。市妇联联合楚雄骑迹社工青少年服务中心志愿者到栗子园社区开展手工制作，举行象棋和乒乓球比赛等“小手拉大手”儿童关爱服务活动，17名儿童及家长参与；组织开展八角镇庄房完小儿童节庆祝活动，为庄房小学10

名困境儿童发放书包、作业本、橡皮泥等慰问品。

（李　馨）

搬迁安置

【概况】　2022年，楚雄市做好全市大中型水库移民后期扶持工作，移民社区栗子园社区移民手工作坊、彝绣车间、居家养老等工作成果被省、州媒体宣传报道。年内，结合栗子园社区移民群众实际，解决社区18户特困移民户生活保障问题，52人列入全市低保或特殊帮扶对象给予救助。

【移民后期扶持】　2022年，楚雄市投入资金900万元建设九龙甸水库安置区吕合镇集镇美丽家园移民新村项目，在吕合镇集镇移民安置区，打造移民新村，新建农贸市场1个。完成规划投资4026万元的青山嘴水库鹿城镇栗子园社区移民创业就业建设项目招标。完成投资1500万元东瓜镇青山嘴上、下村美丽家园移民新村项目的规划设计和审批工作。投资385万元完成栗子园社区移民手工作坊的提升改造和招商工作。配合省、州搬迁安置办公室完成2010—2021年实施的7个后扶项目终验工作。完成楚雄市移民技能培训，参训200余人。

【移民后期扶持人口动态管理】　2022年，楚雄市大中型水库移民涉及青山嘴大（2）型水库1座，九龙甸水库、西静河水库、大海波中型水库3座。核定一次性移民1.12万人，分布在11个乡镇，54个村民委员会，262个村民小组。年内，实发后扶移民9638人，核减156人，兑付大中型水库移民后期扶持直补资金581.01万元。至12月底，栗子园移民有7752人，其中，新增1720人，原迁6032人，发放生活补助4560.9万元。

【移民安置】　2022年，楚雄市搬迁安置办紧扣移民“搬得出，稳得住，逐步能致富”的总体要求，开展移民搬迁安置工作，完成白衣河水库13户42人搬迁入住新居。12月，进城购商品房安置户7户全部入住。安置后协调进城就业8人，协调子女就学1人。引导移民以合理合法的方式表达利益诉求，组织召开栗子园社区户长会议9场次，参会1700人次，依法依规妥善处理移民信访问题。

（李云泽）

老龄事务

【概况】　2022年，楚雄市建立健全特色养老服务体系，街道级综合养老服务中心、农村区域性养老服务中心、家庭养老床位建设、老年幸福食堂、家庭适老化改造等项目稳步推动实施。年内，全市老年人口9.8万人，有养老机构21所，其中，乡镇敬老院15所，民办养老服务机构6所；社区养老设施43个，养老床位1096张。

4月19日，楚雄市2022年中大型水库移民彝绣（刺绣）培训班开班典礼

（市搬迁安置办　提供）

【养老服务体系建设】　2022年，楚雄市推进《楚雄市养老服务体系建设合作框架协议》《楚雄市街道综合养老服务中心项目合作协议》签订，吸引社会资本加大养老服务投入。争取省、州养老服务体系建设项目资金2000余万元，吸引社会资本投入3000余万元，实施综合养老服务中心、公办养老机构、农村区域性养老服务中心等12个项目建设。搭建楚雄市社区居家养老服务信息系统平台，为居家老年人建立“虚拟养老床位”，提供紧急救援、助餐助行、家政预约、物品代购、服务缴费、精神慰藉等服务项目。年内，全市老年人享受居家养老服务1.2万人。

【社区综合养老服务】　2022年，楚雄市持续打造以“居家为基础、社区为依托、机构为补充、互联网+为支撑、医养相结合”的社区综合养老服务中心。发挥鹿城镇社区养老服务中心示范作用，通过政府扶持、社会力量运营、市场化运作，依托现有社区居家养老服务设施，有效利用周边适老资源、生活配套资源，设置老年就餐、健康养生、学习培训、文化展示、科技体验、银发服务、休闲健身娱乐等服务内容，推进居家和社区养老服务改革。年内，东瓜镇彝人古镇社区、鹿城镇西苑社区被国家卫健委和全国老龄办命名为“全国示范性老年友好型社区”。

（李　馨）

【医疗机构养老服务】　2022年，楚雄市15家公立养老机构采取与就近医疗机构签订服务协议的形式为入住老年人提供医疗卫生服务，二级以上综合医院为老年人提供便利服务绿色通道。年内，市人民医院、市中医医院和9家乡镇卫生院被省卫健委命名为“云南省老年友善医疗机构”。

（俞舒晗）

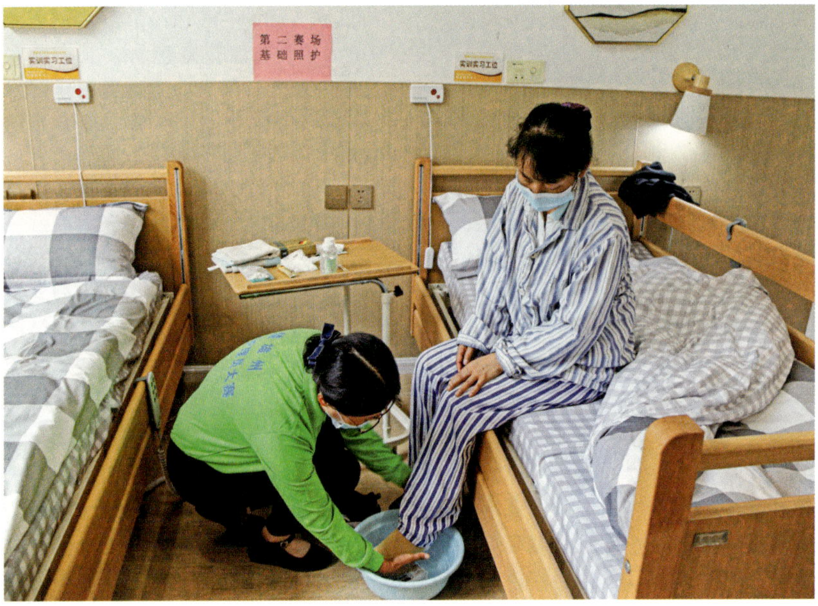

4月21日，楚雄市养老服务机构人员参加养老护理职业技能比赛

（市民政局　提供）

【养老服务诈骗专项行动督查】 2022年9月，楚雄市民政局、市市场监管局、市财政局、市卫生健康局、市城管局等部门联合到鹿城镇北浦社区、学桥街社区、龙江社区、河前社区、军屯社区、大东社区、中大街社区、楚雄康鸿养老服务有限公司，东瓜镇览经社区、庄甸社区、永安社区、詹家社区、桃园社区、彝人古镇社区等开展打击整治养老诈骗专项行动督查。重点了解以“养老”为名、通过欺骗手段侵害老年人（60岁以上公民）合法权益的各类犯罪，包括但不限于诈骗，非法吸收公众存款，集资诈骗，合同诈骗，组织、领导传销活动，生产、销售伪劣产品，生产、销售、提供劣药等行为打击整治行动情况。

【居家养老服务设施配建情况检查】 2022年9月22日，楚雄市民政局、市自然资源局、市住房和城乡建设局联合对城区2018年8月以来新建住宅小区配建居家养老服务设施情况进行检查。彝海印象未来森林、彝海山庄住宅小区、香颂美地澜庭、格林绿城住宅小区一期4个新建住宅小区社区居家养老服务设施完成配建，其中，彝海印象未来森林按项目前期规划需配建养老服务设施500平方米，实际配建512.42平方米；彝海山庄住宅小区按项目前期规划需配建养老服务设施500平方米，实际配建506.84平方米；香颂美地澜庭按项目前期规划需配建养老服务设施500平方米，实际配建534.11平方米；格林绿城住宅小区一期按项目前期规划需配建养老服务设施500平方米，实际配建503.34平方米。

（李　馨）

关心下一代工作

【概况】 2022年，楚雄市印发《关于加强新时代关心下一代工作委员会工作的实施意见》，对全市28家网吧开展日常义务监督，有效劝阻未成年人到网吧上网。协调争取助学金4.2万元，对14名应届贫困大学生开展爱心助学活动。年内，市关工委被市创文指挥办表彰为未成年人思想道德建设工作先进集体。

【青少年思想道德教育】 2022年，楚雄市组织开展“传承红色基因、争做时代新人”“党史国史教育”“中华魂主题教育”等学习实践活动。发挥“五老”宣讲团作用，进学校开展“中华魂”（中华好家风）主题宣讲11场次，受教育学生7000人次。1名学生、1名教师、1个集体分别被全国“中华魂”（强国有我）主题教育组委会表彰为学生一等奖、优秀辅导员、先进集体。分别组织青少年到西山爱国主义教育基地开展“喜迎二十大　强国复兴有我”和“学习革命历史　弘扬爱国精神”的社会主义核心价值观暨爱国主义教育活动，受教育青少年200余人次。到北浦中学和思源实验学校开展“老少同声颂党恩　携手喜迎二十大”主题活动，受教育师生300余人次。

【青少年普法教育】 2022年，楚雄市开展“法治宣讲进校园”活动，组织宣讲团进学校开展法治宣传教育活动11场次，受教育学生7000人次。

8月9日，市关工委组织部分农村留守儿童开展城市生活体验活动

（李　丽　摄影）

发挥青少年违法犯罪警示教育基地作用，通过典型案例、以案说法、模拟法庭等形式开展警示教育2场次，青少年接受警示教育120余名。

【农村留守儿童关爱走访】 2022年1月，楚雄市红十字会、团市委、市教育体育局等多家单位开展“情暖童心 相伴成长”留守儿童关爱活动，走访慰问11个乡镇100余名农村留守儿童，发放家庭包20个，冻疮膏400支、连衣裙100件、保温杯56个、毛毯56床、大米20袋、食用油20桶，价值5.6万元。6月，楚雄市以“六一”儿童节为契机，组织开展走访慰问农村留守儿童活动，对苍岭镇中心完小28名农村留守儿童赠送慰问品28份，向留守儿童之家捐赠价值2600余元的篮球、羽毛球等文体用品。

【农村留守儿童城市体验活动】 2022年8月9—13日，楚雄市组织15个乡镇42名农村留守儿童参加农村留守儿童城市体验活动，活动内容包括到西山爱国主义教育基地学习革命历史，弘扬爱国精神；参观中国十月太阳历文化园、楚雄高铁站感受城市变化；参观州博物馆、州科技馆、市气象局体验科学、感受科技；参观青少年法治宣传教育中心，增强学法、知法、守法意识；参加市应急救援大队、蓝天救援队消防知识、急救基础知识培训；让留守儿童感受城市发展、体验城市生活、学习传统文化、传承历史文明。

（李　慧）

退役军人事务

【概况】 2022年，楚雄市以习近平总书记关于退役军人工作的重要论述为根本遵循，贯彻落实党中央、省、州退役军人工作会议精神，学习宣传贯彻落实《中华人民共和国退役军人保障法》。围绕省级双拥模范城创建、优抚优待政策落实、退役军人移交安置、服务保障体系建设、军休干部服务管理等工作，按照“抓党建、强基础、促提升”的工作思路，推动新时代退役军人工作发展，为国防军队建设和全市经济社会发展作出贡献。

3月18日，市退役军人服务中心工作人员到山区片开展退役军人和其他优抚对象建档立卡及优待证申领政策宣传活动　（市退役军人事务局　提供）

【优抚工作】 2022年，楚雄市开展《中华人民共和国退役军人保障法》宣传，按时发放优抚抚恤补助和慰问资金。从10月起优抚抚恤补助统一纳入“一卡通”平台发放。帮助1～6级伤残人员缴纳医疗保险；制订出台《关于进一步加强重点优抚对象医疗费补助的通知》，为重点优抚对象报销医疗补助。年内，接待政策咨询769人次，化解矛盾纠纷74件，开展思想工作疏导108人次。

【退役军人接收安置】 2022年，楚雄市圆满完成退役军人接收安置任务。年内，组织发放企业军转干部解困金，春节、八一建军节、敬老节慰问金；发放自主择业军转干部春节、八一建军节慰问金；发放退役士兵待安置期间生活补助费；发放自主就业退役士兵地方一次性补助金。

【退役军人就业创业】 2022年，楚雄市开展退役军人就业创业指导和服务，组织适应性培训、职业技能培训和学历教育培训，帮助自主就业退役士兵提升职业技能。年内，与4家单位签订合作协议，定期公布岗位需求，组织4次招聘活动，联合开展退役军人线上线下就业招聘活动，为退役军人提供就业岗位500个。推动建立招考长效机制，全市有2个事业岗位公开定向在退役高校毕业生士兵中招聘。组织退役士兵开展自主就业教育培训；完成自主就业退役士兵高职扩招学历提升学费减免申报审批。年内，发放2021年度自主就业退役士兵地方一次性经济补助；拨付自主就业退役士兵教育培训资金。

【退役军人服务保障】 2022年，楚雄市建成退役军人服务中心（站）170个，有服务退役军人专（兼）职人员323人；退役军人担任村党总支书记、各级支部书记16人，委员73人。市退役军人服务中心指导鹿城镇、东瓜镇11个社区开展300人以上的达标创建并通过省级交叉验收，派出30人参加省州组织的能力素质提升培训。开展《退役军人及其他优抚对象优待证管理办法》宣传及申领工作，为退役军人和其他优抚对象建档立卡，办理优待证；为退役军人和其他优抚对象采集信息，完成光荣牌悬挂。1月，市退役军人事务局、市人民武装部主要领导为二等功臣家庭送喜报。年内，送二等功喜报1份，三等功喜报42份，优秀士兵（士官）喜报38份，投入慰问金2.58万元。向省关爱基金争取资金慰问烈属、高龄生活困难退役军人、突发意外导致家庭困难退役军人等群体，市退役军人事务局干部职工包保联系困难退役军人。

【军休服务】 2022年，楚雄市按时组织发放军队离退休干部工资、无军籍职工工资、军休遗属生活补助、无军籍退休职工遗属生活补助。按时缴纳军休干部、无军籍职工医疗保险，发放军休干部丧葬费、军休干部一次性抚恤金、无军籍职工死亡一次性抚恤金。定期对军队离休干部、退休干部、退休军士、军休随军遗属、无军籍职工、无军籍遗属等服务对象开展慰问。新建军休文化活动室和阅览室，采购配备室内设施器材，市军队离退休干部休养所成功创建州级三星级军休服务管理机构。

【烈士褒扬】 2022年，楚雄市利用报纸、电视、网络等新闻媒体广泛宣传境内烈士英雄事迹，弘扬烈士精神。在烈士纪念日、敬老节等重要节点，走访慰问领取定期补助优抚对象、三属（烈士遗属、因公牺牲军人遗属、病故军人遗属）和困难退役军人，发放春节、八一建军节慰问金71.9万元。开展烈士纪念日公祭活动，组织机关工作人员、驻楚部队官兵和小学生代表等50余人到西山爱国主义教育基地向烈士敬献花篮、鲜花。

【社会化拥军行动】 2022年，楚雄市组织教师为驻楚部队报考各类院校的士兵开展文化辅导。楚雄市公交公司持续开通公交专线，定时定点为驻楚部队服务。楚雄州图书馆免费长期外借5万册图书给驻楚部队图书室，并定期按部队官兵需求轮换图书。楚雄爱尔眼科医院开展“你守护国家，我守护光明”系列拥军优属活动，16家企业参与拥军工作，提出为部队服务项目和具体措施65条。

（李忠棋）

基层治理

【概况】 2022年，楚雄市持续推进村（居）民委员会规范化建设，健全完善村（社区）配套组织，建立人民调解、治安保卫、公共卫生、妇女儿童、环境和物业管理委员会等村（居）民委员会下属委员会，全市154个村（社区）实现下属委员会覆盖100%；村（居）民会议、村民代表会议、村（居）民议事会、理事会等议事协商载体建立100%；123个村民委员会，配备村委会书记、主任、副书记、副主任、文书425人，设置村务监督委员会主任123人。年内，推进《楚雄市关于新增社区和“村改居”工作方案》实施，对涉及“村改居”13个乡镇18个村委会进行实地调研并听取相关意见，并形成请示文件上报。

【基层党组织建设】 2022年，楚雄市坚持党建引领基层治理，推进村级事务“阳光工程”，完善党务、村务、财务“三公开”制度，实现公开经常化、制度化和规范化，以党的建设贯穿基层治理、保障基层治理、引领基层治理。年内，全市有村党总支123个，社区党总支28个，乡镇“两新”组织党总支14个；行政村党支部490个，社区党支部277个。

【基层群众自治】 2022年，楚雄市推进城乡社区协商，发挥村（社区）党组织在基层协商中的领导作用，严格实行村级重大事项“四议两公开”（对村级重要决策、重大事务、重点工作和重点工程建设资金等村级重大事务由党支部会议提议、“两委”会议商议、党员大会审议、村民代表会议或村民会议决议后，将决议结果公告，办理结果公示）决策机制，建立健全基层民主建设长效机制。加强村（社区）“一约四会”（村规民约和红白理事会、道德评议会、禁毒禁赌会、村民议事会）建设，建立健全村（居）民自治章程和村（居）民公约审核、备案、公布和督促落实机制，全市154个村（社区）和2880个村（居）民小组实现“一约四会”全覆盖，群众自我管理、自我服务、自我教育、自我监督意识不断提高。配合组织部开展村级组织“大岗位制”前期工作，为实施村级组织“大岗位制”打下基础。制定《楚雄市村民委员会调整办法（试行）》，规范村民委员会调整。全面推行村务公开“阳光工程”，规范村级权力运作，保障群众知情权、参与权、监督权。与市司法局联合开展“民主法治示范村（社区）”评选推荐工作，命名第二批“楚雄市民主法治村（社区）”25个。

【村（社区）治理】 2022年，楚雄市制定《楚雄市社区工作准入委托事项（政府购买服务）责任清单》《楚雄市社区法定职责工作事项（自我服务）责任清单》，按照转变职能、重心下移要求，划清部门与社区责、权、利，把管理和服务落实到基层。依法确定村（居）民委员会出具证明事项，开展“社区万能章”治理，把村（居）民委员会自行设定、无法律法规依据或未经国务院批准列入保留的出具证明事项一律取消。年内，东瓜镇东瓜社区申报为“第二批省级城乡社区治理现代化试点”，推进鹿城镇福塔社区、子午镇以口村委会城乡社区体系建设项目试点建设；打造鹿城镇栗子园社区志愿服务试点，开展志愿服务及组织各类活动200场以上。

【村（社区）组织建设】 2022年，楚雄市建立健全以乡镇党委牵头、驻区单位党组织负责人参与的城乡社区治理工作联席会议制度。健全完善村（社区）党组织引领、基层群众性自治组织主导、村（社区）居民为主体，群团组织、社区社会组织、社会工作者共同参与、协同开展社区服务的体制机制。推进社区服务体系建设，实施村级综合服务设施提升工程，推进村（社区）服务站“五个有”（有服务用房、有牌子、有人员、有制度、有台账）标准建设，建立“五项制度”（干部坐班、优质服务、当月结报、监督检查、经费保障），全市154个村（社区）综合服务站服务能力巩固提高。

【社工人才队伍建设】 2022年，楚雄市有乡镇社会工作服务站15个，以乡镇社会事务办主任、社会救助经办人员、社会救助协理员为主，统筹配备服务站工作人员221人。推进社会工作人才培养，依托楚雄师范学院社会工作师资队伍，线上、线下结合开展考前培训，组织123人参加社会工作者考试。至年底，全市取得助理社会工作师证书40人，社会工作师证书7人。

社会组织管理

【概况】 2022年，楚雄市民政局履行社会组织登记管理职能，按照“政务公开、优质服务”要求，在政府网站公开社会组织成立登记、变更、注销等相关情况6期，开展社会组织走访调研30余次，与市总工会、市司法局、市工业信息化科技局等单位共同推进社会组织设置工会、参与社会治理10余次。年内，全市有社会组织302家，其中，民办非企业单位127家，社会团体174家，基金会1家。

【社会组织检审】 2022年，楚雄市民政局做好社会组织年检服务工作，设立咨询电话，提供咨询服务，对首次参检的社会组织，详细指导年检资料准备和填报；对参检资料出现问题的社会组织，通过电话、QQ留言等方式加强填报指导。加强年检材料审核，重点对社会组织的基本情况、内部建设情况、党建情况、财务会计报告、业务活动情况等方面进行审查，严格按照年检规定内容、程序和标准给出相应年检结论，对未按时参加年检的社会组织函告主管单位并开展督查、督办，严格落实双重管理体制，加强社会组织监督管理。年内，全市社会组织年检合格率100%。

【社会组织整治】 2022年，楚雄市民政局推进“僵尸型”社会组织整治，对长期不开展活动的社会组织进行督促整改并注销，全年社会组织注销登记12家。对存在列入活动异常名录情形的社会组织，依法列入活动异常名录。年内，在市政府门户网站公告列入活动异常名录社会组织24家，并接受社会组织书面提交申辩意见和相关证明材料。

【社会组织作用发挥】 2022年，楚雄市民政局引导社会组织参与社区建设、社区治理、公益志愿服务等工作。年内，引导社会组织开展高校毕业生就业招聘活动，招聘高校毕业生106名，招收就业见习高校毕业生64人；开展各类就业服务活动2场次。

（李　馨）

民族与宗教事务

【概况】 2022年，楚雄市出台《关于全面深入持久开展民族团结进步创建工作铸牢中华民族共同体意识的实施方案》，召开全市宗教工作会议1次，开展民族团结进步主题宣传月活动2次。4月26日，楚雄市人民政府、中共楚雄市委统战部、中共楚雄市西舍路镇委员会、楚雄市东瓜镇彝人古镇社区居民委员会4个单位被授予“楚雄州民族团结进步模范集体”称号，袁培林、马子亮、文静、杨庆昆、吕燕、马继红、李志海、张靖8人被授予“楚雄州民族团结进步模范个人”称号。9月20日，省民族宗教委副主任赵成龙带领调研组到楚雄市调研检查宗教工作，实地察看了解城区清真寺、兴隆寺贯彻落实全国宗教工作会议精神情况、宗教场所管理和宗教界人士教育情况，听取楚雄市工作情况汇报，并与宗教界代表人士座谈。12月30日，楚雄市成功创建为云南省民族团结进步示范市；楚雄市总工会、楚雄市兴隆寺、楚雄市城区基督教堂被省民族宗教委命名为“云南省民族团结进步示范单位”。

【民族团结示范区建设】 2022年，楚雄市制作民族团结示范建设汇报专题片1部，公益宣传短视频2个，编印简报9期，推送信息650余篇，刊发专版2期，展示创建工作成效和特色亮点。开展民族团结进步宣传月、主题演讲比赛、知识竞赛等活动，参与人数15万人次。推进市内规范使用少数民族语言文字工作，投入资金300余万元，整改、规范语言文字8906块（处）。组织铸牢中华民族共同体意识宣传教育党课125场次、3750余人次。至年底，楚雄市创建“全国民族团结进步创建示范单位”3个（紫溪镇、栗子园社区、彝人古镇社区）、“中国少数民族特色村寨”3个（紫溪镇紫溪彝村、树苴乡马家村、东瓜镇桃园社区白花山村）；省级“少数民族特色村寨”4个（鹿城镇富民社区大保山村、大过口乡磨刀箐村委会彝福山村、东瓜镇桃园社区白花山村、东华镇邑多么村委会席草坝村）、“民族团结进步示范单位”24个、“民族团结进步教育示范学校”10所，州级民族团结进步示范单位204个。

【“十百千万”工程】 2022年，楚雄市围绕云南省民族宗教委实施的第四轮“十百千万”（十县、百乡、千村、万户）示范引领建设工程要求，加快少数民族和民族地区基础设施和经济发展，投入民族专项资金525万元，实施西舍路镇租咪扎民族团结示范村、树苴乡果咪民族团结示范村、

8月23日，楚雄市召开市委民族工作会议　（市民族团结进步创建办　提供）

三街镇大平掌民族团结示范村、苍岭镇马石铺民族团结示范村、中山镇坝边彝族特色村寨、东瓜镇庄甸民族团结进步示范社区“十百千万”工程6个。在示范村中创建民族团结进步示范户70户。

【民族地区项目争取】 2022年，楚雄市组织省、州扶持民族地区发展项目立项申报，争取上级民族专项资金800万元，实施“十百千万”工程团结进步示范村（社区）建设、东瓜镇彝人古镇社区铸牢中华民族共同体意识教育中心（民族文化展览馆建设）、彝人古镇社区民族婚纱服务展示设计与制作（楚雄彝绣天地）、彝人古镇社区民族刺绣技艺保护传承（彝彩文创产业公司）、彝族医药文化丛书出版（州彝族民间医药学会）等项目16个。

【民族事务管理】 2022年，楚雄市民族宗教事务局受理政协委员提案2件，走访率、回复率、满意率均100%；完成政务服务“互联网+政务服务”监管信息录入工作，办理民族成分审定服务事项369件，办理少数民族族别更改26件。对15个乡镇、31个市属部门开展民族团结示范创建工作督查2次及民族因素矛盾纠纷排查4次，通过实地检查、听取汇报、随机走访等方式提出整改意见29条，对存在问题进行及时反馈，并督促整改。强化各级民族补助项目资金监管，对涉及民族补助项目的6个乡镇实行月督查制度，确保资金用于发展产业、扩大创业就业、增加群众收入。

【民族特需商品定点生产】 2022年，楚雄市民族宗教事务局加强民族特需商品定点生产企业指导，争取上报楚雄泰恒工贸有限责任公司省级安排定点生产企业贷款贴息资金25万元、流动资金及产品开发贷款贴息800万元，并在政府网站对省级扶持民族用品定点生产企业发展贷款财政贴息资金拟扶持项目进行公示，实地指导、调研企业2次，确保国家惠企政策落实到位。

3月14日，大过口乡中心民族小学教师教授学生吹奏芦笙

（大过口乡　提供）

【民族文化保护传承】 2022年，楚雄市投入专项资金90万元，实施彝人古镇社区铸牢中华民族共同体意识基地、彝绣天地婚纱摄影和展示、彝彩民族刺绣技艺保护传承、彝族医药文化丛书4个少数民族传统文化抢救保护项目，申报争取鹿城镇富民社区民族文化长廊、少数民族传统体育秋千等民族文化项目。重视民族文化研究和传承，指导市彝族研究协会、市毕摩协会开展彝族传统文化传承挖掘、收集、整理等工作。协同市非遗中心建立楚雄市非物质文化遗产保护名录体系和民族传统文化数据库，抓好民族服饰、民族刺绣、民族乐器等方面的研究开发工作。注重少数民族文化传承，在各学校推广民族规范舞，提炼民族民歌、民族乐器和民族舞蹈，开设民族刺绣和民族手工课，继承和弘扬民族手工艺术。

【少数民族干部培养】 2022年，楚雄市民族宗教事务局与组织、人社部门沟通协调，在联系、培养、选拔、使用、推荐5个环节上努力，争取组织部门对少数民族干部的培养选拔，使全市少数民族干部比例保持与少数民族人口比例相当水平。至年底，全市有少数民族干部730名，约为全市公务员及参公管理人员的1/3。

【市委民族工作会议】 2022年8月23日，楚雄市召开市委民族工作会议暨楚雄市第六次民族团结进步表彰大会，会议深入学习贯彻习近平总书记关于加强和改进民族工作的重要思想和考察云南重要讲话精神，贯彻落实中央及省委、州委民族工作会议精神，以铸牢中华民族共同体意识为主线，安排部署全市民族团结进步创建升级版工作。会上，市委、市人民政府表彰“楚雄市民族团结进步模范集体”40个和“楚雄市民族团结进步模范个人”60人。

【“民族团结进步创建联盟”成立】 2022年2月28日，楚雄市首次社区民族团结进步创建联盟工作会在彝人古镇社区召开，并举行彝人古镇、栗子园、桃园社区“民族团结进步创建联盟公约”签字仪式，宣布全市首个创建联盟正式成立。3个社区联合创建“民族团结进步创建联盟”在全市属首创，也是全州民族团结进步创建工作中第一个社区创建联盟。

（王建祥）

【宗教事务管理】 2022年，楚雄市严格落实“一网两单”制度（指宗教工作的网格化管理，包括宗教工作问题清单和责任落实清单），加强对乡镇、村两级抓宗教工作的责任意识，召开培训会议2次；开展分析研判宗教领域风险隐患4次。认真贯彻落实互联网宗教事务管理，开展互联网宗教治理专项行动，严查假冒宗教教职人员招摇撞骗等网络有害信息1起，巩固全市宗教治理成果。年内，楚雄市宗教领域保持和谐稳定，楚雄市兴隆寺、楚雄市城区基督教堂创建为第四批云南省民族团结进步示范单位。

【宗教政策法规培训】 2022年，楚雄市开展宗教界“爱党爱国爱社会主义”学习教育和政策法规培训，对全市宗教活动场所管理人员、教职人员和部分信教群众开展宗教工作政策法规培训4场次、参训500余人次。把党的宗教工作方针政策、马克思宗教理论、习近平总书记关于宗教问题和宗教工作的系列重要论述纳入市委党校（行政学院）的教学培训内容，依托“万名党员进党校”对全市干部进行培训125场次，参训3750余人次。

【宗教慈善活动】 2022年，楚雄市引导宗教与社会主义社会相适应，努力把宗教界人士、信教人士、信教群众紧密团结在党和政府周围，通过组织开展扶贫、助残、救灾、“宗教慈善周”等公益慈善活动，引导宗教人士回报社会，并倡议信教群众为社会捐款。年内，市伊斯兰教协会、市基督教“两会”、市佛教协会开展“宗教慈善周”活动，捐资18万元，救助脱贫人口及困难大学生162人。开展“扶贫助力”活动，组织楚雄市佛教的兴隆寺、紫顶寺、飞来寺等寺院和伊斯兰教的楚雄市城区、栗子园龙江、马家村、马石铺、钱粮桥、塔普村、马家庄、周家冲等清真寺及基督教的楚雄市基督教堂、荷花村基督教堂等信教群众开展慈善捐款，累计救急济困白血病等重症病人27人次，救助特困学生32人次，帮扶特困、残疾群众350余人次。楚雄市佛教协会带领信教群众累计捐款3万元、城区基督教堂带领信教群众累计捐款1万元。

【“和谐寺观教堂”建设】 2022年，楚雄市严格按照“和谐寺观教堂”创建8条标准，把好“和谐寺观教堂”创建、申报、复评“三道关”。落实属地监管、依法监管、长期监管“三项责任”，提升“和谐寺观教堂”创建工作水平。至年底，全市有1所佛教寺院被表彰为国家级“和谐寺观教堂”；有2所佛教寺院、3所清真寺被表彰为省级“和谐寺观教堂”；有25个宗教活动场所被表彰为州级“和谐寺观教堂”。受国家、省、州表彰的宗教活动场所占比分别为2.94%、14.7%、73.5%，位列全州第一。

【兴隆寺创建云南民族团结进步示范单位】 2022年，楚雄市兴隆寺以创建“省级民族团结进步示范宗教活动场所”为抓手，铸牢中华民族共同体意识，开展国旗国歌、宪法和法律、社会主义核心价值观、中华优秀文化、民族团结进步“五进”宗教场所活动2场次。严格按《宗教事务条例》和佛教教义教规开展宗教活动，持续开展“听党话、感党恩、跟党走”教育活动，在国庆、元旦及宗教节日期间举行升国旗仪式6场次。开展扶贫、助残、救灾、“宗教慈善周”、接养送终孤寡老人、看望慰问养老院及困难家庭等公益慈善活动，累计接养送终孤寡老人4人，引导信教群众捐款3万元；资助困难学生10人，资助资金3万元。

【城区基督教堂创建云南民族团结进步示范单位】 2022年，楚雄市城区基督教堂发挥宗教活动场所学习宣传党和国家法律法规的功能作用，利用宗教节日和礼拜日，进行“爱国爱教”宣讲3场次。开展“三个离不开”和“各民族都是一家人，一家人都要过上好日子”等民族团结思想宣传4场次。开展扶贫、助残、救灾、“宗教慈善周”、接养送终孤寡老人、看望慰问养老院及困难家庭等公益慈善活动，累计接养送终孤寡老人6人，引导信教群众捐款1万元；资助困难学生2人，资助资金4万元。

（马琼丽）

精神文明建设

【概况】 2022年，楚雄市培育和践行社会主义核心价值观，提高公民文明素质和社会文明程度，广泛开展群众性精神文明创建活动。市委把精神文明建设工作作为重要内容，纳入重要议事日程，与经济社会发展同部署、同落实、同检查、同考核，推动文明创建工作。年内，全市有省级文明村镇3个，省级文明单位7个，省级文明校园2所。

【文明培育】 2022年，楚雄市选树第三届楚雄市道德模范11名和团队1个，推荐表彰云南好人1名，楚雄好人4名。评选市级新时代好少年30名，受州级表彰4名，省级表彰1名。以公益广告、宣讲、新闻报道、文学作品等形式，在微信公众号、电视、抖音等媒体广泛开展宣传。举办“以创意·助公益”公益广告大赛征集评选活动，收到全国各地参赛作品631件，更新公益广告图库。投入20万元在主次干道、商业大街、广场公园、农贸市场等公共场所刊播展示公益广告1.6万处。强化“一约四会”（村规民约，红白理事会、道德评议会、禁毒禁赌会、村民议事会）作用，开展高价彩礼、大操大办、厚葬薄养等移风易俗突出问题专项治理，大过口乡移风易俗典型案例被《光明日报》和省文明办作为典型宣传报道。在“三八”妇女节、“5·15”国际家庭日等重要时间节点及春节、元宵等传统节日期间，开展家庭家教家风主题活动378场次。

【文明创建】 2022年，楚雄市召开楚雄市城市品牌评选表彰会议，表彰文明城市创建工作先进集体50个、先进个人100人。完成2022年中央文明办年度测评考核工作，成功迎接中央文明办对楚雄市全国文明城市建设实地测评工作；完成中央文明办对楚雄市全国文明城市建设网上申报工作；完成未成年人思想道德建设网上材料报送工作。组织52家创文主责部门和乡镇分管领导、业务骨干等86人到昆明进行楚雄市“一城一策”业务培训。健全完善“楚雄市网申材料云平台”“文明威楚云平台”“楚雄市全国文明城市建

3 月 5 日，楚雄市在桃源湖开展 2022 年“3·5”学雷锋志愿服务活动

（马兴华　摄影）

4 月 15 日，楚雄市公安局交通警察大队民警为小学生讲解交通安全标识

（马兴华　摄影）

设实地督查云平台”等平台建设，文明城市建设工作线上线下同步管理。开展第十八届市级文明单位、文明村镇，第二届文明校园、第一届文明家庭推荐评选工作，推进75个单位、75个村镇、29所学校、21个文明家庭评审复核工作。

【文明实践】　2022年，楚雄市提升改造新时代文明实践中心，升级文明实践功能，新时代文明实践“楚雄路径”经验做法在云南省拓展新时代文明实践中心建设交流会上进行交流发言。在云南省新时代文明实践志愿项目大赛中，5个志愿服务项目获省级表彰（1银2铜1入围奖和1个最佳志愿服务组织），6个项目获州级志愿服务项目表彰（2金2银2优秀）。楚雄市新时代文明实践“接单‘微心愿’有难我来帮志愿服务项目”经验做法在《半月谈》第八期刊发。组建各类志愿服务队573支、11.2万名志愿者开展文明实践活动3.1万场次，服务时长570万小时，服务群众超过110万人次。

【未成年人思想道德教育】　2022年，楚雄市制定完善《楚雄市未成年人思想道德建设工作考评标准》，分上半年、下半年对辖区内主责部门、乡镇、社区、中小学校进行考评，找出问题和薄弱环节，督促整改，推进未成年人思想道德建设工作制度化、常态化。编发《楚雄市青少年培育和践行社会主义核心价值观学习读本》等地方教材，各中小学校配备使用率100%。组织中小学生参与“强国复兴有我”“喜迎二十大”主题书法、绘画、演讲比赛等主题教育实践活动1200余场次，参与学生13.7万人次。常态开展家风家训讲座、亲子教育、文明创建活动1027场次，参与学生5.6万人次。年内，建设省级项目乡村学校少年宫7所，完成15个乡镇乡村少年宫建设。

（张　际）

〔栏目编辑：敖春晖〕

应急管理

2023
楚雄市年鉴

综　述

【概况】　2022年，楚雄市健全完善安全生产责任体系，强化责任落实，依法实施监督检查，压实责任，发挥市安委办、应急委办、防灾减灾委办综合协调职能，推进安全生产、自然灾害应急管理、防灾减灾等工作，全市应急管理工作稳步发展，安全形势保持平稳。年内，召开安全生产、应急管理工作相关工作会议11次，开展安全生产、自然灾害应急管理综合性督查检查4次。

【第一次全国自然灾害综合风险普查】　2022年，楚雄市围绕实现“通过开展普查，摸清全市自然灾害风险隐患底数，查明重点区域抗灾能力，客观认识全市自然灾害综合风险水平，为有效开展自然灾害防治工作、切实保障经济社会可持续发展提供有效的灾害风险信息和科学决策依据”的目标，开展第一次全国自然灾害综合风险普查。至12月31日，完成数据调查37.58万条，其中，应急系统2767条、住建系统36.26万条、气象系统1471条、林草系统137条、地震系统8050条、水务系统306条、交通运输系统387条、自然资源系统73条。

（张宗德）

【地震灾害风险普查】　2022年，楚雄市开展地震灾害风险普查，普查内容为活动断层（1∶5万）资料收集和补充调查及编图、数据入库。年内，完成1∶5万地震活动断层避让区划图编制，完成场地地震工程地质钻孔资料收集，完成地震灾害重点隐患调查与评估系列成果及250户房屋抽样详查录入，普查成果通过省级验收。东南绕城机场高速建设项目、省级职教园区选址、老君山生态文旅产业园暨哀牢山楚雄野生动物世界建设项目、柳树冲光伏项目、孔家庄光伏项目、罗杞打光伏项目、王三冲光伏项目、乡村振兴光伏电站项目均把1∶5万地震活动断层分布成果运用到实际工作中。

（胡春平）

【楚雄市应急管理综合行政执法大队成立】　2022年7月1日，楚雄市应急管理综合执法大队成立挂牌。市应急管理综合执法大队具体负责实施应急管理行政处罚以及与行政处罚有关的行政检查、行政强制；牵头协调跨区域、重大影响、复杂案件的查处；依法承担生产安全事故调查处理工作；负责全市应急管理领域投诉、举报案件的受理立案处理工作；负责全市应急管理执法统计和事故统计工作；负责督促、指导、协调乡镇行政审批和综合执法局做好相关领域的执法工作。

防灾减灾救灾

【概况】　2022年，楚雄市主要遭受低温冷冻、干旱、风雹、洪涝、滑坡、泥石流等自然灾害，涉及15个乡镇、103个行政村、5.53万人受灾。农作物受灾6883.35公顷，其中粮食作物受灾1239.19公顷。农作物绝收2047.93公顷，其中粮食作物绝收3.66公顷。一般损坏房屋86户101间。因灾经济损失6567.16万元。

【灾害救助物资保障】　2022年，楚雄市下达14个乡镇中央、省、州冬春救助资金81.43万元，保障2021—2022年冬春期间自然灾害受灾困难群众基本生活，累计救助4062人。加强应急物资储备，做好应急救灾物资保障，年内，全市有救灾物资储备库9处，其中，山区乡镇8处，市级1处；储备救灾物资11大项（主要包括灾民救助生活物资和灾害应急救援装备两大类），可满足3万至5万人次临时安置需要；采购棉被1600床、价值16万元；采购应急帐篷50顶、应急桌椅100套、应急手持扩音器50个、应急移动硬盘50个，价值12.23万元。

【应急避难场所建设管理】　2022年，楚雄市加强建成应急避难场所功能升级，加大新应急避难场所建设力度，提升应急救援能力。至年底，全市建有城区避难场所6个，其中新建避难场所2个（小龙井公园、桃源湖公园），累计用地面积24.57万平方米，可容纳避险人数6.68万人；有乡镇级应急避难场所8个。

（张宗德）

【救灾物资调拨】　2022年，楚雄市为各乡镇调拨救灾物资670件，下拨6个乡镇冬春救助救灾棉被203床、棉大衣70件、衣服88套、彩条布23件。向三街镇、树苴乡、大地基乡、大过口乡、西舍路镇、八角镇、中山镇、新村镇8个山区乡镇调拨棉被800床、棉大衣800件、衣服800套作为州级储备物资。

（李佳麒）

【农业防灾减灾】　2022年，楚雄市农业农村局制定印发灾后恢复生产技术指导方案，指导受灾的132个种植基地2452个设施大棚、9613.33公顷农作物和35户畜牧养殖户开展灾后恢复生产和生产自救。布置大、小春病虫害监测点23个，开展病虫害防治培训30期2650人次，实施性诱剂防治水稻三化螟示范66.67公顷，玉米草地贪夜蛾防治核心示范样板86.67公顷，小麦锈病、蚜虫防治示范各1733.33公顷，开展水稻稻瘟、稻曲、纹枯病和稻飞虱统防统治示范1180公顷，红火蚁统防统治示范120公顷，累计指导农作物病虫鼠害防治15.69万公顷，全市主要农作物病虫害统防统治覆盖率超40%，绿色防控覆盖率超50%。

（李作伟）

【森林防灭火】　2022年，楚雄市组建市级专业扑火队5支，乡镇、防火责任单位森林草原防灭火专业队21支，村级义务扑火队456支，组建应急救援队伍16支640人。设置野外视频监控点160个，购置无人侦察机1台，应对火场监测、预警、扑救工作。推进“以水灭火”模式，购置智能水泵22台、水带53.2千米，提高灭火效率。年内，全市森林草原防灭火工作实现火情当日处置率100%、火灾当日扑灭率100%，火灾受害率有效控制在0.9‰以内，零火灾、零伤亡、零卫星热点。

（李兴强）

【防汛抗旱蓄水】 2022年，楚雄市投入抗旱保饮水项目资金237万元，维修养护农村饮水安全工程54件，巩固提升7.45万农村人口的饮水安全保障水平。编制完善《楚雄市2022年供水保障应急方案》，启动九龙甸水库、青山嘴水库、尹家嘴水库、团山水库联合供水，日均供水量13万立方米。至年底，全市库塘蓄水1.29亿立方米，占计划数（1.27亿立方米）的101.7%，圆满完成州水务局下达蓄水任务。调整充实楚雄市人民政府防汛抗旱指挥部成员，明确全市2座中型水库，15座小（1）型水库，227座小（2）型水库防汛行政首长责任人、技术负责人、岗位责任人，确保防汛责任制落实到位。落实山洪灾害防御责任制，对36个山洪灾害监测点、自动雨量站进行巡检维护，发布强降雨预警信息21期。组织全市15个乡镇154个村（社区）开展抗旱防汛减灾应急演练2600场次，参与6.02万人次。

（杨进荣）

【地质灾害防范】 2022年，楚雄市列入监测范围地质灾害隐患点67个，分布在15个乡镇67个村民小组，威胁着1440户、1万人、2.22亿元的生命和财产安全。建立健全群测群防网络体系，全市地质灾害隐患点67个，确定监测员134人。开展地质灾害防治宣传培训及应急演练，组织地质专家对15个乡镇开展地质灾害群测群防宣讲培训240场4500余人参加。开展应急避险演练84次3400余人参加。年内，做好汛期值班值守和巡查检查，抽查监测员及隐患点541次，排查巡查隐患点777个（次），派出专家组对出现险情的隐患点处置9处。做好临灾避险应急处置工作，开展灾、险情应急处置7次，其中，大过口乡1次，西舍路镇3次，子午镇2次，东华镇1次。

（黄文华）

【震情跟踪监测】 2022年，楚雄市地震局及时掌握震情信息，建立健全群测群防体系，利用震情会商与应急响应技术系统，参与楚雄州震情会商工作，及时掌握全州地震信息和监测情况。逐步完善防震减灾“三网一员”

11月8日，省州市地震部门“地震科普　携手同行”楚雄市思源实验学校主题活动　（胡春平　摄影）

（地震宏观测报网、地震灾情速报网、地震知识宣传网和防震减灾助理员）体系，开展全市防震减灾“三网一员”队伍培训，巩固15个乡镇“三网一员”工作体系，按时上报宏观异常情况，为地震群测群防工作奠定坚实基础，增强宏观监测能力。

【防震减灾科普宣传】 2022年，楚雄市制作《校园防震避险科普》《农村防震避险科普》《城市居民楼防震避险科普》《户外防震避险科普》等防震减灾科普短视频，在社区、街道张贴宣传海报，在“数字楚雄”微信公众平台、七彩云端线上公众平台以及户外大屏上推送播放。邀请州电视台、市融媒体中心对防震减灾活动进行专题报道4次，向社会公众普及防震减灾科普知识和技能。

【防震减灾主题活动】 2022年5月12—19日，楚雄市地震局先后邀请减防灾教育专家分别对楚雄市灵秀小学、茶花谷小学、八角镇中心小学、八角镇民族中学2000余名师生讲授地震科普、应急避险、紧急疏散等防震减灾知识和技能，并组织师生进行地震应急避险疏散演练活动，发放《自救互救手册》2000册。在楚雄市茶花谷小学地震应急演练培训活动中，组织楚雄市中小学、幼儿园负责人等130余人参加活动观摩。

（胡春平）

【全国防灾减灾日宣传活动】 2022年5月12日，楚雄市第14个全国防灾减灾日宣传活动在全市范围内开展，活动以“减轻灾害风险　守护美好家园”为主题，展出宣传展板、播放防震减灾音频资料、发放宣传资料及现场咨询等方式就地震常识、防震避震技巧、科学减灾方法等社会关注的热点问题，为咨询市民详细解答。活动展出宣传展板60块，发放《防震避震常识》《自救互救手册》及防震减灾科普知识折页等宣传书籍、宣传品7000余（册）份，科普环保袋600个。结合防灾减灾宣传“五进”（进企业、进乡村、进社区、进学校、进家庭）活动，在全市各乡镇、村委会（社区）和防灾减灾委成员单位悬挂横幅标语、张贴海报、播放音视频、发出倡议、组织专题学习等多种形式，有序开展“5·12”防灾减灾日宣传。

安全生产监督管理

【概况】 2022年末，楚雄市发生各类安全事故192起，死亡24人，受伤30人。其中，工矿商贸行业发生事故2起，死亡2人，比上年事故起数、死亡人数均上升100%；道路交通发生事故40起，死亡22人，受伤30人，比上年事故起数下降41.18%，死亡人数持平，受伤人数下降53.13%；除森林火灾外，发生非生产经营性火灾事故150起，无人员伤亡，比上年事故起数减少32起，下降17.58%，死亡人数、受伤人数持平；铁路运输、农业机械、水上交通、渔业船舶等行业未接报事故。

【应急处置】 2022年，楚雄市调整充实市安全生产委员会组成人员，市委常委会和市政府常务会按期研究安全生产和应急管理工作，制定《楚雄市细化落实国务院安委会安全生产十五条措施工作方案》，健全安全生产责任体系，细化安全生产工作措施。加强安全生产风险管控，制定《2022年度安全生产监督检查计划》《楚雄市非煤矿山安全生产大检查工作方案》《楚雄市安全生产委员会办公室关于加强非煤矿山汛期安全生产工作的通知》《楚雄市工贸行业安全生产专项整治“百日清零行动”工作实施方案》等文件，开展钢铁、铝加工（深井铸造）、粉尘涉爆等行业领域“8+7+6”重点整治事项百日清零行动。推进安全生产专项整治三年行动计划，制定重点任务、“挂图作战”目标84项，完成重点目标任务60项，排查一般隐患2304条，整改1974条，整改率85.67%。制定《楚雄市重大安全风险大排查工作方案》，对全市12项安全生产重大隐患进行挂牌督办，防范遏制重大特大事故。推进防灾减灾救灾工作，落实24小时值班制度，推广应用应急融合通信系统，强化应急处置快速响应联动保障和信息技术支撑。

【安全生产专项整治三年行动】 2022年，楚雄市围绕“风险辨识管控”“隐患排查整治”工作任务，在重点行业领域开展安全生产“排险除患”集中整治开展综合督查检查4次，检查乡镇、部门60家、企业123家，发现隐患和问题183条，整改183条；开展安全隐患排查治理，排查出一般隐患2304条，整改1974条，整改率85.67%。累计组织督导检查632次，检查各类企事业单位6949家次，排查发现隐患6204项，完成整改6204项，整改率100%；列入县级政府挂牌督办重大安全隐患33项，完成整改33项，整改率100%；实施安全生产行政处罚149次，罚款391.04万元；责令停产整顿企业3家；约谈警示单位（企业）21家；列入安全生产专项整治重点目标任务“挂图作战”84项，完成69项；建立安全生产问题隐患清单1220项，制度措施清单40项。10月31日至11月4日，云南省政府委托第三方评估机构对楚雄市安全生产专项整治三年行动工作落实情况进行检查评估。

【非煤矿山和工贸行业监管】 2022年，楚雄市制定《楚雄市非煤矿山安全生产大检查工作方案》《楚雄市工贸行业安全生产专项整治“百日清零行动”工作实施方案》，印发《楚雄市安全生产委员会办公室关于加强非煤矿山汛期安全生产工作的通知》，加大安全生产监督检查和隐患排查力度。楚雄市12座矿山建立完善非煤矿山安全风险分级管控和隐患排查治理双重预防工作机制；督促工贸行业严格落实安全风险管控措施，建立完善楚雄滇中有色金属有限责任公司、云南楚雄矿冶有限公司机械制造分公司2户企业安全风险分级管控、隐患排查治理双重预防工作机制。年内，检查非煤矿山57座次，下达整改指令36份，发现隐患145条，整改136条，整改率94%，下达强制措施决定书3份，收回《安全生产许可证》3份；工贸行业安全检查32户，下达整改指令32份，发现隐患256条，整改242条，整改率95%；对17户粉尘涉爆企业开展排查，排查隐患204条，其中，一般隐患173条，重大隐患31条；整改隐患204处，实现所有隐患清零。

【安全生产培训】 2022年，楚雄市应急管理局组织企业负责人、安全员、特作人员等3000余人，举办各类安全生产培训班12期，组织参加行政执法取证培训11人次。组织开展《中华人民共和国行政处罚法》《中华人民共和国行政许可法》《中华人民共和国安全生产法》等行政执法培训6场次，受训200余人次。

【“安全生产月”活动】 2022年6月2日，楚雄州、市“安全生产月”活动启动仪式在市政务服务中心举行，州人民政府副秘书长石文武出席启动仪式并作讲话，宣布第21个全国“安全生产月”系列活动启动。6月16日，楚雄市安全生产委员会办公室在桃源湖火把广场组织开展“安全宣传咨询日”活动，活动以“遵守安全

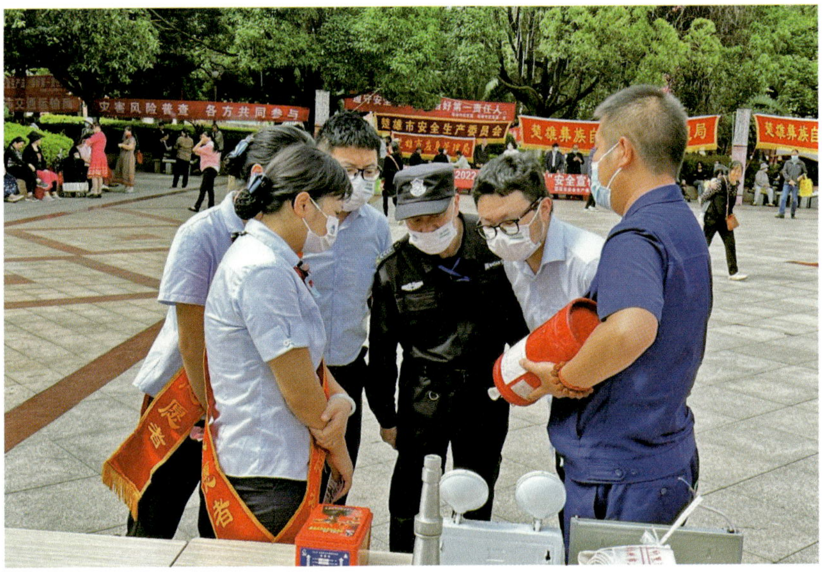

6月16日，市应急管理局工作人员在桃源湖开展“安全月”咨询宣传活动

（张宗德 摄影）

生产法、当好第一责任人”为主题，全市31家市级单位、14家企事业单位参加，通过悬挂横幅、设立咨询台、专题讲解、现场答疑、灭火体验、发放宣传资料等方式，向广大人民群众进行安全生产、防灾减灾救灾、法律法规宣传，楚雄市消防救援大队、华润燃气有限公司、楚雄蓝天应急救援队从民众常用设备使用、应急技能等方面进行现场演示体验。各乡镇、各部门出动宣传车20台次，挂宣传横幅220余条，张贴安全生产宣传画1万张，张贴各类宣传标语3万余条、散发各类宣传资料3万余份，安全常识小册子1万册。组织公安、消防、交通、住建等部门及生产经营单位开展应急演练20余场次，参与2000余人次。开展警示教育活动50场次，参加3000余人次。

危险化学品安全监管

【概况】 2022年，楚雄市有危险化学品企业84家，其中，生产企业4家，构成重大危险源3家（油库），经营企业77家。烟花爆竹批发企业1家，零售店81家；涉及道路危化品运输企业7家，危货运输车辆667辆。涉及使用氯气消毒自来水厂3家，污水处理厂3家。燃气企业6家、瓶装液化石油气换瓶点32家。油气管道4条，全长214.8千米。全市生产、经营、储存、使用、运输各行业中涉及重点监管危险化学品有硫酸、氟硅酸、乙炔、松节油、汽油、酒精、液氯、甲醇、乙醇、液氨、笑气、氢氟酸、过氧化氢硅烷等。全市范围内无重点监管化工工艺，主要危废有熔炼烟尘、净化烟尘、中和渣、废触媒、废机油、废电池、电石渣、废矿物油（HW08）、油/水、烃/水混合物或乳化液（HW09）等。

【危险化学品安全检查】 2022年，楚雄市应急管理局排查危化企业78家次，查出隐患362条，完成整改362条，整改率100%，未发现重大隐患。开展行政执法78家次，立案查处违法违规企业12家，进行行政处罚12家次，收缴处罚金额6.39万元；完成与禄丰市危险化学品安全生产交叉检查。

【烟花爆竹专项整治】 2022年，楚雄市应急管理局在元旦、春节期间，联合市公安局、市市场监管局、市城管局对鹿城、东瓜、子午、东华等乡镇及水闸口、轻纺城、义乌小商品城、城区农贸市场、超市等重点地区开展联合执法。年内，查处非法违法运输、储存、经营、燃放烟花爆竹26起，行政立案查处11件，收缴非法违法烟花爆竹187件（箱、盘），罚款6.1万元，批评和教育处理26件26人。

【非法烟花爆竹集中销毁】 2022年9月22日上午，楚雄市应急管理局牵头，联合市公安局、市市场监督管理局、市消防救援大队在鹿城镇大东社区开展集中销毁收缴非法烟花爆竹行动。销毁非法违法烟花爆竹336件，并在烟花爆竹销毁活动结束后，对销毁场地进行清理，确保销毁现场安全。

应急救援

【应急救援队伍】 2022年，楚雄市以市消防救援大队应急救援力量建设为主，配合森林防火专业队伍及应急救援义务队伍，加强与民间救援力量、蓝天救援队工作衔接。年内，有市级应急救援人员55人，消防救援大队应急救援人员及专业应急救援队伍5支140人，义务队367支7130人；民间救援人员48人、志愿者200余人、专业应急救援技术顾问10余人。

【楚雄蓝天救援】 2022年，楚雄蓝天救援队开展救援的范围主要涵盖灾害救援、群众性活动安全保障、户外遇险救援、水下打捞救援及日常公益性避险、应急知识宣传等，是政府应急体系的辅助力量，协助配合政府应急体系完成各种灾难事故的紧急救援任务。年内，楚雄蓝天救援队有正式队员54人，志愿者65人。开展各类救援活动26次，开展防灾减灾知识宣讲32次，参与各类公益活动310次，协助开展新冠疫情防控工作10次，发布寻人启事59次，受益人数1.36万人次。

【应急救援综合演练】 2022年9月23日上午，楚雄市举行地震应急救援综合演练，抗震救灾指挥部73家成员单位、323人参加，12家单位参与28个科目演练；楚雄市人民政府副市长李英担任总指挥长，云南省地震局震害防御处处长李春光、楚雄州地震局党组书记杨芳、副局长毛德培等应邀到场指导。演练背景模拟9月23日8时20分47秒，楚雄市鹿城镇吉乐村委会附近发生6.5级地震（震中位于北纬24.93°，东经101.65°），震源深度10千米，地震造成部分道路坍塌、供电通信设施受损、部分老旧民房及简易厂房倒塌，伤员和灾民需要转移安置，市人民政府立即启动Ⅱ级应急响应，成立“9·23”楚雄吉乐6.5级地震抗震救灾指挥部。演练持续2小时，演练分为桌面推演、信息接报、应急响应、应对行动、紧急处置、终止响应6个阶段，设有应急抢险组、医疗防疫组、次生灾害防御抢险组、基础设施与工程抢险组、灾民安置组、后勤保障组、灾情监测组、维稳保卫组、宣传服务组、道路抢险组10个专业应急救援工作组和救援科目。

（张宗德）

消　防

【概况】 2022年，楚雄市消防救援大队接处警631起，成功处置“3·30”云南芙雅生物科技有限公司发生生产作业火灾。4月，楚雄市消防救援大队在支队组织开展的队列会操暨条令纲要比武中，获团体第一名。5月15—19日，在支队举办的“火焰蓝·政先锋”政工纪检岗位练兵比武竞赛中，获团体第二名。7月6—8日，在支队举办“楚消蓝盾”消防监督和宣传业务比武竞赛活动中，大队获团体第一名。11月14—18日，在支队举办的2022年度执勤岗位练兵比武竞赛中，获团体第三名。

【消防安全责任落实】 2022年，楚雄市消防救援大队提请市人民政府召开常务会2次、联席会4次，研究部署消防工作。与15个乡镇及17个市属部门签订消防安全责任书。按照“安全自查、隐患自除、责任自负”要求，

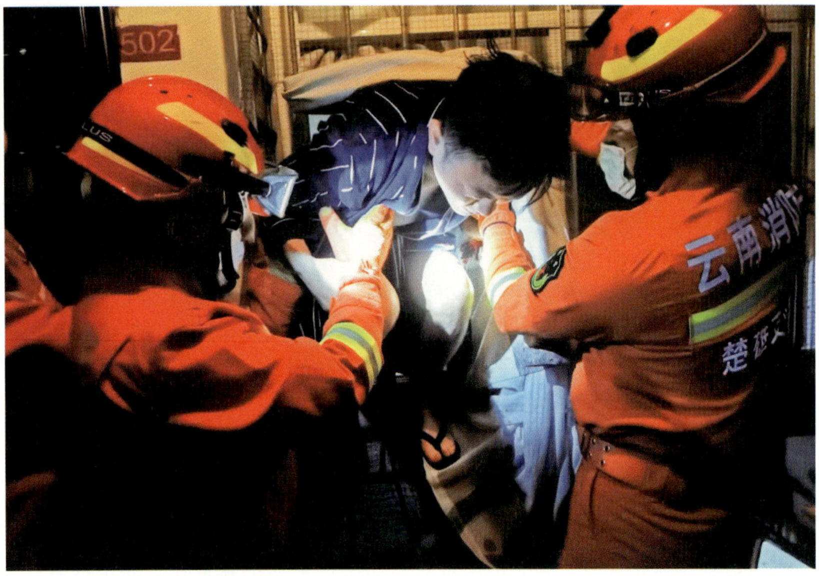

1月1日，市消防救援大队消防员救援房屋被困人员　　（孟庆康　摄影）

组织264家消防安全重点单位完成责任书签订。

【消防安全隐患整治】　2022年，楚雄市消防救援大队与职能部门密切协同，重点开展高层建筑、城市综合体、“四名一文一传”（名城、名镇、名村、名街、文物古建筑、传统村落）、生产经营性自建房、邮政快递业等火灾风险排查治理，突出抓好“防风险、保安全、迎二十大”消防安全集中攻坚行动，最大限度地消除火灾隐患及消防违法行为。年内，检查企事业单位699家，发现并督促整改火灾隐患458处，下发责令改正通知书289份，“三停”（停止施工、停止使用、停产停业）5家，下发行政处罚决定书30份、临时查封决定书2份，罚款36.25万元。

【消防安全宣传】　2022年，楚雄市消防救援大队联合市住房和城乡建设局组织开展物业消防安全培训会，提升全市71家物业企业消防安全管理能力。在桃源湖设立宣传咨询台，开展安全生产咨询日、抗震减灾日、119消防安全宣传月等主题宣传活动，发放消防宣传资料4000余份，使广大群众更深入、更直观地认识到消防安全的重要性。深入市政府机关、行业部门、乡镇、社会单位、学校开展“消防安全送教上门”78次。利用农村“大喇叭”，组织15个乡镇开展“生产经营租住村（居）民自建房重大火灾风险防范”消防安全宣传；向15个乡镇、71家物业服务企业发放宣传海报、宣传手册3000余份。利用户外显示大屏及楼宇电视播放消防安全公益广告600余条次。

【消防救援演练】　2022年，楚雄市消防救援大队组织开展“六熟悉”（熟悉辖区交通道路、消防水源情况，熟悉消防安全重点单位数量、分类和分布情况，熟悉消防安全重点单位建筑物结构和使用情况，熟悉消防安全重点单位重点部位情况，熟悉消防安全重点单位内部消防设施和消防组织情况，熟悉辖区主要灾害事故类型和处置对策、基本程序）工作，到辖区重点单位、居民小区、大型厂房等场所开展熟悉68次、实战演练18次。开展高层建筑、大型商业综合体灭火救援能力测试，为辖区264家重点单位逐一修订、完善灭火救援预案。完成全年节庆、各类公差勤务活动、消防安全保卫工作。

【消防救援队伍建设】　2022年，楚雄市消防救援大队加强水域、地震救援、抗洪抢险、山岳救援能力建设，开展专业化能力建设和业务技能、体能、通信、山岳水域、队伍管理、文化建设、装备器材以及驾驶员等多岗位骨干培育，提升和规范大队指战员灭火救援实战能力和水平。严格落实队伍管理要求、作战训练安全专项管控要求，组织学习《消防救援队伍作战训练安全手册》《消防救援队伍作战训练安全常识100问》。

【高层建筑消防安全治理】　2022年，楚雄市消防救援大队采取“实训、实操、实查”举措，夯基础、固根本、促实效，全面提升高层建筑消防安全治理水平，筑牢高层建筑消防安全屏障。年内，出动排查人员1248人次，对辖区投入使用高层建筑624栋，其中公共建筑74栋，开展专项排查整治。

（杨成龙）

〔栏目编辑：敖春晖〕

乡 镇

2023
楚雄市年鉴

鹿城镇

【概况】　鹿城镇东邻苍岭镇，南连子午镇、东华镇，西接紫溪镇，北与楚雄高新技术产业开发区隔龙川江相望，集山区、坝区、城区于一体。2022年，辖区总面积372平方千米，下辖东兴、龙江、万家坝、中大街、学桥街、米市街、西苑、北浦、栗子园、灵秀、雁塔、福塔、彝海、青龙、富民、河前、中本、大东、军屯19个社区和吉乐、新村、山嘴子3个村委会，276个村（居）民小组。城市建成区面积51.8平方千米。耕地面积1533.33公顷，其中，水田1133.33公顷，旱地400公顷。境内万家坝发掘的铜鼓是迄今世界上发现最早的铜鼓。

人口民族　2022年末，鹿城镇辖区总人口27.17万人，其中，直管人口7.84万人，辖区单位11.09万人，流动人口8.24万人。镇内居住着汉族、彝族、回族、白族、纳西族等22个民族，少数民族人口3.39万人。常住人口城镇化率53.5%。年内出生人口1313人，出生率6.93‰；死亡人口646人，死亡率3.52‰；人口自然增长率3.65‰；男女性别比（以女性为100计算）114。

自然概貌　鹿城镇辖区地质一般以碎屑岩沉积为主，地势平坦，东西向为西高东低，南向北略有倾斜，最高海拔1951米，辖区平均海拔1773米。境内山脉均属哀牢山系支干余脉，城区临西山峦连绵，最高山为峨碌山，龙川江及其支流穿境而过。有龙川江、河前河、青龙河、草堵河、打直河、大乌浪河、山嘴子小河、新村小河、马金河、灵秀小河、三道河、响鲁箐小河12条河流流经辖区。

自然资源　鹿城镇境内蕴藏铜、铁、铅、锌、煤等矿产资源，土壤多为紫色土、水稻土、冲积土，少量红壤，其中水稻土、冲积土占一半以上，有机质含量丰富，土层较深厚，保水保肥性能强，适宜种植水稻和烤烟。辖区动物主要包括兽类、禽类、爬行动物类、昆虫类等。其中，兽类有飞鼠、黄鼠狼、野猫等4种；禽类有麻雀、山雀、秧鸡、燕子等8种；爬行动物类有穿山甲、四脚蛇、蜈蚣、蚯蚓等7种；昆虫类有岩峰、蚱蜢、螟虫、地老虎等9种；家禽家畜类有鸡、鸭、鹅、鸽子等14种。辖区植被丰富，木本有云南松、华山松、柏树、榕树等31种；草本有旱茅、扭黄茅、茜草、狗尾草等20种；中药材有薄荷、野三七、天麻、当归、茯苓等54种；果类有桃子、李子、杨梅、杏子等12种；竹类有紫竹、水竹、荆竹、苦竹等11种。林地面积2.78万公顷，森林面积2.53万公顷，森林覆盖率68.37%。有小（1）型水库3座，小（2）型水库34座，小坝塘406座，常年蓄水2376万立方米。

11月12日，楚雄市鹿城镇2022年冬桃采摘节　（鹿城镇　提供）

【经济发展】　2022年，鹿城镇完成固定资产投资24.82亿元，比上年增长18%。完成地方财政一般公共预算收入8.17亿元，增长2.5%；向上争取资金896万元，完成年度任务465万元的192.69%。外出招商2次，实施招商引资项目6个，招商引资25.3亿元，增长25%。农作物总播种面积3540公顷，其中粮食播种面积2340公顷，粮经作物种植比例66：34。生产粮食1.45吨，增长2.1%，其中，秋粮1.05万吨，增长2.1%；夏粮4000吨，增长3.1%。主要经济作物有油料作物产量700吨，增长1.1%；蔬菜产量3.05万吨，增长37.3%；烤烟收购量38万千克，烟农实现收入1265.64万元；青饲料产量20万吨，增长25%。发展魔芋种植80公顷、人工食用菌190万平方米、花卉苗木200公顷、中药材63.33公顷、鲜食水果240公顷，实现种植业产值4.86亿元。发展畜禽规模养殖户4户，出栏生猪3.75万头、肉牛3536头、肉羊6298只、家禽42万羽，实现畜牧业产值1.9亿元。

【教育与卫生】　2022年，鹿城镇落实教育“双减”政策，持续改善教育基础设施，做好控辍保学，提升中小学教育教学质量，筹集资金17.1万元帮助贫困学生45人。超额完成6万毫升献血任务，被评为“全州无偿献血工作先进集体”。开展环境卫生清理整治，出动车辆673次，消除卫生死角8530处，清理垃圾1192.54吨，参加4.89万人次。

【公共文化服务】　2022年，鹿城镇有镇文化站1个、农家书屋19个、图书室22个、文体活动广场22个、电子阅览室19个，每周开放时间不少于56小时，公共电子阅览室为群众提供免费上网服务时间每周大于56小时。有业余文艺团队56支2170人，开展各类文化惠民活动200余场次，其中，“戏曲进乡村”5场次、“义务写春联”10场次，举办全民阅读活动20余场次。组织建党节、国庆节等庆祝活动40余场次，开展春节、端午节、中秋节、重阳节等传统节日活动150余场次，参与人数1万余人。

【社会生活】 2022年末，鹿城镇城镇和农村居民人均可支配收入分别为4.61万元、1.65万元，比上年增长4.1%、6.7%；城镇居民人均消费支出3.48万元、农村居民人均消费支出1.49万元。城镇居民享受低保1053人，发放最低生活保障资金529.5万元；农村居民享受低保633人，发放最低生活保障资金191.85万元。兑付计生惠民资金289万元。辖区参加城镇职工基本养老保险人数6.82万人，增长3.61%；征缴保险基金2421.94万元，增长0.23%。参加城乡居民社会养老保险3.96万人，其中发放养老金8600人，增长0.12%。城乡居民基本医疗保险参保10.83万人，筹集保费3602万元。新增城镇就业1206人，输转农村富余劳动力1.79万人，脱贫劳动力转移就业637人；发放创业贷款147户1510万元。

【乡村振兴】 2022年，鹿城镇落实“四个不摘”要求，健全“一平台三机制”（“一平台”指建救助平台，“三机制”指建产业帮扶全覆盖机制、建壮大村级集体经济帮扶机制及建扶志扶智机制），投资146万元实施衔接乡村振兴项目7个，完成新建肉牛养殖场1个和扩建肉兔场2个。发放小额信贷50万元，发放“雨露计划”补助10.6万元，落实公共服务岗位39个，精准帮扶脱贫户和监测对象365户。年内，全镇脱贫户、监测对象人均纯收入分别为1.67万元、1.39万元，超全市平均水平；全镇7000元以下低收入群体动态清零。

【重点项目建设】 2022年，鹿城镇组织州市重点项目集中开工4次、观摩活动8次，完成项目谋划包装25个、储备入库3个、开工建设19个、竣工投产13个，实施5000万元以上项目11个。外出招商2次，实施招商引资项目6个。完成6个安置小区内部基础设施建设，推进河前集中安置点基础统建工作；完成新型安置模式杨乐屯福乐苑安置小区分房；东乾苑安置小区项目建成封顶；推进彝海社区李水塘、福塔社区上平山、大东社区黄土坡安置小区、彝海社区集体经济项目、米市街社区、西苑社区活动场所等项目建设。

【平安建设】 2022年，鹿城镇开展森林防火、抗洪抢险、地质灾害、地震应急等演练125场次，完成全国第一次自然灾害综合风险普查调查，开展居民自建房、危化品等专项整治，安全生产“四项指标”（事故次数、死亡人数、重伤人数、经济损失）全面下降。完成22个村（社区）综治中心规范化建设，建立基础网格299个，调整充实治保小组452个，排查调处矛盾纠纷4000余起，调处成功率98%以上，辖区内刑事、治安警情发生率分别下降19.7%、16.4%。常态化推进扫黑除恶斗争，严厉打击“盗抢骗”传统侵财类案件，电信网络诈骗打防实现“两降两升”（发案数、损失数比上年下降，破案数、抓获数比上年上升）。接待群众来信来访559件，接待来访人员165人次，办理答复信访案件457件，办结率100%，满意率98%，未发生群体性上访事件，被州委州人民政府表扬为“楚雄州信访工作优秀集体”。

【社区管理服务】 2022年，鹿城镇组建小区物委会370个、业委会31个，539个小区实现物业管理全覆盖。突出城中村、背街小巷、城郊接合部和农贸（专业）市场等环境整治重点，开展城市自建房专项整治，新建停车场42个，新增停车泊位860个，常态化开展爱国卫生“7个专项行动”，推进35个123栋1704户城镇老旧小区改造，新增绿化面积40万平方米。打造中大街社区“周五见”、学桥街社区“爱心缝补”等志愿服务活动品牌，常态化开展文明实践及志愿服务活动2000余场次，参与志愿者3万余人次；提升新时代文明实践所（站）功能23个，打造新时代文明实践点29个。

【城乡人居环境整治提升】 2022年，鹿城镇成立专班工作组5个、联系包保组22个，采取开会培训、现场观摩、外出考察等方式，动员培训22个村社区400余名村社区工作人员投入人居环境整治提升工作中，围绕农村、城中村和城郊接合部、农贸市场暨专业市场、安置小区暨背街小巷、商住小区（老旧小区、“三无”小区）5个重点区域提升人居环境。采取“先建后补、以奖代补”的方式，由镇级分批分期投入人居环境整治提升经费补助，投入第一期补助资金253.8万元，撬动各村（社区）投入人居环境整治提升项目资金2000余万元，完成农村卫生户厕改造120座、公厕改造提升3座，999座旱厕全部清零，实现辖区内3533座农村卫生户厕全达标，全镇276个小组实现生活垃圾全处理、生活污水全收集。集中对“五堆十乱”（柴草堆、垃圾堆、土石堆、杂物堆、肥粪堆，乱搭、乱建、乱堆、乱放、乱扔、乱倒、乱泼、乱排、乱贴、乱挂）、残垣断壁、“空中网”“路中杆”进行拆违、拆废、拆旧，拆除残垣断壁600余处，清理“五堆十乱”1.3万处，实现所有小组村内户外道路硬化全覆盖。

【“一村一品”建设】 2022年，鹿城镇发挥大东十三湾和吉乐村2个示范点辐射作用，鼓励党员领办合作社、创办经营主体，发展高原特色产业，精细化发展“一村一品”（以村为基本单位，充分发挥本地资源优势，通过规模化、标准化、品牌化和市场化发展，使一个村拥有一个主导产品和产业）。采取“公司+基地+协会+农户”模式，军屯社区发展种植水晶藠头13.33公顷，富民社区发展中草药种植33.3公顷、奶油草莓种植6.67公顷；大东社区十三湾发展大棚生态草莓种植4公顷、莲藕种植4.3公顷，在大东、吉乐、山嘴子等村社区推广种植滇红花26.67公顷、万寿菊30.67公顷，贡菜、粉杆大青菜种植33.3公顷。

（李朝香）

东瓜镇

【概况】 2022年，东瓜镇辖区总面积228.45平方千米，东西最大距离21.45千米，南北最大距离19.35千米。东邻苍岭镇，南连鹿城镇，西接紫溪镇和吕合镇，北同牟定县毗邻。下辖东瓜、车坪、永安、詹家、庄甸、刘家、永兴、桃园、览经、彝人古镇10个社区居民委员会和兴隆、龙河、邓官3个村民委员会，183个村（居）民小组。320国道、昆（明）楚（雄）大（理）铁路、G56杭瑞高等级公路、楚（雄）南（华）一级公路、楚（雄）姚（安）高速公路、玉（溪）楚（雄）及元（谋）双（柏）公路从境内穿过，高等级公路入楚（雄）道口2个，是楚雄彝族自治州人民政府和楚雄高新技术产业开发区中心地带。

人口民族　2022年末，东瓜镇户籍总户数3.26万户，户籍总人口8.87万人，常住人口14.82万人。镇内居住着彝族、回族、白族、壮族、纳西族等少数民族，少数民族人口1.58万人，其中彝族1.17万人。

自然概貌　东瓜镇地势北高南低，由北向东南倾斜，坡度一般10度至20度。地貌特征为山间盆地、中山浅切割宽谷，最高峰尖峰山位于会基关梁子，海拔2452.5米，最低点位于东瓜镇与苍岭镇行政界线交界处龙川江中心点，海拔1758米。镇人民政府驻东瓜镇东盛西路中段，海拔1810米，距市人民政府6.45千米。境内龙川江属金沙江水系，从青山嘴水库入境，自西向东流经刘家、永兴、兴隆、东瓜、车坪、彝人古镇、永安、詹家、庄甸、桃园和览经，再由东出境，是东瓜镇主要河流。

气候资源　东瓜镇属亚热带季风气候，全年雨热同季，冬干夏湿，干湿分明。冬无严寒，夏无酷暑，气候宜人，年平均气温15.6℃。地下矿藏有砂岩、页岩、黏土等。土类有水稻土、冲积土、紫色土和少量红壤，适宜种植水稻和优质烤烟。森林资源多为人工造林及天然次生林，主要有云南松、桉树、黑荆等，森林覆盖率63.8%。辖区有变电站3座，农村用电量1442万千瓦时；自来水厂2座，供应量172万立方米；污水处理厂4座。境内大（2）型水利工程青山嘴水库，距楚雄城区14.5千米，位于金沙江一级支流龙川江干流上，是全州最大的水利工程，主要用以解决城市防洪、灌溉，兼顾城市工业供水，水库控制径流面积1228平方千米，年平均入库径流量1.82亿立方米，使楚雄市防洪标准提高到50年一遇，保护人口26.42万人，灌溉农田5253.33公顷（楚雄市2453.33公顷、元谋2800公顷），每年可向楚雄市供水2050万立方米，为楚雄城市中长期发展和重大项目建设提供安全可靠后备水源。

【经济发展】　2022年，东瓜镇完成固定资产投资14.18亿元，开工项目26个；完成一般公共预算收入7839万元，比上年增长3.2%；招商引资项目10个，引进州外到位资金16.03亿元；向上争取资金完成1841万元，比上年增长8.3%。粮食种植面积2253.33公顷，产量1.08万吨，优质稻基地建设466.67公顷。推广测土配方施肥1666.67公顷，化肥减量增效1266.67公顷，农药减量增效1333.33公顷，机耕2.83万公顷，机插秧1666.67公顷。收购烟叶43万千克，实现均价33.77元，烟农收入1451.9万元。生猪存栏2.22万头，出栏3.98万头；牛存栏3656头，出栏3654头；羊存栏6891只，出栏4863只；家禽存栏15.18万羽，出栏35.03万羽。

【教育与卫生】　2022年，东瓜镇有中学2所、教职工786人、中学生1.04万人；小学8所、教职工142人、小学生1028人；幼儿园24所，其中公立幼儿园2所，在园幼儿924人。9月，楚雄高新实验学校招生，招收小学一年级学生221人，初中七年级学生279人。年内，东瓜镇被市委评为教育工作先进集体，被州委评为未成年人思想道德建设先进单位。全镇大病专项救治和慢性病患者救治率100%；高血压、糖尿病等4种重点慢性病规范管理率达到省、州、市规定；东瓜卫生院行政办公楼实现整体搬迁。

【文化旅游】　2022年，东瓜镇旅游接待人数400.28万人次，营业收入464.32万元。彝人古镇获评云南省“彩云之南等你来”夜间群众文艺演出活动“优秀示范点”。太阳历文化园创建为国

3月22日，东瓜镇水稻旱育秧现场　（李建华　摄影）

家AAAA级旅游景区。利用自然资源优势，龙河村毛菇山成为楚雄市人气网红打卡地，被楚雄州电视台等官方媒体多次报道。通过引进企业参与投资，开发建设龙河村陈家冲成为市民周末好去处。彝人古镇特色文旅产业创业孵化园区被评定为省级创业孵化示范基地。10月，桃园社区老君山"哀牢山·楚雄野生动物世界"建设项目投资运营合作协议正式签约，计划投资20亿元，规划面积约2400公顷。

【社会生活】 2022年，东瓜镇完成劳动力转移就业1.22万人，成功调解农民工工资纠纷34起，追回拖欠农民工工资73.74万元，调解率78%，东瓜镇劳动人事争议调解中心被评为"2022年云南省金牌劳动人事争议调解组织"。发放城市居民低保264人133.3万元、农村居民低保532人172.79万元。发放农村特困居民保障资金31.87万元、城市特困居民保障资金9.2万元，临时救助103人19.4万元，孤儿补助18人27.65万元。脱贫户、低保人员、特困供养人员实现100%参保。在各村（社区）选举成立残疾人协会，发放残疾人"两项补贴"59万元。发放退役军人各类优抚补助273.19万元、义务兵家属优待金80.78万元。启动建设东瓜镇综合养老服务中心项目。

【乡村振兴】 2022年，东瓜镇健全防止返贫致贫动态监测和帮扶机制，通过"三级网络"（镇、村、组）摸底排查、"行业数据"监测预警、"平台热线"一键报贫等方式，实现"三类人员"动态管理和分类精准帮扶，及时有效防范化解返贫致贫风险。年内，新识别"三类人员"5户6人，年人均纯收入1万元以下拟帮扶对象60户150人。清退"三类人员"2户3人，风险消除回退1户3人。完成国办系统年度信息更新维护325户。完成农村危旧房加固改造6户，补助资金6.6万元。通过"云南省政府救助平台"，办理申请救助事项200余件。雨露计划和东西协作累计补助52人9.3万元。发放小额贷款2户10万元，贴息1575.84元。开展就业培训50人，开发乡村公益性岗位118人，发放补助42.86万元。申请突发重大疾病关爱基金5.51万元、防贫保险理赔1.14万元。投资242.51万元，实施巩固脱贫攻坚推进乡村振兴项目5个，完成2023年度巩固脱贫攻坚推进乡村振兴项目库项目申报。庄甸社区蔡家湾小组、桃园社区福源村、刘家社区小郭邑一组被评为云南省2022年乡村振兴"百千万"（100个乡村振兴示范乡镇、1000个精品示范村、10000个美丽村庄）工程美丽村庄。

【重点项目建设】 2022年，东瓜启动滇中引水二期配套工程东瓜镇征地拆迁工作，完成征地2批次9.21公顷。制定《2022年抓项目促投资稳增长重点任务清单》，组建重点项目工作专班4个，推进东瓜社区竹园，车坪社区张侯、徐邓、何家，詹家社区赵家湾、柳树屯、田心、詹家咀，桃园社区双坝，庄甸社区谢家河等居民小组、安置小区建设工作。完成桃园鱼坝休闲乐园项目总体规划，并启动实施。完成青山嘴上、下村美丽家园移民新村建设项目前期工作。推进柳树冲光伏项目、孔家庄65兆瓦光伏项目、100兆瓦屋顶分布式光伏试点项目等一批新能源项目建设。推进第一批26.67公顷占补平衡项目和8.87公顷土地增减挂钩项目收尾。年内，镇农业农村服务中心被评为"楚雄市耕地保护和占补平衡工作优秀集体"。

【社会治安综合治理】 2022年，东瓜镇组建综治中心，与全镇13个村（社区）合力共治，划分三级网格1个、四级网格13个、五级网格84个、基础网格145个，实现"小事不出网格，大事不出社区"目标。组织排查矛盾纠纷（家庭纠纷）4轮8次，排查辖区家庭3.42万户。开展学校食品安全培训2场次、餐馆"二码合一"培训10场次，食品药品、交通运输、消防安全、森林防火、建筑工地等重点领域的安全监管加强，全年未发生重特大安全事故。年内，彝人古镇社区被评为"第五批云南省民主法治示范村（社区）"，邓官村被评为"第二批楚雄州民主法治示范村（社区）"，东瓜司法所被评为"2016—2020年楚雄市'七五'普法工作优秀集体"。

【城乡人居环境整治提升】 2022年，东瓜镇以龙川江沿岸、公路沿线、村（社区）驻地自然村为重点，打造人居环境提升示范样板，改建农村户厕151个，完成公厕改建3个，清理村内水塘60个、村内沟渠82千米、村内淤泥200吨、畜禽养殖粪污等农业生产废弃物100吨，投入15万元对辖区龙川江河道进行专项治理，人居环境整治提升实现全域覆盖。年内，庄甸社区蔡家湾小组被命名为"云南省绿美村庄"，庄甸社区、览经社区被评为"楚雄州美丽宜居示范村"；兴隆宋家小组、刘家小郭邑一组、龙河陈家冲小组、东瓜谭家小组被评为州级"美丽宜居示范村庄"，51个小区、28家单位创成市级"园林单位"。

【庄甸小管家】 2022年，东瓜镇依托国家数字乡村试点和全国市域社会治理现代化试点工作机遇，在蔡家湾探索开发"庄甸小管家"小程序，联合云南移动实施智慧安防工程试点示范，在居民小组公共区域安装AI智能分析摄像头12台、普通视频监控10台、智慧云广播4套、带警灯远程喊话摄像头3台，村内实现垃圾分类提醒、禁止停车提醒、远程喊话、通知播报等功能。推行数字化管理和"美丽庭院"积分制，把村民生产生活行为量化、赋分，村民成为人居环境的参与者、推动者、改善者。5月，中央网信办信息化发展局印发专刊《2021年国家数字乡村试点工作报告》，对2021年国家数字乡村试点建设情况进行中期评估，并对全国117个试点地区建设情况进行总结，东瓜镇"建立人居环境智慧管理平台——'庄甸小管家'，引导村民参与人居环境整治工作"的特点亮点做法被写入报告，得到中共楚雄州委书记刘勇批示。

（严海洪）

吕合镇

【概况】 2022年，吕合镇辖区总面积193.39平方千米，东邻东瓜镇和紫溪镇，西与南华县毗邻，北与牟定县接壤。下辖吕合、中屯、白土、回龙、红武、干田、新庄、斗阁、钱粮9个村民委员会，134个村民小组。耕地总面积1560公顷。境内交通便利，320国道、钱牟公路，广大铁路、楚大高速公路穿境而过。自然生态良好，通过农业部“无公害农产品产地认证”。

人口民族　2022年末，吕合镇户籍人口7509户2.53万人，其中，农业人口2.03万人，非农业人口4944人，农民人均纯收入1.71万元。集镇常住人口6000余人，有千人左右自然村4个。镇内居住着汉族、彝族、白族、回族、苗族等民族，有汉族1.96万人，占比77.36%；少数民族5726人，占比22.64%，其中，彝族3615人，占比14.29%；回族1673人，占比6.47%；是全市回族聚居人口最多的乡镇。

自然概貌　吕合镇地势北高南低，由东北向东南倾斜。辖区内紫甸河蜿蜒而下，由牟定县凤屯镇流入镇内，自斗阁村委会流入青山湖水库。地貌特征主要为山间盆地、中山浅切割宽谷，平均海拔1842米，境内最高峰为大麦地梁子垭口交叉路，海拔2522.1米；最低点位于青山湖淹没区，海拔1800米。

资源特产　吕合镇境内探明地下矿藏主要有煤、铜矿、砂岩、页岩、黏土，煤炭资源丰富，有煤矿企业1家。水利资源优越，有九龙甸、青山湖、西静河三大水库，是楚雄城市供水主水源地。主要特色农产品有云南红梨、吕合米酒、优质大米、优质菜籽油、传统荞饼等，境内魔芋、核桃、蔬菜、人工食用菌、肉牛养殖、鸵鸟养殖、肉鹅养殖、中草药种植等种植养殖态势良好，并建有吕合酒厂、君遇粮源、回龙茶庄、四海茶庄等农产品加工企业。

【经济发展】　2022年，吕合镇完成招商引资6.9亿元，完成固定资产投资5.25亿元，完成向上争资465万元，发放惠农补贴资金350.99万元。粮食种植面积3100公顷，总产量1.67万吨。生猪存栏1.46万头，出栏3.21万头；肉牛存栏5146头，出栏4658头；肉羊存栏4573只，出栏7512只；家禽存栏14.95万羽，出栏43.12万羽；禽蛋产量81吨，新增规模养殖户4户。年内，小春生产中，创办油菜样板153.33公顷、粮食样板33.33公顷、蔬菜样板100公顷。完成65万千克烟叶收购任务，比上年增加15万千克，增长30%，均价33.63元/千克，增加1.47元/千克，上等烟比例72.68%；实现烟农卖烟收入2185.6万元，增加577.37万元；烟农户均收入10.71万元，增加1.97万元，完成烟叶税收502.68万元，增加148.87万元。

【教育与卫生】　2022年，吕合镇有中心小学1所、村级完小5所、幼儿园3所。通过优化中、小学教学环境，做好控辍保学工作，新增中心幼儿园钱粮分园，撤并中屯、钱粮完小。统筹爱心助学资金4.6万元用于贫困学生救助和奖励优秀毕业生、优秀教师，普高上线57人，录取率62%。在创建吕合卫生院“云南省甲级乡镇卫生院”基础上，完善8所村级卫生所医疗配套设施，胸痛救治单元建设顺利通过验收并授牌。全镇家庭医生签约服务覆盖率60%以上，重点人群覆盖率80%以上，脱贫人口、计划生育特殊家庭覆盖率100%。

【文化旅游】　2022年，吕合镇争取补助资金60万元，提升太乙村红军烈士陵园基础设施建设水平，加强农村业余文艺队伍建设，举办“七一”晚

3月21日，吕合镇干田村万亩红梨种植基地　　（申时兴　摄影）

会等大型文艺会演，加大吕仙桥、烈士陵园、吕合老街、玉皇阁、马家大院等文化遗产保护和传承力度。9月11日，成功举办楚雄市2022年农民丰收节暨吕合镇第一届“吕·鱼”杯摸鱼比赛。9月28日，在吕合镇文化园成功举办祭孔大典。年内，全市“丰收节”“摸鱼节”“赛梨会”在吕合镇举行，被《人民日报》及省、州、市媒体多次报道。

【社会生活】 2022年，吕合镇完成医疗保险续保9259人，减免就医费用235万元。落实就业再就业优惠政策，推动创业带动就业，劳务输出9031人。有农村低保户229户395人，城镇低保户2户2人，新增农村低保13户33人，发放低保金56.53万元；有特困老人48人，发放特困补助25.35万元。申报计划生育特别扶助21人10.74万元，生活扶助244人25.1万元。落实惠农政策，兑付各项惠农补贴570.18万元。开展农房抗震改造需求摸底调查核实工作，兑付农房抗震改造补助60户66万元，排查出农村房屋安全隐患99户，完成房屋建筑灾害普查1.97万个图斑。

【乡村振兴】 2022年，吕合镇成立巩固脱贫攻坚推进乡村振兴领导小组，组建工作队9支，统筹推进巩固脱贫攻坚成果同乡村振兴有效衔接。年内，全镇有脱贫户、脱贫不稳定户、边缘易致贫户、突发严重困难户370户1230人，其中，消除风险350户1183人，未消除风险20户47人。发放云南省救助平台宣传页900份，云南省救助平台申请救助136人。完成投资80万元的2021年乡村振兴衔接项目7个；实施补助资金299.7万元的乡村振兴衔接项目5个；做好投资200万元楚南路沿线乡村振兴示范带（吕合段）创建项目和1000万元的中屯乡村振兴精品示范村建设规划编制。

【重点项目建设】 2022年，吕合镇国家级农业产业强镇项目通过农业农村部、财政部项目评审、公示，获省、州、市下达项目批复和实施300万元项目资金文件，并组织开展规划、评审、招投标。实施中屯、回龙村瓦窑上、回龙村下紫甸等土地整治（提质改造）项目，新增水田规模31.64公顷，新增耕地406.67公顷，实施红武村新地小组土地整治（补充耕地）项目，新增水田规模12.28公顷、耕地153.33公顷。年内，中国好粮油项目通过验收、审计；投资105万元高效节水项目（回龙）、投资130万元的高标准农田建设项目（中屯）投入使用；投资450万元的200公顷高标准农田建设项目（红武、钱粮）、投资150万元的66.67公顷高效节水项目（吕合）组织施工。加强耕地撂荒、耕地“非粮化”管理，参与耕地提升改造与城乡增减挂钩项目实施，推进“藏粮于地”工作，确保粮食安全。

【人居环境整治提升】 2022年，吕合镇继续执行《吕合镇贯彻〈楚雄彝族自治州城乡清洁条例〉实施办法》，收取农村环境保洁费32.8万元，经费70%由镇级统筹购买服务，委托当地企业承担集镇保洁及周边7个村委会垃圾统一收集、转运，“村保洁、镇转运、市处理”模式顺利运行。完成无害化卫生厕所5014座系统录入，其中，完整下水道式厕所507座，无害化卫生厕所（三格化粪池式、沼气式）4507座。推动人居环境整治和双月考核工作，134个村民小组100%制定村规民约、落实“红黑榜”、保洁员等制度，均达到农村人居环境“一档八标”（有指定的垃圾堆放设施，禁止垃圾乱排乱放；人畜实现分离，禁止人畜混居；有户厕或公厕，满足如厕的需求。畜禽粪污入坑，禁止随意排放；房前屋后沟渠水塘全面清理，村庄无黑臭污水；物料柴草码放整齐，无残垣断壁；有清扫保洁制度，村庄干净整洁；有维护村庄卫生环境的村规民约）标准。

【特色产业培育】 2022年，吕合镇石鼓煤矿复工复产，有煤炭生产、危化品经营、食品加工、非煤矿山、工贸生产加工企业等22家。种植蔬菜、烤烟、水稻、人工菌、水果、魔芋等作物，有种植企业4户、种植大户59户，流转土地经营权551.43公顷依托烤烟、优质稻2个传统产业，发展（引进）龙头企业，做特做优蔬菜、茶叶、肉牛养殖、经济林果4个特色产业，发展茶园133.33公顷。加大新型农业经营主体培育力度，发放小额信贷5户25万元，助力产业发展。

【矛盾纠纷化解】 2022年，吕合镇化解九龙甸历史遗留问题，对干田村污水治理项目及九龙甸库区周边群众生产生活相关问题，组织镇村组干部入户走访，摸排收集涉及群众生产生活方面的4大类51个问题。至年底，43个问题得到解决，8个因政策等原因未能解决的问题也制定解决方案，明确责任单位和解决时限。平稳化解石鼓煤矿矛盾，通过多轮走访、多方协商、多次谈判，实现企业全面复工复产，煤炭生产经营恢复正常。

（段启华）

紫溪镇

【概况】 2022年，紫溪镇辖区总面积243平方千米，山区半山区面积占总面积的88%。东与鹿城镇接壤，南连东华镇，西邻南华县雨露乡，北与吕合镇、东瓜镇毗邻。下辖前进、紫溪2个社区和冷水、云庆、紫金、母掌、岔河、平掌6个村委会，123个村（居）民小组。总耕地面积1880公顷。境内有国家级森林公园、国家AAAA级旅游景区、省级风景名胜区紫溪山和国家AAA级旅游景区紫溪彝村，旅游资源丰富。楚（雄）大（理）高速公路、楚（雄）南（华）一级公路、广（通）大（理）铁路、昆（明）楚（雄）大（理）铁路横穿境内，交通便利。

人口民族 2022年末，紫溪镇总户数4640户，总人口1.56万人，其中，男7835人，女7776人。镇内居住着汉族、彝族、苗族、白族、回族、傈僳族、哈尼族、壮族、傣族、侗族等民族，其中，汉族1.01万人，占总人口的64.7%；彝族4694人，占总人口的30.1%；其他少数民族842人，占总人口的5.4%。汉族主要集中在前进、紫溪、冷水、云庆、紫金等坝区和半山区村（社区）；彝族主要居住在紫溪彝村和岔河、平掌、母掌等山区村；其他少数民族分布在紫溪山周围的高

5月21日，紫溪彝村新貌　（王　洪　摄影）

山及半山地区。

自然概貌　紫溪镇境内地貌呈西南高，东北低，为浅割波状起伏缓丘盆地和垄状起伏低山丘陵地形。最高海拔2502米，最低海拔1663米。主要河流有发源于母掌村委会的金沙江水系马金河和发源于南华县雨露乡境内元江水系的白衣河。

气候特点　紫溪镇处于北亚热带高原季风带，四季不分明，干湿两季明显，冬无严寒，夏无酷暑，四季如春。年平均气温16.5℃，最低气温在1月、2月间，山区气温常低于坝区4～5℃。雨季常在5—10月，旱季常在11月至翌年4月、5月。

资源特产　紫溪镇地理位置独特，资源丰富，有铜、铁、砂、石等矿藏资源，猫头鹰、穿山甲等珍稀动物资源，秃杉、古银杏、金铁锁、云南山茶、龙棕、香果树、红花木莲、香水月季、牛筋条、长梗润楠、新樟、紫金龙、大理藜芦等野生和人工培育的国家级珍稀濒危植物资源。依托独特的地理气候环境资源优势，紫溪镇发展特色林果产业，打造“春赏桃花、夏采樱桃、秋尝野菌、冬摘桃子”的乡村休闲旅游地，巩固“七彩紫溪、四季果乡”品牌形象。

【经济发展】　2022年，紫溪镇完成固定资产投资9.33亿元，比上年增长13.7%；完成招商引资到位资金9.4亿元，增长39.4%；完成一般公共预算收入2015万元；完成向上争资472万元。完成粮食作物种植2533.33公顷，实现粮食产量1.51万吨。设置便民收购点7个，完成烤烟收购38万千克，实现产值1281.54万元，均价33.72元/千克。完成经济作物种植1606.9公顷，其中，种植万寿菊26.67公顷，人工食用菌29公顷，水果705.21公顷，魔芋266.66公顷，蔬菜499公顷，中药材73.59公顷，工业辣椒6.67公顷。成立楚雄市千裕养殖专业合作社，全镇有生猪存栏200头以上规模养殖户25户，肉牛存栏20头以上养殖户15户，肉羊存栏80只以上养殖户15户，家禽存栏5000羽以上养殖户2户。

【教育与卫生】　2022年，紫溪镇有幼儿园5所，班级8个，教师12人，幼儿224人；小学6所，班级36个，教师84人，学生648人；中学1所，班级6个，教师34人，学生218人。年内，学前三年毛入园率87.8%，义务教育巩固率、高中阶段教育升学率继续保持100%，州立楚雄市民族小学被授予“楚雄州民族团结示范学校”，紫溪镇中心小学被评为“2022年度楚雄州级平安校园”。完成投资18.14万元的紫溪卫生院预检分诊点及发热门诊提升改造工程，成功创建胸痛救治单元、云南省一级甲等卫生院和云南省老年友善医疗机构。推进医疗卫生体制改革、分级诊疗、中医药和“互联网+健康”医疗工作，辖区户籍人口家庭医生签约率88%，履约1.38万人次，履约覆盖率100%；紫溪卫生院门诊就诊2.9万人次、住院325人次，医疗业务收入首次突破200万元。保障重点人群防疫和健康监测工作，为60周岁及以上老年人发放健康“防疫包”913份。

【文化旅游】　2022年，紫溪镇有农家书屋11个、民俗展馆5个，应急广播覆盖123个。开展群众文化活动12场次，参与1.2万人次；开展送戏下乡12场次，观众人数6000余人次。坚持“以文促旅，以旅兴文”，发展“周边游”“民俗游”“节庆游”，成功举办紫溪彝村火把节、岔河板凳山原生态火把节等节庆活动，累计吸引参与群众3万余人次。年内，全镇接待游客118.6万人次，实现旅游经济总收入1680.47万元。7月，楚雄火把节紫溪系列活动、板凳山原生态火把节等活动登上中国新闻网、央视网；12月，紫溪彝村获评“第四批全国乡村旅游重点村”。

【社会生活】　2022年，紫溪镇城乡居民医疗保险参保人数1.31万人，参保率96%以上；城乡居民养老保险参保人数1.09万人，续保率90%；脱贫户、边缘户等重点对象100%参保。

劳动力转移就业人数保持稳定，实现转移就业5900人。累计发放低保、临时救助、计生奖优免补等各类优抚优待救助资金402.9万元，规范管理公益性公墓，完善配套基础设施，兑现惠民殡葬补助23.2万元。

【乡村振兴】 2022年，紫溪镇依托紫溪山秀美自然旅游资源、民族风情人文旅游资源和特色林果产业，发展农文旅深度融合的观光旅游、采摘农业，争取各级巩固拓展脱贫攻坚成果同乡村振兴有效衔接资金500余万元，实施乡村振兴产业和基础设施项目16个，推进“楚南路”乡村振兴示范带和紫溪社区“农旅融合”乡村振兴示范村建设。会同楚雄市农村商业银行创新紫溪“乐业贷”、紫溪“消费贷”、紫溪“流水贷”、紫溪“应收账款贷”等11款“紫溪贷”惠企金融服务产品。培育农村实用人才926人，获得家庭农场认证48户，培育农民专业合作社65家。新识别“三类人员”2户6人。实施“东西协作”和“雨露计划”帮扶学生18人，补助资金3.2万元；落实小额信贷12户、贷款金额58万元，开发脱贫户及监测对象乡村公益性岗位23个，支持鼓励脱贫户和监测对象发展产业、外出务工。年内，全镇357户1261名脱贫人口和“三类人员”人均纯收入1.42万元，平均增收16.06%。紫溪镇先后获评云南省“绿美乡镇”、楚雄州“乡村振兴‘十百千’工程示范乡镇”，紫溪社区宋村小组、紫金村委会大紫溪小组、云庆村委会龙上小组获评“乡村振兴‘十百千’工程美丽村庄”，紫溪镇前进社区获楚雄州“乡村振兴‘十百千’工程精品村”。

【重点项目建设】 2022年，紫溪镇科学编制镇域村庄布局规划，开展“干部规划家乡行动”，完成紫溪、前进、紫金、云庆、冷水、母掌6个村庄规划编制。推动农田、交通、水利、电力等项目建设，完成投资117万元的平掌丫口至小岔河农村公路建设，完成投资20万元的紫溪镇至紫溪彝村四港式公交车站台建设，完成投资185.49万元的前进彭家、谢家和冷水王家嘴等9个台变末端低电压治理项目及配电自动化完善工程，完成投资587.53万元的306.67公顷高标准农田建设和93.33公顷高效节水灌溉项目，完成投资157万元的紫溪镇农产品交易市场建设项目，推进实施投资1000余万元的母掌村西静河水源地保护治理项目。完成土地征收24.87公顷，其中，楚雄市城乡物流基地产业园建设项目完成土地征收19.47公顷，部队营区建设用地保障完成土地征收5.4公顷。

【文明实践】 2022年，紫溪镇聚焦文明村镇创建，实现新时代文明实践所和8个村（社区）新时代文明实践站建管用全覆盖。年内，开展志愿服务活动113场次，新时代文明实践到村、进户、见人。组建“彝歌乡音”志愿宣讲队8支，到村组农户开展“小板凳”“小院会”“小剧场”等特色宣讲85场次，宣传党带领全国人民取得的伟大历史成就和省、州、市、镇发展成果。

【社会治理】 2022年，紫溪镇以创建平安紫溪为目标，构建打防管控工作格局，统筹做好防恐维稳、综治、安全生产、食品药品安全、舆论安全、消防隐患排查等重要风险管控和矛盾的排查化解，推进命案防控三年攻坚，持续推进扫黑除恶常态化，坚决防范和打击非法集资、新型网络诈骗等违法犯罪行为，社区矫正对象安置帮教率100%。推广“枫桥经验”，化解信访积案2件，及时化解调处各类矛盾纠纷261件，调解成功率97.7%。落实“八五”普法工作，开展法治宣传教育123场次，发放宣传资料1.2万份，接待群众法律咨询318人次。开展综合性地质灾害应急救援演练1场次、村组防汛演练123场次，提升群众安全防范意识。年内，紫溪镇获“2018—2022年楚雄州信访工作优秀集体”荣誉。

【人居环境整治提升】 2022年，紫溪镇实行“领导班子包村（社区）、驻村工作队和村（社区）干部包组、小组干部包户、农户包责任区”的四级联动机制，常态化开展“四清四化一改”“四美创建”，带动村民紧盯“四旁”“四地”及庭院进行绿化美化，宜树则树、宜花则花、宜果则果、宜菜则菜，各自打造“小花园、小果园、小菜园”，“一户一处景、一线一风光、一村一特色”初步呈现。编制6个村（社区）的村庄规划和楚南路沿线农村人居环境整治提升规划，为推进项目建设提供基础。抓实楚南路沿线（紫溪段）乡村振兴示范带建设，在紫溪、前进2个社区8个村民小组打造人居环境整治提升示范点，打造美丽庭院示范户100户，以点带面辐射带动全

7月23日，紫溪镇板凳山原生态火把节　　（紫溪镇　提供）

镇全域人居环境整治提升整体推进。年内，紫溪镇获“楚雄州2022年度农村人居环境整治提升美丽宜居示范乡镇”，紫溪社区获“楚雄州2022年度农村人居环境整治提升美丽宜居示范村”，紫溪社区宋村一组、紫溪彝村一组、大石铺小组、云庆村委会龙王庙村获“楚雄州2022年度农村人居环境整治提升美丽宜居示范村庄”。

【2022年火把节紫溪分会场活动】 2022年7月20—25日，楚雄市在紫溪镇开展火把节系列活动板块。7月22日，紫溪彝村火把广场举行彝族火把节祭火仪式及彝族民间歌舞展演，大批游客和村民观看毕摩祭火，点燃火把、跳起左脚舞。7月23日，紫溪镇非遗传承人36人、民族民间歌舞队10余支300余人聚集到岔河板凳山，进行羊皮鼓舞、葫芦笙舞、大三弦舞表演、阿苏蔗情歌对唱、撒火把及左脚舞演出，参与游客4000余人。火把节期间，紫溪镇组织8个村（社区）在紫溪彝村同步举办“紫溪镇第三届农特产品展销推介及羊汤锅一条街”。央视新闻对紫溪彝村彝族火把节祭火仪式进行全程直播，以紫溪火把节、民族文化传承保护等为主要内容的视频节目，在中国国际电视台、中国环球电视网西班牙语频道播出。

（张佳敏）

东华镇

【概况】 2022年，东华镇辖东华、莲华、新柳、本东、朵基、红墙、达苴、宜茨、力峨么、邑多么、路上村11个村民委员会，182个村民小组，343个自然村，总面积448.55平方千米，人口密度为每平方千米67.37人。距市府鹿城14千米，东与子午镇接壤，南与大地基乡交界，西与大过口乡相连，北与鹿城、紫溪镇毗邻。耕地总面积2500公顷，其中，水田1886.67公顷，旱地613.33公顷。是楚雄市粮烟、畜牧主产区，省、州、市现代烟草农业示范基地。

人口民族 2022年末，东华镇户籍总人口3.01万人，比上年增加31人，增长0.1%。其中，农村人口2.33万人，占户籍总人口的77.44%；城镇人口6791人，占户籍总人口的22.56%。年内出生248人，出生率0.82%；死亡193人，死亡率0.64%。人口自然增长率1.8‰；男女性别比（以女性为100计算）为102。户籍总人口中，少数民族人口7123人，增长0.47%，占户籍总人口的23.7%，其中彝族6901人，增长0.47%，占户籍总人口的22.94%，占少数民族人口的88.5%。其他人数较多的少数民族有白族43人、苗族48人、傈僳族28人、傣族19人、哈尼族17人。

自然概貌 东华镇地形广阔平坦，俗称“小骠坝子”，位于楚雄市中部，坐落于国家级森林公园紫溪山南麓，境内地势东北低、西南高。东北部为对称倾斜盆地，地势平坦，土地肥沃，水源充沛，土壤多为冲积和坡积形成的砂质红壤土，酸碱度为偏酸性，土层较深厚，砂粒适中，耕作性良好；西南部山区群山均属哀牢山系东麓支干余脉，呈西北东南走向，属高山峡谷区，山岭绵延跌宕，沟壑纵横交织，土壤多为紫色砂页岩风化形成的紫色土，酸碱度为中性或略偏酸，土层浅，常夹有半风化碎石。海拔较高的山峰有松子房、祭天山、大蛇腰梁子、瓦坡里山等，松子房山海拔2540米，为境内最高峰。东华镇属亚热带季风气候，年平均气温15.6℃，平均降雨量831毫米，平均日照2422小时，平均降霜期96天，自然灾害主要有霜冻、洪涝、冰雹、风灾等。境内河流以达苴丫口为分水岭，分别属金沙江和元江水系，贯穿东华坝子的东华河，为龙川江支流，属金沙江水系，汇流后于三家塘注入龙川江；发源于南华县五街的马龙河和发源于紫溪镇岔河的白衣河，为礼社江支流，属元江水系，穿境而过后，于红卫桥汇流后至双柏鄂嘉注入礼社江。

资源特产 2022年，东华镇矿产资源以砂、石为主，部分地区有有色金属铜、金矿等。初步探明铅蕴藏量1万吨，饰面用大理石矿储量1749万吨。境内马龙河、白衣河流域土壤肥沃，属低热河谷，适宜种植反季蔬菜、水果等特色农产品。主要种植烤烟、水稻、玉米、小麦、油菜等作物。有小（2）型水库28座、小坝塘757座，常年蓄水1100立方米，有河流11条。有林地面积3.68万公顷，其中，国家级公益林面积3133.33公顷，省级公益林面积1.39万公顷，其他林地面积1.99万公顷；森林覆盖率80.71%；活立木蓄积2411.17万立方米。有经济林果973.33公顷，林业资源丰富，野生菌种类繁多，有野生中草药材及绿孔雀、锦鸡、猴子等珍稀动物。

【经济发展】 2022年，东华镇完成固定资产投资7亿元，比上年增长11.4%；完成招商引资7.41亿元，增长20%；完成一般公共预算收入318.98万元，增长4.33%；完成向上争资500万元，增长7.53%；完成市场主体培育265户，增长194.44%。居民人均可支配收入1.67万元，增长8%。

【教育与卫生】 2022年，东华镇有学校8所，其中，普通初中1所，实验中学1所，中心小学1所，村级小学5所；有专任教师125人，在校学生1151人，初中毕业学生86人；在园幼儿教师11人，入园幼儿215人。年内，中心幼儿园探索农村一园多点办园模式，提升办学质量，解决入园难、入优质园贵的问题，成功创建云南省二级一等幼儿园；小学六年级连续6年语文、数学平均分总和居全市第一，六年级管理及教学工作经验在全市推广；初中教育持续提质，普通高中上线59人，超出目标20人，上线率50.9%，在坝区八校中排名第二。拥有营业执照医疗卫生机构15所，其中，乡镇卫生院1所，村卫生室11所，民营诊所3所。医疗卫生机构拥有床位102张，卫生技术人员53人，其中执业医师（含助理医师）31人，推进“医养结合”服务体系建设，把家庭医生签约服务质量放在首位，家庭医生签约2.58万人，签约率88.8%。向重点人群免费发放“健康防疫包”2001份。

【社会生活】 2022年，东华镇城镇居民最低生活保障新增9户9人，发放生活保障金5.4万元；享受农村最

4月8日，东华镇组织干部职工参加义务献血　　（东华镇　提供）

低生活保障待遇564户1264人，发放生活保障金401.52万元。实施动态管理99户247人。发放农村低保1264人次416.87万元、城市低保9人次5.61万元、农村临时救助172户20.63万元。走访慰问低保户、“五保户”32户，发放慰问金1.92万元。供养对象97人，发放供养金120.45万元。80岁以上高龄老人444人享受每月50元的保健补助；发放孤儿生活费11人17.02万元。完成农村劳动力就业转移1.16万人。全镇参保人数累计1.49万人，领取养老保险金4671人次，发放养老金692.88万元。

【乡村振兴】　2022年，东华镇开展防止返贫监测帮扶集中排查工作2次，累计参加防返贫监测与帮扶集中排查工作培训450人，通过培训全镇基层监测员能熟练掌握相关政策和工作流程。累计入户排查在册脱贫户、监测对象、一般户625户，及时把13户22人纳入监测并落实帮扶措施，未发生规模性返贫。开展产业帮扶、小额信贷、技能培训、发展优势特色产业等多渠道帮扶，脱贫人口、边缘易致贫人口外出务工881人，本地灵活就业315人，落实乡村公益性岗位28人，防贫保险赔付7.35万元，减免医疗费用7.67万元，雨露计划和东西协作计划资助学生38人。实施村集体经济强村工程，11个村集体经济收入10万元以上。

【重点项目建设】　2022年，东华镇完成邑多么村委会至塔苦么公路20.34千米、力峨么上村至红卫公路6.66千米、红墙村委会至龙坝岔路5.3千米公路硬化项目前期设计等工作；完成投资70万元2.3千米枇杷产业道路硬化项目。投资145万元实施“中国好粮油”项目核心区69.07公顷，4个村委会7个村民小组受益；完成投资327万元的高标准农田建设项目。完成户厕改造586座，建成公厕3座。完成投资106万元的大百宰、上小百宰、上棚门一组、下达苴人居环境污水治理项目。投资15.66万元完成红墙小组小坝塘修复工程，完成63万元的本东村枇杷水利建设，完成投资100万元的25件小（2）型水库维修养护项目，完成投资47万元的五小水利工程建设，完成投资448万元的罗其美生态清洁小流域综合治理工程。投资199万元建成新能源烤房30座，投资23万元实施莲华村小伍排电力改造项目。

【产业发展】　2022年，东华镇推进产业结构调整，随着枇杷基地、蓝莓基地、猕猴桃基地、人工食用菌基地、玫瑰花基地、丝瓜基地、中药材基地和百果园建成使用，逐步改变烤烟“一枝独秀”产业发展格局。种植烤烟1333.33公顷，完成280万千克烟叶收购任务，均价34.06元/千克，上等烟比例77.39%，实现烟叶产值9536.8万元，税收2098万元。推进“一乡一特”“一村一品”专业村建设，加快发展特色经济作物种植，种植优质魔芋200公顷，实现产值3600万元；特色蔬菜133.33公顷，产值1600万元。“龙头企业+合作社+基地+农户”发展模式带动枇杷产业持续发展壮大，实现产值1000余万元。“公司+专家工作站+基地”发展猕猴桃产业，绿巨人生物科技有限公司40公顷标准化猕猴桃种植基地实现产值460万元。“合作社+基地+农户”发展红梨产业，实现产值1200万元。推广种植万寿菊40公顷、花卉33.33公顷、中药材139.33公顷。年内，出栏家禽50万羽、生猪5.5万头、肉牛2805头、肉羊1.7万只，禽蛋产量4400吨，肉类总产量6500吨，实现畜牧业产值1.07亿元。改造红墙山里人家农家小院1个，加大“东华六家人”（红墙村“山里人家”、路上村“野趣人家”、力峨么村“空中人家”、邑多么村“热谷人家”、宜茨村“水岸人家”和达苴村“峡谷人家”）旅游宣传力度，拓展小伍排农业观光园旅游市场，提高乡村旅游知名度，接待游客35万人次，实现经营收入1500万元。

【粮食安全】　2022年，东华镇粮食作物种植面积3773.33公顷，比上年增长1.15%；粮食总产量2.25万吨，增长10.3%。严格管控耕地用途，巩固“大棚房”清理整治成果，查处乱占耕地建房5起，整改卫片执法图斑4个。保护和有效补充耕地面积，压实11个村委会耕地保护目标责任，确保3526.67公顷耕地、3100公顷基本农田保有量不减少、用途不改变、质量不降低。

【人居环境整治提升】　2022年，东华镇建立党政班子成员包村、带头参加户长会、双月考核、干部追责、整治保障5项机制，精准压实责任，“周五清洁日”人居环境整治常态化开展，发动群众投工投劳4.2万人次，清运垃圾2000余吨，投入43万元组织挖机作业、时长2800余小时，清理“五堆十乱”3000余处，农村“乱象”得到遏制。动员群众捐款捐物提升人居环境，收到捐赠资金12万元，绿化苗木4000余株。多渠道争取资金支持，投入341万元实施莲棚邑四组等11个小组污水治理项目。利用村间空闲地，打造特色小广场12块1321平方米。开展“美丽庭院”创建，引导农户种植花草、果树、盆景，清理整治庭院、屋内卫生。年内，莲华村被评为州级“美丽宜居示范村”，莲四、上瓦午、山前村被评为州级“美丽宜居示范小组”，各村委会均打造3个以上人居环境整治示范小组。

【社会治理】 2022年，东华镇开展“家风家教、学法用法、促乡村治理”宣教活动1期，开展“国家反诈中心”App安装宣传培训4期，提升群众道德法治素质，推进法治乡村治理。年内，开展“夏季治安整治百日行动”，接处警850起，比上年下降5.8%，治安案件查处率86.97%。开展“缉枪治爆百日行动”，刑事案件发生率下降3.5%。传统“盗抢骗”发案率下降24.5%，挽回经济损失105万元。

【生态保护】 2022年，东华镇抓好生态环保督察发现问题“回头看”，反馈问题全部整改到位。严格落实河湖长制，开展白衣河、马龙河、河前河河道整治工作，党员干部群众累计参与1100余人次，累计清理河道65千米，投入机械、车辆140台次，清运淤泥、垃圾1000余吨。

【平安建设】 2022年，东华镇排查矛盾纠纷195件，调解195件，调解成功190件，调解成功率97.4%。做好信访处置工作，接待群众来信来访81件次，集中开展信访矛盾风险隐患大排查大化解大督查专项行动4次，全域走访农户7148户，分析研判潜在矛盾，针对性开展劝解，就地化解矛盾，做到矛盾不出户、不出村。“3·08”故意伤害案影响逐步消除，形成“轮户联防”的创新工作经验。落实国务院15条安全生产措施，开展安全隐患大排查大整治9次，整改各类安全隐患76个，增设安全标识72处。开展自建房专项整治“百日攻坚行动”，排查居民自建房屋7148幢，判定存在安全隐患的64幢房屋完成整改、消除安全隐患。落实食品安全“两个责任”（食品安全属地管理责任、食品生产经营单位主体责任），与259户经营主体签订责任书，未发生食品安全事故。产品质量、食品药品、校园、农机、网络意识形态等安全有效管控，全州农机安全应急演练在新柳上瓦午举行。开展房屋、建（构）筑物与电力线路安全隐患专项整治，较大以上生产安全事故保持控制为零。及时通报恶劣天气预警信号，有效应对突发性冰雹灾害2次。组织开展郑州“7·20”特大暴雨警示教育12场次、防灾避险演练182个村组。

【枇杷产业】 2022年，东华镇通过对楚雄市兴蕴枇杷种植专业合作社政策扶持，带动全镇11个行政村1286户村民种植生态枇杷866.66公顷，新增对口岗位42个。依托合作社成立兴蕴枇杷专业技术协会，聘请枇杷种植专家担任技术顾问，对枇杷种植、中耕管理、采摘、运输等环节进行实操指导、技术培训，协会与合作社联合攻关打造绿色有机品牌，进行绿色有机农产品认证，注册“兴蕴”“彝州金果果”“彝州金果”3个商标。兴蕴枇杷种植专业合作社牵头，发展农村电商，通过淘宝、拼多多、抖音、微信小程序等平台，开辟北京、上海、浙江、重庆、四川、贵州、福建7个省级市场，建立稳定销售渠道，“品牌+电商”双管齐下，解决农户独自面向市场的难题。年内，全镇枇杷网络销售27万单，销售额1500余万元，带动213户脱贫户户均增收2万元。

（段全龙）

子午镇

【概况】 2022年，子午镇辖区总面积361.8平方千米，东邻鹿城镇，南连双柏县妥甸镇，西接东华镇、大地基乡。镇人民政府驻地子午街，距鹿城镇25千米，省道226线、元双公路穿境而过。下辖子午、法邑、以口、罗只碑、袁家、杞木、打苴、鹿宜、云龙、曙光、挖铜、旧关、邑舍13个村民委员会，192个自然村，213个村民小组。耕地总面积3040公顷，其中，水田2006.67公顷，占耕地面积的66%；旱地1033.33公顷，占耕地总面积的34%。

人口民族　2022年末，子午镇总户数1.02万户，总人口3.42万人，其中，男性1.74万人，女性1.68万人。镇内居住着汉族、彝族、苗族、回族、白族等民族，其中，汉族3万人，占总人口的87.62%，少数民族人口4232人，占总人口的12.38%。

自然概貌　子午镇地势西南高、东北低。境内地形以盆地为主，子午、法邑、以口、罗只碑、袁家、云龙6个村委会地处子午坝子，地势相对平坦。杞木、打苴、鹿宜、曙光、挖铜、旧关、邑舍7个村委会地处山坝接合部，地形以山地为主。最高海拔云龙村委会乌龙寺村民小组，海拔2390米；最低海拔旧关村委会岔河村民小组，海拔1020米；镇人民政府所在地海拔1860米。年平均气温15.3℃，有小坝塘1071座，2022年蓄水量1182.8万立方米，年平均降雨量800毫米。

资源特产　子午镇土地肥沃，素有“骠川坝子”“南安古镇”“粮烟基地”“花灯之乡”美誉。盛产水稻、烤烟，是云南省国家现代烟草农业示范区之一。境内水系发达，河流密布，溪沟纵横，主要水系属长江上游金沙江源头水系，子午小河是镇内主要河流，流经云龙、子午等9个行政村，于袁家村委会下马房流入楚雄青龙河，沿途有瓦窑河、杞木河、以口小河等6条较大的支流汇入，属金沙江上游水系；其他河流主要有滴水箐小河、打苴小河、邑舍小河及白衣河等4条支流，属红河水系、礼社江上游支流。境内自然资源丰富，矿藏资源主要有沙、石、褐铁矿，森林覆盖率68.45%。镇内根艺制作、云龙酱油、龙点山泉、葡萄井泉饮品、蓝莓、虾青素鸡蛋等享誉州内外。

【经济发展】 2022年，子午镇完成固定资产投资7.25亿元，完成招商引资7.49亿元，完成市场主体培育272户，完成一般公共预算收入2250万元，完成向上争取资金876万元，居民储蓄存款余额5.89亿元。粮食作物种植面积4260公顷，粮食产量2815.6万千克，种植烤烟面积1380公顷，其中，“2260”项目区（云南“2260”优质烟叶工程，是指在云南省选择20个生态条件较好的烟叶基地县，每个县种植1万亩烟叶，每年生产60万担高端优质烟叶，支撑云产高端卷烟品牌发展）面积666.67公顷。完成292万千克烟叶收购任务，均价33.76元/千克，上等烟比例76.4%，烟农收入9857.55万元，税收2168.66万元；禽蛋产量210吨，肉类总产量6485吨，畜牧业产值1.5亿元。种植蔬菜1200公顷、德国米葱33.33公顷、蓝莓46.67公顷，推广种植万寿菊10.2公顷、油菜766.67公顷，种植人工食用菌21万平方米、花卉51.86公顷、中药材165.73公顷、鲜食水果169公顷、魔芋207.86公顷，实现每个产业均有1户龙头企业落户子午带动发展。

【教育与卫生】 2022年，子午镇有幼儿园7所，班级9个，教师10人，幼儿195人；小学12所，班级63个，教师129人，学生1103人；中学2所，班级13个，教师59人，学生425人。9月，全镇12所完小六年级集中法邑完小办学，教学成绩超出市教体局下达目标任务17.8%。年内，子午中学被市委、市人民政府表彰为“楚雄市2021年度教育工作先进集体”，子午中学、云龙中学获“楚雄州2021年度初中教育质量综合考评先进学校”坝区二等奖，云龙中学被楚雄州人民政府督导室授予“楚雄州现代教育州级示范学校”称号、获评“市级文明校园”。接受云南省疾控接种率现场调查，在子午卫生院和云龙村、法邑村卫生室分别建立楚雄市紧密型医共体李学勇专家传承工作站（工作室）；子午卫生院胸痛救治单元建设顺利通过州级验收。

【文化旅游】 2022年，子午镇挖掘“骠川文化”丰富内涵，加强传统村落、传统民居和历史文化遗迹保护，支持花灯、根雕、剪纸等传统技艺传承发展和创作更多展示地域文化特色、人民群众喜爱的文化、文学艺术精品。依托云龙教育基地，深挖古村、古戏、古建、古树、古墓、古井等历史文化资源，推进“云龙、爱尔发、以口夸+白衣河”乡村旅游线路打造，以万亩油菜花、以口古村民宿、骠川八大碗为支撑，构建多元化乡村旅游新业态。年内，成功举办白衣河风情热谷乡村旅游文化节、骠川油菜花海艺术节等活动，吸引游客4万人次；以口夸被命名为楚雄州文化产业园区。

【社会生活】 2022年，子午镇推进总投资为1437万元的公墓三期相关手续办理；5月30日，投资386万元的子午镇东陵公墓二期项目竣工并投入使用。发放特困供养资金109.4万元，发放城乡低保保障金316.4万元，发放儿童生活补贴16.2万元，为802名80周岁老年人购买老年人意外保险1.6万元，为5475名60周岁以上老人和27名55～59周岁重度残疾人发放补助养老金。城乡居民养老保险和医疗保险参保续保率98%以上。完成劳务输出1.21万人次，其中，输出国外6人次、省外2687人次、省内9393人次。

7月12日，云南稔茁农业科技有限公司员工在子午镇收购农户种植的花椰菜
（子午镇　提供）

【乡村振兴】 2022年，子午镇完成新一轮脱贫人口和收入万元以下农户收入摸底调查、三年收入增长计划、帮扶措施制定和信息录入工作。实施市下达衔接推进乡村振兴项目，涉及资金3批次216.96万元；落实发放小额信贷资金130万元，围绕“工资性、经营性、财产性、转移性”4项重点，完成脱贫人口转移就业875人次，发放城乡低保金127.8万元、临时救助金10.28万元，防贫保险赔付3.77万元，减免医疗费用260.03万元，雨露计划和东西协作计划资助学生51人、落实乡村公益性岗位25人。实施乡村振兴“十百千”示范工程（10个乡村振兴示范乡镇、100个精品示范村和1000个美丽村庄）建设，推进杞木、打苴2个乡村振兴示范村，小波宜、以得排、山尾巴、鲁家村4个乡村振兴示范小组建设。

【人居环境整治提升】 2022年，子午镇开展环境综合整治，增设垃圾桶300只，配备垃圾压缩清运车1辆，垃圾统一清运覆盖143个村民小组。购置一体化污水处理设备1套，建设氧化池4座，完成户厕改造6471座，行政村公厕实现全覆盖，评选美丽庭院84户。落实“河长制”，累计清理河道65千米，投入机械和车辆14台次，清运淤泥、垃圾95吨，参与党员干部群众520人。结合村规民约、红黑榜等制度，建立“一日一保洁、一周一扫除、一月一整治、一季一考核、一年一奖惩”“五个一”工作机制，打造鹿宜、以口、袁家3个人居环境全域整治试点示范村，其余村委会均完成2个以上示范小组整治提升工作。年内，挖铜村被评为省级“文明村”，子午镇获市级“城市品牌创建先进集体”和“创建国家卫生城市先进单位”。

【重点项目建设】 2022年，子午镇实施高标准农田建设2批1213.33公顷；硬化机耕道路26.8千米，改造沟渠12.53千米；完成青山湖调水工程输水管线子午段建设9.79千米；实施村组公路硬化6.96千米；投资112万元，完成1.83千米5条线路柏油路面铺设；投资382万元完成袁家、旧关、挖铜3条乡村公路生命安全防护工程建设；总投资430万元的自家冲、石板河等4座水库除险加固，完成总投资830万元的云龙、挖铜水厂等供水工程；实施完成旧关昭通寺、罗只碑甸王、袁家朱家村、曙光上下力么4个提蓄站建设；配合推进总投资600万元宜旧线电网改造工程。完成集镇污水处理厂和污水管网建设一期工程；投入资金510万元，实施集镇提升改造工程。总投资1200万元的子午加油站建设项目建成运营。实施补充耕地提质改造项目89.73公顷，城乡建设用地增减挂钩入库3.62公顷。组织实施提质改造项目8个159.97公顷、增减挂钩项目2个10.62公顷，完成残次林认定86.67公顷。

【征地拆迁】 2022年，子午镇协调配合做好楚雄东南绕城高速公路子午段7.8千米项目建设，项目涉及村委会3个、村民小组19个、农户660户。按照稳、准、快工作要求，核清正线内占用耕地43.85公顷，搬迁坟墓1235冢。完成41.09公顷农用地征地、青苗等款项兑付工作，坟墓搬迁款及基础设施配套资金兑付到村民小组及农户；兑付4座砖瓦窑、4户房屋拆迁、以口村委会搬迁补偿款。推进2个养殖场、1口机井、10户房屋拆迁。

【社会治理】 2022年，子午镇开展婚姻家庭矛盾纠纷化解专项行动、打击整治养老诈骗专项行动、集中开展突出矛盾风险大排查大化解专项行动、加强特殊群众服务管理建设及命案防控三年攻坚专项行动4个专项行动，排查7项矛盾纠纷252件，其中，高风险8件、中风险32件、低风险212件；化解246件，推进化解6件。严肃查处各类交通违法行为1700余起，增设安全标识72处。组织开展郑州“7・20”特大暴雨警示教育，开展反诈App安装宣传培训，组织镇村防震避震及防汛应急演练215场次，做好农村经营性自建房排查整治“百日攻坚行动”。

【云龙红色文旅】 2022年，子午镇深挖云龙古镇文化、红色文化、生态旅游资源，以云龙红色教育基地为依托，采取“村委会+合作社+企业”运作模式和“红色+民俗”“红色+生态”“红色+美丽庭院”等发展模式，拓展延伸红色文化乡村产业链，促进乡村红色文化产业融合发展，成立云龙红色古村乡村旅游专业合作社，带动农户以闲置资产入股。累计服务学员培训86批次5810人次，51户农户通过到合作社参与劳务服务增加收

7月30日，子午镇举办“喜迎二十大 绿色骠川行”田园生态健康跑活动 （子午镇 提供）

入，村集体经济收入15万元。通过红色教育基地辐射带动，引入樱桃、杨梅、红梨等经济林果，提升水稻、魔芋、中药材等种植品质和规模，建立花椒、核桃、魔芋、蔬菜种植等产业发展基地5个，围绕根雕、剪纸、农副土特产等开发旅游纪念品，发展农特产品销售、小手工作坊、农家小吃等20户，带动农户增收。

【田园生态健康跑活动】 2022年7月30日上午，子午镇以"喜迎二十大 绿色骠川行"为主题，举办2022年田园生态健康跑活动。活动由楚雄跑吧主办，子午镇文化和旅游广播电视体育服务中心、楚雄市利民烟叶种植专业合作社承办。健康跑路线以云龙红色教育基地为起点，途经云龙古街、子午镇万亩烤烟种植核心区、罗只碑蓝莓基地、云南骏成蔬菜种植基地、以口夸国家级传统村落，全程约20千米，参加活动90余人。

【雨生红球藻产业】 2022年，子午镇以"生态出游、绿色食品"为抓手，依托楚雄雨生红球藻资源优势，发挥辖区企业云南爱尔发生物技术股份有限公司引领作用，新建红球藻产业化基地14.66公顷，带动科普、休闲观光、旅游一体化发展。年内，雨生红球藻培养规模40万平方米，实现产量500余吨，产值1.68亿元；提供稳定就业岗位300个，带动群众增收1500余万元。

（王永华）

苍岭镇

【概况】 2022年，苍岭镇辖区总面积344.48平方千米，东与禄丰市交界，南与鹿城镇相连，西与东瓜镇接壤，北与牟定县毗邻，东西横距24千米，南北纵距15千米。下辖西云、云甸、黄草、苍岭、李家、智明、竹园、石涧8个村民委员会，166个村民小组，198个自然村。耕地总面积2873.33公顷，其中，水田2173.33公顷，占耕地面积的75.7%；旱地700公顷，占耕地面积的24.3%。境内交通便利，安（宁）楚（雄）高速公路、楚南一级公路、320国道、广（通）楚（雄）公路、广（通）大（理）铁路穿境而过，是楚雄市东部交通要道交会点。

人口民族 2022年末，苍岭镇辖区总户数8715户，总人口3.24万人。境内主要居住着汉族、彝族、回族、苗族、白族等民族，其中少数民族人口6958人。

自然概貌 苍岭镇地势中南部高，东北西部低，呈波状起伏，多丘陵盆地。境内山脉西云、云甸、饱满街一带东呈西走向，腰站街一带呈南北走向。全镇最高点西云平掌山海拔2244米，最低点云甸彭家庄海拔1560米，平均海拔1790米，镇政府驻地饱满街海拔1820米。河流分属金沙江、元江水系，饱满街和腰站街坝子属金沙江水系，云甸和西云属元江水系。辖区内龙川江过境12千米，有小（1）型水库4座、小（2）型水库35座、小坝塘653个。

气候特点 苍岭镇属北亚热带季风气候区，气温垂直变化大，气候温和湿润，冬无严寒，夏无酷暑。气温日差较大，年差较小；干湿分明，雨热同期；日照充足，霜期较短；年平均气温15.2℃，平均降雨量900毫米。

资源特产 苍岭镇境内矿藏主要有砂、石矿。土壤有紫色土、水稻土、红壤土、冲积土4个土类。森林资源丰富，有樟木、香果树、红豆杉等珍贵树种，云南松大面积分布，有林地2.41公顷，其中，公益林1.03公顷，商品林1.38公顷，森林覆盖率71.3%。全镇为山坝区接合地区，土地类型多样，适合多种作物生长，盛产水稻、烤烟、玉米、蚕豆、油菜等农作物，是楚雄市的粮食主产区和优质米基地，被誉为"滇中米粮仓"。饱满街大米在楚雄州享有盛誉。

历史文化 苍岭镇黄草元吉屯存有数量众多的恐龙足印化石，其中蜥脚恐龙足印数量居全国之首。西云团山布里塔庙是全国保存最为完整的彝族土主庙。前马房美丽宜居示范村建设成为远近闻名的特色示范村，成为楚雄市民钓鱼休闲，餐饮娱乐的好去处，成为苍岭镇发展乡村旅游观光、娱乐休闲的带头村。境内有一段保存最为完整的老滇缅公路，全长20千米。为铭记抗战历史，建立10余块反映修建滇缅公路和抗战历史的墙画，一面长100余米的浮雕，记录20万民工齐心修建滇缅公路和保卫滇缅公路等场景。

【经济发展】 2022年，苍岭镇完成招商引资7.05亿元，完成年度目标任务7.01亿元的100.6%；完成固定资产投资7.64亿元，完成年度目标任务7亿元的109.4%；完成公共财政预算收入825万元，完成年度目标任务的101%；完成向上争资485万元，完成年度目标任务的105%；完成培育市

5月24日，苍岭镇村民插秧现场　　（苍岭镇　提供）

场主体267户，完成年度目标任务的153.4%。年内，完成项目签约2个。

【教育与卫生】 2022年，苍岭镇有幼儿园8所（含私立幼儿园），班级19个，教师19人，幼儿474人；小学9所，班级52个，教师101人，学生1029人；中学1所，班级13个，教师61人，学生436人。年内，全镇小学巩固率、升学率100%，初中零辍学。苍岭中学普通高中上线率53%，教育教学综合考核被州教育局表彰为二等奖。苍岭卫生院胸痛救治单元通过国家级验收、老年友善医院通过州级验收、呼吸病规范化诊疗体系建设通过认证，成功创建云南省一级甲等卫生院。

4月13日，苍岭镇邻里议事院村民举手表决　　（苍岭镇　提供）

【社会生活】 2022年，苍岭镇投资70万元实施提升改造集镇养老服务中心，敬老院集中供养老人17人。城乡居民基本养老保险、基本医疗保险实现全覆盖，发放各类补助、救助资金1.17万人次843.46万元；累计参加医疗保险2.78万人，养老保险1.19万人。开展“一卡通”专项整治工作，惠民惠农财政补贴资金全部直达群众。年内，农村劳动力转移就业1.21万人，新增就业3015人。

【乡村振兴】 2022年，苍岭镇建立防范和消除返贫致贫风险实时监测及“一人一策”“一户一策”帮扶机制。年内，全镇619户2132人脱贫人口和监测对象稳定增收，人均纯收入1.59万元，比上年增长15.13%。贫困劳动力外出务工862人，开发公益性岗位34个，确保“零务工”家庭至少有1人就业，累计发放贫困劳动力外出务工奖励补助4.1万元，惠及41人。

【特色农业产业】 2022年，苍岭镇持续优化鲜切花、果蔬、食用菌等特色农业，泉潮花卉、康霞花卉、嘉济果屋、滕丰农业种植有限公司等落地投产，266.66公顷花卉、152.47公顷蔬菜、77.86公顷水果构成的高原特色农业产业发挥示范引领作用，“半小时务工圈”优秀案例被州委主要领导批示表扬并在全州推广。成立苍岭“一头牛”养殖专业合作社和肉牛养殖党支部，启动肉牛养殖示范镇建设，全市肉牛产业高质量发展现场会在苍岭召开。年内，全镇肉牛存栏8610头，比上年增长54%，肉牛出栏4750头，总产值5894万元。落实绿色高效水稻示范样板46.66公顷，完成大春粮食种植面积2666.66公顷，产量2.04万吨；小春1433.33公顷，产量4850吨，产量稳中有升；完成80万千克烟叶收购任务，增加3万千克、增长4%；均价33.45元/千克，增加1.1元/千克；实现烟农卖烟收入2676.09万元，增加185.17万元，烟农户均收入6.97万元，增加6629元，完成烟叶税收588.74万元，增加40.74万元。

【基础设施建设】 2022年，苍岭镇投资4480.07万元，实施耕地占补平衡项目8个，新增耕地123.5公顷，新建高标准农田86.66公顷，配套完善一批沟渠、机耕道路和提水设施，全市耕地占补平衡项目和城乡建设用地增减挂钩工作现场会在苍岭召开。投资300余万元实施岔河坝、冷水凹、蜂窝河3座小（2）型水库除险加固工程。投资88万元实施22座小（2）型水库维修养护工程。投资200万元完成竹园大桥改造项目。投资230万元实施苍岭村曹官冲至苍蒲冲路段路面硬化4.2千米、路面修复3千米。投入182.35万元实施竹园村高标准农田建设86.66公顷，机耕路硬化3条2.35千米。投入资金180余万元完成7个电力台区的新增布点投运工作，涉及云甸、竹园、李家、石涧4个村委会7个村民小组，新建10千伏石涧至陈家村支线1.2千米。

【招商引资】 2022年，苍岭镇开展把客商“请进来”招商考察10场次，“自己走出去”招商项目考察6场次，与客商见面洽谈13次，成功签约云南种业集团籽种繁育和楚雄中能石油有限公司苍岭加油站2个重点项目。其中，重大产业项目1个，亿元项目1个。聚焦乡村旅游新业态新模式，前马房、马石铺“茶马驿”田园综合体项目规划通过州、市初级评审，与楚雄州振彝公司达成投资合作意向。

【平安建设】 2022年，苍岭镇完成清真寺改造和三化治理任务，抓好马石铺、罗苴美民族团结进步示范村创建。安全生产、自建房安全、食品药品安全等专项整治大检查全覆盖、常态化开展，较大以上生产安全事故继续保持“零控制”。排查矛盾纠纷271件，成功调解252件，调解率93%；开展夏季治安打击整治“百日行动”，刑事、治安警情分别下降16%、20%；刑事案件发案52件，破案15件，打处15人；受理治安案件34件，处罚40人。平稳处置“2·01”

道路交通事故。开展道路交通安全劝导6000余次，查处道路交通违法行为1710起，其中查处酒醉驾38件38人。常态化开展扫黑除恶斗争，全面开展反电信诈骗典型案例宣传教育，获州级“无命案乡镇”表彰。

（穆师娇）

三街镇

【概况】 2022年，三街镇辖区总面积206平方千米，东与大过口乡交界，西与八角镇、树苴乡相连，南与中山镇接壤，北与南华县一街乡毗邻。南景线、南大线公路穿境而过，是通往树苴乡、八角镇、中山镇、大过口乡、西舍路镇的主要通道。下辖三街、多衣树、上新房、力戈、土墙、天生坝、蚂蝗箐、背阴、普嘎、酒簸、黑泥11个行政村，238个村民小组，306个自然村。耕地总面积1400公顷，其中，水田213.33公顷，占耕地面积的15.2%；旱地1186.67公顷，占耕地面积的84.8%，人均耕地0.058公顷。林地1.45万公顷，其中，公益林9140公顷，商品林5360公顷，人均有林地0.6公顷。

人口民族　2022年末，三街镇总户数6588户2.37万人，其中，男1.2万人，占总人口的50.33%；女1.17万人，占总人口的49.67%，人口密度117人/平方千米。镇内居住着汉族、彝族、苗族、白族、回族等民族。其中，彝族人口1.21万人，占总人口的50.97%，汉族人口1.13万人，占总人口的47.55%。

自然概貌　三街镇境内地貌以山地为主，地势北高南低，最高海拔2645米，最低海拔1200米，相对高差1445米，镇政府驻地海拔1780米。三街河由北向南纵贯全镇境内，流经八角镇后注入礼社江。镇境内气候温和，年平均气温20.94℃，年平均降雨量678.3毫米，主导风向为西南风，主要土壤为红壤、黄棕壤等，主要自然灾害有干旱、洪涝、风灾、冰雹、泥石流、滑坡等。

资源特产　三街镇煤炭资源丰富，主要为无烟煤，初步探明储量531万吨，涵盖全镇8个行政村。三街镇农作物多为一年两熟，主要农作物有玉米、小麦、水稻、烤烟、萝卜、魔芋、工业辣椒、贡菜等。主要农副产品为生猪、黑山羊、牛、魔芋、香菌等。主要经济林果有核桃、茶叶、冬红梨、木梨。主要野生动物有白鹇、猴子、麂子、野兔、豪猪、野鸡、猫头鹰、斑鸠、画眉等。主要植物有云南松、高山栎、山茶花、马缨花、杨梅、竹子等。野生食用菌有松茸、香菌、木耳、鸡枞、牛肝菌等。

7月9日，三街镇天生坝嘎纳五街赶集日　（三街镇　提供）

【经济发展】 2022年，三街镇实现农村经济总收入6.7亿元，比上年增长8%；实现农村居民人均可支配收入1.81万元，增长12%；完成固定资产投资6.5亿元，增长44.4%；完成招商引资4.86亿元，增长51.63%；完成公共财政预算收入930万元，完成向上争资275万元，完成市场主体培育130户。种植粮食2200公顷，产量1.25万吨；经济作物1546.67公顷，产量1.07万吨。种植烤烟433.33公顷，圆满完成烤烟收购86万千克任务，平均单价34.5元/千克，收购均价连续五年居全市第一，烟农收入2967万元。种植巨菌草122.33公顷。生猪出栏3.27万头，牛出栏3500头，羊出栏5544只，家禽出栏24万羽，畜牧业产值1.42亿元。肉牛存栏1.25万头，规模养殖7户，适度规模养殖户70户，累计发放肉牛贷款569户2597万元，投保83户12.52万元。

【教育与卫生】 2022年，三街镇普通高中上线率61.3%，高中录取103人，职高就读43人，中职学校（包括楚雄技师学院和州外中专学校）就读11人，高中阶段升学率93.4%，小学升学率100%。年内，资助贫困学生49人次，累计发放资助金8.55万元；三街中学获楚雄州初级中学教育教学质量综合考核一等奖。投资10万元完成卫生院胸痛救治单元和呼吸专科建设；投资50万元完成多衣树、黑泥村卫生室改扩建。

【文化旅游】 2022年，三街镇组建红色文化研究会，发挥“乡贤能人”作用，收集整理珍贵照片、文字、拍摄视频，对红色文化进行抢救式保护，实施文化惠民工程，推出“红色文化”引领文明实践宣传工作品牌，依托新时代文明实践中心（站）开展文明实践活动86次，群众文化活动11次，志愿服务活动42次，技能培训10期。以“五四”青年节、“六一”儿童节、“七一”建党节等节日为契机，组织开展形式多样的文艺表演活动30余场次。年内，三街镇新时代文明实践所和文化旅游服务中心累计接待参观群众5000余人。

【社会生活】 2022年，三街镇发放城乡低保301.24万元，救助358户936人；发放临时救助20万元，救助170户；发放自然灾害救助22万元，救助396户805人；发放特困供养人员生活补贴及护理补贴110.63万元，救助100人；发放优抚对象定期定量补助152人107.42万元、残疾人两项补贴373人26.15万元。申报独生子女养老扶助274人，申报独生子女伤残、失独家庭特别扶助46人，申报独生子女户、双女绝育户城乡医保减免2604人，申报独生子女14岁以内保健费57人，申报独生子女奖学金93人，发放计划生育奖优免补等资金100万余元。发放高龄补贴417人22.22万元，兑付惠民殡葬补助资金202人40.3万元。城乡居民基本养老保险参保总人数1.65万人，城乡居民基本养老保险缴费率97%。发放城乡居民基本养老保险待遇4.25万人次527.67万元，医疗保险参保率97%以上，建档立卡脱贫户100%参保。年内，受理便民服务事项4986项，办结4986项，按时办结率100%；受理群众诉求5件，办结5件；村级为民服务站受理便民服务事项4876项，办结4876项，办结率100%。

【乡村振兴】 2022年，三街镇对11个村6681户农户开展拉网式集中排查2次，新识别边缘易致贫户1户2人、脱贫不稳定户1户2人、风险消除回退3户8人；652户脱贫户和监测对象逐户安排落实产业、就业、金融、健康和教育等帮扶措施及增收目标；组织技能培训班10期335人，实现劳动力转移就业8728人，脱贫人口和监测人口实现稳定就业966人，乡村公益性岗位在岗55人；完成29户脱贫户及监测对象133万元小额信贷发放。实施乡村建设行动“十百千”示范工程，完成村庄规划编制8个，打造精品示范村2个、美丽村庄11个，完成酒簸村委会乡村振兴规划编制工作，推进项目建设。

【重点项目建设】 2022年，三街镇投资850万元的集镇新建加油站建设项目完工并投入使用，投资80万元新建天生坝大村至独坟梁子公路建设项目一期4.3千米完工，投资120万元的二期路面硬化和桥涵挡墙项目开工建设。完成天生坝村委会至天生坝大村6千米、三南线杨家路口至杨家618米2个自然村通硬化路项目；完成普嘎村委会至何家至樟木树3.03千米、天生坝芭蕉箐2.12千米、蚂蝗箐务五1.82千米的自然村通硬化路建设项目前期施工图设计评审工作；完成黑泥施家箐至秧鸡扎4.02千米、上新房陆依堵2.99千米、多衣树偌苴拉2.54千米的自然村通硬化路项目前期施工图设计评审工作。投资40万元完成上新房陆依堵小组1.2千米道路硬化项目；投资552.4万元完成682个烟田水窖建设项目；投资240万元开展绝缘化改造8个台区；投资68万元开展业扩新增86户；投资2万元清理10千伏线路通道树障隐患3万棵；投资100万元完成背阴村委会大平掌民族团结示范村建设项目；投资20万元完成天生坝茶叶分拣房建设项目；投资57万元完成天生坝肉牛养殖厂房建设项目；投资4万元完成天生坝围栏建设项目；投资30万元完成天生坝村级活动场所建设2个；投资22万元编制完成《三街镇酒簸村委会乡村振兴规划（2022—2025年）及2035年远景目标》规划；投资30万元完成酒簸罗家人家环境整治提升；完成农房抗震安居工程98户；加快推进投资1130万元的公山水库集中供水工程、投资80万元的上新房村委会居家养老服务中心等项目建设工作。

【人居环境整治提升】 2022年，三街镇实行238个村组全域环境整治，实施力戈木处郎、酒簸罗家、背阴小广庄、大平掌等农村生活污水集中处理，实现雨污分流；推进村庄清洁行动，打造酒簸罗家清廉村居主题、背阴大平掌民族团结主题、背阴小广庄特色产业发展、力戈木处郎污水治理、土墙者家花园庭院等一批各具特点的示范村组，通过“典型引路”促进农村人居环境整治提档升级。8月，在全市人居环境整治双月考核中，三街镇获第一名，获得奖金30万元。12月，在人居环境整治双月考核中，三街镇获得山区片第四名，获得奖金10万元。规范受理宅基地审批75宗，其中，原址重建54宗，易址新建15宗，改扩建6宗。推进“绿美乡村”建设，背阴村委会大平掌小组、背阴村委会干蚂蝗鲁家小组、背阴村委会干蚂蝗杨家小组、背阴村委会田房小组、背阴村委会小广庄小组、酒簸村委会仓房小组、酒簸村委会大荒地小组、酒簸村委会罗家小组8个村组被评为州级“绿美乡村”。

【文明实践活动】 2022年，三街镇新时代文明实践所和11个村级新时代文明实践站组建理论政策宣讲、文艺文化服务、医疗健身、科学普及、法律服务、卫生环保等志愿服务队伍，走入村组宣讲政策理论、志愿服务精准对接群众需求、移风易俗改变传统陋俗。开展宣讲活动80场次，参与人员8000余人次，发放创文宣传单2300份，举办“创文知识”进家庭妇女座谈会6场次，参与人员300余人。结合喜迎党的二十大等重大活动，策划黑板报4期。采取全面覆盖、突出重点、点面结合方式，张贴宣传海报20份、宣传标语20条。组织干部职工收看“身边好人”“道德模范表彰大会”等节目4期，评选出市级道德模范1人。年内，三街镇成功创建“省级生态文明乡镇”，天生坝村委会核桃树小组成功创建“省级民族团结进步示范村”，背阴村委会被命名为“威楚先锋村”，三街村委会周家下村成功创建为省级“文明村镇”，多衣树村委会、背阴村委会大平掌村、三街村委会成功创建为州级“文明村镇”，背阴村委会成功创建为市级“文明村镇”。

【社会治理】 2022年，三街镇加强特殊群体服务管理、命案防控三年攻坚、打击整治养老诈骗、突出矛盾风险大排查大化解4个专项行动，被州委政法委表扬为连续5年无命案乡镇。常态化开展矛盾纠纷排查化解，持续推进“治理重复信访、化解信访积案”专项行动。年内，开展矛盾纠纷排查10次，排查出各类矛盾纠纷113件，调解率100%，调处成功104件，调解成功率92.04%。

（陈永丽）

八角镇

【概况】 2022年，八角镇辖区总面积145平方千米，下辖八角、必达、庄房、法古苴、大麦地、洒州、扎郎7个村委会，180个村民小组，226个自然村。地处国家级自然保护区（国家森林公园）哀牢山北麓、“三女找太阳”彝族传统文化保护区三尖山山麓，东临中山镇，南与南华县马街镇隔江相望，西接树苴乡，北连三街镇，被“一江两河”（礼社江、三街河、五街河）环抱。年末，耕地总面积1120公顷。

人口民族　2022年末，八角镇有4608户1.61万人，其中，乡村人口1.35万人，占83.6%，城镇人口2644人，占16.4%；女性人口7900人，占49%。境内居住着彝族、回族、白族、苗族、傣族等少数民族，其中，彝族6329人，占总人口的39.3%；回族502人，占总人口的3.1%。

自然概貌　八角镇属高山峡谷地貌，属亚热带季风气候，境内最高海拔小亮山2736米，最低海拔象鼻岭（礼社江）900米，立体气候明显，“一山有四季，十里不同天”。镇域内有喀斯特地貌及高山、原始森林，自然景观优美，野生动植物资源丰富。镇政府驻地葫芦山海拔2020米，年均温度15.6℃，年平均降雨量931毫米，气候宜人。

资源特产　八角镇煤炭资源丰富，分布在法古苴、庄房、洒洲、大麦地、扎郎5个村委会，无合法产煤企业。境内砂石、锌矿资源丰富，有砂石场1个、锌矿2个。有林地面积1.58万公顷，其中，国家级公益林3373.33公顷，省级公益林4433.33公顷，商品林3320公顷；各类经济林果种植面积4673.33公顷。种植核桃4286.67公顷，其中挂果面积2666.67公顷。种植碧根果20公顷，产量1800余吨。种植花椒100公顷，打造种植示范基地3个；发展芒果种植200公顷。种植夏威夷果26.67公顷、柑橘33.33公顷、金银花8公顷。

【经济发展】　2022年，八角镇完成固定资产投资6.59亿元，占任务数5.5亿元的119.76%；招商引资4.57亿元，占任务数4.33亿元的105%；实现一般公共预算收入774万元，占任务数759万元的101.98%；向上争资278万元，占任务数275万元的101.09%；新增市场主体159户，注销13户，净增146户，占任务数117户的124.79%。实现烤烟总产量75万千克，产值2468.72万元；粮食总产量1093.8万千克；出栏肉牛3112头、生猪2.31万头、羊6188只、家禽17万羽。年内，发展20头以上规模肉牛养殖户35户，培育当地种植养殖大户125户，引进云南顺达集团云所农业发展（大姚）有限公司，完成高辣度辣椒种植66.67公顷。

【教育与卫生】　2022年，八角镇有学校13所，其中幼儿园6所（中心幼儿园1所、分园5所），有班级8个，教师9人，幼儿194人；小学6所（八角明德小学、必达明德小学、庄房小学、法古苴明德小学、洒洲小学、扎郎小学），有班级36个，教师62人，学生670人；中学1所，教学班7个，教师32人，临聘人员7人，学生281人；适龄就学青少年入学率100%，中心小学在山区总评中排名前列，高中阶段入学率95.69%。医共体建设持续推进，分级诊疗和转诊转院制度深入实施，完成家庭医生签约1.35万人，签约率82.56%；胸痛救治单元建设通过验收，老年友善医院创建成功。

【社会生活】　2022年，八角镇实现农村劳动力转移就业6828人，发放各类惠农补助资金391.5万元。城乡居民养老保险、医疗保险收缴工作如期完成，累计发放城乡居民养老金416.73万元、医疗救助金32万元、退役军人及优抚对象补贴64.98万元，兑现残疾人两项补贴、低保、农村特困供养、计生、社会临时救助资金500.19万元。完成农村住房抗震改造31户，兑付危改资金31万元。建成500平方米文化活动广场2个、村民小组文化活动室2个，全镇180个村民小组实现应急广播系统全覆盖，组织开展文艺展演、民俗传统系列活动11场次。

【乡村振兴】　2022年，八角镇投资105万元完成产业发展、基础设施建设衔接项目4个，开展职业技能培训1000余人次，发放小额信贷132.2万元，开发乡村公益性岗位帮扶39个。年内，全镇7000元以下低收入群体实现动态清零，牢牢守住不发生规模性返贫底线。

【基础设施建设】　2022年，八角镇葫芦箐小（2）型水库通过下闸蓄水、试运行验收。投资524万元，

1月25日，八角镇国荣柑橘种植基地沃柑丰收　（八角镇　提供）

9月7日，楚雄·八角热果展销节——农特产品展销　　（八角镇　提供）

完成集镇自来水厂至庄房、洒洲的烟水配套输水管网项目建设。投资839.02万元，完成5个村高标准农田建设项目，新修机耕道路11.6千米，新建50立方米以上容量蓄水池7个，架设镀锌输水管网27.47千米，保障456户农户333.33公顷农田农业生产。

【社会治理】　2022年，八角镇自筹资金2.7万元，实施完成葫芦箐小（2）型水库安全防护工程。完成整改森林督查发现违法图斑6个、恢复植被1.46公顷，完成异地造林0.66公顷，制止非法占用林地行为5起。加大巡山护林和防灭火宣传工作力度，严厉打击乱砍滥伐行为，严格群众用材审批把关，全年无森林火灾、民房火灾发生，全镇森林覆盖率稳定在72.6%以上，扎郎、八角2个村被评为全省“森林乡村”。加大国土资源管控力度，严厉打击私挖滥采违法行为，完成3个私挖滥采点整治及自然资源审计反馈问题整改。

【人居环境整治提升】　2022年，八角镇开展集镇卫生清扫志愿服务活动52场次、集镇私搭乱建等专项整治4场次。聚焦垃圾、厕所、污水3个整治重点，完成农村无害化卫生户厕改建任务3133座，架设村庄污水处理管网24千米，清运处置垃圾960吨，移栽绿化美化乡村花苗1.27万株、树苗260株。开展镇级河长巡河42次，村级河长巡河213次，累计组织2000余人次开展清河行动。年内，八角村委会领岗小组入选州级“美丽村庄”；八角村委会领岗小组、水井小组，必达村委会上村小组、杨门前小组，大麦地村委会桃树小组，法古苴村委会上排小组、下排小组、周家小组入选州级“绿美村庄”。

【特色林果产业】　2022年，八角镇发挥地域、气候、区位等优势，按照“山头八角覆盖，山中核桃密布，山脚热果飘香，药材星状点缀”全域立体化高原特色现代林业产业发展思路，巩固优势产业核桃，发展林果产业，推进品牌打造。年内，法古苴、八角村核桃种植面积平均1333.33公顷，其余村委会种植面积平均333.33公顷，实施核桃提质增效2000公顷，全镇挂果面积2666.66公顷，实现年产量1200吨。种植芒果266.66公顷、花椒100公顷、柑橘100公顷、澳洲坚果66.67公顷、碧根果33.33公顷、金银花23.33公顷，带动3000余户农户增收。打造“河畔云澳、云水碧根果、碧云金银花”云系列品牌，发挥抖音、快手等平台优势，培育本地网红20余人，直播带货200余场次。

（闵金洁）

中山镇

【概况】　2022年，中山镇辖区总面积301平方千米，下辖中山、务阳、法鲁古、蚂蚁、哨房、洼子、洒巴苴、普掌、六街、大自雄、酒房11个村委会，266个村民小组，449个自然村。东与大过口乡接壤，南与新村镇相连，西与西舍路镇及南华县马街镇毗邻，北接三街镇。有耕地面积1793.33公顷，其中，旱地1613.33公顷，水田180公顷。

人口民族　2022年末，中山镇有7055户，总人口2.4万人，其中，男性1.24万人，占总人口数的51.5%；女性1.16万人，占总人口数48.5%。镇内居住着汉族、彝族、回族、瑶族、苗族、白族6个民族，其中，汉族1.75万人，彝族5918人，白族、苗族、回族、瑶族等582人，少数民族占总人口的27.1%。有少数民族聚居行政村4个，少数民族聚居自然村51个。

自然概貌　中山镇地处山区，地势由东北向西南倾斜，地形北高南低。地貌特征为深山浅切割峡谷，境内山峰以黑牛山最高，最高海拔2737米，最低海拔861米，高差较大，高山、半山河谷各占三分之一。河流有自雄河、菜园河2条季节性小河。

气候特点　中山镇属亚热带季风气候区，立体气候明显，冬季干燥，夏季湿润，雨量集中，干湿季分明。雨量偏少，年降雨量909.4毫米，比上年同期降水量多83.8毫米，且集中于7月、8月，冬春季干旱少雨，夏秋季阴雨连绵。

自然资源　中山镇土壤多为紫色土，土层深厚，有机质含量丰富，保水保肥性能强，适宜玉米、水稻、小麦等粮食作物及烤烟、魔芋、核桃等经济作物生长。全镇森林覆盖率78.9%，野生林木主要是云南松、栗木、冬瓜木、山茶花。林业用地2.2万公顷，活立木总蓄积量88.01万立方米，其中商品林蓄积量38.15万立方米，公益林蓄积量为49.86万立方米。全镇天然林保护工程森林管护面积1.33万公顷，有国家级公益林3020公顷、省级公益林8453.33公顷。矿产有铅锌、煤、金、铜、铁矿等。境内有野生红花油茶3万余株，百年古茶1900余株，分布于全镇11个村委会。有茶王2株，一株位于中山村大丫口小组，基围325厘米，树高11.90米，树龄800余年；另一株位于务阻村唐家小组，基围341厘米，树高9.25米，树龄600余年。务阻村委会庙林地区是中山镇茶花分布较为集中的区域之一，有野生山茶1000余株，其中百年以上的山茶树有400余株，最古老的一株山茶树树龄近600年。

【经济发展】 2022年，中山镇实现农林牧渔业总收入5.89亿元，比上年增长9.8%。完成招商引资5.06亿元，增长30%；向上争取项目到位资金291万元。完成固定资产投资5.51亿元。实现农民人均可支配收入1.65万元，增长9.8%。完成一般公共预算收入838万元、一般公共预算支出2855.27万元。新培育市场主体251户。种植烟叶460公顷，完成90万千克收购任务，实现烟叶总收入2880万元、税收633.6万元。粮食总产量468万千克，增长1.05%。种植核桃9200公顷，挂果面积6000公顷，产量2800吨，实现产值2800万元。种植魔芋413.33公顷，产量13万吨，产值3900万元。种植贡菜333.33公顷，产量600吨，产值3100万元。种植中药材面积191公顷，产量3598吨，产值1800万元。种植工业辣椒116.67公顷，产量1690吨，产值1183万元。野生菌集散交易量545吨，交易额3000余万元。生猪养殖存栏3万余头，出栏1.69万头，产值6908.5万元。肉牛养殖存栏6450头，出栏2600头，产值2028万元。肉羊养殖存栏1.43万只，出栏1.13万只，产值2250万元。

【社会生活】 2022年，中山镇城乡居民医保参保2.08万人，养老保险参保1.06万人，农村小额人身保险参保4710人。发放774人农村最低生活保障金265.5万元、101人临时困难救助金24.04万元、127人五保供养金147.1万元、发放390人高龄补贴23.8万元。有幼儿园2所，其中，中心幼儿园有班级3个，正式教师5人，临聘人员4人，幼儿108人；普掌幼儿园有正式教师1人，幼儿17人。小学10所，正式教师114人，临聘人员30人，学生1452人。中学1所，班级14个，教职工68人，学生608人，中山镇幼儿园完成全市乡镇第一批一级三等评定。完成农村公益性公墓二期项目规划，并开工建设。

【乡村振兴】 2022年，中山镇制定《中山镇防止返贫动态监测和帮扶实施方案》，围绕112户389人监测对象和759户2873人脱贫人口以及10类重点人群，常态化开展防止返贫致贫动态监测，全镇脱贫户、监测户医保参保率100%，居民饮水的水质、水量、取水方便程度达标；实现农村脱贫劳动力转移就业2530人，劳务收入9100余万元。投入资金205万元，实施乡村振兴项目6个。探索“公司+村集体经济+农户”的农业生产经营模式，引进工业辣椒种植企业1户，引进楚雄腾威电子商务有限公司到中山镇投资合作，以“养殖销售市场+公司+专业合作社+养殖户”的经营模式，依托大数据智慧管理平台，致力于发展数字化产业，推进数字乡村建设，助推乡村振兴。

5月19日，中山镇大自雄村委会大路边村民小组村民种植的荷兰豌豆
（中山镇　提供）

【重点项目建设】 2022年，中山镇投资314.6万元，完成务阻村委会徐家、麦地心、岩子脚3个村民小组、普掌村委会箐边村民小组5.72千米村组道路硬化项目。推进总投资2000万元的倒淌河引水工程项目；实施完成哨房、中山2个村委会的高效节水建设项目；推进400公顷高标准农田建设项目和60公顷高效节水项目建设工程。投资970万元，组织实施法鲁古、务阻村片区460公顷高标准农田建设项目；投资70余万元，完成务阻村2800平方米肉牛养殖圈舍建设；投资40余万元，完成酒房村300平方米生猪养殖畜圈建设；投资9.68万元，完善务阻村、普掌村、大自雄村、哨房村部分小组污水管网建设。

【文明实践活动】 2022年，中山镇开展社会主义核心价值观进校园、进村组3次，制作相关标语20条次，向上推荐“新时代好少年”1名参加“新时代楚雄好少年”评选活动，组织观看云岭楷模1期，依托11个村新时代文明实践站，开展“好夫妻”“好婆媳”“环境整洁户”等评选活动3场次。围绕“我们的节日”、庆祝建党101周年等时间节点，开展“邻里守望、温暖你我”“爱心送温暖”“普法进校园”“缅怀烈士功绩、弘扬烈士精神”等文明实践活动40场次。开展环境卫生整治志愿服务活动100场次、移风易俗活动10次。依托镇村两级新时代文明实践所、站的文化活动广场，组织开展左脚舞、广场舞等丰富活跃群众文化生活，开展文化活动60余场次。

【人居环境整治提升】 2022年，中山镇实施农村污水处理项目3个，清理垃圾400余吨，生活垃圾处理设施覆盖率100%，农村垃圾处理率94%，秸秆综合利用率90.95%、废旧农膜回收处置率78.1%、粪污综合利用率67%。完成改造新建卫生户厕4424座、公厕18座。推进七街、啊旧姑2个小组污水管网、小广场及小菜园、小花园建设；投资70余万元打造庙林、蚂蚁堆2个州级美丽村庄示范点。

【平安建设】 2022年，中山镇落实安全生产责任和管理制度，开展安全生产专项整治行动，遏制重特大事故发生。常态化开展扫黑除恶，缉枪治爆、扫黄打非、禁毒防艾等工作。年内，中山镇无各类极端案（事）件发生，打造平安建设志愿服务团队12个，平安村委会、村组创建率100%。法鲁古村成功创建“楚雄彝族自治州民主法治示范村”，法鲁古村、务阻村成功命名“无讼村委会”。

【特色小集镇建设】 2022年，中山镇加快“一中心六集市”（“一中心”即以政府所在地洒基口二街为中心集镇，“六集市”即六街村六街、洒巴苴村八街、哨房村十街、普掌村十五街、洼子村十九街、大自雄村九街）特色小集镇建设，加强集镇、村小集市综合整治，完善垃圾桶等环卫设施，开展划行规市和停车泊位管理，整治占道经营、乱停乱放、赶集日拥堵等问题。年内，普掌、大自雄、哨房等村小集市建成特色民居50多户，商贸市场建设规模扩大，中心集镇与6个小集市商品交易网点不断完善。

【“山区旱码头”打造】 2022年，中山镇依托与山区5个乡镇相邻的区位优势，以山区“核桃、野生菌、魔芋、贡菜、中药材”为重点，加大电子商务、冷链物流、农产品精深加工等配套项目招商引资力度，吸引周边乡镇及南华等地往来商户、过客，带动当地村民临时就业，并通过线上线下多种方式进行品牌宣传，力争将中山镇打造成“吃、住、行、游、购、娱”相配套的山区商贸物流现代化小镇。年内，成功引进楚雄腾威生物科技有限公司、韶华生物科技有限公司、南之云企业管理有限公司、江西正邦集团公司、安徽皖北药业有限公司5家公司；山区唯一1家驾考培训学校——腾龙驾校投入使用；山区摩托车电子化考场加快建设。

（李　贞）

新村镇

【概况】 2022年，新村镇辖区总面积355.03平方千米，东与大地基乡相邻，西与西舍路镇、中山镇交界，北与大过口乡接壤，南与双柏县鄂嘉镇隔江（礼社江）相望，辖区呈“四水三山梁”的地域特点。距市府鹿城109千米。下辖巨龙、腊曲、西叉、洒树咪、下村、密者、伍街、大坎子8个村委会，178个村民小组，222个自然村。耕地面积3740公顷，其中，承包耕地面积2580公顷，非承包耕地1160公顷。

人口民族 2022年末，新村镇辖区总户数4028户，总人口1.43万人。其中，农业人口1.03万人，占总人口的71.5%；非农业人口4093人，占总人口的28.5%。镇内居住着汉族、彝族、白族、傈僳族、苗族、回族、哈尼族等10个民族。

自然概貌 新村镇境内山脉皆属哀牢山系东庵支干余脉，境内海拔679（嘎苴河入礼社江河嘴）～2730米（白竹山），年平均气温15～22℃，主导风向为南风和西南风，空气质量达到国家一级标准。气候温暖湿润，光照充足，自然资源丰富，森林植被良好，有“生态之镇”美誉。

资源特产 新村镇境内自然资源丰富，有金、铜、铁、锌、煤等矿产和森林、野生菌、中草药等植物资源。有林地面积3.02万公顷，其中，商品林1.99万公顷，公益林1.03万公顷（国家级公益林5120公顷，省级公益林5180公顷）。森林覆盖率72.27%，林木绿化率85.39%。辖区内有主要河流6条，分别是礼社江、奕家拉河、自雄河、资郎河、密者河、鱼庄河，其中，礼社江新村镇境内全长38.76千米，奕家拉河新村镇境内全长24.7千米，自雄河新村镇境内全长11.39千米，资郎河境内全长40.72千米，密者河境内全长43.18千米，鱼庄河镇境内全长38千米。有长龙潭、黑泥箐、小瓦桥、白竹山4座小（2）型水库。

【经济发展】 2022年，新村镇完成一般公共预算收入710万元；完成向上争资297万元；完成固定资产投资5.85亿元；完成招商引资项目到位资金4.63亿元。农村居民人均可支配收入为1.57万元，比上年增长7%。有企业212户，其中新增78户；有农民专业合作社49户，其中新增10户；有个体工商户771户，其中新增164户。完成粮食播种面积2033.33公顷，产量1.03万吨；经济作物种植1560公顷，产量3.41万吨，产值3.32亿元；完成种植果蔬330.66公顷，产值1.87亿元。打造中药材种植示范基地12个，种植滇红大戟、滇红花、滇黄精、滇重楼、天门冬、草珊瑚、佛手、续断、金银花等16种中药材420公顷，产值5986万元。核桃种植8600公顷，产量2900吨，产值2900万元；烤烟种植436.66公顷，完成烟叶收购任务85万千克，实现烟农收入2755.3万元；野生菌产量211吨，产值807万元。生猪存栏2.01万头，出栏2.34万头；肉牛存栏6435头，出栏1895头；黑山羊存栏1.85万只，出栏9611只；禽类存栏5.13万羽，出栏11.21万羽；禽蛋产量80吨。年内，申报成功家庭农场14个，其中，被评为市级示范家庭农场3个、示范合作社1个。全镇8个村委会，村委会村集体经济10万元以上7个，5万元以上1个。

【教育与卫生】 2022年，新村镇有初级中学1所，教职工43人，在校学生286人；中心小学有教职工65人，完小3所，幼儿园1所，在校学生659人。新村初级中学在中考普高上线率及录取率66.96%，上升9.44%，获“楚雄市教育体育系统先进单位”称号。文明实践活动创建镇卫生院国家级胸痛救治单元建设项目和呼吸疾病规范化诊疗体系与能力建设项目，投入15万元提升中彝医理疗服务能力，选派医生3人到州市医院进修，建成标准化村卫生室7个，选优配齐留守村医7

6月11日，新村镇小集镇建设新貌　　（新村镇　提供）

人，开办健康教育专题讲座40期，开展健康倡导与行为干预活动5场次，受益农户860余户。开展家庭医生体检2667人次，建立居民健康档案1.4万份，家庭医生履约率100%。

【社会生活】　2022年，新村镇医疗保险参保率稳定在户籍人口96%以上，重点人群中的脱贫户、监测对象、边缘户100%参保缴费。关爱留守儿童、孤寡老人，“温暖守护队”开展“送政策、送服务、送温暖”志愿服务活动16次，邀请爱心企业、爱心人士开展助贫物资捐赠9批次20余万元。慰问退役军人12人，发放慰问金6700元；慰问高龄老人4人，发放慰问金2400元；慰问低保户8人，发放慰问金4800元。争取发放楚雄光彩事业促进会助学金9户2.7万元，申报民房受灾18户，理赔意外险34件，赔付金额12.67万元，协商处理、提起诉讼追回农民工欠薪16万元。便民服务大厅受理便民服务事项4630项，办结4630件，办结率100%。发放低保金213户501人163.5万元，发放农村特困人员55户56人65.3万元，发放临时救助132户21.2万元，发放养老保险金2.89万人次367.37万元。完成退役军人优待证申报209人，发放义务兵家属优待金38人35.45万元、丧葬费31.1万元、残疾人两项补贴282人20.64万元、高龄补贴278人次16.68万元、应急救助金171户8.37万元、考入大学学生困难补助2人2000元、计划生育家庭奖励扶助金177人18万元、计划生育家庭特别扶助金34人17.28万元、独生子女家庭教育奖学金92人5.5万元。

【乡村振兴】　2022年，新村镇有脱贫户482户1836人，监测对象64户202人，消除风险57户185人，风险消除率91.58%。脱贫户和监测对象年人均纯收入1.76万元，增长14.4%。开展防止返贫监测帮扶集中排查工作，新识别监测对象4户10人、年人均纯收入在1万元以下拟帮扶对象125户354人，全面消除人均纯收入低于7000元群体。开展季节性缺水排查781人次、饮水源不稳定排查6157人次，做好辖区4个小（2）型水库、37个坝塘的蓄水、巡护管理，定期对供水沟渠、管道、抽水站进行维修养护，全镇饮用水蓄水量稳定在4.2万立方米。年内，脱贫人口和监测对象转移就业968人，其中省外转移就业285人，补助63人6.3万元；扶贫车间吸纳脱贫人口及监测对象6203人次，平均日工资100元，增加农户务工收入62万元；开发乡村公益性岗位26人，按每人每月800元标准发放工资，人均增收9600元。改造户厕88座，召开人居环境现场会12场次，开展环境专项整治活动22次。

【重点项目建设】　2022年，新村镇完成投资171万元的腊曲村委会至大村小组道路硬化工程。完成总投资约1082万元，总里程15.45千米（大坎子何家、伍街下洒打、腊曲大龙潭）的通硬化路项目前期立项文件、设计评审和路基扩修等相关前期筹备工作。完成投资15万元的农村安全饮水工程；完成投资520万元的14个台区电网升级改造工程；完成投资204.66万元的村镇农村公益性公墓建设项目；推进新村镇白竹山水库溢洪道延伸工程项目；推进实施投资97万元的新村镇衔接推进乡村振兴项目；投资480万元的咪么线新村变电站至马鞍山40号10千伏线路建设项目完成线路勘测；腊曲村委会文化活动场所建设项目完成项目规划；推进实施投资200万元的中央林业改革发展资金造林补助项目。

【森林防灭火工作】 2022年，新村镇健全完善《新村镇森林草原火灾扑救预案》，完善防火物资储备，库存防火专用车1辆、运兵车1辆、水泵1台、高压水管1600米、软体储水罐2个、风力灭火机12台、油锯12台、动力喷水灭火机8台、灭火弹25箱。强化森林防火宣传，发放防火通告3500份、森林草原防火户主责任通知书3500份，召开护林防火宣传会议200余场次，发送宣传信息300条次，发放宣传单698份，购买宣传广播300个；强化防火责任落实，签订责任状4000余份，全面落实包保责任，明确包保单位和包保责任人。严格执行森林防灭火“三严禁”（严禁在林区吸烟、严禁林地周边农事用火、严禁上坟用火），设火源堵卡点，严禁火种入山，加大巡山护林力度，及时制止违反森林消防条例的行为发生。组建专业扑火队伍9支60人、扑火应急分队178支500人。在防灭火期内，20人专职扑火队员24小时待命、各村委会24小时值班值守，及时掌握火情动态。

【社会治理】 2022年，新村镇镇村河长巡河720次，开展联合执法15次，责令整改乱采河沙等违法行为8次，排查涉水违建项目13件；开展“河长清河行动”12次，清除辖区河道内各类裸露垃圾、漂浮物、障碍物及河岸堆积物等6吨。运用“群众微单元”工作法，通过镇村组干部“包十联十”广泛收集群众诉求，收集办理诉求120余件，依托微单元网格员发放养老保险政策指南、自建房安全告知书、护林防火倡议书、防溺水安全告知书、防汛减灾明白卡、道路交通安全宣传页等宣传资料4000余份。全年排查调处群众矛盾纠纷179件，调处成功172件，排查化解命案防控风险45起，实现全年无命案发生；办结州级上访案件1件、群众来信来访10件。严厉打击涉林违法犯罪活动，查处林业行政案件7起，劝退拉运茯苓种车辆8辆，收缴物资2袋。抓实1.86万公顷天然林、1.03万公顷公益林、177.93公顷退耕还林管护。年内，新村镇党委被州委、州人民政府评为“信访工作优秀集体”，被市委、市人民政府评为“平安建设先进集体”。

【中药材产业】 2022年，新村镇以“公司+合作社+基地+农户”发展模式，依托楚雄市伍德农业发展有限公司、楚雄市益康源专业合作社和楚雄市金果实西红花种植专业合作社，探索发展本土特色中药材种植，培育滇红大戟、草珊瑚等中药材育苗、种植示范基地14个。与省林业和草原局技术推广总站、省农科院、州林科所等部门对接，请专家实地考察指导新村产业发展，为绿之源公司、益康专业合作社、伍德公司等企业提供中药材产业发展技术指导、市场信息等，并为本土企业与普洱玉林公司、义乌御丰公司等外地企业牵线搭桥，建立合作关系，延伸中药材产业链，拓宽销售渠道，助推企业壮大、产业发展。年内，全镇种植中药材360公顷，其中，滇红大戟6.66公顷、滇红花200公顷、滇重楼26.66公顷、滇黄精26.66公顷、草珊瑚20公顷、佛手20公顷、天门冬26.66公顷，其余各类中药材33.33公顷；实现产值3155万元。

（赵　晓）

3月24日，新村镇滇红花种植基地工人采收滇红花　　（新村镇　提供）

西舍路镇

【概况】 西舍路镇位于云南省中部，楚雄市西南角，哀牢山腹地，礼社江南岸，东与中山镇、新村镇隔江相望，西与景东县毗邻，南与双柏县接壤，北与南华县相邻，是连接两州四县的咽喉要地。距鹿城187千米。2022年，全镇辖区总面积380.54平方千米，其中哀牢山国家级自然保护区50.4平方千米。下辖西舍路、达诺、清水河、安乐甸、保甸、闸上、下岔河、朵苴、德波苴、新华、龙岗11个村民委员会，230个村民小组，584个自然村。

人口民族　2022年末，西舍路镇辖区总户数5532户，人口1.9万人，其中，农业人口1.58万人，占总人口的82.68%。镇内居住着汉族、彝族、回族、白族、瑶族、拉祜族6个民族，其中，汉族人口1万人，少数民族人口9373人。

自然概貌　西舍路镇地处哀牢山腹地，属哀牢山系，地势呈由北向南骤高之势，东西最大横距17.5千米，南北最大纵距35千米，最高海拔哀牢山脉小越坟山2916米，最低海拔龙岗大河边691米。境内山峰林立，河流纵横，溪间交错，整个地域属于元江水系，礼社江由西向东从边境流过，不管河、嘎么河、滴水河、小村河、板桥河、炒豆河、保甸河、鲁拉河、洋火塘河等河流，水资源占全市70%以上，水流量大、落差大，可开发利用性强，垂直立体气候显著，植被垂直分带明显，森林覆盖率76%。

气候特点　西舍路镇属北亚热带季风气候区，境内山高坡陡箐深，地形复杂，全市海拔最高点和最低点均在西舍路境内，立体气候显著，年平均气温由礼社江河谷的20℃降至哀牢山顶的10.5℃，年平均蒸发量2677.4毫米，日照2518.4小时。年平均降水量900毫米，多集中在5—10月，雨量时空分布不均，冬春干旱少雨，夏秋阴雨连绵，年平均霜期120天。

资源特产　西舍路镇物产丰富，资源主要有森林资源、水资源、金矿、铅锌矿、煤矿、铁矿、铜矿等。特产主要有野生古树茶、大红菌、牛肝菌、鸡枞、松茸、有机核桃、红花椒、青花椒、火龙果、有机芒果、贡菜等。

文化旅游资源　西舍路镇境内风光秀美，有哀牢山国家级自然保护区50.4平方千米，董家坝水库、水箐口、琵琶箐水库、板桥河（青石峡）、保甸草甸公园、王彩旧居等旅游景点。每年春节、火把节、立秋街、国庆街是西舍路镇的民族民间传统节日，全镇人民自发组织形成以物资交流、打陀螺、磨担秋、马四踢等一系列娱乐文化活动，游客络绎不绝、热闹非凡，成为特有的民间文化资源。

【经济发展】　2022年，西舍路镇完成固定资产投资5.5亿元，完成任务数的100%；实现招商引资3.5亿元，完成任务数的100%；向上争资275万元，完成任务数的100%；化解历史债务320万元。完成市场主体培育190家，完成任务数的100%。城乡居民收入增长与经济增长基本同步。收购烤烟39万千克，实现烟农经济收入1200万元，烤烟收购均价31.85元/千克，创收1242万元；粮食种植面积2400公顷，实现产量1.05万吨；实现经济作物产值2.3亿元。楚雄市农商行西舍路支行存款总额1.69亿元。挂牌出让集镇小宗地13宗，总价185.12万元，拉动集镇经济增长1000万元。财政自收收入436万元。年内，通过集资入股的形式建成西舍路大酒店，11个村年平均分红3万元以上；6个村村级集体经济收入超10万元，其余5个村均超5万元。

【教育与卫生】　2022年，西舍路镇有幼儿园8所，班级8个，教师8人，幼儿200人；小学8所，班级50个，教师72人，学生957人；中学1所，班级11个，教师48人，学生522人。年内，全镇普高上线率提升到56.84%。镇中心幼儿园开学首届招生幼儿108人，争取23.5万元实施中学教学条件提升，中心小学与北浦中学等4所市级学校签订镇校交流合作协议推进优质教育资源共享。年内，全镇中小学无辍学学生，普高上线率由上年42.3%跃升到56.84%，推荐评选市级“新时代楚雄好少年”1人。投资40万元购置医用数字X射线摄影系统（DR），年检测量5000余人次；投资40万元的胸痛救治单元顺利通过州级验收并挂牌；投资10万元建成规范医废处置设施；投资11.8万元建成规范发热哨点诊室1处，接诊120余人次。推进覆盖9个村的健康倡导与行为干预项目，服务对象630人，宣传干预3780人次。城乡居民基本养老保险实现全覆盖、医疗保险和大病保险参保率100%。

4月21日，西舍路镇在保甸花椒基地举办土特产展销　（西舍路镇　提供）

【乡村振兴】　2022年，西舍路镇发放小额信贷174户832.54万元；落实低保1591人249.45万元；发放雨露计划33.85万元惠及学生189人；通过种植养殖培训、劳务输出等形式帮扶监测户36户138人。组织开展脱贫人口和监测对象劳动技能就业培训18期，培训1010人，引导脱贫劳动力外出务工4028人次，落实乡村公益性岗位120人，坚决守住不发生规模性返贫底线。

【重点项目建设】　2022年，西舍路镇完成投资322.4万元的中央资金、省级资金衔接推进乡村振兴项目16个，受益农户1473户4144人。投资100万元的达诺坝边民族团结示范村建设项目、100万元的闸上租咪扎村民族团结示范村建设项目和投资560万元的西舍路村、达诺村、德波苴村、朵苴村高效节水建设项目基本完工。推进投资552万元的多西线沿线4个自然村公路硬化项目，完成22.66公顷耕地占补平衡项目、5.67公顷旱地改水田、13.33公顷城乡建设用地增减挂钩项目。投资200万元的达诺脚麦地茶叶初制所项目建成投产。

【特色产业】　2022年，西舍路镇推进121.13公顷有机农业种植示范园、有机芒果示范园建设，园内芒果、豌豆、辣椒等8个品种农产品获南京国环有机产品认证中心有机检测认证。万亩有机核桃示范园有机核桃认证2666.67公顷，产值6000万元。种植贡菜800公顷，产值4000万元，成为农民增收致富产业。新增肉牛贷款10户贷款182万元，惠牛贷贷款余额超过3150万元，投资60万元的龙岗村邦民肉牛养殖场建成投产。搭建古树核桃与消费者产销对接“线上桥梁”和“互动体验平台”，实现有机古树核桃线上认购。水箐口等景点打造和青石峡农旅融合示范基地建设初见成效，新开业农家乐3家，生态旅游和休闲农业发展有机融合；新增新型农业经营主体155户，成立供销合作社2家。开展生产技能提升培训、创业致富带头人培训和引导性培训1500余人次，新培育电商人才100余名。

【人居环境整治提升】 2022年，西舍路镇投入4万元，完成董家坝清淤等库塘治理工作，清理辖区河道、水库及周边垃圾4.6吨，整治非法乱占河道鱼塘11个，关停河道非法挖沙采石场10处。严抓森林草原资源保护，完成投资30万元的新华水箐口森林管护点建设。发动干部群众及社会各界筹资120万元，镇党委、政府筹集资金33万元，在11个村33个人居环境整治提升示范村小组，开展建“三园”（果园、菜园、花园）、美“四旁”（沟渠旁、道路旁、住宅旁、村庄旁）、清“五堆”（柴草堆、垃圾堆、砂石堆、杂物堆、肥粪堆）、改“六小”（小广场、小柴房、小厕所、小庭院、小管网、小停车场）工作和人畜、雨污“两分离”整治工作。实现230个村民小组“村标”全覆盖，改造小广场20余个、小管网500余米，新划设乡村停车位500余个，收取垃圾清运费21万元，拉网式排查整治农村户厕3890座，全镇播撒花籽、草籽1000余千克，发动中小学教师彩绘亮化村庄容貌2000余平方米。推进达诺、清水河州级美丽村庄创建工作，打造达诺村坝边、闸上村租咪扎2个镇级乡村振兴示范点和全镇11个村33个人居环境示范点，闸上大村等69个村民小组人居环境全部验收达标。

【安全生产】 2022年，西舍路镇推进资源林政管理工作，移交并配合市林草局林业行政执法大队办理林业违法案件5起，源头防控抓好护林防火工作。开展安全生产大检查8次、综合督查8次，检查消防安全、道路交通、森林防火、民房火灾、用电安全等安全生产工作11次，开展矛盾纠纷集中排查2轮，化解矛盾纠纷65件。开展地质灾害防治检查2轮，上路开展路检路查50余次，查处交通违法案件502起。印发道路交通、森林防火、地灾防治、食品安全等宣传资料2万余份，利用乡村“大喇叭”每天循环播放安全生产广播，强化安全知识宣传教育。对12个地质灾害隐患点监测点严格落实地质灾害防治要求，填写《楚雄州地质灾害隐患点登记卡》12份、工作明白卡24份、避险明白卡292份，落实培训监测员24人。开展地质灾害防治培训2期，完成覆盖全镇所有村组的地质灾害避险演练1轮。落实11个村230个小组风险隐患排除和灾害避险综合演练工作。年内，全镇汛期防灾减灾各项工作平稳有序，未发生新灾情。

【社会治理】 2022年，西舍路镇排查化解各类矛盾纠纷343件，化解率96.57%，刑事案件比上年下降163.6%，行政治安案件下降8.64%，受理接待群众来信来访16件，办结率100%，风险防范更加严密，社区矫正、禁毒防艾等工作平稳有序。党建引领“一部手机治理通”推进基层治理体系和治理能力现代化建设初见成效，“楚雄治理通”App、“国家反诈中心”App广泛推广使用，排除电信诈骗7起，辖区内未发生非法集资违法事件和60岁以上老人养老诈骗事件。

【科学素质提升】 2022年，西舍路镇开展全民科学素质提升工作，举办镇村干部、农民及企业职工科学技术普及培训30余班次，参训7000余人。参加“全国农民科学素质网络竞赛”1200余人，14.3万套答题量成绩稳居乡镇第一。镇科学技术普及协会、镇农业农村服务中心、哀牢源有机芒果种植专业合作社开展有机农产品种植技术培训，参训500余人。

【绿色发展先行区打造】 2022年西舍路镇依托哀牢山独特的光热、区位、生态等优势，以“龙头企业+专业合作组织+基地+农户”的模式发展种植晚熟芒果，构建绿色有机产业园。建立“企业落户在基地上”产业发展机制，推进达诺千亩有机芒果种植示范基地及党员教育实训基地建设。西舍路镇在芒果种植过程中，应用“木豆套种”“豆草还田”等方式，以虫控虫、以草控草，建立果园内的生物多样性和生态平衡，实现水土保护、净化环境、再造绿水青山，营造良好的生态种植环境。依托芒果基地建设，吸纳本地农户就业和组织种植户技术推广培训，灌输“绿色有机”发展理念，在“谋、种、管、防、收、售”等环节上提高农业科技水平，群众生产观念逐步更新。持续发展芒果产业，逐步形成“企业带动基地，基地带动农户，农户促进企业”的发展格局。年内，西舍路镇完成有机芒果种植一期40公顷、二期54.46公顷；投资93.7万元完成芒果种植基地二期高效节水灌溉；完善实施立体套种模式，完成申报有机产品认证工作，完成芒果有机转换认证76.66公顷、大豆有机转换认证40公顷。

【肉牛养殖产业】 2022年，西舍路镇召开发展肉牛产业专题推进会3次、肉牛养殖发展户座谈会4次，邀请市肉牛养殖专家开展专题培训会1次，打牢肉牛产业发展基础。通过乡村大讲堂、户长会、火塘会宣传肉牛肉羊养殖技术、肉牛肉羊保险政策，宣传“金牛贷”等相关金融扶持政策，收取肉牛保险280头，发放肉牛肉羊养殖贷款283户2754万元。整合各项涉农资金，重点向龙头企业和养殖大户倾斜，做好企业发展支持、扶持和服务工作，内培外引做强龙头企业，年内，新发展50头以上规模示范养殖企业1户。发展“党组织+企业+合作社+农户”联农带农利益共享模式，新发展有利益联结机制的新型经营主体102户。加大优质杂交品种的推广、常见病防控、牧草均衡供求模式等科技应用与推广力度，完成种植青储玉米133.33公顷，收储青储饲料1.2万吨。年内，全镇有养殖户1800户，肉牛存栏8050头；新增养殖户40户，养殖肉牛240头；规模50头以上养殖大户2户。

【贡菜产业】 2022年，西舍路镇围绕“农业增效、农民增收”目标，加大招商引资力度，依托独特的自然条件和适宜的气候环境，发展贡菜产业。推行以“支部带动、合作社关联、农户受益”的利益联结机制，由村党支部书记带头成立贡菜种植合作社，并为社员提供产前、产中、产后服务，提高贡菜产量和品质，实现规范化管理和经营，通过流转土地、租赁设施，实现村集体经济增收，群众致富。年内，全镇发展种植贡菜800公顷，实现产值5000万元。

（钟 皓）

大过口乡

【概况】 大过口乡地处楚雄市西南部，北与南华县、三街镇隔河相望，南与新村镇交界，西与中山镇相连，东与东华镇、大地基乡接壤。乡人民政府驻地位于大过口乡磨刀箐村委会杞家村，距鹿城123千米。2022年，全乡辖区总面积340.41平方千米，下辖西康郎、大益鸡、力白所、磨刀箐、野猪塘、杞岔拉、蚕豆田、碧鸡、依齐么9个村委会，206个村民小组，345个自然村。耕地总面积1213.33公顷，其中，水田300.66公顷，旱地893.33公顷；临时性耕地19.34公顷。年末辖区总户数4570户，总人口1.62万人，其中，汉族1527人；彝族1.47万人，占总人口的90.38%，是楚雄市唯一的少数民族聚居乡镇。

自然概貌 大过口乡地处哀牢山腹地，主要山峰有西部的西康郎嘎奈山，中部的老君山，地势由北向东渐高。境内群山连绵、高低起伏，河流纵横，溪涧交错，气候复杂。最高峰白竹山位于野猪塘村委会辖区，海拔2761米，最低点马龙河，海拔960米。境内九台山最高海拔2361.8米，山川秀丽，景色迷人，山内留有明嘉靖年间高僧学蕴建造的大方广寺、学蕴和尚灵塔及碑刻、人殿匾额，有“小鸡足山”之称。

气候特点 大过口乡地处低纬度地带，属亚热带高原季风气候，气候温和，海拔高差突出，河谷山地立体气候明显，日照充足，光热资源极为丰富，年平均气温14.5℃，全年无较长霜期。年均降雨量1000毫米，多集中在5月至10月，雨量时空分布不均，冬春干旱少雨，夏秋阴雨连绵。

资源特产 大过口乡境内有各类小溪50余条，构成以马龙河、自雄河、碧鸡河、念批堵河4条河流为主骨架的水资源网络状分布带，小溪、河流、地下水水质优良。土壤大部分为红壤、砖红壤。气候适应各种植物生长，从低谷到山地、山峰次第分布灌木、乔木、针叶林等，有树种云南松、华山松、杉松、东瓜木、栗木、杜鹃、山茶花、马樱花等，森林覆盖率84%，有1.33万公顷商品林可供采伐。经济林主要有核桃、茶树、梨树等。野生中草药和食用菌种类繁多。全乡盛产魔芋、核桃、松茸等，被誉为“魔芋之乡”“核桃之乡”。生产优质烤烟，发展彝山黑猪、生态土鸡、黑山羊等特色养殖业，粮食作物以水稻、小麦、蚕豆为主，经济作物以魔芋、烤烟、核桃、油菜为主。

【经济发展】 2022年，大过口乡实现农村经济总收入4.46亿元，比上年增长11%；农村常住居民人均可支配收入1.79万元，增长12%；完成固定资产投资5.78亿元，增长31.29%；完成招商引资3.62亿元，增长30.98%；完成一般公共预算收入475万元，完成向上争资288万元，市场主体净增长171户。完成粮食播种面积2023.33公顷，其中，大春1013.33公顷，小春800公顷，晚秋210公顷；实现粮食总产量1118.84万千克，其中，大春813.38万千克，小春278.1万千克，晚秋27.36万千克。完成各类蔬菜种植493.6公顷，实现产量1554.8万千克，产值3110万元。种植中药材87.33公顷、水果85.33公顷；种植青花椒366.66公顷，建成示范样板4块。实现肉类总产2640吨、畜牧业产值8730万元。发展新型经营主体15户，带动土地规模化发展30公顷。

【教育与卫生】 2022年，大过口乡完成大益鸡民族小学综合楼1406平方米、大过口乡中心幼儿园大益鸡分园703平方米、野猪塘班改幼工程项目建设，并投入使用；推进中心民族小学综合楼和大益鸡民族小学学生宿舍、食堂等工程建设。大过口乡民族中学毕业学生135人，普通高中上线89人，其中，547分以上3人，505分以上36人；录取89人，其中，东兴中学录取23人，紫溪中学录取28人，龙江中学录取34人，楚雄州民中录取1人，楚雄州体育中学录取3人；上线率65.93%。年内，全乡小学入学率、巩固率、毕业生升学率均100%，学前一年级入学率100%。年内，全乡无甲类、乙类传染病报告，胸痛救治单元、老年友善医院、慢病管理中心、等级医院（云南省推荐标准）通过验收；完成基层呼吸系统疾病规范化诊

3月9日，大过口乡彝福园茶厂采茶女采摘春茶 （张 帆 摄影）

9月23日，大过口乡2022年“双语”宣讲志愿服务进农村　（张　帆　摄影）

疗体系建设系统申报；完成依齐么、碧鸡、蚕豆田、野猪塘、西康郎、杞岔拉卫生室加层建设。

【社会生活】　2022年，大过口乡劳动力转移就业人数8629人，其中省外输出1461人次，比上年增长39.28%。全乡1.52万人参加2023年城乡居民医疗保险，参保率96.84%以上；养老保险参保率94.63%，申报完成率排名全市第六，实征率全市第一；累计办理外出务工人员审批事项276项，发放务工奖补资金27.6万元；城乡居民养老保险待遇领取资格认证1833人，资格认证准确率100%。企业退休人员14人，全部纳入退休人员社会化管理系统，完成进行生存认证14人，认证率100%。

【乡村振兴】　2022年，大过口乡严格落实“四个不摘”要求，开展防止返贫动态监测帮扶集中排查工作，脱贫人口巩固率及监测对象帮扶措施落实率均100%。年内，办理脱贫户小额信贷242笔1015万元，落实“雨露计划”3批次287人，发放资金40万元；开展“万企兴万村”消费帮扶行动2次，帮扶资金9万元；脱贫人口劳动力转移输出3450人次，增长28.25%；开发落实公益性岗位84个，发放补贴39万元；脱贫户及监测对象参保6140人，参保率98.5%；申请防贫保险理赔43件，申请扶贫关爱基金1件，组织开展脱贫人口和监测对象劳动力进行种植、养殖技能培训1期50人。

【基础设施建设】　2022年，大过口乡提高农村住房安全保障水平，实施完成农村房屋抗震改造40户，其中，修缮加固1户，拆除重建39户。推进耕地占补平衡和城乡建设用地增减挂钩三年攻坚行动，新增耕地地块6个，面积10.11公顷，完成地块5个7.33公顷；第一批增减挂钩项目地块10个复垦耕地1.73公顷，全部复垦耕种；第二批增减挂钩项目14.4公顷，完成复垦3.13公顷。坚持保护资源与保障发展并重，完成农村乱占耕地建房摸排、卫片执法图斑核实与整改、耕地流向核查等工作。投资340万元新建集镇供水管网延伸工程，改善野猪塘、杞岔拉2个村1981人饮用水条件；投资465万实施刘家坝供水工程项目，改善蚕豆田村委会1417人、1620头牲畜饮用水条件；投资300万元实施大益鸡水库供水工程，改善1540人饮用水条件；投资32万元实施农村饮水安全工程项目，改善986人、242头大牲畜饮用水条件。投资4万元新建充电桩2座，投资187.79万元新建线路5.03千米、组立杆塔115基、安装成套开关9组，新增变压器7台，解决台区末端低电压问题。投资547.58万元硬化磨刀箐村委会大龙潭、野猪塘村委会十街至山尾巴、磨刀箐村委会母掌茶厂至母掌下村村组公路11.06千米。

【人居环境整治提升】　2022年，大过口乡新建农村无害化卫生户厕40座，无害化卫生户厕普及率90%以上。不断提升农村生产生活垃圾收集处置能力，设置公益性岗位84名，集镇、村庄保洁员设置实现全覆盖，收取垃圾清运费22万元，实现自然村垃圾集中处理率90%以上，农业垃圾处置率86%以上。改善群众休闲健身基础设施，投资100万元建设健康步道759.7米。加强美丽宜居示范村建设，创建美丽庭院1498户。投资80万元开展磨刀箐李家、大过口杞家、大过口李家农村人居环境整治提升示范点创建，成功创建农村人居环境整治示范点36个，磨刀箐李家、黑纳依被评为州级“美丽宜居示范村”。

【文明实践】　2022年，大过口乡发挥“一约四会”（“一约”指村规民约，“四会”指红白理事会、道德评议会、村民议事会和禁毒禁赌会）的引领作用，拓展新时代文明实践所（站）建设，以家风促民风，以民风促村风、以村风促乡风，持续不断营造向善向上社会氛围。年内，大过口“彝汉双语”宣讲志愿服务队到各村开展“听党话、感党恩、跟党走”宣传教育活动，被评选为2022年云南省学雷锋志愿服务“五个一批”（最美志愿者、最美志愿服务工作者、最佳志愿服务组织、最佳志愿服务项目、最美志愿服务社区）先进典型，移风易俗典型经验做法登上《光明日报》。

【特色产业】　2022年，大过口乡投资72万元打造大益鸡彝绣山数字农业应用示范基地，实现“智慧化、数字化、生态化、有机化、标准化、规模化”养殖。投资46万元建成集生产、灌装、检验和仓储销售为一体的标准化桶装水厂，安装产能为300桶/小时桶装水生产线一条，成立云南楚宜水业有限公司，生产销售“彝福山泉”3.97万桶、水票6195张，销售额23.66万元。投资380万元打造西康郎、磨刀箐2

个肉牛养殖专业村，建设标准化肉牛养殖场2个，发展肉牛养殖大户35户。投资66万元建成碧鸡村梅花鹿养殖基地，打造梅花鹿养殖专业村1个。

【平安建设】 2022年，大过口乡推进“平安大过口”“法治大过口”建设，开展“八五”普法活动20余场次，常态化推进扫黑除恶斗争，开展打击整治养老诈骗和预防未成年人违法犯罪专项行动，持续打击电信网络诈骗。排查矛盾纠纷103起，调处化解率100%。查处治安行政案件31件，立刑事案件9件，破案8件。年内，创建“平安村委会”5个、“平安村民小组”62个，命名“平安和谐户”748户。

【魔芋产业】 2022年，大过口乡立足气候和土壤优势，采取“一套班子抓落实、一支队伍送技术、一个组织搞服务、一份订单促生产”工作机制，强化要素保障、突出技术推广、提质增效、厚植魔芋产业绿色品牌，全乡培育魔芋初加工企业4户，成立魔芋专业协会1个、分会9个，魔芋专业合作社6个，魔芋初加工专业合作社2个；加工魔芋精粉3000余吨，与湖北强生魔芋、河南卫龙食品等企业实行订单生产、销售，全省魔芋干片逐步向大过口集中交易。建设运营“大过口魔芋种植交易信息平台”网站，及时向种植户和企业提供魔芋栽培技术规范、电商线上线下交易、供求信息发布等服务，培育种植大户450户，流转土地发展魔芋种植400公顷。年内，全乡种植魔芋886.66公顷，产值2.4亿元；带动1286户脱贫户种植魔芋188.07公顷，产值3600万元，种植户魔芋收入户均6万元。

（张 帆）

大地基乡

【概况】 大地基乡位于楚雄市西南部，地处哀牢山余脉，距市府鹿城90千米，东与子午镇、双柏县妥甸镇隔马龙河相望，南与双柏县独田乡相邻，西与新村镇毗邻，北与大过口乡、东华镇接壤。2022年，大地基乡辖区面积387.42平方千米，下辖大地基、水卷槽、中邑舍、者力、腊脚、红卫桥6个村委会，134个村民小组，335个自然村。有耕地面积1066.06公顷，其中，水田484.66公顷，占45.46%；旱地581.4公顷，占54.54%；人均耕地面积0.09公顷。

人口民族 2022年末，大地基乡有常住农户3182户，总人口1.1万人。辖区居住着汉族、彝族、苗族、回族、白族、壮族、哈尼族、纳西族、普米族、佤族10个民族。汉族人口7722人，占总人口的70.94%，少数民族人口3163人，占总人口的29.06%。

自然概况 大地基乡以山地为主，立体气候显著，既有低热河谷的美丽风光，又有群山叠翠的壮阔景观，更有一山四季、寒暑同至的自然神奇气候。境内最高海拔白竹山2671米，最低海拔小黑江702米。白衣河、马龙河、邑舍河、礼社江穿境而过，有河流9条。林地面积3.42万公顷，森林覆盖率87.23%。年均降雨量800毫米，平均气温18℃。

资源特产 大地基乡境内盛产粮烟、核桃、茶叶、魔芋、野生菌、中药材、冬早蔬菜、热带水果、黑山羊等生态优质特色产品。依托马龙河流域得天独厚的气候、土地、资源优势，按照市委、市人民政府提出的马龙河流域“竹子成线、芭蕉成林、榕树成景、果蔬成片、道路成网”美丽长廊建设总体要求，大地基乡抓好果蔬产业发展、村庄绿化、公路建设、河道治理、土地开发、文化挖掘、水利建设、生态保护、土地流转、招商引资10项重点工作于一体的省级乡村旅游扶贫示范村，红卫桥村生态美食谷、嬉水漂流谷、水果飘香谷、漫步休闲谷、农耕体验谷“五谷”建设取得进展，马龙河流域逐步成为全乡、全市乡村振兴的示范区和先行区。

【经济发展】 2022年，大地基乡实现农村经济总收入3.04亿元，比上年增长8.87%；实现农民人均可支配收入1.65万元，增长9.56%；完成固定资产投资5.5亿元、招商引资3.6亿元、一般公共预算收入812万元、向上争资286万元，净增市场主体168户。粮食总产量稳定在900万千克以上，完成市级下达100万千克烤烟生产收购任务，收购金额3245.46万元，均价32.45元/千克。存栏肉牛5203头、黑山羊2.13万只、生猪1.92万头、家禽13.27万羽，年产值增量突破500万元。种植魔芋310公顷、中药材266.66公顷、冬早蔬菜180公顷、芒果213.33公顷、核桃5600公顷。成功示范种植火龙果、龙眼、枇杷、褚橙、石榴等水果16种，种植面积10公顷。

【教育与卫生】 2022年，大地基乡加快中学综合办公楼等项目建设进度，开展中心小学年级合并和集中办学，做好幼儿园民办转公办衔接工作。年内，全镇有幼儿园1所，班级2个，教师4人，幼儿54人；小学5所，班级29个，教师50人，学生521人；中学1所，班级7个，教师30人，学生228人。提升医疗卫生和公共卫生服务水平，贫困群众就医“一站式即时结算”和分级诊疗、先诊疗后付费政策全面巩固，家庭签约医生服务率100%，减免就医患者各类住院诊疗费用160.35万元。

【社会生活】 2022年，大地基乡基本医疗保险参保率96.3%、城乡居民基本养老保险参保率95.6%、医保报销率100%，发放养老保险待遇资金256.12万元、丧葬抚恤资金16.95万元。年内，转移就业4900人，劳务经济收入突破1亿元，累计开发使用公益性岗位20个，发放“贷免扶补”、创业担保贷款10户190万元。发放自然灾害救助、临时社会救助、特困供养、低保等各类资金196.45万元，残疾人两项补贴17.25万元，兑付殡葬补助资金40万元。发放退役军人生活补助71.44万元，走访慰问困难退役军人，发放慰问金。注销变型拖拉机15台，办理农机购置补贴850台，补贴资金150余万元。

【乡村振兴】 2022年，大地基乡新识别监测对象4户16人，风险消除回退1户5人，建立141人乡村组三级动态监测网格员，落实帮扶措施监测对象51户168人，制定完善脱贫巩固措

4月28日，大地基乡群众收割小麦　（大地基乡　提供）

施34条，坚决守住不发生规模性返贫底线。市级挂包帮扶单位3家，派出驻村工作队员10人，在党建引领、组织建设、环境整治、产业发展、就业扶持等方面发挥作用。兑付“雨露计划”和“东西协作”补助资金17.4万元、乡村公共服务岗位聘用补贴资金14.08万元，办理小额信贷99.5万元。围绕打造红卫桥乡村振兴示范带、建设马龙河流域美丽长廊，投入资金160余万元实施一批村庄规划、环境美化、产业特色化项目，举办马龙河文化旅游节，吸引游客6万人次，创收120余万元。年内，全乡6个村集体经济收入10万元以上。

【生态建设】　2022年，大地基乡落实一批低效林改造、核桃复壮、林业产业等项目，严厉打击茯苓种植行为。开展乡级河长巡河12次、村级河长巡河24次。清除乡境内马龙河沿岸、河道内暴露垃圾、漂浮物、障碍物等10余吨；加大马龙河沿线餐馆、农家乐、养殖场等排查整治力度，打击非法排污、设障、捕捞、养殖、采砂、围垦、占水域岸线、倾倒废弃物及电、毒、炸鱼等违法犯罪行为。抓好农村厕所革命、农村生活污水治理、农村生活垃圾治理、村容村貌提升、长效机制执行、美丽庭院创建、问题整改排查，组织开展志愿服务活动34场次，清理生活垃圾75吨，残垣断壁65处，畜禽养殖粪污、农业生产废弃物77吨，发动农民群众投工投劳3.37万人次。

【社会治理】　2022年，大地基乡开展风险隐患大起底大排查大排除和全国自然灾害风险普查，抓好道路交通安全、建筑领域施工安全、食品药品安全、消防安全及防灾减灾工作，签订各类安全责任书36份，开展安全生产大检查23次，排查整改安全隐患200余处。常态化落实地质灾害监测预警，健全完善监测员巡查制度，组织开展安全演练134场次，全年未发生重大地质灾害险情。扩大“农交安”App应用覆盖面，及时通过线上渠道反馈交通安全劝导情况；加强食品药品和市场主体监管，及时消除安全隐患。加强平安建设工作责任制落实，网格化管理规范，推广注册“国家反诈中心”App，实施“智慧安防”工程，参与市域社会治理现代化试点建设，村规民约、红黑榜制度有效落实，社会治理能力持续提升。做好省、州、市重大活动期间信访安保工作，妥善处置信访案件11件。发挥人民调解组织“第一道防线”作用，坚持乡村协同、部门联动，开展矛盾纠纷调处化解工作，全年化解纠纷154件，调解率100%，办理和回复各类群众诉求2000余件。

【红卫桥农旅融合示范】　2022年，大地基乡红卫桥利用马龙河流域区位优势、气候优势、资源优势，发展热带果蔬产业，通过“以奖代补”实现产业到户项目发展扶持全覆盖，成立专业合作社带动群众种植冬早蔬菜20公顷，热带水果23种333.33公顷。坚持以“互联网+乡村生态旅游”营销模式，注重科技元素在乡村生态旅游中的运用，实现大数据与乡村生态旅游融合，打好线上线下、省内省外宣传“组合拳”，走生态优先、绿色发展之路，构筑以乡村生态旅游引领的复合型产业链条，实现村集体经济收入稳定在10万元以上，村民人均收入超1.4万元。

（李翠萍）

树苴乡

【概况】　树苴乡位于楚雄市西北部，距鹿城145千米，北与南华县红土坡镇、一街乡接壤，南与八角镇毗邻，东与三街镇相连。东西横距9.5千米，南北纵距21千米。2022年，全乡总面积131.4平方千米，下辖二街、九街、迤能、树苴、法古么、营盘山、西马郎7个村民委员会，173个村民小组，229个自然村。土地确权颁证耕地面积2300公顷，人均耕地面积0.12公顷。

人口民族　2022年末，树苴乡总户数4704户，总人口1.8万人，其中农业人口1.74万人。有汉族1.08万人，少数民族7136人，其中，彝族6455人、回族602人、白族22人、傈僳族20人、哈尼族9人、苗族7人、壮族5人、傣族5人、佤族3人、景颇族3人、拉祜族1人、仡佬族1人、瑶族1人。

自然概貌　树苴乡地形地貌复杂，山脉纵横交错，沟箐网织其间，最高海拔2700米，最低海拔1200米，村落分散在三尖山、打挂山、梳头山、五街河等高山和河谷中。气候多样，年平均气温15.7℃，年平均降雨量733毫米。土壤主要有红壤、黄棕壤、酸性紫色土等。境内分布着零星分散水源。有森林9400公顷，森林覆盖率84%，植被覆盖率87%。

资源特产　树苴乡境内动植物种类繁多，生物资源丰富，有动物150余种，植物1000余种；煤炭资源、石灰石储量丰富，是一个典型的农业山区乡镇。境内有烤烟、核桃、畜牧养殖、中药材、蔬菜种植等高原特色产业，有山猪火腿、发嘎土坛酒、清真腊鹅（牛干巴）、重楼、松茸等绿色食品。2022年，树苴围绕三尖山、老君山、梳头山“三座山”自然风景和五街河地热河谷旅游经济带，传承发扬“彝族十二兽舞”，打造特色乡村旅游产业。

【经济发展】 2022年，树苴乡完成农村经济总收入4.19亿元，完成一般公共预算收入782万元，完成固定资产投资6.42亿元，招商引资到位资金5.44亿元，向上争取资金239万元，完成各类市场主体新登记数207户。播种种植秋粮1086.67公顷，小春粮食作物播种933.33公顷。完成烤烟收购任务840吨，比上年增加20吨，实现收购均价32.59元，增加0.82元。

【教育与卫生】 2022年，树苴乡落实“两免一补”特惠普惠政策及学生营养改善计划，强化师德师风建设，加强教师队伍管理，推动落实“县管校聘”工作，贯彻落实党组织领导的校长负责制。年内，乡初级中学教育教学质量被州教育局评为“边远山区片初级中学二等奖”，乡中心小学被认定为云南省“平安校园”，中心幼儿园成功通过一级三等幼儿园州级综合评估验收。推进医疗卫生服务一体化改革，加强紧密型医共体建设，村级标准化卫生室全面达标，开展家庭医生签约1.58万人次，组织开展14类56项健康公共卫生服务，实现农村常住人口公共卫生服务全覆盖。不断完善基层医疗卫生服务软硬件设施，建成规范化发热门诊，胸痛救治单元、老年友善医院通过验收，树苴卫生院成功创建为云南省一级甲等卫生院。开展老年人等重点群体健康服务3000余次，向全乡重点人群发放健康防疫包1254份。

【社会生活】 2022年，树苴乡办理医疗保险缴费1.51万人，养老保险续保缴费8544人，组织完成劳动力转移就业7264人，其中脱贫人口转移就业1055人。发放低保金108.2万元，对320户农户实施临时救助；发放临时救助款物18万元、特困供养金99.33万元、困难及重度残疾人享受“两项”补贴22.54万元、重点优抚对象88人补助资金84.41万元。

【乡村振兴】 2022年，树苴乡加强对7个群众工作组、4支驻村工作队、10名驻村工作队员管理，定期组织开展工作队片区交流活动。严格落实“四个不摘”要求，组织开展防止返贫监测帮扶集中排查工作，精准帮扶，落实公益性岗位46人，发放“雨露计划”补助金12.5万元，向250户脱贫户发放肉牛产业发展小额信贷1075.74万元，脱贫劳动力稳岗就业1055人，防贫保险报销7.99万元。投资153.39万元，实施衔接项目13个，重点实施营盘山村三尖山肉食品加工建设资产收益性项目、法古么村三尖山果蔬初加工产品收益性建设项目和“树云犇”肉牛销售平台规划建设项目。年内，全乡6个村集体经济收入10万元以上。

【重点项目建设】 2022年，树苴乡开工建设21千米入乡主道路提升改造工程，组织实施树苴村委会果咪片区村主、支干道路1千米道路硬化，西马郎村委会长期未硬化的多条通村道路完成路面硬化顺利竣工投入使用。组织实施腊武地小（2）型水库大坝副帷幕灌浆工程，完成项目建设内容。完成树苴村委会果咪下村民族团结示范村建设工程。实施二街集镇饮水管网建设项目。投资450万元的西马郎村委会杨家田到水井边10千米村组道路硬化工程顺利竣工投入使用。启动实施投资9153万元的树苴乡资源路旅游路产业路县乡道提升改造项目。协调服务保障大迤能煤矿小岗箐矿井30万吨/年改造升级项目顺利开工建设。组织实施迤能上村、罗伍地，营盘山小作郎、树苴塔苦、菜地，法古么顾家龙潭等6个村小组饮用水管道维修养护工程。组织实施第一批西马郎、二街、法古么3个村补充耕地项目3个，总投资1391.02万元，建设规模48.16公顷，实现新增水田规模18.34公顷，新增耕地18.51公顷。组织实施城乡建设用地增减挂钩项目4个，签订房屋拆除协议2.99万平方米，拆除构筑物占地面积2.33万平方米，复垦耕地3720平方米。

【人居环境整治提升】 2022年，树苴乡巩固省级卫生乡镇成果启动农村厕所问题排查整改“回头看”工作，启动九街马家村等5个美丽村庄集中攻坚建设行动。完善乡镇集镇管理制度，落实“街长制”“路长制”“门前三包”“洁净日”等制度，开展环境卫生大扫除活动，组织干部群众开展环境卫生整治活动600余次3700人

2月21日，树苴乡法古么村委会技术人员指导村民甜脆豌豆种植

（夏国顺 摄影）

次，清运垃圾180余吨。督促指导7个村委会173个村民小组建立农村垃圾处理收费制度、农村保洁员制度、垃圾与卫生整治成效红黑榜制度、卫生洁净日制度、支部宣传日制度、村规民约等制度。开展环保督察检查12场次，开展清河行动6次640人次，清理河道垃圾12吨。年内，九街村委会马家村小组、普汤郎小组，法古么村委会河底小组被命名为“楚雄州美丽宜居示范村庄”。

【社会治理】 2022年，树苴乡开展安全生产、新冠疫情防控、自建房安全问题专项整治行动大检查次数15次，排查整改问题75个，全年未发生森林火灾和重大安全生产事故。常态化开展扫黑除恶专项斗争、推进矛盾纠纷排查化解、命案防控、特殊群体服务管理、打击整治养老诈骗“四个专项行动”。争取50万元资金，解决拨付一批历史遗留工程欠账，化解历史遗留矛盾。排查化解各类矛盾纠纷162件，受理答复信访案件6件，“平安乡镇”“无邪教乡镇”创建成果得到巩固。年内，树苴乡司法所获全州“枫桥式司法所”称号。8月，树苴乡被授予“楚雄市民族团结进步模范集体”称号。

3月2日，树苴乡云岭牛养殖基地　（树苴乡　提供）

【肉牛养殖示范建设】 2022年，树苴乡引导肉牛养殖专业合作社、养殖基地、养殖大户当好典型示范，发挥大迤能、马家村2个养殖示范小区的典型示范作用；培养本土产业技术员11名、本土经纪人24名，提高肉牛养殖的科学化水平；开发“树云犇”肉牛交易微信小程序线上交易平台，与餐饮企业合作，以“肉牛+电商+餐饮企业”等方式，延伸肉牛产业链条。为省内外24家养殖场（户）累计输出优质肉牛品种改良优质能繁母牛、架子牛1376头，树苴优质牛肉以每日200余单的销量远销省内外。全乡有肉牛养殖户3171户，优质肉牛占比93%，肉牛存栏1.09万头，出栏4334头，实现存栏10头以上的肉牛养殖户82户，肉牛养殖新型经营主体35家，实现产值1.3亿元。年内，树苴乡获“肉牛养殖示范乡镇”称号，树苴村、迤能村、九街村获楚雄州“一村一品”肉牛示范村称号。

（王春梅）

〔栏目编辑：敖春晖〕

人物·荣誉

2023
楚雄市年鉴

先进个人

李洪富 男，彝族，1974年10月出生，中共党员，党校大学本科学历，1996年8月参加公安工作，一级警长（警衔：一级警督），现任楚雄市公安局刑侦大队大队长。曾任派出所民警、刑侦民警、刑侦中队长、派出所副所长、派出所所长、刑侦大队副大队长、乡镇党委副书记、反恐大队长、法制大队长。2015年3月，楚雄市公安局组建反恐大队，李洪富被任命为大队长，面对新工作岗位，李洪富带领全队民警努力学习反恐业务知识，不断探索工作方法，打开工作局面，楚雄市反恐工作位于全州前列。2017年1月，李洪富被任命为法制大队长，率先在全州落实刑事案件“两统一”工作机制和受立案改革意见，会同检察院、法院探索制定刑事案件速裁运行制度，并推行行政案件快速办理制度，为全州执法改革树立标杆。2020年3月，李洪富担任刑侦大队大队长，与黑恶势力展开斗争，打掉涉黑犯罪集团1个，涉恶犯罪集团3个，查封、扣押、冻结涉黑涉恶资产9000余万元。从警25年，李洪富一直在公安基层一线所队，先后12次被州、市公安机关和州市人民政府嘉奖，9次被评为优秀公务员，3次被评为优秀共产党员，2次被评为楚雄市公安局十佳民警。2020年6月因扫黑除恶专项斗争成绩突出被云南省公安厅记个人二等功1次。2021年5月17日，楚雄市公安局扫黑办被公安部表彰为“扫黑除恶成绩突出集体”。2022年5月，李洪富被公安部表彰为“全国优秀人民警察”。

（楚雄市公安局　供稿）

马忠明 男，汉族，1972年7月出生，中共党员，大学学历。1991年10月参加公安工作，现任楚雄市公安局东城派出所二级警长（警衔：一级警督）。自2018年到学桥街社区工作后，马忠明结合社区工作实际，从身边小事做起，设身处地为群众着想，真心诚意为群众服务，成为当地群众的“贴心人”。2018年7月，在开展日常安全检查时，马忠明发现2名乞讨人员在瓦木结构的小平房内生火煮饭，有时还用石头击打过路人员，打砸停放路边的机动车辆，给附近居民的人身和财产带来严重威胁，马忠明联系民政部门，并协助将2名流浪乞讨人员送到医院进行医疗救治，维护附近居民正常生产生活秩序。2019年，辖区内和瑞祥大型综合农贸市场时常发生买菜群众的手机、钱包等物被盗案件，马忠明及时与该市场管理处研究防范措施，协助和瑞祥农贸市场安装摄像头，市场治安明显好转。马忠明带领巡防队员，每天都按时到校园门口值守，疏导交通，守护孩子上下学，还兼任校园“法治顾问”，到学校开展安全讲座，给孩子们进行普法宣讲。2020年，马忠明被评为“云南公安机关十佳社区民警”；2022年5月，被公安部表彰为“全国公安机关爱民模范”。

（楚雄市公安局　供稿）

吕　燕 女，汉族，1984年6月出生，中共党员，大学学历，2008年参加工作，现任楚雄市鹿城镇栗子园社区党总支书记。2009年吕燕来到栗子园社区工作，社区移民群众稳定难、增收难问题凸显，吕燕与社区工作人员挨家挨户上门了解情况，掌握社区移民的实际情况和就业意向，联系培训机构，先后在社区组织开展园林绿化、计算机、保安、刺绣、烹饪、美容美发等10多个专业技能培训，培训社区群众5000余人次。2018年6月，吕燕担任栗子园社区党总支书记、居委会主任，为解决社区移民就业问题，吕燕带领社区干部上门联系用人单位，对接适合社区移民的就业岗位，组织专场招聘会100余场次；创新开办“移民手工作坊”、兴建农贸市场，400余人在“家门口”实现就业创业，探索出栗子园社区“九个一批”就业模式。2022年，栗子园社区实现适龄劳动力就业4000余人，就业率96%；居民人均收入1.58万元，社区集体经济收入614万元。在吕燕与社区工作人员的共同努力下，栗子园社区移民群众感党恩、听党话、跟党走，社区民族团结、基层治理、创文创卫等重点工作走在楚雄市前列，先后被评为“全国民族团结进步创建活动示范社区”“全国民主法治示范村（社区）”“全国五好基层关工委先进集体”“云南民族团结进步示范区”，社区党总支被中共云南省委组织部选树为“云南省规范化建设示范支部”。2020年5月，吕燕被评为“云南省村（社区）百名好支书”；2021年6月，被评为“云南省优秀党务工作者”；2022年9月，被评为“全国优秀城乡社区工作者”。

（鹿城镇　供稿）

马志明 男，回族，1966年9月出生，大学学历，现任楚雄市司法局二级主任科员。2012年起，马志明承担北浦小学法治副校长职责，定期到学校开展法治教育，每年讲授法治课不少于2场，同时加大对违法违纪、体罚和变相体罚学生造成不良后果和影响的教育，加强校园周边治安环境秩序的维护整治，强化教师职业道德规范和中小学生行为道德教育，完善学校教育教学制度、校园安全制度、外来人员来访登记制度等20余项管理制度。2011年9月1日起，马志明负责楚雄市青少年法治宣传教育各项工作，累计开展各类讲解2837场，接受警示教育总人数28.72万人，其中，学生27.8万人，团体及其他组织9134人；举办“家长开放日”活动783期，开展警示教育拓展活动640期。2019年，楚雄市青少年法治宣传教育基地被命名为云南省省级“青少年维权岗”（2016—2018年度）。2022年3月14日，马志明被中国关心下一代工作委员会、中央政法委、司法部、共青团中央、中国法学会评为“全国青少年普法教育优秀辅导员”。

（楚雄市司法局　供稿）

彭　程 男，彝族，1993年10月出生，大学本科学历，毕业于云南民族大学汉语言文学专业，现任楚雄市西霸农场法人、场长，楚雄市紫溪镇木源林果专业合作社法人、理事长。2017年7月大学毕业后，彭程回到楚雄市紫溪镇母掌村委会郭家村小组开办企业，创立楚雄市西霸农场、楚雄市紫溪镇木源林果专业合作社，种植冬桃、樱桃、红梨、杏子、青脆李、木梨等20余种特色经济林果，经济林果示范基地面积86.67公顷，辐射带动合作社员扩大种植373.33余公顷，产量1300余吨。长期为周边农户提供就业机会，定向帮扶462户，聘用周边农户35人，合作社社员种植收益实现户均增收2万余元，2022年助农增收1010.8万元。开展多元化经营，通过“基地+合作社+农户+平台”的产供销一体化生产经营模式，组织农户进行规范化种植管理，并由合作社统一收购包装，依托电商平台进行线上交易；建成绿色食品产业种植基地及高海拔经济林果产业种植基地1个，获绿色食品证书7类，发展林下生态养殖鸡鸭鹅等禽类5万余羽，培育各类林下苗木20万棵，建成200吨冷库1座，开辟北京、上海、浙江、重庆、四川、贵州、广东7个省外市场，2022年实现销售额1360万元，其中电商平台销售占总销售额的67%以上。2020年10月，彭程获楚雄市“农村创业致富带头人”称号；2022年8月，被授予“楚雄市威楚人才奖”；2022年9月，在2022“大国农匠”全国农民技能大赛中获“种养能手类三等奖”。

（紫溪镇　供稿）

段　斌　男，彝族，1972年9月出生，中共党员，大学本科学历，云南省楚雄市人，1994年10月参加工作，现任楚雄市华丽包装实业有限责任公司生产技术中心副主任、综合办主任，国家中级注册安全工程师，印刷工艺工程师、技师。段斌参与公司科研项目50余项，其中，2020年获得省科技成果鉴定1项，获得国家发明专利3项，实用新型专利8项，其中独立研发获得国家实用新型专利3项，并应用于生产实践，为企业创造良好的经济效益。2009年，段斌参与的“环保激光打孔接装纸新技术应用研究”获得楚雄市人民政府科技进步三等奖。2012年，段斌实施的“溶性油墨和抗菌技术在环保烟用接装纸中的结合运用”获楚雄州人民政府科技进步三等奖。2019年，段斌参加楚雄州地方标准DB 5323/T 95-2019《一般湿地认定》起草。2021年，段斌实施的“环保抑菌水性大豆油墨在接装纸、铝箔纸中的结合应用”获得云南省人民政府科学技术奖技术发明三等奖，参加中国工业合作协会团体标准起草（标准号：T/CIC 023-2021《包装行业绿色工厂评价规范》），被中国工业合作协会聘用为“绿色制造专业委员会绿色制造专家”。2020年8月，段斌被楚雄州人民政府授予“彝乡名匠”称号；2022年4月，被云南省总工会授予“云南省五一劳动奖章”。

（楚雄市总工会　供稿）

刘　昀　男，汉族，1992年8月出生，中共党员，大学本科学历，2015年9月参加工作，现任楚雄市疾控中心检验科副科长。自参加工作以来，刘昀一直在卫生检验岗位上，熟练掌握微生物检测、重点传染病监测和突发公共卫生事件应急处置、食物中毒检测、农村饮水水质监测、公共场所卫生用品检测、医院感染监测、艾滋病与性病防治实验室检测等多项工作技术，成为检验检测业务骨干。2021年3月29日，刘昀申请前往瑞丽支援核酸检测工作。2021年10月，刘昀接到中国疾控中心环境与健康相关产品安全所邀请，赴西藏自治区疾病预防控制中心开展2021年国家人体生物监测项目技术培训及现场指导工作，协助国家疾控中心圆满完成援藏工作。2022年4月，刘昀申请加入云南省援沪医疗队，前往上海支援，成为云南省第一批支援上海的医疗抗疫队员，援沪40余天，刘昀参与建成临港气膜实验室，每天工作时长10余小时，检测量1万份。2022年8月，刘昀被中共云南省委、省人民政府授予“云南健康卫士”称号。

（楚雄市卫生健康局　供稿）

钟　磊　男，汉族，1982年9月出生，法学硕士，毕业于云南大学法学院，2010年10月到楚雄市人民法院工作，现任楚雄市人民法院民事审判二庭庭长。自2018年承办第一件破产审判案件以来，钟磊先后承办或参与办理破产案件10件，涉案标的50余亿元，涉及债权人3000余人。在兆顺第一城开发商破产案件办理中，钟磊作为该企业的破产审判法官，对企业情况熟悉，了解商家入驻经营情况，加强对破产管理人的监督指导，在市委、市政府和相关职能部门的推动和协调下，800余户业主拿到房产证，兆顺第一城商业体良性发展，该公司的破产案件顺利推进。钟磊还承担大部分的建设工程合同纠纷、房屋买卖合同纠纷、劳动争议等疑难复杂案件的审理工作，钟磊承办的多起具有重大影响的案件，多次被云南政法、云南高院、《云南法制报》等表扬报道。2016年，钟磊被遴选为云南法院首批入额法官。2020年，受聘为国家法官学院云南分院、云南省法官进修学院特聘教师。2021年，钟磊承办案件入选全国法院“百场优秀庭审”，其本人被评为“云南省政法工作先进个人”；2022年11月18日，钟磊被《云南日报》《云南法制报》、云南省委政法委评为“2021年度云南十大法治新闻人物”。

（楚雄市人民法院　供稿）

李　瑛　女，汉族，1969年10月出生，中共党员，大学本科学历，1988年12月参加工作，现任楚雄市人民法院酒鸡口人民法庭庭长，一级法官。2019年4月，李瑛服从党组织安排，到楚雄市人民法院酒鸡口法庭担任负责人。在她带领下，酒鸡口法庭设立覆盖辖区乡镇的巡回审判点、诉讼服务站，创新和发展“枫桥经验”，加强与乡镇综治中心、派出所、司法所和村调解组织的对接联系，注重基层调解，形成解纷合力，2020年以来，李瑛带领法庭工作人员参与联动调解37次，开展法律咨询、纠纷调解等诉讼服务2425次，涉及司法辖区7个乡镇。因工作成效明显，2021年4月，酒鸡口人民法庭被云南省高级人民法院评为“全省优秀人民法庭”。2022年，李瑛受理各类诉讼166件，审结167件，结案率100.6%，诉前调解29件，调解、撤诉111件，调撤率66.86%。因工作成绩突出，工作34年来，李瑛在审判工作岗位上的付出也得到了回报。2006年9月，获云南省“三八红旗手”称号；2012年被楚雄市妇联评为“维护妇女儿童权益”先进个人；2013年被中共楚雄市委政法委评为政法工作先进个人；2013—2014年因成绩突出获得楚雄州中级人民法院嘉奖；2020年被楚雄州中级人民法院评为“全州法院办案能手”；2021年7月，被中共楚雄市委政法委评为“全市优秀人民法官”；2022年11月，李瑛被云南省高级人民法院评为“全省法院人民法庭工作成绩突出个人”。

（楚雄市人民法院　供稿）

田维凯　男，汉族，1976年2月出生，中共党员，大学学历，1998年8月参加工作，现任楚雄市人民检察院第一检察部主任、一级检察官。自2010年田维凯到刑检部门工作，先后担任侦查监督科副科长、公诉科副科长、第一检察部主任，办理完成故意杀人案、故意伤害致人死亡案、滥用职权、贪污受贿案等40余件影响重大的疑难复杂案件，累计办理各类刑事案件1000余件。2018年1月，田维凯投身“扫黑除恶”专项斗争，办理完成省人民检察院交办的2018-2号涉黑专案、楚雄市“11·19”“4·17”等涉黑犯罪案件；在主办楚雄市最大的黑社会犯罪案件（即“11·19”“4·17”涉黑专案）中，田维凯通过介入侦查，对该案办理提出100余条前瞻性意见建议，历经4个多月，如期完成该案70余册卷宗审查、1300余页报告的制作及审查起诉工作。2008年3月，田维凯被楚雄州人民政府表彰为“全州见义勇为公民”；2008年被州人民检察院嘉奖；2015年被中共楚雄市委直属机关工委评为年度“五带头优秀共产党员”；2016年被表彰为“全市优秀共产党员”；2020年被州委州政府表彰为“抗疫先进个人”；2019年、2020年被表彰为“全州扫黑除恶先进个人”；2021年6月，被评为“楚雄州优秀人民检察官”；2021年7月，被评为“楚雄市优秀人民检察官”；2022年4月，被云南省人民检察院、云南省人力资源和社会保障厅表彰为“第十四次云南省检察机关先进个人”。

（楚雄市人民检察院　供稿）

许红梅　女，汉族，1985年9月出生，中共党员，大学本科学历，2009年9月参加工作，现任楚雄市司法局大过口司法所所长。2019年，许红梅到大过口司法所工作，在她带领下，大过口司法所不断加大普法宣传力度，结合辖区实际情况和突出问题，进村入户，以“彝汉”双语广泛开展《中华人民共和国人民调解法》《中华人民共和国宪法》《中华人民共和国民法典》等各类法治宣传教育活动，累计宣讲法律法规20余场次，受教育群众6000余人次，解答法律咨询40余人次，化解纠纷140余起。许红梅认真履行社区矫正工作职责，结合每名矫正对象的犯罪类型、心理特点、悔罪表现等情况，制定具有针对性的矫正方案，实现分类管理、个别化矫正；通过家访、走访掌握社区矫正对象近况，提高监督管理和教育矫正的质量；个别对社区矫正有抵触心理的矫正对象，许红梅多次耐心开导、知心交谈，打消思想顾虑，引导矫正对象严格遵守监管规定，重拾生活信心，累计帮扶生活困难矫正对象7人，入户查访矫正对象96人次，走访监督人34人次，开展矫正对象日常监管谈话100余人次，做到入户查访、谈话提醒100%全覆盖。2019年4月以来，大过口司法所接收社区矫正对象34人，按期解教30人，未出现过社区矫正对象脱管漏管现象。2022年2月，许红梅被云南省司法厅评为“云南司法行政之星”。

（楚雄市司法局　供稿）

者光亮　男，汉族，1974年3月出生，中共党员，大专学历，1996年4月参加工作，现任楚雄市司法局东瓜司法所所长。自2017年成为基层司法行政干部以来，者光亮定期到社区矫正对象和刑满释放人员家里走访，帮助他们化解家庭纠纷、落实低保补助，争取临时救济，开展就业技术培训；者光亮关注弱势群体，为工地受伤的工人、交通事故伤者、遭受家暴的妇女、肇事肇祸精神病人、触犯法律的留守少年等提供法律援助；2020年4月，者光亮成功化解一起长达18年的人身损害赔偿疑难纠纷。4年来，者光亮主持调解各类矛盾纠纷286起，其中重大疑难纠纷12起；感化帮助社区矫正对象86人和刑满释放人员238人顺利回归社会；为37人弱势群体提供法律援助，通过诉讼为弱势群体挽回资金76万元。2020年，者光亮被中共楚雄州委政法委评为“楚雄州政法系统防控阻击新型冠状病毒肺炎疫情战时先进个人”；2021年，被中共楚雄市委政法委评为“楚雄市优秀司法干警”；2022年2月，被云南省司法厅评为“云南司法行政之星”。

（楚雄市司法局　供稿）

先进集体

第十二批全国“一村一品”示范村镇

楚雄市大过口乡

2022年度全国检察宣传先进单位

楚雄市人民检察院

全国水利系统“七五”普法先进集体

楚雄市水务局

全国2022年度民营企业调查点先进基层单位

楚雄市工商联

全国五四红旗团委

楚雄东兴中学

全国优秀少先队集体

楚雄市北浦小学少先队大队

第四批全国乡村旅游重点村

楚雄市紫溪镇紫溪社区紫溪彝村

第五批全国"扫黄打非"进基层示范点

楚雄市鹿城镇栗子园社区

2022年全国示范性老年友好型社区

楚雄市鹿城镇西苑社区

第四批云南省民族团结进步示范县示范单位

楚雄市总工会

2018—2021年度平安云南建设先进集体

楚雄市人民法院

云南省法治政府建设工作先进单位

楚雄市政务服务管理局

云南省模范机关创建示范单位

楚雄市委办公室

云南省体育工作先进集体

楚雄市教育体育局

第五批云南省民主经济示范村（社区）

楚雄市鹿城镇西苑社区、东瓜镇彝人古镇社区、子午镇鹿宜村

2022年云南省绿美乡镇、绿美村庄

楚雄市紫溪镇、东瓜镇庄甸社区蔡家湾小组

第九届云南省文明村镇

楚雄市东瓜镇、子午镇挖铜村、紫溪镇紫金村

第十六届云南省文明单位

楚雄市委办公室、楚雄市纪委市监委、楚雄市委组织部、楚雄市委宣传部、楚雄市司法局、楚雄市鹿城镇学桥街社区、国家税务总局楚雄经济开发区税务局

第二届云南省文明校园

楚雄市鹿城小学、楚雄市环城小学

2022年云南省乡村振兴"百千万"工程精品村、美丽村庄

楚雄市子午镇云龙村、鹿城镇大东社区，鹿城镇吉乐村委会石头田小组、大东社区许家小组、青龙社区外石坝小组，东瓜镇庄甸社区蔡家湾小组、桃园社区福源村、刘家社区小郭邑一组，子午镇袁家村委会袁家小组、以口村委会以口夸村、鹿宜村委会大鹿宜小组，吕合镇吕合村委会石鼓村、钱粮村委会火烧桥小组，紫溪镇紫溪社区宋村小组、紫金村委会大紫溪小组、云庆村委会龙上小组，东华镇莲华村委会上瓦午小组、莲华村委会莲棚邑四组、莲华村委会莲棚邑五组，苍岭镇李家村委会前马房村小组、李家村委会马石铺村小组

2022年云南省农民合作社省级示范社

楚雄市吕合镇世勤油菜种植专业合作社、树云犇养殖专业合作社、大地基乡福禄家禽养殖农民专业合作社、树苴乡光宝种养殖专业合作社、紫溪镇木源林果专业合作社、济嘉蔬菜种植专业合作社、新村镇正烨经济林果种植专业合作社、彝鑫核桃产业开发农民专业合作社联合社

2022年度"云岭先锋红旗党支部"

楚雄市鹿城镇栗子园社区党总支

楚雄州"贯彻新发展理念、推动高质量发展"先进集体

楚雄市委办公室、楚雄市卫生健康局、楚雄市鹿城镇党委、楚雄市大过口乡党委

2022年度楚雄州未成年人思想道德建设工作优秀集体

楚雄市精神文明建设指导委员会、中共楚雄市委宣传部、楚雄市教育体育局、中共楚雄市鹿城镇委员会、中共楚雄市东瓜镇委员会、楚雄市鹿城小学

楚雄州民族团结进步模范集体

楚雄市人民政府、中共楚雄市委统战部、中共楚雄市西舍路镇委员会、楚雄市东瓜镇彝人古镇社区居民委员会

楚雄州2022年优化营商环境促进市场主体倍增工作先进集体

楚雄市政务服务管理局、楚雄高新区行政审批局

楚雄州文化工作优秀集体

楚雄市委宣传部、楚雄市文化和旅游局、楚雄市文联、楚雄市子午镇党委、楚雄高新区综合管理部

楚雄州统一战线工作优秀集体

中共楚雄市委、中共楚雄市委统战部、楚雄高新区组织人事部

楚雄州工商联工作优秀集体

中共楚雄市委、楚雄市工商业联合会

2022年楚雄州乡村振兴"十百千"工程示范乡镇

楚雄市紫溪镇

第二批楚雄州民主法治示范村（社区）

楚雄市鹿城镇北浦社区、鹿城镇中大街社区、东瓜镇邓官村、紫溪镇紫金村、东华镇红墙村、子午镇云龙村、苍岭镇苍岭村、吕合镇中屯村、三街镇背阴村、树苴乡西马郎村、八角镇必达村、中山镇法鲁古村、大过口乡碧鸡村、

西舍路镇德波苴村

2016—2020年楚雄州普法工作先进集体

楚雄市人大常委会机关、楚雄市人民检察院、楚雄市青少年法治宣传教育基地、楚雄市鹿城镇人民政府、楚雄市鹿城彩印有限责任公司

（敖春晖）

逝世人物

高西川 男，汉族，1924年11月出生，山东省博兴县人，离休干部。1943年10月1日参加革命工作，1953年12月1日加入中国共产党。曾任八路军临博区中队战士，公安七十团任班长、排长。1955年2月到地方工作，曾就职于镇康县兵役局、耿马农场、开远林机厂、楚雄林机厂。1983年3月离休，离休后享受副处级政治生活待遇。2021年4月，经云南省委批准，享受副省（部）级标准报销医药费待遇。2022年10月12日在楚雄逝世，享年98岁。

杨佩华 女，汉族，1930年1月出生，云南大理人，离休干部。1948年6月1日参加革命工作。1948年至1949年在凤仪中学任教期间参加秘密外围组织，曾任凤仪县人民政府财政科、文教科副科长，凤仪县土改宣教队队长、邓川县土改工作组组长；曾在楚雄州贸易公司、楚雄市贸易公司、楚雄市农村基层供销社、楚雄市糖业烟酒公司工作。1987年6月离休，享受副处级待遇。2022年2月10日在楚雄逝世，享年92岁。

刘光祖 男，汉族，1942年3月出生，云南大姚县人，原楚雄市人大常委会副主任。1960年7月参加工作，1964年5月加入中国共产党。曾任昆明军区58医院会计、党支部书记等职，历任大姚县人民武装部后勤科助理员、后勤科科长，楚雄军分区后勤部副部长（副处级待遇），楚雄市工商局党总支书记、工商局局长，中共楚雄市委常委、市纪委书记，楚雄市人大常委会副主任（市人民政府调研员）。2002年6月退休，享受正处级待遇。2022年7月25日在楚雄逝世，享年80岁。

徐朝显 男，汉族，1936年1月出生，云南楚雄人，原楚雄市政府副处级调研员。1955年9月参加工作，1965年5月加入中国共产党。曾就职于楚雄市三街供销社、楚雄市中邑社供销社，曾任楚雄市供销社业务科长、楚雄市财贸办办公室副主任，楚雄市财政局党组书记、局长，楚雄市政府副处级调研员。1996年1月退休，享受副处级待遇。2022年8月30日在楚雄逝世，享年86岁。

张方玉 男，汉族，1933年10月出生，山东省淄博市人，原楚雄市副县级调研员。1951年7月参加工作，1976年3月加入中国共产党。曾就职于昆明军区西南二局、云南省公安厅、个旧锡矿、个旧邮电局、个旧报社、蒙自县委，曾任金平县农办副主任、楚雄州委宣传部秘书科科长，楚雄县委常委、鹿城镇党委书记，中共楚雄市园林局党总支书记、市园林局局长，中共楚雄市城乡建设委员会副书记、建委主任，中共楚雄市城乡建设委员会书记，楚雄市副县级调研员。1992年12月退休，享受副处级待遇。2022年12月29日在四川成都逝世，享年89岁。

万汤仁 男，汉族，1930年7月出生，四川眉山市人，离休干部。1949年5月参加革命工作，1983年7月1日加入中国共产党。曾任宝鸡市虢镇游击队战士、宝鸡军分区政治部干部、四川眉山粮食局干部、武定县法院审判员、万德法庭庭长，楚雄县中山中学、楚雄三中教师，楚雄市人民法院、楚雄市律师事务所干部。1988年4月离休，享受副高级职称待遇。2022年12月13日在楚雄逝世，享年93岁。

陈文跃 男，汉族，1929年12月出生，云南楚雄人，离休干部。1948年7月1日参加革命工作，1951年1月1日加入中国共产党。曾任40军119师355团二营四连副指导员；1956年2月到地方工作，曾就职于楚雄市公安局，历任楚雄民政科副科长，楚雄县玻璃厂党支部书记、厂长，楚雄市交通运输管理站站长、党支部书记，楚雄市交通局副处级调研员。1989年4月离休，享受正科级待遇。2022年11月7日在楚雄逝世，享年93岁。

刘夔庚 男，汉族，1931年7月出生，云南牟定人，离休干部。1948年4月参加革命工作，1949年4月加入中国共产党。曾任滇西人民自卫团大队指导员，边纵八支队37团七连、楚雄军分区主力团一连、云南军区基干十一团一连指导员，南华中学、楚雄市三街中学教师、楚雄第四中学教师。1986年12月离休，享受正科级待遇。2022年12月31日在楚雄逝世，享年91岁。

（张立祥）

〔栏目编辑：敖春晖〕

统计资料

2023

楚雄市年鉴

表 6　2021、2022 年楚雄市国民经济和社会发展主要指标完成情况表

指　标	单　位	2021 年	2022 年	比上年（±%）
一、年末户籍总人口	人	546924	549780	0.5
其中：农村人口	人	247309	236884	–4.2
城镇人口	人	299615	312896	4.4
户籍人口城镇化率	%	54.78	56.91	提高 2.13 个百分点
户籍人口自然增长率	‰	0.38	1.03	提高 0.65 个千分点
二、年末常住总人口	人	624800	619900	–0.8
其中：乡村人口	人	197000	192913	–2.1
城镇人口	人	427800	426987	–0.2
常住人口城镇化率	%	68.47	68.88	提高 0.41 个百分点
三、土地面积	平方千米	4433	4433	0.0
四、年末城镇非私营单位从业人员数	人	65335	62574	–4.2
城镇非私营单位从业人员平均工资	元	89854	94091	4.7
五、全市居民人均可支配收入	元	33030	34536	4.6
六、全市居民人均消费支出	元	27372	27002	–1.4
七、地区生产总值（当年价）	万元	5634271	6101140	5.5
第一产业	万元	477708	493289	5.0
第二产业	万元	2970048	3286007	8.2
# 工业	万元	1814864	1997216	7.7
# 建筑业	万元	1157643	1291704	9.1
第三产业	万元	2186515	2321844	2.0
非公经济增加值	万元	2489864	2730979	6.5
八、工农业总产值（当年价）	万元	6061388	6522323	7.6
农业总产值	万元	803289	848274	5.8
工业总产值	万元	5258099	5674049	7.9

续表 6

指　标	单　位	2021 年	2022 年	比上年（±%）
九、规上工业主要经济指标				
规上工业总产值	万元	4916323	5466319	10.9
增加值增长	%	7.1	9.3	提高 2.2 个百分点
资产总计	万元	4062657	4832617	19.0
利税总额	万元	920601	1070889	16.3
利润总额增长	%	12.3	52.9	提高 40.6 个百分点
自来水生产量	万吨	2437	4192	72.0
发电量	万千瓦时	19567	28995	48.2
中成药	吨	9530	9896	3.8
单晶硅	万千克	924	1598	72.9
钢化玻璃	万平方米	72.1	29.7	–58.8
水泥	万吨	73.5	45.01	–38.8
商品混凝土	万立方米	226.2	169.2	–25.2
十、粮食总产量	万千克	21410.4	21793.3	1.79
烤烟收购量	万千克	1394.5	1450.1	4.0
核桃总产量	万千克	1908.9	1951.1	2.2
油料总产量	万千克	1168.7	1132	–3.1
猪、牛、羊肉、禽肉产量	万千克	5095.7	5470.5	7.4
农村常住居民人均可支配收入	元	15429	16461	6.7
农村常住居民人均消费支出	元	13809	14886	7.8
十一、固定资产投资（不含农户）增长	%	14.4	16.2	提高 1.8 个百分点
# 城镇建设投资增长	%	25.9	34.7	提高 8.8 个百分点
# 房地产开发投资增长	%	–8.1	–33.7	下降 25.6 个百分点
本年施工项目个数	个	660	789	19.5
# 当年新开工项目个数	个	461	579	25.6

续表 6

指　标	单　位	2021 年	2022 年	比上年（±%）
十二、建筑业总产值	万元	1639253	2081411	27.0
十三、城市建设和环境保护				
建成区面积	平方千米	51.8	52.65	1.6
城镇化率	%	68.47	68.88	0.6
建成区绿化覆盖率	%	38.28	41.39	8.1
城市道路总长	千米	314.75	451.16	43.3
公园绿地面积	平方千米	5.28	8.48	60.6
城市道路面积	平方千米	6.71	7.92	18.0
生活污水总处理能力	万立方米 / 日	14	14	0.0
工业废水排放总量	万吨	101.79	99.0629	–2.7
工业二氧化硫排放量	万吨	0.1557	0.1606	3.1
工业烟尘排放量	万吨	0.0379	0.0366	–3.4
AQI 指数好于国家空气质量二级标准天数	天	365	364	–0.2
十四、交通运输邮电				
邮电业务总收入	万元	56303	66013	17.2
年末电话机总数	部	27205	40100	47.4
年末移动电话用户	户	716908	741800	3.5
宽带接入用户	户	248000	298300	20.3
十五、社会消费品零售总额	万元	2126191	2238978	5.3
限额以上商贸法人企业个数	个	144	163	13.2
十六、进出口总额	万元	468961	453521	–3.3
十七、居民消费价格指数	%	100.6	101.2	1.2
十八、年末金融机构存款余款（本外币）	万元	5930465	6328460	6.7
# 住户存款	万元	3038860	3511820	15.6
年末金融机构贷款余款（本外币）	万元	5433078	5932585	9.2

续表 6

指　标	单　位	2021 年	2022 年	比上年（±%）
十九、一般公共预算收入	万元	277448	334593	20.6
一般公共预算支出	万元	588599	553300	-6.0
二十、城镇常住居民人均可支配收入	元	44304	46111	4.1
二十一、市场主体	户	60114	72624	20.8
（一）企业	户	15632	18999	21.5
其中：私营企业户数	户	14257	17545	23.1
外商企业	户	286	309	8.0
（二）个体工商户数	户	43767	52847	20.7
（三）农民专业合作社	户	715	778	8.8
非公经济占 GDP 比重	%	44.2	44.8	0.6
二十二、招商引资到位资金增长	%	25.8	26.3	0.5
二十三、旅游总收入	万元	623080	1604313	157.5
# 国内旅游收入	万元	622839	1603976	157.5
接待国内外旅游者人次	万人次	596.2	1493.02	150.4
# 国内旅游者人次	万人次	596	1493	150.5
二十四、高等学校在校学生	人	24467	28161	15.1
高等学校毕业学生	人	5697	6595	15.8
中等职业学校在校学生	人	10294	9676	-6.0
中等职业学校毕业学生	人	3809	3616	-5.1
普通中学在校学生	人	41720	42832	2.7
普通中学毕业学生	人	13271	13572	2.3
小学在校学生	人	38440	39089	1.7
小学毕业学生	人	5765	5965	3.5
二十五、城镇职工基本养老保险参加人数	人	84279	89700	6.4
城镇职工基本医疗保险参加人数	人	117979	121800	3.2

续表 6

指　标	单　位	2021 年	2022 年	比上年（±%）
城乡居民社会养老保险参加人数	人	240342	240300	-0.02
城乡居民基本医疗保险参加人数	人	402449	395400	-1.8
二十六、医疗卫生机构	个	423	426	0.7
# 医院	个	33	32	-3.0
医疗卫生机构人员	人	9055	9225	1.9
# 技术人员	人	7683	7903	2.9
其中：执业医师	人	2664	2803	5.2
医疗卫生机构病床位	张	6533	6509	-0.4
# 医院病床位	张	5945	5863	-1.4
二十七、重点产业增加值	万元	4366556	4620938	3.2
其中：烟草及配套产业	万元	906609	967104	5.5
能源、冶金和化工业	万元	413972	460013	2.6
生物医药业	万元	167406	103563	-38.0
绿色食品业	万元	81079	68441	-10.2
高原特色农业	万元	527989	553232	5.2
建筑建材业	万元	1194785	1312551	7.5
装备制造业	万元	8298	5129	-46.0
商贸物流业	万元	849092	905900	1.6
文化旅游业	万元	217326	245005	11.4

说明：1. 地区生产总值、农业总产值、规上工业增加值绝对数按当年价计算，增长速度按可比价计算；
2. 人均指标数计算口径按平均常住人口计算。常住人口省州实际反馈数计算，不作小数点位数取舍；
3. “中等职业学校”指标按教育部门口径取数，即不含云南省楚雄技工学校；
4. “执业医师”不包含助理执业医师，并更新 2021 年“执业医师”人数为 2664 人

表7　2021、2022年楚雄市人均主要经济指标一览表

指　　标	单　位	2022年	2021年	比上年（±%）
一、地区生产总值	元	98034	89694	6.4
二、工农业总产值	元	104801	96494	8.6
1. 农业	元	13630	12788	16.9
2. 工业	元	91171	83706	8.9
三、粮食产量	千克	350.18	340.84	2.7
四、烤烟产量	千克	23.3	22.8	2.2
五、一般公共预算收入	元	5376	4417	21.7
一般公共预算支出	元	8890	9370	-5.1
六、社会消费品零售总额	元	35976	33848	6.2
七、城乡居民储蓄年末余额（本外币）	元	56428	48377	16.6
八、城乡居民可支配收入	元	34536	33030	4.6
城镇常住居民人均可支配收入	元	46111	44304	4.1
农村常住居民人均可支配收入	元	16461	15429	6.7
九、城乡居民可支配支出	元	27002	27372	-1.4
城镇常住居民可支配支出	元	34762	36060	-3.6
农村常住居民可支配支出	元	14886	13809	7.8

说明：1. 地区生产总值、农业总产值绝对数按现价计算，增长速度按可比价计算；
2. 人均数按平均常住人口计算

表 8　2022 年楚雄州 10 县（市）主要经济指标及排序一览表

县　市	GDP（万元）				第一产业增加值（万元）				第二产业增加值（万元）			
	绝对数	位次	比上年（±%）	位次	绝对数	位次	比上年（±%）	位次	绝对数	位次	比上年（±%）	位次
全　州	17634170	—	6.7	—	3267611	—	5.1	—	7735852	—	10.9	—
楚　雄	6101140	1	5.5	8	493289	2	5.0	5	3286007	1	8.2	8
禄　丰	2682321	2	9.4	1	563371	1	5.1	4	1110024	2	20.1	1
双　柏	807557	9	5.9	7	203731	9	5.2	3	311373	9	8.4	7
牟　定	1026010	7	7.9	4	223054	8	5.1	4	472871	5	11.9	4
南　华	1246081	6	6.4	6	296755	6	5.0	5	457456	6	8.2	8
姚　安	1006675	8	8.3	2	289692	7	5.3	2	348113	8	15.8	2
大　姚	1435881	3	8.0	3	374764	3	5.1	4	583374	3	12.9	3
永　仁	698071	10	5.9	7	179832	10	5.2	3	222416	10	7.9	9
元　谋	1266782	5	6.9	5	317109	5	5.4	1	449517	7	9.9	6
武　定	1363652	4	5.1	9	326014	4	5.2	3	494701	4	10.9	5

县　市	第三产业增加值（万元）				固定资产投资		社会消费品零售总额				房地产销售面积	
	绝对数	位次	比上年（±%）	位次	比上年（±%）	位次	绝对数	位次	比上年（±%）	位次	比上年（±%）	位次
全　州	6630707	—	3.1	—	17.5	—	6425453	—	5.5	—	—	—
楚　雄	2321844	1	2.0	9	16.2	6	2238978	1	5.3	8	-23.5	10
禄　丰	1008926	2	2.1	8	16.0	7	1068666	2	2.5	9	1.1	8
双　柏	292453	10	4.1	7	19.3	4	243158	9	8.2	6	3.0	7
牟　定	330085	8	4.8	6	19.6	3	375873	8	8.7	5	15.1	4
南　华	491870	5	5.7	1	21.8	1	592187	3	9.7	2	19.5	2
姚　安	368870	7	5.1	3	15.5	8	385047	7	6.0	7	13.7	3
大　姚	477743	6	4.9	5	20.8	2	416016	6	9.6	3	-2.3	9
永　仁	295823	9	5.0	4	15.4	9	154936	10	9.0	4	11.6	5
元　谋	500156	4	5.4	2	18.7	5	492846	4	10.1	1	5.0	6
武　定	542937	3	0.5	10	14.4	10	457746	5	-4.3	10	38.3	1

县市	一般公共财政预算收入（万元）				一般公共财政预算支出（万元）			
	绝对数	位次	比上年（±%）	位次	绝对数	位次	比上年（±%）	位次
全州	877568	—	17.4	—	2837378	—	-4.5	—
楚雄	334593	1	20.6	3	553300	1	-6.0	4
禄丰	58931	2	-38.6	10	295889	2	-10.6	8
双柏	36048	10	24.2	2	170711	9	-3.4	3
牟定	44668	6	6.1	4	200366	7	3.4	1
南华	56797	3	-1.3	7	207680	5	-10.0	6
姚安	39147	9	3.5	5	176193	8	-10.3	7
大姚	52345	4	-16.0	8	238678	4	-9.8	5
永仁	39777	8	3.1	6	150149	10	-10.0	6
元谋	48689	5	23.9	1	203737	6	-0.2	2
武定	39560	7	-18.2	9	254735	3	-21.5	9
州本级	127013	—	-37.2	—	2451438	—	31.7	—

县市	金融机构存贷款余额（人民币，万元）				规模以上工业增加值	
	累计数	位次	比上年（±%）	位次	比上年（±%）	位次
全州	28568755	—	9.8	—	14.6	—
楚雄市	12232159	1	7.7	9	9.3	9
禄丰	3567158	2	10.3	8	32.6	1
双柏	1074719	9	13.1	4	11.6	7
牟定	1526818	7	13.9	2	15.5	4
南华	1705946	6	11.2	6	9.2	10
姚安	1398834	8	12.9	5	23.8	2
大姚	2020407	4	14.7	1	16.5	3
永仁	953080	10	13.8	3	10.3	8
元谋	1946905	5	10.7	7	13.4	5
武定	2142729	3	6.5	10	12.2	6

县 市	全市人均可支配收入											
	全体居民				城镇常住居民				农村常住居民			
	绝对额（元）	位次	比上年（±%）	位次	绝对额（元）	位次	比上年（±%）	位次	绝对额（元）	位次	比上年（±%）	位次
楚雄州	26950	—	5.8	—	43920	—	4.2	—	15428	—	7.2	—
楚雄市	34536	1	4.6	10	46111	1	4.1	6	16461	3	6.7	7
禄　丰	29595	2	5.4	9	45696	2	4.1	6	16712	2	6.6	8
双　柏	24372	7	7.4	1	45525	3	4.5	3	14609	8	7.5	4
牟　定	24712	5	7.2	2	45382	5	5.3	1	14940	7	7.9	2
南　华	24415	6	6.2	7	44376	9	3.9	8	15064	6	7.2	5
姚　安	25809	4	6.7	5	44546	7	4.9	2	15809	4	8.3	1
大　姚	24250	8	7.1	3	44495	8	4.4	4	15132	5	7.6	3
永　仁	23769	10	5.6	8	43937	10	3.8	9	14356	10	6.9	6
元　谋	26543	3	6.3	6	45491	4	4.3	5	17581	1	6.9	6
武　定	24060	9	7.0	4	45202	6	4.0	7	14419	9	7.6	3

表 9　2022 年楚雄市各乡镇基本情况表

指标 乡（镇）	村（居）民委员会（个）	村（居）民小组（个）	年末总户籍总户数（户）	年末户籍总人口（人）			在总人口中			土地面积（平方千米）	粮食产量（吨）	烟叶产量（吨）
				合计	# 女	# 城镇人口	汉族（人）	少数民族（人）	# 彝族（人）			
楚雄市	154	2880	183360	549780	272540	312896	405649	144131	121646	4433	217933	14501
鹿城镇	22	276	70476	181055	90935	176340	146859	34196	23467	372	11069	358
东瓜镇	13	183	32672	88738	44284	84837	72877	15861	11724	229	10815	430
吕合镇	9	134	7509	25293	12495	4944	19567	5726	3615	186	16671	650
紫溪镇	8	123	4640	15611	7776	7730	10075	5536	4694	243	14776	380
东华镇	11	182	8879	30099	14870	6791	22976	7123	6901	448	20649	2800
子午镇	13	213	10202	34204	16785	4260	29972	4232	3472	362	27025	2920
苍岭镇	8	166	8715	32427	16071	8315	25469	6958	5698	344	29675	800
坝区合计	84	1277	143093	407427	203216	293217	327795	79632	59571	2184	130680	8338
三街镇	11	238	6588	23657	11669	3784	11335	12322	12119	206	12528	860
八角镇	7	178	4608	16128	7900	2644	9223	6905	6329	145	9887	750
中山镇	11	266	7055	23990	11633	3494	17489	6501	5918	301	15430	1023
新村镇	8	178	4028	14348	6939	4093	9930	4418	4384	355	11725	850
树苴乡	7	173	4704	17957	8834	532	10821	7136	6455	134	12005	840
大过口乡	9	206	4570	16244	7916	1527	1563	14681	14661	340	7984	450
大地基乡	6	134	3182	10885	5291	290	7722	3163	3102	387	7157	1000
西舍路镇	11	230	5532	19144	9142	3315	9771	9373	9107	381	10537	390
山区合计	70	1603	40267	142353	69324	19679	77854	64499	62075	2249	87253	6163

说明：1. 村（居）民委员会及村（居）民小组数据由市民政局提供；
2. 人口数据为户籍人口数，由市公安局提供

表 10　2021、2022 年楚雄市各乡镇粮烟生产基本情况表

指标 乡镇	粮食、烤烟总产量（吨）				粮食、烤烟总产量（吨）			
	2021 年				2022 年			
	粮食合计	夏　收	秋　收	烤　烟	粮食合计	夏　收	秋　收	烤　烟
总　计	214104	49629	164475	14337	217933	50137	167796	14501
鹿城镇	10962	2151	8811	345	11069	2153	8916	358
东瓜镇	10769	1466	9303	410	10815	1467	9348	430
吕合镇	16014	1729	14285	738	16671	1735	14936	650
紫溪镇	14399	2938	11461	360	14776	2954	11822	380
东华镇	20437	3593	16844	2650	20649	3603	17046	2800
子午镇	26823	6107	20716	2798	27025	6120	20905	2920
苍岭镇	29435	4758	24677	781	29675	4763	24912	800
三街镇	12415	3515	8900	823	12528	3547	8981	860
八角镇	9760	3236	6524	881	9887	3271	6616	750
中山镇	15035	4342	10693	1017	15430	4444	10986	1023
新村镇	11583	4984	6599	800	11725	5022	6703	850
树苴乡	11828	3492	8336	847	12005	3560	8445	840
大过口乡	7499	2678	4821	497	7984	2761	5223	450
大地基乡	6993	1577	5416	1000	7157	1607	5550	1000
西舍路镇	10152	3063	7089	390	10537	3130	7407	390

附 录

2023
楚雄市年鉴

组织机构及负责人名单

中共楚雄市委员会

书　　记：冯　毅
副 书 记：杨俐昆（任至2022年4月）
　　　　　罗兴贵（彝族，2022年4月任）
　　　　　袁培林（任至2022年3月）
　　　　　柳思福（2022年4月任）
常　　委：冯　毅
　　　　　杨俐昆（任至2022年4月）
　　　　　罗兴贵（彝族，2022年4月任）
　　　　　袁培林（任至2022年3月）
　　　　　柳思福
　　　　　邝华然
　　　　　陈燕青（任至2022年4月）
　　　　　钱志华（2022年6月任）
　　　　　周德华
　　　　　梁　洁（女）
　　　　　顾　平
　　　　　刘　敏（女，任至2022年2月）
　　　　　周　明（彝族，2022年6月任）
　　　　　张　翔（任至2022年12月）
　　　　　王福超（布依族，2022年12月任）
　　　　　杨　洋（挂职，2022年10月任）

楚雄市人大常委会

党 组 书 记：宋振华
党组副书记：马文辉（回族，任至2022年2月）
　　　　　　李贵泽（2022年2月任）
主　　　任：吴永祥（任至2022年1月）
　　　　　　宋振华（2022年1月任）
副　主　任：马文辉（回族，任至2022年1月）
　　　　　　胡乃林（任至2022年1月）
　　　　　　李佑祖（任至2022年1月）
　　　　　　杨培香（女）
　　　　　　李贵泽（2022年1月任）
　　　　　　郭宜宏（2022年1月任）
　　　　　　马兴旺（回族，2022年1月任）

楚雄市人民政府

党 组 书 记：杨俐昆（任至2022年5月）
　　　　　　罗兴贵（2022年5月任）
党组副书记：周德华
市　　　长：杨俐昆（任至2022年6月）
　　　　　　罗兴贵（彝族，2022年7月任）
常务副市长：周德华
副　市　长：吴应辉（任至2022年6月）
　　　　　　周增先（白族，2022年6月任）
　　　　　　李　英（女）
　　　　　　李智才（2022年1月任）
　　　　　　张正明（彝族，2022年1月任）
　　　　　　李明海（彝族，任至2022年1月）
　　　　　　陈　林（挂职，2022年3月任）
　　　　　　张　海（2022年1月任）
　　　　　　杨　洋（挂职，2022年12月任）

政协楚雄市委员会

党 组 书 记：孙春荣
党组副书记：刘　敏（兼，任至2022年2月）
　　　　　　王崇福（2022年2月任）
　　　　　　周　明（兼，2022年7月任）
主　　　席：马子才（回族，任至2022年1月）
　　　　　　孙春荣（2022年1月任）
副　主　席：赵天武（壮族，任至2022年1月）
　　　　　　赵　峨（女）
　　　　　　阮　骏
　　　　　　王崇福（2022年1月任）
　　　　　　刘云波（2022年1月任）

中共楚雄市纪律检查委员会

书　　记：陈燕青（任至2022年4月）
　　　　　钱志华（2022年6月任）
副 书 记：郭宜宏（任至2022年2月）
　　　　　刘　勇（任至2022年10月）
　　　　　付承斌（任至2022年10月）
　　　　　李宏旺（2022年3月任）
　　　　　李庆华（2022年10月任）
　　　　　倪方国（2022年10月任）

楚雄市监察委员会

主　　任：陈燕青（任至2022年6月）
　　　　　钱志华（2022年7月任）
副 主 任：郭宜宏（任至2022年3月）
　　　　　刘　勇（任至2022年12月）
　　　　　付承斌（任至2022年12月）
　　　　　李宏旺（2022年3月任）
　　　　　李庆华（2022年12月任）
　　　　　倪方国（2022年12月任）

楚雄高新技术产业开发区管委会

党 工 委 书 记：罗兴贵（彝族，任至2022年4月）
　　　　　　　　冯　毅（兼，2022年4月任）
党工委副书记：鲁　潜（2022年3月任）
　　　　　　　　吴　炬（2022年4月任）

王连波（彝族，任至2022年4月）
纪工委书记：王连波（彝族，任至2022年4月）
陈　云（2022年8月任）
主　　任：鲁　潜（2022年3月任）
李　援（彝族，任至2022年3月）
副 主 任：吴　炬（任至2022年4月）
罗华银（彝族）
李贵泽（任至2022年1月）
李兴明（任至2022年4月）
杨朝俊（2022年4月任）

楚雄市人民检察院

党组书记：刘和贵（彝族）
检 察 长：刘和贵（彝族，2022年1月任）
副检察长：常建伟
陶馨磬
田维凯（2022年7月任）

楚雄市人民法院

党组书记：景　华
院　　长：景　华
副 院 长：张　力（彝族）
吴京华

执行局

局　　长：岳树振
副 局 长：朱　雷
邓海承
王亚雄

洒鸡口法庭

庭　长：李　瑛（女，2022年7月任）
副庭长：普中辉（2022年5月任）

中共楚雄市委员会工作机构

市委办公室

主　　任：顾　平
副 主 任：白　清（常务）
李　燕（女，彝族）
起　菲（女，彝族）
王国焕（兼，女）
向映辉（兼）
段智伟

市保密局

局　　长：刘华礼（任至2022年6月）

市关工委办公室

主　　任：胡　娅（女，任至2022年3月）

市档案馆

馆　　长：王在纲（八级职员）

市国家保密局

局　　长：起　菲（兼，女，2022年6月任）

市档案局

局　　长：段智伟

市委组织部

部　　长：柳思福
副 部 长：杨积仁（常务，任至2022年2月；兼副部长2022年2月任）
李　庚（常务，2022年2月任）
陈建秋（女）
左兴明
刘云峰（2022年2月任）
王崇福（兼，任至2022年3月）
杨　迪（兼）

市委非公有制经济组织和社会组织工作委员会

书　　记：李　庚（彝族，任至2022年2月）
陈建秋（女，2022年5月任）
副 书 记：徐林宗（兼，彝族）
李先福（兼，任至2022年2月）
杨国荣（兼，彝族，任至2022年9月）
邓开荣（兼）
杨正元
张　健（兼，彝族）
孙林芳（女，2022年9月任）
杨　贤（女，2022年2月任）
刘志刚（兼，2022年9月任）

市委市直机关工作委员会

书　　记：柳思福

市委老干部工作委员会

书　　记：杨积仁（任至2022年2月）
李　庚（2022年2月任）

市委老干部局

局　　长：杨积仁（任至2022年3月）
李　庚（2022年3月任）

市公务员局

局　　长：杨积仁

市委基层党建工作协调小组办公室

主　　任：孙林芳（女）

市委宣传部

部　　长：梁　洁（女）
副 部 长：钟兴成（分管日常工作）
尚　徽（纳西族，任至2022年2月）
顾兴凯
高　庆（女，彝族）
李丽华（女）

市精神文明办公室

主　　任：高　庆（女，彝族）
副 主 任：金　燕（女）

市社会科学界联合会

主　　席：尚　徽（纳西族，任至2022年2月）
顾兴凯（2022年2月—2022年5月）

市新闻出版（版权）局

局　　长：顾兴凯（任至2022年7月）

市人民政府新闻办公室

主　　任：钟兴成

市广播电视局

局　　长：顾兴凯（任至2022年7月）

市委网络安全和信息化委员会办公室

主　　任：顾兴凯

市互联网信息办公室

主　　任：顾兴凯

市委统战部

部　　长：刘　敏（女，任至2022年2月）
周　明（2022年7月任）
副 部 长：张　健（彝族，常务）
杞发荣（彝族）
赵映红
蒋红梅（女）
马子亮（兼，回族）

市人民政府侨务办公室

主　　任：赵映红（2022年3月任）

市委政法委员会

书　　记：邝华然
副 书 记：李燕萍（女，常务，彝族）
吴应辉（任至2022年4月）
李佑祖（兼，任至2022年2月）
陈新建
段智源（任至2022年4月）
李　骏（副科级，彝族）
郭宜宏（兼，2022年2月任）
周增先（兼，2022年4月任）

政治部

主　　任：张　源

市委政策研究室（全面深化改革委员会办公室）

主　　任：王国焕（女）
副 主 任：倪意华（彝族）
曹红珅（女）

市委机构编制委员会办公室

主　　任：杨　迪
副 主 任：鲍成琳（女）
李俊萍（女，彝族）

市委巡察工作领导小组办公室

主　　任：李开仕（彝族）
副 主 任：李德丽（女）

市委巡察组

组　　长：刘开华（彝族，任至2022年2月）
杨会立
杜丽琼（女）
朱家禄
陈　刚
郭永才（2022年2月）
副 组 长：张海霞（女）
李红梅（女）
张家飞
普斌华（彝族）
杨舒雅（女）
巡查专员：杨永红（彝族，正科级）
李玉相（彝族，正科级）
林　娜（女，回族，正科级）
江鸿琼（女，正科，2022年9月任）
廖建莹（女，副科级）
周从相（彝族，副科级，任至2022年5月）

市委党史研究室

主　　任：李　燕（女，彝族）
副 主 任：马睿成（回族）
丁普瑞（女，彝族，2022年5月任）

市委党校

校　　长：袁培林（任至2022年4月）
柳思福（2022年4月任）
副 校 长：许明鑫（女，常务）
李金芝（女）

杨成彪（八级管理岗位，2022年9月任）

市融媒体中心
主　　任：（空缺）
副 主 任：刘国运（八级职员，主持工作）
　　　　　龚成学（八级职员）
　　　　　罗兆峰（彝族，八级职员，任至2022年5月）
　　　　　徐琪雯（女，八级职员）
　　　　　刘忠旺（八级管理岗位，2022年5月任）

中共楚雄市纪律检查委员会、楚雄市监察委员会工作机构

办公室
主　　任：李　勇（彝族）

组织部
部　　长：罗世丽（女，彝族）

宣传部
部　　长：黄永美（女，彝族）

党风政风监督室
主　　任：王清斌

信访室
主　　任：杨秋梅（女）

案件监督管理室
主　　任：谢洪敏（女，彝族）

案件审理室
主　　任：苏　睿

纪检监察干部监督室
主　　任：（空缺）

纪检监察工委
书　　记：李春燕（女）

第一执纪监督审查调查室
主　　任：倪方国（彝族，任至2022年10月）
　　　　　焦元良（2022年10月任）

第二执纪监督审查调查室
主　　任：（空缺）

第三执纪监督审查调查室
主　　任：（空缺）

第四执纪监督审查调查室
主　　任：（空缺）

第五执纪监督审查调查室
主　　任：杨鸿志

第六执纪监督审查调查室
主　　任：张小红（彝族）

第七执纪监督审查调查室
主　　任：吴天云（彝族）

中共楚雄市纪律检查委员会派驻纪检监察组

驻市委办纪检监察组
组　　长：刘亚勋

驻市委组织部纪检监察组
组　　长：郭永才（彝族，任至2022年2月）
　　　　　赵　蕾（2022年2月任）

驻市委宣传部纪检监察组
组　　长：李家荣（彝族）

驻市委政法委纪检监察组
组　　长：黄荣能

驻市人大常委会机关纪检监察组
组　　长：李虎臣（彝族）

驻市政府办纪检监察组
组　　长：王永权

驻市发改局纪检监察组
组　　长：王光明

驻市工业信息化科学技术局纪检监察组
组　　长：宋兴彪（彝族）

驻市教育体育局纪检监察组
组　　长：鲁正学

驻市司法局纪检监察组
组　　长：李先明（彝族，任至2022年2月）

驻市自然资源局纪检监察组
组　　长：李应何（彝族）

驻市农业农村局纪检监察组
组　　长：江　伟

驻市林业和草原局纪检监察组
组　　长：鲁绍强（彝族）

驻市卫生健康局纪检监察组
组　　长：尹成奇

驻市市场监督管理局纪检监察组
组　　长：杨　海（任至2022年10月）
　　　　　梁桂荣（2022年10月任）

驻市政协机关纪检监察组
组　　长：马　璟（女，回族）

驻高新区纪检监察组
组　　长：周开宝

驻市公安局纪检监察组
组　　长：焦元良（任至2022年10月）
　　　　　杨　海（2022年10月任）

楚雄市人民政府工作机构

市人民政府办公室
党组书记：张正明（彝族，任至2022年9月）
　　　　　付承斌（2022年9月任）
主　　任：张正明（彝族，任至2022年10月）
　　　　　付承斌（2022年10月任）
副 主 任：李欣君（女，任至2022年10月）
　　　　　韩春勇（2022年10月任）
　　　　　刘先亮
　　　　　善从天（彝族）
　　　　　王文敏
　　　　　马兴旺（兼，回族，任至2022年3月）
　　　　　张汝明（兼，2022年3月）
　　　　　李志美（女，兼，彝族，2022年7月任）
　　　　　刘志刚（兼，任至2022年10月）
　　　　　庄学军（兼，2022年10月任）
　　　　　刘　建（兼）
　　　　　李居政（兼，任至2022年10月）
　　　　　韩　俊（挂职，2022年7月—2022年12月）

市发展和改革局
党委书记：徐少华（任至2022年2月）
　　　　　黄忠宝（2022年2月任）
副 书 记：（空缺）
局　　长：徐少华（任至2022年3月）
　　　　　黄忠宝（2022年3月任）
副 局 长：林　江（任至2022年7月）
　　　　　罗华有（彝族，2022年7月任）
　　　　　李兴富（彝族）
　　　　　施锦鹏
　　　　　殷建红（女，彝族）

市粮食和物资储备局
局　　长：徐少华（任至2022年3月）
　　　　　黄忠宝（2022年3月任）

市工业信息化科学技术局
党委书记：邓开荣
副 书 记：李志美（女，彝族，任至2022年5月）
局　　长：邓开荣
副 局 长：李志美（女，彝族，任至2022年7月）
　　　　　李春林（彝族）
　　　　　王晓峰
　　　　　钱开富（彝族）
　　　　　杨　艳（女，2022年7月—2022年12月）

市无线电管理办公室
主　　任：邓开荣

市委教育工作委员会
书　　记：徐林宗（彝族）
副 书 记：苗　云（2022年2月任）

市教育体育局
党组书记：徐林宗（彝族）
局　　长：徐林宗（彝族）
副 局 长：王存银
　　　　　李长会（女）
　　　　　何云海
　　　　　苗　云（2022年3月任）

市人民政府教育督导室
主　　任：徐林宗（彝族）

市民族宗教事务局
局　　长：马子亮（回族）
副 局 长：周建华（彝族）
　　　　　姚志云

市公安局
党委书记：吴应辉（任至2022年4月）
　　　　　周增先（白族，2022年4月任）
副 书 记：杨志辉（任至2022年4月）
　　　　　杨德春（2022年4月任）
　　　　　马永芬（女）
政　　委：杨志辉（任至2022年4月）

杨德春（2022年4月任）
局　　长：吴应辉（任至2022年6月）
周增先（2022年6月任）
督 察 长：吴应辉（兼，任至2022年5月）
周增先（兼，2022年5月任）
副 局 长：马永芬（女）
苏　辉（彝族）
王家才
孙　强（挂职，任至2022年7月）
季　琨（2022年10月任）
政工监督室主任：（空缺）
政工监督室副主任：孙　维（女，哈尼族）

开发区派出所
教 导 员：杨　民
所　　长：张晓刚
副 所 长：梁开明

东城派出所
教 导 员：苏建华（任至2022年9月）
张　勇（2022年9月任）
所　　长：王先雄

西城派出所
教 导 员：付廷兵
所　　长：胡　辉

市交警大队
教 导 员：杨泽韬
大 队 长：黄云川

市森林警察大队
教 导 员：白绍永
大 队 长：李　平

市民政局
党组书记：杨正元
局　　长：杨正元
副 局 长：罗　林（彝族）
董建才
张　伟（彝族）

市司法局
党组书记：王思尧（彝族）
局　　长：王思尧（彝族）
副 局 长：张兴华
周　福（彝族）
李玉蓉（女，彝族）
袁德林

市财政局
党委书记：李庆华（傣族，任至2022年9月）
王宝华（2022年9月任）
副 书 记：潘有柱（任至2022年2月）
张晓艳（2022年2月—2022年12月）
局　　长：阮　骏（任至2022年3月）
李庆华（2022年3月—2022年10月）
王宝华（2022年10月任）
副 局 长：潘有柱（任至2022年3月）
李　丽（女，彝族）
张晓艳（女，任至2022年12月）
李君梓（彝族）
李建勇（2022年7月任）

市人民政府国有资产监督管理委员会
主　　任：阮　骏（任至2022年3月）
李庆华（2022年3月—2022年10月）
王宝华（2022年10月任）

市人民政府金融办公室
主　　任：阮　骏（任至2022年3月）
李庆华（2022年3月—2022年10月）
王宝华（2022年10月任）

市人力资源和社会保障局
党委书记：王崇福（任至2022年2月）
杨积仁（2022年2月任）
副 书 记：（空缺）
局　　长：王崇福（任至2022年3月）
杨积仁（2022年3月任）
副 局 长：王景章
袁　曼（女）
万　莉（女）
王正先

市社会保险中心
主　　任：罗银昌（彝族，任至2022年7月）

市自然资源局
党组书记：杨顺华（任至2022年10月）
赵兴福（2022年10月任）
局　　长：刘云波（任至2022年11月）
赵兴福（2022年11月任）
副 局 长：宋艳玲（女）
王　龙
赵文进
王　斌

市不动产登记中心
主　　任：杨晓凤（女，八级职员）

市自然资源综合行政执法大队
队　　长：施家江（2022年11月任）

州生态环境局楚雄市分局
党组书记：姚光彩（任至2022年3月）
局　　长：姚光彩（任至2022年3月）
　　　　　殷建华（2022年3月任）
副 局 长：殷建华（任至2022年3月）
　　　　　何晓岚（女）
　　　　　徐　宇
　　　　　鲁爱昌（彝族）

市住房和城乡建设局
党委书记：杨晓峰（任至2022年9月）
　　　　　杨顺华（2022年11月任）
副 书 记：（空缺）
局　　长：吴兆强（彝族，2022年3月任）
副 局 长：刘志雄（彝族，保留正科待遇）
　　　　　施　伟（彝族）
　　　　　王庆祥
　　　　　徐　涛（任至2022年10月）
　　　　　杨国文（2022年10月任）

市保障性住房建设管理中心
主　　任：吴兆强（2022年3月任）
副 主 任：杨家尹（八级管理岗位，2022年7月任）

市人民防空办公室
主　　任：吴兆强（2022年3月任）

市交通运输局
党组书记：杨永云
局　　长：杨永云
副 局 长：侯　荣（彝族，任至2022年10月）
　　　　　段成华
　　　　　张石松
　　　　　朱杨帆（任至2022年3月）
　　　　　周从相（彝族，2022年7月任）

市农业农村局
党委书记：谢　富（彝族，任至2022年2月）
　　　　　刘应平（2022年2月任）
副 书 记：刘文明（任至2022年2月）
　　　　　王启洪（2022年2月任）
局　　长：夏　颖（女，任至2022年1月）
　　　　　刘应平（2022年3月任）
副 局 长：王启洪
　　　　　陈志宏
　　　　　沈立昌
　　　　　刘文明（任至2022年3月）
　　　　　岳兴明（2022年7月任）

市畜牧兽医局
局　　长：夏　颖（女，任至2022年1月）
　　　　　刘应平（2022年3月任）

市农业综合执法大队
大 队 长：夏　颖（女，任至2022年3月）
　　　　　刘应平（2022年3月任）

市水务局
党委书记：李世良（彝族）
副 书 记：（空缺）
局　　长：李世良（彝族，2022年3月任）
副 局 长：王志鹏（任至2022年7月）
　　　　　骆晓明
　　　　　李万学（彝族）
　　　　　张成彪
　　　　　鲁再亮（彝族，2022年7月任）

市商务局
党组书记：唐万国
局　　长：段　锐（任至2022年10月）
　　　　　唐万国（2022年10月任）
副 局 长：王应鸿
　　　　　李家旺（彝族）
　　　　　陈莉维（女，彝族，任至2022年3月）
　　　　　胡　娅（女，2022年3月任）
　　　　　杨　艳（女，任至2022年7月）
　　　　　杨朝龙（2022年7月任）

市文化和旅游局
党委书记：杨　贤（女，任至2022年2月）
　　　　　谢　富（彝族，2022年2月任）
副 书 记：杨明宏
局　　长：杨　贤（女，任至2022年3月）
　　　　　谢　富（2022年3月任）
副 局 长：杨明宏
　　　　　王跃礼（任至2022年10月）
　　　　　陈　镛
　　　　　曹　蕊（女，彝族）

市卫生健康局
党委书记：李智才（任至2022年2月）
　　　　　李先福（2022年2月任）
副 书 记：许彦才
局　　长：李智才（任至2022年3月）
　　　　　李先福（2022年3月任）
副 局 长：许彦才
　　　　　罗　琴（女）

李 刚
唐 寅

市中（彝）医药管理局
局　　长：李智才（任至2022年3月）
　　　　　李先福（2022年3月任）

市防治艾滋病局
局　　长：李智才（任至2022年3月）
　　　　　李先福（2022年3月任）

市卫生健康综合监督中心
主　　任：雷利华（女，任至2022年7月）

市卫生健康综合监督执法局
局　　长：雷利华（女，2022年7月任）

市退役军人事务局
党组书记：黄国钺（任至2022年2月）
局　　长：黄国钺（任至2022年3月）
　　　　　王达军（2022年3月任）
副 局 长：赵 昆
　　　　　杨添福（彝族）
　　　　　欧邦荣（兼）

市应急管理局
党组书记：何金富（彝族，任至2022年9月）
　　　　　杨国荣（2022年9月任）
局　　长：孙从祥（任至2022年10月）
　　　　　杨国荣（2022年10月任）
副 局 长：齐 斌
　　　　　杨金海（白族）
　　　　　王应忠
　　　　　周建凯

市审计局
党组书记：彭晓华
局　　长：彭晓华
副 局 长：赵晓芳（女，任至2022年3月）
　　　　　张荣华
　　　　　蔡淑萍（女）
　　　　　张云钞
　　　　　尹国富（2022年5月任）
总审计师：张荣华

市市场监督管理局
党委书记：李先福（任至2022年2月）
　　　　　杨 贤（女，2022年2月任）
副 书 记：张永辉（2022年5月任）
局　　长：李先福（任至2022年3月）
　　　　　杨 贤（2022年3月任）
副 局 长：施家海
　　　　　张永辉
　　　　　余陈民
　　　　　赵兴保

市市场监督管理局行政执法大队
大 队 长：张宏祥

市人民政府食品安全委员会办公室
主　　任：李先福（任至2022年3月）
　　　　　杨 贤（2022年3月任）

市林业和草原局
党委书记：普有华（彝族，任至2022年9月）
　　　　　杨晓峰（2022年9月任）
副 书 记：李胜周
局　　长：普有华（彝族，任至2022年10月）
　　　　　杨晓峰（2022年10月任）
副 局 长：李胜周
　　　　　李建平（彝族）
　　　　　李文生（彝族）
　　　　　李建明

市国有林场
场　　长：刘 建（七级管理岗位，2022年7月任）
副 场 长：杨维才（八级职员）
　　　　　彭正良（八级职员）

西山州级自然保护区管护局
局　　长：普有华（任至2022年10月）
　　　　　杨晓峰（2022年10月任）
副 局 长：王显华（八级职员）

市统计局
党组书记：王正明
局　　长：李亚杰（2022年3月任）
副 局 长：李亚杰（彝族，任至2022年3月）
　　　　　李建勇（任至2022年7月）
　　　　　者洪英（女）
　　　　　陈 云
　　　　　张 蕊（女，白族，2022年7月任）

市乡村振兴局
党组书记：朱学聪（彝族）
局　　长：朱学聪（彝族）
副 局 长：倪 强
　　　　　杨德智
　　　　　高自兰（女）
　　　　　李晓琼（女）

市信访局
党组书记：刘志刚（任至2022年9月）
庄学军（彝族，2022年9月任）
局　　长：刘志刚（任至2022年10月）
庄学军（彝族，2022年10月任）
副 局 长：庄学军（彝族，任至2022年10月）
马佳辉（回族）
何佳瑾（女，任至2022年7月）
王晓燕（女，2022年10月任）
陈　刚（2022年10月任）

市医疗保障局
党组书记：徐　俊
局　　长：徐　俊
副 局 长：蒋明春
李鸿玲（女，彝族）

市医疗保险管理局
局　　长：杨升福（任至2022年7月）

市医疗保险中心
主　　任：杨升福（2022年7月任）

市城市管理综合行政执法局
党委书记：徐俊林（2022年2月任）
副 书 记：刘剑涛（2022年2月任）
局　　长：徐俊林（2022年3月任）
副 局 长：刘剑涛（2022年3月任）
欧仁树
宋明程（彝族）
朱　巍
施　伟（兼，彝族）

市数字城市管理指挥调度服务中心
主　　任：杜　涛（彝族，八级职员，任至2022年7月）
郭宏宇（八级管理岗位，2022年7月任）

市园林绿化环卫服务中心
主　　任：刘朝正（八级职员）

市政务服务管理局
党组书记：张汝明（白族）
局　　长：马兴旺（回族，任至2022年3月）
张汝明（2022年3月任）
副 局 长：周振宇
赵辅花（女）
杨武成
董晓龙（彝族）

市行政审批局
局　　长：马兴旺（回族，任至2022年3月）
张汝明（2022年3月任）
副 局 长：周振宇

市公共资源交易管理局
局　　长：马兴旺（回族，任至2022年3月）
张汝明（2022年3月任）
副 局 长：周振宇

市公共资源交易中心
主　　任：腾　斌（八级职员）

市投资促进局
党组书记：刘　建
局　　长：刘　建（七级职员，任至2022年7月）
李志美（女，彝族，2022年7月任）
副 局 长：彭朝聪（八级职员，任至2022年7月）
周吉春（兼，女，任至2022年7月）
刘忠旺（彝族，任至2022年7月）
郭宏宇（八级职员，任至2022年7月任）
杨　艳（女，任至2022年7月）
王应鸿（兼）
刘　玲（兼，女）
何佳瑾（女，2022年7月任）
王志鹏（2022年7月任）

市搬迁安置办公室
党组书记：罗华有（彝族，任至2022年4月）
李居政（2022年4月任）
主　　任：徐　涛
副 主 任：张学平（彝族，八级职员，任至2022年7月）
赵维钦（八级职员，任至2022年7月）
杨家尹（八级职员，任至2022年7月）
李应能（彝族，2022年7月任）
罗从有（2022年10月任）

市机关事务服务中心
主　　任：（空缺）
副 主 任：段雁青（八级职员，主持工作）
段映焘（八级职员）
倪思圆（女，彝族，八级职员）

市地方志办公室
主　　任：李居政（任至2022年6月）
李　燕（女，彝族，2022年6月任）
副 主 任：丁普瑞（女，彝族，任至2022年6月）

市地震局
局　　长：杨敬文（七级职员）

副 局 长：苏士超（八级职员）

市人民政府经济社会发展研究中心

主　　任：李居政（兼，任至2022年7月）
副 主 任：李正学（彝族，八级职员）
　　　　　周继伟（傣族，八级职员）
　　　　　赵维钦（八级管理岗位，2022年7月任）

市供销社

党委书记：杨国荣（彝族，任至2022年9月）
　　　　　刘志刚（2022年9月任）
监事会主任：周　宇（彝族，任至2022年7月）
副 书 记：周　宇（彝族，任至2022年5月）
主　　任：杨国荣（彝族，任至2022年10月）
　　　　　刘志刚（2022年10月任）
副 主 任：段兴翠（女）
　　　　　李兴桥（彝族）

市城乡建设投资集团有限公司

董 事 长：李学良（任至2022年12月）
　　　　　张晓艳（女，2022年12月任）
总 经 理：周　彬（彝族）
副董事长：高廷杨
副总经理：高廷杨
　　　　　刘红平（任至2022年5月）
　　　　　孙余霞（挂职，女，2022年7月任）
　　　　　谢有斌（挂职，2022年7月任）
　　　　　丁智慧（2022年12月任）
财务总监：刘红平（任至2022年5月）
　　　　　丁智慧（2022年7月任）
监事会主席：杨成龙
工会主席：高廷杨

市产业发展投资集团有限公司

董 事 长：刘红平（2022年4月任）
总 经 理：韩　俊（2022年12月任）
副董事长：杨　艳（2022年12月任）
副总经理：杨　艳（2022年12月任）
　　　　　易云光（2022年4月任）
　　　　　杨英平（2022年4月任）
　　　　　徐　超（2022年5月任）

行政学校

校　长：周德华

社会主义学校

校　　长：
副 校 长：许明鑫（兼，女，常务副校长）
　　　　　张　健（兼，彝族）

楚雄高新区各部局

楚雄高新区综合管理部

部　　长：罗　虎（彝族）
副 部 长：杨顺高（任至2022年3月）
　　　　　董在兵（任至2022年10月）
　　　　　刘昱彤（女）
　　　　　施　龙（2022年10月任）

楚雄高新区组织人事部

部　　长：何春红
副 部 长：文　静（女，彝族）

楚雄高新区经济发展部

部　　长：田红锦
副 部 长：李国刚
　　　　　曹　芳（女）

楚雄高新区规划建设管理部

部　　长：赵兴福（任至2022年11月）
副 部 长：唐　炜
　　　　　罗红菲（女）

楚雄高新区财政局

局　　长：高　伟
副 局 长：普发文

楚雄高新区安全环保监管局

局　　长：杨俊波
副 局 长：杨海波

楚雄高新区行政审批局

局　　长：朱家平
副 局 长：尤鹤蓉（女，彝族）
　　　　　陈莉维（女，彝族，2022年3月任）

楚雄高新区投资促进局

局　　长：高　林（女）
副 局 长：李玉华（女，彝族）
　　　　　连琼丽（女）
　　　　　赵　彦

楚雄高新区科技创新中心

主　　任：（空缺）
副 主 任：周吉春（女，八级管理岗位，2022年5月任）
　　　　　罗银昌（彝族，八级管理岗位，2022年5月任）
　　　　　余明海（八级职员，2022年8月任）

楚雄高新区土地储备地产交易管理中心

主　　任：孙保林（七级职员）

副 主 任：张学平（彝族，八级管理岗位，2022年5月任）
彭朝聪（八级管理岗位，2022年5月任）
王应珺（八级职员）

楚雄市群众团体组织

市总工会

党组书记：马文辉（回族，任至2022年2月）
李贵泽（2022年2月任）
党组副书记：张金娜（女）
主　　席：马文辉（回族，任至2022年6月）
李贵泽（2022年6月任）
副 主 席：张金娜（女，常务）
杨朝龙（任至2022年8月）
王正先（兼）
鲁德旺（彝族）
董沛香（女，2022年2月任）

共青团楚雄市委

书　　记：冯晓瑞（女）
副 书 记：张楚莉（女）
段崇俊（2022年2月任）
和　莹（挂职，女，2022年3月任）

市妇女联合会

党组书记：杨培香（女）
党组副书记：江鸿琼（女，任至2022年9月）
李欣君（女，2022年9月任）
主　　席：杨培香（女）
副 主 席：江鸿琼（女，常务，任至2022年10月）
李欣君（女，常务，2022年10月任）
陈　琪（女）
蒋红梅（兼，女，任至2022年4月）
罗　琴（兼，女）
孙林芳（兼，女，2022年4月任）
李长会（兼，女，2022年4月任）
者洪英（兼，女，2022年4月任）
杨　傈（挂职，女，2022年4月任）

市工商业联合会

党组书记：蒋红梅（女）
主　　席：赵　峨（女）
副 主 席：蒋红梅（女，常务）
王克实
刘　玲（女）

市科学技术协会

主　　席：徐俊林（任至2022年2月）
张国平（2022年2月任）
副 主 席：王　莉（女）
沈立昌（兼）

市文学艺术界联合会

主　　席：曹宇辉
副 主 席：蒋　欢（女）

市残疾人联合会

党组书记：杨国宏
理 事 长：刘建华（女，彝族）
副理事长：罗从有（彝族，任至2022年9月）
李　祎（女，彝族）
李国亮（彝族，2022年9月任）

市红十字会

会　　长：孙春荣（任至2022年3月）
李智才（2022年3月任）
副 会 长：董　冰（女，常务）
赵建伟（白族）
监 事 长：郑世兰（女）

楚雄市人大常委会机关和专门委员会

民族委员会

主　　任：王思泉（任至2022年1月）
李存贵（2022年1月任）
副 主 任：普彩路（女，彝族）

财政经济委员会

主　　任：李　良（彝族）
副 主 任：鲁开旺（彝族，任至2022年1月）
李燕红（女，彝族，2022年1月任）
徐绍华（兼）

社会建设和教育科学文化卫生委员会

主　　任：普开成（任至2022年1月）
王　丽（女，2022年1月任）
副 主 任：李祥海（彝族）

农业农村与环境资源保护委员会

主　　任：王玉兴（彝族）
副 主 任：兰正祥（彝族）

办公室

主　　任：李　波（彝族）
副 主 任：杜芝丽（女）
彭绍荣（彝族，任至2022年6月）
焦丽蓉（女，2022年6月任）

法制和监察司法工作委员会

主　　任：王天海

副 主 任：鲁再亮（彝族，任至2022年6月）
彭绍荣（彝族，2022年6月任）

选举联络工作委员会

主　　任：普中才（彝族）
副 主 任：张学玲（女，彝族）

预算工作委员会

主　　任：钱华生
副 主 任：李雪梅（女）

政协楚雄市委员会机关

秘 书 长：凡　瑞
副秘书长：尹朝亮
谭玉玲（女）

办公室

主　　任：尹朝亮
副 主 任：黄泽利（彝族）
廖　丽（女）

提案委员会

主　　任：汪　武（彝族）
副 主 任：纪晓宏（女）

经济农业农村和人口资源环境委员会

主　　任：王金华
副 主 任：鲁晓兰（女，苗族）

教科卫体和文化文史学习委员会

主　　任：李雪峰
副 主 任：许海峰

社会和法制委员会

主　　任：王思泉（任至2022年6月）
段　锐（2022年10月任）
副 主 任：陈明艳（女，彝族）

民族和宗教委员会

主　　任：李世凤（女，彝族）
副 主 任：李润安（彝族）

委员联络委员会

主　　任：燕　青
副 主 任：夏国琼（女，彝族）

楚雄市各乡镇

鹿城镇

党委书记：王宝华（任至2022年9月）
张学权（2022年9月任）
副 书 记：张学权（任至2022年9月）
孙习聪（2022年9月任）
周兴才（彝族）
起　菲（挂职，女，彝族，2022年2月任）
人大主席：王达成
镇　　长：张学权（任至2022年10月）
孙习聪（2022年9任代理镇长）
副 镇 长：普桂永（彝族）
李金桥
李国亮（彝族，任至2022年10月）
施美英（女）
杨正虎
胡　辉
侯　荣（彝族，2022年10月任）
纪委书记：鞠万宝
政法委员：普桂永（兼，彝族）
组织委员：李益诰
宣传委员：文　娟（女）

东瓜镇

党委书记：王建华（彝族）
副 书 记：董　劭（彝族）
杨　卓
人大主席：韩春勇（2022年1月—2022年10月）
镇　　长：董　劭（彝族）
副 镇 长：杨国文（任至2022年10月）
周新星
李丽萍（女，彝族）
朱加鸿（任至2022年10月）
李发旺（彝族）
朱星海
戚　洋（挂职）
王加喜（任至2022年10月）
王跃礼（2022年10月任）
纪委书记：刘剑涛（任至2022年3月）
朱加鸿（2022年9月任）
政法委员：周新星（兼）
组织委员：王加喜（任至2022年10月）
马　哲（2022年10月任）
宣传委员：陈晓红（女）

子午镇

党委书记：徐金顺
副 书 记：李　俊
毕鸿康（彝族）

人大主席：王思剑
镇　　长：李　俊
副 镇 长：李权有
　　　　　倪　虎（任至2022年10月）
　　　　　郑贤宝（彝族）
　　　　　石　坚
　　　　　李杜鹃（任至2022年10月）
　　　　　董在兵（2022年10月任）
　　　　　王建军（2022年10月任）
　　　　　白绍斌（挂职，2022年3月任）
纪委书记：焦丽蓉（女，任至2022年6月）
　　　　　郑梅瑜（女，2022年10月任）
政法委员：郑贤宝（兼，彝族）
组织委员：徐　梅（女）
宣传委员：彭桂花（女）

东华镇

党委书记：黄忠宝（任至2022年2月）
　　　　　胡华文（2022年2月任）
副 书 记：胡华文（任至2022年2月）
　　　　　刘文明（2022年2月任）
　　　　　段华斌
人大主席：刘先唯
镇　　长：胡华文（任至2022年4月）
　　　　　刘文明（2022年4月任）
副 镇 长：李有靖（彝族）
　　　　　张先文
　　　　　李成荣（彝族）
　　　　　谢友刚
　　　　　董晓川
　　　　　何　琳（挂职，女，彝族，2022年4月任）
纪委书记：陈金辉
政法委员：段华斌（兼）
组织委员：何云婷（女）
宣传委员：张道翠（女）
行政审批和综合执法局局长：张先文（兼）

苍岭镇

党委书记：黄亚梅
副 书 记：李剑波（彝族）
　　　　　王　黎
人大主席：徐鸿昌（彝族，任至2022年3月）
　　　　　潘有柱（2022年3月任）
镇　　长：李剑波
副 镇 长：李美春（彝族）
　　　　　王廷军（彝族，任至2022年10月）
　　　　　王　波
　　　　　李应能（彝族，任至2022年7月）
　　　　　董开宇（2022年10月任）
　　　　　徐林忠（2022年10月任）
　　　　　张克昌（2022年1月任）
　　　　　胡　莹（挂职，女，土族，2022年3月任）
纪委书记：胡红菊（女）
政法委员：王　黎（兼）
组织委员：山玉仙（女，彝族）
宣传委员：徐林忠（任至2022年9月）

吕合镇

党委书记：马立华（回族）
副 书 记：李作雄
　　　　　马晓平（回族）
　　　　　左兴明（挂职，2022年2月任）
人大主席：申永华（彝族）
镇　　长：李作雄
副 镇 长：岳兴明（任至2022年6月）
　　　　　白贵平
　　　　　段　杰
　　　　　高艺珲
　　　　　杨灿昌
　　　　　徐明川（彝族，2022年10月任）
纪委书记：李欣烨（女，彝族）
政法委员：白贵平（兼）
组织委员：和　莹（女，白族）
宣传委员：王晓燕（女，任至2022年9月）
　　　　　许　宁（女，2022年9月任）

紫溪镇

党委书记：张林颖（女）
副 书 记：刘应文
　　　　　李臻瑢（女）
　　　　　李建波（挂职，彝族，任至2022年9月）
人大主席：和伟刚（纳西族，任至2022年6月）
　　　　　李奇彪（彝族，2022年6月任）
镇　　长：刘应文
副 镇 长：李宗海（彝族）
　　　　　丁忠培
　　　　　杨　柳（白族）
　　　　　朱　刚
　　　　　汪华章（彝族）
纪委书记：段晓明
政法委员：朱　刚（兼）
组织委员：罗　媛（女，彝族）
宣传委员：仵格令（彝族）

三街镇

党委书记：李宏旺（任至2022年2月）
　　　　　李志海（彝族，2022年2月任）
副 书 记：李志海（彝族，任至2022年2月）
　　　　　徐鸿昌（彝族，2022年2月任）
　　　　　何　勇

人大主席：李朝阳（白族）
镇　　长：李志海（彝族，任至2022年4月）
　　　　　徐鸿昌（彝族，2022年4月任）
副 镇 长：陈　江
　　　　　段国能（彝族）
　　　　　樊志雄（回族）
　　　　　李　健
　　　　　徐燕梅（挂职，女，任至2022年10月）
　　　　　李常国（2022年1月—2022年6月）
纪委书记：马　东（回族）
政法委员：何　勇（兼）
组织委员：李晓会（女，彝族）
宣传委员：杨福玉（女）

树苴乡

党委书记：唐　勇（彝族）
副 书 记：赵宗戚
　　　　　李贵兴
人大主席：张　勇
乡　　长：赵宗戚
副 乡 长：陈应舒
　　　　　吴礼松
　　　　　陈显才
　　　　　钱晓飞
　　　　　杨升祥（挂职，2022年3月任）
纪委书记：秤晓明（傈僳族）
政法委员：李贵兴（兼）
组织委员：张　玲（女）
宣传委员：王成红（彝族）

八角镇

党委书记：刘天阳（任至2022年5月）
　　　　　张　勇（2022年5月任）
副 书 记：张　勇（任至2022年5月）
　　　　　和伟刚（纳西族，2022年5月任）
　　　　　李奇彪（彝族，任至2022年5月）
人大主席：杨　磊（彝族）
镇　　长：张　勇（任至2022年7月）
　　　　　和伟刚（2022年7月任）
副 镇 长：陈加正（彝族）
　　　　　黄怡诚（任至2022年10月）
　　　　　王　茂
　　　　　何佳胜（彝族）
　　　　　李　鹏（2022年11月任）
　　　　　田　华（2022年1月任）
　　　　　杨明武（挂职，2022年3月任）
纪委书记：张永祥
政法委员：陈加正（兼，彝族）
组织委员：丁培菊（女）
宣传委员：何兴荣

中山镇

党委书记：杨开喜
副 书 记：王达军（任至2022年2月）
　　　　　杨国军（2022年2月任）
　　　　　施锦坤（彝族）
人大主席：杨国军（任至2022年3月）
　　　　　李先明（2022年4月任）
镇　　长：王达军（任至2022年3月）
　　　　　杨国军（2022年4月任）
副 镇 长：董开宇（2022年1月—2022年10月）
　　　　　杨周军
　　　　　粟金雄
　　　　　李志松（白族，2022年1月任）
　　　　　张明云（2022年10月任）
　　　　　刘光华（2022年10月任）
　　　　　朱　巍（挂职，2022年3月任）
纪委书记：代　芳（女，任至2022年10月）
政法委员：杨周军（兼）
组织委员：李　娜（女）
宣传委员：李　贞（女，彝族）

大过口乡

党委书记：张　靖（彝族）
副 书 记：彭保权
　　　　　李忠明
人大主席：李昌荣
乡　　长：彭保权
副 乡 长：李万国（彝族）
　　　　　杨发廷
　　　　　杨李鹏（彝族）
　　　　　刘天树
　　　　　谷莉敏（挂职，女，任至2022年4月）
　　　　　杨开贵（2022年1月任）
纪委书记：张太明（回族）
政法委员：李忠明（兼）
组织委员：段　静（女，彝族）
宣传委员：张　帆
行政审批和综合执法局局长：杨发廷（兼）

西舍路镇

党委书记：王学武
副 书 记：杨发明
　　　　　王永柱
人大主席：袁敬周（彝族）
镇　　长：杨发明
副 镇 长：段崇俊（任至2022年3月）
　　　　　盛　敏
　　　　　普贵有（彝族）
　　　　　周丕军
　　　　　夏芳艳（女，彝族）

张石松（挂职，2022年3月任）
纪委书记：周胤辰（女）
政法委员：普贵有（兼，彝族）
组织委员：毕　圻（彝族）
宣传委员：王必荣

新村镇
党委书记：刘应平（任至2022年2月）
尚　徽（2022年2月任）
副 书 记：孙习聪（任至2022年9月）
李杜鹃（女，彝族，2022年9月任）
鲁尧彬（彝族）
张　源（女，挂职，2022年3月任）
人大主席：李　成（2022年1月任）
镇　　长：孙习聪（任至2022年10月）
李杜鹃（女，彝族，2022年10月任代理镇长）
副 镇 长：王发勇
赵景富
刘文明
鲁海明（彝族）
侯　鹏
纪委书记：谢文忠（彝族）
政法委员：鲁尧彬（兼，彝族）
组织委员：高云佳（女）
宣传委员：张家琪（女，任至2022年9月）

大地基乡
党委书记：杨申虎
副 书 记：吴　宁
王成顺（彝族）
人大主席：张国平（彝族，任至2022年3月）
杨顺高（2022年4月任）
乡　　长：吴　宁（女）
副 乡 长：徐思平
赵兴林
余方正（彝族）
王建军（任至2022年10月）
骆晓明（挂职，2022年3月任）
黄怡诚（2022年10月任）
纪委书记：杨发兴
政法委员：余方正（兼，彝族）
组织委员：谢洪斌
宣传委员：瞿彬睿（女）

（罗嘉桦）
〔栏目编辑：敖春晖〕

关于楚雄市2022年国民经济和社会发展计划执行情况与2023年国民经济和社会发展计划草案的报告（书面）

——2023年2月22日在楚雄市第十届人民代表大会第三次会议上

楚雄市发展和改革局

各位代表：

受市人民政府委托，现将《楚雄市2022年国民经济和社会发展计划执行情况与2023年国民经济和社会发展计划草案的报告》提交本次会议，请予审议，并请人大代表和列席人员提出意见。

一、2022年国民经济和社会发展计划执行情况

2022年，面对复杂严峻的发展形势和多重超预期因素的冲击，全市上下坚持以习近平新时代中国特色社会主义思想为指导，深入学习贯彻党的十九大、十九届历次全会、党的二十大精神和习近平总书记考察云南重要讲话精神，坚决贯彻落实党中央国务院的决策部署和省委省政府、州委州政府的工作要求，在市委的坚强领导下，在市人大的法律监督和工作监督及市政协的民主监督下，认真执行市十届人大一次会议批准的国民经济和社会发展计划，严格落实“疫情要防住、经济要稳住、发展要安全”的要求，扎实做好“六稳”工作，全面落实“六保”任务，全市经济发展取得新成效，社会保持和谐稳定。2022年，全市实现地区生产总值610.11亿元，比上年增长5.5%；地方一般公共预算收入33.46亿元，增长20.6%；城乡常住居民人均可支配收入分别达46111元和16461元，分别增长4.1%和6.7%；居民消费价格水平上涨1.2%，城镇登记失业率3.2%，均控制在年度目标范围内。入围中国西部百强县市，荣登云南省“县域经济10强县”榜首。

（一）市场发展活力不断增强。在落实国家和省州稳住经济一揽子政策及接续措施基础上，制定实施市稳增长23条、扎实稳住经济一揽子政策措施60条、房地产暖企纾困15条等系列政策措施，向上争取资金26.4亿元、社会融资14.31亿元，14家驻楚银行向15497户中小企业（含个体工商户）发放贷款219.07亿元，兑现稳增长奖励资金5700万元，减税降费26.4亿元，助企纾困力度空前，全市净增市场主体10469户，总量突破7万户。稳增长、稳就业、保民生、保产业链供应链稳定取得明显成效。

（二）产业转型升级步伐加快。园区建设取得突破，高新区被认定为国家级绿色园区、全省首批绿色低碳示范园区，云甸工业园区获批省级化工园区，投资竞争优势明显增强。宇泽公司总部迁驻楚雄，晶科一期5吉瓦电池片项目、宇泽一二期10吉瓦单晶硅拉棒和8吉瓦切片项目投产，龙发制药、石鼓煤矿复产，晶科一期M1车间、神威药业总部生产基地开工建设，新增规模以上工业企业10户，规模以上工业增加值增长9.3%。深入实施消费在楚雄八大行动，组建汽车销售、电子商务等重点领域协会，举办节庆系列展销会、房交会，发放彩云消费券3期，内需拉动消费潜力进一步释放，新增限额以上商贸企业50户。国家级电子商务进农村综合示范项目深入推进，电商户数达169户，全市电子商务交易额33.59亿元。产业融合亮点纷呈，太阳历文化园成功升级国家AAAA级景区，紫溪彝村获评国家旅游重点村，陈家冲、恒业农庄、三道河小森林营地建成运营，彝风湿地国际旅游度假区开工建设，推出精品旅游线路18条，全市共接待游客1492万人次，旅游总收入增长3.5%，社会消费品零售总额223.9亿元，增长5.3%。

（三）有效投资驱动势头强劲。项目谋划质效提升，全年储备项目1167个，争取省“五个一批”、州“四个一百”项目73个，获批到位预算内投资3.49亿元。要素服务保障有力，获批建设用地3230亩，保障林地4725亩，推动4批次223个项目集中开工。楚雄机场预可研获国务院、中央军委批复，楚景高速可研取得批复，玉楚高速楚雄段建成通车，东南绕城高速、30.42千米县乡道改建工程开工建设。响水箐水库下闸蓄水、红丹箐水库竣工验收，东华至子午引调水、白衣河水库等项目加快推进。完成2021年农村电网改造工程，分布式光伏发电项目列入全国整县试点，33个集中式光伏发电项目纳入省级项目库。“农村客运+乡村物流”模式入选全国农村物流服务品牌，智慧出行大数据中心建成运营，5G网络在城区实现千兆覆盖。全市综合交通、水利、能源、信息、物流五大枢纽建设成效明显，固定资产投资增长16.2%。

（四）乡村振兴战略成效显著。脱贫成果持续巩固，消除返贫致贫风险1302户4180人，脱贫户、监测户人均纯收入分别增长15.2%、17.3%，守住了不发生规模性返贫底线。产业振兴持续发力，完成高标准农田建设3.59万亩，实施耕地占补平衡和增减挂钩项目46个，新增耕地881亩、水田7799亩，“一县一业”优质粳稻种植14.9万亩，种植粮食作物57.59万亩，全年实现粮食总产量21.8万吨，蔬菜产量25.12万吨，肉类总产量6.35万吨，收购烤烟1450万千克。林业产业发展初具规模，建成核桃初加工机械一体化生产线8条，种植林下中药材2.5万亩，发展林下养殖64.7万头（羽）。特色品牌培育取得突破，新增“绿色食品牌”

产业基地15个，认证“三品一标”17个，认定“一村一品”专业村12个，组建新型农村集体经济组织207个，吕合镇入围全国农业产业强镇，大过口乡上榜全国“一村一品”示范乡镇，第一产业增加值49.33亿元，增长5%。乡村建设有序推进，完成“多规合一”村庄规划编制58个、农房抗震改造600户、30户以上村组公路硬化152千米，建成农村饮水工程1596件。实施农村人居环境整治提升五年行动，农村厕所革命整村推进、楚南路沿线农村人居环境整治提升和乡村振兴示范带加快创建，建成州级以上美丽村庄32个，蔡家湾、云龙等一批美丽乡村成为全省典范。楚雄市国家数字乡村试点领跑全省，“庄甸小管家”在全国推广。

（五）幸福宜居城市打造提速。城市发展空间布局持续优化，“三区三线”划定成果获自然资源部批复，制定出台现代化区域中心城市建设意见，全面增强城市聚集力、竞争力、辐射力、影响力。城市建设扩容提质，彝海大道建成通车，完成信誉街、云泉街、中大街延长线等提升改造，启动自强路、铜鼓路等11个市政基础设施项目建设，新增城市绿道、健康步道、自行车道20千米，完成老旧小区改造35个、棚户区改造809户，建设保障性住房588套，7个“烂尾楼”工程复工。创新征地拆迁安置模式，推广杨乐屯新型楼房安置，启动东乾苑等安置小区项目。全力推进国家园林城市、绿美城乡建设，实施青龙河东岸滨水绿化工程、蔡家冲社区公园等绿化美化项目，打造“一江三河”滨河景观带66千米，口袋公园、街头小广场30个，新增绿化面积40万平方米，建成区面积达52.6平方千米，城镇人口达42.78万人，城镇化率达68.9%。完成经营性自建房安全排查7237栋，城区“智慧安防”建设全覆盖，数字城市管理指挥调度服务中心一期建成运行。爱国卫生“7个专项行动”获全省通报表扬。

（六）生态文明建设系统推进。蓝天碧水净土保卫战取得阶段性成果，空气优良天数比例达100%。实施龙川江流域综合整治提升三年行动，第三污水处理厂建成运行，6个国省控水环境监测断面水质优良率为100%，集中式饮用水水源地水质保持优良。持续开展清废行动，加强危险废物、医疗废物监管，土壤污染防治工作成效明显。高质量完成各级环保督察反馈问题整改。统筹实施山水林田湖草沙一体化保护与系统治理，严格落实河湖长制、林长制和长江“十年禁渔”。城乡绿化美化三年行动深入开展，全州绿化美化工作推进会在楚雄市召开，紫溪镇、蔡家湾入选全省绿美乡镇和绿美村庄。国土绿化行动稳步推进，封山育林1万亩、营造林2.6万亩、义务植树372.7万株，建成国家级森林乡村2个、省级森林乡村28个，国家生态文明建设示范市创建步伐加快，全市森林覆盖率达76.93%。

（七）营商环境大幅优化。财税金融、国资国企等重点领域改革持续深化，组建市产投集团，完成市城乡投集团股权改革。高新区“1+N”国有资本“投融建管营”和“管委会+产业园+公司化”运营管理模式更加完善。“一颗印章管审批”改革持续领跑全省。实施优化营商环境三年提升行动，大力推进政务事项“一件事一次办”“跨省通办”和推行“拿地即开工”预审批模式，线上政务服务大厅“一门”进驻率100%，网上可办率100%，全程网办率100%，政务服务满意度保持在99%以上。科技创新取得新突破，发放“创指贷”6230万元，全社会研发经费投入达3亿元，中科创新中心正式运营，净增高新技术企业11户、专家工作站2个、国家科技型中小企业62户，新增省级知识产权优势企业11户，授权专利494件，3户企业上市“新四板”，高新区成功获批国家级知识产权强国建设试点园区。开放活力持续激发，“一把手”招商常态化开展，成功举办厦门专场、火把节“全国百家商会楚雄行”、嘉定区招商引资推介会，实施招商引资项目406个，宇泽40吉瓦单晶硅拉棒和42吉瓦切片、哀牢山·楚雄野生动物世界等27个重大项目签约落地，招商引资引进州外到位资金增长26.3%。

（八）民生福祉持续增进。就业形势保持稳定，发放创业贷款1.25亿元，城镇新增就业1.3万人，农村劳动力转移就业14.4万人，高校毕业生就业率达98%。教体文卫健康发展，高新实验学校、花山小学综合楼等39个教育项目投入使用，高考本科上线人数达1917人；东兴体育公园投入使用，公共体育场和老年体育健身中心融入国家体育总局数字控制中心，图书馆总分馆智慧化管理平台建成使用，市文化艺术团挂牌成立，非遗展示馆开工建设；基本公共卫生服务项目“无纸化”全面推广，市人民医院传染病楼投入使用，紫溪、大过口卫生院成功创建省一级甲等卫生院，建成省级示范中医馆3家，中彝医药得到传承发展；全市新冠疫苗接种173.9万剂次，加强针接种率达97.1%。民生事业稳步推进，全市民生支出36.7亿元，占一般公共预算支出66.3%。“两保”累计参保91万人次，发放社会保障卡56.55万张。发放民政救助资金6379万元，累计发放各类优抚优待资金3500万元，办理优待证1.14万张。实施居家适老化改造300户，殡葬服务水平逐步提升，厚养薄葬文明新风深入人心。深入开展安全生产专项整治三年行动，较大以上生产安全事故保持“零控制”。全市各类矛盾纠纷调解率达100%、成功率达96%。东瓜社区列入第二批省级城乡社区治理现代化试点，创建“全国民主法治示范村(社区)”2个、“全省民主法治示范村（社区）”9个。成功创建云南省第十一届双拥模范城、省级民族团结进步示范市。

各位代表，过去的一年，我们克服了重重困难，经济社会发展取得了显著成效，但仍然面临着诸多复杂问题和严峻挑战：一是稳增长压力大。国内外经济环境复杂性、不确定性加剧，需求收缩、供给冲击、预期转弱三重压力不减，完成稳增长目标任务艰巨。二是产业结构不优。农副产品深加工和产供销一体化发展薄弱，工业支柱产业单一，消费市场复苏缓慢，外贸市场拉动力弱，三次产业结构不合理问题突出。三是财政收支平衡难。财税收入难达预期，教育、文化、医疗、养老等民生领域刚性支出不断增加，收支矛盾异常突出。这些困难问题，我们将高度重视，认真加以解决。

二、2023年国民经济和社会发展总体要求及预期目标

2023年总体要求是：坚持以习近平新时代中国特色社

会主义思想为指导，全面贯彻落实党的二十大精神，深入贯彻习近平总书记考察云南重要讲话精神和国务院关于支持云南加快建设我国面向南亚东南亚辐射中心的意见，按照中央经济工作会议安排部署、省委经济工作会议和省“两会”工作安排、州委经济工作会议和州“两会”具体要求，聚焦省委“3815”战略发展目标，聚焦州委打造“滇中崛起增长极、现代农业示范区、绿色能源与绿色制造融合发展示范区、民族团结进步示范区”具体要求。坚持稳字当头、稳中求进，完整准确全面贯彻新发展理念，更好统筹发展和安全，坚持创新驱动发展，全面深化改革开放，持续优化营商环境，大力提振市场信心，把实施扩大内需战略同深化供给侧结构性改革有机结合起来，全力稳经济、增动能、惠民生、防风险、保稳定，突出做好稳增长、稳就业、稳物价工作，推动经济实现质的有效提升和量的合理增长，奋力推进中国式现代化建设的楚雄篇章开好局、起好步。

2023年主要经济社会发展预期目标为：

——地区生产总值增长8%左右；

——固定资产投资增长10%左右；

——地方一般公共预算收入增长3%左右；

——社会消费品零售总额增长10%左右；

——外贸进出口总额增长16%左右；

——利用外资总额增长10%以上；

——招商引资州外到位资金增长15%以上；

——居民人均可支配收入与经济增长基本同步；

——居民消费价格涨幅控制在3%以内；

——城镇新增就业6800人以上；

——城镇调查失业率控制在5.5%以内；

——粮食总产量稳定在21万吨以上；

——城镇化率达70%以上；

——万元单位生产总值能耗下降完成州下达目标。

三、2023年经济社会发展主要任务

（一）扎实稳住经济发展基本盘。继续强化稳增长政策供给，根据已实施政策效果和经济社会发展实际及时调整、制定出台新一轮稳经济政策措施，破解发展的难点、堵点和卡点。落实中小微企业发展税收优惠、鼓励汽车家电等大宗消费、支持刚性和改善性住房、支持重点群体就业等政策，推动经济稳步回升。一以贯之推进“两个革命”，牢固树立“今天再晚也是早、明天再早也是晚”的效率意识，大抓招商、大抓项目、大抓融资、大抓改革、大抓机制、大抓安全，坚持专班推进机制，扎实开展“干在实处，走在前列”大比拼和“八比八拼月擂台”行动，确保经济运行保持在合理区间。

（二）加快工业绿色低碳转型发展。大力实施园区质量提升行动，加快黄草片区循环经济产业园、云甸化工园区、富民光伏及半导体新材料产业基地配套基础设施建设，推动园区绿色转型升级。大力发展绿色低碳产业，加快宇泽20吉瓦单晶硅拉棒和20吉瓦切片、运达风电机生产线项目建设，确保宇泽三四期、晶科一期M1车间建成投产，助推硅光伏产业聚集壮大。加快推进神威西南总部、仿制药生产基地、中药配方颗粒基地建设，做强做大生物医药产业。全力加快滇中有色技改、20万吨阴极铜等项目进度，建设绿色铜产业基地。加大植物蛋白产业园、雨生红球藻产业基地建设力度，打造绿色食品产业基地，力争新增规模以上工业企业10户，规模以上工业增加值增长18%左右。大力扶持建筑企业和绿色建材企业，培育资质以上建筑业企业6户以上。确保第二产业增加值增长12.3%。

（三）着力扩大内需提振消费活力。深入实施消费在楚雄八大行动，支持和鼓励企业参与“彩云消费券”“文旅消费加油券”等促销活动，打造一批集美食、购物、运动、音乐、文艺、酒吧、观光为一体的综合性夜间经济示范街、特色消费商圈、社区消费新场景。做好昆百大、红星美凯龙等大型商业综合体招引入驻，大力发展五星级酒店、婚庆旅拍等服务业。加快国家级电子商务进农村示范项目、县域商业体系建设，深入挖掘消费潜力。启动实施哀牢山·楚雄野生动物世界项目，加快彝风湿地文旅小镇二期、海棠湖小镇建设，打造“全域旅游+全域体育”融合发展示范市，促进批发、零售、住宿、餐饮业市场主体互补式发展壮大，新增限上商贸企业40户，社会消费品零售总额增长10%左右。深入实施稳房地产专项行动，打造“五分钟、十分钟、十五分钟”生活圈，推动房地产业转型发展，商品房销售面积增长5%。确保第三产业增加值增长4.5%。

（四）全力推动项目建设提质增长。深入实施抓项目促投资稳增长行动，强化重点工作专班全周期服务保障能力，加快东南绕城高速建设，争取楚雄机场、楚景高速、机场连接线等项目开工建设，确保综合交通投资增长15%以上。抓实马龙河、九龙甸水库等项目前期，抢抓白衣河水库建设进度，推动中石坝水库、滇中引水二期及骨干配套工程开工建设，确保水利投资增长20%以上。实施国家石油储备（三期）楚雄段输油管线工程项目，新增充电桩130台以上，加快小岗箐、分山牌煤矿和光伏发电项目建设，确保能源投资增长15%以上。启动城市大脑一期工程，建成智慧城市基础数据基座，推进智慧城市运行管理中心一期、智慧城市展厅等项目建设，确保新基建投资增长20%以上。加快高铁新城、仓储物流园、城乡物流基地产业园建设，推进一批冷链物流基础设施和城乡农贸市场提升改造，确保物流枢纽投资增长18%以上。争取一批专项债、预算内资金支持，确保全年集中开工项目200个以上，固定资产投资增长10%左右。

（五）持续推进农业农村现代化。深入实施脱贫人口持续增收三年行动，确保全市脱贫人口和监测对象人均纯收入增长保持15%以上，牢牢守住不发生规模性返贫底线。全面推进乡村振兴，实施1万亩高标准农田、43个耕地占补平衡项目，加快“一县一业”培育、高原特色农产品精深加工、现代肉牛养殖基地等项目建设，确保粮食产量稳定在21万吨以上、猪牛羊出栏78.55万只（头），蔬菜产量27万吨以上，烟叶收购1500万千克以上，农林牧渔业总产值增长7%。培育农业龙头企业12家、“三品一标”认证5个、“绿色食品牌”产业基地认定10个，“一村一品”示

范村15个。加快1.7万亩油菜示范样板及7个乡镇油菜观光核心示范带、乡村振兴示范带项目打造，促进产业深度融合发展，确保第一产业增加值增长6.1%。实施乡村建设行动，完成全市村庄规划，启动30.42千米资源路旅游路产业路、90千米村组道路硬化、500户农房抗震改造工程建设，建成乡村振兴示范村30个。持续改善农村人居环境，建设美丽村庄100个、农村人居环境整治提升示范村15个以上。加快绿美乡村建设，创建省级绿美乡镇1个、绿美村庄2个，州级绿美村庄177个。

（六）全面提升城市建设管理水平。锚定“康养胜境、宜居楚雄”城市定位，打造9大中心，抓实9大任务，持续提升城市首位度，打造极具吸引力、影响力的现代化区域中心城市。深入实施城市扩容提质工程，实施小河口立交、云岭大道等交通枢纽工程，推进环湖西路、白龙路延长线等城市主干道建设，新建健康步道和自行车道15千米，新增停车位3000个。实施万家坝铜鼓、文庙、小河口3个片区城市更新，完成老旧小区改造5个，建设保障性租赁住房648套。实施彝海公园二期和西山公园改造，建成城市公园12个，打造口袋公园和街头游园40个、绿美街区街道48个。加快实施老旧市政管道更新改造工程，新建、改造燃气管道197千米，更新老旧供水主管4千米、污水管网15千米，打造供水漏损管网改造国家级试点。高质量推进以县城为重要载体的城镇化建设，城镇化率达70%以上。

（七）坚定不移深化改革创新开放。深化以国资国企、财税金融为核心的经济体制改革，推动国有资本和国有企业做强做大，提高国企核心竞争力。加快高新区机构改革，推广“管委会+产业园+公司化”运营管理模式，力争高新区综合评价排名进位5名。持续巩固“放管服”改革成果，着力提升政务环境、创新环境、市场环境、法治环境、人文环境，打造“全省领先、全国一流”营商环境，确保新增市场主体5000户以上。深入实施创新驱动战略，加快专精特新“小巨人”企业培育，力争实现“瞪羚企业”“双五”企业零的突破。启动国家级研发机构培育“金种子”计划和国家级孵化载体破零工程，加快中科院软件研究中心楚雄实验室、科技成果转化服务中心建设，新增院士专家工作站2个、高新技术企业4户以上、科技型中小企业20户以上，新建科技成果转化示范点3个，全社会研发经费投入总量增长10%以上。深入推进以商招商、产业链招商，力争全年实施招商引资项目300个以上，在引进10亿元以上项目、新增落户500强企业或行业龙头企业上实现新突破，确保招商引资引进州外到位资金增长15%以上。把握好《区域全面经济伙伴关系协定》生效带来的重大机遇，大力发展对外贸易，确保外贸进出口总额增长16%左右。加快文化旅游等特色资源“走出去”，推进面向南亚东南亚辐射中心建设，构筑对外开放新高地。

（八）深入开展生态文明示范创建。坚持绿色低碳循环发展理念，严把高耗能高排放项目准入关口，引导重点行业深入实施清洁生产改造。加强“三线一单”成果应用，深入推进河湖长制、林长制和长江“十年禁渔”，加快推进哀牢山、紫溪山等自然保护地生物多样性保护，构筑生物多样性保护网络。深入打好污染防治攻坚战，确保城市空气质量优良率达100%。深化龙川江流域综合整治提升三年行动，确保龙川江西观桥国考断面水质稳定达到或优于Ⅳ类，集中式饮用水水源地水质达100%。扎实做好面源污染防治，确保建设用地土壤污染、区域内重金属污染风险有效管控。全面做好第二轮中央生态环境保护督察反馈问题整改，确保生态环境安全。深入实施城乡绿化美化三年行动，加快清香园、茶花园滨水绿化工程进度，做好九龙甸水库省级美丽河湖创建，推进村（社区）绿地建设和庭院绿化，打造全省绿化美化标杆典型。巩固提升森林城市创建成果，大力实施荒山荒地绿化、破损山体植被恢复工程，加快城区生态休闲林、城郊片林和环城林带建设。倡导“绿色+”生活方式，构建绿色低碳社会，确保创成国家生态文明建设示范市。

（九）全力以赴保障和改善民生。切实兜牢兜实民生底线，确保民生支出占一般公共预算支出65%以上。落实就业优先政策，扎实抓好高校毕业生、退役军人、就业困难人员就业工作，确保城镇新增就业6800人以上、农村转移就业13.5万人以上，多渠道增加居民收入，进一步缩小城乡居民收入差距。坚持教育优先发展，深入推进“县管校聘”改革，扩大学前教育普惠，实施义务教育、高中教育提质增效三年行动，加快滇中楚雄科创城、云南医药健康职业学院迁建、经济管理学院新校区项目前期，争取全民健身中心、高原体育训练基地开工建设。持续巩固国家卫生城市创建成果，深入推进健康楚雄建设三年行动，不断提升公共卫生服务水平。切实解决好“一老一小”问题，加快4个街道层面养老服务中心建设，持续提升优生优育服务水平，促进人口均衡发展。深入实施文化惠民工程，加快“三馆”建设进度，扎实推进万家坝古墓群二期调勘工作。全力争创全国民族团结进步示范市，打造民族团结进步示范区样板和铸牢中华民族共同体意识示范样板。健全多层次社会保障体系，推动社会保险参保提质扩面，实现困难群体、特殊群体兜底保障全覆盖。持续巩固提升全国双拥模范城和省第十一届双拥模范城创建成效。深入贯彻总体国家安全观，积极稳妥化解各领域风险隐患，深化市域社会治理现代化试点建设，不断提升社会治理水平。大力实施安全生产专项整治三年行动，坚决防止重特大安全生产事故发生。扎实做好新时期疫情防控“新十条”，确保社会大局和谐稳定。

各位代表，2023年经济社会发展任务繁重、意义重大。我们将更加紧密地团结在以习近平同志为核心的党中央周围，以习近平新时代中国特色社会主义思想为指导，弘扬伟大建党精神，忠诚拥护“两个确立”、增强“四个意识”、坚定“四个自信”、做到“两个维护”，按照党中央、国务院的决策部署，省委省政府、州委州政府和市委的部署要求，自觉接受市人大及其常委会的监督，认真听取市政协的意见和建议，踔厉奋发、勇毅前行，守正创新、担当作为，努力完成全年经济社会发展各项任务，奋力谱写全面建设社会主义现代化楚雄新篇章！

关于楚雄市2022年地方财政预算执行情况和2023年地方财政预算草案的报告（书面）

——2023年2月22日在楚雄市第十届人民代表大会第三次会议上

楚雄市财政局

各位代表：

受市人民政府委托，现将楚雄市2022年地方财政预算执行情况和2023年地方财政预算草案提请会议审查，并请市政协委员和其他列席人员提出意见。

一、2022年全市地方财政预算执行情况

2022年是实施“十四五”规划的关键之年，是党的二十大召开之年。面对世界百年未有之大变局与世纪疫情交织叠加，全市上下以习近平新时代中国特色社会主义思想为指导，全面贯彻党的二十大精神和习近平总书记考察云南重要讲话精神，认真落实党中央国务院和省州市党委政府各项决策部署，坚持稳中求进工作总基调，全面贯彻新发展理念，主动融入新发展格局，统筹疫情防控和经济社会发展，坚决落实“积极的财政政策要更加积极有为”要求，狠抓稳收支保“三保”防风险守底线专项行动，全力做好“六稳”工作，全面落实“六保”任务，全市经济运行稳中有进、稳中有固，全年预算目标圆满完成。

（一）一般公共预算

2022年，全市完成一般公共预算收入334594万元，比年初预算数285778万元超收48816万元，增长17.1%，比上年增收57146万元，增长20.6%，其中：税收收入完成145579万元，占一般公共预算收入43.5%，比上年下降7.1%；非税收入完成189015万元，占一般公共预算收入56.5%，比上年增长56.6%。全市完成一般公共预算支出553298万元，比年初预算数606257万元减支52959万元，下降8.7%，比上年减支35301万元，下降6%。

全市一般公共预算平衡情况是：一般公共预算收入334594万元，转移性收入263965万元，上年结余收入8477万元，调入资金12298万元（其中：政府性基金调入一般公共预算10733万元，国有资本经营预算调入一般公共预算52万元，其他资金调入一般公共预算1513万元），动用预算稳定调节基金66139万元，债务转贷收入34970万元，收入总计720443万元。一般公共预算支出553298万元，转移性支出61673万元，债务还本支出51922万元，增设预算稳定调节基金48815万元，支出总计715708万元。收支两抵，年末滚存结余4735万元（结转下年项目支出）。结余资金的形成，主要是部分项目跨年度实施，当年不能形成支出，需结转下年按规定用途使用。

1．市级

市级完成一般公共预算收入253096万元，比年初预算数204428万元超收48668万元，增长23.8%，比上年增收54622万元，增长27.5%。市级完成一般公共预算支出463077万元，比年初预算数516069万元减支52992万元，下降10.3%，比上年减支37961万元，下降7.6%。

市级一般公共预算平衡情况是：一般公共预算收入253096万元，转移性收入263965万元，上年结余收入3267万元，下级上解收入14681万元，调入资金10858万元（其中：政府性基金调入一般公共预算9293万元，国有资本经营预算调入一般公共预算52万元，其他资金调入一般公共预算1513万元），动用预算稳定调节基金65991万元，债务转贷收入28434万元，收入总计640292万元。一般公共预算支出463077万元，转移性支出61673万元，补助下级支出23994万元，增设预算稳定调节基金48667万元，债务还本支出40256万元，支出总计637667万元。收支两抵，年末滚存结余2625万元（结转下年项目支出）。结余资金的形成，主要是部分项目跨年度实施，当年不能形成支出，需结转下年按规定用途使用。

2．高新区

高新区完成一般公共预算收入81498万元，比年初预算数81350万元超收148万元，增长0.2%，比上年增收2524万元，增长3.2%。高新区完成一般公共预算支出90221万元，比年初预算数90188万元增支33万元，比上年增支2660万元，增长3%。

高新区一般公共预算平衡情况是：一般公共预算收入81498万元，转移性收入23994万元，上年结余收入5210万元，调入资金1440万元（其中：政府性基金调入一般公共预算1440万元），动用预算稳定调节基金148万元，债务转贷收入6536万元，收入总计118826万元。一般公共预算支出90221万元，转移性支出14681万元，增设预算稳定调节基金148万元，债务还本支出11666万元，支出总计116716万元。收支两抵，年末滚存结余2110万元。

（二）政府性基金预算

2022年，全市完成政府性基金预算收入235706万元，比年初预算数240000万元减收4294万元，下降1.8%，比上年增收7006万元，增长3.1%；全市完成政府性基金预算支出203717万元，比年初预算数126593万元增支77124万元，增长60.9%，比上年增支37975万元，增长22.9%。

全市政府性基金预算平衡情况是：政府性基金预算收入235706万元，转移性收入4848万元，上年结余收入4705万元，债务转贷收入222023万元，收入总计467282万元。政府性基金预算支出203717万元，债务还本支出223040万

元，转移性支出26220万元，调出资金10733万元，支出总计463710万元。收支两抵，年末滚存结余3572万元。

1. 市级

市级完成政府性基金预算收入194746万元，比年初预算数200000万元减收5254万元，下降2.6%，比上年增收29423万元，增长17.8%。市级完成政府性基金预算支出157627万元，比年初预算数95729万元增支61898万元，增长64.7%，比上年增支50849万元，增长47.6%。

市级政府性基金预算平衡情况是：政府性基金预算收入194746万元，转移性收入4848万元，上年结余收入4705万元，债务转贷收入172393万元，下级上解收入3480万元，收入总计380172万元。政府性基金预算支出157627万元，补助下级支出198万元，调出资金9293万元，债务还本支出183410万元，上解支出26220万元，支出总计376748万元。收支两抵，年终滚存结余3424万元。结余资金主要是上级补助的专项基金项目结余。

2. 高新区

高新区完成政府性基金预算收入40960万元，比年初预算数40000万元增收960万元，增长2.4%，比上年减收22417万元，下降35.4%。高新区完成政府性基金预算支出46090万元，比年初预算数30864万元增支15226万元，增长49.3%，比上年减支12874万元，下降21.8%。

高新区政府性基金预算平衡情况是：政府性基金预算收入40960万元，转移性收入198万元，债务转贷收入49630万元，收入总计90788万元。政府性基金预算支出46090万元，调出资金1440万元，债务还本支出39630万元，上解支出3480万元，支出总计90640万元。收支两抵，年终滚存结余148万元。结余资金主要是上级补助的专项基金项目结余。

（三）社会保险基金预算

2022年，全市完成社会保险基金预算收入121482万元，比年初预算数115832万元超收5650万元，增长4.9%，其中：社会保险基金保险费收入73067万元，财政补贴收入11240万元，利息收入1738万元，上级补助收入31329万元，其他收入4108万元。全市完成社会保险基金预算支出119642万元，比年初预算数106353万元增支13289万元，增长12.5%，其中：社会保险待遇支出66791万元，上解上级支出50586万元，其他支出2265万元。收支两抵，本年收支结余1840万元，加上年结余77776万元，年末滚存结余79616万元。结余资金包括按政策属个人账户的资金余额以及按规定够下年度一定月份支付的基金。

（四）国有资本经营预算

2022年，全市完成国有资本经营预算收入52万元，比年初预算数40万元增收12万元，增长30%，比上年减收428万元，下降89.2%；全市完成国有资本经营预算支出48万元，比年初预算数426万元减支378万元，下降88.7%，比上年减支24万元，下降33.3%。

国有资本经营预算平衡情况是：国有资本经营预算收入52万元，转移性收入274万元，上年结余427万元，收入总计753万元。国有资本经营预算支出48万元，调出资金52万元，支出总计100万元。收支两抵，年终滚存结余653万元。结余资金主要是上级补助的专项资金结余。

1. 市级

市级完成国有资本经营预算收入52万元，比年初预算数40万元增收12万元，增长30%，比上年减收428万元，下降89.2%。市级完成国有资本经营预算支出43万元，比年初预算数421万元减支378万元，下降89.8%，比上年减收9万元，下降17.3%。

市级国有资本经营预算平衡情况是：国有资本经营预算收入52万元，转移性收入274万元，上年结余422万元，收入总计748万元。国有资本经营预算支出43万元，调出资金52万元，支出总计95万元。收支两抵，年终滚存结余653万元。结余资金主要是上级补助的专项资金结余。

2. 高新区

高新区国有资本经营预算平衡情况是：上年结余收入5万元，收入总计5万元。国有资本经营预算支出5万元，支出总计5万元。

以上数据已上报州财政局，待州财政局批复我市2022年财政决算后，部分数据如有变化，届时再向市人大常委会报告。

（五）“三保”预算

2022年市十届人大一次会议审议批准楚雄市2022年中央和省“三保”政策支出合计24.66亿元，其中保工资支出15.53亿元，保运转支出1.64亿元，基本民生支出7.49亿元。根据年初省州“三保”审核调整要求和调整基本工资、清理规范公务员工资津补贴及职务职级晋升等相关要求，2022年全市中央和省“三保”政策支出由年初预算24.66亿元调整为24.29亿元，调减3685万元。其中保工资支出由年初预算15.53亿元调整为16.53亿元，调增9941万元；保运转支出由年初预算1.64亿元调整为1.98亿元，调增3442万元；根据上级要求从2022年起，城乡居民基本医疗保险中央、省、州级财政补助资金直接下达州级社保基金专户，不再下达各县。基本民生支出由年初预算7.49亿元调整为5.78亿元，调减1.71亿元。

二、2022年财政重点工作情况

一年来，在市委、市政府正确领导和市人大的监督支持下，全市财政部门认真贯彻落实市十届人大一次、二次会议有关决议，进一步加强财政管理，深化财税改革，着力做好重点领域支出保障，求真务实、真抓实干，全力以赴推动2022年各项重点工作落到实处，促进全市经济社会平稳健康发展。主要做了以下工作：

（一）落实积极的财政政策，有力推动经济发展。面对复杂严峻的形势和经济下行压力，全市财政部门坚定信心、围绕目标、精准发力，扎实有效实施稳经济一揽子政策和接续措施，财政经济运行态势总体平稳，结构持续优化。全市财政收入完成33.46亿元，增长20.6%，其中：税收收入完成14.56亿元，占一般公共预算收入的43.5%，非税收入完成18.9亿元，占一般公共预算收入的56.5%。全市财政支出完成55.33亿元，下降6%，有力保障全市重点工作。坚决落实国家出台的各项减税退税降费政策，快速推进减税退税降费政策，共依法减免税费26.38亿元，已办理留抵退税企业户数1355户，实际已退库税款12.35亿元，切实减轻企业负担，增强市场主体信心。下达中央、省、州预算内资金3.49亿元用于支持老旧小区改造、工业园区建设、城市老旧燃气管道更新改造、水利基础设施建设、农业绿色发展等重点领域，有效发挥政府性投资拉动作用。打好“绿色能源牌”，加快推进光伏产业发展，向上争取产业园区建设资金1亿元，专项债券资金4亿元，市级投入企业扶持资金1113.62万元，支持特色产业体系发展壮大，助推特色产业链做大做强做优。

（二）坚持以人民为中心，持续保障改善民生。持续加大民生投入，全年完成民生支出36.7亿元，占地方一般公共预算支出的66.3%。投入8.68亿元，扎实推进义务教育、职业教育、学前教育、普通高中教育均衡发展。投入4.23亿元，持续扩大基本公共卫生服务覆盖面，市中医院、市医院等项目的实施，进一步提高群众医疗健康保障水平。投入8604.5万元，加大对就业、再就业、困难群众补助等经费投入，落实困难残疾人生活补贴和重度残疾人护理补贴，提高城乡居民低保补助标准，让全体社会成员共享改革发展成果。投入资金8666.1万元，用于支持巩固拓展脱贫攻坚成果同乡村振兴有效衔接。全面落实“六稳”“六保”任务。不折不扣落实惠企稳企一揽子政策措施，积极优化营商环境，助力企业纾难解困。做好常态化疫情防控保障，统筹资金2276.57万元支持防控物资采购、公共卫生体系建设、核酸检测和疫苗接种。常态化实施财政资金直达机制，共拨付直达资金7.44亿元，确保直达资金安全精准高效落地。

（三）切实加强规范管理，抓实风险防范化解。坚持统筹发展和安全，把握好促发展和防风险的关系，加强源头防范和过程管控，坚决防止发生系统性区域性风险。一是牢牢守住债务风险底线，始终把防范和化解债务风险，切实作为重中之重工作来抓，认真梳理和分析到期债务及偿债资金来源，做到提前研判预警、提前筹集资金和提前制订预案，在有效支持经济高质量发展中保障财政可持续和政府债务风险可控。二是加大资源资产盘活变现力度，强力推进融资平台转型升级。推动高融资成本债务“削峰”管理，对到期债务依法合规开展风险缓释，进一步优化债务结构、降低利息负担，有效缓解刚兑压力。三是切实加强对防范和处置非法集资工作的领导，建立完善长效机制，不断健全完善防范处置非法集资工作机制。深入开展涉非涉稳风险动态摸排，切实做到底数清、情况明。推进网络借贷风险整治出清，有序化解私募基金、第三方财富管理公司等涉非涉众风险隐患。

（四）提升基层保障能力，兜牢兜实“三保”底线。强化“三保”责任担当。全面落实“三保”主体责任，算好“财力账”“支出账”“平衡账”三本账。强化“三保”预算编制和执行优先顺序，严守财政预算编制以“保工资、保运转、保基本民生、保付息、保配套、保应急”为预算安排顺序和原则，在“三保”方面不留缺口、应保尽保。强化“三保”预算执行动态监控，健全舆情研判回应机制。动态评估“三保”保障情况，重点结合收入组织、债务偿还、新增财政暂付款规模、库款保障水平等因素开展风险预判，做到风险早发现、早报告、早介入、早处置，切实增强舆情意识，有力保障了工资及时足额发放、机构正常有序运转，兜牢兜实基本民生保障底线。2022年，我市“三保”预算支出24.29亿元，其中：保工资16.53亿元，保运转1.98亿元，保40项基本民生（本级配套部分）5.78亿元。楚雄市被省级纳入“三保”低风险等级管理。

（五）加强财政预算管理，不断提高财政治理效能。强化对国有资产资源统筹，清理盘活国有资产资源，全面摸清家底，依法依规有效盘活资源资产。党政机关“过紧日子”成为共识，压减非急需非刚性支出，严控一般性支出，“三公”经费保持只减不增。完善结转结余资金收回使用机制，有效盘活财政存量资金，累计收回各类存量资金6.13亿元，统筹用于项目建设、民生保障等重点方面。切实履行财会监督职能，围绕部门预算管理、财政收入、财政支出、会计管理、内部监督等深入开展财经秩序专项整治。204家预算单位开展了项目财政绩效自评，部门整体及项目绩效目标实现程度、预算执行情况实现双监控，覆盖所有财政资金，并对6个重点项目9.24亿元资金开展第三方绩效评价，形成“横向到边、纵向到底”的预算绩效管理格局。

（六）深化财税体制改革，加快建立现代财税金融体制。按照市委全面深化改革总体部署，确定重点任务，细化工作台账，加快建立现代财政制度。一是深化预算管理改革。深化国库集中支付制度，推进政府会计核算管理改革，健全政府预算体系。推进预算管理一体化系统建设，提升预算管理科学化规范化水平。全面实施财政票据和非税收入收缴电子化管理改革，实现全市非税收入缴款“一网通办”。二是惠企利民措施有力有效。开展楚雄市重点产业和关键领域“见贷即保”担保贷款试点工作，安排补助资金给予获贷主体不低于贷款金额1%的一次性担保费和利息补贴。进一步深化政府采购制度改革，认真执行采购计划系统备案工作，“政采云”电子卖场实现了政府采购“网上交易”，各预算单位通过“政采云”电子卖场完成订单949个，完成交易额1759.1万元；推行“政采贷”取得零的突破。

2022年全市财政收支平稳运行，财税体制改革有序推进，得益于市委、市政府的坚强领导，得益于市人大、市政协的监督指导，得益于各级各部门和全市人民苦干实干、团结奋斗。同时，我们也清醒地认识到问题和不足：一是稳收支、保三保压力较大，收入下降趋势明显，一般公共预算支出持续下降，“三保”及其他重点工作的资金保障压力持续加大，财政收支矛盾越发突出。二是地方财政收入质量差。全市税收收入出现大幅下降，非税收入占比较高。土地出让工作困难重重，组织收入难度较大。三是防风险压力较大，财政运行面临较大压力，风险隐患不容忽视。我们将高度重视这些问题，积极采取有效措施，努力加以解决。

三、2023年财政预算草案

以习近平新时代中国特色社会主义思想为指导，全面贯彻落实党的二十大精神和中央经济工作会议精神，坚持稳字当头、稳中求进，加力提效，持续实施积极的财政政策，完整、准确、全面贯彻新发展理念，加快构建新发展格局，着力推动高质量发展，更好统筹疫情防控和经济社会发展，更好统筹发展和安全，有效防范化解重大风险，推动经济运行整体好转，实现质的有效提升和量的合理增长，为全面建设社会主义现代化国家开好局起好步。

在预算编制过程中遵循以下原则：强统筹。全面推进全口径预算编制，加强部门和单位对各类资源的统一管理，加强财政拨款和单位自有资金的统筹，将依法依规取得的各类单位资金收入纳入部门预算，统一编制、统一批复，未纳入预算的收入不得安排支出。培财源。牢固树立“产业兴则经济兴、产业强则财政强”的理念，抢抓产业强省财税政策机遇，聚焦产业、园区和重点项目为重点的财政收入增长点，用好用活财税政策支持园区发展；聚焦重点项目建设，加快重点项目建设财政保障和各级财政资金支出进度，拉动项目有效投资，为全市稳增长提供支撑。压一般。牢固树立“过紧日子”思想，将“过紧日子”作为预算管理长期坚持的基本方针，从严从紧编制部门预算，从严从紧控制“三公”经费预算，大力压减一般性支出，降低行政成本。保重点。坚决守住“三保”底线，全力“保工资、保运转、保民生”。将保基本作为全局性、政治性任务。坚持“三保”支出在财政支出中的优先地位，切实兜牢“三保”底线，坚决防范“三保”风险；坚持“零基预算”，预算安排坚持量入为出，打破基数概念和支出固化格局，不再采取基数加增长模式，不再以上年预算作为参考，重新确定部门预算总体规模、总体分配和支出结构，一切从财力情况和项目实际需要出发，以“零”为基点编制预算，强化综合财力平衡。提绩效。把绩效理念和方法深度融入预算管理全过程，将绩效管理贯穿于财政资金管理全过程，强化绩效评价结果对预算支出安排的约束。严纪律。牢固树立法律意识、法治意识，自觉遵循《中华人民共和国预算法》各项规定，严肃财经纪律，守好法律法规的底线、财务管理制度的红线、财经纪律的高压线。

按照上述指导思想和原则，在综合考虑财政承载能力和加快全市经济社会发展客观需要的基础上，建议2023年全市一般公共预算收入计划344631万元，比上年增加10037万元，增长3%；全市一般公共预算支出计划570219万元，比上年增支16921万元，增长3.1%。

（一）2023年收支预算安排情况

1．一般公共预算

全市一般公共预算收入计划344631万元，比上年增加10037万元，增长3%。全市一般公共预算支出安排570219万元，比上年增支16921万元，增长3.1%。

全市一般公共预算平衡情况是：一般公共预算收入344631万元，转移性收入257163万元，上年结余收入4735万元（项目结转），调入资金17158万元（其中：政府性基金调入一般公共预算16778万元，国有资本经营预算调入一般公共预算380万元），债务转贷收入27101万元，收入总计650788万元。一般公共预算支出570219万元，转移性支出51278万元，债务还本支出29291万元，支出总计650788万元，收支平衡。

（1）市级

市级一般公共预算收入计划260688万元，比上年增加7592万元，增长3%。市级一般公共预算支出安排477291万元，比上年增支14214万元，增长3.1%。

市级一般公共预算平衡情况是：一般公共预算收入260688万元，转移性收入257163万元，上年结余2625万元（项目结转），调入资金9289万元（其中：政府性基金调入一般公共预算8909万元，国有资本经营预算调入一般公共预算380万元），下级上解收入18117万元，债务转贷收入27101万元，收入总计574983万元。一般公共预算支出477291万元，转移性支出51278万元，补助下级支出18113万元，债务还本支出28301万元，支出总计574983万元。收支平衡。

（2）高新区

高新区一般公共预算收入计划83943万元，比上年增加2445万元，增长3%。高新区一般公共预算支出安排92928万元，比上年增支2707万元，增长3%。

高新区一般公共预算平衡情况是：一般公共预算收入83943万元，转移性收入18113万元，上年结余收入2110万元，调入资金7869万元（政府性基金调入一般公共预算7869万元），收入总计112035万元。一般公共预算支出92928万元，转移性支出18117万元，债务还本支出990万元，支出总计112035万元。收支平衡。

2．政府性基金预算

全市政府性基金预算收入计划232500万元，比上年减收3206万元，下降1.4%。全市政府性基金预算支出安排197094万元，比上年减支6623万元，下降3.3%。

全市政府性基金预算平衡情况是：政府性基金预算收入232500万元，转移性收入4100万元，上年结余收入3572万元，债务转贷收入166790万元，收入总计406962万元。政府性基金预算支出197094万元，转移性支出6440万元，债务还本支出186650万元，调出资金16778万元，支出总计406962万元。收支平衡。

（1）市级

市级政府性基金预算收入计划192500万元，比上年减收2246万元，下降1.2%。市级政府性基金预算支出安排169095万元，比上年增支11468万元，增长7.3%。

市级政府性基金预算平衡情况是：政府性基金预算收入192500万元，转移性收入4100万元，债务转贷收入166790万元，下级上解收入1120万元，上年结余收入3424万元，收入总计367934万元。政府性基金预算支出169095万元，债务还本支出183490万元，转移性支出6440万元，调出资金8909万元，支出总计367934万元。收支平衡。

（2）高新区

高新区政府性基金预算收入计划40000万元，比上年减收960万元，下降2.3%。高新区政府性基金预算支出安排27999万元，比上年减支18091万元，下降39.3%。

高新区政府性基金预算平衡情况是：政府性基金预算收入40000万元，上年结余收入148万元，收入总计40148万元。政府性基金预算支出27999万元，债务还本支出3160万元，转移性支出1120万元，调出资金7869万元，支出总计40148万元。收支平衡。

3．社会保险基金预算

2023年，全市社会保险基金收入预算141492万元，其中：社会保险基金保险费收入预算88831万元，财政补贴收入预算12533万元，利息收入预算1593万元，其他收入预算4726万元，上级补助收入33809万元。全市社会保险基金支出预算130942万元，其中：社会保险待遇支出预算74740万元，其他支出预算1549万元，上解上级支出54653万元。收支两抵，本年收支结余预算10550万元，加上年结余87255万元，年末滚存结余预算97805万元。

4．国有资本经营预算

2023年，全市国有资本经营预算收入计划380万元，比上年增收328万元。全市国有资本经营预算支出安排906万元，比上年增支858万元。

全市国有资本经营预算平衡情况是：国有资本经营预算收入380万元，上级补助收入253万元，上年结余653万元，收入总计1286万元。国有资本经营预算支出906万元，调出资金380万元，支出总计1286万元。收支平衡。

（1）市级

市级国有资本经营预算收入计划380万元，比上年增收328万元。市级国有资本经营预算支出安排813万元，比上年增支770万元。

市级国有资本经营预算平衡情况是：国有资本经营预算收入380万元，上级补助收入253万元，上年结余653万元，收入总计1286万元。国有资本经营预算支出813万元，调出资金380万元，补助下级93万元，支出总计1286万元。收支平衡。

（2）高新区

高新区国有资本经营预算平衡情况是：上级补助收入93万元，收入总计93万元。国有资本经营预算支出93万元，支出总计93万元。收支平衡。

5．“三保”预算

2023年，楚雄市严格按照“三保”优先的顺序，按照国标、省标范围和标准足额安排“三保”预算。2023年“三保”预算安排24.98亿元，其中：保工资支出17.72亿元、保运转支出0.64亿元、保基本民生支出6.62亿元。剔除上级转移支付补助安排的基本民生支出4.67亿元，县市本级财力安排的“三保”支出为20.31亿元。“三保”支出应保尽保，不留缺口。

（二）2023年财政工作思路

2023年，我们将牢固树立新发展理念，全面贯彻落实中央和省、州、市各项决策部署及工作要求，主动克服经

7月23日，东南新城建设新貌　　（李　晶　摄影）

济下行压力，积极应对疫情和减税降费等多重因素带来的财政收入减少的影响，知难而进，迎难而上，更好发挥财政职能作用，全力支持经济社会持续健康发展。

1．财政政策有效实施，促进经济运行在合理区间。促进积极的财政政策加力提效，保持政策措施的稳定性连续性。一是加大对保就业、保民生、保市场主体的支持力度，深化政银企合作，引导企业合法合规融资，加大中小企业信贷支持、创业融资支持，进一步帮助企业缓解融资难、还贷压力大等问题。二是加快财源培植，突出楚雄市资源、产业特色优势，大力加强绿色硅产业、医药、物流运输等重点产业的培育，深入挖掘重点税源增收潜力。三是用好用活积极财政政策，按照“资金跟着项目走”的原则，做好专项债券项目储备和前期工作，加快专项债券资金支出进度，尽快形成投资拉动力。

2．保持财政支出强度，为重点政策、重大项目落实落地保驾护航。一是狠抓支出进度。建立支出进度调度专班，做好对一般公共预算、专项债券资金、直达资金、政府投资项目的支出组织和进度考核，发挥抓支出“一把手”主体责任效用。二是优先保障和改善民生。继续保持39项基本民生支出占比稳定，大力推动公共财政资源向基层倾斜，补齐民生发展短板，加快推进基本公共服务均等化。三是增强重大战略任务财力保障。聚焦我市打好“绿色能源牌”，发挥财政保障支撑作用。密切跟进市财政引导基金、重大产业落地补助资金、碳达峰碳中和财政补贴政策的进展情况，争取上级更多资金和政策支持。

3．持续强化民生保障力度，积极推进民生事业发展。一是始终坚持政府带头过紧日子、百姓和企业过好日子，勤俭节约办事业，下更大力气调整优化支出结构，持续压减一般性支出，取消非必要、非刚性以及低效、无效项目，腾出资金优先兜牢民生底线、支持公共设施建设、完善公共服务供给。二是深入推进教育领域优质均衡发展，支持建立全新机制的引才育才体系。加快补齐医疗、交通短板，提升基本公共服务能力，注重民生事业均衡发展，推动民生和产业共进。三是继续支持打好污染防治攻坚战，加快推动绿色低碳发展，提升城区“颜值”。创新公共服务提供方式，鼓励社会力量增加非基本公共服务供给，满足人民群众多层次、多样化需求。

4．防范化解重点领域风险，力促财政可持续发展。兜牢兜实基层“三保”底线，牢固树立底线思维，压实保障责任，强化“三保”预算审核，坚持“三保”支出在财政支出中的优先地位，打足预算、不留硬缺口。统筹好发展与安全的关系，严格落实化债目标任务，坚决“开正门”“堵邪道”，坚决遏制隐性债务增量。在继续严格执行债务限额和债务预算管理，加强风险预警和防控的基础上，推动融资平台转型发展。加强跨部门协调，压实企业、部门、属地“三个责任”，增加整合风险处置资源，精准有序处置风险，防止风险蔓延扩散；统筹金融领域各项专项整治和防范处置非法集资等工作，营造良好金融环境。

5．奋力接续推进改革，不断提升管理水平和管理效能。全面推进预算绩效管理扩面提质，加快建成全方位、全过程、全覆盖的预算绩效管理体系，逐步健全预算绩效管理完整闭环，夯实预算执行管理基础。加强政府采购监管，规范政府采购程序，推进政府采购电子化改革，加强政府采购代理机构和政府采购评审专家库管理，着力构建放管结合、权责清晰、规范透明、公平竞争的政府采购管理机制和有利于结果导向的政府采购运行机制。深化国资国企改革，积极盘活国有资源资产，加强国有资产管理，夯实国有资产数据基础，落实国有资产管理情况报告制。加强财政监督，常态化开展预决算公开、会计行业管理、重大民生资金使用等领域专项监督，加强内控体系建设，坚决查处财政资金使用中的各类违纪违法行为。

各位代表，做好2023年财政工作任务艰巨、责任重大。我们将在市委的坚强领导下，以习近平新时代中国特色社会主义思想为指导，深刻领悟“两个确立”的决定性意义，进一步增强“四个意识”、坚定“四个自信”、做到“两个维护”，按照市十届人民代表大会第三次会议的有关决议要求，坚定信心、团结奋斗，踔厉奋发、勇毅前行，努力完成财政发展各项任务，奋力完成全年经济社会发展目标任务。

楚雄市第三次全国国土调查主要数据公报

楚雄市第三次全国国土调查领导小组办公室
楚雄市自然资源局　楚雄市统计局
（2022年6月6日）

2018年9月，按照国家统一部署，楚雄市组织开展第三次全国国土调查（以下简称“三调”），以2019年12月31日为标准时点汇总数据。“三调”全面采用优于1米分辨率的卫星遥感影像制作调查底图，广泛应用移动互联网、云计算、无人机等新技术，创新运用“互联网+调查”机制，全流程严格实行质量管控，历时3年，汇集17.9162万个调查图斑数据，全面查清全市国土利用状况。

现将全市主要地类数据公布如下：

（一）耕地48692.82公顷（73.04万亩）。其中：水田15952.27公顷（23.93万亩），占全市耕地的32.76%；水浇地342.94公顷（0.51万亩），占0.70%；旱地32397.61公顷（48.60万亩），占66.54%。

位于2度以下坡度（含2度）的耕地4312.81公顷（6.47万亩），占全市耕地的8.86%；位于2～6度坡度（含6度）的耕地6124.52公顷（9.19万亩），占12.58%；位于6～15度坡度（含15度）的耕地12511.17公顷（18.76万亩），占25.69%；位于15～25度坡度（含25度）的耕地14420.22公顷（21.63万亩），占29.61%；位于25度以上坡度的耕地11324.10公顷（16.99万亩），占23.26%。

（二）园地11091.36公顷（16.64万亩）。其中：果园10382.43公顷（15.58万亩），占93.61%；茶园233.71公顷（0.35万亩），占2.11%；其他园地475.22公顷（0.71万亩），占4.28%。全市无橡胶园地。

（三）林地329800.10公顷（494.70万亩）。其中：乔木林地301092.38公顷（451.63万亩），占91.30%；竹林地178.10公顷（0.27万亩），占0.05%；灌木林地24511.19公顷（36.77万亩），占7.43%；其他林地4018.43公顷（6.03万亩），占1.22%。

（四）草地6752.67公顷（10.13万亩）。其中，其他草地6752.67公顷（10.13万亩），占100.00%；全市没有天然牧草地、人工牧草地2个草地二级地类的分布。

（五）湿地775.04公顷（1.16万亩）。湿地是“三调”新增的一级地类（包括7个二级地类），楚雄市涉及5个二级地类。其中：森林沼泽6.41公顷（0.01万亩），占0.83%；灌丛沼泽0.08公顷（1.2亩），占0.01%；沼泽草地14.09公顷（0.02万亩），占1.82%；内陆滩涂745.70公顷（1.12万亩），占96.21%；沼泽地8.76公顷（0.01万亩），占1.13%；全市没有红树林地、沿海滩涂2个湿地二级地类的分布。

（六）城镇村及工矿用地15642.61公顷（23.46万亩）。其中：城市5459.48公顷（8.19万亩），占34.90%；建制镇321.62公顷（0.48万亩），占2.06%；村庄9187.02公顷（13.78万亩），占58.73%；采矿用地460.23公顷（0.69万亩），占2.94%；风景名胜及特殊用地214.26公顷（0.32万亩），占1.37%。

（七）交通运输用地7944.04公顷（11.92万亩）。其中：铁路用地234.34公顷（0.35万亩），占2.95%；公路用地2698.80公顷（4.05万亩），占33.97%；农村道路5007.09公顷（7.51万亩），占63.03%；机场用地2.6公顷（0.01万亩），占0.03%；管道运输用地1.21公顷（18.15亩），占0.02%。全市没有轨道交通用地、港口码头用地地类的分布。

（八）水域及水利设施用地5470.76公顷（8.21万亩）。其中：河流水面1595.81公顷（2.39万亩），占29.17%；水库水面2082.35公顷（3.13万亩），占38.06%；坑塘水面1446.37公顷（2.17万亩），占26.44%；沟渠113.94公顷（0.17万亩），占2.08%；水工建筑用地232.29公顷（0.35万亩），占4.25%。全市没有湖泊水面、冰川及永久积雪2个水域及水利设施用地二级地类的分布。

“三调”是一次重大国情国力调查，是党中央国务院重大决策部署，也是党和国家机构改革后统一开展的自然资源基础调查。“三调”数据成果全面客观反映楚雄市国土利用状况，也反映出耕地保护、生态建设、节约集约用地方面存在的问题，必须准确分析原因，深入揭示发展变化趋势，采取有针对性的措施加以改进，促进生态文明建设和自然资源管理工作。要坚持落实最严格的耕地保护制度，坚持底线思维，压实地方各级党委和政府耕地保护责任，实行党政同责。要坚决遏制耕地“非农化”、严格管控“非粮化”，从严控制耕地转为其他农用地。坚持问题导向，从严查处各类违法违规占用耕地或改变耕地用途行为。规范完善耕地占补平衡，确保完成国家规划下达的耕地保有量和永久基本农田保护目标任务，牢牢守住耕地保护红线。要坚持系统观念，强化规划引领作用，因地制宜，统筹生态建设。要坚持节约集约，合理确定新增建设用地规模，提高土地开发利用效率。继续推动城乡存量建设用地开发利用，完善政府引导市场参与的城镇低效用地再开发政策体系。强化土地使用标准和节约集约用地评价，大力推广应用节地技术和节地模式。

“三调”成果是楚雄市制定经济社会发展重大战略规划、重要政策举措的基本依据。要加强“三调”成果共享应用，将“三调”成果作为国土空间规划和各类相关专项规划的统一基数、统一底图，推进市域治理体系和治理能力现代化。

中共楚雄市委　楚雄市人民政府
关于授予吴超慧等24人楚雄市“威楚人才奖”的决定

（2022年8月19日）

国家发展靠人才，民族振兴靠人才。中国共产党自成立以来，始终重视培养人才、团结人才、引领人才、成就人才，团结和支持各方面人才为党和人民事业建功立业。

党的十八大以来，市委、市人民政府坚持以习近平新时代中国特色社会主义思想为指导，全面贯彻习近平总书记关于做好新时代人才工作的新理念新战略新举措和考察云南重要讲话精神，深入贯彻落实中央和省、州党委人才工作会议部署要求，大力实施新时代人才强市战略，积极构建健康良好的人才发展生态。在服务保障楚雄市经济社会高质量发展的征程中，各行业、各条战线涌现出了一批政治过硬、锐意创新、勇于担当、拼搏奉献、成绩突出的优秀人才。为褒扬先进、树立典型，在全市上下营造识才爱才敬才用才的良好氛围，进一步激发广大人才创新创造活力和服务社会动力，市委、市人民政府决定授予吴超慧等24名同志楚雄市“威楚人才奖”。

希望受表扬的同志倍加珍惜新时代赋予的职责、使命和荣誉，谦虚谨慎，不骄不躁，再接再厉，为推动全市经济社会高质量发展作出新的更大贡献。全市各行业各领域人才、各级干部群众要以受表扬同志为榜样，学习他们胸怀祖国、服务人民的爱国精神，勇攀高峰、敢为人先的创造精神，追求真理、严谨治学的求实精神，淡泊名利、潜心研究的奉献精神，集智攻关、团结协作的协同精神，甘为人梯、奖掖后学的育人精神，为楚雄市经济社会繁荣发展贡献智慧和力量。

全市各级各部门及各行业各领域要牢固树立人才引领发展的战略地位，深入推进新时代人才强市战略，不断深化人才发展体制机制改革，优化人才发展环境，以更加积极、更加开放、更加有效的人才政策，更加贴心、更加暖心、更加安心的人才服务，全方位培养、引进、用好人才，让各类人才人尽其才、才尽其用，为建设滇中崛起增长极核心引擎、现代农业示范区标杆、民族团结进步示范区样板提供人才支撑和智力支持。

附件：楚雄市“威楚人才奖”人员名单

楚雄市“威楚人才奖”人员名单

一、优秀工业商贸人才

吴超慧　宇泽半导体（云南）有限公司研发技术经理
刘红光　云南神威施普瑞药业有限公司总经理
徐有忠　楚雄市绿之源农业发展有限公司总经理

二、优秀教育教学能手

汪云飞　楚雄紫溪中学教务处主任、一级教师
李金宏　楚雄东兴中学教务处主任、高级教师
李正美　楚雄北浦中学数学备课组组长、高级教师

三、优秀医疗卫生人才

朱红鹰　楚雄市人民医院重症医学科主任、副主任医师
谢正红　楚雄市中医医院老年病科主任、副主任医师
周家骏　楚雄市疾病预防控制中心急传科科长、主治医师

四、优秀文化旅游艺术人才

唐红梅　楚雄紫溪旅行社有限公司董事长兼总经理
李文珍　楚雄市文化馆副馆长、副研究馆员
罗成香　楚雄市三街镇刺绣协会会长

五、优秀威楚工匠

江玉花　楚雄滇中有色金属有限责任公司一级技师
陈芝国　楚雄市华丽包装实业有限责任公司生产技术总监
杨　丽　云南摩尔农庄生物科技开发有限公司CMA技术中心主任

六、优秀烤烟种植能手

罗发有　大过口乡西康郎村委会独田村小组烟叶生产技术服务员
王兴祥　东华镇新柳村委会烤烟科技助理
王开明　吕合镇回龙村委会回龙二组烤烟种植能手

七、优秀粮经作物种植能手

李国朝　楚雄市滇鑫魔芋种植专业合作社社长
蔡学义　楚雄朱洗冲瀚宇特色农业开发有限公司负责人
彭　程　楚雄市西霸农场负责人

八、优秀养殖能手

李　华　楚雄树苴华兴特色种养殖发展基地负责人
罗志华　楚雄市东瓜镇兴茂生猪养殖专业合作社社长
陈　志　楚雄芮源农业发展有限公司负责人

表 11　2022 年中共楚雄市委主要文件一览表

文件名	文件号	发文单位	发文时间
中共楚雄市委关于学习宣传贯彻省第十一次党代会精神的通知	市党发〔2022〕1 号	中共楚雄市委	1 月 7 日
中共楚雄市委印发《关于深入贯彻落实党的十九届六中全会精神的决定》《关于深入贯彻落实省第十一次党代会及州第十次党代会精神、奋力推动楚雄市高质量发展的决定》的通知	市党发〔2022〕3 号	中共楚雄市委	3 月 1 日
中共楚雄市委　楚雄市人民政府印发《楚雄市“河湖革命”攻坚战实施方案》的通知	市党发〔2022〕6 号	中共楚雄市委	5 月 7 日
中共楚雄市委　楚雄市人民政府印发《关于加强新时代高质量统计工作实施意见》的通知	市党发〔2022〕12 号	中共楚雄市委 楚雄市人民政府	8 月 18 日
中共楚雄市委　楚雄市人民政府关于做好 2022 年全面推进乡村振兴重点工作的实施意见	市党发〔2022〕17 号	中共楚雄市委 楚雄市人民政府	9 月 17 日
中共楚雄市委　楚雄市人民政府印发《楚雄市关于贯彻落实深化医疗保障制度改革的实施方案》的通知	市党发〔2022〕18 号	中共楚雄市委 楚雄市人民政府	9 月 18 日
中共楚雄市委关于聘任市委法律顾问的决定	市党发〔2022〕20 号	中共楚雄市委	10 月 16 日
中共楚雄市委印发《关于深入学习贯彻党的二十大精神、奋力开创新时代楚雄市社会主义现代化建设新局面的决定》的通知	市党发〔2022〕25 号	中共楚雄市委	12 月 30 日
中共楚雄市委印发《关于全面推进“清廉楚雄”建设的实施方案》的通知	市党通〔2022〕16 号	中共楚雄市委	5 月 19 日
中共楚雄市委　楚雄市人民政府关于 2021 年度“干在实处，走在前列”大比拼考核结果的通知	市党通〔2022〕18 号	中共楚雄市委 楚雄市人民政府	5 月 24 日
中共楚雄市委　楚雄市人民政府印发《楚雄市法治政府建设实施规划（2021—2025 年）》的通知	市党通〔2022〕23 号	中共楚雄市委 楚雄市人民政府	6 月 15 日
中共楚雄市委关于深入学习宣传贯彻习近平新时代中国特色社会主义思想的通知	市党通〔2022〕26 号	中共楚雄市委	4 月 12 日
中共楚雄市委　楚雄市人民政府关于对 2021 年度平安建设优秀集体和优秀个人进行表扬的通报	市党通〔2022〕30 号	中共楚雄市委 楚雄市人民政府	10 月 20 日
中共楚雄市委　楚雄市人民政府关于对楚雄市耕地保护和占补平衡工作优秀集体和优秀个人进行表扬的通报	市党通〔2022〕31 号	中共楚雄市委 楚雄市人民政府	11 月 8 日
中共楚雄市委　楚雄市人民政府关于表扬 2016—2020 年楚雄市“七五”普法工作优秀集体和优秀个人的通报	市党通〔2022〕32 号	中共楚雄市委 楚雄市人民政府	11 月 30 日
中共楚雄市委印发《关于认真学习宣传贯彻党的二十大精神的实施方案》的通知	市党通〔2022〕89 号	中共楚雄市委	12 月 9 日

表 12　2022 年中共楚雄市委办公室主要文件一览表

文件名	文件号	发文单位	发文时间
中共楚雄市委办公室　楚雄市人民政府办公室关于印发《楚雄市推进作风革命加强机关效能建设 10 条措施（试行）》的通知	市党办发〔2022〕4 号	中共楚雄市委办公室 楚雄市人民政府办公室	3 月 25 日
中共楚雄市委办公室　楚雄市人民政府办公室印发《关于建立“双绑”利益联结机制推进产业帮扶全覆盖的实施方案》等三个实施方案的通知	市党办发〔2022〕6 号	中共楚雄市委办公室 楚雄市人民政府办公室	7 月 1 日
中共楚雄市委办公室　楚雄市人民政府办公室印发《楚雄市加强社会主义法治文化建设实施方案》的通知	市党办发〔2022〕7 号	中共楚雄市委办公室 楚雄市人民政府办公室	6 月 28 日
中共楚雄市委办公室印发《关于全面加强新时代少先队工作的实施方案》的通知	市党办发〔2022〕8 号	中共楚雄市委办公室	6 月 10 日
中共楚雄市委办公室　楚雄市人民政府办公室关于印发《楚雄市补充耕地实施方案（试行）》《楚雄市补充耕地项目管理指导意见（试行）》的通知	市党办发〔2022〕10 号	中共楚雄市委办公室 楚雄市人民政府办公室	9 月 9 日
中共楚雄市委办公室　楚雄市人民政府办公室印发《楚雄市农村居民持续增收三年行动方案（2022—2024 年）》的通知	市党办发〔2022〕18 号	中共楚雄市委办公室 楚雄市人民政府办公室	12 月 20 日
《楚雄市贯彻落实构建现代环境治理体系重点工作和改革举措》的通知	市党办通〔2022〕2 号	中共楚雄市委办公室 楚雄市人民政府办公室	1 月 13 日
《关于在推动楚雄市经济社会高质量跨越式发展中大力践行项目工作法、一线工作法、典型引路法的通知》	市党办通〔2022〕4 号	中共楚雄市委办公室 楚雄市人民政府办公室	1 月 28 日
中共楚雄市委办公室　楚雄市人民政府办公室印发《关于促进中彝医药传承创新发展的实施意见》的通知	市党办通〔2022〕7 号	中共楚雄市委办公室 楚雄市人民政府办公室	2 月 28 日
《中共楚雄市委办公室　楚雄市人民政府办公室关于成立楚雄市耕地保护和占补平衡等 23 个工作专班的通知》	市党办通〔2022〕10 号	中共楚雄市委办公室 楚雄市人民政府办公室	3 月 18 日
中共楚雄市委办公室关于印发《“十四五”楚雄市档案事业发展规划》的通知	市党办通〔2022〕11 号	中共楚雄市委办公室	3 月 14 日
中共楚雄市委办公室　楚雄市人民政府办公室印发《楚雄市重点产业和重大项目专班推进制度》的通知	市党办通〔2022〕13 号	中共楚雄市委办公室 楚雄市人民政府办公室	3 月 17 日
中共楚雄市委办公室关于印发《楚雄市 2022 年基层党建工作实施方案》的通知	市党办通〔2022〕21 号	中共楚雄市委办公室	4 月 12 日
中共楚雄市委办公室　楚雄市人民政府办公室印发《楚雄市规范民办义务教育发展工作方案》的通知	市党办通〔2022〕24 号	中共楚雄市委办公室 楚雄市人民政府办公室	4 月 25 日
中共楚雄市委办公室　楚雄市人民政府办公室印发《楚雄市推进作风革命加强机关效能建设五项制度》的通知	市党办通〔2022〕26 号	中共楚雄市委办公室 楚雄市人民政府办公室	4 月 28 日
中共楚雄市委办公室　楚雄市人民政府办公室印发《关于进一步减轻义务教育阶段学生作业负担和校外培训负担的实施方案》的通知	市党办通〔2022〕27 号	中共楚雄市委办公室 楚雄市人民政府办公室	5 月 7 日
中共楚雄市委办公室印发《市委理论学习中心组 2022 年学习选题计划》的通知	市党办通〔2022〕30 号	中共楚雄市委办公室	5 月 7 日
中共楚雄市委办公室关于印发《楚雄市党建引领乡村振兴行动计划》的通知	市党办通〔2022〕31 号	中共楚雄市委办公室	5 月 11 日

续表

文件名	文件号	发文单位	发文时间
中共楚雄市委办公室　楚雄市人民政府办公室印发《楚雄市房屋建筑安全隐患排查整治百日行动实施方案》的通知	市党办通〔2022〕33号	中共楚雄市委办公室 楚雄市人民政府办公室	5月15日
中共楚雄市委办公室　楚雄市人民政府办公室印发《楚雄市2022年全国文明城市建设工作实施方案》的通知	市党办通〔2022〕36号	中共楚雄市委办公室 楚雄市人民政府办公室	5月19日
《中共楚雄市委办公室关于常态化长效化开展“四万三进”活动的通知》	市党办通〔2022〕38号	中共楚雄市委办公室	5月19日
中共楚雄市委办公室　楚雄市人民政府办公室印发《楚雄市农村人居环境整治提升五年行动实施方案（2021—2025年）》的通知	市党办通〔2022〕52号	中共楚雄市委办公室 楚雄市人民政府办公室	7月14日
中共楚雄市委办公室、楚雄市人民政府办公室关于印发《楚雄市耕地占补平衡和城乡建设用地增减挂钩三年攻坚行动方案》的通知	市党办通〔2022〕54号	中共楚雄市委办公室 楚雄市人民政府办公室	7月15日
中共楚雄市委办公室　楚雄市人民政府办公室印发《楚雄市贯彻落实〈关于进一步加大优化营商环境工作力度若干意见〉14条措施》的通知	市党办通〔2022〕57号	中共楚雄市委办公室 楚雄市人民政府办公室	7月26日
中共楚雄市委办公室　楚雄市人民政府办公室关于印发《楚雄市国家园林城市创建工作实施方案》的通知	市党办通〔2022〕58号	中共楚雄市委办公室 楚雄市人民政府办公室	7月20日
中共楚雄市委办公室　楚雄市人民政府办公室印发《楚雄市关于加快肉牛肉羊产业高质量发展实施方案》等2个方案的通知	市党办通〔2022〕59号	中共楚雄市委办公室 楚雄市人民政府办公室	7月29日
中共楚雄市委办公室关于印发《楚雄市激励村（居）民小组干部担当作为管理办法（试行）》的通知	市党办通〔2022〕62号	中共楚雄市委办公室	8月12日
中共楚雄市委办公室　楚雄市人民政府办公室印发《楚雄市新时代人才强市“五个专项行动”实施方案》的通知	市党办通〔2022〕65号	中共楚雄市委办公室	8月19日
中共楚雄市委办公室、楚雄市人民政府办公室关于印发《楚雄市贯彻落实〈云南省新时代产业工人队伍建设改革“十四五”规划〉实施方案》的通知	市党办通〔2022〕67号	中共楚雄市委办公室 楚雄市人民政府办公室	8月29日
中共楚雄市委办公室　楚雄市人民政府办公室关于印发《楚雄市促进“消费在楚雄”八大行动》的通知	市党办通〔2022〕70号	中共楚雄市委办公室 楚雄市人民政府办公室	9月6日
中共楚雄市委办公室　楚雄市人民政府办公室印发《打造巩固拓展脱贫攻坚成果同乡村振兴有效衔接楚雄市示范样本实施方案》的通知	市党办通〔2022〕77号	中共楚雄市委办公室 楚雄市人民政府办公室	9月23日
中共楚雄市委办公室　楚雄市人民政府办公室印发《楚雄市城乡绿化美化三年行动实施方案（2022—2024年）》的通知	市党办通〔2022〕81号	中共楚雄市委办公室 楚雄市人民政府办公室	12月30日
中共楚雄市委办公室　楚雄市人民政府办公室印发《关于加强新时代关心下一代工作委员会工作的实施意见》的通知	市党办通〔2022〕85号	中共楚雄市委办公室 楚雄市人民政府办公室	10月28日
中共楚雄市委办公室　楚雄市人民政府办公室印发《楚雄市实施城乡建设用地增减挂钩促城乡融合发展支持乡村振兴工作方案（试行）》的通知	市党办通〔2022〕87号	中共楚雄市委办公室 楚雄市人民政府办公室	11月18日

续表

文件名	文件号	发文单位	发文时间
中共楚雄市委办公室　楚雄市人民政府办公室印发《楚雄市加强法治保障推进法治化营商环境建设行动方案（试行）》的通知	市党办通〔2022〕88号	中共楚雄市委办公室 楚雄市人民政府办公室	11月30日
中共楚雄市委办公室　楚雄市人民政府办公室印发《楚雄市推进健康县城建设三年行动方案（2022—2024年）》的通知	市党办通〔2022〕91号	中共楚雄市委办公室 楚雄市人民政府办公室	12月27日
中共楚雄市委办公室　楚雄市人民政府办公室关于印发《楚雄市推进城镇住宅小区违法违规建（构）筑物清理整治工作实施意见》的通知	市党办通〔2022〕93号	中共楚雄市委办公室 楚雄市人民政府办公室	12月28日

表13　2022年楚雄市人民政府主要文件一览表

文件名	文件号	发文单位	发文时间
《关于印发〈楚雄市人民政府领导成员工作分工〉的通知》	楚市政通〔2022〕2号	楚雄市人民政府	2月18日
《关于成立楚雄市绿色能源与绿色制造业融合发展工作领导小组的通知》	楚市政通〔2022〕6号	楚雄市人民政府	3月14日
《关于调整充实滇中引水工程建设管理领导小组及受水区项目建设指挥部的通知》	楚市政通〔2022〕7号	楚雄市人民政府	3月3日
《楚雄市十四五残疾人保障和发展规划》	楚市政通〔2022〕8号	楚雄市人民政府	4月26日
《楚雄市数字经济发展规划（2020—2025年）》	楚市政通〔2022〕9号	楚雄市人民政府	5月6日
《全民科学素质行动实施方案（2021—2025年）》	楚市政通〔2022〕10号	楚雄市人民政府	5月7日
《关于印发〈楚雄市妇女发展规划和楚雄市儿童发展规划〉的通知》	楚市政通〔2022〕15号	楚雄市人民政府	9月20日
《楚雄市科普事业“十四五”规划》	楚市政通〔2022〕18号	楚雄市人民政府	10月13日
《全民科学素质行动实施方案（2022—2025年）》	楚市政通〔2022〕19号	楚雄市人民政府	10月13日
《关于调整充实打击违法开采矿产资源行为工作领导小组的通知》	楚市政通〔2022〕21号	楚雄市人民政府	10月28日
《楚雄市政府转发楚雄政务服务“三化”实施方案文件通知》	楚市政通〔2022〕23号	楚雄市人民政府	11月8日
《关于印发〈楚雄市卫生健康事业发展“十四五”规划〉等7个专项规划的通知》	楚市政通〔2022〕24号	楚雄市人民政府	11月2日
《关于调整和明确市人民政府领导工作分工的通知》	楚市政通〔2022〕25号	楚雄市人民政府	12月26日
《关于开展楚雄市第三次全国土壤普查的通知》	楚市政通〔2022〕26号	楚雄市人民政府	9月16日
《关于印发〈2022年政府工作报告〉的通知》	楚市政发〔2022〕1号	楚雄市人民政府	1月29日
《2022年楚雄市稳增长若干政策措施》	楚市政发〔2022〕2号	楚雄市人民政府	4月21日
《关于印发〈楚雄市2022年烟叶工作的意见〉的通知》	楚市政发〔2022〕3号	楚雄市人民政府	4月21日
《关于兑现奖励2021年度工商企业科技企业的方案》	楚市政发〔2022〕4号	楚雄市人民政府	6月18日

续表

文件名	文件号	发文单位	发文时间
《关于聘任市人民政府政府法律顾问的决定》	楚市政决〔2022〕2 号	楚雄市人民政府	8 月 16 日

表 14　2022 年楚雄市人民政府办公室主要文件一览表

文件名	文件号	发文单位	发文时间
《关于印发〈2022 年政府工作报告主要工作任务分解〉的通知》	楚市政办通〔2022〕1 号	楚雄市人民政府办公室	1 月 29 日
《关于成立小型水库雨水情测报和大坝安全监测设施建设项目协调工作领导小组的通知》	楚市政办通〔2022〕2 号	楚雄市人民政府办公室	2 月 14 日
《关于印发〈楚雄市青龙河水体达标方案〉的通知》	楚市政办通〔2022〕6 号	楚雄市人民政府办公室	2 月 18 日
《关于印发〈楚雄市配置整合行政事业单位资源资产支持做强做大国有企业的实施方案〉的通知》	楚市政办通〔2022〕7 号	楚雄市人民政府办公室	3 月 3 日
《关于调整楚雄市 2021 年国家级电子商务进农村综合示范工作领导小组成员及明确职责分工的通知》	楚市政办通〔2022〕8 号	楚雄市人民政府办公室	3 月 16 日
《关于印发〈楚雄市 2021 年国家电子商务进农村综合示范项目及资金管理办法（试行第二版）〉的通知》	楚市政办通〔2022〕9 号	楚雄市人民政府办公室	3 月 16 日
《关于印发〈政府文件送审稿质量测评办法（试行）〉的通知》	楚市政办通〔2022〕10 号	楚雄市人民政府办公室	3 月 25 日
《关于印发〈楚雄市 2022 年 10 件惠民实事工作方案〉的通知》	楚市政办通〔2022〕11 号	楚雄市人民政府办公室	3 月 28 日
《关于印发〈楚雄市巩固国家卫生城市和推进爱国卫生“7 个专项行动”宣传工作方案〉的通知》	楚市政办通〔2022〕12 号	楚雄市人民政府办公室	3 月 25 日
《关于做好政务服务便民热线归并优化工作的通知》	楚市政办通〔2022〕13 号	楚雄市人民政府办公室	4 月 2 日
《关于印发〈楚雄市 2022 年二季度稳定经济运行确保实现上半年“双过半”目标工作方案〉的通知》	楚市政办通〔2022〕15 号	楚雄市人民政府办公室	4 月 26 日
《关于进一步规范农村土地经营权流转管理工作的通知》	楚市政办通〔2022〕16 号	楚雄市人民政府办公室	4 月 13 日
《2022 年地灾防治方案的通知》	楚市政办通〔2022〕19 号	楚雄市人民政府办公室	5 月 23 日
《关于印发〈楚雄市县域商业体系建设行动方案（2022—2025 年）〉的通知》	楚市政办通〔2022〕20 号	楚雄市人民政府办公室	5 月 31 日
《楚雄市龙川江流域综合整治提升三年行动（2022—2024 年）》	楚市政办通〔2022〕21 号	楚雄市人民政府办公室	5 月 2 日
《楚雄市农村供水工程水价补贴办法（试行）的通知》	楚市政办通〔2022〕22 号	楚雄市人民政府办公室	6 月 10 日
《楚雄市集体土地征收标准化建设试点工作方案》	楚市政办通〔2022〕23 号	楚雄市人民政府办公室	6 月 15 日
《关于调整完善社会救助联席会议制度的通知》	楚市政办通〔2022〕24 号	楚雄市人民政府办公室	3 月 16 日
《楚雄市数字经济发展三年行动计划实施方案（2022—2024 年）的通知》	楚市政办通〔2022〕25 号	楚雄市人民政府办公室	8 月 12 日
《关于印发〈楚雄市实施基本养老保险扩面增效专项行动方案〉的通知》	楚市政办通〔2022〕27 号	楚雄市人民政府办公室	9 月 6 日

续表

文件名	文件号	发文单位	发文时间
《楚雄市全民医疗保障行动计划（2022—2025）的通知》	楚市政办通〔2022〕28号	楚雄市人民政府办公室	9月9日
《楚雄市全面实行行政许可事项清单管理工作的通知》	楚市政办通〔2022〕29号	楚雄市人民政府办公室	9月28日
《关于印发〈楚雄市贯彻落实楚雄州贯彻落实云南省“十四五”冷链物流发展实施方案具体措施〉的通知》	楚市政办通〔2022〕31号	楚雄市人民政府办公室	10月24日
《关于全面加强农村宅基地建房管理有关事项的通知》	楚市政办通〔2022〕32号	楚雄市人民政府办公室	10月19日
《楚雄市推动公立医院高质量发展实施方案的通知》	楚市政办通〔2022〕33号	楚雄市人民政府办公室	11月25日
《楚雄市深化医药卫生体制改革2022年重点工作任务分解清单》	楚市政办通〔2022〕34号	楚雄市人民政府办公室	11月25日
《关于印发〈楚雄市促进国有粮食企业健康发展实施方案〉的通知》	楚市政办通〔2022〕35号	楚雄市人民政府办公室	12月12日
《关于印发〈楚雄市农业现代化三年行动方案（2022—2024年）〉的通知》	楚市政办通〔2022〕36号	楚雄市人民政府办公室	12月5日
《楚雄市关于推动被征地农民参加企业职工基本养老保险的补助标准方案》	楚市政办通〔2022〕37号	楚雄市人民政府办公室	12月30日
《楚雄市创建全国基层中医药工作示范县实施方案（2022—2024年）的通知》	楚市政办通〔2022〕38号	楚雄市人民政府办公室	7月12日
《关于印发〈楚雄市2022年烟叶生产收购质量管理考核办法〉的通知》	楚市政办发〔2022〕1号	楚雄市人民政府办公室	4月11日
《楚雄市暖企业纾困助力房地产业平稳有序发展十五条措施》	楚市政办发〔2022〕2号	楚雄市人民政府办公室	6月20日
《共青团楚雄市人民政府机关支部委员会关于换届选举结果的报告》	楚市政办报〔2022〕1号	楚雄市人民政府办公室	9月8日

索　引

说明：

一、本索引分主题索引和表格索引。

二、主题索引中文标目按汉语拼音音序排列（大事记、组织机构负责人名单、彩页除外），数字开头的标目排在前面；标目后的数字表示内容所在的页码，数字后的英文字母a、b、c分别表示该页码的左、中、右栏；类目、分目、专稿标题用黑体字表明。

三、表格索引，以表格题名为标目，仅标注所在页码，不标注分栏。索引按照表格在全书中的先后顺序排列。

主题索引

数　字

A

B

C

K

L

M

N

T

W

Z

表格索引